Spanish Drama of the Golden Age

Spanish Drama of the Golden Age:

Twelve Plays

Edited with Introduction and Notes by

RAYMOND R. MacCURDY

IRVINGTON PUBLISHERS INC., New York

ACKNOWLEDGMENTS
Grateful acknowledgment is made to Professor Nellie E.
Sánchez-Arce for permission to use the text of her edi-
tion of Mira de Amescua, *La segunda de don Alvaro*
(Mexico, 1960), and to the Dell Publishing Co. for per-
mission to use the text of my edition of Tirso de Molina,
El burlador de Sevilla (New York, 1965).

First Irvington Edition 1979
Copyright © 1971 by Prentice-Hall, Inc.

Library of Congress Cataloging in Publication Data

MacCurdy, Raymond R   comp.
    Spanish drama of the Golden age.

    Introd. and notes in English; text of plays in Spanish.
    Reprint of the ed. published by Prentice-Hall, New York.
    Includes bibliographies.
    1. Spanish drama—Classical period, 1500-1700.
I. Title.
[PQ6218.M3 1979]   862'.3'08   79-19333
ISBN 0-89197-985-9
ISBN 0-89197-986-7 pbk.

Printed in the United States of America

PREFACE

THE FIRST problem confronting the editor of an anthology of Golden Age plays is the matter of selection, for he is inevitably overwhelmed by, as the phrase goes, "an embarrassment of riches." How does one go about choosing a dozen plays out of the thousands written by seventeenth-century Spanish dramatists to entertain—or edify—the avid theater-goers of that age?

The present editor has tried to select plays which are representative of an author's peculiar genius and which also typify the major kinds of plays cultivated in the Golden Age. On the other hand, an effort has been made to exclude plays which are readily available in satisfactory editions especially designed for American students. For that reason, such familiar favorites as Lope de Vega's *Fuenteovejuna* and Calderón's *La vida es sueño* have been excluded in favor of plays by those authors which are less accessible but which are no less typical of their best work. In a very few cases, however, a dramatist's masterpiece has been included, in spite of its availability in student editions, because of its unparalleled importance in the author's production. Tirso de Molina's *El burlador de Sevilla* and Guillén de Castro's *Las mocedades del Cid* are two cases in point.

The Introduction includes a brief history of Golden Age drama as a whole, a selected bibliography of the major historical and critical works concerning the drama of the period, a section devoted to Spanish versification and an explanation of the verse forms used in the plays presented here, a brief bibliography of Spanish prosody, and a section on grammatical usage in the seventeenth century.

The editorial apparatus devoted to each dramatist includes a chronological outline of the major events of his personal and artistic life, a longer section concerning his life and dramaturgy, a selected bibliography listing collections of his plays and the principal critical studies devoted to him, and a versification table of his play in the anthology. Following the text of each play is a list of study questions and topics which have been designed to stimulate the student's critical response and to suggest subjects for further investigation.

Special care has been taken in the preparation of the text of each play. All texts, except for a few which are based directly on the first editions of the *comedias*, are drawn from the most authoritative scholarly editions; however, corrections from other important editions have been incorporated in order to provide the best reading possible. The editions which have been consulted for this purpose are listed at the end of the discussion of the play in question. Editorial emendations are enclosed in brackets. The spelling has been modernized except where pronunciation would be affected. The editor has tried to make the reference and explanatory notes as accurate and succinct as possible, without, it is hoped, belaboring the obvious or ignoring the difficult. Frequently, obscure passages have been rendered into English for greater clarity. At the end of the volume is a Glossary of Archaisms and Theatrical Terms which also includes words that occur frequently in the *comedias* with a meaning different from their primary meaning in modern Spanish.

The editor is indebted to several persons who contributed generously to the preparation of the anthology. Professor William C. McCrary of the University of Kentucky made valuable suggestions concerning the editorial apparatus; my colleagues, Robert M. Duncan and Julian E. White, were always helpful with their store of lexical knowledge; and Mrs. Ann Light Johnson, Dolores Sánchez, and Bayita Garoffolo helped in the preparation of the manuscript.

R. R. MacC.

CONTENTS

viii   *Contents*

~~~ Introduction

～～～ Spanish Drama of the Golden Age

Spain's Golden Age of literature and art extends from about 1550 until 1681 (the year of Calderón's death), embracing the final years of the reign of Charles V (ruled 1516–1556), the reigns of Philip II (1556–1598), Philip III (1598–1621), Philip IV (1621–1665), and the first fifteen years of the reign of Charles II (1665–1700). It is the period of the brightest luminaries of Spanish letters: the great mystics, novelists such as Cervantes and Baltasar Gracián, poets like Góngora and Quevedo, and dramatists like Lope de Vega and Calderón. It is a period which began auspiciously for all phases of national life—social, political, economic, and military—but after a run of bad luck, costly blunders, and poor government, it ended disastrously. Confidence, enterprise, and optimism gave way to cynicism, defeatism, and pessimism. Only the long life of Calderón left any luster on the waning years of the Golden Age.

The most popular art form during most of this period was the drama. The drama provided lively entertainment and it continued to sing the glories of Spain, seldom focusing on the bitter reality of her decline. Golden Age drama spans the century between 1580 and 1681, beginning with the early plays of Lope de Vega and, again, ending with the death of Calderón. Lope, of course, did not start his career in a theatrical vacuum. In the first third of the sixteenth century, Juan del Encina, Bartolomé de Torres Naharro, and the bilingual dramatist Gil Vicente laid the foundation for the Spanish theater by writing plays performed before aristocratic audiences in Spain, Italy, and Portugal. Around mid-century Lope de Rueda broadened its popular appeal by touring Spain with a small troupe, enlivening the performance of full-length plays by inserting between the acts short farces called *pasos*. Based on humorous incidents of Spanish domestic life and employing conventional comic types—the ruffian, the fool, the cuckolded husband—the *pasos*, with their racy dialogue written in colloquial prose, are worthy predecessors of Cervantes' *entremeses*.

Probably the most important transitional figure between earlier Spanish drama and Lope de Vega was Juan de la Cueva (1543?–1610), whose fourteen *Comedias y tragedias* were performed in his native Seville in 1579–1581 and later printed in 1583 and 1588. Cueva is remembered chiefly as the first dramatist to write plays based on Spanish national history and legends (the *Tragedia de los siete infantes de Lara*, for example), but he also was the leading Spanish practitioner of the European neo-Senecan school which delighted in shocking audiences with plays crammed with horrors, revenge, and bloodshed. He is also remembered for his declaration of independence of the Spanish national theater from classical precepts (in his *Ejemplar poético*, completed in 1606), but more important than his theory is his practice, since he anticipated Lope de Vega in rejecting the classical unities and in eschewing the rigid separation of tragedy and comedy. So freely did he mix tragedy and comedy that it is

3

impossible to say why he entitled one play the *Comedia del príncipe tirano* and its sequel the *Tragedia del príncipe tirano*, when both are filled with grisly humor and bloody murders. But Lope de Vega, whose *comedias* often contain hair-raising atrocities, never mentions Juan de la Cueva by name.

Another transitional dramatist of importance is Miguel de Cervantes, who began writing for the stage shortly after his return to Spain in 1580 from captivity in Algiers. His two earliest surviving plays written at this time, *El trato de Argel*, based on the trials and hardships of Christian captives in the North African stronghold, and *La Numancia*, a patriotic tragedy of grand conception and noble sentiment (discussed more fully in the section on Cervantes, below), reveal the influence of Juan de la Cueva in form and technique. Both are divided into four acts following Cueva, who claimed—falsely—to have been the first Spanish dramatist to reduce the number of acts from five to four. (Cervantes also claimed later in life—and also falsely—to have initiated the three-act play.) The role of Cervantes in shaping the development of Spanish drama and possibly in influencing the youthful Lope de Vega remains obscure, largely because the "twenty or thirty" plays he claims to have composed during the 1580's and 1590's, Lope's formative years, are lost. A few years after the publication of the first part of the *Quijote* (1605) Cervantes again tried writing for the theater, but although he made concessions to Lope's new approach to writing plays, he could not adapt himself successfully to the prevailing dramaturgical fashions. As a dramatist, Cervantes can well be contented with having created his *entremeses*, which must be included among the best one-act comedies ever written in the Spanish language.

Lope de Vega's first play was probably *Los hechos de Garcilaso de la Vega y moro Tarfe*, presumably written around 1580 when he was eighteen. Divided into four acts like the plays of Juan de la Cueva and, like much earlier Spanish drama, burdened with long narrative passages unrelieved by spirited dialogue, it was not an auspicious beginning. But some-

how by the mid-1590's he hit upon the formula that gave form and substance and life to the *comedia nueva* (*comedia* became the term for a play of any type). He molded to his purpose all the disparate elements and tendencies of earlier drama, whether of native tradition or of classical imitation. Although in his *Arte nuevo de hacer comedias en este tiempo* (1609) he used the precedents of his precursors as an excuse for his own departure from the "rules of art" (by which he means the classical precepts), it was primarily Lope de Vega who was responsible for the break with classical dramaturgy. He violated most classical precepts, although he continued to insist upon the observance of verisimilitude and decorum; he mixed freely tragic and comic elements; he made the high- and low-born rub elbows; he admitted a wide variety of feeling and experience into the same play.

In his search for dramatic material, Lope de Vega ranged far and wide, from the Bible and classical mythology to the Italian *novella*, but above all he ransacked the chronicles and legends of Spain to recreate on the stage the epic and poetry of his country's past. He observed life in the cities and the countryside, and delighted his fellow Spaniards by dramatizing and romanticizing the contemporary scene. In short, Lope de Vega created a truly national theater, national in the esthetic considerations which guided its formation, national in the sentiments and ideals which informed it. The *comedia* became the vehicle for the expression of the collective ideals of the Spanish people, ideals which Arnold Reichenberger has aptly summarized: "The two rocks on which the whole ideological system of the *comedia* is built are *la honra* and *la fe*. *La honra* upholds the individual as a social being, *la fe* sustains him when he faces the enigma of man's position on earth. *La honra* and *la fe* are indissolubly bound together for the Spaniard of the Golden Age. Upholding of the faith was an intimate part of national and personal honor."

The Golden Age theater has often been likened to the English theater of Shakespeare's day. The analogy is valid insofar as playwrights of both nations, unlike French neoclassical dramatists, generally rejected the classical precepts and catered to the whims and prejudices of their contemporaries. The difference is that the Spanish theater was more intensely national. If Shakespeare had been a Spanish dramatist, his public would have applauded his chronicle plays, but it is unlikely that a Spanish audience would have tolerated Hamlet to go on at such length about his personal problems—not, at least, until Calderón's generation when the tastes of theatergoers had become more refined. Lope's audiences, above all, demanded—and got—action and variety, because, as Lope himself put it in justifying the violation of the classical unity of time in his *Arte nuevo de hacer comedias en este tiempo* (discussed more fully in the section on Lope de Vega): ". . . la cólera / de un español sentado no se templa, / si no le representan en dos horas / hasta el final Juicio desde el Génesis."

As a consequence of the incessant demand for action and variety, and also because of the insistence that playwrights adhere to a strict line of social and religious orthodoxy, Golden Age plays seldom served as instruments for significant social criticism or for proposing new solutions to philosophical or religious problems, although there are a few notable exceptions. For the most part, it was felt that problems arise only when one deviates from established codes of behavior, and that the solution to those problems is simple: order is reestablished when the individual makes amends or is punished for his transgressions. Because of this simplistic attitude and a complex of other factors—psychological, temperamental, social, and religious—tragedy in the usual sense is rare in the Golden Age theater. Tragic plots are not lacking, but the sympathetic portrayal of a tragic protagonist who rebels against authority, human or divine, in his search for personal truth is virtually nonexistent. To be sure, Spanish dramatists created their own brand of tragedy, the honor play, which Lope de Vega labelled the *tragedia al estilo español* (discussed more fully in the section on Calderón, below), but here again the "tragedy" comes as the automatic penalty to those who violate the code, and not from the assertion of individual values.

Because of his hundreds of plays written over a period of fifty years, Lope de Vega long served as the chief provider for the twelve licensed theatrical companies and many unlicensed ones (whose number has been estimated at upwards of forty) which toured city and province to bring the theater to the people. Lope by himself, of course, could not meet the demand for new plays; consequently, all dramatists of talent and verve who could follow his formula found a ready market for their plays. The most important playwrights of Lope's generation include Tirso de Molina, the creator of Don Juan; Guillén de Castro, who, like Lope de Vega, dramatized subjects based on Spanish chronicles and ballads; Mira de Amescua, who combined religious piety with an acute sense of the tragic irony of life; Mexican-born Juan Ruiz de Alarcón, whose concern for ethics and careful craftsmanship gives him a special place in the comedy of character and manners; and Luis Vélez de Guevara, author of the *costumbrista* novel *El diablo cojuelo* but better known to his contemporaries as a prolific dramatist (he is said to have written over 400 plays) whose theater closely resembled that of Lope de Vega.

All these dramatists, and many more, were active during the first three decades of the seventeenth century, but for a variety of reasons, including death, most of them stopped writing for the stage in the 1630's. They were replaced by a younger generation of writers headed by Calderón and Rojas Zorrilla, who, because of Philip IV's penchant for the theater, became essentially court dramatists. Lope and his fellow playwrights were naturally flattered when their plays were performed at court, but they wrote them primarily for the unlettered, and frequently unruly, audiences of the public theaters. Calderón and Rojas, on the other hand, directed their plays primarily to sophisticated courtiers, only secondarily to the paying customers of the *corrales*. Understandably, then, their plays reveal, if not a radical departure from the principles of Lope's dramaturgy, a new refinement of form and sophistication of style.

The types of plays cultivated by the new generation—from the *comedia de capa y espada* to the honor drama—do not differ from those popularized by Lope and his contemporaries. The subject matter remains substantially the same. But as heirs to a rich theatrical tradition, Calderón and Rojas were in the position of being able to improve technically on the work of their predecessors whose productivity they were unable to match. All members of the new generation came to maturity after the death in 1627 of the vanguard poet Luis de Góngora; most of them were influenced by his innovations in poetic language. Their style, therefore, tends to be much more precious than that of the older dramatists. With regard to the structure of their plays, they seek greater unity, reducing the number of subplots and eliminating much extraneous material. They reduce the number of characters, and concentrate more attention on the protagonist. They give the protagonist more to say, frequently employing the introspective soliloquy for more penetrating character development and for focusing on dramatic crises. They reduce the number of verse forms employed in a single play, often using only four (preferentially, *romance*, *redondillas*, *silvas*, and *décimas*, defined in the section on Versification). But, as individuals, each followed his own inclinations: Calderón, because of his philosophical and theological bent, wrote his masterpiece *La vida es sueño*; Rojas wrote unconventional honor plays in which he called into question the basic tenets of the honor code; and Agustín Moreto was at his best in sophisticated comedy like *El desdén con el desdén*.

Calderón and his contemporaries continued to flourish under the patronage of the court until 1644, when a series of events brought a virtual halt to theatrical productions. Since the early years of Lope de Vega's career, the theater had been under attack for, allegedly, being harmful to public morals. Then, as now, the scandalous lives of a few actors increased the intensity of the attacks. In March of 1644 the enemies of the theater managed to convince Spanish officialdom that the ills besetting the country were, in part, attributable to the moral laxity of the stage. Accordingly, a decree was issued providing that "henceforth no *comedia* which is the author's own invention may be represented, but only *historias* or lives of saints." As in the case of so many decrees which lacked the earnest support of Philip IV, this prohibition appears to have been disregarded or not strictly enforced until the death of the queen, Isabel de Borbón, in October, at which time all public spectacles were suspended. During the period of mourning the enemies of the theater renewed their attacks, and fate played into their hands when the heir-apparent, Prince Baltasar Carlos, died on October 9, 1646. From this date until 1649 the theaters remained closed, although special permission was occasionally granted for the presentation of *autos sacramentales*.

The Spanish theater never recovered from this setback. Rojas died before the theaters were reopened. Calderón, who became a priest in 1651, limited himself to writing *autos sacramentales* and a very few plays for the court. Moreto, increasingly involved in his ecclesiastical duties, also contributed a few plays and *bailes* to court festivals. By the time Calderón died in 1681 only a few dramatists of lesser talent were attempting to carry on the rich tradition of the Spanish theater started by Lope de Vega a century earlier.

SELECTED BIBLIOGRAPHY OF GOLDEN AGE DRAMA

AUBRUN, CHARLES V. *La Comédie espagnole* (1600–1680). Paris, 1966.

BARRERA y LEIRADO, Cayetano de la. *Catálogo bibliográfico y biográfico del teatro antiguo español, desde sus orígenes hasta mediados del siglo XVIII.*

Madrid, 1860; facsimile edition, London, 1968.

CASTRO, AMÉRICO. "Algunas observaciones acerca del concepto del honor en los siglos XVI y XVII ." *Revista de Filología Española* III (1916), 1–50, 357–86.

────── "La comedia clásica." In *El concepto contemporáneo de España*, edited by Angel del Río and M.J. Benardete. Buenos Aires, 1946. Reprinted in *Semblanzas y estudios españoles*. Princeton, 1956.

CHAYTOR, H.J. *Dramatic Theory in Spain*. Cambridge, 1925.

COTARELO y MORI, EMILIO. *Bibliografía de las controversias sobre la licitud del teatro en España*. Madrid, 1904.

CRAWFORD, J.P.W. *Spanish Drama Before Lope de Vega*. Revised edition with a bibliographical supplement by Warren T. McCready, Philadelphia, 1968.

LEY, CHARLES DAVID. *El gracioso en el teatro de la península (siglos XVI–XVII)*. Madrid, 1954.

MARTINENCHE, E. *La Comedia espagnole en France de Hardy à Racine*. Paris, 1900.

McCREADY, WARREN T. *Bibliografía temática de estudios sobre el teatro español antiguo*. Toronto, 1966.

MOREL-FATIO, A. *La Comedia espagnole du XVIIᵉ siècle*. 2d ed. Paris, 1923.

ORTIGOZA VIEYRA, CARLOS. *Los móviles de la "comedia" en Lope, Alarcón, Tirso, Moreto, Rojas, Calderón*. Mexico, 1954.

PARKER, A.A. "Reflections on a New Definition of Baroque Drama." *Bulletin of Hispanic Studies* XXX (1953), 142–51.

────── *The Approach to the Spanish Drama of the Golden Age*. London, 1957.

PARKER, JACK H. *Breve historia del teatro español*. Mexico, 1957.

REICHENBERGER, ARNOLD G. "The Uniqueness of the *Comedia*." *Hispanic Review* XXVII (1959), 303–16.

RENNERT, HUGO A. *The Spanish Stage in the Time of Lope de Vega*. New York, 1909.

ROATEN, DARNELL H., and SÁNCHEZ Y ESCRIBANO, F. *Wölfflin's Principles in Spanish Drama: 1500–1700*. New York, 1952.

RUIZ RAMÓN, FRANCISCO. *Historia del teatro español, desde sus orígenes hasta 1900*. Madrid, 1967.

SAINZ DE ROBLES, F.C. *El teatro español, historia y antología*. 7 vols. Madrid, 1943.

SÁNCHEZ ESCRIBANO, FEDERICO, and PORQUERAS MAYO, ALBERTO. *Preceptiva dramática española del renacimiento y el barroco*. Madrid, 1965.

SCHACK, A.F. VON. *Historia de la literatura y el arte dramático en España*. Translated by E. de Mier. 5 vols. Madrid, 1885–7.

SCHAEFFER, ADOLPH. *Geschichte des Spanischen Nationaldramas*. 2 vols. Leipzig, 1890.

SHERGOLD, N.D. *A History of the Spanish Stage, From Medieval Times Until the End of the Seventeenth Century*. Oxford, 1967.

VALBUENA PRAT, ANGEL. *Literatura dramática española*. Barcelona, 1930.

────── *Historia del teatro español*. Barcelona, 1956.

WARDROPPER, BRUCE W. *Introducción al teatro religioso del Siglo de Oro (La evolución del auto sacramental: 1500–1648)*. Madrid, 1953.

WILSON, MARGARET. *Spanish Drama of the Golden Age*. Oxford, 1969.

ᕲᕲᕲ Versification

So important was poetry to the total esthetic effect of a play that it was customary for Spaniards to say that they were going to "hear" a new play instead of going to "see" it. All *comedias* and *autos sacramentales* of the Golden Age were written in verse, usually in a variety of metrical and verse forms. Each form served a dramatic function, that is, each form was employed according to certain general but ill-defined criteria to harmonize with the scene being enacted. An understanding of the basic principles of Spanish poetry is essential, therefore, to the proper appreciation of Golden Age drama.

Spanish poetry is based on a fixed number of syllables per given line of verse. The number of syllables in a verse is determined by counting all syllables beginning with the first and ending with the last *stressed* syllable, *with one count added*. Hence, an eight-syllable line (*octosílabo*) may be of three types:

(1) a *verso llano* consisting of eight actual syllables with stress falling on the seventh syllable. For example:

```
 1   2    3   4    5    6    7 8
No/ te/ des/con/sue/les/, hi/ja
```

(2) a *verso agudo* consisting of seven syllables with stress on the last, to which one is added in counting. For example:

```
 1   2    3   4    5    6    7
es/ de/ Me/di/na/ la/ flor   plus one
```

(3) a *verso esdrújulo* consisting of nine syllables with stress falling on the seventh; hence only one syllable is added to the seventh in counting. For example:

```
 1      2     3    4    5    6     7  8 [9]
qué en/ nues/tra/ pro/vin/cia/ Bé/ti/ca
```

In summary, an octosyllabic line of verse may contain seven, eight, or nine syllables, provided that the accent or stress is on the seventh syllable.

Four devices or poetic licenses must also be taken into account in determining the number of syllables in a verse:

(1) **Syneresis** (*sinéresis*), the contraction into one syllable of contiguous vowels within a word if neither vowel carries the stress within the word; that is, the two vowels are made to form a diphthong when normally they would form separate syllables. For example:

Es gran premio a mi leâltad

(2) **Synalepha** (*sinalefa*) corresponds to syneresis but applies to adjoining words in a line rather than a single word; that is, it unites into a diphthong, hence into one syllable, two or more contiguous vowels in adjacent words. As a rule, all contiguous vowels of adjacent words form synalepha (even when silent *h* is present), except that the conjunctions *y* and *o* (or *e* and *u*) form a diphthong with only one of the contiguous vowels, usually the following one. For example:

adondê escondidô estaba
llama tan dulce y̆ hermosa
(*not* dulce y̆ hermosa)

(3) **Dieresis** (*diéresis*) is the opposite of syneresis in that it divides into separate syllables the vowels in a single word ordinarily forming a diphthong. For example:

mas confïada nací   (an octosyllabic verse)

(4) **Hiatus** (*hiato*) corresponds to dieresis but applies to the separation into two syllables of contiguous vowels in adjacent words whose vowels would usually form a diphthong. For example:

que se haga con su gusto

If *se haga* were read with synalepha the verse would have seven syllables. It should be stressed, however, that while synalepha is the norm, hiatus is not.

Rhythm is not fixed in Spanish poetry, but because of the influence of classical prosody in which lines of verse were divided into feet according to a predetermined arrangement, an effort is made to provide harmony by following a pattern of stressed and unstressed syllables within a given line. The usual pattern is to alternate the stressed and unstressed syllables, although there may be considerable flexibility in the stress pattern at the beginning of the verse. The final stress, however, is always fixed (according to the verse form chosen by the playwright).

Rhyme in Spanish poetry is of two types, consonant and assonant. *Rima consonante* consists in the full rhyme of all vowels and consonants beginning with the last stressed vowel; hence, the following pairs of words are said to rhyme in consonance: *padre—madre, amor—dolor, amoroso—doloroso, pretérito—in-mérito*. *Rima asonante* consists of the rhyme of one word with another in which only the final accented vowel and the following vowels are identical; the consonants are different. Thus, the following pairs of words rhyme in assonance: *casa—caza, miedo—quieto, leña—estrella*. Also, the weak vowels in diphthongs are ignored. The following words all rhyme in assonance (in *e–a*): *iglesia, fuerza, piensas, dueña, apariencia*. Also, in *palabras esdrújulas* only the accented and the final vowels are considered in determining assonant rhyme; hence, *espléndido* rhymes with *mérito* (and both words rhyme with *menos*).

As mentioned earlier, Spanish dramatists not only employed a variety of verse forms but also chose them with an eye toward their appropriateness to the speakers involved and the type of dramatic material being presented on the stage. In verses often quoted from his *Arte nuevo de hacer comedias* (1609), Lope de Vega addresses himself to this matter:

Acomode los versos con prudencia
a los sujetos de que va tratando.
Las *décimas* son buenas para quejas;
el *soneto* está bien en los que aguardan;
las relaciones piden los *romances*,
aunque en *octavas* lucen por extremo.
Son los *tercetos* para cosas graves,
y para las de amor las *redondillas*.

By no means does Lope always employ the verse forms in question for the precise purposes and situations that he prescribes for them, but his remarks have the value of indicating some of the general uses to which some metrical forms were put.

Following is a list of the metrical forms used in the plays in this volume with their rhyme schemes and a brief statement concerning their principal functions:

Romance, the most common of Spanish verse forms, consists of an indefinite number of even-numbered octosyllabic lines, with assonance in the even lines. The rhyme is said to be "masculine" if the assonating lines are *versos agudos*, i.e., ending with an accented vowel. It is "feminine" if the assonant lines are *versos llanos* or *versos esdrújulos*. *Romance* is often used for narration, description, exposition, and ordinary conversation.

Romancillo has the same pattern of assonance as *romance* but is composed of six- or seven-syllable lines.

The *redondilla* is the most common metrical form after the *romance* in Golden Age plays. It is a quatrain of octosyllabic verses with consonantal rhyme. The rhyme scheme is *abba, cddc*, etc. (Small letters indicate verses of less than ten syllables, whereas capital letters are used to indicate verses of ten syllables or more.) *Redondillas* are generally used for scenes of animated conversation: love scenes, quarrels, etc.

The *quintilla* is a strophe of five octo-syllabic verses with two rhymes. The most common rhyme scheme is *ababa*, but any combination is possible provided that not more than two verses with the same rhyme come in succession. It is difficult to generalize on the uses of *quintillas*, but they are said to be used most often to express deep emotions.

The *copla real* consists of two *quintillas* of different rhyme scheme, but the scheme selected for the first pair remains fixed throughout the series. See *El caballero de Olmedo*, vv. 2176–2225. The *copla real* is also used to express deep emotions.

The *décima* (or *espinela*) consists of ten octosyllabic verses rhyming *abbaaccddc*. This form may also be regarded as a fixed combination of two *quintillas*, except that a pause occurs very frequently after the fourth verse. *Décimas* are commonly used for plaintive speeches.

The *silva* generally consists of eleven- and seven-syllable lines (hendecasyllables and heptasyllables), the majority of which are rhymed although there is no fixed order of rhyme nor is there a fixed number of lines. S. G. Morley distinguishes four types of *silvas* (but the different types are not indicated in the versification tables which accompany the plays in the anthology): (1) *silva de consonantes*, with the scheme aAbBcCdD, etc.; (2) seven- and eleven-syllable lines mixed irregularly, with no fixed order of length or rhyme, and some lines are unrhymed; (3) all eleven-syllable lines, the majority being rhymed but in no fixed order; (4) seven- and eleven-syllable lines mixed irregularly but all rhymes are in pairs. *Silvas*, generally spoken by persons of high rank, are most often used for soliloquies and for highly emotional narration and description.

Sueltos (*verso suelto* or blank verse) are hendecasyllables without rhyme, each passage generally ending in a couplet. *Sueltos* resemble the third type of *silva* described above, except for their absence of rhyme. They are employed for the same uses as *silvas*.

Pareados are hendecasyllables rhymed in pairs: AABBCC, etc. They also resemble the third type of *silva*, except that no more than two lines may remain unrhymed in a single passage. They are also used for the same purposes as *silvas*.

Liras consist of six seven- and eleven-syllable lines, with three rhymes; the first four lines have two rhymes, the last two form a couplet with the third rhyme. The most common scheme is aBaBcC, as in *El condenado por desconfiado* (vv. 1–76), but also see *El desdén con el desdén*, vv. 439–546, in which three different rhyme schemes are employed: ABaBcC, ABABCC (the most common in this passage), and ABbACC. *Liras* are usually employed for the same uses as *silvas*, so that their function in *El desdén* is not typical. The name *lira* is also applied to a five-line stanza, aBabB, which does not occur in the plays in the anthology.

The *soneto* consists of two quatrains of hendecasyllables rhyming ABBA ABBA, and two tercets of hendecasyllables usually rhyming CDC DCD, although the scheme of the tercets may vary. The sonnet develops a single theme in a very concise way, and is often used for monologues and for the exchange of vows of love.

Octavas (*octavas reales*) are composed of eight hendecasyllables rhyming ABABABCC. They are used most often for the narration of important events (but see *El caballero de Olmedo*, vv. 2302–2341, where they might well be replaced by *romance*).

Tercetos are composed of a series of stanzas of three hendecasyllables, the first rhyming ABA, the second, BCB, the third CDC, etc.; that is, the first and third verse of each *terceto* rhyme with the second verse of the preceding one. *Tercetos* often end with a quatrain rhyming YZYZ. Tercets are generally used for serious exposition and for the speeches of royalty, but may be used for monologues and emotional dialogue. See *Las mocedades del Cid*, vv. 1209–1284.

Coplas are short stanzas, usually composed of short verses, often of irregular length, which have no fixed rhyme. They are frequently used for songs.

SELECTED BIBLIOGRAPHY OF SPANISH PROSODY

BENOT Y RODRÍGUEZ, EDUARDO. *Prosodia castellana y versificación*, 3 vols. Madrid, 1890.

CARBALLO PICAZO, ALFREDO. *Métrica española*. Madrid, 1956.

CLARKE, DOROTHY C. "Una bibliografía de versificación española." In *University of California Publications in Modern Philology* XX (1937), 57–125.

MARÍN, DIEGO. *Poesía española: estudios y textos*. México, 1958.

NAVARRO, TOMÁS. *Métrica española. Reseña histórica y descriptiva*. Syracuse, 1956.

RENGIFO, JUAN DÍAZ. *Arte poética española*. Madrid, 1592.

RIQUER, MARTÍN DE. *Resumen de versificación*. Barcelona, 1950.

VICUÑA CIFUENTES, JULIO. *Estudios de métrica española*. Santiago de Chile, 1930.

Grammatical Usage

Generally speaking, Spanish grammatical usage in the seventeenth century does not differ greatly from modern usage. There are, however, certain recurring grammatical practices in Golden Age plays which are either rare or which have fallen into disuse in modern Spanish. Familiarity with the most common of these practices, which are listed below, will enable the student to read the plays with greater ease. The examples are drawn from plays in the anthology.

I. ARTICLES

1. The definite article *el* is sometimes used before feminine nouns and adjectives beginning with unstressed *a-* or *ha-*, and occasionally before other initial vowels. This *el* is an old form of the feminine article, not the masculine. Examples: *el afrenta, el alfombra, el acerada cuchilla, el hermosura.*

2. The definite article *la* may be used before feminine nouns beginning with stressed *a-* or *ha-*: *la hambre.*

3. The feminine indefinite article may be apocopated: *un hora, un aya.*

II. PRONOUNS

1. Pronouns of address. The king is addressed *vuestra majestad* or *vuestra alteza*, other royalty by *vuestra alteza* (often capitalized but not in this anthology). The usual forms for formal address are *vuestra merced* and *vuesamerced* (the equivalent of modern *usted*). *Vos* and *tú* are used for informal or disrespectful address; however, in many plays *vos* and *tú* are used

indiscriminately among equals and between master and servant, with no intention of disrespect and with no apparent change in attitude on the part of the speakers. *Vos* is also used for the familiar plural (the equivalent of modern *vosotros*). Since the use of a given form of address is often determined by stylistic or metrical considerations, no fixed rules can be given for their use.

2. The relative *quien* may be used for both the singular and plural, and may refer to things as well as persons: "todos aquéllos a quien / hará en este mundo bien"; "Y yo me parto en tu nombre; / por *quien* venzo mis desdichas."

3. The interrogative ¿ *quién*? is occasionally used for the plural ¿ *quiénes*?: "¿*Quién* fueron / los crueles sacristanes?"

4. The masculine direct object *le* is often used instead of *lo* to refer to things: "Muestra el papel, / que primero *le* tengo de aderezar."

5. The feminine indirect object *la* is often used instead of *le*: "Mentalmente *la* dije mi deseo."

6. The object pronoun may precede the affirmative imperative provided that the imperative does not begin the sentence: "De lo hecho *te contenta*, / y ten por cárcel tu casa."

7. Object and reflexive pronouns, which normally precede finite forms of the verb in modern usage except in highly elevated style, frequently follow the verb and are attached to it: "*Recójome* a mi aposento."

8. Object and reflexive pronouns, which normally are appended to the infinitive, may

precede it: "Ya Jimena / no tiene que *se cansar*."

9. Pronominal periphrasis. One of the most common stylistic features of the *comedia* is its frequent use of pronominal periphrasis. The periphrasis can often best be translated by paraphrasing. A few examples and suggested translations follow: "De Rodrigo la cabeza / te promete *mi valor*" ("I, because of my bravery, promise you Rodrigo's head.") "No piense *tu bobería* / que está la casa vacía" ("Don't think, in your stupidity, that the house is vacant"; or, "Don't be stupid enough to think that the house is vacant.") "Yo un medio sé que *mi silencio* calla" (freely, "I know a way that I cannot divulge.")

III. VERBS

1. Archaic verb forms. Among the archaic verb forms which occur most frequently are: *habemos* (*hemos*), *vais* (*vayáis*), *fuérades* (*fuerais*), and *érades* (*erais*). Similar to the last two cases, other verbs may have the ending *-ades* instead of the modern *-ais*.

2. The second person plural of the preterit often ends in *-astes* instead of *-asteis*, and in *-istes* instead of *-isteis*: *dejastes*, *partistes*, etc.

3. Singular verbs with plural subjects. When two or more subjects are closely related and viewed as a unit they may take a singular verb: "¿Qué rüido, grita y lloro / ... *rompe* el silencio en mi casa?" This construction also occurs, but probably less frequently, in modern Spanish.

4. The subjunctive is used after *como* meaning "provided that" or "if": "Aceto (Acepto) el tratarme ansí, / *como* no *comience* en mí."

5. The future subjunctive, which has largely fallen into disuse in modern Spanish, is common: "Yo creeré lo que *quisiere*."

6. The imperfect subjunctive is frequently used instead of the conditional tense, and in the result clause of sentences involving a condition contrary to fact (a fairly common practice in modern Spanish): "Por la misma razón yo no / *tratara* de más venganza." "¡Si no fuérades mi padre, / *diéraos* una bofetada!"

7. The imperfect subjunctive is also used for the pluperfect subjunctive in an *if* clause of implied negation and for the conditional perfect in the result clause: "Si arder le *vieras* ..., / no dudo, gran señor, que te *admiraras*" ("If you had seen it burn ..., I don't doubt, great lord, that you would have been astonished.").

8. Present participle. The preposition *en* followed by the present participle (or gerund) is often used instead of *al* plus infinitive to denote simultaneity of action or to indicate that something happens after the completion of the action expressed by the participle: "*En siendo* los suegros turbios / han de ser los yernos claros." "Y *en habiendo sucedido* / habremos los dos quedado ..."

IV. ADJECTIVES

The objective possessive (genitive). The objective use of possessive adjectives is very common: *tu obediencia* (my obedience to you); *tu amor* (my love for you); *vuestro respeto* (my respect for you).

V. PREPOSITIONS

Personal *a*. The preposition *a* is frequently omitted before a personal direct object: "Ana, llama esa mujer." "Castigaré mis vasallos."

VI. METATHESIS

The metathesis (transposition) of the letters in the third person object pronoun and the plural imperative ending (*-ad*, *-ed*, or *-id*) is common: *matalde* (*matadle*), *prendelde* (*prendedle*), *seguilde* (*seguidle*).

VII. ASSIMILATION

The *r* in the infinitive ending frequently assimilates to the following *l* of an appended pronoun: *matalle* (*matarle*), *cortalla* (*cortarla*), *verlo* (*vello*), *ceñilla* (*ceñirla*). The resulting *ll* is pronounced like any other *ll*, so that *mirallo* rhymes with *caballo*.

~~~ Miguel de Cervantes Saavedra
(1547-1616)

~~~ CHRONOLOGY

1547   Cervantes is born in Alcalá de Henares, fourth of the seven children of Rodrigo de Cervantes and Leonor de Cortinas.

1556   Charles V abdicates Spanish throne; succeeded by Philip II.

1568   Studies with Juan López de Hoyos in Madrid.

1569   Goes to Italy in the service of Cardinal Giulio Acquaviva.

1571   Participates and is wounded in the Battle of Lepanto.

1575   September 26: Captured by Algerian pirates while returning to Spain. Taken as a captive to Algiers.

1580   September 19: Cervantes is ransomed and returns to Spain.

1582   (?) Begins writing a series of plays, including *El trato de Argel* and *La Numancia*.

1584   Marries Catalina de Palacios Salazar y Vozmediano.

1585   Publication of *La Galatea*, a pastoral novel.

1587   Becomes a *comisario* to purchase supplies for the Spanish Armada, defeated in the following year.

1598   Death of Philip II; succeeded by Philip III.

1605   Publication of the first part of *Don Quijote*.

1613   Publication of the *Novelas ejemplares*.

1614   Publication of the *Viaje del Parnaso*.

1615   Publication of the second part of *Don Quijote* and of the *Ocho comedias y ocho entremeses nunca representados*.

1616   April 23: Cervantes dies in Madrid.

1617   Posthumous publication of *Persiles y Sigismunda*.

17

∽∽∽ Cervantes and His Plays

Miguel de Cervantes Saavedra was born in Alcalá de Henares, probably on Saint Michael's day, September 27, 1547, but the date remains uncertain. He was baptized on October 9 in the parish church of Santa María la Mayor. Little is known about his education, although he may have attended a Jesuit school in Seville, and he later studied in Madrid with Juan López de Hoyos, a schoolmaster with Erasmian leanings. It is unlikely that Cervantes' father, an impoverished barber-surgeon with seven children, could have afforded to send him to a university.

In 1569 Cervantes went to Italy in the service of Cardinal Giulio Acquaviva. There he fell in love with the countryside and the cities, became acquainted with the great books and art of the Renaissance, and had his first taste of soldiering. In 1571, as a participant in the great naval battle of Lepanto, he was wounded in the chest and maimed in the left hand. Thereafter he proudly referred to himself as *el manco de Lepanto*. In 1575 the ship on which he was returning to Spain was captured by Algerian pirates, and he was taken as a slave to Algiers. After several unsuccessful attempts to escape, he was ransomed in 1580 through the efforts of Trinitarian friars. Reminiscences of his experiences as a captive are found in several of his later works.

Having returned to Spain, he soon began writing a series of plays (mentioned later). In 1584 Isabel de Saavedra, the illegitimate daughter of his union with Ana Franca de Rojas, was born. In the same year Cervantes, then thirty-seven, married Catalina de Palacios Salazar y Vozmediano, nineteen years his junior. Their marriage was not a happy one and remained childless.

Cervantes was usually in financial distress, a situation not relieved by the publication of his pastoral novel, *La Galatea*, in 1585. Two years later he became a purchasing agent for the government, with the responsibility of collecting provisions for the Armada. After its destruction in 1588, he remained in government service. He was not a good accountant nor a lucky one. In 1592 a deficit in his accounts brought him a jail sentence, and in 1597 he was again imprisoned when the banker with whom he had deposited government funds became insolvent. In 1602 he was once more jailed in Seville for debt, a fortunate fact if he conceived and began writing the *Quijote* then, as some biographers have claimed. It is likely that he also wrote several plays and interludes between, or during, his jail sentences.

In 1605, when he was fifty-eight, the first part of *Don Quijote* was published in Madrid. It was Cervantes' first popular success, and for a while at least, it bought him a measure of comfort. His next book, the *Novelas ejemplares* (1613), did almost as much to enrich the short story as an art form as the *Quijote* did to enrich the novel. The twelve *novelas* display an unprecedented virtuosity of technique and range of themes. The *Viaje del*

Parnaso (1614), a long poem in tercets, presents a critical review of the poetry of Cervantes' day. He was too benevolent to be a good critic. In 1615 appeared the second part of *Don Quijote*, a sequel which in the opinion of most critics is superior in form and content to the first part. Also in the same year was published a collection of his dramatic works, the *Ocho comedias y ocho entremeses nunca representados*.

In 1616 Cervantes completed his final work, *Persiles y Sigismunda*, which he confidently believed would be his crowning achievement. Unfortunately it is not. A rambling, Byzantine-type novel, it suffers from too many places, characters, and incidents. Cervantes died on April 23, 1616. The *Persiles* was published posthumously in 1617.

Although Cervantes is remembered chiefly as a novelist, he wanted to excel as a poet and dramatist. On more than one occasion he sadly confessed that he lacked poetic talent, but he always thought that he was a first-rate, if unappreciated, playwright. His interest in the theater dated from his boyhood. In the prologue to his *Ocho comedias* he nostalgically recalls having seen performances of the "gran Lope de Rueda, varón insigne en la representación y en el entendimiento." Lope de Rueda, whose *pasos* are worthy antecedents of Cervantes' *entremeses*, died in 1565 when Cervantes was eighteen.

After his return from captivity in 1580, Cervantes wrote, in his words, "twenty or thirty" plays, of which only two survive: *El trato de Argel*, based on the lives of Christian slaves in Algiers, and *La Numancia*. The latter deals with the heroic defense of the Iberian city by the outnumbered Numantians and their eventual mass suicide in defiance of the Roman invaders. Despite certain technical deficiencies, *La Numancia* surpasses all previous Spanish tragedies in its conception and nobility of sentiment. Of the other plays composed during the 1580's (known as Cervantes' "primera época dramática"), eight titles are known, including *La confusa*, about which the author speaks often and fondly, and *La batalla naval*. Presumably the latter had to do with the battle of Lepanto

in which Cervantes served so bravely, but how he went about dramatizing it for the stage is another matter.

Also in the prologue to the *Ocho comedias* Cervantes speaks proudly of certain innovations that he brought to the theater and of the favorable reception given to his plays; but at this time, "Tuve otras cosas en que ocuparme: dejé la pluma y las comedias, y entró luego el monstruo de naturaleza, el gran Lope de Vega, y alzóse con la monarquía cómica." A classicist in theory if not in practice, Cervantes did not approve of the new *comedia* fashioned by Lope and his disciples (if it is correct to assume that the canon and the priest are expounding Cervantes' ideas in their long diatribe against the contemporary theater in chapter 48 of the first part of *Don Quijote*). However, it is precisely because of Cervantes' failure to adapt to the new dramaturgical practices and conditions that when he began writing for the theater again (presumably in the late 1590's) he could not sell his *Ocho comedias y ocho entremeses* to a theatrical manager. For that reason, the works of his ' segunda época dramática" were, as the final two words of the title of the collection put it, *nunca representados*.

In view of their quality, it is difficult to understand why Cervantes' *entremeses* were not staged during his lifetime. One-act farces designed to be performed between the acts of a full-length play, six are written in prose, two in verse. They owe much to the *pasos* of Lope de Rueda but surpass them in variety of humor, characterization, style, and thematic content. Their social satire is delicious. But above the foibles of the characters—their ignorance and vanity, their hypocrisy and greed—stands out Cervantes' compassion for imperfect human beings.

Cervantes' humor is at its best in *El retablo de las maravillas*. Employing a motif common in folklore, its immediate source may be Don Juan Manuel's tale in *El Conde Lucanor*, "De lo que conteció a un rey con los burladores que fizieron el paño" (Ejemplo XXXII). The same motif is found in Hans Christian Andersen's delightful story, "The Emperor's New Clothes." The idea of Cervantes' *entremés* is simple: no one who is tainted with Moorish or Jewish blood or who is not of legitimate birth will be able to see the figures in the show to be presented by Chanfalla and Chirinos. The humor of the play results from the reactions of the village officials and their families, mindful of their honor and anxious to keep up appearances, to the performance on the marvelous stage. Here, as in several other *entremeses*, is another example of Cervantes' favorite theme: the power of illusion to envelop and transform reality.

The present edition of *El retablo de las maravillas* is based on the text of the edition of

Rodolfo Schevill and Adolfo Bonilla, in Cervantes' *Comedias y entremeses*, vol. 4 (Madrid, 1918), which is based in turn on the first edition in the *Ocho comedias y ocho entremeses nunca representados* (Madrid, 1615). The following editions have also been consulted: A. Valbuena Prat, in Cervantes' *Obras completas* (Madrid, 1943); E. Cotarelo y Mori, in *Nueva Biblioteca de Autores Españoles*, vol. 17 (Madrid, 1911); Miguel Herrero García, vol. 125 of *Clásicos Castellanos* (Madrid, 1945); and S. Griswold Morley, in *The Interludes of Cervantes* (Princeton, 1948).

Selected Bibliography

I. Collections of Cervantes' Plays and Entremeses

Teatro completo, ed. Agustín Blánquez. 2 vols. Barcelona, 1966.

Comedias y entremeses, ed. Rodolfo Schevill y Adolfo Bonilla, in Cervantes' *Obras completas*, 6 vols. Madrid, 1918.

Ocho comedias y ocho entremeses, ed. A. Valbuena Prat, in Cervantes' *Obras completas*. Madrid, 1943.

Entremeses, ed. Agustín del Campo. *Clásicos Castilla*, núm. 2. Madrid, 1948.

Entremeses, ed. E Cotarelo y Mori. *Nueva Biblioteca de Autores Españoles*, vol. 17. Madrid, 1911.

Entremeses, ed. Miguel Herrero García. *Clásicos Castellanos*, vol. 125. Madrid, 1945.

The Interludes of Cervantes, translated by S. Griswold Morley. Princeton, 1948.

II. General Studies of Cervantes' Theater

ASENSIO, EUGENIO. *Itinerario del entremés desde Lope de Rueda a Quiñones de Benavente*. Madrid, 1965.

CASALDUERO, JOAQUÍN. *Sentido y forma del teatro de Cervantes*. Rev. ed. Madrid, 1966.

COTARELO y VALLEDOR, ARMANDO. *El teatro de Cervantes. Estudio crítico*. Madrid, 1915.

MARRAST, ROBERT. *Miguel de Cervantes, dramaturge*. Paris, 1957.

WARDROPPER, BRUCE W. "Cervantes' Theory of the Drama," *Modern Philology* 52 (1955), 217–21.

⌘⌘⌘ Entremés del retablo de las maravillas

Personas[1]

CHANFALLA, *director del retablo*
CHIRINOS, *su mujer*
RABELÍN, *músico*
GOBERNADOR
BENITO REPOLLO, *alcalde*
JUAN CASTRADO, *regidor*

PEDRO CAPACHO, *escribano*
JUANA CASTRADA, *hija de Juan Castrado*
TERESA REPOLLA
UN SOBRINO DE BENITO REPOLLO
GENTE DEL PUEBLO
UN FURRIER

(*Salen* CHANFALLA *y la* CHIRINOS.)

CHANFALLA: No se te pasen de la memoria, Chirinos, mis advertimientos,[2] principalmente los que te he dado para este nuevo embuste, que ha de salir tan a luz como el pasado del llovista.[3]

CHIRINOS: Chanfalla ilustre, lo que en mí fuere,[4] tenlo como de molde,[5] que tanta memoria tengo como entendimiento, a quien[6] se junta una voluntad de acertar a satisfacerte que excede a las demás potencias. Pero dime: ¿de qué sirve este Rabelín que hemos tomado? Nosotros dos solos, ¿no pudiéramos salir con[7] esta empresa?

CHANFALLA: Habíamosle menester como el pan de la boca, para tocar en los espacios que tardaren[8] en salir las figuras del retablo de las maravillas.

CHIRINOS: Maravilla será si no nos apedrean por sólo el Rabelín, porque tan desventurada criaturilla no la he visto en todos los días de mi vida.

(*Sale el* RABELÍN.)

RABELÍN: ¿Hase de hacer algo en este pueblo, señor autor?[9] Que yo muero porque vuesa merced vea que no me tomó a carga cerrada.[10]

CHIRINOS: Cuatro cuerpos de los vuestros no harán un tercio,[11] cuanto más una carga. Si no sois más gran músico que grande, medrados estamos.[12]

RABELÍN: Ello dirá;[13] que en verdad que me han escrito para entrar en una compañía de partes,[14] por chico que soy.

[1] The cast of characters is omitted in the first edition. Note that several characters have significant names: *Rabelín*, "small rebec," a stringed instrument similar to the lute; *Repollo*, "cabbage"; *Castrado*, "castrated"; *Capacho*, "large basket."

[2] *advertimientos: advertencias*, warnings.

[3] *llovista*: rainmaker.

[4] *fuere*: future subjunctive of *ser*, usually replaced by the present subjunctive in modern usage (see Grammatical Usage, III, 5, p. 13).

[5] *tenlo . . . molde*: consider it to be just right for the purpose.

[6] *quien* could refer to things as well as persons.

[7] *salir con*: to be successful.

[8] *tardaren*: future subjunctive of *tardar*.

[9] *autor*: director of a theatrical company.

[10] *a carga cerrada*: blindly.

[11] *tercio*: half a mule's load.

[12] *medrados estamos*: we're in a fine fix.

[13] *Ello dirá*: Time will tell.

[14] *compañía de partes*: stock company.

CHANFALLA: Si os han de dar la parte a medida del cuerpo, casi será invisible. Chirinos, poco a poco estamos ya en el pueblo, y éstos que aquí vienen deben de ser, como lo son sin duda, el gobernador y los alcaldes. Salgámosles al encuentro y date un filo a la lengua en la piedra de la adulación; pero no 40 despuntes de aguda.[15]

(Salen el GOBERNADOR *y* BENITO REPOLLO, *alcalde;* JUAN CASTRADO, *regidor, y* PEDRO CAPACHO, *escribano.)*

CHANFALLA: Beso a vuesas mercedes las manos. ¿Quién de vuesas mercedes es el gobernador de este pueblo?

GOBERNADOR: Yo soy el gobernador. ¿Qué es lo que queréis, buen hombre?

CHANFALLA: A tener yo dos onzas de entendimiento, hubiera echado de ver que esa peripatética y anchurosa presencia no podía ser de otro que del dignísimo gobernador de 50 este honrado pueblo, que, con venirlo a ser de las Algarrobillas, lo deseche vuesa merced.[16]

CHIRINOS: En vida de[17] la señora y de los señoritos,[18] si es que el señor gobernador los tiene.

CAPACHO: No es casado el señor gobernador.

CHIRINOS: Para cuando lo sea, que no se perderá nada.

GOBERNADOR: Y bien: ¿qué es lo que queréis, 60 hombre honrado?

CHIRINOS: Honrados días viva vuesa merced, que así nos honra. En fin: la encina da bellotas; el pero, peras; la parra, uvas, y el honrado, honra, sin poder hacer otra cosa.

BENITO: Sentencia ciceronianca,[19] sin quitar ni poner un punto.

CAPACHO: *Ciceroniana* quiso decir el señor alcalde Benito Repollo.

BENITO: Siempre quiero decir lo que es mejor, 70 sino que las más veces no acierto. En fin, buen hombre, ¿que queréis?

CHANFALLA: Yo, señores míos, soy Montiel, el que trae el retablo de las maravillas. Hanme enviado a llamar de la corte los señores cofrades[20] de los hospitales, porque no hay autor de comedias en ella, y perecen los hospitales, y con mi idea se remediará todo.[21]

GOBERNADOR: Y ¿qué quiere decir "retablo 80 de las maravillas"?

CHANFALLA: Por las maravillosas cosas que en él se enseñan y muestran, viene a ser llamado retablo de las maravillas; el cual fabricó y compuso el sabio Tontonelo,[22] debajo de tales paralelos, rumbos, astros y estrellas, con tales puntos, caracteres y observaciones, que ninguno puede ver las cosas que en él se muestran que tenga alguna raza de confeso,[23] o no sea habido[24] y 90 procreado de sus padres de legítimo matrimonio; y el que fuere contagiado destas dos tan usadas[25] enfermedades, despídase de ver las cosas jamás vistas ni oídas de mi retablo.

BENITO: Ahora echo de ver que cada día se ven en el mundo cosas nuevas. ¿Y qué? ¿Se llamaba Tontonelo el sabio que el retablo compuso?

CHIRINOS: Tontonelo se llamaba, nacido en la ciudad de Tontonela; hombre de quien 100 hay fama que le llegaba la barba a la cintura.

BENITO: Por la mayor parte, los de grandes barbas son sabihondos.

GOBERNADOR: Señor regidor Juan Castrado, yo determino, debajo de su buen parecer, que esta noche se despose la señora [Juana][26] Castrado, su hija, de quien yo soy padrino, y, en regocijo de la fiesta, quiero que el señor Montiel muestre en vuestra casa su retablo.

JUAN: Eso tengo yo[27] por servir al señor, 110 gobernador, con cuyo parecer me convengo,

---

[15] *date . . . aguda:* sharpen your tongue on the grindstone of flattery, but don't show off your wit.

[16] *con . . . vuesa merced.* Morley translates, "may you be promoted to the post of governor of Algarrobillas when you leave this place." Algarrobillas, a village noted for its hams, no longer exists.

[17] *En vida de:* freely, "And best wishes to."

[18] *señoritos: hijos.*

[19] *ciceronianca:* a corruption of *ciceroniana,* based on *Cicerón* (Cicero), the famous Roman orator.

[20] *cofrade:* member of a religious confraternity.

[21] The religious brotherhoods which administered the hospitals and asylums in Madrid received a substantial part of their operating expenses from the profits of theatrical performances.

[22] *Tontonelo:* a fictitious name based on *tonto,* fool.

[23] *que . . . confeso:* who is of the Jewish race. A *confeso* is a converted Jew.

[24] *habido:* begot.

[25] *usadas:* common.

[26] The first edition reads *Teresa,* an obvious slip.

[27] *Eso tengo yo:* I'll take care of it.

entablo y arrimo,[28] aunque haya otra cosa en contrario.

CHIRINOS: La cosa que hay en contrario es que, si no se nos paga primero nuestro trabajo, así se verán las figuras como por el cerro de Úbeda.[29] ¿Y vuesas mercedes, señores justicias, tienen conciencia y alma en esos cuerpos? ¡Bueno sería que entrase esta noche todo el pueblo en casa del señor Juan 120 Castrado, o como es su gracia,[30] y viese lo contenido en el tal retablo, y mañana, cuando quisiésemos mostrarle[31] al pueblo, no hubiese ánima que le viese! No, señores; no, señores; *ante omnia*,[32] nos han de pagar lo que fuere justo.

BENITO: Señora autora, aquí no os ha de pagar ninguna Antona ni ningún Antoño; el señor regidor Juan Castrado os pagará más que honradamente, y si no, el Concejo. ¡Bien 130 conocéis el lugar, por cierto! Aquí, hermana, no aguardamos a que ninguna Antona pague por nosotros.

CAPACHO: ¡Pecador de mí, señor Benito Repollo, y qué lejos da del blanco![33] No dice la señora autora que pague ninguna Antona, sino que le paguen adelantado[34] y ante todas cosas, que eso quiere decir *ante omnia*.

BENITO: Mirad, escribano Pedro Capacho; haced vos que me hablen a derechas, que yo 140 entenderé a pie llano.[35] Vos, que sois leído y escribido,[36] podéis entender esas algarabías de allende,[37] que yo no.

JUAN: Ahora bien: ¿contentarse ha[38] el señor autor con que yo le dé adelantados media docena de ducados? Y más, que se tendrá cuidado que no entre gente del pueblo esta noche en mi casa.

CHANFALLA: Soy contento,[39] porque yo me fío de la diligencia de vuesa merced y de su 150 buen término.[40]

JUAN: Pues véngase conmigo. Recibirá el dinero, y verá mi casa y la comodidad que hay en ella para mostrar ese retablo.

CHANFALLA: Vamos, y no se les pase de las mientes[41] las calidades que han de tener los que se atrevieren a mirar el maravilloso retablo.

BENITO: A mi cargo queda eso, y séle decir que, por mi parte, puedo ir seguro a juicio,[42] 160 pues tengo el padre alcalde; cuatro dedos de enjundia de cristiano viejo rancioso tengo sobre los cuatro costados de mi linaje:[43] ¡miren si veré el tal retablo!

CAPACHO: Todos le pensamos ver, señor Benito Repollo.

JUAN: No nacimos todos acá en las malvas,[44] señor Pedro Capacho.

GOBERNADOR: Todo será menester, según voy viendo, señores alcalde, regidor y escribano. 170 JUAN: Vamos, autor, y manos a la obra, que Juan Castrado me llamo, hijo de Antón Castrado y de Juana Marcha; y no digo más en abono y seguro que podré ponerme cara a cara y a pie quedo[45] delante del referido retablo.

CHIRINOS: ¡Dios lo haga!

(*Entranse* JUAN CASTRADO *y* CHANFALLA.)

GOBERNADOR: Señora autora, ¿qué poetas se usan[46] ahora en la corte de fama y rumbo, especialmente de los llamados cómicos? 180 Porque yo tengo mis puntas y collar[47] de poeta, y pícome de la farándula y carátula;[48]

[28] *me convengo . . . arrimo*: I concur, agree, and support.
[29] *así . . . Úbeda*: it will be utterly impossible to see the figures. *Por los cerros de Úbeda* generally means "off the track."
[30] *o. . . gracia*: or whatever his name is.
[31] *mostrarle*: mostrarlo.
[32] *ante omnia*: Latin, "before anything else." The expression would have been readily understood in educated circles, but Benito Repollo understands it as *Antona* or *Antoño*.
[33] *qué . . . blanco!*: how wrong you are!
[34] *adelantado*: por adelantado.
[35] *a pie llano*: easily.
[36] *que . . . escribido*: who know how to read and write.
[37] *algarabías de allende*: foreign jargons.

[38] *contentarse ha*: se contentará.
[39] *Soy contento*: I'll be happy to.
[40] *término*: conduct.
[41] *pasar de las mientes*: to forget.
[42] *juicio*: trial.
[43] *cuatro dedos . . . linaje*: freely, "I have four jiggers of good old Christian blood on all four sides of my family."
[44] *No . . . malvas*: All of us around here weren't born in the sticks.
[45] *a pie quedo*: steadfastly.
[46] *usarse*: to be in favor.
[47] *puntas y collar*: inclinations.
[48] *pícome . . . carátula*: I pride myself on knowing something about the theater. *farándula*: theatrical company; *carátula*: mask (symbol of the theater).

veinte y dos comedias tengo, todas nuevas, que se ven las unas a las otras,⁴⁹ y estoy aguardando coyuntura para ir a la corte y enriquecer con ellas media docena de autores.

CHIRINOS: A lo que vuesa merced, señor gobernador, me pregunta de los poetas, no le sabré responder, porque hay tantos, que quitan el sol, y todos piensan que son famosos; 190 los poetas cómicos son los ordinarios y que siempre se usan, y así, no hay para qué nombrarlos. Pero dígame vuesa merced, por su vida: ¿cómo es su buena gracia? ¿Cómo se llama?

GOBERNADOR: A mí, señora autora, me llaman el licenciado Gomecillos.

CHIRINOS: ¡Válame Dios,⁵⁰ y que vuesa merced es el señor licenciado Gomecillos, el que compuso aquellas coplas tan famosas de 200 "Lucifer estaba malo" y "Tómale mal de fuera"!⁵¹

GOBERNADOR: Malas lenguas hubo que me quisieron ahijar estas coplas, y así fueron mías como del Gran Turco.⁵² Las que yo compuse, y no lo quiero negar, fueron aquéllas que trataron del diluvio de Sevilla;⁵³ que, puesto que⁵⁴ los poetas son ladrones unos de otros, nunca me precié de hurtar nada a nadie: con mis versos me ayude Dios, 210 y hurte el que quisiere.

(*Vuelve* CHANFALLA.)

CHANFALLA: Señores, vuesas mercedes vengan, que todo está a punto, y no falta más que comenzar.

CHIRINOS: ¿Está ya el dinero *in corbona*?⁵⁵

CHANFALLA: Y aun entre las telas del corazón.

CHIRINOS: Pues doyte por aviso, Chanfalla, que el gobernador es poeta.

CHANFALLA: ¿Poeta? ¡Cuerpo del mundo!⁵⁶ Pues dale por engañado, porque todos los de 220 humor semejante son hechos a la mazacona;⁵⁷ gente descuidada, crédula y no nada maliciosa.

⁴⁹ *que . . . otras*: all equally good.
⁵⁰ *¡ Válame Dios*: ¡ Válgame Dios.
⁵¹ *"Tómale mal de fuera"*: He had a fit.
⁵² *Gran Turco*: title given by Christians to the sultan of Turkey.
⁵³ The fact that Seville was flooded in 1595, 1596, 1597, 1603, and 1604 does not help in dating the *entremés*.
⁵⁴ *puesto que*: aunque.

BENITO: Vamos, autor, que me saltan los pies por ver esas maravillas.

(*Entranse todos. Salen* JUANA CASTRADA *y* TERESA REPOLLA, *labradoras; la una, como desposada, que es la* CASTRADA.)

CASTRADA: Aquí te puedes sentar, Teresa Repolla amiga, que tendremos el retablo enfrente; y pues sabes las condiciones que han de tener los miradores del retablo, no te descuides, que sería una gran desgracia.

230 TERESA: Ya sabes, Juana Castrada, que soy tu prima, y no digo más. Tan cierto tuviera yo el cielo como tengo cierto ver todo aquello que el retablo mostrare. Por el siglo de mi madre,⁵⁸ que me sacase los mismos ojos de mi cara si alguna desgracia me aconteciese. ¡Bonita soy yo para eso!⁵⁹

CASTRADA: Sosiégate, prima, que toda la gente viene.

(*Salen el* GOBERNADOR, BENITO REPOLLO, JUAN CASTRADO, PEDRO CAPACHO, *el* AUTOR, *y la* AUTORA, *y el* MÚSICO, *y otra* GENTE DEL PUEBLO, *y un* SOBRINO *de* BENITO, *que ha de ser aquel gentilhombre que baila*.)

CHANFALLA: Siéntense todos. El retablo ha 240 de estar detrás de este repostero, y la autora también, y aquí el músico.

BENITO: ¿Músico es éste? Métanlo también detrás del repostero; que, a trueco de no verle, daré por bien empleado⁶⁰ el no oírle.

CHANFALLA: No tiene vuesa merced razón, señor alcalde Repollo, de descontentarse del músico, que en verdad que es muy buen cristiano, y hidalgo de solar conocido.⁶¹

GOBERNADOR: Calidades son bien necesarias 250 para ser buen músico.

BENITO: De solar bien podrá ser; mas de sonar, abrenuncio.⁶²

RABELÍN: Eso se merece el bellaco que se viene a sonar delante de . . .

⁵⁵ *in corbona*: Hebrew, "in safekeeping."
⁵⁶ *¡ Cuerpo del mundo!*: euphemism for ¡ Cuerpo de Dios!
⁵⁷ *a la mazacona*: in the same coarse way.
⁵⁸ *Por . . . madre*: By my mother's soul.
⁵⁹ *¡ Bonita . . . eso!*: I'm a fine one for that.
⁶⁰ *daré . . . empleado*: I'll accept willingly.
⁶¹ *de solar conocido*: of illustrious family.
⁶² *abrenuncio*: by no means.

BENITO: Pues, por Dios, que hemos visto aquí sonar a otros músicos tan . . .

GOBERNADOR: Quédese esta razón[63] en el *de* del señor Rabel, y en el *tan* del alcalde, que[64] será proceder en infinito, y el señor 260 Montiel comience su obra.

BENITO: ¡Poca balumba[65] trae el autor para tan gran retablo!

JUAN: Todo debe de ser de maravilla.

CHANFALLA: ¡Atención, señores, que comienzo! ¡Oh tú, quienquiera que fuiste, que fabricaste este retablo con tan maravilloso artificio, que alcanzó renombre de las maravillas por la virtud que en él se encierra! Te conjuro, apremio y mando que 270 luego incontinente[66] muestres a estos señores algunas de las tus maravillosas maravillas, para que se regocijen y tomen placer sin escándalo alguno. ¡Ea!, que ya veo que has otorgado mi petición, pues por aquella parte asoma la figura del valentísimo Sansón, abrazado con las columnas del templo, para derribarle por el suelo y tomar venganza de sus enemigos. ¡Tente, valeroso caballero, tente, por la gracia de Dios Padre! ¡No hagas 280 tal desaguisado, porque no cojas debajo y hagas tortilla[67] tanta y tan noble gente como aquí se ha juntado!

BENITO: ¡Téngase, cuerpo de tal,[68] conmigo! ¡Bueno sería que, en lugar de habernos venido a holgar, quedásemos aquí hechos plasta! ¡Téngase, señor Sansón, pesia a mis males, que se lo ruegan buenos![69]

CAPACHO: ¿Veisle vos, Castrado?

JUAN: ¡Pues no lo había de ver! ¿Tengo yo 290 los ojos en el colodrillo?

GOBERNADOR: (*Aparte.*) ¡Milagroso caso es éste! ¡Así veo yo a Sansón ahora, como al Gran Turco!; pues[70] en verdad que me tengo por legítimo y cristiano viejo.

CHIRINOS: ¡Guárdate, hombre, que sale el mismo toro que mató al ganapán de Salamanca! ¡Echate, hombre! ¡Echate, hombre! ¡Dios te libre! ¡Dios te libre!

CHANFALLA: ¡Echense todos! ¡Echense todos! 300 ¡Húchoho, húchoho, húchoho![71] (*Echanse todos y alborótanse.*)

BENITO: ¡El diablo lleva en el cuerpo el torillo! Sus partes tiene de hosco y de bragado.[72] Si no me tiendo, me lleva de vuelo.[73]

JUAN: Señor autor, haga, si puede, que no salgan figuras que nos alboroten. Y no lo digo por mí, sino por estas mochachas, que no les ha quedado gota de sangre en el cuerpo, de la ferocidad del toro.

310 CASTRADA: ¡Y cómo, padre! No pienso volver en mí en tres días. Ya me vi en sus cuernos, que los tiene agudos como una lezna.

JUAN: No fueras tú mi hija, y no lo vieras.[74]

GOBERNADOR: (*Aparte.*) Basta; que todos ven lo que yo no veo; pero al fin habré de decir que lo veo, por la negra honrilla.[75]

CHIRINOS: Esa manada de ratones que allá va, desciende por línea recta de aquéllos que se criaron en el Arca de Noé; de ellos[76] son blancos, de ellos albarazados,[77] de ellos 320 jaspeados[78] y de ellos azules, y, finalmente, todos son ratones.

CASTRADA: ¡Jesús! . . . ¡Ay de mí! . . . Téngame, que me arrojaré por aquella ventana. ¡Ratones! ¡Desdichada! Amiga, apriétate las faldas, y mira no te muerdan. ¡Y monta que son pocos![79] Por el siglo de mi abuela,[80] que pasan de milenta.[81]

TERESA: Yo sí soy la desdichada, porque se 330 me entran sin reparo ninguno. Un ratón morenico me tiene asida de una rodilla. Socorro venga del cielo, pues en la tierra me falta.

BENITO: Aun bien que[82] tengo gregüescos;[83]

---

[63] *razón*: discussion.
[64] *que*: otherwise.
[65] *balumba*: paraphernalia.
[66] *luego incontinente*: at once and immediately.
[67] *hacer tortilla*: to crush.
[68] *cuerpo de tal*. See n. 56.
[69] *¡Téngase . . . buenos!*: Hold on, Mr. Samson, in spite of my sins, because good people beg it of you!
[70] *pues*: aunque.
[71] *húchoho* (or *huchohó*): cry formerly used in bullfighting to incite the bull.
[72] *Sus . . . bragado*: He has a dark body with different colored flanks.

[73] *de vuelo*: in a jiffy (also with the possible meaning, "he would have sent me soaring").
[74] *No . . . vieras*: If you weren't my daughter, you wouldn't have seen him.
[75] *por . . . honrilla*: for my blessed honor's sake.
[76] *de ellos*: some of them.
[77] *albarazados*: black and red.
[78] *jaspeados*: speckled.
[79] *¡Y . . . pocos!*: What a lot of them!
[80] *Por . . . abuela*. See n. 58.
[81] *milenta*: thousand.
[82] *Aun bien que*: Fortunately.
[83] *gregüescos*: breeches.

que no hay ratón que se me entre por pequeño que sea.

CHANFALLA: Esta agua que con tanta prisa se deja descolgar de las nubes es de la fuente que da origen y principio al río Jordán. Toda[380] mujer a quien tocare en el rostro, se le[340] volverá como de plata bruñida, y a los hombres se les volverán las barbas como de oro.

CASTRADA: ¿Oyes, amiga? Descubre el rostro, pues ves lo que te importa. ¡Oh, qué licor tan sabroso! ¡Cúbrase, padre; no se moje!

JUAN: Todos nos cubrimos, hija.

BENITO: Por las espaldas me ha calado el[390] agua hasta la canal maestra.[84][350]

CAPACHO: ¡Yo estoy más seco que un esparto!

GOBERNADOR: (*Aparte.*) ¿Qué diablos puede ser esto, que aún no me ha tocado una gota donde todos se ahogan? ¿Mas si viniera yo a ser[85] bastardo entre tantos legítimos?

BENITO: Quítenme de allí aquel músico; si no, voto a Dios que me vaya sin ver más figuras. ¡Válgate el diablo por músico aduendero, y que hace de menudear sin[400] cítola y sin son![86][360]

RABELÍN: Señor alcalde, no tome conmigo la hincha,[87] que yo toco como Dios ha sido servido de enseñarme.

BENITO: ¡Dios te había de enseñar, sabandija! Métete tras la manta; si no, por Dios que te arrojo este banco.

RABELÍN: El diablo creo que me ha traído a este pueblo.

CAPACHO: ¡Fresca es el agua del santo río[410] Jordán! Y aunque me cubrí lo que pude,[370] todavía me alcanzó un poco en los bigotes, y apostaré que los tengo rubios como un oro.

BENITO: Y aun peor cincuenta veces.[88]

CHIRINOS: Allá van hasta dos docenas de leones rampantes y de osos colmeneros.[89]

Todo viviente se guarde, que aunque fantásticos, no dejarán de dar alguna pesadumbre, y aun de hacer las fuerzas de Hércules con espadas desenvainadas.

JUAN: ¡Ea, señor autor, cuerpo de nosla![90] ¿Y ahora nos quiere llenar la casa de osos y de leones?

BENITO: ¡Mirad qué ruiseñores y calandrias nos envía Tontonelo, sino leones y dragones! Señor autor, o salgan figuras más apacibles, o aquí nos contentamos con las vistas, y Dios le guíe, y no pare más en el pueblo un momento.

CASTRADA: Señor Benito Repollo, deje salir ese oso y leones, siquiera por nosotras, y recibiremos mucho contento.

JUAN: Pues, hija, ¿de antes te espantabas de los ratones, y ahora pides osos y leones?

CASTRADA: Todo lo nuevo aplace, señor padre.

CHIRINOS: Esa doncella que ahora se muestra tan galana y tan compuesta es la llamada Herodías, cuyo baile alcanzó en premio la cabeza del Precursor de la vida.[91] Si hay quien la ayude a bailar, verán maravillas.

BENITO: Esta sí, ¡cuerpo del mundo!, que es figura hermosa, apacible y reluciente. ¡Hideputa, y cómo se vuelve la mochacha! Sobrino Repollo, tú, que sabes de achaques de castañetas, ayúdala, y será la fiesta de cuatro capas.[92]

SOBRINO: Que me place, tío Benito Repollo. (*Tocan la zarabanda.*)[93]

CAPACHO: ¡Toma mi abuelo[94] si es antiguo el baile de la zarabanda y de la chacona!

BENITO: Ea, sobrino, ténselas tiesas[95] a esa bellaca judía. Pero si ésta es judía, ¿cómo ve estas maravillas?

CHANFALLA: Todas las reglas tienen excepción, señor alcalde.

---

[84] *canal maestra*: gullet.

[85] *¿ Mas . . . ser*: What if I should turn out to be . . . ?

[86] *¡ Válgate . . . son!*: The devil take you for a goblin-musician; you keep playing over and over without a zither and not making a sound!

[87] *hincha*: grudge.

[88] *Y . . . veces*: And fifty times worse than it was.

[89] *osos colmeneros*: honey-eating bears.

[90] *cuerpo de nosla*. See n. 56.

[91] It was Salome, daughter of Herodias, whose dance caused John the Baptist, called the Precursor,

to lose his head (Mark vi. 14–29).

[92] *fiesta de cuatro capas*: solemn religious ceremony.

[93] The *zarabanda* and the *chacona* (mentioned in the next sentence) were lively dances performed with castanets. The terms also applied to the music for the dances. A decree of 1615 prohibited both dances in the theaters because of their suggestive movements, but the prohibition was seldom enforced.

[94] *¡ Toma mi abuelo*: By my grandfather . . . !

[95] *tenérselas tiesas*: to hold tight.

(Suena una trompeta o corneta dentro de la escena y sale un FURRIER *de compañías.)*

FURRIER: ¿Quién es aquí el señor gobernador?

GOBERNADOR: Yo soy. ¿Qué manda vuesa460 merced?

420 FURRIER: Que luego al punto mande hacer alojamiento para treinta hombres de armas que llegarán aquí dentro de media hora, y aun antes, que ya suena la trompeta. Y adiós.

BENITO: Yo apostaré que los envía el sabio Tontonelo.

CHANFALLA: No hay tal: que ésta es una compañía de caballos[96] que estaba alojada dos leguas de aquí.

BENITO: Ahora yo conozco bien a Tontonelo, 430 y sé que vos y él sois unos grandísimos bellacos, y perdonando al músico; y mirad que os mando que mandéis a Tontonelo no tenga atrevimiento de enviar estos hombres de armas, que le haré dar doscientos azotes en las espaldas, que se vean unos a otros.[97]

CHANFALLA: Digo, señor alcalde, que no los envía Tontonelo.

BENITO: Digo que los envía Tontonelo, como480 ha enviado las otras sabandijas que yo he 440 visto.

CAPACHO: Todos las habemos[98] visto, señor Benito Repollo.

BENITO: No digo yo que no, señor Pedro Capacho. ¡No toques más, músico de entresueños,[99] que te romperé la cabeza!

(Vuelve el FURRIER.*)*

FURRIER: ¡Ea!, ¿está ya hecho el alojamiento? Que ya están los caballos en el pueblo.490

BENITO: ¿Que, todavía ha salido con la suya Tontonelo? ¡Pues yo os voto a tal,[100] autor 450 de humos y de embelecos,[101] que me los habéis de pagar!

CHANFALLA: Séanme testigos que me amenaza el alcalde.

CHIRINOS: Séanme testigos que dice el alcalde

que lo que manda su majestad[102] lo manda el sabio Tontonelo.

BENITO: ¡Atontonelada[103] te vean mis ojos, plegue a Dios todopoderoso!

GOBERNADOR: Yo para mí tengo que verdaderamente estos hombres de armas no deben de ser de burlas.

FURRIER: ¿De burlas habían de ser, señor gobernador? ¿Está en su seso?

JUAN: Bien pudieran ser atontonelados, como esas cosas que habemos visto aquí. Por vida del autor, que haga salir otra vez a la doncella Herodías, porque vea este señor lo que nunca ha visto; quizá con esto le cohecharemos para que se vaya presto del lugar.

470 CHANFALLA: Eso en buena hora, y veisla aquí a do[104] vuelve y hace de señas a su bailador que de nuevo la ayude.

SOBRINO: Por mí no quedará, por cierto.

BENITO: Eso sí, sobrino; cánsala, cánsala: vueltas y más vueltas. ¡Vive Dios, que es un azogue la muchacha! ¡Al hoyo,[105] al hoyo; a ello, a ello!

FURRIER: ¿Está loca esta gente? ¿Qué diablos de doncella es ésta, y qué baile, y qué Tontonelo?

CAPACHO: ¿Luego no ve la doncella Herodiana[106] el señor Furrier?

FURRIER: ¿Qué diablos de doncella tengo de ver![107]

CAPACHO: Basta; de *ex illis* es.[108]

GOBERNADOR: De *ex illis* es, de *ex illis* es.

JUAN: De ellos es, de ellos es el señor furrier; de ellos es.

FURRIER: ¡Soy de la mala puta que los parió! ¡Y por Dios vivo que si echo mano a la espada, que los haga salir por las ventanas, que no por la puerta!

CAPACHO: Basta; de *ex illis* es.

BENITO: De ellos es, pues no ve nada.

FURRIER: ¡Canalla barretina![109] ¡Si otra vez me dicen que soy de ellos, no les dejaré hueso sano!

---

[96] *compañía de caballos*: company of cavalry.

[97] *que . . . otros*: all equally hard.

[98] *habemos*: hemos.

[99] *músico de entresueños*: you nightmare of a musician.

[100] *¡Pues . . . tal*: Well, curse you.

[101] *humos . . . embelecos*: shams and humbug.

[102] Chirinos means that the quartermaster gives orders on behalf of the king.

[103] *Atontonelada*: word coined on *Tontonelo* and

atontonilar, "to confound."

[104] *a do*: adonde.

[105] *¡ Al hoyo*: Go to it!

[106] *Herodiana*: Herodias.

[107] *tengo de ver*: he de ver.

[108] *de ex illis es*: he's one of them (cf. I John 11. 19). The meaning here is that the quartermaster is either a Jew or a bastard.

[109] *canalla barretina*: worthless rabble.

BENITO: Nunca los confesos ni bastardos fueron valientes, y por eso no podemos dejar
500 de decir: de ellos es, de ellos es.

FURRIER: ¡Cuerpo de Dios con los villanos! ¡Esperad! (*Mete mano a la espada y acuchillase con todos, y el* ALCALDE *aporrea al* RABELLEJO,[110] *y la* CHIRINOS *descuelga la manta y dice:*)

CHIRINOS: El diablo ha sido la trompeta y la venida de los hombres de armas; parece que los llamaron con campanilla.

CHANFALLA: El suceso ha sido extraordinario; la virtud del retablo se queda en su punto, y
510 mañana lo podemos mostrar al pueblo, y nosotros mismos podemos cantar el triunfo de esta batalla diciendo, "¡Vivan Chirinos y Chanfalla!"

[110] *Rabellejo: Rabelín.*

FIN

～～～ STUDY QUESTIONS AND TOPICS

1. The general characteristics of the *entremés* as a dramatic form.
2. What magical qualities does the *retablo* possess?
3. The social satire in the *entremés*.
4. Is Cervantes satirizing a particular social group or class in his *entremés*?
5. Cervantes' irony as reflected in the *entremés*.
6. The various comical devices employed in the *entremés*.
7. The language of the *entremés*.
8. The role of the *furrier*. Does his role correspond in any way to that of Sancho Panza in the *Quijote*?
9. The theme of reality and illusion in the *entremés*. The similarities and differences in handling this theme in the *entremés* and the *Quijote*.

Lope de Vega Carpio
(1562–1635)

∿∿∿ CHRONOLOGY

1562 December 12: Lope Félix de Vega Carpio is born in Madrid, son of Félix de Vega and Francisca Fernández Flores.
1577 Begins studies at the University of Alcalá.
1582 Possibly studies at the University of Salamanca.
1588 Exiled from Madrid for eight years for having written libelous poetry against the family of Elena Osorio, his former lover. Marries Isabel de Urbina. Serves in the Invincible Armada
1595 His wife dies (perhaps in 1594). Lope is allowed to return to Madrid.
1598 Marries Juana de Guardo. Publishes *La Arcadia*, a pastoral novel, and *La Dragontea*, an epic poem. Is involved in a liaison with Micaela de Luján, who bears him several children.
1599 Publishes *El Isidro*, a long religious poem on the patron saint of Madrid.
1602 Publishes *La hermosura de Angélica*, a romantic epic written years earlier, and *Rimas humanas*.
1604 Publishes the novel *El peregrino en su patria*, which contains a list of 219 titles of plays he had written up to that time.
1609 Publishes *El arte nuevo de hacer comedias en este tiempo*, a treatise in verse concerning his theories on drama. Also publishes *La Jerusalén conquistada*, a religious epic.
1613 His wife Juana de Guardo dies.
1614 Takes minor orders. Publishes *Rimas sacras*.
1616 Meets and falls in love with Marta de Nevares, the *Amarilis* and *Marcia Leonarda* of his poetry.
1621–24 Dedicates four *novelas* (short stories), published together with other works, to *Marcia Leonarda*.
1628 Marta de Nevares falls victim to a long mental illness.
1629 Publishes *El laurel de Apolo*, a work in verse in which he praises some 300 poets.
1632 Marta de Nevares dies. Publishes *La Dorotea*, a long prose work in dialogue form.
1634 Publishes *Rimas humanas y divinas del licenciado Tomé de Burguillos*.
1635 August 27: Lope dies in Madrid.
1636 Juan Pérez de Montalván publishes *Fama póstuma*, a volume in homage of Lope de Vega.

⤚⤚⤚ Lope de Vega and His Plays

A son of Madrid, Lope de Vega was born in 1562, fifteen years after Cervantes, and two years before Shakespeare. His family was of modest background. His father Félix de Vega, an embroiderer by trade, was torn between sexual passion and religious piety. The sins of the father—and his piety—were to be visited on the son.

Little is known about Lope's childhood, but from all accounts he was something of a prodigy. We are told that he spouted poetry before he learned to write, that he read Spanish and Latin when he was five, that he wrote his first play when he was twelve (although his earliest play known by title, *Los hechos de Garcilaso de la Vega*, was written when he was about eighteen). Nor are many facts known about his formal education. He received his early schooling at the Colegio Imperial conducted by the Jesuits in Madrid, probably attended the University of Alcalá (presumably between 1577 and 1581), and may or may not have attended the University of Salamanca in 1582–1583. At any rate, although Lope was not a man of great erudition, the range of his reading, especially in Spanish history and *belles lettres* and in Latin and Italian literature, was extensive.

A man of restless spirit, Lope plunged into the life of his times with zest. Moved by patriotic zeal, he enlisted in 1583 for service in the Spanish campaign against the Portuguese island of Terceira in the Azores. Shortly after that brief expedition, which ended the resistance to Spain's annexation of Portugal,

he met and fell in love with Elena Osorio, the wife of an actor and daughter of a theatrical family. Lope's liaison with *Elisa* (as he calls her in his verse) ended disastrously. In 1588 he was convicted of writing libelous poetry against her and her family, and was sentenced to eight years' exile from Madrid. In the same year he eloped with Isabel de Urbina (the *Belisa* of his poetry), whom he later married by proxy. Although Isabel belonged to a family of some social distinction, marriage did not hold him long. He soon deserted her to go to Lisbon where he enlisted for service in the Invincible Armada. He is said to have written the romantic epic *La hermosura de Angélica*, based on Ariosto's *Orlando furioso* and the other Italian *Orlandos*, while serving in Philip II's ill-fated enterprise. After the defeat of the Armada, he rejoined his bride in Valencia where he lived in exile until 1590. There he found repose for his writing, and his prodigious output of poetry and plays increased. He also enjoyed the friendship of a group of Valencian poets and dramatists. The following five years were no less productive. Now secretary to the Duke of Alba, Lope resided with his wife in Alba de Tormes. After she died in childbirth, he was allowed to return to Madrid in 1595. Although he had spent seven years in exile, Lope de Vega had become something of an institution in his native city.

It was not long, however, before he was in trouble with the court authorities again. In 1596 he was tried and admonished for living in concubinage with Antonia Trillo de Armenta, a widow of unsavory reputation. Two years later he married Juana de Guardo, the daughter of a rich butcher. Local wags were not hesitant in accusing him of marrying Juana for her dowry, but the couple had several children, including Feliciana whose birth in 1613 caused the death of the mother. During most of his marriage to Juana, Lope sustained a liaison with a married actress, Micaela de Luján (the *Camila Lucinda* of his poetry), who bore him seven children. If Micaela's husband had not been absent from the country during this time, we would have every reason to be sceptical about the seriousness with which Spaniards took their famous code of honor. In effect, Lope made little effort to conceal his relationship with the beautiful Micaela. He made extended trips with her to Toledo and Seville; like a love-smitten schoolboy he scribbled her initials on public documents. No one knows if Juana and Micaela ever met.

In 1614, a year after the death of Juana de Guardo, Lope was ordained priest; but notwithstanding his good intentions he was unable to put women out of his life. He was soon involved in a sordid affair with the actress Lucía de Salcedo, to whom he refers in his letters as *la Loca*. Then in 1616 came his last and one of his greatest loves, Marta de Nevares Santoyo (the *Amarilis* and *Marcia Leonarda* of his writings). A married woman, Marta was about twenty-six; the poet-priest was fifty-four. Once again Lope's scandalous private life became a matter of public knowledge, and his enemies, among them Góngora and Ruiz de Alarcón, did not fail to flay him in scurrilous verse. Lope was remorseful, but the severe penance which he inflicted upon himself did not help him forget the lovely Marta. In 1617 he wrote to the Duke of Sessa, his patron: "Yo estoy perdido, si en mi vida lo estuve, por alma y cuerpo de mujer, y Dios sabe con qué sentimiento mío, porque no sé cómo ha de ser ni durar esto, ni vivir sin gozarlo." After Marta de Nevares lost her sight in 1622 and fell victim to mental illness in 1628, Lope continued to address plays and poetry to her, poetry filled with tenderness

and compassion. She died in 1632. The story of the poet's last great love is told in intimate detail in the eclogue *Amarilis* (1633).

Yet another personal tragedy was to sadden Lope's final years. In 1634, the year before his death, Antonia Clara, his daughter by Marta de Nevares and the consolation of his old age, was abducted by a donjuanesque courtier, Cristóbal Tenorio. They were never married. The grief-stricken father relates the circumstances in the eclogue *Filis*, composed in 1635 but not printed until after his death. The details of the abduction read like incidents of the many plots that Lope invented to entertain his contemporaries—or, more ironically, like incidents taken from a chapter of his own life.

Lope de Vega died on August 27, 1635. His death was marked by national mourning because no other Spanish author had ever won the hearts of his countrymen so completely. His disciple and biographer Juan Pérez de Montalván wrote of him in his *Fama póstuma* (1636): "No hay casa de hombre curioso que no tenga su retrato, o ya en papel, o ya en lámina, o ya en lienzo. Vinieron muchos desde sus tierras sólo a desengañarse de que era hombre. Enseñábanle en Madrid a los forasteros como en otras partes un templo, un palacio y un edificio. Íbanse los hombres tras él cuando le topaban en la calle, y echábanle bendiciones las mujeres cuando le veían pasar desde las ventanas." Lope, who above all sought to please his fellow Spaniards, was rewarded by being regarded as the national bard.

During his career of fifty years or more, Lope de Vega tried his hand at most literary genres: the novel, the dialogue, the epic, the mock-epic, lyric poetry, and the drama. Although he wrote an incredible amount of poetry and ranks among Spain's greatest lyric poets, it is of course with the theater that he is most closely identified. It would be difficult to exaggerate Lope's influence on the history of the Spanish theater, both from from a qualitative and quantitative point of view. It was he who gathered together all the disparate tendencies of sixteenth-century Spanish drama and fused them into the *comedia nueva*. It was he who formed the taste of theater-goers, then satisfied their hunger with literally hundreds of plays. It was he who made it impossible for playwrights who did not adhere to his formula to get their plays put on the boards. For a century and a half—until the advent of eighteenth-century Neoclassicism—Lope de Vega determined the course of the Spanish theater.

Although his relations with Lope were never cordial, Cervantes was one of the earliest Spaniards to pay tribute both to the quantity and quality of his production. In Part I of the *Quijote* (published in 1605, still before the peak of Lope's career) the village priest censures the Phoenix for catering to the whims of actors, but he cannot refrain from admiring him: "... por muchas e infinitas comedias que ha compuesto ... con tanta gala, con tanto donaire, con tan elegante verso, con tan buenas razones, con tan graves sentencias, y, finalmente, tan llenas de elocución y alteza de estilo, que tiene lleno el mundo de su fama ..." (Chapter 48). And ten years later in the prologue to his *Ocho comedias y ocho entremeses nunca representados* (1615) Cervantes remarks wistfully that his desire to resume his career as a dramatist was blocked because during his absence from the theater "entró luego el monstruo de naturaleza, el gran Lope de Vega, y alzóse con la monarquía cómica." Try as he might, Cervantes simply could not adapt himself wholeheartedly to Lope's New Art—and his plays never found a producer.

We shall never know how many plays Lope de Vega wrote, although (whether or not the number claimed for him is exaggerated) we can only conclude that the total was enormous. Pérez de Montalván alleges in the *Fama póstuma* that he wrote 1800 *comedias* and 400 *autos*. Lope himself was slightly more conservative in his claims. In the *Egloga a Claudio*, presumably written in 1631, he says that he had written 1500 plays, "of which more than a hundred passed from the Muses to the stage in twenty-four hours." Elsewhere his statements are contradictory and his arithmetic faulty. At any rate, in the first edition of his novel *El peregrino en su patria*

(1604) he lists 219 titles of plays composed by that time, and in the sixth edition (1618) he adds a new list of 114 titles. Elsewhere he claims to have written 483 plays by 1609, 800 by 1618, 900 by 1621, 1070 by 1625. As matters now stand, some 700 known titles are attributed to him, the texts of 500 of which are preserved. Of these 500 plays, however, only 314 are now believed to be authentic.

Not only was Lope the principal purveyor of plays to the Spanish theaters but he was also the chief apologist for the type of fare he served. His critical treatise *El arte nuevo de hacer comedias en este tiempo*, written in verse in 1609, was long regarded as little more than a tongue-in-cheek apology for his violation of the classical precepts, but is now considered to be a well-reasoned statement of the esthetic theories which governed the composition of the *comedia nueva*. In it Lope advocates the observance of the unity of action but the rejection of the unities of time and place, the mixture of the comic and the tragic, the division into three acts, the necessity for decorum and verisimilitude, abundant action and suspense, a variety of verses, the use of the honor theme, and, above all, the constant aim to entertain even at the expense of time-hallowed precepts, "porque a veces lo que es contra lo justo / por la misma razón deleita el gusto." In short, the essence of Lope's New Art has to do with a defense of the dramatic devices which so pleased the audiences of his day. Yet, for all his seeming servility to public *gusto*, he is careful to ground so revolutionary a concept as the mixture of the comic and the tragic on fundamental esthetic principles inherent in nature:

que aquesta variedad deleita mucho;
buen ejemplo nos da naturaleza
que por tal variedad tiene belleza.

It was not until the advent of nineteenth-century Romanticism that most critics were disposed to accept an esthetic principle so well enunciated two centuries earlier.

In his classification of the extant plays of Lope de Vega, Menéndez Pelayo lists, in addition to the one-act *autos*, *coloquios*, *loas* and *entremeses*, fifteen types of full-length plays, ranging from *comedias mitológicas* to *comedias de costumbres*. The plays, of course, vary as greatly in merit as they do in their subject matter and their sources. Although one of Lope's finest honor tragedies, *El castigo sin venganza* (1631), was based on an Italian *novella* by Mateo Bandello, he was usually at his best when dramatizing the life and history of his native Spain. It is no accident that ninety-eight of his surviving plays are, according to Menéndez Pelayo's classification, *comedias sobre crónicas y leyendas de España*.

Nowhere does Lope's dramatic poetry reach greater heights than in plays like *Peribáñez y el comendador de Ocaña* and *Fuenteovejuna*, in which the virtue, dignity, sense of honor, and loyalty of the Spanish peasantry are set in opposition to the wantonness of corrupt feudal overlords. Here are plays brimming with delicate lyric songs, colorful dances and fiestas, and nobility of sentiment.

El caballero de Olmedo also belongs to the large family of plays based on Spanish history and legends. It is believed to have been composed between 1620 and 1625, but it was first printed in the *Veintiquatro parte perfecta de las comedias del Fénix de España* . . . (Zaragoza, 1641). The exact sources are uncertain, but the story of the murder of Don Alonso, poetically synthesized in the traditional verses "Que de noche le mataron al caballero, / la gala de Medina, la flor de Olmedo," is known to have circulated, perhaps in various forms, in the sixteenth century. Some critics postulate that one or more *romances* on the subject existed. In his *Diferencias* (Madrid, 1578) the Spanish musician Antonio de Cabezón set the theme of *el caballero* to music. In 1617 the text of a *Baile del caballero de Olmedo*, containing the essential details of the murder and incorporating the traditional verses (with slight variants), was printed in *Parte VII* of Lope de Vega's *Comedias*. There is no proof that Lope wrote the *Baile*, but since it was included in a volume published under his name, he certainly knew it. Finally, it is clear that the central conflict of the play is based on a historical incident which is related in Alonso López de Haro's *Nobiliario genealógico de los reyes y títulos de España*

(Madrid, 1622), although the names of the persons differ:

Don Juan de Vivero, caballero del hábito de Santiago, señor de Castronuevo y Alcaraz, fue muerto viniendo de Medina del Campo de unos toros, por Miguel Ruiz, vecino de Olmedo, saliéndole al encuentro, sobre diferencias que traían, por quien se dijo aquellas cantilenas que dicen: "Esta noche le mataron al caballero, / la gala de Medina, la flor de Olmedo" (Segunda parte, libro IX, capítulo VII. See Menéndez Pelayo's study listed in the Selected Bibliography).

Although Lope may not have known the *Nobiliario* (depending on the date of composition of his play), he was certainly familiar with the tradition to which this episode gave rise. He was probably also familiar with other traditional accounts of the murder, including one which fixes it in the year 1521, although Lope chose to place his tragedy during the reign of John II (1406–1454). Other seventeenth-century treatments of the theme of *el caballero*, including an earlier anonymous play of identical title, need not concern us here.

Although song, legend, and history furnished Lope with the outline and major incidents of his plot, the influence of *La Celestina* is also notable, especially in the characterization of Fabia, who is a worthy successor to Celestina in her role of procuress and witch. Indeed, some contemporary critics have regarded Fabia as the primary cause of the lovers' tragedy because, as a witch, she is in league with Satan, and, no matter how well her malevolence is disguised by her outward good nature, she is dedicated to evil. Other critics, searching for a moral justification for Don Alonso's death, have pointed out that the young lovers, sympathetic as they are, invite punishment by engaging in a series of deceptions which are morally wrong and unworthy of them. Because of its absorbing plot, interesting characters, haunting poetry and sense of mystery, *El caballero de Olmedo* is one of Lope's plays which has received wide critical attention.

The present edition is based on that of I. I. MacDonald (Cambridge, 1934), which reproduces the text of the first edition contained in the *Veintiquatro parte perfecta de las comedias del Fénix de España* . . . (Zaragoza, 1641). Other editions which have been consulted are: J.E.Hartzenbusch, in *Biblioteca de Autores Españoles*, vol. 34 (Madrid, 1950); M.

Menéndez Pelayo, in *Obras de Lope de Vega publicadas por la Real Academia Española*, vol. 10 (Madrid, 1899); E. Juliá Martínez, in *Obras dramáticas escogidas*, vol. 3 (Madrid, 1935); and José Manuel Blecua, in *Biblioteca Clásica Ebro*, vol. 28. Novena edición. (Zaragoza, 1964.)

SELECTED BIBLIOGRAPHY

I. Collections of Lope de Vega's Plays

Obras de Lope de Vega publicadas por la Real Academia Española, ed. M.Menéndez Pelayo. 15 vols. Madrid, 1890–1913.

Obras de Lope de Vega publicadas por la Real Academia Española (nueva edición), ed. E. Cotarelo y Mori, et al. 13 vols. Madrid, 1916–30.

Obras dramáticas escogidas de Lope de Vega, ed. E. Juliá Martínez. 6 vols. Madrid, 1934–6.

Obras escogidas. Tomo I, *Teatro*, ed. Federico Carlos Sainz de Robles. Madrid, 1946.

Comedias escogidas, in *Biblioteca de Autores Españoles*. *Nueva impresión*. 19 vols. Madrid, 1947–67. The first four volumes were edited by J.E.Hartzenbusch in the nineteenth century; the last 15 volumes are a reprinting of the Academy edition edited by Menéndez Pelayo (see above).

II. General Studies of Lope de Vega

ENTRAMBASAGUAS, JOAQUÍN DE. *Vivir y crear de Lope de Vega*. Madrid, 1946.

GRISMER, RAYMOND L. *Bibliography of Lope de Vega*. 2 vols. Minneapolis, 1965.

MARÍN, DIEGO. *La intriga secundaria en el teatro de Lope de Vega*. Mexico, 1958.

—— *Uso y función de la versificación dramática en Lope de Vega*. Valencia, 1962.

MONTESINOS, JOSÉ F. *Estudios sobre Lope de Vega*. Nueva edición. Salamanca, 1967.

—— "La paradoja del Arte Nuevo," *Revista de Occidente* 2 (1964), 302–30.

MORLEY, S.GRISWOLD, and BRUERTON, COURTNEY. *The Chronology of Lope de Vega's "Comedias."* New York, 1940.

PARKER, JACK H., and FOX, ARTHUR M. eds. *Lope de Vega Studies, 1937–1962. A Critical Survey and Annotated Bibliography*. Toronto, 1964.

PÉREZ, LUIS C., and SÁNCHEZ ESCRIBANO, F. *Afirmaciones de Lope de Vega sobre preceptiva dramática*. Madrid, 1961.

RENNERT, HUGO A. *The Life of Lope de Vega*. Reprint. New York, 1937

—— *The Spanish Stage in the Time of Lope de Vega*. New York, 1909.

RENNERT, HUGO A., and CASTRO, AMÉRICO. *La vida de Lope de Vega*. Madrid, 1919.

SCHEVILL, RUDOLPH. *The Dramatic Art of Lope de Vega*. Berkeley, 1918.

SIMÓN DÍAZ, JOSÉ, and JOSÉ PRADES, JUANA DE. *Ensayo de una bibliografía de las obras y artículos sobre la vida y escritos de Lope de Vega Carpio*. Madrid, 1955.

—— *Lope de Vega: Nuevos estudios, adiciones al Ensayo* . . . Madrid, 1961.

VOSSLER, KARL. *Lope de Vega y su tiempo*. Traducción de Ramón Gómez de la Serna. Madrid, 1933.

ZAMORA VICENTE, ALONSO. *Lope de Vega, su vida y su obra*. Madrid, 1961.

III. Studies of El caballero de Olmedo

ANDERSON-IMBERT, ENRIQUE. "Lope dramatiza un cantar." In *Grandes libros de occidente*, pp. 63–74. Mexico, 1957.

CASA, FRANK P. "The Dramatic Unity of *El caballero de Olmedo*." *Neophilologus* 50 (1966), 234–43.

Fita, Fidel. "*El caballero de Olmedo* y la Orden de Santiago." *Boletín de la Real Academia de la Historia* 46 (1905), 398–402.

GÉRARD, ALBERT S. "Baroque Unity and the Dualities of *El caballero de Olmedo*," *Romantic Review* 56 (1965), 92–106.

GÓMEZ DE LA SERNA, RAMÓN. "*El caballero de Olmedo*," *Revista Cubana* 14 (1940), 38–59.

MARÍN, DIEGO. "La ambigüedad dramática en *El caballero de Olmedo*," *Hispanófila* 24 (1965), 1–11.

McCRARY, WILLIAM C. *The Goldfinch and the Hawk: A Study of Lope de Vega's Tragedy, "El caballero de Olmedo."* University of North Carolina Studies in the Romance Languages and Literatures, no. 62. Chapel Hill, 1966.

SARRAILH, JEAN. "L'histoire dans le *Caballero de Olmedo*, de Lope de Vega," *Bulletin Hispanique* 37 (1935), 337–52.

SOONS, C.Alan. "Towards an Interpretation of *El caballero de Olmedo*," *Romanische Forschungen* 73 (1961), 160–68.

YATES, DONALD A. "The Poetry of the Fantastic in *El caballero de Olmedo*," *Hispania* 43 (1960), 503–7.

ｰｰｰ Acto primero

Verses	
1–30	Décimas
31–74	Redondillas
75–182	Romance (i-a)
183–406	Redondillas
407–460	Romance (a-a)
461–490	Décimas
491–502	Redondillas
503–516	Soneto

517–532	Redondillas
533–570	Romance (a-e)
	Prose letter
571–622	Redondillas
623–706	Romance (a-a)
707–786	Redondillas
787–885	Romance (e-o) (final assonant verse wanting)
886–887	Two irregular lines from song

ｰｰｰ Acto segundo

888–1033	Redondillas
1034–1093	Décimas
1094–1101	Redondillas
1102–1106	Quintilla of six-syllable verses
1107–1110	Redondillas
1111–1160	Quintillas, each tenth line being of six syllables
1161–1248	Redondillas
1249–1330	Romance (e-a)
1331–1391	Tercetos
1392–1463	Redondillas
1464–1551	Romance (e-o)
1552–1607	Redondillas

1608–1657	Romancillo (i-a). Seven-syllable verses except for the irregular last verse.
1658–1669	Redondillas
	Prose letter
1670–1685	Redondillas
	Prose letter
1686–1705	Redondillas
	Prose letter
1706–1725	Redondillas
	Prose letter
1726–1811	Romance (a-a)

ｰｰｰ Acto tercero

1812–2011	Redondillas
2012–2075	Romance (o-o)
2076–2175	Redondillas
2176–2225	Quintillas (coplas reales)
2226–2249	Redondillas
2250–2301	Romance (i-e)
2302–2341	Octavas reales
2342–2371	Décimas

2372–2375	Copla (song)
2376–2383	Redondillas
2384–2390	Copla (song)
2391–2414	Redondillas
2415–2506	Romance (e-o)
2507–2586	Redondillas
2587–2730	Romance (e-o)

37

El caballero de Olmedo
Tragicomedia de Lope de Vega

Acto primero

(*Sale* DON ALONSO.)[1]

ALONSO

Amor, no te llame amor
el que no te corresponde,
pues que no hay materia adonde
no imprima forma el favor;
5 naturaleza, en rigor,
conservó tantas edades
correspondiendo amistades;[2]
que no hay animal perfeto
si no asiste a su conceto[3]
10 la unión de dos voluntades.

De los espíritus vivos[4]
de unos ojos procedió
este amor que me encendió
con fuegos tan excesivos.
15 No me miraron altivos;
antes, con dulce mudanza,
me dieron tal confianza,
que, con poca diferencia,
pensando correspondencia,
20 engendra amor esperanza.

Ojos, si ha quedado en vos
de la vista el mismo efeto,
amor vivirá perfeto,
pues fue engendrado de dos;
25 pero si tú, ciego dios,[5]
diversas flechas tomaste,

---

[1] Stage direction: The setting is a street in Medina del Campo.

[2] *naturaleza .. . . amistades*: freely, "nature . . . has preserved mankind throughout the ages by causing love to be reciprocated."

[3] *conceto*: *concepto*, "conception," a meaning recorded by Covarrubias but now archaic. Note that *perfeto* (*perfecto*) and *conceto* (*concepto*) could rhyme in the seventeenth century.

[4] *espíritus vivos*. It was formerly believed that the vital spirits, acting together, animated the body.

[5] *ciego dios*: i.e., Cupid, traditionally depicted shooting his arrows blindfolded.

39

no te alabes que alcanzaste
la vitoria; que perdiste,
si de mí solo naciste,
30 pues imperfeto quedaste.

(*Salen* TELLO, *criado, y* FABIA.)

FABIA

¿A mí, forastero?[6]

TELLO

A ti.

FABIA

Debe de pensar que yo
soy perro de muestra.[7]

TELLO

No.

FABIA

¿Tiene algún achaque?

TELLO

Sí.

FABIA

35 ¿Qué enfermedad tiene?

TELLO

Amor.

FABIA

Amor, ¿de quién?

TELLO

Allí está.
Él, Fabia, te informará
de lo que quiere mejor.

FABIA

Dios guarde tal gentileza.

ALONSO

40 Tello, ¿es la madre?[8]

TELLO

La propia.

ALONSO

¡Oh Fabia, oh retrato, oh copia
de cuanto naturaleza
    puso en ingenio mortal!
¡Oh peregrino dotor,
45 y para enfermos de amor,
Hipócrates[9] celestial!

Dame a besar esa mano,
honor de las tocas, gloria
del monjil.[10]

FABIA

La nueva historia
50 de tu amor cubriera en vano
vergüenza o respeto mío;[11]
que ya en tus caricias veo
tu enfermedad.

ALONSO

Un deseo
es dueño de mi albedrío.

FABIA

55 El pulso de los amantes
es el rostro. Aojado[12] estás:
¿qué has visto?

ALONSO

Un ángel.

FABIA

¿Qué más?

ALONSO

Dos imposibles, bastantes,
    Fabia, a quitarme el sentido:
60 que es dejarla de querer,
y que ella me quiera.

FABIA

Ayer
te vi en la feria perdido
tras una cierta doncella,
que en forma de labradora
65 encubría el ser señora,
no el ser tan hermosa y bella;
que pienso que doña Inés
es de Medina la flor.

ALONSO

Acertaste con mi amor.
70 Esa labradora es
fuego que me abrasa y arde.

FABIA

Alto has picado.[13]

ALONSO

Es deseo
de su honor.

---

[6] *¿A mí, forastero?*: A stranger is looking for me?

[7] *perro de muestra*: pointer.

[8] *madre*: a title of respect applied to old women, nuns, and occasionally (and ironically) to go-betweens who often wore religious garb. Cf. *la madre Celestina*.

[9] *Hipócrates*: Hippocrates, most famous of ancient physicians.

[10] *tocas . . . monjil*: hood . . . habit (similar to those worn by nuns).

[11] *respeto mío*: your respect for me (an example of the objective possessive so common in the period).

[12] *aojado*: bewitched.

[13] *picar alto*: to aim high.

FABIA

Así lo creo.

ALONSO

Escucha, así Dios te guarde.

75 Por la tarde salió Inés
a la feria de Medina,
tan hermosa que la gente
pensaba que amanecía:
rizado el cabello en lazos,
80 que quiso encubrir la liga,[14]
porque mal caerán las almas
si ven las redes tendidas.
Los ojos a lo valiente[15]
iban perdonando vidas,
85 aunque dicen los que deja
que es dichoso a quien la quita.
Las manos haciendo tretas;
que, como juego de esgrima,
tiene tanta gracia en ellas,
90 que señala las heridas.
Las valonas esquinadas[16]
en manos de nieve viva;
que muñecas[17] de papel
se han de poner en esquinas.
95 Con la caja[18] de la boca
allegaba infantería,
porque, sin ser capitán,
hizo gente[19] por la villa.
Los corales y las perlas
100 dejó Inés, porque sabía
que las llevaban mejores
los dientes y las mejillas.
Sobre un manteo[20] francés
una verdemar basquiña,
105 porque tenga en otra lengua[21]
de su secreto la cifra.
No pensaron las chinelas[22]
llevar de cuantos la miran
los ojos en los listones,
110 las almas en las virillas.

No se vio florido almendro
como toda parecía;
que del olor natural
son las mejores pastillas.[23]
115 Invisible fue con ella
el amor, muerto de risa
de ver, como pescador,
los simples peces que pican.
Unos le ofrecieron sartas,
120 y otros arracadas ricas;
pero en oídos de áspid
no hay arracadas que sirvan.
Cuál[24] a su garganta hermosa
el collar de perlas finas;
125 pero como toda es perla,
poco las perlas estima.
Yo, haciendo lengua los ojos,
solamente le ofrecía
a cada cabello un alma,
130 a cada paso una vida.
Mirándome sin hablarme,
parece que me decía:
"No os vais,[25] don Alonso, a Olmedo;
quedaos agora en Medina."
135 Creí mi esperanza, Fabia;
salió esta mañana a misa,
ya con galas de señora,
no labradora fingida.
Si has oído que el marfil
140 del unicornio santigua
las aguas,[26] así el cristal
de un dedo puso en la pila.
Llegó mi amor basilisco,[27]
y salió del agua misma
145 templado el veneno ardiente
que procedió de su vista.
Miró a su hermana, y entrambas
se encontraron en la risa,[28]
acompañando mi amor
150 su hermosura y mi porfía.

---

[14] *liga*: birdlime, used to trap birds.
[15] *a lo valiente*: arrogantly.
[16] *valonas esquinadas*: pointed ruffled cuffs.
[17] *muñeca*. Note the double meaning, "wrist" and "doll."
[18] *caja*. Note the double meaning, "drum" and "cavity" (of the mouth).
[19] *hizo gente*: she recruited men.
[20] *manteo*: petticoat.
[21] *otra lengua*: a reference to the French petticoat with which Inés conceals the secret of her grace.
[22] *chinelas*: thick-soled slippers.
[32] *No se vio . . . pastillas*: freely, "An almond tree in

blossom was never as lovely as she, because the best perfumes are those of natural odor." Perfumed lozenges (*pastillas*) were used to sweeten the breath and burned to perfume rooms.
[24] *Cuál*: Others (offer).
[25] *vais: vayáis*.
[26] *unicornio . . . aguas*. The ancients believed that the horn of the unicorn purified water of all poison.
[27] *basilisco*: basilisk, a fabulous serpent, lizard, or dragon whose breath and glance were considered poisonous.
[28] *entrambas . . . risa*: both laughed as their eyes met.

En una capilla entraron;
yo, que siguiéndolas iba,
entré imaginando bodas:
(¡tanto quien ama imagina!);
155 vime sentenciado a muerte,
porque el amor me decía:
"Mañana mueres, pues hoy
te meten en la capilla."²⁹
En ella estuve turbado;
160 ya el guante se me caía,
ya el rosario; que los ojos
a Inés iban y venían.
No me pagó mal; sospecho
que bien conoció que había
165 amor y nobleza en mí;
que quien no piensa no mira,
y mirar sin pensar, Fabia,
es de inorantes, y³⁰ implica
contradición que en un ángel
170 faltase ciencia divina.
Con este engaño,³¹ en efeto,
le dije a mi amor³² que escriba
este papel; que si quieres
ser dichosa y atrevida
175 hasta ponerle en sus manos,
para que mi fe consiga
esperanzas de casarme
(tan [honesto]³³ amor me inclina),
el premio será un esclavo,
180 con una cadena rica,
encomienda de esas tocas,
de mal casadas envidia.³⁴

FABIA

Yo te he escuchado.

ALONSO

                Y ¿qué sientes?

FABIA

Que a gran peligro te pones.

TELLO

185 Excusa, Fabia, razones,
si no es que por dicha intentes,

como diestro cirujano,
hacer la herida mortal.

FABIA

Tello, con industria igual³⁵
190 pondré el papel en su mano,
aunque me cueste la vida,
sin interés,³⁶ porque entiendas
que donde hay tan altas prendas,³⁷
sola yo fuera atrevida.
195 Muestra³⁸ el papel, que primero
le tengo de aderezar.

ALONSO

¿Con qué te podré pagar
la vida, el alma que espero,
Fabia, de esas santas manos?

TELLO

200 ¿Santas?

ALONSO

        ¿Pues no, si han de hacer
milagros?

TELLO

        De Lucifer.

FABIA

Todos los medios humanos
tengo de intentar por ti,
porque el darme esa cadena
205 no es cosa que me da pena;
mas confïada nací.

TELLO

¿Qué te dice el memorial?³⁹

ALONSO

Ven, Fabia, ven, madre honrada,
porque sepas mi posada.

FABIA

210 Tello . . .

TELLO

        Fabia . . .

FABIA

                (No hables mal; (*Aparte a*
que tengo cierta morena   [TELLO.)
de extremado talle y cara.)

---

²⁹ "*Mañana mueres . . . capilla*". Cf. the expression *estar en capilla*: to await execution.

³⁰ *y implica*. The conjunction *y* was often used instead of *e* before words beginning with *i*.

³¹ *engaño*: illusion.

³² *mi amor* is a periphrasis for "myself."

³³ The first edition reads *tan en esto*.

³⁴ *encomienda . . . envidia*. The meaning is that the chain will be so expensive that it will provide income for her old age (symbolized by *tocas*) and will be the envy of women whose husbands are less generous than Don Alonso.

³⁵ *con industria igual*: with the necessary skill.

³⁶ *interés*: profit.

³⁷ *prendas*: stakes, prizes.

³⁸ *Muestra*: Give me.

³⁹ *¿Qué te dice el memorial?*. The meaning is not clear. Perhaps Fabia, who has just said that she is a trusting soul, has jotted down in her memorandum book that Alonso has promised her the chain, or possibly she has noted that she is to arrange a rendezvous.

TELLO

(Contigo me contentara
si me dieras la cadena.) (*Vanse.*)

(*Salen* DOÑA INÉS *y* DOÑA LEONOR.)

INÉS

215 Y todos dicen, Leonor,
que nace de las estrellas.

LEONOR

De manera que sin ellas
¿no hubiera en el mundo amor?

INÉS

Dime tú: si don Rodrigo
220 ha que me sirve dos años,[40]
y su talle y sus engaños
son nieve helada conmigo,
y en el instante que vi
este galán forastero
225 me dijo el alma "éste quiero",
y yo le dije "sea ansí",
¿quién concierta y desconcierta
este amor y desamor?

LEONOR

Tira como ciego amor;
230 yerra mucho y poco acierta.
Demás, que negar no puedo
(aunque es de Fernando amigo
tu aborrecido Rodrigo,
por quien obligada quedo
235 a intercederte por él)
que el forastero es galán.

INÉS

Sus ojos causa me dan
para ponerlos en él,
pues pienso que en ellos vi
240 el cuidado[41] que me dio
para que mirase yo
con el que también le di.
Pero ya se habrá partido.

LEONOR

No le miro yo de suerte
245 que pueda vivir sin verte.

(*Sale* ANA, *criada.*)

ANA

Aquí, señora, ha venido

la Fabia, o la Fabiana.

INÉS

Pues ¿quién es esa mujer?

ANA

Una que suele vender
250 para las mejillas grana,[42]
y para la cara nieve.[43]

INÉS

¿Quieres tú que entre, Leonor?

LEONOR

En casa de tanto honor
no sé yo cómo se atreve;
255 que no tiene buena fama.
Mas ¿quién no desea ver?

INÉS

Ana, llama esa mujer.[44]

ANA

Fabia, mi señora os llama.

(*Sale* FABIA, *con una canastilla.*)

FABIA

(Y ¡cómo si yo sabía (*Aparte.*)
260 que me habías de llamar!)
¡Ay! Dios os deje gozar
tanta gracia y bizarría,
tanta hermosura y donaire;
que cada día que os veo
265 con tanta gala y aseo,
y pisar de tan buen aire,
os echo mil bendiciones;
y me acuerdo como agora
de aquella ilustre señora
270 que, con tantas perficiones,[45]
fue la fénix[46] de Medina,
fue el ejemplo de lealtad.
¡Qué generosa piedad
de eterna memoria dina![47]
275 ¡Qué de pobres la lloramos!
¿A quién no hizo mil bienes?

INÉS

Dinos, madre, a lo que vienes.

FABIA

¡Qué de huérfanos quedamos
por su muerte malograda!

---

[40] *si . . . dos años.* Construe, "si ha (hace) dos años que don Rodrigo me sirve."
[41] *cuidado*: interest.
[42] *grana*: rouge.
[43] *nieve*: powder.
[44] *llama esa mujer.* The omission of *a* before a personal direct object was frequent in the period.

[45] *perficiones: perfecciones.*
[46] *fénix.* The phoenix was commonly used as a symbol of the unique because only one of its species existed at the same time. The ancients believed that it lived for five hundred years, was consumed by fire, and was reborn from its own ashes.
[47] *dina: digna.*

280 La flor de las Catalinas[48]
　　hoy la lloran mis vecinas;
　　no la tienen olvidada.
　　　　Y a mí, ¿qué bien no me hacía?
　　¡Qué en agraz[49] se la llevó
285 la muerte! No se logró.[50]
　　Aun cincuenta no tenía.

INÉS

　　No llores, madre, no llores.

FABIA

　　No me puedo consolar
　　cuando le[51] veo llevar
290 a la muerte las mejores,
　　　　y que yo me quedé acá.
　　Vuestro padre, Dios le guarde,
　　¿está en casa?

LEONOR

　　　　　　Fue esta tarde
　　al campo.

FABIA

　　　　　Tarde vendrá.
295 　Si va a deciros verdades,
　　mozas sois, vieja soy yo:
　　más de una vez me fió
　　don Pedro sus mocedades;[52]
　　　　pero teniendo respeto
300 a la que pudre,[53] yo hacía,
　　como quien se lo debía,
　　mi obligación. En efeto,
　　　　de diez mozas no le daba
　　cinco.[54]

INÉS

　　　　¡Qué virtud!

FABIA

　　　　　　　No es poco;
305 que era vuestro padre un loco;
　　cuanto vía,[55] tanto amaba.
　　　　Si sois de su condición,
　　me admiro de que no estéis
　　enamoradas. ¿No hacéis,
310 niñas, alguna oración
　　　　para casaros?

INÉS

　　No, Fabia;
　　eso siempre será presto.

FABIA

　　Padre que se duerme en esto,
　　mucho a sí mismo se agravia.
315 　La fruta fresca, hijas mías,
　　es gran cosa, y no aguardar
　　a que la venga a arrugar
　　la brevedad de los días.
　　　　Cuantas cosas imagino,
320 dos solas, en mi opinión,
　　son buenas, viejas.

LEONOR

　　　　　　Y ¿son?

FABIA

　　Hija, el amigo y el vino.
　　　　¿Veisme aquí? Pues yo os prometo[56]
　　que fue tiempo en que tenía
325 mi hermosura y bizarría
　　más de algún galán sujeto.
　　　　¿Quién no alababa mi brío?
　　¡Dichoso a quien yo miraba!
　　Pues ¿qué seda no arrastraba?[57]
330 ¡Qué gasto, qué plato el mío!
　　　　Andaba en palmas, en andas.[58]
　　Pues, ¡ay Dios!, si yo quería,
　　¡qué regalos no tenía
　　desta gente de hopalandas![59]
335 　Pasó aquella primavera;
　　no entra un hombre por[60] mi casa;
　　que como el tiempo se pasa,
　　pasa la hermosura.

INÉS

　　　　　　Espera.
　　¿Qué es lo que traes aquí?

FABIA

340 Niñerías que vender
　　para comer, por no hacer
　　cosas malas.

LEONOR

　　　　Hazlo ansí,

---

[48] *Catalina* was probably the name of the girls' mother, although an allusion to St. Catherine of Alexandria, whose martyrdom is mentioned frequently in Spanish songs and poetry, is also involved.

[49] *en agraz*: prematurely.

[50] *No se logró*: She didn't live out her life.

[51] *le* is the feminine dative corresponding to *a la muerte*.

[52] *mocedades*: youthful affairs.

[53] *la que pudre*: the one who is buried (i.e., the girls' mother).

[54] *de diez . . . cinco*: of every ten girls (he wanted) I didn't give him five.

[55] *vía*: *veía*.

[56] *prometer*: to assure.

[57] *arrastrar*: to wear.

[58] *Andaba . . . en andas*: I was praised everywhere and paraded in triumph.

[59] *gente de hopalandas*: elegant people. The *hopalanda* was a gown worn by university students.

[60] *entra . . . por*. Understand, *por la puerta de mi casa*.

madre, y Dios te ayudará.

FABIA

Hija, mi rosario y misa:[61]
345 esto cuando estoy de prisa,
que si no . . .

INÉS

         Vuélvete acá.
¿Qué es esto?

FABIA

         Papeles son
de alcanfor y solimán.[62]
Aquí secretos están,
350 de gran consideración,
para nuestra enfermedad
ordinaria.

LEONOR

       Y esto, ¿qué es?

FABIA

No lo mires, aunque estés
con tanta curiosidad.

LEONOR

355   ¿Qué es, por tu vida?

FABIA

           Una moza
se quiere, niñas, casar;
mas acertóla a engañar
un hombre de Zaragoza.
Hase encomendado a mí;
360 soy piadosa; y en fin es
limosna,[63] porque despúes
vivan en paz.

INÉS

        ¿Qué hay aquí?

FABIA

Polvos de dientes, jabones
de manos, pastillas, cosas
365 curiosas y provechosas.

INÉS

¿Y esto?

FABIA

    Algunas oraciones.
¡Qué no me deben a mí
las ánimas!

INÉS

      Un papel
hay aquí.

FABIA

      Diste con él
370 cual si fuera para ti.
Suéltale; no le has de ver,
bellaquilla, curiosilla.

INÉS

Deja, madre.

FABIA

      Hay en la villa
cierto galán bachiller
375 que quiere bien una dama.
Prométeme una cadena
porque le dé yo,[64] con pena
de[65] su honor, recato y fama;
     aunque es para casamiento
380 no me atrevo. Haz una cosa
por mí, doña Inés hermosa,
que es discreto pensamiento;
respóndeme a este papel,
y diré que me le ha dado
385 su dama.

INÉS

    Bien lo has pensado
si pescas, Fabia, con él
la cadena prometida.
Yo quiero hacerte este bien.

FABIA

Tantos[66] los cielos te den
390 que un siglo alarguen tu vida.
Lee el papel.

INÉS

      Allá dentro,
y te traeré la respuesta. (*Vase.*)

LEONOR

¡Qué buena invención![67]

FABIA

       (Apresta,   (*Aparte.*)
fiero habitador del centro,[68]
395 fuego accidental[69] que abrase
el pecho desta doncella.)

---

[61] *mi rosario y misa*: i.e., I always say my rosary and hear mass.

[62] *alcanfor y solimán*: camphor and corrosive sublimate, both used as cosmetics and as remedies for skin ailments. Sublimate was used as a paste or powder to conceal the wrinkles of age.

[63] *limosna*: work of charity.

[64] *porque le dé yo*. In purpose clauses *porque* usually indicates uncertainty of accomplishment and, hence, requires the subjunctive. The antecedent of *le* is *papel*.

[65] *con pena de*: without jeopardizing.

[66] *Tantos*. Understand *tantos bienes*.

[67] *invención*: scheme.

[68] *centro*: hell. The verse refers, of course, to Satan.

[69] *fuego accidental*: disabling fire (i.e., the passion of love).

(*Salen* DON RODRIGO *y* DON
FERNANDO.)

RODRIGO

Hasta casarme con ella (*A* DON FERNANDO.)
será forzoso que pase
    por estos inconvenientes.

FERNANDO

400 Mucho ha de sufrir quien ama.

RODRIGO

Aquí tenéis vuestra dama.

FABIA

(¡Oh necios impertinentes!
    ¿Quién os ha traído aquí?) (*Aparte.*)

RODRIGO

Pero ¡en lugar de la mía
405 aquella sombra!

FABIA

            Sería (*A* LEONOR.)
gran limosna para mí;
    que tengo necesidad.

LEONOR

Yo haré que os pague mi hermana.

FERNANDO

410 Si habéis tomado, señora,
o por ventura os agrada
algo de lo que hay aquí
(si bien serán cosas bajas
las que aquí puede traer
415 esta venerable anciana,
pues no serán ricas joyas
para ofreceros la paga),
mandadme que os sirva yo.

LEONOR

No habemos comprado nada;
que es esta buena mujer
420 quien suele lavar en casa
    la ropa.

RODRIGO

        ¿Qué hace don Pedro?

LEONOR

Fue al campo; pero ya tarda.

RODRIGO

¿Mi señora doña Inés?

LEONOR

Aquí estaba; pienso que anda

despachando esta mujer.

RODRIGO

425 (Si me vio por la ventana, (*Aparte.*)
¿quién duda que huyó por mí?
¿Tanto de ver se recata
quien más servirla desea?)
        (*Salga*[70] DOÑA INÉS.)

LEONOR

430 Ya sale.—Mira que aguarda (*A su hermana.*)
por la cuenta de la ropa
Fabia.

INÉS

        Aquí la traigo, hermana.—
Tomad, y haced que ese mozo (*A* FABIA.)
la lleve.

FABIA

        ¡Dichosa el agua
435 que ha de lavar, doña Inés,
las reliquias de la holanda[71]
que tales cristales cubre!
"Seis camisas, diez toallas, (*Lee el papel.*)
cuatro tablas de manteles,[72]
440 dos cosidos de almohadas,[73]
seis camisas de señor,
ocho sábanas" . . . mas basta;
que todo vendrá más limpio
que los ojos de la cara.

RODRIGO

445 Amiga, ¿queréis feriarme[74]
ese papel, y la paga
fïad de mí, por tener
de aquellas manos ingratas
letra siquiera en las mías?

FABIA

450 ¡En verdad que negociara
muy bien si os diera el papel!
Adios, hijas de mi alma. (*Vase.*)

RODRIGO

Esta memoria[75] aquí había
de quedar, que no llevarla.

LEONOR

455 Llévala y vuélvela, a efeto
de[76] saber si algo le falta.

INÉS

Mi padre ha venido ya;

[70] *Salga.* The verbs in stage directions are usually given in the present indicative, but the subjunctive here (and elsewhere) follows the first edition. Cf. *Lea* in v. 503, etc.
[71] *reliquias de la holanda*: relics of linen, referring to the garments that touch the fair flesh (*cristales*) of Inés.

[72] *tablas de manteles*: tablecloths.
[73] *cosidos de almohadas*: pillowcases.
[74] *feriarme*: venderme.
[75] *memoria*: written list.
[76] *a efeto de*: for the purpose of.

vuesas mercedes se vayan
o le visiten; que siente
460 que nos hablen, aunque calla.

RODRIGO

Para sufrir el desdén
que me trata desta suerte,
pido al amor y a la muerte
que algún remedio me den.
465 Al amor, porque también
puede templar tu rigor
con hacerme algún favor;
y a la muerte, porque acabe
mi vida; pero no sabe
470 la muerte, ni quiere amor.
Entre la vida y la muerte
no sé qué medio tener,
pues amor no ha de querer
que con su favor acierte;
475 y siendo fuerza quererte,
quiere el amor que te pida
que seas tú mi homicida.
Mata, ingrata, a quien te adora;
serás mi muerte, señora,
480 pues no quieres ser mi vida.
Cuanto vive, de amor nace,
y se sustenta de amor;
cuanto muere es un rigor
que nuestras vidas deshace.
485 Si al amor no satisface
mi pena, ni la hay tan fuerte
con que la muerte me acierte,
debo de ser inmortal,
pues no me hacen bien ni mal
490 ni la vida ni la muerte. (*Vanse los dos.*)

INÉS

¡Qué de necedades juntas!

LEONOR

No fue la tuya menor.

INÉS

¿Cuándo fue discreto amor,
si del papel me preguntas?

LEONOR

495 ¿Amor te obliga a escribir
sin saber a quién?

INÉS

Sospecho
que es invención que se ha hecho,
para probarme a rendir,

⁷⁷ *coluna: columna,* leg.
⁷⁸ *despojos:* trophies (of victory).

de parte del forastero.

LEONOR

500 Yo también lo imaginé.

INÉS

Si fue ansí, discreto fue.
Leerte unos versos quiero.
(*Lea.*) "Yo vi la más hermosa labradora,
en la famosa feria de Medina,
505 que ha visto el sol adonde más se inclina
desde la risa de la blanca aurora.
Una chinela de color, que dora
de una coluna⁷⁷ hermosa y cristalina
la breve basa, fue la ardiente mina
510 que vuela el alma a la región que adora.
Que una chinela fuese vitoriosa,
siendo los ojos del amor enojos,
confesé por hazaña milagrosa.
Pero díjele, dando los despojos:⁷⁸
515 'Si matas con los pies, Inés hermosa,
¿qué dejas para el fuego de tus ojos?'"

LEONOR

Este galán, doña Inés,
te quiere para danzar.

INÉS

Quiere en los pies comenzar,
520 y pedir manos después.

LEONOR

¿Qué respondiste?

INÉS

Que fuese
esta noche por la reja
del güerto.⁷⁹

LEONOR

¿Quién te aconseja,
o qué desatino es ése?

INÉS

525 No es para hablarle.

LEONOR

Pues ¿qué?

INÉS

Ven conmigo y lo sabrás.

LEONOR

Necia y atrevida estás.

INÉS

¿Cuándo el amor no lo fue?

LEONOR

Huir del amor cuando empieza.

⁷⁹ *güerto: huerto.*

INÉS

530 Nadie del primero huye,
porque dicen que le influye
la misma naturaleza. (*Vanse.*)
(*Salen* DON ALONSO, TELLO *y*
FABIA.)

FABIA

Cuatro mil palos me han dado.

TELLO

¡Lindamente negociaste!

FABIA

535 Si tú llevaras los medios . . .⁸⁰

ALONSO

Ello ha sido disparate
que yo me atreviese al cielo.

TELLO

Y que Fabia fuese el ángel
que al infierno de los palos
540 cayese por levantarte.

FABIA

¡Ay, pobre Fabia!

TELLO

¿Quién⁸¹ fueron
los crueles sacristanes
del facistol⁸² de tu espalda?

FABIA

Dos lacayos y tres pajes.
545 Allá he dejado las tocas
y el monjil hecho seis partes.

ALONSO

Eso, madre, no importara,
si a tu rostro venerable
no se hubieran atrevido.
550 ¡Oh qué necio fui en fiarme
de aquellos ojos traidores,
de aquellos falsos diamantes,
niñas⁸³ que me hacían señas
para engañarme y matarme!
555 Yo tengo justo castigo.
Toma este bolsillo, madre;
y ensilla, Tello, que a Olmedo
nos hemos de ir esta tarde.

TELLO

¿Cómo, si anochece ya?

ALONSO

560 Pues ¡qué! ¿Quieres que me mate?

FABIA

No te aflijas, moscatel,⁸⁴
ten ánimo; que aquí trae
Fabia tu remedio. Toma.

ALONSO

¿Papel?

FABIA

Papel.

ALONSO

No me engañes.

FABIA

565 Digo que es suyo,⁸⁵ en respuesta
de tu amoroso romance.⁸⁶

ALONSO

Hinca, Tello, la rodilla.

TELLO

Sin leer no me lo mandes;
que aun temo que hay⁸⁷ palos dentro,
570 pues en mondadientes caben.⁸⁸

ALONSO

(*Lea.*) "Cuidadosa de saber si sois quien
presumo, y deseando que lo seáis, os suplico
que vais esta noche a la reja del jardín
desta casa, donde hallaréis atado el listón
verde de las chinelas, y ponéosle mañana en
el sombrero para que os conozca."⁸⁹

FABIA

¿Qué te dice?

ALONSO

Que no puedo
pagarte ni encarecerte
tanto bien.

TELLO

Ya desta suerte
no hay que ensillar para Olmedo.
575 ¿Oyen, señores rocines?
Sosiéguense, que en Medina
nos quedamos.

---

⁸⁰ *Si . . . medios:* If you had taken measures . . .

⁸¹ *Quién* was occasionally used as a plural as late as the seventeenth century.

⁸² *facistol:* lectern. Sacristans, acting as choirmasters of acolytes, beat out the tempo of the music by pounding on the lectern with a baton or their hands, instead of making motions in the air as modern conductors do.

⁸³ *niñas.* Note the *pun* involving the two meanings, "pupils of the eyes" and "girls."

⁸⁴ *moscatel:* simpleton.

⁸⁵ *suyo:* from her.

⁸⁶ *romance:* poem.

⁸⁷ *temo que hay.* When affirmative, *temer* may be followed in a dependent clause by the indicative instead of the subjunctive.

⁸⁸ *hay palos . . . caben.* Note the word play involving *palos* (blows and sticks), its understood diminutive *palillos* (toothpicks), and *mondadientes* (toothpicks).

⁸⁹ *conocer: reconocer.*

ALONSO

      La vecina
noche, en los últimos fines
con que va expirando el día,
580 pone los helados pies.
Para la reja de Inés
aun importa bizarría;[90]
que podría ser que amor
la llevase a ver tomar
585 la cinta. Voyme a mudar. (*Vase.*)

TELLO

Y yo a dar a mi señor,
Fabia, con licencia tuya,
aderezo de sereno.[91]

FABIA

Detente.

TELLO

      Eso fuera bueno
590 a ser la condición suya
para vestirse sin mí.

FABIA

Pues bien le puedes dejar,
porque me has de acompañar.

TELLO

¿A ti, Fabia?

FABIA

     A mí.

TELLO

      ¿Yo?

FABIA

        Sí;
595 que importa a la brevedad
deste amor.

TELLO

     ¿Qué es lo que quieres?

FABIA

Con los hombres las mujeres
llevamos seguridad.
Una muela he menester
600 del salteador que ahorcaron
ayer.

TELLO

   Pues ¿no le enterraron?

FABIA

No.

---

90 *bizarría*: elegance.
91 *aderezo de sereno*: clothes for street wear at night.
92 *ir a esos pasos contigo*: to follow you.
93 *tener de* is often used as the equivalent of *haber de* or *tener que* before an infinitive.

TELLO

Pues ¿qué quieres hacer?

FABIA

Ir por ella, y que conmigo
vayas solo a acompañarme.

TELLO

605 Yo sabré muy bien guardarme
de ir a esos pasos contigo.[92]
¿Tienes seso?

FABIA

     Pues, gallina,
adonde yo voy, ¿no irás?

TELLO

Tú, Fabia, enseñada estás
610 a hablar al diablo.

FABIA

      Camina.

TELLO

     Mándame a diez hombres juntos
temerario acuchillar,
y no me mandes tratar
en materia de difuntos.

FABIA

615 Si no vas, tengo de[93] hacer
que él propio[94] venga a buscarte.

TELLO

¡Que[95] tengo de acompañarte!
¿Eres demonio o mujer?

FABIA

Ven. Llevarás la escalera;
620 que no entiendes[96] destos casos.

TELLO

Quien sube por tales pasos,
Fabia, el mismo fin espera. (*Vanse.*)
   (*Salen* DON RODRIGO *y* DON
   FERNANDO *en hábito de noche.*)

FERNANDO

¿De qué sirve inútilmente
venir a ver esta casa?

RODRIGO

625 Consuélase entre estas rejas,
don Fernando, mi esperanza.
Tal vez[97] sus hierros guarnece
cristal de sus manos blancas;
donde las pone de día,

---

94 *él propio* probably refers to the dead highwayman but possibly to the devil.
95 *Que*, used to introduce exclamations, is sometimes translated "you say that" or "to think that."
96 *entender de*: to have knowledge of.
97 *tal vez*: a veces. (also in vv. 646, 1227, 2676, etc.).

630 pongo yo de noche el alma;
que cuanto más doña Inés
con sus desdenes me mata,
tanto más me enciende el pecho:
así su nieve me abrasa.
¡Oh rejas enternecidas
635 de mi llanto, quién pensara
que un ángel endureciera
quien vuestros hierros ablanda!
Oíd; ¿qué es lo que está aquí?

FERNANDO

En ellos mismos atada
640 está una cinta o listón.

RODRIGO

Sin duda las almas atan[98]
a estos hierros, por castigo
de los que su amor declaran.

FERNANDO

645 Favor fue de mi Leonor;
tal vez por aquí me habla.

RODRIGO

Que no lo será de Inés
dice mi desconfianza;
pero en duda de que es suyo,
650 porque sus manos ingratas
pudieron ponerle acaso,
basta que la fe me valga.
Dadme el listón.

FERNANDO

          No es razón,
si acaso Leonor pensaba
655 saber mi cuidado ansí,
y no me le ve[99] mañana.

RODRIGO

Un remedio se me ofrece.

FERNANDO

¿Cómo?

RODRIGO

Partirle.

FERNANDO

          ¿A qué causa?

RODRIGO

A que las dos nos le vean,
660 y sabrán con esta traza
que habemos venido juntos. (*Dividen el
listón.*)

FERNANDO

Gente por la calle pasa.

(*Salen* DON ALONSO *y* TELLO, *de
noche.*)[100]

TELLO

Llega de presto a la reja; (*A su amo.*)
mira que Fabia me aguarda
665 para un negocio que tiene
de grandísima importancia.

ALONSO

¡Negocio Fabia esta noche
contigo!

TELLO

          Es cosa muy alta.

ALONSO

¿Cómo?

TELLO

          Yo llevo escalera,
670 y ella . . .

ALONSO

          ¿Qué lleva?

TELLO

                    Tenazas.

ALONSO

Pues ¿qué habéis de hacer?

TELLO

                    Sacar
una dama de su casa.

ALONSO

Mira lo que haces, Tello;
no entres adonde no salgas.

TELLO

675 No es nada, por vida tuya.

ALONSO

Una doncella ¿no es nada?

TELLO

Es la muela del ladrón
que ahorcaron ayer.

ALONSO

          Repara
en que acompañan[101] la reja
680 dos hombres.

TELLO

          ¿Si están de guarda?

ALONSO

¡Qué buen listón!

TELLO

          Ella quiso
castigarte.

---

[98] *atan*. The subject is *ellas*, referring to Inés and Leonor.
[99] *y no me le ve*: and she does not see it on me.

[100] *de noche*: dressed in street wear for night.
[101] *acompañar*: to be present at.

ALONSO
¿No buscara,
si fui atrevido, otro estilo?
Pues advierta que se engaña.
685 Mal conoce a don Alonso,
que por excelencia llaman
el caballero de Olmedo.
¡Vive Dios, que he de mostrarla
a castigar de otra suerte
690 a quien la sirve!

TELLO
No hagas
algún disparate.

ALONSO
Hidalgos,
en las rejas de esa casa
nadie se arrima.

RODRIGO
¿Qué es esto?
(*Aparte a* DON FERNANDO.)

FERNANDO
Ni en el talle ni en el habla
695 conozco este hombre.

RODRIGO
¿Quién es
el que con tanta arrogancia
se atreve a hablar?

ALONSO
El que tiene
por lengua, hidalgos, la espada.

RODRIGO
Pues hallará quien castigue
700 su locura temeraria.

TELLO
Cierra,[102] señor; que no son
muelas que a difuntos sacan.

(*Retíranse* DON RODRIGO *y* DON
FERNANDO.)

ALONSO
No los sigas. Bueno está.

TELLO
Aquí se quedó una capa.

ALONSO
705 Cógela y ven por aquí;
que hay luces en las ventanas. (*Vanse.*)

(*Salen* DOÑA LEONOR *y* DOÑA INÉS.)

INÉS
Apenas la blanca aurora,
Leonor, el pie de marfíl
puso en las flores de abril,
710 que pinta, esmalta y colora,
cuando a mirar el listón
salí, de amor desvelada,
y con la mano turbada
di sosiego al corazón.
715 En fin, él no estaba allí.

LEONOR
Cuidado tuvo el galán.

INÉS
No tendrá los que me dan
sus pensamientos a mí.[103]

LEONOR
Tú, que fuiste el mismo hielo,
720 ¡en tan breve tiempo estás
de esa suerte!

INÉS
No sé más
de que me castiga el cielo.
O es venganza o es vitoria
de amor en mi condición;
725 parece que el corazón
se me abrasa en su memoria.
Un punto solo no puedo
apartarla dél. ¿Qué haré?

(*Sale* DON RODRIGO *con el listón en
el sombrero.*)

RODRIGO
(Nunca, amor, imaginé (*Aparte.*)
730 que te sujetara el miedo.
Ánimo para vivir;
que aquí está Inés.) Al señor
don Pedro busco.

INÉS
Es error
tan de mañana acudir;
735 que no estará levantado.

RODRIGO
Es un negocio importante.

INÉS
(No he visto tan necio amante.) (*A* LEONOR.)

LEONOR
(Siempre es discreto lo amado,
y necio lo aborrecido.)

---

[102] *cerrar*: to attack.
[103] *No . . . mí*: He probably does not have the concern that my thoughts of him arouse in me.

Cuidado in v. 716 means "apprehension" or "precaution"; *los* (*cuidados*) in v. 717 mean "concern" or "affection."

RODRIGO

740 (¿Que de ninguna manera (*Aparte.*)
puedo agradar una fiera,
ni dar memoria a su olvido?)[104]

INÉS

(¡Ay, Leonor! No sin razón (*A* LEONOR.)
viene don Rodrigo aquí,
745 si yo misma le escribí
que fuese por el listón.)

LEONOR

(Fabia este engaño te ha hecho.)

INÉS

(Presto romperé el papel;
que quiero vengarme en él
750 de haber dormido en mi pecho.)
        (*Salen* DON PEDRO, *su padre, y* DON
        FERNANDO.)

FERNANDO

Hame puesto por tercero
                (*Aparte a* DON PEDRO.)
para tratarlo con vos.

PEDRO

Pues hablaremos los dos
en el concierto primero.

FERNANDO

755   Aquí está; que siempre amor
es reloj anticipado.

PEDRO

Habrále Inés concertado
con la llave del favor.

FERNANDO

De lo contrario se agravia.

PEDRO

760 Señor don Rodrigo . . .

RODRIGO

                        Aquí
vengo a que os sirváis de mí.
        (*Hablen bajo* DON PEDRO *y los dos
        galanes.*)

INÉS

Todo fue enredo de Fabia. (*Aparte a*
LEONOR.)

LEONOR

¿Cómo?

INÉS

        ¿No ves que también

trae el listón don Fernando?

LEONOR

765 Si en los dos le estoy mirando,
entrambos te quieren bien.

INÉS

Sólo falta que me pidas
celos, cuando estoy sin mí.

LEONOR

¿Qué quieren tratar aquí?

INÉS

770 ¿Ya las palabras olvidas
que dijo mi padre ayer
en materia de casarme?

LEONOR

Luego bien puede olvidarme
Fernando, si él viene a ser.[105]

INÉS

775   Antes presumo que son
entrambos los que han querido
casarse, pues han partido
entre los dos el listón.

PEDRO

Ésta es materia que quiere (*A los
caballeros.*)
780 secreto y espacio. Entremos
donde mejor la tratemos.

RODRIGO

Como yo ser vuestro espere,[106]
no tengo más de tratar.

PEDRO

Aunque os quiero enamorado
785 de Inés, para el nuevo estado,[107]
quien soy os ha de obligar.[108] (*Vanse los
tres.*)

INÉS

¡Qué vana fue mi esperanza!
¡Qué loco mi pensamiento!
¡Yo, papel a don Rodrigo!
790 Y ¡tú, de Fernando celos!
¡Oh forastero enemigo!
¡Oh Fabia embustera!

        (*Sale* FABIA.)

FABIA

                Quedo;
que lo está escuchando Fabia.

---

[104] *dar memoria a su olvido*: to make her remember
me in her indifference.

[105] *si él viene a ser*: if he turns out to be the one.

[106] *Como . . . espere*: Since I hope to be your son-in-
law. The subjunctive is sometimes used after *como*

meaning "since," "as," or "if."

[107] *nuevo estado*: i.e., marriage.

[108] *quien . . . obligar*: freely, "out of respect for me
you will be obliged (to discuss the matter further)."

INÉS

Pues ¿cómo, enemiga, has hecho
795 un enredo semejante?

FABIA

Antes fue tuyo el enredo;
si en aquel papel escribes
que fuese aquel caballero
por un listón de esperanza
800 a las rejas de tu güerto,
y en ellas pones dos hombres
que[109] le maten, aunque pienso
que a no se haber[110] retirado
pagaran su loco intento.

INÉS

805 ¡Ay, Fabia! Ya que contigo
llego a declarar mi pecho,
ya que a mi padre, a mi estado,[111]
y a mi honor pierdo el respeto,
dime: ¿es verdad lo que dices?
810 Que siendo así, los que fueron
a la reja le tomaron,
y por favor[112] se le han puesto.
De suerte estoy, madre mía,
que no puedo hallar sosiego,
815 si no es pensando en quien sabes.

FABIA

(¡Oh qué bravo efeto hicieron (*Aparte.*)
los hechizos y conjuros!
La vitoria me prometo.)
No te desconsueles, hija;
820 vuelve en ti,[113] que tendrás presto
estado con el mejor
y más noble caballero
que agora tiene Castilla;
porque será, por lo menos;
825 el que por único llaman
el caballero de Olmedo.
Don Alonso en una feria
te vio, labradora Venus,
haciendo las cejas arco,
830 y flecha los ojos bellos.
Disculpa tuvo en seguirte,

porque dicen los discretos
que consiste la hermosura
en ojos y entendimiento.
835 En fin, en las verdes cintas
de tus pies llevaste presos
los suyos; que ya el amor
no prende con los cabellos.
Él te sirve, tú le estimas;
840 él te adora, tú le has muerto;
él te escribe, tú respondes;
¿quién culpa amor tan honesto?
Para él tienen sus padres,
porque es único heredero,
845 diez mil ducados de renta;
y aunque es tan mozo, son viejos.
Déjate amar y servir
del más noble, del más cuerdo
caballero de Castilla,
850 lindo talle, lindo ingenio.
El rey en Valladolid
grandes mercedes le ha hecho,
porque él solo honró las fiestas
de su real casamiento.[114]
855 Cuchilladas y lanzadas
dio en los toros como un Héctor;[115]
treinta precios[116] dio a las damas
en sortijas y torneos.
Armado, parece [117] Aquiles
860 mirando de Troya el cerco;
con galas parece Adonis . . .
Mejor fin le den los cielos. [118]
Vivirás bien empleada [119]
en un marido discreto.
865 ¡Desdichada de la dama
que tiene marido necio!

INÉS

¡Ay, madre, vuélvesme loca!
Pero, triste, ¿cómo puedo
ser suyo, si a don Rodrigo
870 me da mi padre don Pedro?
Él y don Fernando están
tratando mi casamiento.

---

[109] *que: para que.*
[110] *se haber: haberse.* Object and reflexive pronouns sometimes preceded the infinitive in the seventeenth century.
[111] *estado:* position.
[112] *por favor:* considering it to be a favor (meant for them).
[113] *volver en sí:* to regain composure.
[114] John II married María de Aragón in Medina del Campo in 1418.

[115] *Héctor:* Hector, bravest of the Trojan chiefs, was killed by Achilles (*Aquiles* in v. 859) in the Trojan War.
[116] *precios:* prizes.
[117] *parecer: parecerse a.*
[118] *Adonis,* noted for his beauty, was killed by a wild boar.
[119] *bien empleada:* happily married.

FABIA

Los dos [haréis] nulidad[120]
la sentencia de ese pleito.

INÉS

875 Está don Rodrigo allí.

FABIA

Esto no te cause miedo,
pues es parte[121] y no jüez.

INÉS

Leonor, ¿no me das consejo?

LEONOR

Y ¿estás tú para tomarle?

INÉS

880 No sé; pero no tratemos
en público destas cosas.

FABIA

Déjame a mí tu suceso.
Don Alonso ha de ser tuyo;
que serás dichosa espero[122]
885 con hombre que es en Castilla
la gala de Medina,
la flor de Olmedo.[123]

---

[120] *hacer nulidad*: to nullify. The first edition has *harán* instead of *haréis*, but the subject, *los dos*, seems to refer to Inés and Alonso.

[121] *parte*: party (in a legal sense).

[122] *que serás dichosa espero*. When affirmative *esperar* and *temer* (see v. 890) are often followed by the indicative instead of the subjunctive.

[123] These verses are from the song *Sobre el canto llano del caballero* printed with accompanying music in the *Diferencia* of the musician Antonio de Cabezón (Madrid, 1578).

Acto segundo

(Salen TELLO *y* DON ALONSO.*)*

ALONSO

Tengo el morir por mejor,
Tello, que vivir sin ver.

TELLO

890 Temo que se ha de saber
este tu secreto amor;
que, con tanto ir y venir
de Olmedo a Medina, creo
que a los dos[124] da tu deseo
895 que sentir, y aun que decir.

ALONSO

¿Cómo puedo yo dejar
de ver a Inés si la adoro?

TELLO

Guardándole más decoro
en el venir y el hablar;
900 que en ser a tercero día,[125]
pienso que te dan, señor,
tercianas[126] de amor.

ALONSO

Mi amor
ni está ocioso, ni se enfría;
siempre abrasa, y no permite
905 que esfuerce naturaleza
un instante su flaqueza,
porque jamás se remite.
Mas bien se ve que es león,
amor; su fuerza, tirana;
910 pues que con esta cuartana[127]
se amansa mi corazón.
Es esta ausencia una calma[128]
de amor, porque si estuviera
adonde siempre a Inés viera,
915 fuera salamandra[129] el alma.

TELLO

¿No te cansa y te amohina
tanto entrar, tanto partir?

ALONSO

Pues yo, ¿qué hago en venir,
Tello, de Olmedo a Medina?
920 Leandro[130] pasaba un mar
todas las noches, por ver
si le podía beber
para poderse templar.
Pues si entre Olmedo y Medina
925 no hay, Tello, un mar, ¿qué me debe
Inés?

TELLO

A otro mar se atreve
quien al peligro camina
en que Leandro se vio;
pues a don Rodrigo veo
930 tan cierto de tu deseo
como puedo estarlo yo;
que como yo no sabía
cuya[131] aquella capa fue,
un día que la saqué . . .

ALONSO

935 ¡Gran necedad!

TELLO

como mía,
me preguntó: "Diga, hidalgo,
¿quién esta capa le dio?
Porque la conozco yo."
Respondí: "Si os sirve en algo
940 daréla a un criado vuestro."
Con esto, descolorido,
dijo: "Habíala perdido
de noche un lacayo nuestro,
pero mejor empleada

---

[124] *los dos* refers to Don Fernando and Don Rodrigo.

[125] *a tercero día*: the third day (since you met her). The unapocopated forms *primero, tercero,* etc., before a masculine singular noun, are fairly common in the period.

[126] *tercianas*: tertian fever (occurring every three days). Note the play on words involving *tercero* and *tercianas.*

[127] *cuartana*: quartan (a fever recurring every four days).

[128] *calma: tristeza.*

[129] *salamandra.* The salamander was believed to be able to endure fire without harm; similarly, Don Alonso's soul could withstand the fire of love ignited by his seeing Inés.

[130] *Leandro*: Leander, who swam the Hellespont every night to see Hero but was finally drowned.

[131] *cuya: de quien* (common usage in the period).

55

945 está en vos; guardadla bien."
Y fuese a medio desdén,
puesta la mano en la espada.
   Sabe que te sirvo, y sabe
que la perdió con los dos.
950 Advierte, señor, por Dios,
que toda esa gente es grave,
y que están en su lugar,
donde todo gallo canta.[132]
   Sin esto, también me espanta
955 ver este amor comenzar
por tantas hechicerías,
y que cercos[133] y conjuros
no son remedios seguros,
si honestamante porfías.
960   Fui con ella, ¡que no fuera!,[134]
a sacar de un ahorcado
una muela; puse a un lado,
como Arlequín,[135] la escalera.
   Subió Fabia, quedé al pie,
965 y díjome el salteador:
"Sube, Tello, sin temor,
o, si no, yo bajaré."
   ¡San Pablo!, allí me caí;
tan sin alma vine al suelo
970 que fue milagro del cielo
el poder volver en mí.
   Bajó, desperté turbado,
y de mirarme afligido;
porque, sin haber llovido,
975 estaba todo mojado.

ALONSO

   Tello, un verdadero amor
en ningún peligro advierte.
Quiso mi contraria suerte
que hubiese competidor,
980   y que trate, enamorado,
casarse con doña Inés.
Pues ¿qué he de hacer, si me ves
celoso y desesperado?
   No creo en hechicerías,
985 que todas son vanidades;

quien[136] concierta voluntades
son méritos y porfías.
   Inés me quiere; yo adoro
a Inés, yo vivo en Inés.
990 Todo lo que Inés no es
desprecio, aborrezco, ignoro.
   Inés es mi bien; yo soy
esclava de Inés, no puedo
vivir sin Inés. De Olmedo
995 a Medina vengo y voy,
porque Inés mi dueño[137] es
para vivir o morir.

TELLO

   Sólo te falta decir:
"Un poco te quiero, Inés."
1000   ¡Plega[138] a Dios que por bien sea!

ALONSO

Llama, que es hora.

TELLO

                Yo voy.

ANA

¿Quién es?

TELLO

                ¿Tan presto? Yo soy.
¿Está en casa Melibea?[139]
Que viene Calisto aquí.

ANA

1005 Aguarda un poco, Sempronio. (*Dentro.*)

TELLO

¿Si haré falso testimonio?[140]

INÉS

¿Él mismo? (*Dentro.*)

ANA

        Señora, sí. (*Dentro.*)
(*Sale* DOÑA INÉS).

INÉS

¡Señor mío!

ALONSO

        Bella Inés,
esto es venir a vivir.

TELLO

1010 Agora no hay que decir:

---

[132] *donde todo gallo canta*: freely, "where they hold sway." Cf. the proverb, *Cada gallo canta en su muladar.*
[133] *cerco*: circular figure (used to conjure demons or cast spells).
[134] *¡que no fuera!*: would that I hadn't gone!
[135] *Arlequín*: Harlequin, a clown skillful in performing pantomime and acrobatic tricks.
[136] *quien*: what.
[137] *dueño*: mistress (in the sense of both owner and sweetheart).

[138] *plega.* Although in modern usage *plegue* and *plazca* are preferred forms of the present subjunctive of *placer*, *plega* was common in the seventeenth century and is still admissible.
[139] *Melibea* and *Calisto* (in v. 1004) are the young lovers in Fernando de Rojas' *La Celestina*, to which Lope's play is much indebted. *Sempronio* (in v. 1005) is one of Calisto's servants.
[140] *¿Si... testimonio?* Shall I also bear false witness (like Sempronio)?

"Yo te lo diré después."

INÉS

¡Tello amigo!

TELLO

¡Reina mía!

INÉS

Nunca, Alonso de mis ojos,
por haberme dado enojos
1015 esta ignorante porfía
de don Rodrigo esta tarde,
he estimado que me vieses . . .[141]
. . . .
. . . .

ALONSO

Aunque fuerza de obediencia
te hiciese tomar estado,[142]
1020 no he de estar desengañado
hasta escuchar la sentencia.
    Bien el alma me decía,
y a Tello se lo contaba
cuando el caballo sacaba,
1025 y el sol los que aguarda el día,[143]
    que de alguna novedad
procedía mi tristeza,
viniendo a ver tu belleza,
pues me dices que es verdad.
1030   ¡Ay de mí si ha sido ansí!

INÉS

No lo creas, porque yo
diré a todo el mundo no,
después que te dije sí.
    Tú solo dueño has de ser
1035 de mi libertad y vida;
no hay fuerza que el ser impida,
don Alonso, tu mujer.
    Bajaba al jardín ayer,
y como por don Fernando
1040 me voy de Leonor guardando,
a las fuentes, a las flores
estuve diciendo amores,
y estuve también llorando.
    "Flores y aguas (les decía),
1045 dichosa vida gozáis,
pues aunque noche pasáis,
veis vuestro sol cada día."
    Pensé que me respondía

la lengua de una azucena
1050 (¡qué engaños amor ordena!):
"Si el sol que adorando estás
viene de noche, que es más,
Inés, ¿de qué tienes pena?"

TELLO

Así dijo a un ciego un griego,
1055 que le contó mil disgustos:
"Pues tiene la noche gustos,
¿para qué te quejas, ciego?"

INÉS

Como mariposa llego
a estas horas, deseosa
1060 de tu luz; no mariposa,
fénix ya, pues de una suerte
me da vida y me da muerte
llama tan dulce y hermosa.

ALONSO

¡Bien haya el coral,[144] amén,
1065 de cuyas hojas de rosas[145]
palabras tan amorosas
salen a buscar mi bien!
    Y advierte que yo también,
cuando con Tello no puedo,
1070 mis celos, mi amor, mi miedo
digo en tu ausencia a las flores.

TELLO

Yo le vi decir amores
a los rábanos de Olmedo;
que un amante suele hablar
1075 con las piedras, con el viento.

ALONSO

No puede mi pensamiento
ni estar solo, ni callar;
contigo, Inés, ha de estar,
1080 ¡Oh, quién supiera decir
lo que te digo en ausencia!
Pero estando en tu presencia
aun se me olvida el vivir.
    Por el camino le cuento
1085 tus gracias a Tello, Inés,
y celebramos después
tu divino entendimiento.
    Tal gloria en tu nombre siento
que una mujer recibí[146]
1090 de tu nombre, porque ansí,

---

[141] Two verses, needed to complete the *redondilla*, are missing after this one.
[142] *tomar estado*: to marry.
[143] *y el sol . . . el día.* Understand, *y el sol sacaba los caballos que aguardaba el día.* The allusion is to the

horses that drew Apollo's chariot to bring the sun to the new day.
[144] *coral* is a poetic figure for "mouth."
[145] *hojas de rosas*: lips.
[146] *recibí*: to employ.

llamándola todo el día,
pienso, Inés, señora mía,
que te estoy llamando a ti.

TELLO

Pues advierte, Inés discreta,
1095 de los dos tan nuevo efeto,
que a él le has hecho discreto,
y a mí me has hecho poeta.
    Oye una glosa a un estribo[147]
que compuso don Alonso,
1100 a manera de responso,[148]
si los hay en muerto vivo.
    "En el valle a Inés
la dejé riendo:
si la ves, Andrés,
1105 dile cuál me ves
por ella muriendo."

INÉS

¿Don Alonso la compuso?

TELLO

Que es buena, jurarte puedo,
para poeta de Olmedo;
1110 escucha.

ALONSO

Amor lo disupso.

TELLO

Andrés, después que las bellas
plantas de Inés goza el valle,
tanto florece con ellas,
que quiso el cielo trocalle[149]
1115 por sus flores, sus estrellas.
    Ya el valle es cielo, después
que su primavera es,
pues verá el cielo en el suelo
quien vio, pues Inés es cielo,
1120 en el valle a Inés.
    Con miedo y respeto estampo
el pie donde el suyo huella;
que ya Medina del Campo
no quiere aurora más bella
1125 para florecer su campo.
    Yo la vi de amor huyendo,
cuanto miraba matando,
su mismo desdén venciendo,
y aunque me partí llorando,
1130 la dejé riendo.
    Dile, Andrés, que ya me veo
muerto por volverla a ver,

aunque cuando llegues, creo
que no será menester;
1135 que me habrá muerto el deseo.
    No tendrás que hacer después
que a sus manos vengativas
llegues, si una vez la ves,
ni aun es posible que vivas,
1140 si la ves, Andrés.
    Pero si matarte olvida,
por no hacer caso de ti,
dile a mi hermosa homicida
que ¿por qué se mata en mí,
1145 pues que sabe que es mi vida?
    Dile: "Crüel, no le des
muerte, si vengada estás,
y te ha de pesar después."
    Y pues no me has de ver más,
1150 dile cuál me ves.
    Verdad es que se dilata
el morir, pues con mirar
vuelve a dar vida la ingrata,
y ansí se cansa en matar,
1155 pues da vida a cuantos mata.
    Pero, muriendo o viviendo,
no me pienso arrepentir
de estarla amando y sirviendo;
que no hay bien como vivir
1160 por ella muriendo.

INÉS

Si es tuya, notablemente
te has alargado en mentir
por don Alonso.

ALONSO

                    Es decir
que mi amor en versos miente;
1165   pues, señora ¿qué poesía
llegará a significar
mi amor?

INÉS

        ¡Mi padre!

ALONSO

                    ¿Ha de entrar?

INÉS

Escondeos.

ALONSO

        ¿Dónde?

(*Ellos se entran, y sale* DON PEDRO.)

---

147 *estribo*: estribillo.
148 *responso*: responsory for the dead.

149 *trocalle*: trocarle.

PEDRO

Inés mía,
¡agora por recoger!
1170 ¿Cómo no te has acostado?

INÉS

Rezando, señor, he estado
por lo que dijiste ayer,
rogando a Dios que me incline
a lo que fuere major.

PEDRO

1175 Cuando para ti mi amor
imposibles imagine,
no pudiera hallar un hombre
como don Rodrigo, Inés.

INÉS

Ansí dicen todos que es
1180 de su buena fama y nombre;
y habiéndome de casar,
ninguno en Medina hubiera,
ni en Castilla, que pudiera
sus méritos igualar.

PEDRO

1185 ¿Cómo, habiendo de casarte?

INÉS

Señor, hasta ser forzoso
decir que ya tengo esposo,
no he querido disgustarte.

PEDRO

¡Esposo! ¿Qué novedad
1190 es ésta, Inés?

INÉS

Para ti
será novedad; que[150] en mí
siempre fue mi voluntad.
Y ya que estoy declarada,
hazme mañana cortar
1195 un hábito, para dar
fin a esta gala excusada;
que así quiero andar, señor,
mientras me enseñan latín.
Leonor te queda; que al fin
1200 te dará nietos Leonor.
Y por mi madre te ruego
que en esto no me repliques,
sino que medios apliques
a mi elección y sosiego.
1205 Haz buscar una mujer
de buena y santa opinión,

que me dé alguna lición
de lo que tengo de ser,
y un maestro de cantar,
1210 que de latín sea también.

PEDRO

¿Eres tú quien habla, o quién?

INÉS

Esto es hacer, no es hablar.

PEDRO

Por una parte, mi pecho
se enternece de escucharte,
1215 Inés, y por otra parte,
de duro mármol le has hecho.
En tu verde edad mi vida
esperaba sucesión;
pero si esto es vocación,
1220 no quiera Dios que lo impida.
Haz tu gusto, aunque tu celo
en esto no intenta[151] el mío;
que ya sé que el albedrío
no presta obediencia al cielo.
1225 Pero porque suele ser
nuestro pensamiento humano
tal vez inconstante y vano,
y en condición de mujer,
que es fácil de persuadir,
1230 tan poca firmeza alcanza
que hay de mujer a mudanza
lo que de hacer a decir;
mudar las galas no es justo,
pues no pueden estorbar
1235 a leer latín o cantar,
ni a cuanto fuere tu gusto.
Viste alegre y cortesana;
que no quiero que Medina,
si hoy te admirare[152] divina,
1240 mañana te burle humana.
Yo haré buscar la mujer
y quien te enseñe latín,
pues a mejor padre, en fin,
es más justo obedecer.
1245 Y con esto adiós te queda;
que para no darte enojos,
van a esconderse mis ojos
adonde llorarte pueda.

(*Vase, y salgan* DON ALONSO *y*
TELLO.)

---

[150] *que*: but.
[151] *intentar*: here, "to signify."

[152] *si hoy te admirare*. Note the use of the future subjunctive in an *if* clause, a usage now rare.

INÉS

Pésame de haberte dado
1250 disgusto.

ALONSO

A mí no me pesa,
por el que me ha dado el ver
que nuestro muerte conciertas.
¡Ay, Inés! ¿Adónde hallaste
en tal desdicha, en tal pena,
1255 tan breve remedio?

INÉS

Amor
en los peligros enseña
una luz adonde[153] el alma
posibles remedios vea.

ALONSO

Éste ¿es remedio posible?

INÉS

1260 Como yo agora le tenga,
para que este don Rodrigo
no llegue al fin que desea,
bien sabes que breves males
la dilación los remedia;
1265 que no dejan esperanza
si no hay segunda sentencia.

TELLO

Dice bien, señor; que en tanto
que doña Inés cante y lea,
podéis dar orden[154] los dos
1270 para que os valga la Iglesia.
Sin esto, desconfiado
don Rodrigo, no hará fuerza
a don Pedro en la palabra,
pues no tendrá por ofensa
1275 que le deje doña Inés
por quien dice que le deja.
También es linda ocasión
para que yo vaya y venga
con libertad a esta casa.

ALONSO

1280 ¡Libertad! ¿De qué manera?

TELLO

Pues ha de leer latín,
¿no será fácil que pueda
ser yo quien venga a enseñarla?
¡Y verás con qué destreza
1285 la enseño a leer tus cartas!

ALONSO

¡Qué bien mi remedio piensas!

TELLO

Y aun pienso que podrá Fabia
servirte en forma de dueña,
siendo la santa mujer
1290 que con su falsa apariencia
venga a enseñarla.

INÉS

Bien dices;
Fabia será mi maestra
de virtudes y costumbres.

TELLO

¡Y qué tales serán ellas!

ALONSO

1295 Mi bien, yo temo que el día
(que es amor dulce materia
para no sentir las horas,
que por los amantes vuelan)
nos halle tan descuidados
1300 que al salir de aquí me vean,
o que sea fuerza quedarme.
¡Ay, Dios, qué dichosa fuerza!
Medina, a la Cruz de Mayo[155]
hace sus mayores fiestas:
1305 yo tengo que prevenir,
que, como sabes, se acercan;
que, fuera de que en la plaza
quiero que galán me veas,
de Valladolid me escriben
1310 que el rey don Juan viene a verlas;
que en los montes de Toledo
le pide que se entretenga
el Condestable estos días,
porque en ellos convalezca,
1315 y de camino, señora,
que honre esta villa le ruega;
y así, es razón que le sirva
la nobleza desta tierra.
Guárdete el cielo, mi bien.

INÉS

1320 Espera; que a abrir la puerta
es forzoso que yo vaya.

ALONSO

¡Ay, luz! ¡Ay, aurora necia,
de todo amante envidiosa!

TELLO

Ya no aguardéis que amanezca.

---

[153] *adonde*: in which.
[154] *dar orden*: to find a way.

[155] *Cruz de Mayo*. The Feast of the Finding of the
Holy Cross is celebrated on May 3.

ALONSO

1325 ¿Cómo?

TELLO

Porque es de día.

ALONSO

Bien dices, si a Inés me muestras;
pero, ¿cómo puede ser,
Tello, cuando el sol acuesta?

TELLO

Tú vas despacio, él aprisa;
1330 apostaré que te quedas. (*Vanse.*)

(*Salen* DON RODRIGO *y* DON
FERNANDO.)

RODRIGO

Muchas veces había reparado,
don Fernando, en aqueste caballero,
del corazón solícito avisado.[156]
El talle, el grave rostro, lo severo,
1335 celoso me obligaban a miralle.

FERNANDO

Efetos son de amante verdadero;
que, en viendo otra persona de buen
talle,
tienen temor que si le ve su dama,
será posible, o fuerza, codicialle.

RODRIGO

1340 Bien es verdad que él tiene tanta fama,
que por más que en Medina se encubría,
el mismo aplauso popular le aclama.
Vi, como os dije, aquel mancebo un día
que la capa perdida en la pendencia
1345 contra el valor de mi opinión traía.
Hice secretamente diligencia[157]
después de hablarle, y satisfecho quedo,
que tiene esta amistad correspondencia.
Su dueño es don Alonso, aquel de Olmedo,
1350 alanceador galán y cortesano,
de quien hombres y toros tienen miedo.
Pues si éste sirve a Inés, ¿qué intento
en vano?
O ¿cómo quiero yo, si ya le adora,
que Inés me mire con semblante humano?

FERNANDO

1355 ¿Por fuerza[158] ha de quererle?

RODRIGO

Él la enamora,
y merece, Fernando, que le quiera.
¿Qué he de pensar, si me aborrece agora?

FERNANDO

Son celos, don Rodrigo, una quimera
que se forma de envidia, viento y sombra,
1360 con que lo incierto imaginado altera,
una fantasma que de noche asombra,
un pensamiento que a locura inclina,
y una mentira que verdad se nombra.

RODRIGO

Pues, ¿cómo tantas veces a Medina
1365 viene y va don Alonso? Y ¿a qué efeto
es cédula de noche en una esquina?[159]
Yo me quiero casar; vos sois discreto:
¿qué consejo me dais, si no es matalle?

FERNANDO

Yo hago diferente mi conceto;[160]
1370 que ¿cómo puede doña Inés amalle
si nunca os quiso a vos?

RODRIGO

Porque es respuesta
que tiene mayor dicha o mejor talle.

FERNANDO

Mas porque doña Inés es tan honesta,
que aun la ofendéis con nombre de marido.

RODRIGO

1375 Yo he de matar a quien vivir me cuesta
en su desgracia, porque tanto olvido
no puede proceder de honesto intento.
Perdí la capa y perderé el sentido.

FERNANDO

Antes, dejarla a don Alonso, siento
1380 que ha sido como echársela en los ojos.
Ejecutad, Rodrigo, el casamiento;
llévese don Alonso los despojos,
y la vitoria vos.

RODRIGO

Mortal desmayo
cubre mi amor de celos y de enojos.

FERNANDO

1385 Salid galán para la Cruz de Mayo,
que yo saldré con vos; pues el rey viene,
las sillas piden el castaño y bayo.[161]

---

[156] *del corazón solícito avisado*: warned by my apprehensive heart.
[157] *diligencia*: investigation.
[158] *Por fuerza*: necessarily.
[159] *¿a qué efeto es cédula de noche?*: freely, "why is he posted like a sentinel at night?" Don Alonso is like a for-rent sign (*cédula*) affixed to the home of Inés.
[160] *conceto*: *concepto*, opinion.
[161] *las sillas . . . bayo*: the chestnut and the bay are impatient to be saddled.

Menos aflige el mal que se entretiene.

RODRIGO

Si viene don Alonso, ya Medina
1390 ¿qué competencia con Olmedo tiene?

FERNANDO

¡Qué loco estáis!

RODRIGO

Amor me desatina. (*Vanse.*)

(*Salen* DON PEDRO, DOÑA INÉS, *y*
DOÑA LEONOR.)

PEDRO

No porfíes.

INÉS

No podrás
mi propósito vencer.

PEDRO

Hija, ¿qué quieres hacer,
1395 que tal veneno me das?
Tiempo te queda.

INÉS

Señor,
¿qué importa el hábito pardo,
si para siempre le aguardo?

LEONOR

Necia estás.

INÉS

Calla, Leonor.

LEONOR

1400   Por lo menos estas fiestas
has de ver con galas.

INÉS

Mira
que quien por otras suspira,
ya no tiene el gusto en éstas.
Galas celestiales son
1405 las que ya mi vida espera.

PEDRO

¿No basta que yo lo quiera?

INÉS

Obedecerte es razón.

(*Sale* FABIA, *con un rosario y báculo y
antojos.*)[162]

FABIA

¡Paz sea en aquesta casa!

PEDRO

Y venga con vos.

FABIA

¿Quién es
1410 la señora doña Inés,
que con el Señor se casa?
¿Quién es aquella que ya
tiene su esposo elegida,
y como a prenda querida
1415 estos impulsos le da?

PEDRO

Madre honrada, ésta que veis,
y yo su padre.

FABIA

Que sea
muchos años, y ella vea
el dueño que vos no veis.
1420   Aunque en el Señor espero
que os ha de obligar piadoso
a que acetéis tal esposo,
que es muy noble caballero.

PEDRO

Y ¡cómo, madre, si lo es!

FABIA

1425 Sabiendo que anda a buscar
quien venga a morigerar[163]
los verdes años de Inés,
quien la guíe, quien la muestre
las sémitas[164] del Señor,
1430 y al camino del amor
como a principianta adiestre,
hice oración en verdad,
y tal impulso me dio,
que vengo a ofrecerme yo
1435 para esta necesidad,
aunque soy gran pecadora.

PEDRO

Ésta es la mujer, Inés,
que has menester.

INÉS

Ésta es
la que he menester agora.
1440 Madre, abrázame.

FABIA

Quedito,
que el cilicio[165] me hace mal.

PEDRO

No he visto humildad igual.

---

[162] *antojos: anteojos.* Note the purposeful ambiguity in this scene: *Señor* (v. 1411, etc.) may refer to both the Lord and to Don Alonso.

[163] *morigerar:* to regulate.
[164] *sémita:* path.
[165] *cilicio:* hair shirt (worn as a penance).

LEONOR
En el rostro trae escrito
lo que tiene el corazón.

FABIA
1445 ¡Oh qué gracia, oh qué belleza!
¡Alcance tu gentileza
mi deseo y bendición!
¿Tienes oratorio?

INÉS
Madre,
comienzo a ser buena agora.

FABIA
1450 Como yo soy pecadora,
estoy temiendo a tu padre.

PEDRO
No le pienso yo estorbar
tan divina vocación.

FABIA
En vano, infernal dragón,
1455 la pensabas devorar.
No ha de casarse en Medina;
monasterio tiene Olmedo;
Domine, si tanto puedo,
ad juvandum me festina.[166]

PEDRO
1460 Un ángel es la mujer.
(*Sale* TELLO, *de gorrón.*)[167]

TELLO
(Si con sus hijas está, (*Dentro.*)
yo sé que agradecerá
que yo me venga a ofrecer.) (*Sale.*)
El maestro que buscáis
1465 está aquí, señor don Pedro,
para latín y otras cosas,
que dirá[n] después su efeto.
Que buscáis un estudiante
en la iglesia me dijeron,
1470 porque ya desta señora
se sabe el honesto intento.
Aquí he venido a serviros,
puesto que[168] soy forastero,
si valgo para enseñarla.

PEDRO
1475 Ya creo y tengo por cierto,

viendo que todo se junta,
que fue voluntad del cielo.
En casa puede quedarse
la madre, y este mancebo
1480 venir a darte lición.
Concertadlo, mientras vuelvo,
las dos.—¿De dónde es, galán? (*A* TELLO.)

TELLO
Señor, soy calahorreño.[169]

PEDRO
¿Su nombre?

TELLO
Martín Peláez.

PEDRO
1485 Del Cid debe de ser deudo.[170]
¿Dónde estudió?

TELLO
En la Coruña,[171]
y soy por ella maestro.

PEDRO
¿Ordenóse?

TELLO
Sí, señor;
de vísperas.[172]

PEDRO
Luego vengo. (*Vase.*)

TELLO
1490 ¿Eres Fabia?

FABIA
¿No lo ves?

LEONOR
Y ¿tú Tello?

INÉS
¡Amigo Tello!

LEONOR
¿Hay mayor bellaquería?

INÉS
¿Qué hay de don Alonso?

TELLO
¿Puedo
fiar de Leonor?

INÉS
Bien puedes.

[166] *Domine . . . ad juvandum me festina*: Latin, "Hasten to help me, oh Lord!" From a prayer in the Book of Hours.
[167] *de gorrón*: wearing a student's gown.
[168] *puesto que*: although.
[169] *calahorreño*: a native of Calahorra, a town in the province of Logroño in Old Castile.
[170] *Martín Peláez*, nephew of the Cid.
[171] There never has been a university in La Coruña, a city in Galicia.
[172] *de vísperas*. Note the double meaning: "ordained at vespers" and "ordained yesterday." Of course, Tello is lying either way.

LEONOR

1495 Agraviara Inés mi pecho
y mi amor, si me tuviera
su pensamiento encubierto.

TELLO

Señora, para servirte,
está don Alonso bueno,
1500 para las fiestas de mayo,
tan cerca ya, previniendo
galas, caballos, jaezes,
lanza y rejones; que pienso
que ya le tiemblan los toros.
1505 Una adarga habemos hecho,
si se conciertan las cañas,[173]
como de mi raro ingenio.
Allá la verás, en fin.

INÉS

¿No me ha escrito?

TELLO

Soy un necio;
1510 ésta, señora, es la carta.

INÉS

Bésola de porte,[174] y leo.

(*Sale* DON PEDRO.)

PEDRO

Pues pon el coche,[175] si está
malo el alazán. ¿Qué es esto?

TELLO

(¡Tu padre! Haz que lees, y yo
(*Aparte a* INÉS.)
1515 haré que latín te enseño.)
Dominus . . .

INÉS

Dominus . . .

TELLO

Diga.

INÉS

¿Cómo más?

TELLO

Dominus meus.

INÉS

Dominus meus.

TELLO

Ansí,
poco a poco irá leyendo.

PEDRO

1520 ¿Tan presto tomas lición?

INÉS

Tengo notable deseo.

PEDRO

Basta; que a decir, Inés,
me envía el ayuntamiento
que salga a las fiestas yo.

INÉS

1525 Muy discretamente han hecho,
pues viene a la fiesta el rey.

PEDRO

Pues será con un concierto
que has de verlas con Leonor.

INÉS

Madre, dígame si puedo
1530 verlas sin pecar.

FABIA

Pues ¿no?
No escrupulices en eso
como algunos tan mirlados[176]
que piensan, de circunspectos,
que en todo ofenden a Dios,
1535 y olvidados de que fueron
hijos de otros, como todos,
cualquiera entretenimiento
que los trabajos olvide,
tienen por notable exceso.
1540 Y aunque es justo moderarlos,
doy licencia, por los menos
para estas fiestas, por ser
jugatoribus paternus.[177]

PEDRO

1545 Pues vamos; que quiero dar
dineros a tu maestro,
y a la madre para un manto.

FABIA

¡A todos cubra el del cielo!
Y vos, Leonor, ¿no seréis
como vuestra hermana presto?

LEONOR

1550 Sí, madre, porque es muy justo
que tome tan santo ejemplo. (*Vanse.*)

(*Sale el* REY DON JUAN *con acompañamiento y el* CONDESTABLE.) [177a]

---

[173] *cañas:* a tourney in which horsemen, dressed in
armor, tilted with blunt spears of cane.
[174] *de porte:* in payment.
[175] *pon el coche:* get the coach ready.
[176] *mirlado:* excessively scrupulous.

[177] *por ser jugatoribus paternus.* The Latin is obscure.
The passage seems to mean, "because they (the
fiestas) are helpful to those who are getting married."
[177a] *Condestable:* Don Alvaro de Luna, the Constable
of Castile and favorite of John II.

REY

No me traigáis al partir
negocios que despachar.

CONDESTABLE

Contienen sólo firmar;
1555 no has de ocuparte en oír.

REY

Decid con mucha presteza.

CONDESTABLE

¿Han de entrar?

REY

Ahora no.

CONDESTABLE

Su Santidad concedió
lo que pidió vuestra alteza
1560 por Alcántara,[178] señor.

REY

Que mudase le pedí
el hábito, porque ansí
pienso que estará mejor.[179]

CONDESTABLE

Era aquel traje muy feo.

REY

1565 Cruz verde pueden traer.[180]
Mucho debo agradecer
al Pontífice el deseo
que de nuestro aumento muestra,
con que irán siempre adelante
1570 estas cosas del infante,[181]
en cuanto es de parte nuestra.

CONDESTABLE

Éstas son dos provisiones,
y entrambas notables son.

REY

¿Qué contienen?

CONDESTABLE

La razón[182]
1575 de diferencia que pones
entre los moros y hebreos
que en Castilla han de vivir.

REY

Quiero con esto cumplir,
Condestable, los deseos
1580 de fray Vicente Ferrer,[183]
que lo ha deseado tanto.

CONDESTABLE

Es un hombre docto y santo.

REY

Resolví con él ayer
que en cualquiera reino mío
1585 donde mezclados están,
a manera de gabán
traiga un tabardo el judío
con una señal en él,
y un verde capuz el moro.
1590 Tenga el cristiano el decoro
que es justo; apártese dél;
que con esto tendrán miedo
los que su nobleza infaman.

CONDESTABLE

A don Alonso, que llaman
1595 el caballero de Olmedo,
hace vuestra alteza aquí
merced de un hábito.

REY

Es hombre
de notable fama y nombre.
En esta villa le vi
1600 cuando se casó mi hermana.

CONDESTABLE

Pues pienso que determina,
por servirte, ir a Medina
a las fiestas de mañana.

REY

Decidle que fama emprenda
1605 en el arte militar;
porque yo le pienso honrar
con la primera encomienda.[184] (*Vanse.*)

(*Sale* DON ALONSO.)

ALONSO

¡Ay, riguroso estado,[185]

---

[178] *Alcántara*: a military and religious order founded in 1156.

[179] It was not John II who sought permission to change the habit of the Order of Alcántara but his uncle, the Infante Ferdinand of Antequera, who was regent during part of John's minority and who became Ferdinand I of Aragon in 1412.

[180] The change in the habit included the discarding of a hood and the addition of a green cross on the left breast.

[181] Benedict XIII, one of the Avignon popes, was instrumental in the appointment of the Infante Ferdinand to the throne of Aragon.

[182] *razón*: statement.

[183] Fray Vicente Ferrer (1355–1419), a famous Dominican preacher, was later canonized.

[184] *encomienda*: commission in a military order including lands or an estate for the holder.

[185] The *romancillo* beginning here is also found (with numerous variants) in act 3, scene 4 of Lopes' *La Dorotea* (1632), which he calls an "acción en prosa."

ausencia mi enemiga,
1610 que dividiendo el alma
puedes dejar la vida!
¡Cuán bien por tus efetos
te llaman muerte viva,
pues das vida al deseo,
1615 y matas a la vista!
¡Oh, cuán piadosa fueras
si al partir de Medina
la vida me quitaras
como el alma me quitas!
1620 En ti, Medina, vive
aquella Inés divina,
que es honra de la corte
y gloria de la villa.
Sus alabanzas cantan
1625 las aguas fugitivas,
las aves que la escuchan,
las flores que la imitan.
Es tan bella que tiene
envidia de sí misma,
1630 pudiendo estar segura
que el mismo sol la envidia,
pues no la ve más bella
por su dorada cinta,
ni cuando viene a España,
1635 ni cuando va a las Indias.[186]
Yo merecí quererla,
¡dichosa mi osadía!,
que es merecer sus penas
calificar mis dichas.
1640 Cuando[187] pudiera verla,
adorarla y servirla,
la fuerza[188] del secreto
de tanto bien me priva.
Cuando mi amor no fuera
1645 de fe tan pura y limpia,
las perlas de sus ojos
mi muerte solicitan.
Llorando por mi ausencia
Inés quedó aquel día;
1650 que sus lágrimas fueron
de sus palabras firma.
Bien sabe aquella noche
que pudiera ser mía;
cobarde amor, ¿qué aguardas,

1655 cuando respetos miras?
¡Ay, Dios! ¡Qué gran desdicha
partir el alma y dividir la vida!

(*Sale* TELLO.)

TELLO
¿Merezco ser bien llegado?[189]
ALONSO
No sé si diga que sí;
1660 que me has tenido sin mí
con lo mucho que has tardado.
TELLO
Si por tu remedio ha sido,
¿en qué me puedes culpar?
ALONSO
¿Quién me puede remediar,
1665 si no es a quién le pido?
¿No me escribe Inés?
TELLO
                                   Aquí
te traigo cartas de Inés.
ALONSO
Pues hablarásme después
en lo que has hecho por mí.
(*Lea.*) "Señor mío, después que os partistes
no he vivido; que sois tan cruel que aun no
me dejáis vida cuando os vais."
TELLO
1670   ¿No lees más?
ALONSO
                                   No.
TELLO
                                   ¿Por qué?
ALONSO
Porque manjar tan süave
de una vez no se me acabe.
Hablemos de Inés.
TELLO
                                   Llegué
con media sotana y guantes;
1675 que parecía de aquellos
que hacen en solos los cuellos
ostentación de estudiantes.
Encajé salutación,
verbosa filatería,
1680 dando a la bachillería

---

[186] *el mismo sol . . . a las Indias.* The meaning is that the sun itself envies her because its rays do nothing to beautify her no matter whether it is in the east or west. The reference to the Indies, undiscovered in the time of John II, is anachronistic.
[187] *Cuando*: even if. Also in v. 1644.
[188] *fuerza*: necessity.
[189] *bien llegado*: bienvenido.

dos piensos de discreción;[190]
y volviendo el rostro, vi
a Fabia . . .

ALONSO

Espera, que leo
otro poco; que el deseo
1685 me tiene fuera de mí.
(*Lea.*) "Todo lo que dejastes ordenado se
hizo; sólo no se hizo que viviese yo sin vos,
porque no lo dejastes ordenado."

TELLO

¿Es aquí contemplación?

ALONSO

Dime cómo hizo Fabia
lo que dice Inés.

TELLO

Tan sabia
y con tanta discreción,
1690 melindre[191] y hipocresía,
que me dieron que temer
algunos que suelo ver
cabizbajos todo el día.[192]
De hoy más quedaré advertido
1695 de lo que se ha de creer
de una hipócrita mujer
y un ermitaño fingido.
Pues si me vieras a mí
con el semblante mirlado,
1700 dijeras que era traslado
de un reverendo alfaquí.[193]
Creyóme el viejo, aunque en él
se ve de un Catón[194] retrato.

ALONSO

Espera; que ha mucho rato
1705 que no he mirado el papel.
(*Lea.*) "Daos prisa a venir, para que sepáis
cómo quedo cuando os partís, y cómo estoy
cuando volvéis."

TELLO

¿Hay otra estación[195] aquí?

ALONSO

En fin, tú hallaste lugar
para entrar y para hablar.

TELLO

Estudiaba Inés en ti;

1710 que eras el latín, señor,
y la lición que aprendía.

ALONSO

Leonor, ¿qué hacía?

TELLO

Tenía
envidia de tanto amor,
porque se daba a entender
1715 que de ser amado eres
digno; que muchas mujeres
quieren porque ven querer.
Que en siendo un hombre querido
de alguna con grande afeto,
1720 piensan que hay algún secreto
en aquel hombre escondido.
Y engáñanse, porque son
correspondencias de estrellas.

ALONSO

¡Perdonadme, manos bellas,
1725 que leo el postrer renglón!
(*Lea.*) "Dicen que viene el rey a Medina, y
dicen verdad, pues habéis de venir vos, que
sois rey mío."
Acabóseme el papel.

TELLO

Todo en el mundo se acaba.

ALONSO

Poco dura el bien.

TELLO

En fin,
le has leído por jornadas.

ALONSO

1730 Espera, que aquí a la margen
vienen dos o tres palabras.
(*Lea.*) "Poneos esa banda al cuello."
¡Ay, si yo fuera la banda!

TELLO

¡Bien dicho, por Dios, y entrar
1735 con doña Inés a la plaza!

ALONSO

¿Dónde está la banda, Tello?

TELLO

A mí no me han dado nada.

ALONSO

¿Cómo no?

---

[190] *Encajé . . . discreción*: freely, "I gave a greeting full of verbose flattery, but I was careful to include a bit of discretion in my babbling."
[191] *melindre*: coaxing.
[192] *me dieron . . . el día.* Tello means that so skillfully did Fabia carry out her role that he is now suspicious of all who go about with their heads bowed in humility.
[193] *alfaquí*: Moslem priest.
[194] *Catón*: Cato (234–149 B.C.), Roman statesman noted for his austerity.
[195] *estación*: stop, pause.

TELLO

    Pues ¿qué me has dado?

ALONSO

Ya te entiendo; luego saca
1740 a tu elección un vestido.

TELLO

Ésta es la banda.

ALONSO

        ¡Extremada!

TELLO

¡Tales manos la bordaron!

ALONSO

Demos orden que me parta.
Pero, ¡ay, Tello!

TELLO

       ¿Qué tenemos?

ALONSO

1745 De decirte me olvidaba
unos sueños que he tenido.

TELLO

¿Agora en sueños reparas?

ALONSO

No los creo, claro está,
pero dan pena.

TELLO

      Eso basta.

ALONSO

1750 No falta quien llama a algunos
revelaciones del alma.

TELLO

¿Qué te puede suceder
en una cosa tan llana
como quererte casar?

ALONSO

1755 Hoy, Tello, al salir el alba,
con la inquietud de la noche,
me levanté de la cama,
abrí la ventana aprisa,
y mirando flores y aguas
1760 que adornan nuestro jardín,
sobre una verde retama
veo ponerse un jilguero,[196]
cuyas esmaltadas alas
con lo amarillo añadían
1765 flores a las verde ramas.
Y estando al aire trinando
de la pequeña garganta

con naturales pasajes[197]
las quejas enamoradas,
1770 sale un azor de un almendro,
adonde escondido estaba,
y como eran en los dos
tan desiguales las armas,
tiñó de sangre las flores,
1775 plumas al aire derrama.
Al triste chillido, Tello,
débiles ecos del aura,
respondieron, y, no lejos,
lamentando su desgracia,
1780 su esposa, que en un jazmín
la tragedia viendo estaba.
Yo, midiendo con los sueños
estos avisos del alma,
apenas puedo alentarme;
1785 que con saber que son falsas
todas estas cosas, tengo
tan perdida la esperanza
que no me aliento a vivir.

TELLO

Mal a doña Inés le pagas
1790 aquella heroica firmeza
con que, atrevida, contrasta
los golpes de la fortuna.
Ven a Medina, y no hagas
caso de sueños ni agüeros,
1795 cosas a la fe contrarias.
Lleva el ánimo que sueles,
caballos, lanzas y galas;
mata de envidia los hombres,
mata de amores las damas.
1800 Doña Inés ha de ser tuya
a pesar de cuantos tratan
dividiros a los dos.

ALONSO

Bien dices; Inés me aguarda.
Vamos a Medina alegres.
1805 Las penas anticipadas
dicen que matan dos veces,
y a mí sola Inés me mata,
no como pena, que es gloria.

TELLO

Tú me verás en la plaza
1810 hincar de rodillas toros
delante de sus ventanas.

---

[196] *jilguero*: goldfinch.

[197] *pasaje*: modulation.

Acto tercero

(*Suenan atabales y entran con lacayos y rejones*[198] DON RODRIGO *y* DON FERNANDO.)

RODRIGO

¡Poca dicha!

FERNANDO

¡Malas suertes![199]

RODRIGO

¡Qué pesar!

FERNANDO

¿Qué se ha de hacer?

RODRIGO

Brazo, ya no puede ser
1815 que en servir a Inés aciertes.

FERNANDO

Corrido[200] estoy.

RODRIGO

Yo, turbado.

FERNANDO

Volvamos a porfiar.

RODRIGO

Es imposible acertar
un hombre tan desdichado.
1820 Para el de Olmedo, en efeto,
guardó suertes la fortuna.

FERNANDO

No ha errado el hombre ninguna.[201]

RODRIGO

Que la ha de errar os prometo.

FERNANDO

Un hombre favorecido,
1825 Rodrigo, todo lo acierta.

RODRIGO

Abrióle el amor la puerta,
y a mí, Fernando, el olvido.
Fuera de esto, un forastero
luego se lleva los ojos.

FERNANDO

1830 Vos tenéis justos enojos;
él es galán caballero,
mas no para escurecer[202]
los hombres que hay en Medina.

RODRIGO

La patria me desatina;
1835 mucho parece mujer
en que lo propio desprecia,
y de lo ajeno se agrada.

FERNANDO

De [ser][203] ingrata culpada
son ejemplos Roma y Grecia.

(*Dentro ruido de pretales*[204] *y voces.*)

VOZ PRIMERA

1840 ¡Brava suerte! (*Dentro.*)

VOZ SEGUNDA

¡Con qué gala (*Dentro.*)
quebró el rejón!

FERNANDO

¿Qué aguardamos?
Tomemos caballos.

RODRIGO

Vamos.

VOZ PRIMERA

¡Nadie en el mundo le iguala!

FERNANDO

¿Oyes esa voz?

RODRIGO

No puedo
1845 sufrirlo.

FERNANDO

Aun no lo encareces.

VOZ SEGUNDA

¡Vítor[205] setecientas veces (*Dentro.*)
el caballero de Olmedo!

RODRIGO

¿Qué suerte quieres que aguarde,
Fernando, con estas voces?

---

[198] *rejón*: lance used in bullfighting on horseback which is made to break off in the bull's neck.

[199] *suerte*. In addition to meaning "luck," *suerte* refers to the various stages of bullfighting.

[200] *corrido*: ashamed.

[201] *ninguna*. Understand *ninguna suerte*.

[202] *escurecer*: *oscurecer*.

[203] *ser*. The first edition has *siempre*.

[204] *pretal*: breastplate.

[205] ¡*Vítor!*: ¡*Viva!*

FERNANDO

1850 Es vulgo, ¿no le conoces?[206]

VOZ PRIMERA

¡Dios te guarde! ¡Dios te guarde! (*Dentro.*)

RODRIGO

¿Qué más dijeran al rey?
Mas bien hacen: digan, rueguen
que hasta el fin sus dichas lleguen.

FERNANDO

1855 Fue siempre bárbara ley
seguir aplauso vulgar
las novedades.

RODRIGO

Él viene
a mudar caballo.

FERNANDO

Hoy tiene
la fortuna en su lugar.
(*Salen* TELLO, *con rejón y librea, y*
DON ALONSO.)

TELLO

1860 ¡Valientes suertes, por Dios!

ALONSO

Dame, Tello, el alazán.

TELLO

Todos el lauro nos dan.

ALONSO

¿A los dos, Tello?

TELLO

A los dos;
que tú a caballo, y yo a pie,
1865 nos habemos igualado.

ALONSO

¡Qué bravo, Tello, has andado!

TELLO

Seis toros desjarreté,[207]
como si sus piernas fueran
rábanos de mi lugar.

FERNANDO

1870 Volvamos, Rodrigo, a entrar,
que por dicha nos esperan,
aunque os parece que no.

RODRIGO

A vos, don Fernando, sí;
a mí no, si no es que a mí
1875 me esperan para que yo

haga suertes que me afrenten,
o que algún toro me mate,
o me arrastre o me maltrate
donde con risa lo cuenten.

TELLO

1880 Aquéllos te están mirando. (*A su amo.*)

ALONSO

Ya los he visto envidiosos
de mis dichas, y aun celosos
de mirarme a Inés mirando.
(*Vanse los dos.*)

TELLO

¡Bravos favores te ha hecho
1885 con la risa! Que la risa
es lengua muda que avisa
de lo que pasa en el pecho.
No pasabas vez ninguna
que arrojar no se quería
1890 del balcón.

ALONSO

¡Ay, Inés mía!
¡Si quisiese la fortuna
que a mis padres les llevase
tal prenda de sucesión!

TELLO

Sí harás, como la ocasión[208]
1895 deste don Rodrigo pase;[209]
porque satisfecho estoy
de que Inés por ti se abrasa.

ALONSO

Fabia se ha quedado en casa;
mientras una vuelta doy
1900 a la plaza, ve corriendo
y di que esté prevenida
Inés, porque en mi partida
la[210] pueda hablar; advirtiendo
que si esta noche no fuese
1905 a Olmedo, me han de contar
mis padres por muerto, y dar
ocasión, si no los viese,
a esta pena, no es razón.
Tengan buen sueño, que es justo.

TELLO

1910 Bien dices: duerman con gusto,
pues es forzosa ocasión
de temer y de esperar.

---

[206] *Es vulgo.* . . . The implication is that the opinion of the common crowd is not to be taken seriously, contrary to the proverb, *Voz del pueblo, voz del cielo.*

[207] *desjarretar:* to hamstring.

[208] *ocasión:* danger.

[209] *pase.* For the use of the subjunctive in a clause introduced by *como* ("if"), see n. 106.

[210] *la.* Feminine dative *la* instead of *le* is common in the period.

ALONSO
Yo entro.
TELLO
Guárdete el cielo.
(*Vase* DON ALONSO.)
Pues puedo hablar sin recelo
1915 a Fabia, quiero llegar.
Traigo cierto pensamiento
para coger la cadena
a esta vieja, aunque con pena
de su astuto entendimiento.
1920 No supo Circe, Medea
ni Hécate[211] lo que ella sabe;
tendrá en el alma una llave
que de treinta vueltas[212] sea.
Mas no hay maestra[213] mejor
1925 que decirle que la quiero,
que es el remedio primero
para una mujer mayor;
que con dos razones[214] tiernas
de amores y voluntad,
1930 presumen de mocedad,
y piensan que son eternas.
Acabóse; llego, llamo.
Fabia . . . Pero soy un necio;
que sabrá que el oro precio
1935 y que los años desamo,
porque se lo ha de decir
el de las patas de gallo.[215]
(*Sale* FABIA.)
FABIA
¡Jesús, Tello! ¿Aquí te hallo?
¡Qué buen modo de servir
1940 a don Alonso! ¿Qué es esto?
¿Qué ha sucedido?
TELLO
No alteres
lo venerable, pues eres
causa de venir tan presto;
que por verte, anticipé
1945 de don Alonso un recado.
FABIA
¿Cómo ha andado?
TELLO
Bien ha andado,

porque yo le acompañé.
FABIA
¡Extremado fanfarrón!
TELLO
Pregúntalo al rey; verás
1950 cuál de los dos hizo más,
que se echaba del balcón
cada vez que yo pasaba.
FABIA
¡Bravo favor!
TELLO
Más quisiera
los tuyos.
FABIA
¡Oh quién te viera!
TELLO
1955 Esa hermosura bastaba
para que yo fuera Orlando.[216]
¿Toros de Medina a mí?
¡Vive el cielo!, que les di
reveses, desjarretando,
1960 de tal aire, de tal casta,
en medio del regocijo,
que hubo toro que me dijo:
"Basta, señor Tello, basta."
"No basta", le dije yo;
1965 y eché de un tajo volado
una pierna en un tejado.
FABIA
Y ¿cuántas tejas quebró?
TELLO
Eso al dueño,[217] que no a mí.
Dile, Fabia, a tu señora
1970 que ese mozo que la adora
vendrá a despedirse aquí;
que es fuerza volverse a casa,
porque no piensen que es muerto
sus padres: esto te advierto.
1975 Y porque la fiesta pasa
sin mí, y el rey me ha de echar
menos (que en efeto soy
su toricida),[218] me voy
a dar materia al lugar
1980 de vítores y de aplauso,
si me das algún favor.

211 Circe, Medea, and Hecate were famous enchantresses in classical literature and mythology.
212 *vuelta*: groove.
213 *maestra*. Understand *llave maestra*, "master key."
214 *razón*: declaration.
215 A reference to Satan with his cloven feet.

216 *Orlando*, the protagonist of Ariosto's *Orlando furioso* (1516) whose exploits were inspired by the beautiful Angelica and whose madness was caused by her unfaithfulness.
217 *Eso al dueño*: Ask the owner about that.
218 *toricida*: killer of bulls (a coined word).

FABIA

¿Yo favor?

TELLO

  Paga mi amor.

FABIA

¿Que yo tus hazañas causo?
Basta, que no la sabía.
1985 ¿Qué te agrada más?

TELLO

    Tus ojos.

FABIA

Pues daréte sus antojos.[219]

TELLO

Por caballo, Fabia mía,
quedo confirmado ya.

FABIA

Propio favor de lacayo.

TELLO

1990 Más castaño soy que bayo.

FABIA

Mira como andas allá,
    que esto de *no nos inducas*[220]
suelen causar los refrescos;[221]
no te quite los gregüescos[222]
1995 algún mozo de San Lucas;[223]
    que será notable risa,
Tello, que donde lo vea
todo el mundo, un toro sea
sumiller[224] de tu camisa.

TELLO

2000 Lo atacado[225] y el cuidado
volverán por[226] mi decoro.

FABIA

Para un desgarro de un toro
¿qué importa ser atacado?

TELLO

Que no tengo a toros miedo.

FABIA

2005 Los de Medina hacen riza[227]
porque tienen ojeriza
con los lacayos de Olmedo.

TELLO

Como ésos ha derribado,
Fabia, este brazo español.

FABIA

2010 ¿Mas que[228] te ha de dar el sol
adonde nunca te ha dado? (*Vanse.*)
  (*Ruido de plaza, y gritos, y digan
  dentro:*)

VOZ PRIMERA

¡Cayó don Rodrigo!

ALONSO

    ¡Afuera!

VOZ SEGUNDA

¡Qué gallardo, qué animoso
don Alonso le socorre!

VOZ PRIMERA

2015 ¡Ya se apea don Alonso!

VOZ SEGUNDA

¡Qué valientes cuchilladas!

VOZ PRIMERA

Hizo pedazos el toro.
  (*Salgan los dos, y* DON ALONSO
  teniéndole.)

ALONSO

Aquí tengo yo caballo;
que los nuestros van furiosos
2020 discurriendo por la plaza.
Ánimo.

RODRIGO

    Con vos le cobro;
la caída ha sido grande.

ALONSO

Pues no será bien que al coso
volváis; aquí habrá criados
2025 que os sirvan, porque yo torno
a la plaza. Perdonadme,
porque cobrar es forzoso
el caballo que dejé.
  (*Vase y sale* DON FERNANDO.)

FERNANDO

¿Qué es esto? ¡Rodrigo, y solo!
2030 ¿Cómo estáis?

---

[219] *antojos:* "blinders for horses" as well as "eye-glasses." Some editors emend *sus* to *mis*.

[220] *no nos inducas:* Latin *ne nos inducas*, "lead us not" (from the Lord's Prayer). See the following note.

[221] *refresco:* from *refrescar*, a bullfighting term meaning to allow the bull to rest and to regain his strength. The two lines seem to mean, "Allowing a bull to regain his strength often causes one to utter his final prayers."

[222] *gregüescos:* breeches.

[223] *mozo de San Lucas:* bull. St. Lucas is sometimes symbolized by a calf or bull.

[224] *sumiller:* valet.

[225] *Lo atacado:* My close fitting breeches.

[226] *volver por:* to defend.

[227] *riza:* damage.

[228] *¿ Mas que . . . .?:* I'll bet. *Mas que* is often used in the classical period to introduce assertions or conjectures.

RODRIGO

Mala caída,
mal suceso, malo todo;
pero más deber la vida
a quien me tiene celoso,
y a quien la muerte deseo.

FERNANDO

2035 ¡Que sucediese a los ojos
del rey, y que viese Inés
que aquel su galán dichoso
hiciese el toro pedazos
por libraros!

RODRIGO

¡Estoy loco!
2040 No hay hombre tan desdichado,
Fernando, de polo a polo.
¡Qué de afrentas, qué de penas,
qué de agravios, qué de enojos,
qué de injurias, qué de celos,
2045 qué de agüeros, qué de asombros!
Alcé los ojos a ver
a Inés, por ver si piadoso
mostraba el semblante entonces;
que aunque ingrata, necio adoro,[229]
2050 y veo que no pudiera
mirar Nerón riguroso
desde la torre Tarpeya[230]
de Roma el incendio, como
desde el balcón me miraba;
2055 y que luego, en vergonzoso
clavel de púrpura fina
bañado el jazmín del rostro,
a don Alonso miraba,
y que por los labios rojos
2060 pagaba en perlas el gusto
de ver que a sus pies me postro,
de la fortuna arrojado
y de la suya envidioso.
Mas, ¡vive Dios, que la risa,
2065 primero que la de Apolo
alegre el oriente y bañe
el aire de átomos de oro,
se le ha de trocar en llanto,
si hallo al hidalguillo loco

2070 entre Medina y Olmedo!

FERNANDO

Él sabrá ponerse en cobro.

RODRIGO

Mal conocéis a los celos.

FERNANDO

¿Quién sabe que no son monstruos?[231]
Mas lo que ha de importar mucho
2075 no se ha de pensar tan poco. (*Vanse.*)

(*Salen el* REY, *el* CONDESTABLE *y*
CRIADOS.)

REY

Tarde acabaron las fiestas,
pero ellas han sido tales
que no las he visto iguales.

CONDESTABLE

Dije a Medina que aprestas
2080 para mañana partir;
mas tiene tanto deseo
de que veas el torneo
con que te quiere servir,
que me ha pedido, señor,
2085 que dos días se detenga
vuestra alteza.

REY

Cuando venga,[232]
pienso que será mejor.

CONDESTABLE

Haga este gusto a Medina
vuestra alteza.

REY

Por vos sea,
2090 aunque el infante[233] desea,
con tanta prisa camina,
estas vistas[234] de Toledo
para el día concertado.

CONDESTABLE

Galán y bizarro ha estado
2095 el caballero de Olmedo.

REY

¡Buenas suertes, Condestable!

CONDESTABLE

No sé en él cuál es mayor,

---

[229] *que . . . adoro.* The first edition reads, *que como ingrato y necio adoro.* Most editors accept the emendation followed here.

[230] *torre Tarpeya.* Nero is supposed to have watched the burning of Rome from the Tarpeian peak of Capitoline Hill.

[231] Construe, *¿Quién no sabe que son monstruos?* The

idea that jealousy is a monster is a commonplace. Cf. the title of Calderón's play, *El mayor monstruo los celos.*

[232] *Cuando venga*: When I return.

[233] *infante*: i.e., Don Ferdinand of Antequera. See n. 179.

[234] *vistas*: meeting.

la ventura o el valor,
aunque es el valor notable.

REY

2100 Cualquiera cosa hace bien.

CONDESTABLE

Con razón le favorece
vuestra alteza.

REY

Él lo merece,
y que vos le honréis también. (*Vanse.*)
(*Salen* DON ALONSO *y* TELLO, *de
noche.*)[235]

TELLO

Mucho habemos esperado;
2105 ya no puedes caminar.

ALONSO

Deseo, Tello, excusar
a mis padres el cuidado.
A cualquier hora es forzoso
partirme.

TELLO

Si hablas a Inés,
2110 ¿qué importa, señor, que estés
de tus padres cuidadoso?
Porque os ha de hallar el día
en esas rejas.

ALONSO

No hará;
que el alma me avisará
2115 como si no fuera mía.

TELLO

Parece que hablan en ellas,
y que es en la voz Leonor.

ALONSO

Y lo dice el resplandor
que da el sol a las estrellas.
(LEONOR *en la reja.*)

LEONOR

2120 ¿Es don Alonso?

ALONSO

Yo soy.

LEONOR

Luego mi hermana saldrá,
porque con mi padre está
hablando en[236] las fiestas de hoy.
Tello puede entrar; que quiere
2125 daros un regalo Inés.

ALONSO

Entra, Tello.

---

[235] *de noche.* See n. 100.

TELLO

Si después
cerraren y no saliere,
bien puedes partir sin mí;
que yo te sabré alcanzar.

ALONSO

2130 ¿Cuándo, Leonor, podré entrar
con tal libertad aquí?

LEONOR

Pienso que ha de ser muy presto,
porque mi padre de suerte
te encarece que a quererte
2135 tiene el corazón dispuesto.
Y porque se case Inés,
en sabiendo vuestro amor,
sabrá escoger lo mejor
como estimarlo después.
(*Sale* DOÑA INÉS *a la reja.*)

INÉS

2140 ¿Con quién hablas?

LEONOR

Con Rodrigo.

INÉS

Mientes, que mi dueño es.

ALONSO

Que soy esclavo de Inés,
al cielo doy por testigo.

INÉS

No sois sino mi señor.

LEONOR

2145 Ahora bien, quiéroos dejar;
que es necedad estorbar
sin celos quien tiene amor.

INÉS

¿Cómo estáis?

ALONSO

Como sin vida;
por vivir os vengo a ver.

INÉS

2150 Bien había menester
la pena desta partida
para templar el contento
que hoy he tenido de veros,
ejemplo de caballeros,
2155 y de las damas tormento.
De todas estoy celosa;
que os alabasen quería,
y después me arrepentía,
de perderos temerosa.

---

[236] *hablar en: hablar de.*

2160 ¡Qué de varios pareceres!
¡Qué de títulos y nombres
os dio la envidia en los hombres
y el amor en las mujeres!
Mi padre os ha codiciado
2165 por yerno para Leonor,
y agradecióle mi amor,
aunque celosa, el cuidado;
que habéis de ser para mí,
y así se lo dije yo,
2170 aunque con la lengua no,
pero con el alma sí.
Mas ¡ay!, ¿cómo estoy contenta
si os partís?

ALONSO

Mis padres son
la causa.

INÉS

Tenéis razón,
2175 mas dejadme que lo sienta.

ALONSO

Yo lo siento, y voy a Olmedo,
dejando el alma en Medina.
No sé cómo parto y quedo.
Amor la ausencia imagina,
2180 los celos, señora, el miedo.
Así parto muerto y vivo;
que vida y muerte recibo.
Mas ¿qué te puedo decir
cuando estoy para partir,
2185 *puesto ya el pie en el estribo?*[237]
Ando, señora, estos días,
entre tantas asperezas
de imaginaciones mías,
consolado en mis tristezas
2190 y triste en mis alegrías.
Tengo, pensando perderte,
imaginación tan fuerte,
y así en ella vengo y voy,
que me parece que estoy
2195 *con las ansias de la muerte.*
La envidia de mis contrarios
temo tanto, que aunque puedo
poner medios necesarios,
estoy entre amor y miedo
2200 haciendo discursos varios.
Ya para siempre me privo

de verte, y de suerte vivo,
que mi muerte presumiendo,
parece que estoy diciendo:
2205 *"Señora, aquésta te escribo."*
Tener de tu esposo el nombre
amor y favor ha sido;
pero es justo que me asombre
que amado y favorecido
2210 tenga tal tristeza un hombre.
Parto a morir, y te escribo
mi muerte, si ausente vivo,
porque tengo, Inés, por cierto
que si vuelvo será muerto,
2215 *pues partir no puedo vivo.*
Bien sé que tristeza es;
pero puede tanto en mí,
que me dice, hermosa Inés,
"Si partes muerto de aquí,
2220 ¿cómo volverás después?"
Yo parto, y parto a la muerte,
aunque morir no es perderte;
que si el alma no se parte,
¿cómo es posible dejarte,
2225 *cuanto más volver a verte?*

INÉS

Pena me has dado y temor ·
con tus miedos y recelos;
si tus tristezas son celos,
ingrato ha sido tu amor.
2230 Bien entiendo tus razones,
pero tú no has entendido
mi amor.

ALONSO

Ni tú, que han sido
estas imaginaciones
sólo un ejercicio triste
2235 del alma, que me atormenta,
no celos; que fuera afrenta
del nombre, Inés, que me diste.
De sueños y fantasías,
si bien falsas ilusiones,
2240 han nacido estas razones,
que no de sospechas mías.

(LEONOR *sale a la reja.*)

INÉS

Leonor vuelve. ¿Hay algo?

---

[237] This verse and the other italicized verses glossed in Alonso's speech are taken from a traditional *copla* which Cervantes includes in the dedication of *Persiles y Sigismunda*: "Puesto ya el pie en el estribo, / con las ansias de la muerte, / gran señor, / ésta te escribo."

LEONOR

Sí.

ALONSO

¿Es partirme?

LEONOR

Claro está;
mi padre se acuesta ya,
2245 y me preguntó por ti. (*A* INÉS.)

INÉS

Vete, Alonso, vete. Adios.
No te quejes; fuerza es.

ALONSO

¿Cuándo querrá Dios, Inés,
que estemos juntos los dos? (*Vanse las dos.*)
2250 Aquí se acabó mi vida,
que es lo mismo que partirme.
Tello no sale, o no puede
acabar de despedirse.
Voyme; que él me alcanzará.
       (*Al entrar, una* SOMBRA *con una más-
       cara negra y sombrero, y puesta la mano en
       el puño de la espada, se le ponga delante.*)
2255 ¿Qué es esto? ¿Quién va? De oírme
no hace caso. ¿Quién es? Hable.
¡Que un hombre me atemorice,
no habiendo temido a tantos!
¿Es don Rodrigo? ¿No dice
2260 quién es?

SOMBRA

Don Alonso.

ALONSO

¿Cómo?

SOMBRA

Don Alonso.

ALONSO

No es posible.
Mas otro será, que yo
soy don Alonso Manrique.
Si es invención, meta mano.
2265 Volvió la espalda; seguirle, (*Vase la
              SOMBRA.*)
desatino me parece.
¡Oh imaginación terrible!
Mi sombra debió de ser;
mas no, que en forma visible
2270 dijo que era don Alonso.
Todas son cosas que finge
la fuerza de la tristeza,
la imaginación de un triste.

¿Qué me quieres, pensamiento,
2275 que con mi sombra me afliges?
Mira que temer sin causa
es de sujetos humildes.
O embustes de Fabia son,
que pretende persuadirme
2280 porque no vaya a Olmedo,
sabiendo que es imposible.
Siempre dice que me guarde,
y siempre que no camine
de noche, sin más razón
2285 de que la envidia me sigue.
Pero ya no puede ser
que don Rodrigo me envidie,
pues hoy la vida me debe;
que esta deuda no permite
2290 que un caballero tan noble
en ningún tiempo la olvide.
Antes pienso que ha de ser
para que amistad confirme
desde hoy conmigo en Medina;
2295 que la ingratitud no vive
en buena sangre, que siempre
entre villanos reside.
En fin, es la quinta esencia
de cuantas acciones viles
2300 tiene la bajeza humana,
pagar mal quien bien recibe. (*Vase.*)
       (*Salen* DON RODRIGO, DON
       FERNANDO, MENDO *y* LAÍN.)[238]

RODRIGO

Hoy tendrán fin mis celos y su vida.

FERNANDO

Finalmente, ¿venís determinado?

RODRIGO

No habrá consejo que su muerte impida,
2305 después que la palabra me han quebrado.
Ya se entendió la devoción fingida;
ya supe que era Tello, su criado,
quien la enseñaba aquel latín que ha sido
en cartas de romance traducido.
2310 ¡Qué honrada dueña recibió en su casa
don Pedro en Fabia! ¡Oh mísera doncella!
Disculpo tu inocencia, si te abrasa
fuego infernal de los hechizos della.
No sabe, aunque es discreta, lo que pasa,
2315 y así el honor de entrambos atropella.
¡Cuántas casas de nobles caballeros
han infamado hechizos y terceros!

---

[238] Stage direction. The scene shifts to the road between Medina and Olmedo.

Fabia, que puede trasponer un monte;
Fabia, que puede detener un río,
2320 y en los negros ministros de Aqueronte [239]
tiene, como en vasallos, señorío;
Fabia, que deste mar, deste horizonte,
al abrasado clima, al norte frío
puede llevar un hombre por el aire,
2325 le da liciones. ¿Hay mayor donaire?

FERNANDO
Por la misma razón yo no tratara
de más venganza.

RODRIGO
¡Vive Dios, Fernando,
que fuera de los dos bajeza clara!

FERNANDO
No la hay mayor que despreciar amando.

RODRIGO
2330 Si vos podéis, yo no.

MENDO
Señor, repara
en que vienen los ecos avisando
de que a caballo alguna gente viene.

RODRIGO
Si viene acompañado, miedo tiene.

FERNANDO
No lo creas, que es mozo temerario.

RODRIGO
2335 Todo hombre con silencio esté escondido.
Tú, Mendo, el arcabuz, si es necesario,
tendrás detrás de un árbol prevenido.

FERNANDO
¡Qué inconstante es el bien, qué loco y
vario!
Hoy a vista de un rey salió lucido,
2340 admirado de todos a la plaza,
y ya tan fiera muerte le amenaza.

(*Escóndanse, y salga* DON ALONSO.)

ALONSO
Lo que jamás he tenido,
que es algún recelo o miedo,
llevo caminando a Olmedo:
2345 pero tristezas han sido.
Del agua el manso rüido
y el ligero movimiento
destas ramas con el viento,
mi tristeza aumentan más.
2350 Yo camino, y vuelve atrás

mi confuso pensamiento.
De mis padres el amor
y la obediencia me lleva,
aunque ésta es pequeña prueba
2355 del alma de mi valor.
Conozco que fue rigor
el dejar tan presto a Inés.
¡Qué escuridad![240] Todo es
horror, hasta que el aurora
2360 en las alfombras de Flora[241]
ponga los dorados pies.
Allí cantan. ¿Quién será?
Mas será algún labrador
que camina a su labor.
2365 Lejos parece que está,
pero acercándose va.
Pues ¡cómo! Lleva instrumento,
y no es rústico el acento,
sino sonoro y süave.
2370 ¡Qué mal la música sabe
si está triste el [pensamiento]![242]

(*Canten desde lejos en el vestuario, y
véngase acercando la voz como que
camina.*)

LABRADOR
Que de noche le mataron
al caballero,
la gala de Medina,
2375 *la flor de Olmedo.*

ALONSO
¡Cielos! ¿Qué estoy escuchando?
Si es que avisos vuestros son,
ya que estoy en la ocasión,
¿de qué me estáis informando?
2380 Volver atrás, ¿cómo puedo?
Invención de Fabia es,
que quiere, a ruego de Inés,
hacer que no vaya a Olmedo.

LABRADOR
Sombras le avisaron
2385 *que no saliese,*
y le aconsejaron
que no se fuese
el caballero,
la gala de Medina,
2390 *la flor de Olmedo.*

---

[239] *Aqueronte*: the Acheron, one of the rivers of Hell
in classical mythology.
[240] *escuridad: oscuridad.*

[241] *Flora*: goddess of gardens and flowers.
[242] *pensamiento.* The first edition reads *contenta-
miento.*

ALONSO
¡Hola, buen hombre, el que canta!

LABRADOR
¿Quién me llama? (*Dentro.*)

ALONSO
            Un hombre soy
que va perdido.

LABRADOR
            Ya voy. (*Sale.*)
Veisme aquí.

ALONSO
            (Todo me espanta.) (*Aparte.*)
2395 ¿Dónde vas?

LABRADOR
            A mi labor.

ALONSO
¿Quién esa canción te ha dado,
que tristemente has cantado?

LABRADOR
Allá en Medina, señor.

ALONSO
            A mí me suelen llamar
2400 el caballero de Olmedo,
y yo estoy vivo.

LABRADOR
            No puedo
deciros deste cantar
    más historia ni ocasión,
de que a una Fabia la oí.
2405 Si os importa, yo cumplí
con deciros la canción.
    Volved atrás; no paséis
deste arroyo.

ALONSO
            En mi nobleza
fuera ese temor bajeza.

LABRADOR
2410 Muy necio valor tenéis.
    Volved, volved a Medina.

ALONSO
Ven tú conmigo.

LABRADOR
            No puedo. (*Vase.*)

ALONSO
¡Qué de sombras finge el miedo!
¡Qué de engaños imagina!
2415   Oye, escucha. ¿Dónde fue,
que apenas sus pasos siento?

---

243 Understand *a quien* after *y.*

¡Ah, labrador! Oye, aguarda.
"Aguarda", responde el eco.
¿Muerto yo? Pero es canción
2420 que por algún hombre hicieron
de Olmedo, y 243 los de Medina
en este camino han muerto.
A la mitad dél estoy:
¿qué han de decir si me vuelvo?
2425 Gente viene . . . no me pesa;
si allá van, iré con ellos.
            (*Salgan* DON RODRIGO *y* DON
            FERNANDO *y su gente.*)

RODRIGO
¿Quién va?

ALONSO
            Un hombre. ¿No me ven?

FERNANDO
Deténgase.

ALONSO
            Caballeros,
si acaso necesidad
2430 los fuerza a pasos como éstos,
desde aquí a mi casa hay poco.
No habré menester dineros; 244
que de día y en la calle
se los doy a cuantos veo
2435 que me hacen honra en pedirlos.

RODRIGO
Quítese las armas luego.

ALONSO
¿Para qué?

RODRIGO
            Para rendillas.

ALONSO
¿Sabes quién soy?

FERNANDO
            El de Olmedo,
el matador de los toros,
2440 que viene arrogante y necio
a afrentar los de Medina,
el que deshonra a don Pedro
con alcahüetes infames.

ALONSO
Si fuérades a los menos
2445 nobles vosotros, allá,
pues tuvistes tanto tiempo,
me habláredes, y no agora,
que solo a mi casa vuelvo.

---

244 *No . . . dineros.* The sense is, "At my home I
shall not want for money to give you."

Allá en las rejas adonde
2450 dejastes la capa huyendo,
fuera bien, y no en cuadrilla
a media noche, soberbios.
Pero confieso, villanos,
que la estimación os debo,
2455 que aun siendo tantos, sois pocos. (*Riñan.*)

RODRIGO

Yo vengo a matar, no vengo
a desafíos; que entonces [245]
te matara cuerpo a cuerpo.
Tírale. (*Disparen dentro.*)

ALONSO

Traidores sois;
2460 pero sin armas de fuego
no pudiérades matarme.
¡Jesús! (*Cae.*)

FERNANDO

Bien lo has hecho, Mendo. (*Vanse.*)

ALONSO

¡Qué poco crédito di
a los avisos del cielo!
2465 Valor propio me ha engañado,
y muerto envidias y celos. [246]
¡Ay de mí! ¿Qué haré en un campo
tan solo?

(*Sale* TELLO.)

TELLO

Pena me dieron
estos hombres que a caballo
2470 van hacia Medina huyendo.
Si a don Alonso habían visto
pregunté; no respondieron.
Mala señal. Voy temblando.

ALONSO

¡Dios mío, piedad! ¡Yo muero!
2475 Vos sabéis que fue mi amor
dirigido a casamiento.
¡Ay Inés!

TELLO

De lastimosas
quejas siento tristes ecos.
Hacia aquella parte suenan.
2480 No está del camino lejos
quien las da. No me ha quedado
sangre. Pienso que el sombrero

puede tenerse en el aire
solo en cualquiera cabello. [247]
2485 ¡Ah, hidalgo!

ALONSO

¿Quién es?

TELLO

¡Ay Dios!
¿Por qué dudo lo que veo?
Es mi señor. ¡Don Alonso!

ALONSO

Seas bien venido, Tello.

TELLO

¿Cómo, señor, si he tardado?
2490 ¿Cómo, si a mirarte llego,
hecho una fiera de sangre?
Traidores, villanos, perros,
volved, volved a matarme,
pues habéis, infames, muerto
2495 el [248] más noble, el más valiente,
el más galán caballero
que ciñó espada en Castilla.

ALONSO

Tello, Tello, ya no es tiempo
más que de tratar del alma.
2500 Ponme en tu caballo presto,
y llévame a ver mis padres.

TELLO

¡Qué buenas nuevas les llevo
de las fiestas de Medina!
¿Qué dirá aquel noble viejo?
2505 ¿Qué hará tu madre y tu patria?
¡Venganza, piadosos cielos! (*Vanse.*)

(*Salen* DON PEDRO, DOÑA INÉS,
DOÑA LEONOR, FABIA *y* ANA.)

INÉS

¿Tantas mercedes ha hecho?

PEDRO

Hoy mostró con su rëal
mano, heroica y liberal,
2510 la grandeza de su pecho.
Medina está agradecida,
y por la [249] que he recibido
a besarla os he traído.

LEONOR

¿Previene ya su partida?

---

[245] *entonces*: en tal caso.
[246] Construe, *me ha muerto envidias y celos*. A singular verb may be used with two or more subjects when they are closely associated.

[247] *Pienso . . . cabello.* Tello means that his hair is standing on end.
[248] *el*: *al*.
[249] *la.* The antecedent is *merced*.

PEDRO

2515 Sí, Leonor, por el infante
que aguarda al rey en Toledo:
en fin, obligado quedo;
que por merced semejante
más por vosotros lo estoy,
2520 pues ha de ser vuestro aumento.

LEONOR

Con razón estás contento.

PEDRO

Alcaide[249a] de Burgos soy.
Besad la mano[250] a su alteza.

INÉS

¿Ha de haber ausencia, Fabia? (*Aparte a*
FABIA.)

FABIA

2525 Más la fortuna te agravia.

INÉS

No en vano tanta tristeza
he tenido desde ayer.

FABIA

Yo pienso que mayor daño
te espera, si no me engaño,
2530 como suele suceder;
que en las cosas por venir
no puede haber cierta ciencia.

INÉS

¿Qué mayor mal que la ausencia,
pues es mayor que morir?

PEDRO

2535 Ya, Inés, ¿qué mayores bienes
pudiera yo desear,
si tú quisieras dejar
el propósito que tienes?
No porque yo te hago fuerza;
2540 pero quisiera casarte.

INÉS

Pues tu obediencia[251] no es parte
que mi propósito tuerza.
Me admiro de que no entiendas
la ocasión.

PEDRO

Yo no la sé.

LEONOR

2545 Pues yo por ti la diré,
Inés, como no te ofendas.[252]
No la casas a su gusto.

Mira ¡qué presto!

PEDRO

Mi amor (*A* INÉS.)
se queja de tu rigor;
2550 porque a saber tu disgusto
no lo hubiera imaginado.

LEONOR

Tiene inclinación Inés
a un caballero, después
que el rey de una cruz le ha honrado;
2555 que esto es deseo de honor,
y no poca honestidad.

PEDRO

Pues si él tiene calidad,
y tú le tienes amor,
¿quién ha de haber que replique?
2560 Cásate en buen hora, Inés;
pero ¿no sabré quién es?

LEONOR

Es don Alonso Manrique.

PEDRO

Albricias hubiera dado.
¿El de Olmedo?

LEONOR

Sí, señor.

PEDRO

2565 Es hombre de gran valor,
y desde agora me agrado
de tan discreta elección;
que si el hábito rehusaba,
era porque imaginaba
2570 diferente vocación.
Habla, Inés; no estés ansí.

INÉS

Señor, Leonor se adelanta;
que la inclinación no es tanta
como ella te ha dicho aquí.

PEDRO

2575 Yo no quiero examinarte,
sino estar con mucho gusto
de pensamiento tan justo
y de que quieres casarte.
Desde agora es tu marido;
2580 que me tendré por honrado
de un yerno tan estimado,
tan rico ay tn bien nacido.

[249a] *alcaide*: governor of a fortress or castle.
[250] *Besad la mano*: You must thank. *Besar la mano*
is a common formula to express gratitude.

[251] *tu obediencia*: my obedience to you (another
example of the objective possessive).
[252] *ofendas*. See n. 106.

INÉS
Beso mil veces tus pies.
Loca de contento estoy,
2585 Fabia.

FABIA
El parabién te doy,
(si no es pésame después.) (*Aparte.*)
(*Salen el* REY, *el* CONDESTABLE *y
gente, y* DON RODRIGO *y* DON
FERNANDO.)

LEONOR
El rey.

PEDRO
Llegad a besar (*A sus hijas.*)
su mano.

INÉS
¡Qué alegre llego!

PEDRO
Dé vuestra alteza los pies,
2590 por la merced que me ha hecho
del alcaidía de Burgos,
a mí y a mis hijas.

REY
Tengo
bastante satisfacción
de vustro valor, don Pedro,
2595 y de que me habéis servido.

PEDRO
Por lo menos lo deseo.

REY
¿Sois casadas?

INÉS
No, señor.

REY
¿Vuestro nombre?

INÉS
Inés.

REY
¿Y el vuestro?

LEONOR
Leonor.

CONDESTABLE
Don Pedro merece
2600 tener dos gallardos yernos,
que están presentes, señor,
y que yo os pido por ellos
los caséis de vuestra mano.

REY
¿Quién son?[253]

[253] *¿Quién son?* See n. 81.

RODRIGO
Yo, señor, pretendo,
2605 con vuestra licencia, a Inés.

FERNANDO
Y yo a su hermana le ofrezco
la mano y la voluntad.

REY
En gallardos caballeros
emplearéis[254] vuestras dos hijas,
don Pedro.

PEDRO
2610 Señor, no puedo
dar a Inés a don Rodrigo,
porque casada la tengo
con don Alonso Manrique,
el caballero de Olmed,
2615 a quien hicistes merced
de un hábito.

REY
Yo os prometo
que la primera encomienda
sea suya . . .

RODRIGO
(¡Extraño suceso!)
(*Aparte a* DON FERNANDO.)

FERNANDO
(Ten prudencia.) (*A* RODRIGO.)

REY
Porque es hombre
2620 de grandes merecimientos.

TELLO
Dejadme entrar. (*Dentro.*)

REY
¿Quién da voces?

CONDESTABLE
Con la guarda un escudero
que quiere hablarte.

REY
Dejadle.

CONDESTABLE
Viene llorando y pidiendo
2625 justicia.

REY
Hacerla es mi oficio;
eso significa el cetro.
(*Sale* TELLO.)

TELLO
Invictísimo don Juan,
que del castellano reino,

[254] *emplear*: to marry.

a pesar de tanta envidia,
2630 gozas el dichoso imperio:
con un caballero anciano
vine a Medina, pidiendo
justicia de dos traidores;
pero el doloroso exceso
2635 en tus puertas le ha dejado,
si no desmayado, muerto.
Con esto, yo, que le sirvo,
rompí[255] con atrevimiento
tus guardas y tus oídos.
2640 Oye, pues te puso el cielo
la vara de su justicia
en tu libre entendimiento,
para castigar los malos
y para premiar los buenos:
2645 la noche de aquellas fiestas
que a la Cruz de Mayo hicieron
caballeros de Medina,
para que fuese tan cierto
que donde hay cruz hay pasión,
2650 por dar a sus padres viejos
contento de verle libre
de los toros, menos fieros
que fueron sus enemigos,
partió de Medina a Olmedo
2655 don Alonso, mi señor,
aquel ilustre mancebo
que mereció tu alabanza,
que es raro encarecimiento.
Quedéme en Medina yo,
2660 como a mi cargo estuvieron
los jaeces y caballos,
para tener cuenta dellos.
Ya la destocada[256] noche,
de los dos polos en medio,
2665 daba a la traición espada,
mano al hurto, pies al miedo,
cuando partí de Medina;
y al pasar un arroyuelo,
puente y señal de camino,[257]
2670 veo seis hombres corriendo
hacia Medina, turbados,
y aunque juntos, descompuestos.
La luna, que salió tarde,
menguado el rostro sangriento,

2675 me dio a conocer los dos;
que tal vez[258] alumbra el cielo
con las hachas de sus luces
el más escuro[259] silencio,
para que vean los hombres
2680 de las maldades los dueños,
porque a los ojos divinos
no hubiese humanos secretos.
Paso adelante, ¡ay de mí!,
y envuelto en su sangre veo
2685 a don Alonso expirando.
Aquí, gran señor, no puedo
ni hacer resistencia al llanto,
ni decir el sentimiento.
En el caballo le puse
2690 tan animoso, que creo
que pensaban sus contrarios
que no le dejaban muerto.
A Olmedo llegó con vida,
cuanto fue bastante, ¡ay cielo!,
2695 para oír la bendición
de dos miserables viejos,
que enjugaban las heridas
con lágrimas y con besos.
Cubrió de luto su casa
2700 y su patria, cuyo entierro
será el del fénix,[260] señor,
después de muerto viviendo
en las lenguas de la fama,
a quien conocen[261] respeto
2705 la mudanza de los hombres
y los olvidos del tiempo.

REY

¡Extraño caso!

INÉS

              ¡Ay de mí!

PEDRO

Guarda lágrimas y extremos,
Inés, para nuestra casa.
2710 . . . .[262]

INÉS

Lo que de burlas te dije,
señor, de veras te ruego.
Y a vos, generoso rey,
destos viles caballeros
2715 os pido justicia.

---

[255] *romper*: "to rout" as well as "to break."
[256] *destocado*: uncovered.
[257] *puente y señal del camino*: "(which is) a crossing and a landmark on the road" (Jill Booty's translation).

[258] *tal vez*. See n. 97.
[259] *escuro*: oscuro.
[260] *fénix*. See n. 46.
[261] Most modern editors emend *conocen* to *conservan*.
[262] A verse is missing here.

REY

Dime, (*A* TELLO.)
pues pudiste conocerlos,
¿quién son esos dos traidores?
¿Dónde están? Que ¡vive el cielo,
de no me partir de aquí
2720 hasta que los deje presos!

TELLO

Presentes están, señor:
don Rodrigo es el primero,
y don Fernando el segundo.

263 *teatro*: scaffold.

CONDESTABLE

El delito es manifiesto;
2725 su turbación lo confiesa.

RODRIGO

Señor, escucha . . .

REY

Prendedlos,
y en un teatro 263 mañana
cortad sus infames cuellos.
Fin de la trágica historia
2730 del *caballero de Olmedo*.

∽∽∽ STUDY QUESTIONS AND TOPICS

1. The influence of the *Celestina* on Lope's play.
2. Is Fabia essentially a wicked witch, or is she too humorous to be taken seriously? Compare her with Celestina in this regard.
3. Is the tone of the first two acts of Lope's play essentially comic or tragic?
4. The importance of Don Alonso's dream at the end of the second act.
5. The symbolism of the *jilguero* and the *azor* in Don Alonso's dream.
6. The various devices employed in the third act to heighten the tragic atmosphere.
7. Can the death of Don Alonso be justified from a moral point of view? From an esthetic point of view?
8. What is the purpose of having the king intervene in the play?
9. The play as a tragedy.

Gabriel Téllez (Tirso de Molina) (1580 or 81–1648)

1580 or 81   Gabriel Téllez is born in Madrid of unknown parents.
1600 (?)   Enters the Mercedarian Order after studying at the University of Alcalá.
1605 (?)   Begins writing for the theater.
1616   Leaves for Santo Domingo where he teaches theology.
1618   Returns to Spain and continues to write for the theater.
1620   Lope de Vega dedicates a play to him, *Lo fingido verdadero*.
1621 (?)   Publication of the presumed first edition of *Los cigarrales de Toledo*, a miscellany. Philip IV, new king of Spain.
1625   Is exiled from Madrid and prohibited from writing plays, on the recommendation of the *Junta de Reformación*.
1626   Becomes *comendador* of his order in Trujillo.
1627   Publication of *Doze comedias nuevas del Maestro Tirso de Molina*, probably the *Primera parte* of his plays.
1634   Publication of the *Tercera parte* of his plays. (Note that the *Tercera parte* was printed before the *Segunda parte*.)
1635   Publication of the *Segunda parte* of his plays, several of which are of doubtful authenticity, of the *Cuarta parte*, and of *Deleitar aprovechando*, a miscellany.
1636   Publication of the *Quinta parte*.
1639   Publication of a history of his order, *Historia de la Merced*.
1645   Becomes *comendador* of his order in Soria.
1648   Dies in Almazán.

∿∿∿ Tirso de Molina and His Plays

The early life of Tirso de Molina (pseudonym of Gabriel Téllez), including the date of his birth and the identity of his parents, remains obscure. That he was born in Madrid, probably in 1580 or 1581, now seems certain; but most biographers have rejected the theory once advanced that he was the illegitimate son of the Duke of Osuna. A recent claim, still unproved, holds that he was the legitimate son of Jorge de Alencastre, second Duke of Aveiro, and that he was related to the powerful Mendoza and Téllez Girón families. However this may be, his frequent attacks on the corrupt nobility have lent credence to the notion that he was the bastard—and resentful—son of a wayward aristocrat.

It is believed that Tirso was a student at the University of Alcalá before beginning his novitiate in the Mercedarian Order in 1600 or 1601. Some five years later he completed his first play, probably *El vergonzoso en palacio*. Between 1606 and 1616 Tirso lived chiefly in Toledo, dividing his time between ecclesiastical duties and writing for the stage. It was here in 1615 that *Don Gil de las calzas verdes* was performed. This comedy of intrigue employs one of its author's favorite dramatic devices: a woman who disguises herself as a man to track down her faithless lover.

After two years' service in behalf of his order in Santo Domingo, Tirso returned to Spain in 1618 and became increasingly involved in the literary activities of Madrid. From this time dates his association with the country's leading writers, among them Francisco de Quevedo, Lope de Vega, and Alarcón. In 1620 Lope dedicated to him *Lo fingido verdadero*, and Tirso reciprocated by composing a persuasive defense of Lope's New Art of writing plays. Stressing the principle of verisimilitude and the need to adapt the theater to modern conditions, Tirso's eloquent defense of Lopean drama was printed in *Los cigarrales de Toledo* (presumed first edition, 1621, but known through an edition of 1624). This work, a miscellany employing a *Decameron*-like framework, makes evident Tirso's talent as a short story writer, a talent especially notable in the lively tale of *Los tres maridos burlados*.

Tirso was at the height of his career when, in 1625, charges were brought against him before the *Junta de Reformación* of the *Consejo de Castilla* because of the scandal provoked by the "comedias que hace profanas y de malos incentivos y ejemplos." The *Junta* recommended that he be sent to one of the most remote monasteries of his order and enjoined from writing *comedias* or other kinds of "secular verse." The recommendation was put into effect: the following year he was living in Trujillo. One can only hazard conjectures as to the real reasons that led to Tirso's exile from Madrid and the suspension of his career, but it is generally believed that his unveiled hostility toward the moral laxity of the nobility and his numerous allusions to embarrassing political events of the day motivated the action taken against him. In any event, good churchman that he was, Tirso devoted himself to the affairs of his order, whose *cronista* he became in 1632. He did not, however, entirely cease writing for the theater, a fact established by the positive dating of a few plays after 1625.

Most of Tirso's *comedias* published during his lifetime were printed in five *partes*, each containing twelve plays. In addition to the reversed chronological order of the *Segunda parte* (1635) and the *Tercera parte* (1634), both are of interest for other reasons. In the *Dedicatoria* of the *Segunda parte*, Tirso states: ". . . dedico, de estas doce comedias, cuatro que son mías, en mi nombre; y en el de los dueños de las otras ocho (que no sé por qué infortunio suyo, siendo hijas de tan ilustres padres, las echaron a mis puertas), las que restan." Some scholars have refused to accept this statement at face value, but others have busied themselves trying to separate the authentic plays from the spurious ones, although to little avail. Consequently, there still remains in doubt the authorship of several plays, among them *El condenado por desconfiado* (included in this anthology), considered by many critics to be the finest theological play composed in the Golden Age. On the other hand, there is now good reason to credit Mira de Amescua with the authorship of the two-part tragedy of *privanza, La próspera fortuna de don Álvaro de Luna y adversa de Ruy López de Ávalos* and *La adversa fortuna de don Álvaro de Luna* (the second of which is also included in the anthology).

Also of interest is the statement in the prologue of the *Tercera parte*, written by one Francisco Lucas de Avila who claimed to be the author's nephew, that Tirso wrote "cuatrocientas y más comedias" during a period of some twenty years. Nothing is known about the identity of Tirso's nephew (if he really existed), but if the statement is true, the Mercedarian priest ranks with Luis Vélez de Guevara, who also claimed to have written four hundred plays, as the second most prolific Spanish dramatist (after Lope de Vega, of course). But after the death of Lope in 1635 and the rise to popularity of a new generation of playwrights headed by Calderón and Rojas Zorrilla, Tirso's plays

were performed less and less in the theaters of Madrid and the provincial cities. Long removed from the center of literary activity, by the time of his death in 1648 in the town of Almazán, Tirso de Molina was all but forgotten by the theatergoers of the day.

With eighty-odd surviving plays to his credit (including almost thirty of doubtful authorship), Tirso is often ranked, together with Lope de Vega and Calderón, among the "big three" of the Golden Age theater. Some critics, however, have challenged his right to that position, notably Valbuena Prat, who balks at placing him above Alarcón and Rojas. The Spanish critic, who finds Tirso lacking in variety and range, reminds us that some of the masterpieces traditionally ascribed to him, especially *El condenado por desconfiado*, may not be his. Criticism is unanimous, however, in attributing to Tirso a powerful talent for creating vital, forceful characters, a talent that some of his more enthusiastic admirers have compared with Shakespeare's. Nowhere is this talent more evident than in the characterization of Don Juan and Doña María de Molina, the splendid queen in the historical play, *La prudencia en la mujer*. These two protagonists differ in every way except in the strength of their personalities. It is a commonplace of Tirsian criticism, however, that his women characters are better portrayed than his men. Tirso's psychological penetration of the feminine heart, it has been suggested, came from his gratuitous education in the confessional.

Also generally acknowledged is Tirso's feeling for language, his gift for dialogue, his sharp social criticism, his mastery of realistic detail, and his strong comic verve. His *graciosos* have been singled out as the wittiest —and often the coarsest—in Golden Age drama. On the other hand, Tirso is often scolded for carelessness in plot construction and for the abrupt endings of several plays. It is only fair to say that many disciples of Lope de Vega's New Art have been censured for the same defects.

If for no other reason, *El burlador de Sevilla* would be an important play because it gave to world literature one of its most universal and popular characters—Don Juan Tenorio, the seducer and defamer, the social and moral rebel, who defies convention and authority in order to seek self-gratification and, in a wholly unorthodox way, self-realization. Numerous attempts have been made to trace the literary antecedents of the Don Juan legend, but although various aspects of his character have been found in earlier literature, it is in Tirso de Molina's play that he first emerges as an integral figure. Similarly, later authors—Molière, Mozart and his librettist Lorenzo da Ponte, Lord Byron, and José Zorrilla—elaborated, modified, and refined certain aspects of the character of Don Juan—the satanic aristocrat, the seducer, the reckless procrastinator, the scoffer—but to Tirso goes the credit for having created the mythical figure susceptible of so many interpretations. Moreover, Tirso's Don Juan retains a certain primitive vitality that his later namesakes, whatever their own merits, never quite attain.

The most important single source of *El burlador de Sevilla* is a Spanish ballad entitled *El convidado de piedra*, whose variants include some of the essential events dramatized by Tirso in the final scenes of his play. In the ballad a young rake insults a stone statue by tweaking his beard, invites him to dinner, and, in return, is invited by the statue to dine in the church of San Francisco (mentioned in the closing lines of the play). The ballad concludes with the statue's admonition that the young man should mend his ways and respect the dead. Tirso, however, chose to condemn his protagonist to hell.

The death and damnation of Don Juan have led many to conjecture on the reasons that his creator meted out such severe punishment to him, especially when other satanic sinners of Golden Age drama, given a moment of grace, emerge as saints. Moreover, the tone of the play, which is seldom tragic, often matches the flippancy of the *burlador* himself, even when the action is fraught with dire consequences. Why, then, is Don Juan sent to hell? The reason is simple. The day of reckoning, so casually dismissed by Don Juan's characteristic refrain "Tan largo me

lo fiáis," catches up with him when he is not prepared. After dining with Don Juan in the chapel, the statue, acting as God's agent, takes the *burlador* by the hand. Now Don Juan, who so often had been aflame with sexual passion, burns with the foretaste of hell's fire: "¡Que me quemo! ¡Que me abraso!" He calls out for confession and absolution, but the statue replies, "No hay lugar; ya acuerdas tarde." After he dies, the statue sums up the moral: "Esta es justicia de Dios: / Quien tal hace, que tal pague." "As a man soweth, so shall he reap" is the message of the play. Seventeenth-century dramatists, for all their sophistication, felt no embarrassment about spelling out a prosaic moral as long as they made their point.

Tirso's play was first printed in *Doze comedias nuevas de Lope de Vega Carpio, y otros autores. Segunda parte . . .* (Barcelona, 1630), where it appears with the title of *El Burlador de Sevilla y combidado de piedra. Comedia famosa del Maestro Tirso de Molina. Representóla Roque de Figueroa.* The second known edition was published under Tirso's name in the *Sexta parte de Comedias nuevas escogidas de los mejores ingenios . . .* (Zaragoza, 1654). Another seventeenth-century version of the play, entitled *Tan largo me lo fiáis*, attributed to Calderón, was not discovered until 1878. Calderón's authorship has been roundly rejected.

The texts of the 1630 edition of *El burlador* and the undated *Tan largo* differ considerably, giving rise to debate over which is the earlier of the two and which is closer to the way the author wrote it. One of the greatest discrepancies has to do with a description of Seville in *Tan largo*, whereas *El burlador* has a long description of Lisbon. Doña Blanca de los Ríos, who believed in the priority of *Tan largo*, thought that the description of Seville was prompted by Tirso's visit there in 1616. Similarly, she argued that the description of Lisbon in *El burlador* was motivated by Tirso's trip to Galicia and Portugal in 1619–1620. More recently, in separate articles, Wade and Mayberry, then María Rosa Lida de Malkiel, have offered persuasive evidence favoring the priority of *Tan largo*.

The text printed here, based on the 1630 edition of *El burlador* with a few emendations from *Tan largo me lo fiáis*, reproduces the text of my edition in The Laurel Language Library (New York, 1965). The following editions, to which acknowledgment is gratefully made, have also been consulted: Amé-rico Castro, in *Clásicos Castellanos*, vol. 2 (Tercera edición; Madrid, 1932); John M. Hill and Mabel M. Harlan, in *Cuatro comedias* (New York, 1941); and Blanca de los Ríos, in Tirso's *Obras dramáticas completas*, vol. 2 (Madrid, 1952).

SELECTED BIBLIOGRAPHY

I. Collections of Tirso de Molina's Plays

Comedias escogidas de Fray Gabriel Téllez (el Maestro Tirso de Molina), ed. J.E. Hartzenbusch, in *Biblioteca de Autores Españoles*, vol. 5. 8th ed. Madrid, 1930.
Comedias de Tirso de Molina, ed. Emilio Cotarelo y Mori, in *Nueva Biblioteca de Autores Españoles*, vols. 4 and 5. Madrid, 1906–7.
Obras dramáticas completas, ed. Blanca de los Ríos, 3 vols. Madrid, 1946–58.

II. General Studies of Tirso de Molina

BUSHEE, ALICE HUNTINGTON. *Three Centuries of Tirso de Molina*. Philadelphia, 1939.
COTARELO Y MORI, EMILIO. *Tirso de Molina. Investigaciones bio-bibliográficas*. Madrid, 1893.
MCCLELLAND, I.L. *Tirso de Molina. Studies in Dramatic Realism*. Liverpool, 1948.
Revista Estudios (special issue), *Tirso de Molina. Ensayos sobre la biografía del Padre Maestro Fray Gabriel Téllez*. Madrid, 1949. (Includes Everett M. Hesse, *Catálogo bibliográfico de Tirso de Molina, 1648–1948*.)
RÍOS, BLANCA DE LOS. *Tirso de Molina*. Madrid, 1906.
SANZ Y DÍAZ, JOSÉ. *Tirso de Molina*. Madrid, 1964.
VOSSLER, KARL. *Lecciones sobre Tirso de Molina*. Madrid, 1965.

III. Studies of El burlador de Sevilla and the Don Juan Theme

AUSTEN, JOHN. *The Story of Don Juan, a Study of the Legend and the Hero*. London, 1939.
BAQUERO, ARCADIO. *Don Juan y su evolución dramática (El personaje teatral en seis comedias españolas)*. 2 vols. Madrid, 1966.
CASALDUERO, JOAQUÍN. "Contribución al estudio del tema de don Juan en el teatro español," in *Smith College Studies in Modern Languages*, vol. 19. Northampton, 1938.
GENDARME DE BÉVOTTE, GEORGES. *La légende de Don Juan*. 2 vols. Paris, 1911.
MALKIEL, MARÍA ROSA LIDA DE. "Sobre la prioridad de *¿Tan largo me lo fiáis?*," *Hispanic Review* 30 (1962), 275–95.
MANDEL, OSCAR (ed.). *The Theatre of Don Juan: A Collection of Plays and Views, 1630–1963*. Lincoln, Nebraska, 1963.
MENÉNDEZ PIDAL, RAMÓN. "Sobre los orígenes de *El convidado de piedra*," in *Estudios literarios*. Madrid, 1920.
SAID ARMESTO, VÍCTOR. *La leyenda de Don Juan*. Madrid, 1908.
SINGER, A.E. *The Don Juan Theme, Versions and Criticism: A Bibliography*. Morgantown, West Virginia, 1965.
SLOMAN, ALBERT E. "The Two Versions of *El burlador de Sevilla*," *Bulletin of Hispanic Studies* 42 (1965), 18–33.
WADE, GERALD E. (ed.). *El burlador de Sevilla y convidado de piedra*. New York, 1969. Excellent Introduction.
WADE, GERALD E., and MAYBERRY, ROBERT J. "*Tan largo me lo fiáis* and *El burlador de Sevilla y el convidado de piedra*," *Bulletin of the Comediantes* 14 (1962), 1–16.
WEINSTEIN, LEO. *The Metamorphoses of Don Juan*. Stanford, 1959.

Acto primero

Verses

1–120	Redondillas	517–696	Redondillas
121–190	Romance (e-a)	697–721	Endecasílabos sueltos
191–278	Redondillas	722–876	Romance (e-a)
279–314	Romance (o-o)	877–980	Redondillas
315–374	Décimas	981–984	Copla (song)
375–516	Romance (heptasyllabic) (o-a)	985–1044	Romance (a-a)

Acto segundo

1045–1092	Endecasílabos sueltos	1677–1680	Copla (song)
1093–1124	Octavas reales	1681–1707	Quintillas (numerous irregularities)
1125–1489	Redondillas		
1490–1491	Estribillo	1708–1779	Décimas (numerous irregularities)
1492–1612	Redondillas		
1613–1676	Romance (a-a)	1780–1794	Quintillas (irregular)

Acto tercero

1795–1914	Redondillas	2396–2481	Romance (-ó)
1915–2094	Romance (i-a)	2482–2529	Octavas reales
2095–2202	Liras	2530–2581	Romance (a-a)
2203–2267	Quintillas	2582–2630	Quintillas
2268–2395	Redondillas	2631–2862	Romance (a-e)

〜〜〜 *El burlador de Sevilla y convidado de piedra*
COMEDIA FAMOSA DEL MAESTRO TIRSO DE MOLINA
Representóla Roque de Figueroa

PERSONAS*

DON DIEGO TENORIO, *viejo*
DON JUAN TENORIO, *su hijo*
CATALINÓN, *lacayo*
EL REY DE NÁPOLES
EL DUQUE OCTAVIO
DON PEDRO TENORIO
EL MARQUÉS DE LA MOTA
DON GONZALO DE ULLOA
EL REY DE CASTILLA
[DOÑA ANA DE ULLOA]

FABIO, *criado*
ISABELA, *duquesa*
TISBEA, *pescadora*
BELISA, *villana*
ANFRISO, *pescador*
CORIDÓN, *pescador*
GASENO, *labrador*
BATRICIO, *labrador*
RIPIO, *criado*
[AMINTA, *villana*]

〜〜〜 Acto primero

(*Salen* DON JUAN TENORIO *y*
ISABELA, *duquesa*.)[1]

ISABELA
Duque Octavio, por aquí
podrás salir más seguro.
DON JUAN
Duquesa, de nuevo os juro
de cumplir el dulce sí.[2]
ISABELA
5 ¿Mis glorias serán verdades,
promesas y ofrecimientos,

regalos y cumplimientos,
voluntades y amistades?[3]
DON JUAN
Sí, mi bien.
ISABELA
Quiero sacar
10 una luz.
DON JUAN
Pues ¿para qué?
ISABELA
Para que el alma dé fe
del bien que llego a gozar.

* The characters are listed in the order given in
the 1630 edition, not in the order of their appearance.
Names omitted there are supplied in brackets.
¹ Stage direction. Don Juan has just made love to
the duchess in a dark room by pretending to be her
fiancé, Duke Octavio. The scene takes place in the
palace of the king of Naples. Naples was a Spanish

possession from 1502 until 1707 but not during the
time of some of the historical personages who figure
in the play. See n. 91.
² *dulce sí*: promise of marriage.
³ ¿ *Mis glorias . . . promesas . . . amistades?* Will my
happiness, your promises . . . and friendship be true?

95

DON JUAN
Mataréte la luz yo.

ISABELA
¡Ah, cielo! ¿Quién eres, hombre?

DON JUAN
15 ¿Quién soy? Un hombre sin nombre.

ISABELA
¿Que no eres el duque?

DON JUAN
No.

ISABELA
¡Ah de palacio!

DON JUAN
Detente;
dame, duquesa, la mano.

ISABELA
No me detengas, villano.
20 ¡Ah del rey! ¡Soldados, gente!
(*Sale el* REY DE NÁPOLES *con una
vela en un candelero.*)

REY
¿Qué es esto?

ISABELA
(¡El rey! ¡Ay triste!) (*Aparte.*)

REY
¿Quién eres?

DON JUAN
¿Quién ha de ser?
Un hombre y una mujer.

REY
(Esto en prudencia consiste.)[4] (*Aparte.*)
25 ¡Ah de mi guarda! Prendé[5]
a este hombre.

ISABELA
¡Ay, perdido honor! (*Vase* ISABELA.)
(*Sale* DON PEDRO TENORIO,
embajador de España, y GUARDA.)

DON PEDRO
¡En tu cuarto, gran señor,
voces! ¿Quién la causa fue?

REY
Don Pedro Tenorio, a vos
30 esta prisión os encargo.[6]
Siendo corto, andad vos largo;[7]
mirad quién son estos dos.

Y con secreto ha de ser,
que algún mal suceso creo,
35 porque si yo aquí lo veo
no me queda más que ver. (*Vase.*)

DON PEDRO
Prendelde.[8]

DON JUAN
¿Quién ha de osar?
Bien puedo perder la vida,
mas ha de ir tan bien vendida
40 que a alguno le ha de pesar.

DON PEDRO
¡Matalde!

DON JUAN
¿Quién os engaña?
Resuelto en morir estoy,
porque caballero soy
del embajador de España.
45   Llegue; que solo ha de ser
quien me rinda.

DON PEDRO
Apartad;
a ese cuarto os retirad
todos con esa mujer. (*Vanse.*)
Ya estamos solos los dos;
50 muestra aquí tu esfuerzo y brío.

DON JUAN
Aunque tengo esfuerzo, tío,
no le[9] tengo para vos.

DON PEDRO
¡Di quién eres!

DON JUAN
Ya lo digo:
tu sobrino.

DON PEDRO
(¡Ay, corazón, (*Aparte.*)
55 que temo alguna traición!)
¿Qué es lo que has hecho, enemigo?
¿Cómo estás de aquesa suerte?
Dime presto lo que ha sido.
¡Desobediente, atrevido!
60 Estoy por darte la muerte.
Acaba.

DON JUAN
Tío y señor,

---

[4] The king must exercise discretion because if he witnessed any breach of conduct in the palace, in itself a serious offense, he would have no alternative but to punish the offenders. See vv. 35–36.
[5] *Prendé: Prended.*
[6] There is no logical reason for the Spanish am-
bassador to be charged with the responsibility of investigating the affair.
[7] *Siendo . . . largo:* While being careful, also be diligent.
[8] *Prendelde: Prendedle.*
[9] *le: lo.*

mozo soy y mozo fuiste;
y pues que de amor supiste,
tenga disculpa mi amor.
65 Y pues a decir me obligas
la verdad, oye y diréla:
yo engañé y gocé a Isabela,
la duquesa . . .

DON PEDRO

No prosigas;
tente. ¿Cómo la engañaste?
70 Habla quedo [o][10] cierra el labio.

DON JUAN

Fingí ser el duque Octavio . . .

DON PEDRO

No digas más; calla, [baste].[11]
(Perdido soy si el rey sabe (*Aparte.*)
este caso. ¿Qué he de hacer?
75 Industria[12] me ha de valer
en un negocio tan grave.)
Di, vil: ¿no bastó emprender
con ira y con fuerza extraña
tan gran traición en España
80 con otra noble mujer,[13]
sino en Nápoles también
y en el palacio real,
con mujer tan principal?
¡Castíguete el cielo, amén!
85 Tu padre desde Castilla
a Nápoles te envió,
y en sus márgenes te dio
tierra la espumosa orilla
del mar de Italia, atendiendo[14]
90 que el haberte recebido[15]
pagaras agradecido,
¡y estás su honor ofendiendo,
y en tan principal mujer!
Pero en aquesta ocasión
95 nos daña la dilación;
mira qué quieres hacer.

DON JUAN

No quiero daros disculpa;

que la habré de dar siniestra.
Mi sangre es, señor, la vuestra;
100 sacalda, y pague la culpa.
A esos pies estoy rendido,
y ésta es mi espada, señor.

DON PEDRO

Alzate y muestra valor,
que esa humildad me ha vencido.
105 ¿Atreveráste a bajar
por ese balcón?

DON JUAN

Sí atrevo,
que alas en tu favor llevo.[16]

DON PEDRO

Pues yo te quiero ayudar.
Vete a Sicilia o Milán,[17]
110 donde vivas encubierto.

DON JUAN

Luego me iré.

DON PEDRO

¿Cierto?

DON JUAN

Cierto.

DON PEDRO

Mis cartas te avisarán
en qué para este suceso
triste que causado has.

DON JUAN

115 (Para mí alegre, dirás.)[18] (*Aparte.*)
Que tuve culpa, confieso.

DON PEDRO

Esa mocedad te engaña.
Baja, pues, ese balcón.

DON JUAN

(Con tan justa pretensión[19] (*Aparte.*)
120 gozoso me parto a España.)
(*Vase* DON JUAN *y entra el* REY.)

DON PEDRO

Ya ejecuté, gran señor,
tu justicia justa y recta
en el hombre . . .[20]

---

[10] The princeps has *y* instead of *o*.
[11] *baste*, instead of *basta* as in the princeps, is required by the rhyme.
[12] *industria*: astuteness.
[13] These verses make evident that Don Juan had committed a similar deceit in Spain, for which offense he was probably sent to Naples.
[14] *atendiendo*: *esperando*.
[15] *recebido*: *recibido*.
[16] *que alas . . . llevo*: because with your help I have wings.

[17] Sicily and Milan were Spanish possessions at the time of the writing of the play, but Milan did not come under Spanish rule until 1535, long after the reign of Alfonso XI of Castile (1312–1350), who appears later in the play.
[18] *dirás*: you should say.
[19] *pretensión*: intent.
[20] The reading in *Tan largo* is more consistent with Don Pedro's account of Don Juan's escape: "Ejecutando, señor, lo que mandó vuestra alteza, el hombre . . ." Note that v. 123 is too long.

REY

¿Murió?

DON PEDRO

Escapóse
de las cuchillas soberbias.

REY

125 ¿De qué forma?

DON PEDRO

Desta forma:
aun no lo mandaste apenas,
cuando, sin dar más disculpa,
la espada en la mano aprieta,
revuelve la capa al brazo,
130 y con gallarda presteza,
ofendiendo a los soldados
y buscando su defensa,
viendo vecina la muerte,
por el balcón de la huerta
135 se arroja desesperado.
Siguióle con diligencia
tu gente; cuando salieron
por esa vecina puerta,
le hallaron agonizando
140 como enroscada culebra.
Levantóse, y al decir
los soldados: «¡Muera, muera!»,
bañado de sangre el rostro,
con tan heroica presteza
145 se fue que quedé confuso.
La mujer, que es Isabela,
—que para admirarte nombro—
retirada en esa pieza,
dice que es el duque Octavio
150 que, con engaño y cautela,
la gozó.

REY

¿Qué dices?

DON PEDRO

Digo
lo que ella propia confiesa.

REY

¡Ah, pobre honor! Si eres alma
del [hombre],²¹ ¿por qué te dejan
155 en la mujer inconstante,
si es la misma ligereza?
¡Hola!

(*Sale un* CRIADO.)

CRIADO

¡Gran señor!

REY

Traed
delante de mi presencia
esa mujer.²²

DON PEDRO

Ya la guardia
160 viene, gran señor, con ella.

(*Trae la* GUARDA *a* ISABELA.)

ISABELA

(¿Con qué ojos veré al rey?) (*Aparte.*)

REY

Idos, y guardad la puerta
de esa cuadra. —Di, mujer,
¿qué rigor, qué airada estrella
165 te incitó que en mi palacio,
con hermosura y soberbia,
profanases sus umbrales?

ISABELA

Señor . . .

REY

Calla, que la lengua
no podrá dorar el yerro
170 que has cometido en mi ofensa.
¿Aquél era el duque Octavio?

ISABELA

Señor . . .

REY

[¡Que] no importan fuerzas,
guardas, criados, murallas,
fortalecidas almenas
175 para amor, que la de un niño²³
hasta los muros penetra!—
Don Pedro Tenorio, al punto
a esa mujer llevad presa
a una torre, y con secreto
180 haced que al duque le prendan,
que quiero hacer que le cumpla
la palabra o la promesa.

ISABELA

Gran señor, volvedme el rostro.

REY

Ofensa a mi espalda hecha
185 es justicia y es razón
castigalla a espaldas vueltas. (*Vase el* REY.)

DON PEDRO

Vamos, duquesa.

²¹ *hombre.* The first edition reads *honor.*
²² *Traed . . . mujer.* The omission of the personal *a*
before a direct object was frequent in the period.
²³ *la de un niño:* the strength of a child (Cupid).

ISABELA

Mi culpa
no hay disculpa que la venza;
mas no será el yerro tanto
190 si el duque Octavio lo enmienda.

(*Vanse, y sale el* DUQUE OCTAVIO
y RIPIO, *su criado.*)

RIPIO

¿Tan de mañana, señor,
te levantas?

OCTAVIO

No hay sosiego
que pueda apagar el fuego
que enciende en mi alma amor,
195 porque, como al fin es niño,
no apetece cama blanda,
entre regalada holanda,
cubierta de blanco armiño.
Acuéstase, no sosiega;
200 siempre quiere madrugar
por levantarse a jugar;
que, al fin, como niño, juega.
Pensamientos de Isabela
me tienen, amigo, en calma,[24]
205 que como vive en el alma,
anda el cuerpo siempre en pena,[25]
guardando ausente y presente
el castillo del honor.

RIPIO

Perdóname, que tu amor
210 es amor impertinente.

OCTAVIO

¿Qué dices, necio?

RIPIO

Esto digo:
impertinencia es amar
como amas. ¿Quies[26] escuchar?

OCTAVIO

Ea, prosigue.

RIPIO

Ya prosigo.
215 ¿Quiérete Isabela a ti?

OCTAVIO

¿Eso, necio, has de dudar?

RIPIO

No, mas quiero preguntar:
¿y tú, no la quieres?

OCTAVIO

Sí.

RIPIO

Pues ¿no seré majadero,
220 y de solar conocido,[27]
si pierdo yo mi sentido
por quien me quiere y la quiero?
Si ella a ti no te quisiera,
fuera bien el porfialla,
225 regalalla y adoralla,[28]
y aguardar que se rindiera;
mas si los dos os queréis
con una mesma igualdad,
dime: ¿hay más dificultad
230 de que luego os desposéis?

OCTAVIO

Eso fuera, necio, a ser
de lacayo o lavandera
la boda.

RIPIO

Pues, ¿es quienquiera
una lavandriz[29] mujer,
235 lavando y fregatrizando,[30]
defendiendo y ofendiendo,
los paños suyos tendiendo,
regalando y remendando?
Dando dije,[31] porque al dar
240 no hay cosa que se le iguale;
y si no,[32] a Isabela dale,
a ver si sabe tomar.

(*Sale un* CRIADO.)

CRIADO

El embajador de España
en este punto se apea
245 en el zaguán, y desea,
con ira y fiereza extraña,
hablarte; y si no entendí
yo mal, entiendo es prisión.

---

[24] *en calma*: in anguish.

[25] *en pena*: restless (from *alma en pena*, "soul in purgatory"). Note the faulty rhyme of *Isabela* and *pena*.

[26] *Quies: Quieres.*

[27] *majadero, y de solar conocido*: A parody of the phrase, *hidalgo, de solar conocido*, "a nobleman of well known lineage."

[28] *porfialla, regalalla y adoralla* (which would rhyme with *batalla*) show the assimilation of the final -r of the infinitive to the appended pronoun, a common practice in the period.

[29] *lavandriz: lavandera.*

[30] *fregatrizando: fregando.*

[31] *Dando dije*. Ripio is playing on the ending of *remendando* in the preceding verse.

[32] *y si no*: and if you don't think so.

OCTAVIO

¿Prisión? Pues ¿por qué ocasión?
250 Decid que entre.

(*Entra* DON PEDRO TENORIO, *con guardas.*)

DON PEDRO

Quien así
con tanto descuido duerme,
limpia tiene la conciencia.

OCTAVIO

Cuando viene vuexcelencia[33]
a honrarme y favorecerme,
255   no es justo que duerma yo;
velaré toda mi vida.
¿A qué y por qué es la venida?

DON PEDRO

Porque aquí el rey me envió.

OCTAVIO

Si el rey, mi señor, se acuerda
260 de mí en aquesta ocasión,
será justicia y razón
que por él la vida pierda.
Decidme, señor, ¿qué dicha
o qué estrella me ha guiado,
265 que de mí el rey se ha acordado?

DON PEDRO

Fue, duque, vuestra desdicha.
Embajador del rey soy;
dél os traigo una embajada.

OCTAVIO

Marqués, no me inquieta nada.
270 Decid, que aguardando estoy.

DON PEDRO

A prenderos me ha enviado
el rey; no os alborotéis.

OCTAVIO

¡Vos[34] por el rey me prendéis!
Pues ¿en qué he sido culpado?

DON PEDRO

275   Mejor lo sabéis que yo;
mas, por si acaso me engaño,
escuchad el desengaño,

y a lo que el rey me envió.
Cuando los negros gigantes,
280 plegando funestos toldos,
ya del crepúsculo huyen,[35]
tropezando unos con otros,
estando yo con su alteza
tratando ciertos negocios
285 —porque antípodas del sol
son siempre los poderosos—,[36]
voces de mujer oímos,
cuyos ecos, menos roncos
por los artesones[37] sacros,
290 nos repitieron «¡socorro!»
A las voces y al rüido
acudió, duque, el rey propio.
Halló a Isabela en los brazos
de algún hombre poderoso;
295 mas quien al cielo se atreve,
sin duda es gigante o monstruo.[38]
Mandó el rey que los prendiera;
quedé con el hombre solo;
llegué y quise desarmalle;
300 pero pienso que el demonio
en él tomó forma humana,
pues que, vuelto en humo y polvo,
se arrojó por los balcones
entre los pies de esos olmos
305 que coronan del palacio
los chapiteles hermosos.
Hice prender la duquesa,
y en la presencia de todos
dice que es el duque Octavio
310 el que con mano de esposo[39]
la gozó.

OCTAVIO

¿Qué dices?

DON PEDRO

Digo
lo que al mundo es ya notorio
y que tan claro se sabe:
que Isabela por mil modos . . .

OCTAVIO

315   Dejadme; no me digáis

---

[33] *vuexelencia: vuestra excelencia.*

[34] *Vos* and *tú* are used interchangeably throughout the play with no noticeable regard for the blood or social relationships of the characters.

[35] *Cuando . . . huyen:* a typical baroque description of daybreak.

[36] *porque . . . poderosos.* The meaning is that those charged with the affairs of state must work at night while the sun is on the other side of the globe.

[37] *artesones:* vaultings.

[38] *mas . . . monstruo.* The meaning is that since Isabela is *el cielo*, the man who attacked her must be a giant (an allusion to the Greek myth of the giants who tried to climb Mount Olympus in order to displace Zeus and the gods).

[39] *con . . . esposo* may mean both "after promising to marry her" and "with the authority of a husband."

tan gran traición de Isabela.
Mas si fue su [amor]⁴⁰ cautela,
proseguid; ¿por qué calláis?
Mas si veneno me dais
320 que a un firme corazón toca,
y así a decir me provoca
que imita a la comadreja,
que concibe por la oreja
para parir por la boca.⁴¹
325 ¿Será verdad que Isabela,
alma, se olvidó de mí
para darme muerte? Sí,
que el bien suena y el mal vuela.⁴²
Ya el pecho nada recela
330 juzgando si son antojos;⁴³
que, por darme más enojos,
al entendimiento entró
y por la oreja escuchó
lo que acreditan los ojos.
335 Señor marqués, ¿es posible
que Isabela me ha engañado,⁴⁴
y que mi amor ha burlado?
¡Parece cosa imposible!
¡Oh, mujer! ¡Ley tan terrible
340 de honor, a quien⁴⁵ me provoco
a emprender! Mas ya no toco
en tu honor esta cautela.⁴⁶
¿Anoche con Isabela
hombre en palacio? Estoy loco.

DON PEDRO

345 Como es verdad que en los vientos
hay aves, en el mar peces,
que participan a veces
de todos cuatro elementos;
como en la gloria hay contentos,
350 lealtad en el buen amigo,
traición en el enemigo,
en la noche escuridad⁴⁷
y en el día claridad,
así es verdad lo que digo.

OCTAVIO

355 Marqués, yo os quiero creer.
Ya no hay cosa que me espante;⁴⁸
que la mujer más constante
es, en efeto,⁴⁹ mujer.
No me queda más que ver,
360 pues es patente mi agravio.

DON PEDRO

Pues que sois prudente y sabio,
elegid el mejor medio.

OCTAVIO

Ausentarme es mi remedio.

DON PEDRO

Pues sea presto, duque Octavio.

OCTAVIO

365 Embarcarme quiero a España,
y darle⁵⁰ a mis males fin.

DON PEDRO

Por la puerta del jardín,
duque, esta prisión se engaña.

OCTAVIO

¡Ah, veleta! ¡Débil caña!⁵¹
370 A más furor me provoco
y extrañas provincias toco,
huyendo desta cautela.
¡Patria, adiós! ¿Con Isabela
hombre en palacio? ¡Estoy loco!
(*Vanse, y sale* TISBEA, *pescadora, con
una caña de pescar en la mano.*)⁵²

TISBEA

375 Yo, de cuantas el mar
pies de jazmín y rosa
en sus riberas besa
con fugitivas olas,
sola de amor exenta,
380 como en ventura sola,
tirana me reservo
de sus prisiones locas,
aquí donde el sol pisa
soñolientas las ondas,

⁴⁰ The first edition reads *honor* instead of *amor*.
⁴¹ *Mas si veneno . . . boca.* The sense is, "But if you give me bad news that affects my heart like poison, it is natural that my heart incites me to speak, since it imitates the weasel that conceives through the ear and gives birth through the mouth." The source of this bizarre notion of the reproductive process of the weasel is Ovid, *Metamorphoses*, IX.
⁴² *el bien . . . vuela.* A proverb roughly equivalent to the English, "Bad news travels fast."
⁴³ *Ya . . . antojos:* My heart no longer thinks that they (the reports of Isabela's infidelity) are only fanciful tales.
⁴⁴ *¿es posible . . . ha engañado?.* Modern usage would require the subjunctive.
⁴⁵ *quien: que.*
⁴⁶ *Mas . . . cautela:* But I am no longer concerned with your honor after this deception.
⁴⁷ *escuridad: oscuridad.*
⁴⁸ *Ya no . . . espante:* Nothing surprises me any longer.
⁴⁹ *efeto: efecto.*
⁵⁰ *le: les.*
⁵¹ *veleta* and *caña* were favorite terms to express woman's fickleness and instability.
⁵² The scene shifts to the Mediterranean coast of Spain near Tarragona.

385 alegrando zafiros
las que espantaba sombras.[53]
Por la menuda arena
—unas veces aljófar,
y átomos otras veces
390 del sol que así la adora—[54]
oyendo de las aves
las quejas amorosas,
y los combates dulces
del agua entre las rocas;
395 ya con la sutil caña
que al débil peso dobla
del necio pececillo
que el mar salado azota;
o ya con la atarraya
400 que en sus moradas hondas
prenden[55] cuantos habitan
aposentos de conchas,
segura me entretengo;
que en libertad se goza
405 el alma que amor áspid
no le ofende ponzoña.[56]
En pequeñuelo esquife
y en compañía de otras,
tal vez[57] al mar le peino
410 la cabeza espumosa;
y cuando más perdidas[58]
querellas de amor forman,
como de todos río,
envidia soy de todas.
415 ¡Dichosa yo mil veces,
amor, pues me perdonas,
si ya, por ser humilde,
no desprecias mi choza!
Obeliscos de paja
420 mi edificio coronan,
nidos, si no hay cigarras,
a tortolillas locas.[59]
Mi honor conservo en pajas,

como fruta sabrosa,
425 vidrio guardado en ellas
para que no se rompa.
De cuantos pescadores
con fuego Tarragona
de piratas defiende
430 en la argentada costa,[60]
desprecio soy [y][61] encanto;
a sus suspiros, sorda,
a sus ruegos, terrible,
a sus promesas, roca.
435 Anfriso, a quien el cielo
con mano poderosa,
prodigio en cuerpo y alma,
dotó de gracias todas,
medido en las palabras,
440 liberal en las obras,
sufrido en los desdenes,
modesto en las congojas,
mis pajizos umbrales,
que heladas noches ronda,
445 a pesar de los tiempos,
las mañanas remoza;
pues con [los] ramos verdes
que de los olmos corta,
mis pajas amanecen
450 ceñidas de lisonjas.[62]
Ya con vigüelas[63] dulces
y sutiles zampoñas
músicas me consagra;
y todo no me importa,
455 porque en tirano imperio
vivo, de amor señora;
que hallo gusto en sus penas
y en sus infiernos gloria.
Todas por él se mueren,
460 y yo, todas las horas
le mato con desdenes:
de amor condición propia,

---

[53] *aquí . . . sombras.* Américo Castro gives the following explanation of this passage: "Hay que suponer que Tisbea se encuentra en la playa, al rayar el día: 'la luz del sol huella las aguas aún soñolientas; sus reflejos azules (zafiros), van alegrando las tinieblas que el sol hacía huir o espantaba.'"

[54] *unas . . . adora.* The sense is that the sun so adores the sand that it converts it alternately into pearls and into atoms of itself.

[55] *prenden: se prenden.* The meaning is that all marine animals that inhabit dwellings of shell are caught (by the fishing rod or net).

[56] *que en libertad . . . ponzoña:* because my soul rejoices in being free from the poisonous attacks of asp-like love.

[57] *tal vez: a veces.*

[58] *perdidas:* hopeless.

[59] *Obeliscos . . . locas:* Obelisks of straw crown my hut, serving as nests for foolish turtle-doves if locusts are not present.

[60] *con . . . costa.* The reference is to the practice of setting bonfires to signal the approach of pirates.

[61] The *y* is omitted in most early editions. Tisbea means that she both scorns and charms the fishermen.

[62] *pues . . . lisonjas.* Cf. Castro's note: "Todas las mañanas Anfriso rejuvenece los secos umbrales de la cabaña con unos ramos verdes."

[63] *vigüelas: vihuelas,* guitars.

querer donde aborrecen,
despreciar donde adoran;
165 que si le alegran, muere,
y vive si le oprobian.
En tan alegre día,
segura de lisonjas,
mis juveniles años
470 amor no los malogra;
que en edad tan florida,
amor, no es suerte poca
no ver entre estas redes
las tuyas amorosas.
475 Pero, necio discurso
que mi ejercicio estorbas,
en él no me diviertas [64]
en cosa que no importa.
Quiero entregar la caña
480 al viento, y a la boca
del pececillo el cebo.
Pero al agua se arrojan
dos hombres de una nave,
antes que el mar la sorba,
485 que sobre el agua viene
y en un escollo aborda.
Como hermoso pavón,
hace las velas cola,
adonde los pilotos
490 todos los ojos pongan.
Las olas va escarbando,
y ya su orgullo y pompa
casi la desvanece. [65]
Agua un costado toma . . .
495 Hundióse y dejó al viento
la gavia que la escoja
para morada suya;
que un loco en gavias [66] mora.
(*Dentro*: «¡Que me ahogo!»)
Un hombre al otro aguarda
500 que dice que se ahoga.
¡Gallarda cortesía!
En los hombros le toma;
Anquises le hace Eneas, [67]
si el mar está hecho Troya.

505 Ya, nadando, las aguas
con valentía corta,
y en la playa no veo
quien le ampare y socorra.
Daré voces: «¡Tirseo,
510 Anfriso, Alfredo, hola!»
Pescadores me miran,
¡plega a Dios que me oigan!
Mas milagrosamente
ya tierra los dos toman,
515 sin aliento el que nada,
con vida el que le estorba. [68]
(*Saca en brazos* CATALINÓN *a*
DON JUAN, *mojados*.)
CATALINÓN
¡Válgame la Cananea, [69]
y qué salado está el mar!
Aquí puede bien andar
520 el que salvarse desea,
que allá dentro es desatino,
donde la muerte se fragua;
donde Dios juntó tanta agua,
no juntara tanto vino.
525 Agua salada, ¡extremada
cosa para quien no pesca!
Si es mala aun el agua fresca,
¿qué será el agua salada?
¡Oh, quién hallara una fragua
530 de vino, aunque algo encendido!
Si del agua que he bebido
escapo yo, no más agua.
Desde hoy abernuncio [70] della,
que la devoción me quita
535 tanto que agua bendita
no pienso ver, por no vella.
¡Ah, señor! Helado y frío
está. ¿Si estará ya muerto?
Del mar fue este desconcierto,
540 y mío este desvarío.
¡Mal haya aquel que primero
pinos [71] en la mar sembró,
y que sus rumbos midió
con quebradizo madero!

---

[64] *diviertas*: distract.

[65] *desvanece*. A singular verb may be employed with two or more subjects when the latter are closely related or form a unit.

[66] *gavia . . . gavias*: a pun on *gavia*, which means both "topsail" and a "cage to confine madmen."

[67] *Anquises . . . Eneas*. In the burning of Troy, Aeneas rescued his father, Anchises, by carrying him on his shoulders; hence, Don Juan becomes an Aeneas by saving his servant from drowning.

[68] *sin . . . estorba*. After saving Catalinón, Don Juan collapses and is pulled ashore by his servant.

[69] *la Cananea*: a ridiculous oath derived, according to Castro, from *hacanea*, "nag." Perhaps the humor of the oath is emphasized by the association of the word with the biblical woman from Canaan.

[70] *abernuncio*: abrenuncio, I forswear.

[71] *pinos*: ships (*fig.*).

545 ¡Maldito sea el vil sastre
que cosió el mar que dibuja
con astronómica aguja,⁷²
causa de tanto desastre!
¡Maldito sea Jasón,
550 y Tifis maldito sea!⁷³
Muerto está; no hay quien lo crea.
¡Mísero Catalinón!
¿Qué he de hacer?

TISBEA

Hombre, ¿qué tienes
en desventuras iguales?

CATALINÓN

555 Pescadora, muchos males,
y falta de muchos bienes.
Veo, por librarme a mí,
sin vida a mi señor. Mira
si es verdad.

TISBEA

No, que aun respira.

CATALINÓN

560 ¿Por dónde? ¿Por aquí?

TISBEA

Sí;
pues ¿por dónde?

CATALINÓN

Bien podía
respirar por otra parte.

TISBEA

Necio estás.

CATALINÓN

Quiero besarte
las manos de nieve fría.⁷⁴

TISBEA

565 Ve a llamar los pescadores
que en aquella choza están.

CATALINÓN

Y si los llamo, ¿vernán?⁷⁵

TISBEA

Vendrán presto; no lo ignores.
¿Quién es este caballero?

CATALINÓN

570 Es hijo aqueste señor

del camarero mayor
del rey, por quien ser espero
antes de seis días conde⁷⁶
en Sevilla donde va
575 y adonde su alteza está,
si a mi amistad corresponde.

TISBEA

¿Cómo se llama?

CATALINÓN

Don Juan
Tenorio.

TISBEA

Llama mi gente.

CATALINÓN

Ya voy. (*Vase.*)

(*Coge en el regazo* TISBEA *a* DON
JUAN.)

TISBEA

Mancebo excelente,
580 gallardo, noble y galán.
Volved en vos, caballero.

DON JUAN

¿Dónde estoy?

TISBEA

Ya podéis ver;
en brazos de una mujer.

DON JUAN

Vivo en vos, si en el mar muero.
585 Ya perdí todo el recelo
que me pudiera anegar,
pues del infierno del mar
salgo a vuestro claro cielo.
Un espantoso huracán
590 dio con mi nave al través
para arrojarme a esos pies
que abrigo y puerto me dan.
Y en vuestro divino oriente⁷⁷
renazco, y no hay que espantar,
595 pues veis que hay de amar a mar⁷⁸
una letra solamente.

TISBEA

Muy grande aliento tenéis

---

⁷² *aguja*. Hill and Harlan explain that "The navigator's use of the *aguja* ('needle,' but used here for *aguja de marear*, 'compass') suggests the term *sastre*, which in turn suggests *coser*."

⁷³ *Jasón . . . sea.* Jason, leader of the Argonauts' expedition to secure the Golden Fleece, was also credited with building the first large ship, the *Argo*. *Tifis* (Tiphys) was the *Argo's* pilot.

⁷⁴ *Quiero . . . fría.* After Tisbea calls Catalinón

foolish, his use of the phrase *besar las manos*, a courteous expression of thanks, is obviously sarcastic.

⁷⁵ *vernán: vendrán.*

⁷⁶ *conde* means "count," "head of a gypsy clan," and, in Andalusia, "overseer of a labor gang." To which position does Catalinón aspire?

⁷⁷ *oriente*: shining beauty.

⁷⁸ *de amar a mar*: a play on words.

para venir sin aliento,[79]
y tras de tanto tormento
600 mucho tormento ofrecéis.
   Pero si es tormento el mar
y son sus ondas crueles,
la fuerza de los cordeles[80]
pienso que os hace hablar.
605 Sin duda que habéis bebido
del mar la oración pasada,[81]
pues, por ser de agua salada,
con tan grande sal[82] ha sido.
   Mucho habláis cuando no habláis,
610 y cuando muerto venís
mucho al parecer sentís;
¡plega[83] a Dios que no mintáis!
   Parecéis caballo griego[84]
que el mar a mis pies desagua,
615 pues venís formado de agua
y estáis preñado de fuego.[85]
   Y si mojado abrasáis,
estando enjuto, ¿qué haréis?
Mucho fuego prometéis;
620 ¡plega a Dios que no mintáis!

DON JUAN

   A Dios, zagala, pluguiera
que en el agua me anegara
para que cuerdo acabara
y loco en vos no muriera;
625 que el mar pudiera anegarme
entre sus olas de plata
que sus límites desata,
mas no pudiera abrasarme.
   Gran parte del sol mostráis,
630 pues que el sol os da licencia,
pues sólo con la apariencia,
siendo de nieve, abrasáis.

TISBEA

   Por más helado que estáis,
tanto fuego en vos tenéis
635 que en este mío os ardéis.
¡Plega a Dios que no mintáis!

   (*Salen* CATALINÓN, CORIDÓN *y*
   ANFRISO, *pescadores.*)

CATALINÓN

Ya vienen todos aquí.

TISBEA

Y ya está tu dueño vivo.

DON JUAN

Con tu presencia recibo
640 el aliento que perdí.

CORIDÓN

¿Qué nos mandas?

TISBEA

                    Coridón,
Anfriso, amigos . . .

CORIDÓN

                       Todos
buscamos por varios modos
esta dichosa ocasión.
645   Di qué nos mandas, Tisbea,
que por labios de clavel
no lo habrás mandado a aquel
que idolatrarte desea,
   apenas, cuando al momento,
650 sin cesar, en llano o sierra,
surque el mar, tale la tierra,
pise el fuego, y pare el viento.

TISBEA

   (¡Oh, qué mal me parecían (*Aparte.*)
estas lisonjas ayer,
655 y hoy echo en ellas de ver
que sus labios no mentían!)
   Estando, amigos, pescando
sobre este peñasco, vi
hundirse una nave allí,
660 y entre las olas nadando
   dos hombres; y compasiva
di voces, y nadie oyó;
y en tanta aflición,[86] llegó
libre de la furia esquiva
665   del mar, sin vida a la arena,
déste en los hombros cargado,
un hidalgo y[a] anegado,
y envuelta en tan triste pena
a llamaros envié.

ANFRISO

670 Pues aquí todos estamos,
manda que tu gusto hagamos,
lo que pensado no fue.

---

[79] *aliento . . . aliento*: more word play involving two meanings of *aliento*, "vigor" and "breath."
[80] *cordeles*: ropes of a rack used to torture prisoners and force confessions.
[81] *la oración pasada*: your previous speech.
[82] *sal* involves more word play, "salt" and "wit."

[83] *plega*: a variant form of the present subjunctive of *placer*.
[84] *caballo griego*: an allusion to the Trojan horse.
[85] *fuego*: sexual passion.
[86] *aflición*: *aflicción*.

TISBEA

Que a mi choza los llevemos
quiero, donde, agradecidos,
675 reparemos sus vestidos,
y allí los regalaremos;
que mi padre gusta mucho
desta debida piedad.

CATALINÓN

¡Extremada es su beldad!

DON JUAN

680 Escucha aparte.

CATALINÓN

Ya escucho.

DON JUAN

Si te pregunta quién soy,
di que no sabes.

CATALINÓN

¡A mí! . . .
¿Quieres advertirme a mí
lo que he de hacer?[87]

DON JUAN

Muerto voy
685   por la hermosa pescadora.
Esta noche he de gozalla.

CATALINÓN

¿De qué suerte?

DON JUAN

Ven y calla.

CORIDÓN

Anfriso, dentro de un hora[88]
los pescadores prevén
690 que canten y bailen.

ANFRISO

Vamos,
y esta noche nos hagamos
rajas y palos también.[89]

DON JUAN

Muerto soy.

TISBEA

¿Cómo, si andáis?

DON JUAN

Ando en pena,[90] como veis.

TISBEA

695 Mucho habláis.

DON JUAN

Mucho entendéis.

TISBEA

¡Plega a Dios que no mintáis! (*Vanse.*)

(*Salen* DON GONZALO DE ULLOA *y el*
REY DON ALFONSO DE CASTILLA.)[91]

REY

¿Cómo os ha sucedido en la embajada,
comendador mayor?

DON GONZALO

Hallé en Lisboa
al rey don Juan,[92] tu primo, previniendo
700 treinta naves de armada.

REY

¿Y para dónde?

DON GONZALO

Para Goa[93] me dijo, mas yo entiendo
que a otra empresa más fácil apercibe.
A Ceuta[94] o Tánger pienso que pretende
cercar este verano.

REY

Dios le ayude,
705 y premie el celo de aumentar su gloria.
¿Qué es lo que concertasteis?

DON GONZALO

Señor, pide
a Serpa y Mora, y Olivencia y Toro;[95]
y por eso te vuelve a Villaverde,
al Almendral, a Mértola y Herrera
710 entre Castilla y Portugal.

REY

Al punto
se firmen los conciertos, don Gonzalo.
Mas decidme primero cómo ha ido
en el camino, que vendréis cansado
y alcanzado también.

---

[87] Of course Catalinón has already revealed Don Juan's identity to Tisbea.

[88] *un hora* shows the apocopation of the feminine indefinite article, a frequent practice of the period.

[89] *nos . . . también.* Hill and Harlan explain the play on words: "*hacerse rajas* means 'to tear (split) oneself to pieces, outdo oneself,' while *hacer rajas* means 'to split (wood).'" This latter sense suggested the pun *palos*, 'sticks, clubs.'"

[90] *Ando en pena.* Don Juan is suffering from the pangs of love, hence he is in purgatory. See n. 25.

[91] The scene shifts to the royal palace in Seville. The

king is Alfonso XI (1312–1350), called *el Justiciero.*

[92] Juan I of Portugal (1385–1433) was indeed Alfonso XI's cousin but he came to the throne long after Alfonso died. Such anachronisms are common in Golden Age plays.

[93] Goa, former capital of Portuguese India, was conquered in 1510 and remained a Portuguese colony until 1962.

[94] Ceuta was captured by Juan I in 1415.

[95] *Serpa . . . Toro.* The towns mentioned here and later will not be annotated unless they are important to an understanding of the play.

DON GONZALO

Para serviros,
715 nunca, señor, me canso.

REY

¿Es buena tierra
Lisboa?

DON GONZALO

La mayor ciudad de España;[96]
y si mandas que diga lo que he visto
de lo exterior y célebre, en un punto
en tu presencia te pondré un retrato.[97]

REY

720 Yo gustaré de oíllo. Dadme silla.

DON GONZALO

Es Lisboa una otava[98] maravilla.
De las entrañas de España,
que son las tierras de Cuenca,
nace el caudaloso Tajo,
725 que media España atraviesa.
Entra en el mar Oceano,[99]
en las sagradas riberas
de esta ciudad, por la parte
del sur; mas antes que pierda
730 su curso y su claro nombre,
hace un puerto entre dos sierras,
donde están de todo el orbe
barcas, naves, carabelas.
Hay galeras y saetías
735 tantas, que desde la tierra
parece una gran ciudad
adonde Neptuno reina.
A la parte del poniente
guardan del puerto dos fuerzas
740 de *Cascaes* y *San Gian*,[100]
las más fuertes de la tierra.
Está, desta gran ciudad,
poco más de media legua
Belén,[101] convento del santo

745 conocido por la piedra
y por el león de guarda,[102]
donde los reyes y reinas
católicos y cristianos
tienen sus casas perpetuas.
750 Luego esta máquina insigne,
desde Alcántara[103] comienza
una gran legua a tenderse
al convento de Jabregas.[104]
En medio está el valle hermoso
755 coronado de tres cuestas,
que quedara corto Apeles[105]
cuando [pintarlas][106] quisiera;
porque, miradas de lejos,
parecen piñas de perlas
760 que están pendientes del cielo,
en cuya grandeza inmensa
se ven diez Romas cifradas
en conventos y en iglesias,
en edificios y calles,
765 en solares y encomiendas,
en las letras y en las armas,
en la justicia tan recta,
y en una *Misericordia*[107]
que está honrando su ribera,
770 y pudiera honrar a España
y aun enseñar a tenerla.[108]
Y en lo que yo más alabo
desta máquina soberbia,
es que del mismo castillo
775 en distancia de seis leguas,
se ven sesenta lugares
que llega el mar a sus puertas,
uno de los cuales es
el convento de Odivelas,[109]
780 en el cual vi por mis ojos
seiscientas y treinta celdas,
y entre monjas y beatas

[96] *ciudad de España*. Portugal was under Spanish rule from 1580 until 1640.

[97] *retrato*. Golden Age dramatists were fond of including in their plays lengthy descriptions or "word pictures" of women, horses, gardens, or whatnot.

[98] *otava: octava*. Poets have seldom been reluctant to add their choice to the established Seven Wonders of the World.

[99] *mar Oceano*: the Atlantic Ocean. The stress is on the *a* in *Oceano*.

[100] *Cascaes* and *San Gian* (Port. *São Julião*, Sp. *San Julián*) were fortresses west of Lisbon.

[101] *Belén* (Port. *Belem*): a Hieronymite convent (begun in 1499) where Portuguese monarchs are buried.

[102] *santo . . . guarda*. The reference is to Saint

Jerome, who practiced penance by piercing his chest with a flint and who won a faithful guard for the convent by removing a thorn from the paw of a lion that had wandered into the premises.

[103] *Alcántara*: a stream between Lisbon and Belem.

[104] *Jabregas*: Franciscan monastery built in 1508.

[105] *que . . . Apeles*: such that Apelles would have been deficient. Apelles was a famous Greek painter of the fourth century B.C.

[106] *pintarlas*. The 1630 edition reads *contarlas*.

[107] *Misericordia*: a hospital, finished in 1534, run by the Cofradía de Nossa Senora da Misericordia.

[108] *tenerla*. The pronoun refers to *Misericordia*, used as a common noun.

[109] *Odivelas*: the Cistercian convent of Odivellas near Lisbon.

pasan de mil y doscientas.
Tiene desde allí Lisboa,
785 en distancia muy pequeña,
mil y ciento y treinta quintas,
que en nuestra provincia Bética[110]
llaman cortijos, y todas
con sus huertos y alamedas.
790 En medio de la ciudad
hay una plaza soberbia
que se llama del *Rucio*,
grande, hermosa y bien dispuesta,
que habrá cien años y aun más
795 que el mar bañaba su arena,
y ahora della a la mar
hay treinta mil casas hechas;
que, perdiendo el mar su curso,
se tendió a partes diversas.
800 Tiene una calle que llaman
rua Nova[111] o calle Nueva,
donde se cifra el Oriente
en grandezas y riquezas;
tanto, que el rey me contó
805 que hay un mercader en ella
que, por no poder contarlo,
mide el dinero a fanegas.
El terrero,[112] donde tiene
Portugal su casa regia,
810 tiene infinitos navíos,
varados siempre en la tierra,
de sólo cebada y trigo
de Francia y Ingalaterra.
Pues el palacio real,
815 que el Tajo sus[113] manos besa,
es edifico de Ulises,[114]
que basta para grandeza,
de quien toma la ciudad
nombre en la latina lengua,
820 llamándose Ulisibona,[115]
cuyas armas son la esfera,
por pedestal de las llagas
que en la batalla[116] sangrienta
al rey don Alfonso Enríquez
825 dio la majestad inmensa.

Tiene en su gran tarazana[117]
diversas naves, y entre ellas,
las naves de la conquista,
tan grandes que, de la tierra
830 miradas, juzgan los hombres
que tocan en las estrellas.
Y lo que desta ciudad
te cuento por excelencia
es que, estando sus vecinos
835 comiendo, desde las mesas
ven los copos[118] del pescado
que junto a sus puertas pescan,
que, bullendo entre las redes,
vienen a entrarse por ellas;
840 y sobre todo, el llegar
cada tarde a su ribera
más de mil barcos cargados
de mercancías diversas,
y de sustento ordinario:
845 pan, aceite, vino y leña,
frutas de infinita suerte,
nieve de Sierra de Estrella
que por las calles a gritos,
puestas sobre las cabezas,
850 las venden. Mas, ¿qué me canso?
Porque es contar las estrellas
querer contar una parte
de la ciudad opulenta.
Ciento y treinta mil vecinos
855 tiene, gran señor, por cuenta,
y por no cansarte más,
un rey que tus manos besa.

REY

Más estimo, don Gonzalo,
escuchar de vuestra lengua
860 esa relación sucinta
que haber visto su grandeza.
¿Tenéis hijos?

DON GONZALO

Gran señor,
una hija hermosa y bella,
en cuyo rostro divino
865 se esmeró naturaleza.

---

[110] *provincia Bética*: Roman name for modern Andalusia.

[111] *rua Nova*: site of a market of oriental and other foreign goods.

[112] *terrero*: *O Terreiro do Paço*, a famous square in front of the former royal palace.

[113] *que . . . sus*: whose.

[114] *Ulises*. There is no basis in fact for the legend that Ulysses founded Lisbon.

[115] *Ulisibona*. The etymology is false. The most widely accepted theory is that *Lisboa* derives from either Arabic *Lixbūnā* or Latin *Olisīpōne*.

[116] *batalla*: the battle of Ourique against the Moors was won in 1139 by Alfonso Enríquez, who became the first king of Portugal.

[117] *tarazana*: *atarazana*, arsenal.

[118] *copos*: white masses.

REY
Pues yo os la quiero casar
de mi mano.
DON GONZALO
Como sea
tu gusto, digo, señor,
que yo lo aceto por ella.
870 Pero ¿quién es el esposo?
REY
Aunque no está en esta tierra,
es de Sevilla, y se llama
don Juan Tenorio.
DON GONZALO
Las nuevas
voy a llevar a doña Ana.
. . . .[119]
REY
875 Id en buen hora, y volved,
Gonzalo, con la respuesta.

(*Vanse, y sale* DON JUAN TENORIO
y CATALINÓN.)

DON JUAN
Esas dos yeguas prevén,
pues acomodadas son.
CATALINÓN
Aunque soy Catalinón,
880 soy, señor, hombre de bien;
que no se dijo por mí,
«Catalinón es el hombre»;[120]
que sabes que aquese nombre
me asienta al revés a mí.
DON JUAN
885 Mientras que los pescadores
van de regocijo y fiesta,
tú las dos yeguas apresta,
que de sus pies voladores
sólo nuestro engaño fío.
CATALINÓN
890 Al fin, ¿pretendes gozar
a Tisbea?
DON JUAN
Si burlar

es hábito antiguo mío,
¿qué me preguntas, sabiendo
mi condición?
CATALINÓN
Ya sé que eres
895 castigo de las mujeres.
DON JUAN
Por Tisbea estoy muriendo,
que es buena moza.
CATALINÓN
¡Buen pago
a su hospedaje deseas!
DON JUAN
Necio, lo mismo hizo Eneas
900 con la reina de Cartago.[121]
CATALINÓN
Los que fingís y engañáis
las mujeres desa suerte
lo pagaréis con la muerte.
DON JUAN
¡Qué largo me lo fiáis![122]
905 Catalinón con razón
te llaman.
CATALINÓN
Tus pareceres
sigue, que en burlar mujeres
quiero ser Catalinón.
Ya viene la desdichada.
DON JUAN
910 Vete, y las yeguas prevén.
CATALINÓN
¡Pobre mujer! Harto bien
te pagamos la posada.

(*Vase* CATALINÓN, *y sale* TISBEA.)

TISBEA
El rato que sin ti estoy,
estoy ajena de mí.
DON JUAN
915 Por lo que finges ansí,[123]
ningún crédito te doy.
TISBEA
¿Por qué?

---

[119] This verse is missing.

[120] "*Catalinón es el hombre*" seems to have been a proverbial expression but its precise meaning has eluded scholars. The general assumption is that *Catalinón* meant coward.

[121] *Eneas . . . Cartago.* The story in Virgil's *Aeneid* of the love of Dido, Queen of Carthage, and Aeneas, whose desertion of her led to her suicide, was a favorite among Spaniards of the Golden Age.

[122] ¡ *Qué largo me lo fiáis!* (literally, "How long you trust me!") and the variant ¡ *Tan largo me lo fiáis!* are parts of proverbs. The sense is: I shall repent only at the hour of my death. Don Juan repeats these phrases so often that they become his motto, and some critics have seen in them the essence of his blasphemy.

[123] *ansí: así.*

DON JUAN
    Porque si me amaras,
mi alma favorecieras.

TISBEA
Tuya soy.

DON JUAN
    Pues di, ¿qué esperas,
920 o en qué, señora, reparas?

TISBEA
Reparo en que fue castigo
de amor el que he hallado en ti.

DON JUAN
Si vivo, mi bien, en ti,
a cualquier cosa me obligo.
925   Aunque yo sepa perder
en tu servicio la vida,
la diera por bien perdida,
y te prometo de ser
    tu esposo.

TISBEA
        Soy desigual
930 a tu ser.

DON JUAN
    Amor es rey
que iguala con justa ley
la seda con el sayal.

TISBEA
Casi te quiero creer,
mas sois los hombres traidores.

DON JUAN
935 ¿Posible es, mi bien, que ignores
mi amoroso proceder?
    Hoy prendes con tus cabellos
mi alma.

TISBEA
    Yo a ti me allano,
bajo la palabra y mano
940 de esposo.

DON JUAN
    Juro, ojos bellos,
que mirando me matáis,
de ser vuestro esposo.

TISBEA
        Advierte,
mi bien, que hay Dios y que hay muerte.

DON JUAN
¡Qué largo me lo fiáis!
945   Y mientras Dios me dé vida,
yo vuestro esclavo seré.
Esta es mi mano y mi fe.

TISBEA
No seré en pagarte esquiva.

DON JUAN
Ya en mí mismo no sosiego.

TISBEA
950 Ven, y será la cabaña
del amor que me acompaña
tálamo de nuestro fuego.
    Entre estas cañas te esconde
hasta que tenga lugar.

DON JUAN
955 ¿Por dónde tengo de entrar?

TISBEA
Ven y te diré por dónde.

DON JUAN
Gloria al alma, mi bien, dais.

TISBEA
Esa voluntad te obligue,
y si no, Dios te castigue.

DON JUAN
960 ¡Qué largo me lo fiáis!
    (*Vanse, y sale* CORIDÓN, ANFRISO,
    BELISA *y* MÚSICOS.)

CORIDÓN
    Ea, llamad a Tisbea,
y los zagales llamad
para que en la soledad
el huésped la corte vea.

ANFRISO
965   ¡Tisbea, Usindra, Atandria!
No vi cosa más crüel.
¡Triste y mísero de aquel
que [en] su fuego es salamandria!
    Antes que el baile empecemos,
970 a Tisbea prevengamos.

BELISA
Vamos a llamarla.

CORIDÓN
        Vamos.

BELISA
A su cabaña lleguemos.

CORIDÓN
    ¿ No ves que estará ocupada
con los huéspedes dichosos,
975 de quien hay mil envidiosos?

ANFRISO
Siempre es Tisbea envidiada.

BELISA
    Cantad algo mientras viene,
porque queremos bailar.

ANFRISO
¿Cómo podrá descansar
980 cuidado que celos tiene?

(*Cantan.*) *A pescar salió la niña
tiendo redes,
y en lugar de peces
las almas prende.*
(*Sale* TISBEA.)

TISBEA
985 ¡Fuego, fuego, que me quemo,
que mi cabaña se abrasa!
Repicad a fuego, amigos;
que ya dan mis ojos agua.
Mi pobre edificio queda
990 hecho otra Troya en las llamas;
que después que faltan Troyas
quiere amor quemar cabañas.
Mas si amor abrasa penas
con gran ira y fuerza extraña,
995 mal podrán de su rigor
reservarse humildes pajas.
¡Fuego, zagales, fuego, agua, agua!
¡Amor, clemencia, que se abrasa el alma!
¡Ay, choza, vil instrumento
1000 de mi deshonra y mi infamia!
¡Cueva de ladrones fiera
que mis agravios ampara!
Rayos de ardientes estrellas
en tus cabelleras caigan,
1005 porque abrasadas estén,
si del viento mal peinadas.
¡Ah, falso huésped, que dejas
una mujer deshonrada!
Nube que del mar salió
1010 para anegar mis entrañas.
¡Fuego, fuego, zagales, agua, agua!
¡Amor, clemencia, que se abrasa el alma!
Yo soy la que hacía siempre
de los hombres burla tanta;

1015 que siempre las que hacen burla
vienen a quedar burladas.
Engañóme el caballero
debajo de fe y palabra
de marido, y profanó
1020 mi honestidad y mi cama.
Gozóme al fin, y yo propia
le di a su rigor las alas
en dos yeguas que crié,
con que me burló y se escapa.
1025 Seguilde todos, seguilde.
Mas no importa que se vaya,
que en la presencia del rey
tengo de pedir venganza.
¡Fuego, fuego, zagales, agua, agua!
1030 ¡Amor, clemencia, que se abrasa el alma!
(*Vase* TISBEA.)

CORIDÓN
Seguid al vil caballero.

ANFRISO
¡Triste del que pena y calla!
Mas ¡vive el cielo, que en él
me he de vengar desta ingrata!
1035 Vamos tras ella nosotros,
porque va desesperada,
y podrá ser que ella vaya
buscando mayor desgracia.

CORIDÓN
Tal fin la soberbia tiene.
1040 Su locura y confianza
paró en esto.

(*Dice* TISBEA *dentro*: ¡Fuego, fuego!)

ANFRISO
Al mar se arroja.

CORIDÓN
Tisbea, ¡detente y para!

TISBEA
¡Fuego, fuego, zagales, agua, agua!
¡Amor, clemencia, que se abrasa el alma!

Acto segundo

(*Sale el* REY DON ALONSO *y* DON
DIEGO TENORIO, *de barba.*)[124]

REY

1045 ¿Qué me dices?

DON DIEGO

Señor, la verdad digo.
Por esta carta estoy del caso cierto,
que es de tu embajador y de mi hermano.
Halláronle en la cuadra del rey mismo
con una hermosa dama de palacio.

REY

1050 ¿Qué calidad?

DON DIEGO

Señor, es la duquesa
Isabela.

REY

¿Isabela?

DON DIEGO

Por lo menos . . .

REY

¡Atrevimiento temerario! ¿Y dónde
ahora está?

DON DIEGO

Señor, a vuestra alteza
no he de encubrille la verdad; anoche
1055 a Sevilla llegó con un criado.

REY

Ya conocéis, Tenorio, que os estimo,
y al rey[125] informaré del caso luego,
casando a ese rapaz con Isabela,
volviendo a su sosiego al duque Octavio,
1060 que inocente padece; y luego al punto
haced que don Juan salga desterrado.

DON DIEGO

¿Adónde, mi señor?

REY

Mi enojo vea
en el destierro de Sevilla; salga

a Lebrija[126] esta noche, y agradezca
1065 sólo al merecimiento de su padre . . .
Pero decid, don Diego, ¿qué diremos
a Gonzalo de Ulloa, sin que erremos?
Caséle[127] con su hija, y no sé cómo
lo puedo ahora remediar.

DON DIEGO

Pues mira,
1070 gran señor, qué mandas que yo haga
que esté bien al honor de esta señora,
hija de un padre tal.

REY

Un medio tomo
con que absolvello del enojo entiendo:
mayordomo mayor pretendo hacello.

(*Sale un* CRIADO.)

CRIADO

1075 Un caballero llega de camino,
y dice, señor, que es el duque Octavio.

REY

¿El duque Octavio?

CRIADO

Sí, señor.

REY

Sin duda
que supo de don Juan el desatino,
y que viene, incitado a la venganza,
1080 a pedir que le otorgue desafío.

DON DIEGO

Gran señor, en tus heroicas manos
está mi vida, que mi vida propia
es la vida de un hijo inobediente;
que, aunque mozo, gallardo y valeroso,
1085 y le llaman los mozos de su tiempo
el Héctor[128] de Sevilla, porque ha hecho
tantas y tan extrañas mocedades,
la razón puede mucho. No permitas
el desafío, si es posible.

---

[124] *de barba*: as an old man. A stock character in the
comedia, the *barba* wore a grey wig and beard.
[125] *al rey*: i.e., the king of Naples.
[126] *Lebrija*: a town south of Seville. The king later
names Don Juan *conde de Lebrija* (vv. 2494-5).

[127] *Caséle*: I betrothed him.
[128] *Héctor*. The suggestion that Don Juan's youthful
exploits (*mocedades*) were similar to those of the
Trojan hero is, of course, ironical.

REY

Basta;
1090 ya os entiendo, Tenorio: honor de padre.
Entre el duque.

DON DIEGO

Señor, dame esas plantas.
¿Cómo podré pagar mercedes tantas?

(*Sale el* DUQUE OCTAVIO, *de camino.*)

OCTAVIO

A esos pies, gran señor, un peregrino,
mísero y desterrado, ofrece el labio,
1095 juzgando por más fácil el camino
en vuestra gran presencia.

REY

Duque Octavio . . .

OCTAVIO

Huyendo vengo el fiero desatino
de una mujer, el no pensado agravio
de un caballero que la causa ha sido
1100 de que así a vuestros pies haya venido.

REY

Ya, duque Octavio, sé vuestra inocencia.
Yo al rey escribiré que os restituya
en vuestro estado, puesto que[129] el ausencia
que hicisteis algún daño os atribuya.
1105 Yo os casaré en Sevilla con licencia
y también con perdón y gracia suya;
que puesto que Isabela un ángel sea,
mirando la que os doy, ha de ser fea.
Comendador mayor de Calatrava[130]
1110 es Gonzalo de Ulloa, un caballero
a quien el moro por temor alaba,
que siempre es el cobarde lisonjero.
Éste tiene una hija en quien bastaba
en dote la virtud, que considero,
1115 después de la beldad, que es maravilla;
y es sol de las estrellas de Sevilla.[131]
Ésta quiero que sea vuestra esposa.

OCTAVIO

Cuando este viaje le emprendiera
a sólo eso, mi suerte era dichosa,[132]

1120 sabiendo yo que vuestro gusto fuera.

REY

Hospedaréis al duque, sin que cosa
en su regalo falte.

OCTAVIO

Quien espera
en vos, señor, saldrá de premios lleno.
Primero Alfonso sois, siendo el onceno.[133]

(*Vase el* REY *y* DON DIEGO, *y sale*
RIPIO.)

RIPIO

1125 ¿Qué ha sucedido?

OCTAVIO

Que he dado
el trabajo recebido,
conforme me ha sucedido,
desde hoy por bien empleado.
Hablé al rey, vióme y honróme.
1130 César con el César fui,
pues vi, peleé y vencí;[134]
y hace que esposa tome[135]
de su mano, y se prefiere[136]
a desenojar al rey[137]
1135 en la fulminada ley.[138]

RIPIO

Con razón en nombre adquiere
de generoso en Castilla.
Al fin, ¿te llegó a ofrecer
mujer?

OCTAVIO

Sí, amigo, mujer
1140 de Sevilla; que Sevilla
da, si averiguallo quieres,
porque de oíllo te asombres,
si fuertes y airosos hombres,
también gallardas mujeres.
1145 Un manto tapado, un brío,
donde un puro sol se asconde,[139]
si no es en Sevilla, ¿adónde
se admite? El contento mío

---

[129] *puesto que: aunque.*
[130] *Calatrava*: a religious military order founded in the twelfth century to fight against the Moors.
[131] This verse in the 1630 edition reads, *y el sol della es estrella de Castilla.* The emendation comes from *Tan largo.* Both *sol* and *estrella* were terms applied frequently to beautiful women, as in the anonymous play *La Estrella de Sevilla.*
[132] *Cuando . . . dichosa*: Even if I had undertaken this trip for this reason alone, my luck would be great.
[133] *Primero . . . onceno*: You are the best of all kings

to have the name Alfonso, although you are the eleventh.
[134] Cf. Julius Caesar's famous saying, *Veni, vidi, vici.*
[135] *y hace . . . tome.* The *h* in *hace* must be aspirated to give the verse proper length.
[136] *se prefiere*: he volunteers.
[137] *desenojar al rey*: to appease the king (of Naples).
[138] *fulminada ley*: order decreed (for my arrest).
[139] *asconde*: *esconde.*

es tal que ya me consuela
1150 en mi mal.

(*Sale* DON JUAN *y* CATALINÓN.)

CATALINÓN

Señor, detente,
que aquí está el duque, inocente
Sagitario de Isabela,
aunque mejor le diré
Capricornio.[140]

DON JUAN

Disimula.

CATALINÓN

1155 (Cuando le vende le adula.)[141] (*Aparte.*)

DON JUAN

Como a Nápoles dejé
por enviarme a llamar
con tanta priesa[142] mi rey,
y como su gusto es ley,
1160 no tuve, Octavio, lugar[143]
de despedirme de vos
de ningún modo.

OCTAVIO

Por eso,
don Juan, amigo os confieso,
que hoy nos juntamos los dos
1165 en Sevilla.

DON JUAN

¡Quién pensara,
duque, que en Sevilla os viera
para que en ella os sirviera
como yo lo deseaba![144]
¿Vos Puzol,[145] vos la ribera
1170 dejáis? Mas aunque es lugar
Nápoles tan excelente,
por Sevilla solamente
se puede, amigo, dejar.

OCTAVIO

Si en Nápoles os oyera,

1175 y no en la parte que estoy,
del crédito que ahora os doy
sospecho que me riera.
Mas llegándola a habitar,
es, por lo mucho que alcanza,
1180 corta cualquiera alabanza
que a Sevilla queréis dar.
¿Quién es el que viene allí?

DON JUAN

El que viene es el marqués
de la Mota. Descortés[146]
1185 es fuerza ser.

OCTAVIO

Si de mí
algo hubiereis menester,
aquí espada y brazo está.

CATALINÓN

(Y si importa, gozará (*Aparte.*)
en su nombre otra mujer,
1190 que tiene buena opinión.)

DON JUAN

De vos estoy satisfecho.[147]

CATALINÓN

Si fuere de algún provecho,
señores, Catalinón,
vuarcedes[148] continuamente
1195 me hallarán para servillos.

RIPIO

¿Y dónde?

CATALINÓN

En los Pajarillos,[149]
tabernáculo[150] excelente.

(*Vase* OCTAVIO *y* RIPIO, *y sale el*
MARQUÉS DE LA MOTA.)

MOTA

Todo hoy os ando buscando,
y no os he podido hallar.
1200 ¿Vos, don Juan, en el lugar,

---

[140] *Sagitario . . . Capricornio.* Victimized by friend and fate, the centaur Chiron wandered from place to place until Zeus turned him into the constellation Sagittarius. The god Pan, transformed into a goat, became the constellation Capricorn. The analogy to Octavio is clear: he has been victimized by Isabela and Don Juan, cuckolded (as the goat's horns suggest) and forced to leave his homeland.

[141] *Cuando . . . adula.* Catalinón's aside is prompted by an effusive greeting given by Don Juan to Octavio.

[142] *priesa*: prisa.

[143] *no tuve . . . lugar*: no tuve . . . tiempo.

[144] *deseaba* does not follow the rhyme; it could be *deseara*.

[145] *Puzol* (Italian *Pozzuoli*): a small port near

Naples. This verse, which comes from *Tan largo*, completes the sense of the passage but disrupts the *redondilla* pattern.

[146] *Descortés.* There is disagreement among editors over the proper distribution of speeches between Don Juan and Octavio beginning here and continuing to the end of the scene. Our text follows the 1630 edition except for the one case noted below.

[147] *De . . . satisfecho.* This speech is assigned to Octavio in the 1630 edition.

[148] *vuarcedes*: *vuestras mercedes.*

[149] *los Pajarillos.* It is not known whether there was a tavern in Seville by this name.

[150] *tabernáculo*: little tavern (literally, "tabernacle").

y vuestro amigo penando
en vuestra ausencia?

DON JUAN

¡Por Dios,
amigo, que me debéis
esa merced que me hacéis!

CATALINÓN

1205 (Como no le entreguéis vos (*Aparte.*)
moza o cosa que lo valga,
bien podéis fiaros dél;
que en cuanto en esto es crüel,
tiene condición hidalga.)

DON JUAN

1210 ¿Qué hay de Sevilla?

MOTA

Está ya
toda esta corte mudada.

DON JUAN

¿Mujeres?

MOTA

Cosa juzgada.[151]

DON JUAN

¿Inés?

MOTA

A Vejel[152] se va.

DON JUAN

Buen lugar para vivir
1215 la que tan dama nació.

MOTA

El tiempo la desterró
a Vejel.

DON JUAN

Irá a morir.
¿Costanza?

MOTA

Es lástima vella
lampiña de frente y ceja.
1220 Llámale el portugués vieja,
y ella imagina que bella.

DON JUAN

Sí, que *velha* en portugués

suena vieja en castellano.
¿Y Teodora?

MOTA

Este verano
1225 se escapó del mal francés[153]
por un río de sudores,[154]
y está tan tierna y reciente[155]
que anteayer me arrojó un diente
envuelto entre muchas flores.

DON JUAN

1230 ¿Julia, la del Candilejo?[156]

MOTA

Ya con sus afeites lucha.

DON JUAN

¿Véndese siempre por trucha?[157]

MOTA

Ya se da por abadejo.[158]

DON JUAN

El barrio de Cantarranas,[159]
1235 ¿tiene buena población?

MOTA

Ranas[160] las más dellas son.

DON JUAN

¿Y viven las dos hermanas?

MOTA

Y la mona de Tolú
de su madre Celestina
1240 que les enseña dotrina.[161]

DON JUAN

¡Oh vieja de Bercebú![162]
¿Cómo la mayor está?

MOTA

Blanca, sin blanca[163] ninguna.
Tiene un santo a quien ayuna.[164]

DON JUAN

1245 ¿Agora en vigilias da?

MOTA

Es firme y santa mujer.

DON JUAN

¿Y esotra?

---

[151] *cosa juzgada:* a closed case.
[152] *Vejel:* the town of Vejer de la Frontera near Seville; also a pun on *vejez.*
[153] *mal francés:* syphilis.
[154] *río de sudores:* sweat bath (a standard treatment for syphilis).
[155] *reciente:* soft.
[156] *Candilejo:* a street in Seville.
[157] *trucha:* courtesan (literally, "trout").
[158] *abadejo:* prostitute (literally, "codfish").
[159] *Cantarranas:* brothel district in Seville.

[160] *Ranas:* prostitutes.
[161] *Y . . . dotrina.* Construe: "Y su madre Celestina, la mona de Tolú, que . . ." The sense is that the sisters' mother, Celestina (named after the famous bawd), who resembles a monkey from Tolú (a port in Colombia noted for its monkeys), teaches them their lessons (in prostitution).
[162] *¡Oh . . . Bercebú!:* Oh, the devilish old shrew!
[163] *Blanca, sin blanca:* Blanca, without a cent to her name. The *blanca* was a coin of small value.
[164] *Tiene . . . ayuna:* She is faithful to a lover (*santo*) for whom she fasts (because he does not support her).

MOTA
　　　Mejor principio
tiene; no desecha ripio.[165]
DON JUAN
Buen albañir[166] quiere ser.
1250 Marqués, ¿qué hay de perros muertos?[167]
MOTA
Yo y don Pedro de Esquivel
dimos anoche un cruel,
y esta noche tengo ciertos
otros dos.
DON JUAN
　　　Iré con vos,
1255 que también recorreré
cierto nido que dejé
en güevos[168] para los dos.
¿Qué hay de terrero?[169]
MOTA
　　　　　No muero
en terrero, que en-terrado[170]
1260 me tiene mayor cuidado.
DON JUAN
¿Cómo?
MOTA
　　Un imposible quiero.
DON JUAN
Pues ¿no os corresponde?
MOTA
　　　　　　Sí,
me favorece y estima.
DON JUAN
¿Quién es?
MOTA
　　　Doña Ana, mi prima,
1265 que es recién llegada aquí.
DON JUAN
Pues ¿dónde ha estado?
MOTA
　　　　　En Lisboa,
con su padre en la embajada.
DON JUAN
¿Es hermosa?
MOTA
　　　Es extremada,

porque en doña Ana de Ulloa
1270 se extremó naturaleza.
DON JUAN
¿Tan bella es esa mujer?
¡Vive Dios que la he de ver!
MOTA
Veréis la mayor belleza
que los ojos del rey ven.
DON JUAN
1275 Casaos, pues es extremada.
MOTA
El rey la tiene casada,
y no se sabe con quién.
DON JUAN
¿No os favorece?
MOTA
　　　　　Y me escribe.
CATALINÓN
(No prosigas, que te engaña (*Aparte.*)
1280 el gran burlador de España.)
DON JUAN
Quien tan satisfecho vive
de su amor, ¿desdichas teme?
Sacalda, solicitalda,
escribilda y engañalda,
1285 y el mundo se abrase y queme.[171]
MOTA
　　　Agora estoy aguardando
la postrer resolución.
DON JUAN
Pues no perdáis la ocasión,
que aquí os estoy aguardando.
MOTA
1290 Ya vuelvo.

　　　(*Vase el* MARQUÉS *y el* CRIADO.)

CATALINÓN
　　　Señor Cuadrado,
o señor Redondo,[172] adiós.
CRIADO
Adiós.
DON JUAN
　　Pues solos los dos,
amigo, habemos[173] quedado,

---

[165] *ripio*: debris. The sense is that she rejects nothing or no one.

[166] *albañir: albañil*, mason.

[167] *perros muertos*: deceptions (specifically, cheating a prostitute by not paying her).

[168] *güevos: huevos.*

[169] *terrero*: square, courting place. Cf. *hacer terrero*: to court. Hence, the questions mean, "What's the

latest gossip about courting?"

[170] Note the play on words.

[171] *de su amor . . . queme.* These verses, lacking in the 1630 edition, come from *Tan largo. Sacalda*, etc., show metathesis.

[172] *Cuadrado . . . Redondo.* Both names are used colloquially in parts of Spain to refer to fat persons.

[173] *habemos: hemos.*

síguele el paso al marqués,
1295 que en el palacio se entró.
(*Vase* CATALINÓN.)
(*Habla por una reja una* MUJER.)
MUJER
Ce, ¿a quién digo?[174]
DON JUAN
¿Quién llamó?
MUJER
Pues sois prudente y cortés
y su amigo, dalde luego
al marqués este papel.
1300 Mirad que consiste en él
de una señora el sosiego.
DON JUAN
Digo que se lo daré;
soy su amigo y caballero.
MUJER
Basta, señor forastero.[175]
1305 Adiós. (*Vase.*)
DON JUAN
Ya la voz se fue.
¿No parece encantamento
esto que agora ha pasado?
A mí el papel ha llegado
por la estafeta del viento.
1310 Sin duda que es de la dama
que el marqués me ha encarecido;
venturoso en esto he sido.
Sevilla a voces me llama
el Burlador, y el mayor
1315 gusto que en mí puede haber
es burlar una mujer
y dejalla sin honor.
¡Vive Dios, que le[176] he de abrir,
pues salí de la plazuela!
1320 Mas, ¿si hubiese otra cautela?[177]
Gana me da de reír.
Ya está abierto el tal papel,
y que es suyo es cosa llana,
porque aquí firma doña Ana.
1325 Dice así: «Mi padre infiel
en secreto me ha casado
sin poderme resistir;[178]
no sé si podré vivir,
porque la muerte me ha dado.

1330 Si estimas, como es razón,
mi amor y mi voluntad,
y si tu amor fue verdad,
muéstralo en esta ocasión.
Porque veas que te estimo,
1335 ven esta noche a la puerta,
que estará a las once abierta,
donde tu esperanza, primo,
goces, y el fin de tu amor.
Traerás, mi gloria, por señas
1340 de Leonorilla[179] y las dueñas,
una capa de color.
Mi amor todo de ti fío,
y adiós.» —¡Desdichado amante!
¿Hay suceso semejante?
1345 Ya de la burla me río.
Gozaréla, ¡vive Dios!,
con el engaño y cautela
que en Nápoles a Isabela.
(*Sale* CATALINÓN.)
CATALINÓN
Ya el marqués viene.
DON JUAN
Los dos
1350 aquesta noche tenemos
que hacer.
CATALINÓN
¿Hay engaño nuevo?
DON JUAN
Extremado.
CATALINÓN
No lo apruebo.
Tú pretendes que escapemos
una vez, señor, burlados;
1355 que el que vive de burlar
burlado habrá de escapar,
pagando tantos pecados[180]
de una vez.
DON JUAN
¿Predicador
te vuelves, impertinente?
CATALINÓN
1360 La razón hace al valiente.
DON JUAN
Y al cobarde hace el temor.
El que se pone a servir

---

[174] *digo*: hablo.
[175] *forastero*: stranger. The woman judges Don Juan to be a stranger in Seville because she has overhead part of his conversation with Mota.
[176] *le* refers to *papel*.
[177] ¿*si* . . . *cautela?*: could this be another trick?
[178] Understand *yo* as the subject of *poderme resistir*.
[179] *por señas de Leonorilla*: so that Leonorilla (Ana's servant) will recognize you.
[180] This verse comes from *Tan largo*.

voluntad no ha de tener,
y todo ha de ser hacer,
1365 y nada ha de ser decir.
　　Sirviendo, jugando estás,
y si quieres ganar luego,
haz siempre, porque en el juego
quien más hace gana más.[181]

CATALINÓN

1370 Y también quien hace y dice
pierde por la mayor parte.

DON JUAN

Esta vez quiero avisarte,
porque otra vez no te avise.[182]

CATALINÓN

Digo que de aquí adelante
1375 lo que me mandas haré,
y a tu lado forzaré
un tigre y un elefante.
　　Guárdese de mí un prior;
que si me mandas que calle
1380 y le fuerce, he de forzalle
sin réplica, mi señor.

DON JUAN

Calla, que viene el marqués.

CATALINÓN

Pues, ¿ha de ser el forzado?

(Sale el MARQUÉS DE LA MOTA.*)*

DON JUAN

Para vos, marqués, me han dado
1385 un recaudo[183] harto cortés
por esa reja, sin ver[184]
el que me lo daba allí;
sólo en la voz conocí
que me lo daba mujer.
1390 Dícete al fin que a las doce
vayas secreto a la puerta,
(que estará a las once abierta),[185]
donde tu esperanza goce
la posesión de tu amor;
1395 y que llevases por señas
de Leonorilla y las dueñas
una capa de color.

MOTA

¿Qué dices?

DON JUAN

　　Que este recaudo
de una ventana me dieron,
1400 sin ver quién.

MOTA

　　Con él pusieron
sosiego en tanto cuidado.
¡Ay, amigo! Sólo en ti
mi esperanza renaciera.[186]
Dame esos pies.

DON JUAN

　　Considera
1405 que no está tu prima en mí.
Eres tú quien ha de ser
quien la tiene de gozar,
¿y me llegas a abrazar
los pies?

MOTA

　　Es tal el placer,
1410 que me ha sacado de mí.
¡Oh, sol, apresura el paso!

DON JUAN

Ya el sol camina al ocaso.

MOTA

Vamos, amigos, de aquí,
y de noche nos pondremos.[187]
1415 ¡Loco voy!

DON JUAN

　　(Bien se conoce; *(Aparte.)*
mas yo bien sé que a las doce
harás mayores extremos.)

MOTA

¡Ay, prima del alma, prima,
que quieres premiar mi fe!

CATALINÓN

1420 (¡Vive Cristo, que no dé *(Aparte.)*
una blanca por su prima!)[188]

(Vase el MARQUÉS *y sale* DON DIEGO.*)*

DON DIEGO

¿Don Juan?

CATALINÓN

　　Tu padre te llama.

DON JUAN

¿Qué manda vueseñoría?

---

[181] *haz . . . gana más*: always persevere because the one who keeps on gambling wins the most.
[182] *dice . . . avise*. Note the assonance instead of rhyme.
[183] *recaudo: recado*, message.
[184] Understand *yo* as the subject of *ver* (also in v. 1400).

[185] This verse was probably spoken as an aside since Don Juan has already stated the wrong hour so that he will have time to seduce Ana.
[186] *renaciera: renació.*
[187] *de . . . pondremos:* we'll dress for the evening.
[188] *no dé . . . prima:* I wouldn't give a cent for his cousin (i.e., because of Don Juan's designs on her).

DON DIEGO

Verte más cuerdo quería,
1425 más bueno y con mejor fama.
¿Es posible que procuras[189]
todas las horas mi muerte?

DON JUAN

¿Por qué vienes desa suerte?

DON DIEGO

Por tu trato y tus locuras.
1430 Al fin el rey me ha mandado
que te eche de la ciudad,
porque está de una maldad
con justa causa indignado.
Que, aunque me lo has encubierto,
1435 ya en Sevilla el rey lo sabe,
cuyo[190] delito es tan grave
que a decírtelo no acierto.
¿En el palacio real
traición, y con un amigo?
1440 Traidor, Dios te dé el castigo
que pide delito igual.[191]
Mira que, aunque al parecer
Dios te consiente y aguarda,
su castigo no se tarda,
1445 y que castigo ha de haber
para los que profanáis
su nombre, que es jüez fuerte
Dios en la muerte.

DON JUAN

¿En la muerte?
¿Tan largo me lo fiáis?
1450 De aquí allá hay gran jornada.

DON DIEGO

Breve te ha de parecer.

DON JUAN

Y la que tengo de hacer,
pues a su alteza le agrada,
agora, ¿es larga también?

DON DIEGO

1455 Hasta que el injusto agravio
satisfaga el duque Octavio,
y apaciguados estén
en Nápoles de Isabela
los sucesos que has causado,
1460 en Lebrija retirado
por tu traición y cautela,

quiere el rey que estés agora,
pena a tu maldad ligera.

CATALINÓN

(Si el caso también supiera (*Aparte.*)
1465 de la pobre pescadora,
más se enojara el buen viejo.)

DON DIEGO

Pues no te vence castigo
con cuanto hago y cuanto digo,
a Dios tu castigo dejo. (*Vase.*)

CATALINÓN

1470 Fuése el viejo enternecido.

DON JUAN

Luego la lágrimas copia,[192]
condición de viejo propia.
Vamos, pues ha anochecido,
a buscar al marqués.

CATALINÓN

Vamos,
1475 y al fin gozarás su dama.

DON JUAN

Ha de ser burla de fama.

CATALINÓN

Ruego al cielo que salgamos
della en paz.

DON JUAN

¡Catalinón
en fin!

CATALINÓN

Y tú, señor, eres
1480 langosta[193] de las mujeres,
y con público pregón,
porque de ti se guardara
cuando a noticia viniera
de la que doncella fuera,
1485 fuera bien se pregonara:
«Guárdense todos de un hombre
que a las mujeres engaña,
y es el burlador de España.»

DON JUAN

Tú me has dado gentil nombre.

(*Sale el* MARQUÉS, *de noche, con*
MÚSICOS, *y pasea el tablado, y se*
entran cantando.)

---

[189] *procuras.* Modern Spanish would require the subjunctive.
[190] *cuyo: el cual.*
[191] *Traidor . . . igual.* A parental curse on a perverse son or daughter was a favorite device of Senecan drama, in which the malediction was usually realized.
[192] *las . . . copia:* he is storing up tears.
[193] *langosta:* plague.

MÚSICOS

1490 *El que un bien gozar espera,*
cuanto espera desespera.

DON JUAN

¿Qué es esto?[194]

CATALINÓN

Música es.

MOTA

Parece que habla conmigo
el poeta.[195] —¿Quién va?

DON JUAN

Amigo.

MOTA

1495 ¿Es don Juan?

DON JUAN

¿Es el marqués?

MOTA

¿Quién puede ser sino yo?

DON JUAN

Luego que la capa vi,
que érades[196] vos conocí.

MOTA

Cantad, pues don Juan llegó.

MÚSICOS

1500 *El que un bien gozar espera,* (*Cantan.*)
cuanto espera desespera.

DON JUAN

¿Qué casa es la que miráis?

MOTA

De don Gonzalo de Ulloa.

DON JUAN

¿Dónde iremos?

MOTA

A Lisboa.[197]

DON JUAN

1505 ¿Cómo, si en Sevilla estáis?

MOTA

Pues ¿aqueso os maravilla?
¿No vive, con gusto igual,
lo peor de Portugal
en lo mejor de Castilla?

DON JUAN

1510 ¿Dónde viven?

MOTA

En la calle
de la Sierpe,[198] donde ves
a Adán vuelto en portugués;
que en aqueste amargo valle
con bocados solicitan
1515 mil Evas que, aunque dorados,
en efeto, son bocados
con que el dinero nos quitan.[199]

CATALINÓN

Ir de noche no quisiera
por esa calle cruel,
1520 pues lo que de día es miel
entonces lo dan en cera.[200]
Una noche, por mi mal,
la vi sobre mí vertida,
y hallé que era corrompida
1525 la cera de Portugal.

DON JUAN

Mientras a la calle vais,
yo dar un perro[201] quisiera.

MOTA

Pues cerca de aquí me espera
un bravo.

DON JUAN

Si me dejáis,
1530 señor marqués, vos veréis
cómo de mí no se escapa.

MOTA

Vamos, y poneos mi capa,
para que mejor lo deis.

DON JUAN

Bien habéis dicho. Venid,
1535 y me enseñaréis la casa.

MOTA

Mientras el suceso pasa,
la voz y el habla fingid.
¿Veis aquella celosía?

---

[194] In the 1630 edition two verses spoken by Mota begin here, but our text follows that of *Tan largo* in placing them later (vv. 1603–4) where they are more appropriate and fit the metrical pattern.

[195] *Parece . . . poeta*: It seems that the writer (of the song) is expressing my feelings.

[196] *érades*: *erais*.

[197] *Lisboa*: presumably a district in Seville inhabited by Portuguese prostitutes.

[198] *la Sierpe*: nowadays *las Sierpes*.

[199] *donde . . . quitan*. Américo Castro gives the following explanation of this passage: "Los hombres andan enamorados como portugueses de esas Evas de Portugal, que ofrecen bocados de la fruta prohibida a los Adanes que pasan por la calle, para sacarles el dinero." Note that *portugués* also means "amorous."

[200] *cera*: excrement. The passage refers to the custom of emptying slop jars, etc., into the streets.

[201] *perro*: *perro muerto* (see n. 167). Don Juan has in mind the deception of Doña Ana.

DON JUAN

Ya la veo.

MOTA

Pues llegad

1540 y decid: «Beatriz,» y entrad.

DON JUAN

¿Qué mujer?[202]

MOTA

Rosada y fría.

CATALINÓN

Será mujer cantimplora.[203]

MOTA

En Gradas[204] os aguardamos.

DON JUAN

Adiós, marqués.

CATALINÓN

¿Dónde vamos?

DON JUAN

1545 Calla, necio, calla agora;

adonde la burla mía[205]

ejecute.

CATALINÓN

No se escapa

nadie de ti.

DON JUAN

El trueque adoro.

CATALINÓN

Echaste la capa al toro.

DON JUAN

1550 No, el toro me echó la capa.[206]

(*Vanse* DON JUAN *y* CATALINÓN.)

MOTA

La mujer ha de pensar

que soy él.

MÚSICOS

¡Qué gentil perro!

MOTA

Esto es acertar por yerro.

MÚSICOS

Todo este mundo es errar.[207]

(*Cantan.*)

1555 El que un bien gozar espera,

cuanto espera desespera.

(*Vanse, y dice* DOÑA ANA *dentro:*)

ANA

¡Falso, no eres el marqués;

que me has engañado!

DON JUAN

Digo

que lo soy.

ANA

¡Fiero enemigo,

1560 mientes, mientes!

(*Sale* DON GONZALO *con la espada desnuda.*)

DON GONZALO

La voz es

de doña Ana la que siento.

ANA

¿No hay quien mate este traidor, (*Dentro.*)

homicida de mi honor?

DON GONZALO

¿Hay tan grande atrevimiento?

1565 Muerto honor, dijo; ¡ay de mí!,

y es su lengua tan liviana

que aquí sirve de campana.[208]

ANA

Matalde.

(*Sale* DON JUAN *y* CATALINÓN, *con las espadas desnudas.*)

DON JUAN

¿Quién está aquí?

DON GONZALO

La barbacana[209] caída

1570 de la torre de mi honor

echaste en tierra, traidor,

donde era alcaide la vida.

DON JUAN

Déjame pasar.

DON GONZALO

¿Pasar?

Por la punta desta espada.

---

[202] *¿Qué mujer?*: What sort of woman is she?

[203] *cantimplora*: water cooler. Made of reddish clay, the water cooler is suggested by Mota's description of the woman as *rosada y fría*.

[204] *Gradas*: a raised walk around the Cathedral of Seville.

[205] This verse is probably part of a lost *redondilla*.

[206] *Echaste . . . capa. Echar la capa al toro* has two meanings: "to risk everything on one try" (the meaning of Catalinón's remark), and "to intervene in another's affairs in order to help him." Don Juan,

thinking of his planned deception of Mota and Doña Ana, plays on the later meaning: "No, the bull (i.e., the horned man, the cuckold) gave me his cape (and, therefore, helped me)."

[207] This verse, necessary to complete the *redondilla*, comes from *Tan largo.*

[208] *sirve de campana*: it spreads the news (of her dishonor).

[209] *barbacana*: barbican, a defensive work of a castle. By deceiving Ana, Don Juan has breached the barbican protecting Don Gonzalo's honor.

DON JUAN

1575 Morirás.

DON GONZALO

No importa nada.

DON JUAN

Mira que te he de matar.

DON GONZALO

¡Muere, traidor!

DON JUAN

Desta suerte

muero.

CATALINÓN

Si escapo de aquesta,
no más burlas, no más fiesta.

DON GONZALO

1580 ¡Ay, que me has dado la muerte!

DON JUAN

Tú la vida te quitaste.

DON GONZALO

¿De qué la vida servía?

DON JUAN

Huyamos.

(*Vase* DON JUAN *y* CATALINÓN.)

DON GONZALO

La sangre fría
con el furor aumentaste.[210]
1585 Muerto soy; no hay bien que aguarde.
Seguiráte mi furor . . .
que es traidor, y el que es traidor
es traidor porque es cobarde.[211]

(*Entran muerto a* DON GONZALO, *y
sale el* MARQUÉS DE LA MOTA *y*
MÚSICOS.)

MOTA

Presto las doce darán,
1590 y mucho don Juan se tarda;
¡fiera prisión del que aguarda!

(*Sale* DON JUAN *y* CATALINÓN.)

DON JUAN

¿Es el marqués?

MOTA

¿Es don Juan?

DON JUAN

Yo soy; tomad vuestra capa.

MOTA

¿Y el perro?

DON JUAN

Funesto ha sido.
1595 Al fin, marqués, muerto[212] ha habido.

CATALINÓN

Señor, del muerto te escapa.[213]

MOTA

¿Burlaste, amigo? ¿Qué haré?

CATALINÓN

(También vos sois el burlado.) (*Aparte.*)

DON JUAN

Cara la burla ha costado.

MOTA

1600 Yo, don Juan, lo pagaré,
porque estará la mujer
quejosa de mí.

DON JUAN

Las doce

darán.

MOTA

Como[214] mi bien goce,
nunca llegue a amanecer.

DON JUAN

1605 Adiós, marqués.

CATALINÓN

Muy buen lance
el desdichado hallará.

DON JUAN

Huyamos.

CATALINÓN

Señor, no habrá
aguilita que me alcance. (*Vanse.*)

MOTA

Vosotros os podéis ir
1610 todos a casa, que yo
he de ir solo.

CRIADOS

Dios crió
las noches para dormir.

(*Vanse, y queda el* MARQUÉS DE LA
MOTA.)

(*Dentro.*)

¿Vióse desdicha mayor,
y vióse mayor desgracia?

---

[210] *La sangre . . . aumentaste.* The meaning is not clear. Hill and Harlan suggest: "Your cold-blooded composure increased along with your heightened fury and led you deliberately to murder me."
[211] *que es . . . cobarde.* Don Gonzalo probably says these lines to himself after Don Juan has fled.
[212] *muerto* modifies *perro* and also stands as the noun, "dead man."
[213] *te escapa: escápate.*
[214] *Como:* Provided that.

MOTA

1615 ¡Válgame Dios! Voces siento
en la plaza del Alcázar.
¿Qué puede ser a estas horas?
Un yelo el pecho me arraiga.
Desde aquí parece todo
1620 una Troya que se abrasa,
porque tantas luces juntas
hacen gigantes de llamas.
Un grande escuadrón de hachas
se acerca a mí. ¿Por qué anda
1625 el fuego emulando estrellas,
dividiéndose en escuadras?
Quiero saber la ocasión.

(*Sale* DON DIEGO TENORIO *y la*
GUARDA *con hachas.*)

DON DIEGO

¿Qué gente?

MOTA

Gente que aguarda
saber de aqueste rüido
1630 el alboroto y la causa.

DON DIEGO

Prendeldo.

MOTA

¿Prenderme a mí?

DON DIEGO

Volved la espada a la vaina,
que la mayor valentía
es no tratar de las armas.

MOTA

1635 ¿Cómo al marqués de la Mota
hablan ansí?

DON DIEGO

Dad la espada,
que el rey os manda prender.

MOTA

¡Vive Dios!

(*Sale el* REY *y* ACOMPAÑAMIENTO.)

REY

En toda España
no ha de caber, ni tampoco
1640 en Italia, si va a Italia.

DON DIEGO

Señor, aquí está el marqués.

MOTA

¿Vuestra alteza a mí me manda
prender?

REY

Llevalde y ponelde
la cabeza en una escarpia.—
1645 ¿En mi presencia te pones?

MOTA

¡Ah, glorias de amor tiranas,
siempre en el pasar ligeras,
como en el vivir pesadas!
Bien dijo un sabio que había
1650 entre la boca y la taza
peligro;[215] mas el enojo
del rey me admira y espanta.
No sé por lo que voy preso.[216]

DON DIEGO

¿Quién mejor sabrá la causa
1655 que vueseñoría?

MOTA

¿Yo?

DON DIEGO

Vamos.

MOTA

Confusión extraña.

REY

Fulmínesele el proceso[217]
al marqués luego, y mañana
le cortarán la cabeza.
1660 Y al comendador, con cuanta
solenidad y grandeza
se da a las personas sacras
y reales, el entierro
se haga; en bronce y piedras varias
1665 un sepulcro con un bulto
le ofrezcan, donde en mosaicas
labores, góticas letras
den lenguas a sus venganzas.
Y entierro, bulto y sepulcro
1670 quiero que a mi costa se haga.—
¿Dónde doña Ana se fue?

DON DIEGO

Fuése al sagrado, doña Ana,
de mi señora la reina.

---

[215] *Bien . . . peligro.* Hill and Harlan suggest that
Cato, who used this proverb, was the *sabio* whom the
author had in mind.

[216] *No . . . preso.* Mota is arrested because he is now
wearing the cape that Don Juan wore when he
killed Don Gonzalo.

[217] *Fulmínesele el proceso*: Have the trial set up
quickly.

REY

Ha de sentir esta falta
1675 Castilla; tal capitán
ha de llorar Calatrava. (*Vanse todos.*)

(*Sale* BATRICIO *desposado con*
AMINTA; GASENO, *viejo*, BELISA *y*
PASTORES *músicos*.) [218]

(*Cantan.*) *Lindo sale el sol de abril*
con trébol y torongil,
y aunque le sirva de estrella,
1680 *Aminta sale más bella.*

BATRICIO

Sobre esta alfombra florida,[219]
adonde en campos de escarcha
el sol sin aliento marcha
con su luz recién nacida,
1685 os sentad, pues nos convida
al tálamo el sitio hermoso.

AMINTA

Cantalde a mi dulce esposo
favores de mil en mil.[220]

(*Cantan.*) *Lindo sale el sol de abril*
1690 *con trébol y torongil;*
y aunque le sirva de estrella,
Aminta sale más bella.

GASENO

Muy bien lo habéis solfeado;[221]
no hay más sones en los kiries.[222]

BATRICIO

1695 Cuando con sus labios tiries[223]
vuelve en púrpura los labios
saldrán, aunque vergonzosas,
afrentando el sol de abril.[224]

AMINTA

Batricio, yo lo agradezco;
1700 falso y lisonjero estás;
mas si tus rayos me das,
por ti ser luna merezco.
Tú eres el sol por quien crezco
después de salir menguante,

1705 para que el alba te cante
la salva en tono sutil.

(*Cantan.*) *Lindo sale el sol* [*de abril*
con trébol y torongil.] [225]

(*Sale* CATALINÓN, *de camino.*)

CATALINÓN

Señores, el desposorio
huéspedes ha de tener.

GASENO

1710 A todo el mundo ha de ser
este contento notorio.
¿Quién viene?

CATALINÓN

Don Juan Tenorio.

GASENO

¿El viejo?

CATALINÓN

No ese don Juan.[226]

BELISA

Será su hijo galán.

BATRICIO

1715 (Téngolo por mal agüero, (*Aparte.*)
que galán y caballero
quitan gusto y celos dan.)
Pues ¿quién noticia les dio
de mis bodas?

CATALINÓN

De camino
1720 pasa a Lebrija.

BATRICIO

Imagino
que el demonio le envió;
mas ¿de qué me aflijo yo?
Vengan a mis dulces bodas
del mundo las gentes todas.
1725 Mas, con todo, un caballero
en mis bodas, ¡mal agüero!

GASENO

Venga el Coloso de Rodas,[227]
venga el Papa, el Preste Juan [228]

---

[218] The scene shifts to Dos Hermanas, a town nine miles southeast of Seville, where a country wedding is taking place.

[219] vv. 1681–1707. This passage was originally composed of *quintillas*, interspersed with the song, but there are numerous missing verses.

[220] *de mil en mil*: by the thousands.

[221] *solfeado*: sung.

[222] *kiries*: Kyrie eleison, an invocational petition in the Mass.

[223] *tiries*: *tirios*, Tyrian purple.

[224] The *quintilla* is incomplete and the sense of the passage has been impaired.

[225] The words of the song in brackets were omitted by the printers in early editions of the play, since it was the practice to print only the first few words of a repeated song and to indicate the rest by *etc.*

[226] *don Juan.* Don Juan's father is called Don Diego throughout the play except in this passage. The father is named Don Juan in *Tan largo*, which fact may explain the confusion here.

[227] *Coloso de Rodas*: Colossus of Rhodes, a huge statue of Helios considered one of the Seven Wonders of the ancient world.

[228] *Preste Juan*: a title of the Emperors of Ethiopia.

y don Alonso el Onceno
1730 con su corte; que en Gaseno
ánimo y valor verán.
    Montes en casa hay de pan,
Guadalquivides[229] de vino,
Babilonias de tocino,[230]
1735 y entre ejércitos cobardes
de aves, para que las lardes,[231]
el pollo y el palomino.
    Venga tan gran caballero
a ser hoy en Dos Hermanas
1740 honra destas viejas canas.

BELISA

El hijo del camarero
mayor . . .

BATRICIO

        (Todo es mal agüero (*Aparte.*)
para mí, pues le han de dar
junto a mi esposa lugar.
1745 Aun no gozo, y ya los cielos
me están condenando a celos.
Amor, sufrir y callar.)

    (*Sale* DON JUAN TENORIO.)

DON JUAN

    Pasando acaso he sabido
que hay bodas en el lugar
1750 y dellas quise gozar,
pues tan venturoso he sido.

GASENO

Vueseñoría ha venido
a honrallas y engrandecellas.

BATRICIO

(Yo, que soy el dueño dellas, (*Aparte.*)
1755 digo entre mí que vengáis
en hora mala.)

GASENO

            ¿No dais
lugar a este caballero?[232]

DON JUAN

    Con vuestra licencia quiero[233]
sentarme aquí. (*Siéntase junto a la novia.*)

BATRICIO

        Si os sentáis

1760 delante de mí, señor,
seréis de aquesa manera
el novio.

DON JUAN

        Cuando lo fuera,[234]
no escogiera lo peor.

GASENO

¡Que es el novio!

DON JUAN

            De mi error
1765 y[235] ignorancia perdón pido.

CATALINÓN

(¡Desventurado marido!) (*Aparte.*)

DON JUAN

(Corrido está.) (*Aparte.*)

CATALINÓN

            (No lo ignoro; (*Aparte.*)
mas si tiene de ser toro,
¿qué mucho que esté corrido?[236]
1770 No daré por su mujer
ni por su honor un cornado.[237]
¡Desdichado tú, que has dado
en manos de Lucifer!)

DON JUAN

¿Posible es que vengo a ser,
1775 señora, tan venturoso?
Envidia tengo al esposo.

AMINTA

Parecéisme lisonjero.

BATRICIO

Bien dije que es mal agüero
en bodas un poderoso.

GASENO

1780 Ea, vamos a almorzar,
porque pueda descansar
un rato su señoría.

    (*Tómale* DON JUAN *la mano a la
    novia.*)

DON JUAN

¿Por qué la escondéis?

AMINTA

                Es mía.

---

[229] *Guadalquivides*: Guadalquivires (or simply, "rivers of wine").

[230] *Babilonias de tocino*: towers of bacon.

[231] *para . . . lardes*: so that you may baste them.

[232] This verse should end in *-ellas* to complete the *décima*.

[233] The *décima* starting here is missing eight verses.

[234] *Cuando lo fuera*: Even if I were (the bridegroom).

[235] *y* instead of *e* is common in the period.

[236] *¿qué . . . corrido?*: what wonder if he is angry? As a *toro corrido* (a bull that has been in a bullfight), Batricio is angry because he is, or is going to be, "horned," i.e., cuckolded.

[237] *cornado*: a coin of small value. A pun on *cornudo* (cuckold) is suggested by the similarity of the two words.

GASENO

Vamos.

BELISA

Volved a cantar.

DON JUAN

1785 ¿Qué dices tú?

CATALINÓN

¿Yo? Que temo
muerte vil destos villanos.

DON JUAN

Buenos ojos, blancas manos,
en ellos me abraso y quemo.

CATALINÓN

¡Almagrar y echar a extremo![238]

---

[238] *¡Almagrar . . . extremo!*: Brand her and set her
out to pasture.

1790 Con ésta cuatro serán.[239]

DON JUAN

Ven, que mirándome están.

BATRICIO

¿En mis bodas caballero?
¡Mal agüero!

GASENO

Cantad.

BATRICIO

Muero.

CATALINÓN

Canten, que ellos llorarán.
(*Vanse todos, con que da fin la
Segunda Jornada.*)

---

[239] *cuatro serán*: i.e., the four victims of Don Juan,
namely, Isabela, Tisbea, Ana, and now Aminta.

Acto tercero

(*Sale* BATRICIO, *pensativo.*)

BATRICIO

795   Celos, reloj de cuidados,
que a todas las horas dais [240]
tormentos con que matáis,
aunque dais desconcertados; [241]
celos, del vivir desprecios,
800 con que ignorancias hacéis,
pues todo lo que tenéis
de ricos, tenéis de necios,
  dejadme de atormentar,
pues es cosa tan sabida
805 que, cuando amor me da vida,
la muerte me queréis dar.
  ¿Qué me queréis, caballero,
que me atormentáis ansí?
Bien dije cuando le vi
810 en mis bodas, «¡Mal agüero!»
  ¿No es bueno [242] que se sentó
a cenar con mi mujer,
y a mí en el plato meter
la mano no me dejó?
815   Pues cada vez que quería
metalla la desviaba,
diciendo a cuanto tomaba,
«¡Grosería, grosería!»
  Pues llegándome a quejar
820 a algunos, me respondían
y con risa me decían:
«No tenéis de qué os quejar;
  eso no es cosa que importe;
no tenéis de qué temer;
825 callad, que debe de ser
uso de allá de la corte.»
  ¡Bueno uso, trato extremado!
¡Más no se usara en Sodoma! [243]

¡Que otro con la novia coma,
1830 y que ayune el desposado!
Pues el otro bellacón [244]
a cuanto comer quería,
«¿Esto no come?», decía;
«No tenéis, señor, razón,» [245]
1835   y de delante al momento
me lo quitaba. Corrido
estó; [246] bien sé yo que ha sido
culebra [247] y no casamiento.
  Ya no se puede sufrir
1840 ni entre cristianos pasar;
y acabando de cenar
con los dos, ¿mas que [248] a dormir
  se ha de ir también, si porfía,
con nosotros, y ha de ser,
1845 el llegar yo a mi mujer,
«Grosería, grosería?» [249]
  Ya viene, no me resisto.
Aquí me quiero esconder;
pero ya no puede ser,
1850 que imagino que me ha visto.

(*Sale* DON JUAN TENORIO.)

DON JUAN

Batricio . . .

BATRICIO

           Su señoría,
¿qué manda?

DON JUAN

            Haceros saber . . .

BATRICIO

(¿Mas que ha de venir a ser (*Aparte.*)
alguna desdicha mía?)

DON JUAN

1855   que ha muchos días, [250] Batricio,

---

[240] *dais*. Note the play on the meanings "strike" and "give."

[241] *aunque . . . desconcertados*: although you (i.e., jealousy) strike in no orderly fashion.

[242] *¿No es bueno . . . ?*: Isn't it a fine thing . . . ?

[243] *¡Más . . . Sodoma!*: They would not have done anything worse in Sodom.

[244] *bellacón*: rascal, i.e., Catalinón.

[245] *No . . . razón*. Note the change of the person of the verb and the use of the title *señor* to heighten the irony.

[246] *estó: estoy.*

[247] *culebra*: cruel joke.

[248] *¿mas que*: what will you bet.

[249] *ha . . . grosería*: when I approach my wife (he will say) "what bad manners."

[250] *ha . . . días: hace . . . días.*

que a Aminta el alma le di,
y he gozado . . .

BATRICIO

¿Su honor?

DON JUAN

Sí.

BATRICIO

(Manifiesto y claro indicio
de lo que he llegado a ver;
1860 que si bien no le quisiera,
nunca a su casa viniera.
Al fin, al fin es mujer.)

DON JUAN

Al fin, Aminta, celosa,
o quizá desesperada
1865 de verse de mí olvidada
y de ajeno dueño esposa,
esta carta me escribió
enviándome a llamar,
y yo prometí gozar
1870 lo que el alma prometió.
Esto pasa de esta suerte.
Dad a vuestra vida un medio;[251]
que le daré sin remedio
a quien lo impida, la muerte.

BATRICIO

1875 Si tú en mi elección lo pones,
tu gusto pretendo hacer,
que el honor y la mujer
son malos en opiniones.[252]
La mujer en opinión
1880 siempre más pierde que gana,
que son[253] como la campana,
que se estima por el son.
Y así es cosa averiguada
que opinión[254] viene a perder
1885 cuando cualquiera mujer
suena a campana quebrada.
No quiero, pues me reduces
el bien que mi amor ordena,
mujer entre mala y buena,
1890 que es moneda entre dos luces.[255]
Gózala, señor, mil años;
que yo quiero resistir

desengaños y morir,
y no vivir con engaños. (*Vase.*)

DON JUAN

1895 Con el honor le vencí,
porque siempre los villanos
tienen su honor en las manos,[256]
y siempre miran por sí.[257]
Que por tantas falsedades
1900 es bien que se entienda y crea
que el honor se fue al aldea,[258]
huyendo de las ciudades.
Pero antes de hacer el daño
le pretendo reparar;
1905 a su padre voy a hablar
para autorizar mi engaño.
Bien lo supe negociar;
gozarla esta noche espero.
La noche camina, y quiero
1910 su viejo padre llamar.
Estrellas que me alumbráis,
dadme en este engaño suerte,
si el galardón en la muerte
tan largo me lo guardáis. (*Vase.*)

(*Sale* AMINTA *y* BELISA.)

BELISA

1915 Mira que vendrá tu esposo;
entra a desnudarte, Aminta.

AMINTA

De estas infelices bodas
no sé qué siento, Belisa.
Todo hoy mi Batricio ha estado
1920 bañado en melancolía,
todo en confusión y celos.
¡Mirad qué grande desdicha!
Di, ¿qué[259] caballero es éste
que de mi esposo me priva?
1925 La desvergüenza en España
se ha hecho caballería.[260]
Déjame, que estoy sin seso;
déjame, que estoy corrida.
¡Mal hubiese el caballero
1930 que mis contentos me priva!

---

[251] *Dad . . . medio:* Give your life a chance.
[252] *en opiniones:* when they are the objects of gossip.
[253] *son.* The verb is plural because *mujer* refers to women in general.
[254] *opinión:* honor, reputation.
[255] *entre dos luces:* of doubtful value.
[256] *tienen . . . manos:* are quick to defend their honor.

[257] *siempre . . . sí:* are always defending themselves.
[258] *al aldea: a la aldea.*
[259] *¿ qué:* what sort of.
[260] *La desvergüenza . . . caballería.* Many commentators have pointed to these lines as an expression of the author's conviction that the Spanish nobility had become shamelessly corrupt.

BELISA

Calla, que pienso que viene;
que nadie en la casa pisa
de un desposado, tan recio.

AMINTA

Queda adiós, Belisa mía.

BELISA

1935 Desenójale en los brazos.

AMINTA

¡Plega a los cielos que sirven
mis suspiros de requiebros,
mis lágrimas de caricias! (*Vanse.*)
(*Sale* DON JUAN, CATALINÓN *y*
GASENO.)

DON JUAN

Gaseno, quedad con Dias.

GASENO

1940 Acompañaros querría,[261]
por dalle de esta ventura
el parabién a mi hija.

DON JUAN

Tiempo mañana nos queda.

GASENO

Bien decís; el alma mía
1945 en la muchacha os ofrezco. (*Vase.*)

DON JUAN

Mi esposa, decid. —Ensilla,
Catalinón.

CATALINÓN

¿Para cuándo?

DON JUAN

Para el alba; que de risa
muerta, ha de salir mañana
1950 de este engaño.

CATALINÓN

Allá en Lebrija,
señor, nos está aguardando
otra boda. Por tu vida,
que despaches presto en ésta.

DON JUAN

La burla más escogida
1955 de todas ha de ser ésta.

CATALINÓN

Que saliésemos querría
de todas bien.

DON JUAN

Si es mi padre
el dueño de la justicia,
y es la privanza[262] del rey,
1960 ¿qué temes?

CATALINÓN

De los que privan
suele Dios tomar venganza,
si delitos no castigan;
y se suelen en el juego
perder también los que miran.
1965 Yo he sido mirón del tuyo,
y por mirón no querría
que me cogiese algún rayo
y me trocase en ceniza.

DON JUAN

Vete, ensilla; que mañana
1970 he de dormir en Sevilla.

CATALINÓN

¿En Sevilla?

DON JUAN

Sí.

CATALINÓN

¿Qué dices?
Mira lo que has hecho, y mira
que hasta la muerte, señor,
es corta la mayor vida,
1975 y que hay tras la muerte infierno.

DON JUAN

Si tan largo me lo fías,
vengan engaños.

CATALINÓN

Señor . . .

DON JUAN

Vete, que ya me amohinas
con tus temores extraños.

CATALINÓN

1980 Fuerza al turco, fuerza al scita,[263]
al persa, y al garamante,[264]
al gallego, al troglodita,[265]
al alemán y al japón,[266]
al sastre con la agujita
1985 de oro en la mano, imitando
contino[267] a la *Blanca niña.* (*Vanse.*)

---

[261] *querría.* The 1630 edition has *queria* (also in v. 1966).
[262] *la privanza*: *el privado*, favorite.
[263] *scita*: *escita*, Scythian.
[264] *garamante*: Libyan.
[265] *troglodita*: troglodyte.

[266] *japón*: *japonés.*
[267] *contino*: *continuo*, continually. The allusion to the popular ballad *La blanca niña* was probably suggested by the tailor and his needle, since in some versions of the ballad the girl is presented as sewing: "*Estando la blanca niña / bordando en su bastidor . . .*"

DON JUAN

La noche en negro silencio
se extiende, y ya las cabrillas[268]
entre racimos de estrellas
1990 el polo más alto pisan.
Yo quiero poner mi engaño
por obra. El amor me guía
a mi inclinación, de quien
no hay hombre que se resista.
1995 Quiero llegar a la cama.
¡Aminta!

(*Sale* AMINTA *como que está acostada.*)

AMINTA

    ¿Quién llama a Aminta?
¿Es mi Batricio?

DON JUAN

        No soy
tu Batricio.

AMINTA

    Pues ¿quién?

DON JUAN

        Mira
de espacio, Aminta, quién soy.

AMINTA

2000 ¡Ay de mí! ¡Yo soy perdida!
¿En mi aposento a estas horas?

DON JUAN

Estas son las horas mías.

AMINTA

Volveos, que daré voces.
No excedáis la cortesía
2005 que a mi Batricio se debe.
Ved que hay romanas Emilias[269]
en Dos Hermanas también,
y hay Lucrecias[270] vengativas.

DON JUAN

Escúchame dos palabras,
2010 y esconde de las mejillas
en el corazón la grana,
por ti más preciosa y rica.

AMINTA

Vete, que vendrá mi esposo.

DON JUAN

Yo lo soy. ¿De qué te admiras?

AMINTA

2015 ¿Desde cuándo?

DON JUAN

    Desde agora.

AMINTA

¿Quién lo ha tratado?

DON JUAN

    Mi dicha.

AMINTA

¿Y quién nos casó?

DON JUAN

    Tus ojos.

AMINTA

¿Con qué poder?

DON JUAN

    Con la vista.

AMINTA

¿Sábelo Batricio?

DON JUAN

    Sí,
2020 que te olvida.

AMINTA

    ¿Que me olvida?

DON JUAN

Sí, que yo te adoro.

AMINTA

    ¿Cómo?

DON JUAN

Con mis dos brazos.

AMINTA

    Desvía.

DON JUAN

¿Cómo puedo, si es verdad
que muero?

AMINTA

    ¡Qué gran mentira!

DON JUAN

2025 Aminta, escucha y sabrás,
si quieres que te lo diga,
la verdad; que las mujeres
sois de verdades amigas.
Yo soy noble caballero,
2030 cabeza de la familia
de los Tenorios, antiguos
ganadores de Sevilla.
Mi padre, después del rey,
se reverencia y estima,
2035 y en la corte, de sus labios
pende la muerte o la vida.

[268] *cabrillas:* the constellation Pleiades.
[269] *Emilias* refers to Aemilia, wife of Scipio Africanus, noted for her courage.

[270] *Lucrecias:* Lucretia, ravished by Sextus Tarquinius, asked her relatives to avenge her and then committed suicide.

Corriendo el camino acaso,
llegué a verte, que amor guía
tal vez[271] las cosas de suerte
2040 que él mismo dellas se olvida.
Vite, adoréte, abraséme
tanto, que tu amor me anima
a que contigo me case;
mira qué acción tan precisa.
2045 Y aunque lo mormure[272] el reino,
y aunque el rey lo contradiga,
y aunque mi padre enojado
con amenazas lo impida,
tu esposo tengo de ser.
2050 ¿Qué dices?

AMINTA
          No sé qué diga,
que se encubren tus verdades
con retóricas mentiras.
Porque si estoy desposada,
como es cosa conocida,
2055 con Batricio, el matrimonio
no se absuelve[273] aunque él desista.

DON JUAN
En no siendo consumado,
por engaño o por malicia
puede anularse.

AMINTA
          En Batricio
2060 todo fue verdad sencilla.

DON JUAN
Ahora bien: dame esa mano,
y esta voluntad confirma
con ella.

AMINTA
          ¿Que no me engañas?

DON JUAN
Mío el engaño sería.[274]

AMINTA
2065 Pues jura que complirás
la palabra prometida.

DON JUAN
Jura a esta mano, señora,
infierno de nieve fría,
de cumplirte la palabra.

AMINTA
2070 Jura a Dios que te maldiga
si no la cumples.

DON JUAN
          Si acaso
la palabra y la fe mía
te faltare, ruego a Dios
que a traición y alevosía
2075 me dé muerte un hombre . . . (muerto;
                              (*Aparte.*)
que vivo, ¡Dios no permita!)[275]

AMINTA
Pues con ese juramento
soy tu esposa.

DON JUAN
          El alma mía
entre los brazos te ofrezco.

AMINTA
2080 Tuya es el alma y la vida.

DON JUAN
¡Ay, Aminta de mis ojos!
Mañana sobre virillas[276]
de tersa plata estrellada
con clavos de oro de Tíbar[277]
2085 pondrás los hermosos pies,
y en prisión de gargantillas
la alabastrina garganta,
y los dedos en sortijas,
en cuyo engaste parezcan
2090 transparentes perlas finas.

AMINTA
A tu voluntad, esposo,
la mía desde hoy se inclina;
tuya soy.

DON JUAN
          (¡Qué mal conoces   (*Aparte.*)
al *Burlador de Sevilla!*) (*Vanse.*)
          (*Sale* ISABELA *y* FABIO, *de camino.*)[278]

ISABELA
2095   ¡Que me robase[279] el dueño,
la prenda que estimaba y más quería!
¡Oh riguroso empeño
de la verdad! ¡Oh máscara del día!
¡Noche al fin, tenebrosa
2100 antípoda del sol, del sueño esposa!

---

[271] *tal vez: a veces.*
[272] *mormure: murmure.*
[273] *no se absuelve:* cannot be annulled.
[274] *Mío . . . sería.* Don Juan's answer is ambiguous, as are several of his later oaths.
[275] Note the irony of Don Juan's aside in view of

eventual circumstances.
[276] *virillas:* metal rings used to adorn women's shoes.
[277] *Tíbar:* the Gold Coast of Africa.
[278] The scene shifts to Tarragona.
[279] *robase.* The subject is *noche* (in v. 2099), which Isabela is addressing.

FABIO

¿De qué sirve, Isabela,
la tristeza en el alma y en los ojos,
si amor todo es cautela,
y en campos de desdenes causa enojos,
2105 si el que se ríe agora
en breve espacio desventuras llora?
El mar está alterado
y en grave temporal: [riesgo] se corre.²⁸⁰
El abrigo han tomado
2110 las galeras, duquesa, de la torre
que esta playa corona.

ISABELA

¿Dónde estamos ahora?

FABIO

En Tarragona.
De aquí a poco espacio
daremos en Valencia, ciudad bella,²⁸¹
2115 del mismo sol palacio.
Divertiráste algunos días en ella,
y después a Sevilla
irás a ver la octava maravilla.
Que si a Octavio perdiste,
2120 más galán es don Juan, y de Tenorio²⁸²
solar. ¿De qué estás triste?
Conde dicen que es ya don Juan Tenorio;
el rey con él te casa,
y el padre es la privanza de su casa.

ISABELA

2125   No nace mi tristeza
de ser esposa de don Juan, que el mundo
conoce su nobleza;
en la esparcida voz mi agravio fundo,
que esta opinión perdida
2130 es de llorar mientras tuviere vida.

FABIO

Allí una pescadora
tiernamente suspira y se lamenta,
y dulcemente llora.
Acá viene, sin duda, y verte intenta.
2135 Mientras llamo tu gente,

lamentaréis las dos más dulcemente.

(*Vase* FABIO *y sale* TISBEA.)

TISBEA

Robusto mar de España,²⁸³
ondas de fuego, fugitivas ondas,
Troya de mi cabaña,
2140 que ya el fuego por mares y por ondas
en sus abismos fragua,
y el mar forma por las llamas agua.²⁸⁴
¡Maldito el leño sea
que a tu amargo cristal halló carrera,²⁸⁵
2145 antojo de Medea,²⁸⁶
tu cáñamo primero o primer lino,
aspado de los vientos
para telas²⁸⁷ de engaños e instrumentos!

ISABELA

¿Por qué del mar te quejas
2150 tan tiernamente, hermosa pescadora?

TISBEA

Al mar formo mil quejas.
¡Dichosa vos, que en su tormento,²⁸⁸ agora
dél os estáis riendo!

ISABELA

También quejas del mar estoy haciendo.
2155   ¿De dónde sois?

TISBEA

De aquellas
cabañas que miráis del viento heridas
tan vitorioso entre ellas,
cuyas pobres paredes desparcidas
van en pedazos graves,
2160 dando en mil grietas nidos a las aves.
En sus pajas me dieron
corazón de fortísimo diamante;
mas las obras me hicieron,
deste monstruo²⁸⁹ que ves tan arrogante,
2165 ablandarme de suerte
que al sol la cera es más robusta y fuerte.
¿Sois vos la Europa hermosa,
que esos toros²⁹⁰ os llevan?

---

²⁸⁰ *riesgo se corre.* The 1630 edition has *tiempo socorre.*
²⁸¹ Hill and Harlan note that Valencia is 171 miles from Tarragona, a long journey by coach.
²⁸² *Tenorio:* the proper noun is used here as an adjective.
²⁸³ *mar de España:* the Mediterranean.
²⁸⁴ *Troya . . . agua.* The sense is that Don Juan, the fire that came out of the sea and turned her cabin into a new Troy, has forged another fire in the depths of the sea which distillates by its flames the waves, changing them into the tears shed by her eyes.
²⁸⁵ *¡Maldito . . . carrera:* Accursed be the ship that found a route across your bitter waters.

²⁸⁶ Medea's whim was to flee with Jason and the *Argo.* See n. 73.
²⁸⁷ *tu cáñamo . . . telas.* The sails of hemp cloth or canvas suggest *telas,* which, in addition to "cloth," means "web" in the sense of entanglement.
²⁸⁸ *en su tormento:* to its (the sea's) distress.
²⁸⁹ *obras . . . monstruo:* the works (i.e., the wreckage of Don Juan's ship) of this monster (the sea).
²⁹⁰ *Europa . . . toros.* The reference is to the abduction of Europa by Jupiter, who transformed himself into a bull and swam off with her. Isabela has come ashore in a launch towed by oxen.

ISABELA

A Sevilla
llévanme a ser esposa
2170 contra mi voluntad.

TISBEA

Si mi mancilla
a lástima os provoca,
y si injurias del mar os tienen loca,
en vuestra compañía
para serviros como humilde esclava
2175 me llevad; que querría,
si el dolor o la afrenta no se acaba,
pedir al rey justicia
de un engaño crüel, de una malicia.
Del agua derrotado,
2180 a esta tierra llegó don Juan Tenorio,
difunto y anegado;
amparéle, hospedéle en tan notorio
peligro, y el vil güésped[291]
víbora fue a mi planta en tierno césped.
2185   Con palabra de esposo,
la que[292] de esta costa burla hacía
se rindió al engañoso;
¡mal haya la mujer que en hombres fía!
Fuése al fin, y dejóme;
2190 mira si es justo que venganza tome.

ISABELA

¡Calla, mujer maldita!
Vete de mi presencia, que me has muerto.
Mas si el dolor te incita,
no tienes culpa tú; prosigue el cuento.[293]

TISBEA

2195 La dicha fuera mía.[294]

ISABELA

¡Mal haya la mujer que en hombres fía!
¿Quién tiene de ir contigo?

TISBEA

Un pescador, Anfriso; un pobre padre
de mis males testigo.

ISABELA

2200 (No hay venganza que a mi mal tanto le
    cuadre.)[295] (*Aparte.*)
Ven en mi compañía.

TISBEA

¡Mal haya la mujer que en hombres fía!
(*Vanse.*)

(*Sale* DON JUAN *y* CATALINÓN.)[296]

CATALINÓN

Todo en mal estado está.

DON JUAN

¿Cómo?

CATALINÓN

Que Octavio ha sabido
2205 la traïción de Italia ya,
y el de la Mota, ofendido
de ti, justas quejas da;
y dice que fue el recaudo
que de su prima le diste
2210 fingido y disimulado,
y con su capa emprendiste
la traición que le ha infamado.
Dice[n] que viene Isabela
a que seas su marido,
2215 y dicen . . .

DON JUAN

¡Calla!

CATALINÓN

Una muela
en la boca me has rompido.

DON JUAN

Hablador, ¿quién te revela
tantos disparates juntos?[297]

CATALINÓN

¡Disparate, disparate!
2220 Verdades son.

DON JUAN

No pregunto
si lo son. Cuando me mate
Otavio,[298] ¿estoy yo difunto?
¿No tengo manos también?
¿Dónde me tienes posada?[299]

CATALINÓN

2225 En la calle, oculta.

DON JUAN

Bien.

---

[291] *güésped*: huésped.
[292] *la que* refers to Tisbea, who speaks of herself in the third person.
[293] *cuento* shows faulty rhyme.
[294] *La . . . mía*: It would be fortunate for me (if it were only a tale).
[295] *que . . . cuadre*: which is so fitting for my misfortune.
[296] The scene shifts to a church in Seville. Fugitives from justice normally enjoyed immunity from arrest in churches.
[297] *juntos* in the plural breaks the rhyme but is found in all early editions.
[298] *Cuando . . . Otavio*: Even if Octavio should try to kill me.
[299] *¿Dónde . . . posada?*: Where have you secured lodging for me?

CATALINÓN

La iglesia es tierra sagrada.

DON JUAN

Di que de día me den
en ella la muerte. ¿Viste
el novio de Dos Hermanas?

CATALINÓN

2230 También le vi ansiado y triste.

DON JUAN

Aminta, estas dos semanas,
no ha de caer en el chiste.

CATALINÓN

Tan bien engañada está
que se llama doña Aminta.³⁰⁰

DON JUAN

2235 ¡Graciosa burla será!

CATALINÓN

Graciosa burla y sucinta,
mas siempre la llorará.

(*Descúbrese un sepulcro de* DON
GONZALO DE ULLOA.)

DON JUAN

¿Qué sepulcro es éste?

CATALINÓN

Aquí
don Gonzalo está enterrado.

DON JUAN

2240 Este es al que muerte di.
¡Gran sepulcro le han labrado!

CATALINÓN

Ordenólo el rey ansí.
¿Cómo dice este letrero?

DON JUAN

«Aquí aguarda del Señor
2245 el más leal caballero
la venganza de un traidor.»
Del mote reírme quiero.
¿Y habéisos vos de vengar,
buen viejo, barbas de piedra?

CATALINÓN

2250 No se las podrás pelar,
que en barbas muy fuertes medra.

DON JUAN

Aquesta noche a cenar
os aguardo en mi posada.

Allí el desafío haremos,
2255 si la venganza os agrada;
aunque mal reñir podremos,
si es de piedra vuestra espada.

CATALINÓN

Ya, señor, ha anochecido;
vámonos a recoger.

DON JUAN

2260 Larga esta venganza ha sido.
Si es que vos la habéis de hacer,
importa no estar dormido,
que si a la muerte aguardáis
la venganza, la esperanza
2265 agora es bien que perdáis,
pues vuestro enojo y venganza
tan largo me lo fiáis.

(*Vanse, y ponen la mesa dos*
CRIADOS.)³⁰¹

CRIADO 1°

Quiero apercibir la cena,
que vendrá a cenar don Juan.

CRIADO 2°

2270 Puestas las mesas están.
¡Qué flema tiene si empieza!³⁰²
Ya tarda como solía
mi señor; no me contenta;
la bebida se calienta
2275 y la comida se enfría.
Mas ¿quién a don Juan ordena
esta desorden?³⁰³

(*Entra* DON JUAN *y* CATALINÓN.)

DON JUAN

¿Cerraste?

CATALINÓN

Ya cerré como mandaste.

DON JUAN

¡Hola! Tráiganme la cena.

CRIADO 2°

2280 Ya está aquí.

DON JUAN

Catalinón,
siéntate.

CATALINÓN

Yo soy amigo
de cenar de espacio.

---

³⁰⁰ *doña Aminta.* Believing herself to be engaged to
Don Juan, Aminta thinks that she deserves to use
the title *doña,* although Catalinón's remark is ironic.
³⁰¹ The scene shifts to Don Juan's lodgings rented
by Catalinón.

³⁰² *¡Qué flema . . . empieza!:* How unhurried he is
when he feels like it!
³⁰³ *¿quién . . . desorden?:* who can bring order into
Don Juan's disorderly ways?

DON JUAN
Digo
que te sientes.
CATALINÓN
La razón
haré.[304]
CRIADO 1°
También es camino
2285 éste,[305] si come con él.
DON JUAN
Siéntate. (*Un golpe dentro.*)
CATALINÓN
Golpe es aquél.
DON JUAN
Que llamaron imagino;
mira quién es.
CRIADO 1°
Voy volando.
CATALINÓN
¿Si es la justicia, señor?
DON JUAN
2290 Sea, no tengas temor.

(*Vuelve el* CRIADO *huyendo.*)

¿Quién es? ¿De qué estás temblando?
CATALINÓN
De algún mal da testimonio.
DON JUAN
Mal mi cólera resisto.
Habla, responde, ¿qué has visto?
2295 ¿Asombróte algún demonio?—
Ve tú, y mira aquella puerta.
¡Presto, acaba!
CATALINÓN
¿Yo?
DON JUAN
Tú, pues.
Acaba, menea los pies.
CATALINÓN
A mi agüela[306] hallaron muerta
2300 como racimo colgada,
y desde entonces se suena
que anda siempre su alma en pena.
Tanto golpe no me agrada.
DON JUAN
Acaba.

CATALINÓN
Señor, si sabes
2305 que soy un Catalinón . . .
DON JUAN
Acaba.
CATALINÓN
¡Fuerte ocasíon!
DON JUAN
¿No vas?
CATALINÓN
¿Quién tiene las llaves
de la puerta?
CRIADO 2°
Con la aldaba
está cerrada no más.
DON JUAN
2310 ¿Qué tienes? ¿Por qué no vas?
CATALINÓN
Hoy Catalinón acaba.
¿Mas si las forzadas vienen
a vengarse de los dos?

(*Llega* CATALINÓN *a la puerta, y
viene corriendo; cae y levántase.*)

DON JUAN
¿Qué es eso?
CATALINÓN
¡Válgame Dios!
2315 ¡Que me matan, que me tienen!
DON JUAN
¿Quién te tiene, quién te [mata]?[307]
¿Qué has visto?
CATALINÓN
Señor, yo allí
vide[308] cuando . . . luego fui . . .
¿Quién me ase, quién me arrebata?
2320 Llegué, cuando después ciego . . .
cuando vile, ¡juro a Dios! . . .
Habló y dijo: «¿Quién sois vos?» . . .
Respondió . . . respondí luego . . .
topé y vide . . .
DON JUAN
¿A quién?
CATALINÓN
No sé.
DON JUAN
2325 ¡Cómo el vino desatina!

---

[304] *La razón haré:* I'll accept the invitation.
[305] *También . . . éste:* He acts as if he were on a trip
(servants normally ate with their masters only on trips).
[306] *agüela: abuela.*
[307] *mata.* The 1630 edition reads *tiene.*
[308] *vide: vi.*

Dame la vela, gallina,
y yo a quien llama veré.

    (*Toma* DON JUAN *la vela y llega a la puerta. Sale al encuentro* DON GONZALO, *en la forma que estaba en el sepulcro, y* DON JUAN *se retira atrás turbado, empuñando la espada, y en la otra la vela, y* DON GONZALO *hacia él con pasos menudos, y al compás* DON JUAN, *retirándose hasta estar en medio del teatro.*)

DON JUAN

¿Quién va?

DON GONZALO

    Yo soy.

DON JUAN

        ¿Quién sois vos?

DON GONZALO

Soy el caballero honrado
2330 que a cenar has convidado.

DON JUAN

Cena habrá para los dos,
y si vienen más contigo,
para todos cena habrá.
Ya puesta la mesa está.
2335 Siéntate.

CATALINÓN

    ¡Dios sea conmigo!
¡San Panuncio, San Antón![309]
Pues ¿los muertos comen? Di.
Por señas dice que sí.

DON JUAN

Siéntate, Catalinón.

CATALINÓN

2340   No, señor; yo lo recibo
por cenado.[310]

DON JUAN

    Es desconcierto.
¿Qué temor tienes a un muerto?
¿Qué hicieras estando vivo?
¡Necio y villano temor!

CATALINÓN

2345 Cena con tu convidado;
que yo, señor, ya he cenado.

DON JUAN

¿He de enojarme?

CATALINÓN

    Señor,
¡vive Dios que güelo[311] mal!

DON JUAN

Llega, que aguardando estoy.

CATALINÓN

2350 Yo pienso que muerto soy,
y está muerto mi arrabal.[312]

    (*Tiemblan los* CRIADOS.)

DON JUAN

Y vosotros, ¿qué decís?
¿Qué hacéis? ¡Necio temblar!

CATALINÓN

Nunca quisiera cenar
2355 con gente de otro país.
¿Yo, señor, con convidado
de piedra?

DON JUAN

    ¡Necio temer!
Si es piedra, ¿qué te ha de hacer?

CATALINÓN

Dejarme descalabrado.

DON JUAN

2360   Háblale con cortesía.

CATALINÓN

¿Está bueno? ¿Es buena tierra
la otra vida? ¿Es llano o sierra?
¿Prémiase allá la poesía?

CRIADO 1°

A todo dice que sí
2365 con la cabeza.

CATALINÓN

    ¿Hay allá
muchas tabernas? Sí habrá,
si Noé[313] reside allí.

DON JUAN

¡Hola! Dadnos de beber.[314]

CATALINÓN

Señor muerto, ¿allá se bebe
2370 con nieve? (*Baja la cabeza.*)
    Así que hay nieve:
buen país.

DON JUAN

    Si oír cantar
queréis, cantarán. (*Baja la cabeza.*)

---

[309] Bizarre names of saints, real or unreal, are often used in the *gracioso's* exclamations to provide a comic effect.
[310] *lo . . . cenado:* let's say I have already eaten.
[311] *güelo: huelo.*

[312] *arrabal:* buttocks.
[313] *Noé:* Noah, discoverer of wine, is said to have been addicted to drink.
[314] *beber* shows faulty rhyme.

CRIADO 2°
Sí, dijo.

DON JUAN
Cantad.

CATALINÓN
Tiene el seor[315] muerto
buen gusto.

CRIADO 1°
Es noble, por cierto,
2375 y amigo de regocijo.
(*Cantan dentro.*) *Si de mi amor aguardáis,*
señora, de aquesta suerte
el galardón en la muerte,
¡qué largo me lo fiáis!

CATALINÓN
2380 O es sin duda veraniego[316]
el seor muerto, o debe ser
hombre de poco comer.
Temblando al plato me llego.
Poco beben por allá;
2385 yo beberé por los dos.
Brindis de piedra, ¡por Dios!
Menos temor tengo ya.
(*Cantan.*) *Si ese plazo me convida*
para que gozaros pueda,
2390 *pues larga vida me queda,*
dejad que pase la vida.
Si de mi amor aguardáis,
señora, de aquesta suerte
el galardón en la muerte,
2395 *¡qué largo me lo fiáis!*

CATALINÓN
¿Con cuál de tantas mujeres
como has burlado, señor,
hablan?

DON JUAN
De todas me río,
amigo, en esta ocasión.
2400 En Nápoles a Isabela . . .

CATALINÓN
Ésa, señor, ya no es hoy
burlada, porque se casa
contigo, como es razón.
Burlaste a la pescadora
2405 que del mar te redimió,
pagándole el hospedaje

en moneda de rigor.
Burlaste a doña Ana . . .

DON JUAN
Calla,
que hay parte aquí que lastó
2410 por ella,[317] y vengarse aguarda.

CATALINÓN
Hombre es de mucho valor,
que él es piedra; tú eres carne.
No es buena resolución.
(*Hace señas que se quite la mesa y*
queden solos.)

DON JUAN
¡Hola! Quitad esa mesa;
2415 que hace señas que los dos
nos quedemos, y se vayan
los demás.

CATALINÓN
¡Malo, por Dios!
No te quedes, porque hay muerto
que mata de un mojicón
2420 a un gigante.

DON JUAN
Salíos todos.
¡A ser yo Catalinón . . . ![318]
Vete, que viene.
(*Vanse, y quedan los dos solos, y hace*
señas que cierre la puerta.)
La puerta
ya está cerrada. Ya estoy
aguardando. Di, ¿qué quieres,
2425 sombra o fantasma o visión?
Si andas en pena, o si aguardas
alguna satisfacción
para tu remedio,[319] dilo;
que mi palabra te doy
2430 de hacer lo que me ordenares.
(*Habla paso, como cosa del otro*
mundo.)

DON GONZALO
¿Cumplirásme una palabra
2435 como caballero?

DON JUAN
Honor
tengo, y las palabras cumplo,
porque caballero soy.

---

[315] *seor: señor.*
[316] *veraniego*: without appetite because of the heat.
[317] *hay . . . ella*: there is a party here who suffered because of her.
[318] *¡A . . . Catalinón!*: If I were a Catalinón (I

might be afraid)!
[319] *si . . . remedio.* Hill and Harlan explain the meaning to be, "if you are awaiting some act of contrition or some prayer on my part to redeem your soul from everlasting torment."

DON GONZALO
Dame esa mano; no temas.

DON JUAN
¿Eso dices? ¿Yo, temor?
2440 Si fueras el mismo infierno,
la mano te diera yo. (*Dale la mano.*)

DON GONZALO
Bajo esta palabra y mano
mañana a las diez estoy
para cenar aguardando.
¿Irás?

DON JUAN
2445   Empresa mayor
entendí que me pedías.
Mañana tu güésped soy.
¿Dónde he de ir?

DON GONZALO
A mi capilla.

DON JUAN
¿Iré solo?

DON GONZALO
No, los dos;³²⁰
2450 y cúmpleme la palabra
como la he cumplido yo.

DON JUAN
Digo que la cumpliré,
que soy Tenorio.

DON GONZALO
Yo soy
Ulloa.

DON JUAN
Yo iré sin falta.

DON GONZALO
2455 Yo lo creo. Adiós. (*Va a la puerta.*)

DON JUAN
Adiós.
Aguarda, iréte alumbrando.

DON GONZALO
No alumbres, que en gracia estoy.³²¹
(*Vase muy poco a poco, mirando a*
DON JUAN, *y* DON JUAN *a él, hasta*
que desaparece, y queda DON JUAN
con pavor.)

DON JUAN
¡Válgame Dios! Todo el cuerpo
se ha bañado de un sudor,

2460 y dentro de las entrañas
se me yela³²² el corazón.
Cuando me tomó la mano,
de suerte me la apretó
que un infierno parecía;
2465 jamás vide tal calor.
Un aliento respiraba,
organizando la voz,
tan frío que parecía
infernal respiración.
2470 Pero todas son ideas
que da [a]³²³ la imaginación
el temor, y temer muertos
es más villano temor;
que si un cuerpo noble, vivo,
2475 con potencias y razón
y con alma no se teme,
¿quién cuerpos muertos temió?
Mañana iré a la capilla
donde convidado soy,
2480 porque se admire y espante
Sevilla de mi valor. (*Vase.*)

(*Sale el* REY *y* DON DIEGO TENORIO
y ACOMPAÑAMIENTO.)³²⁴

REY
¿Llegó al fin Isabela?

DON DIEGO
Y disgustada.

REY
Pues ¿no ha tomado bien el casamiento?

DON DIEGO
Siente, señor, el nombre de infamada.

REY
2485 De otra causa procede su tormento.
¿Dónde está?

DON DIEGO
En el convento está alojada
de las Descalzas.³²⁵

REY
Salga del convento
luego al punto, que quiero que en palacio
asista con la reina más de espacio.

DON DIEGO
2490   Si ha de ser con don Juan el desposorio,
manda, señor, que tu presencia vea.

---

³²⁰ *los dos*: i.e., Don Juan and Catalinón.
³²¹ *No . . . estoy.* Being in a state of grace, Don
Gonzalo has divine illumination.
³²² *yela*: *hiela*.

³²³ *a*, omitted in the 1630 edition, is supplied by
Tan largo.
³²⁴ The scene shifts to the royal palace in Seville.
³²⁵ *convento . . . Descalzas.* The convent of barefoot
nuns in question has not be identified.

REY

Véame, y galán salga, que notorio
quiero que este placer al mundo sea.
Conde será desde hoy don Juan Tenorio
2495 de Lebrija; él la mande y la posea,
que si Isabela a un duque corresponde,
ya que ha perdido un duque, gane un conde.

DON DIEGO

Todos por la merced tus pies besamos.

REY

Merecéis mi favor tan dignamente,
2500 que si aquí los servicios ponderamos,
me quedo atrás con el favor presente.
Paréceme, don Diego, que hoy hagamos
las bodas de doña Ana juntamente.

DON DIEGO

¿Con Octavio?

REY

No es bien que el duque Octavio
2505 sea el restaurador de aqueste agravio.
Doña Ana con la reina me ha pedido
que perdone al marqués, porque doña Ana,
ya que el padre murió, quiere marido;
porque si le perdió, con él le gana.
2510 Iréis con poca gente y sin rüido
luego a hablalle a la fuerza[326] de Triana;
por su satisfación y por su abono
de su agraviada prima, le perdono.

DON DIEGO

Ya he visto lo que tanto deseaba.

REY

2515 Que esta noche han de ser, podéis decille,
los desposorios.

DON DIEGO

Todo en bien se acaba.
Fácil será al marqués el persuadille,
que de su prima amartelado estaba.

REY

También podéis a Octavio prevenille.
2520 Desdichado es el duque con mujeres;
son todas opinión y pareceres.
Hanme dicho que está muy enojado
con don Juan.

DON DIEGO

No me espanto, si ha sabido
de don Juan el delito averiguado,

2525 que la causa de tanto daño ha sido.
El duque viene.

REY

No dejéis mi lado,
que en el delito sois comprehendido.
(*Sale el* DUQUE OCTAVIO.)

OCTAVIO

Los pies, invicto rey, me dé tu alteza.

REY

Alzad, duque, y cubrid vuestra cabeza.[327]
2530 ¿Qué pedís?

OCTAVIO

Vengo a pediros,
postrado ante vuestras plantas,
una merced, cosa justa,
digna de serme otorgada.

REY

Duque, como justa sea,
2535 digo que os doy mi palabra
de otorgárosla. Pedid.

OCTAVIO

Ya sabes, señor, por cartas
de tu embajador, y el mundo
por la lengua de la fama
2540 sabe, que don Juan Tenorio,
con española arrogancia,
en Nápoles una noche,
para mí noche tan mala,
con mi nombre profanó
2545 el sagrado de una dama.

REY

No pases más adelante;
ya supe vuestra desgracia.
En efeto, ¿qué pedís?

OCTAVIO

Licencia que en la campaña
2550 defienda como es traidor.[328]

DON DIEGO

¡Eso no! Su sangre clara
es tan honrada . . .

REY

¡Don Diego!

DON DIEGO

Señor.

OCTAVIO

¿Quién eres que hablas

---

[326] *fuerza*: the castle of Triana, no longer existent, served as a prison.

[327] *cubrid . . . cabeza.* Only grandees were normally permitted to keep their hats on in the presence of the king.

[328] *Licencia . . . traidor*: (I request) permission to maintain on the field of honor that he is a traitor.

en la presencia del rey
2555 de esa suerte?

DON DIEGO

   Soy quien calla
porque me lo manda el rey;
que si no, con esta espada
te respondiera.

OCTAVIO

   Eres viejo.

DON DIEGO

Ya he sido mozo en Italia,
2560 a vuestro pesar, un tiempo;
ya conocieron mi espada
en Nápoles y en Milán.

OCTAVIO

Tienes ya la sangre helada.
No vale «fui» sino «soy.»

DON DIEGO

2565 Pues fui y soy. (*Empuña.*)

REY

   Tened, basta,
bueno está. Callad, don Diego;
que a mi persona se guarda
poco respeto. Y vos, duque,
después que las bodas se hagan,
2570 más de espacio hablaréis.
Gentilhombre de mi cámara [329]
es don Juan, y hechura mía,
y de aqueste tronco [330] rama.
Mirad por él.

OCTAVIO

   Yo lo haré,
2575 gran señor, como lo mandas.

REY

Venid conmigo, don Diego.

DON DIEGO

(¡Ay, hijo, qué mal me pagas (*Aparte.*)
el amor que te he tenido!)

REY

Duque.

OCTAVIO

   Gran señor.

REY

     Mañana
2580 vuestras bodas se han de hacer.

OCTAVIO

Háganse, pues tú lo mandas.

   (*Vase el* REY *y* DON DIEGO, *y sale*
   GASENO *y* AMINTA.)

GASENO

Este señor nos dirá
dónde está don Juan Tenorio.—
Señor, ¿si está por acá
2585 un don Juan a quien notorio
ya su [331] apellido será?

OCTAVIO

Don Juan Tenorio diréis. [332]

AMINTA

Sí, señor; ese don Juan.

OCTAVIO

Aquí está. ¿Qué lo queréis?

AMINTA

2590 Es mi esposo ese galán.

OCTAVIO

¿Cómo?

AMINTA

   Pues ¿no lo sabéis,
siendo del alcázar vos?

OCTAVIO

No me ha dicho don Juan nada.

GASENO

¿Es posible?

OCTAVIO

   Sí, por Dios.

GASENO

2595 Doña Aminta es muy honrada.
Cuando se casen los dos,
que cristiana vieja [333] es
hasta los güesos, y tiene
de la hacienda el interés,
                [334]
2600 más bien que un conde, un marqués.
Casóse don Juan con ella,
y quitósela a Batricio.

AMINTA

Decid como fue [335] doncella
a su poder.

GASENO

   No es jüicio
2605 esto, ni aquesta querella.

---

[329] *Gentilhombre . . . cámara*: chamberlain.
[330] *aqueste tronco* refers to Don Diego.
[331] *a quien . . . su*: whose.
[332] *diréis*: you must mean.
[333] *cristiana vieja*: a person without Jewish or

Moorish blood.
[334] For the missing verse Hill and Harlan suggest
a su valor le conviene.
[335] *fue.* Aminta is speaking of herself in the third
person.

OCTAVIO
(Ésta es burla de don Juan, (*Aparte.*)
y para venganza mía
éstos diciéndola están.)
¿Qué pedís, al fin?

GASENO
Querría,
2610 porque los días se van,
que se hiciese el casamiento,
o querellarme ante el rey.

OCTAVIO
Digo que es justo ese intento.

GASENO
Y razón y justa ley.

OCTAVIO
2615 (Medida a mi pensamiento (*Aparte.*)
ha venido la ocasión.)
En el alcázar tenéis [336]
bodas.

AMINTA
¿Si las mías son?

OCTAVIO
Quiero, para que acertemos,
2620 valerme de una invención.
Venid donde os vestiréis,
señora, a lo cortesano,
y a un cuarto del rey saldréis
conmigo.

AMINTA
Vos de la mano
2625 a don Juan me llevaréis.

OCTAVIO
Que desta suerte es cautela.

GASENO
El arbitrio [337] me consuela.

OCTAVIO
(Éstos venganza me dan (*Aparte.*)
de aqueste traidor don Juan
2630 y el agravio de Isabela.) (*Vanse.*)

(*Sale* DON JUAN *y* CATALINÓN.) [338]

CATALINÓN
¿Cómo el rey te recibió?

DON JUAN
Con más amor que mi padre.

CATALINÓN
¿Viste a Isabela?

DON JUAN
También.

CATALINÓN
2635 ¿Recibióte bien?

DON JUAN
El rostro
bañado de leche y sangre,
como la rosa que al alba
revienta la verde cárcel. [339]

CATALINÓN
Al fin, ¿esta noche son
2640 las bodas?

DON JUAN
Sin falta.

CATALINÓN
[Si antes] [340]
hubieran sido, no hubieras,
señor, engañado a tantas; [341]
pero tú tomas esposa,
señor, con cargas muy grandes.

DON JUAN
2645 Di, ¿comienzas a ser necio?

CATALINÓN
Y podrás muy bien casarte
mañana, que hoy es mal día.

DON JUAN
Pues ¿qué día es hoy?

CATALINÓN
Es martes. [342]

DON JUAN
Mil embusteros y locos
2650 dan en esos disparates.
Sólo aquél llamo mal día,
acïago y detestable,
en que no tengo dineros;
que lo demás es donaire.

CATALINÓN
2655 Vamos, si te has de vestir,
que te aguardan, y ya es tarde.

DON JUAN
Otro negocio tenemos
que hacer, aunque nos aguarden.

---

[336] *tenéis* shows faulty rhyme.
[337] *arbitrio*: plan.
[338] The scene begins in the street, en route to the church.
[339] *revienta . . . cárcel* is the reading in *Tan largo.* The 1630 edition has *despierta la débil caña.*

[340] *Si antes* is an emendation of *fiambres* in the princeps.
[341] *tantas* breaks the assonance.
[342] *martes.* Tuesday is considered an unlucky day in Spain. Cf. the proverb, *En martes, no te cases, ni te embarques.*

CATALINÓN

¿Cuál es?

DON JUAN

Cenar con el muerto.

CATALINÓN

2660 ¡Necedad de necedades!

DON JUAN

¿No ves que di mi palabra?

CATALINÓN

Y cuando se la quebrantes,
¿qué importa? ¿Ha de pedirte
una figura de jaspe
2665 la palabra?

DON JUAN

Podrá el muerto
llamarme a voces infame.

CATALINÓN

Ya está cerrada la iglesia.

DON JUAN

Llama.

CATALINÓN

¿Qué importa que llame?
¿Quién tiene de abrir, que están
2670 durmiendo los sacristanes?

DON JUAN

Llama a ese postigo.

CATALINÓN

Abierto
está.

DON JUAN

Pues entra.

CATALINÓN

Entre un fraile
con su hisopo y estola.

DON JUAN

Sígueme y calla.

CATALINÓN

¿Que calle?

DON JUAN

Sí.

CATALINÓN

2675   Dios en paz[343]
destos convites me saque.

(*Entran por una puerta y salen por
otra.*)

¡Qué escura que[344] está la iglesia,
señor, para ser tan grande!

¡Ay de mí! ¡Tenme, señor,
2680 porque de la capa me asen!

(*Sale* DON GONZALO *como de antes,
y encuéntrase con ellos.*)

DON JUAN

¿Quién va?

DON GONZALO

Yo soy.

CATALINÓN

¡Muerto estoy!

DON GONZALO

El muerto soy; no te espantes.
No entendí[345] que me cumplieras
la palabra, según haces
2685 de todos burla.

DON JUAN

¿Me tienes
en opinión de cobarde?

DON GONZALO

Sí, que aquella noche huiste
de mí cuando me mataste.

DON JUAN

Huí de ser conocido;
2690 mas ya me tienes delante.
Di presto lo que me quieres.

DON GONZALO

Quiero a cenar convidarte.

CATALINÓN

Aquí excusamos la cena,
que toda ha de ser fiambre,
2695 pues no parece cocina.

· ·[346]

DON JUAN

Cenemos.

DON GONZALO

Para cenar
es menester que levantes
esa tumba.[347]

DON JUAN

Y si te importa,
levantaré esos pilares.

DON GONZALO

2700 Valiente estás.

DON JUAN

Tengo brío
y corazón en las carnes.

---

[343] The verse is short.
[344] *que* is redundant.
[345] *No entendí*: I didn't think.

[346] The missing verse does not impair the sense.
[347] *tumba*: flat gravestone.

CATALINÓN
Mesa de Guinea[348] es ésta.
Pues ¿no hay por allá quien lave?

DON GONZALO
Siéntate.

DON JUAN
¿Adónde?

CATALINÓN
Con sillas
2705 vienen ya dos negros pajes.

(*Entran dos enlutados con dos sillas.*)

¿También acá se usan lutos
y bayeticas de Flandes?

DON GONZALO
Siéntate [tú].[349]

CATALINÓN
Yo, señor,
he merendado esta tarde.

DON GONZALO
2710 No repliques.

CATALINÓN
No replico.
(¡Dios en paz desto me saque!) (*Aparte.*)
¿Qué plato es éste, señor?

DON GONZALO
Este plato es de alacranes
y víboras.[350]

CATALINÓN
¡Gentil plato!

DON GONZALO
2715 Éstos son nuestros manjares.
¿No comes tú?

DON JUAN
Comeré,
si me dieses áspid y áspides
cuantos el infierno tiene.

DON GONZALO
También quiero que te canten.

CATALINÓN
2720 ¿Qué vino beben acá?

DON GONZALO
Pruébalo.

CATALINÓN
Hiel y vinagre
es este vino.

DON GONZALO
Este vino
exprimen nuestros lagares.
(*Cantan.*) *Adviertan los que de Dios*
2725 *juzgan los castigos grandes,*
que no hay plazo que no llegue
ni deuda que no se pague.[351]

CATALINÓN
¡Malo es esto, vive Cristo!,
que he entendido este romance,
2730 y que con nosotros habla.

DON JUAN
Un yelo[352] el pecho me parte.
(*Cantan.*) *Mientras en el mundo viva,*
no es justo que diga nadie,
«¡Qué largo me lo fiáis!,»
2735 *siendo tan breve el cobrarse.*

CATALINÓN
¿De qué es este guisadillo?

DON GONZALO
De uñas.

CATALINÓN
De uñas de sastre[353]
será, si es guisado de uñas.

DON JUAN
Ya he cenado; haz que levanten
2740 la mesa.

DON GONZALO
Dame esa mano;
no temas, la mano dame.

DON JUAN
¿Eso dices? ¿Yo, temor?
¡Que me abraso! ¡No me abrases
con tu fuego!

DON GONZALO
Éste es poco
2745 para el fuego que buscaste.
Las maravillas de Dios
son, don Juan, investigables,[354]
y así quiere que tus culpas
a manos de un muerto pagues;

---

[348] *de Guinea*: black (by association with the Negro slaves of Guinea).

[349] *tú*, from *Tan largo*, is supplied to complete the syllable count.

[350] *alacranes y víboras*: scorpions and snakes. These dishes may be regarded as symbolic of the torments of hell which await Don Juan.

[351] *que no hay . . . pague*. These verses are proverbial.

[352] *yelo: hielo.*

[353] *uñas de sastre*. The idea is that there are so many tailors in hell, because of their greed, that the stew is probably made of their fingernails instead of more tasty *uñas de vaca* (cows' feet).

[354] *investigables: ininvestigables*, unfathomable.

2750 y si pagas desta suerte,[355]
ésta es justicia de Dios:
«Quien tal hace, que tal pague.»[356]

DON JUAN

¡Que me abraso! ¡No me aprietes!
Con la daga he de matarte.
2755 Mas ¡ay! que me canso en vano
de tirar golpes al aire.
A tu hija no ofendí,
que vio mis engaños antes.

DON GONZALO

No importa, que ya pusiste
2760 tu intento.

DON JUAN

Deja que llame
quien me confiese y absuelva.

DON GONZALO

No hay lugar; ya acuerdas tarde.

DON JUAN

¡Que me quemo! ¡Que me abraso!
¡Muerto soy! (*Cae muerto.*)

CATALINÓN

No hay quien se escape,
2765 que aquí tengo de morir
también por acompañarte.

DON GONZALO

Ésta es justicia de Dios:
«Quien tal hace, que tal pague.»

(*Húndese el sepulcro con* DON JUAN
y DON GONZALO, *con mucho ruido, y*
sale CATALINÓN *arrastrando.*)

CATALINÓN

¡Válgame Dios! ¿Qué es aquesto?
2770 Toda la capilla se arde,
y con el muerto he quedado
para que le vele y guarde.
Arrastrando como pueda,
iré a avisar a su padre.
2775 ¡San Jorge, San *Agnus Dei*,
sacadme en paz a la calle! (*Vase.*)

(*Sale el* REY, DON DIEGO *y*
ACOMPAÑAMIENTO.)[357]

DON DIEGO

Ya el marqués, señor, espera
besar vuestros pies reales.

REY

Entre luego, y avisad
2780 al conde,[358] porque no aguarde.

(*Sale* BATRICIO *y* GASENO.)

BATRICIO

¿Dónde, señor, se permite
desenvolturas tan grandes,
que tus criados afrenten
a los hombres miserables?

REY

2785 ¿Qué dices?

BATRICIO

Don Juan Tenorio,
alevoso y detestable,
la noche del casamiento,
antes que le consumase,
a mi mujer me quitó;
2790 testigos tengo delante.

(*Sale* TISBEA *y* ISABELA *y*
ACOMPAÑAMIENTO.)

TISBEA

Si vuestra alteza, señor,
de don Juan Tenorio no hace
justicia, a Dios y a los hombres,
mientras viva, he de quejarme.
2795 Derrotado le echó el mar;
dile vida y hospedaje,
y pagóme esta amistad
con mentirme y engañarme
con nombre de mi marido.

REY

2800 ¿Qué dices?

ISABELA

Dice verdades.

(*Sale* AMINTA *y el* DUQUE OCTAVIO.)

AMINTA

¿Adónde mi esposo está?

REY

¿Quién es?

AMINTA

Pues ¿aún no lo sabe?
El señor don Juan Tenorio,
con quien vengo a desposarme,
2805 porque me debe el honor,
y es noble y no ha de negarme.
Manda que no desposemos.[359]

---

[355] A verse is missing after this one.
[356] "*Quien . . . pague*": freely, "As a man soweth, so shall he reap." The sentencing of criminals regularly ended with these words.
[357] The scene shifts again to the royal palace in Seville.
[358] *conde* refers to Don Juan.
[359] A verse is missing after this one.

(*Sale el* MARQUÉS DE LA MOTA.)

MOTA

Pues es tiempo, gran señor,
que a luz verdades se saquen,
2810 sabrás que don Juan Tenorio
la culpa que me imputaste
tuvo él, pues como amigo,
pudo el crüel engañarme;
de que tengo dos testigos.

REY

2815 ¿Hay desvergüenza tan grande?
Prendelde y matalde luego.[360]

DON DIEGO

En premio de mis servicios
haz que le prendan y pague
sus culpas, porque del cielo
2820 rayos contra mí no bajen,
si es mi hijo tan malo.

REY

¡Esto mis privados hacen!

(*Sale* CATALINÓN.)

CATALINÓN

Señores, todos oíd
el suceso más notable
2825 que en el mundo ha sucedido,
y en oyéndome, matadme.
Don Juan, del comendador
haciendo burla, una tarde,
después de haberle quitado
2830 las dos prendas[361] que más valen,
tirando al bulto de piedra
la barba por ultrajarle,
a cenar le convidó.
¡Nunca fuera a convidarle!
2835 Fue el bulto, y convidóle;
y agora, porque no os canse,

acabando de cenar,
entre mil presagios graves,
de la mano le tomó,
2840 y le aprieta hasta quitalle
la vida, diciendo, «Dios
me manda que así te mate,
castigando tus delitos.
Quien tal hace, que tal paque.»

REY

2845 ¿Qué dices?

CATALINÓN

Lo que es verdad,
diciendo antes que acabase,
que a doña Ana no debía
honor, que lo oyeron antes
del engaño.

MOTA

Por las nuevas
2850 mil albricias pienso darte.

REY

¡Justo castigo del cielo!
Y agora es bien que se casen
todos, pues la causa es muerta,
vida de tantos desastres.

OCTAVIO

2855 Pues ha enviudado Isabela,
quiero con ella casarme.

MOTA

Yo con mi prima.

BATRICIO

Y nosotros
con las nuestras, porque acabe
El convidado de piedra.

REY

2860 Y el sepulcro se traslade
en San Francisco en Madrid,[362]
para memoria más grande.

[360] Another verse is missing after this one.
[361] *las dos prendas*: i.e., honor and life.

[362] *San Francisco.* The church of San Francisco is also mentioned in the traditional ballads on *El convidado de piedra* which served as one source of the play.

STUDY QUESTIONS AND TOPICS

1. The background of the legend of Don Juan and the sources of the play.
2. The structure of the play.
3. The character of Tirso's Don Juan.
4. The women characters in the play.
5. The role of Catalinón.
6. Social criticism in the play, both explicit and implicit.
7. The nature of Don Juan's blasphemy.
8. Is the play successful in providing entertainment and teaching a moral lesson?
9. A comparison of the play with later Spanish or foreign treatments of the Don Juan theme.
10. The reasons for the universal popularity of the Don Juan theme.

El condenado por desconfiado

El condenado por desconfiado

Generally regarded as the best theological tragedy of the Golden Age when plays of religious theme were widely cultivated, *El condenado por desconfiado* was first printed in the *Segunda parte* of the plays of Tirso de Molina (Madrid, 1635). Its inclusion in that volume leaves the authorship of the play open to question because, as mentioned earlier, only four of the twelve plays contained in the *Segunda parte* are supposedly Tirso's. Several other possible authors have been suggested, among whom Antonio Mira de Amescua now seems to be the most likely, but most scholars are inclined to accept it as Tirso's work. It is generally believed that the play was written in 1625 or 1626 when Tirso was temporarily in Salamanca where the aftermath of a theological dispute embroiled university and religious circles; however, Doña Blanca de los Ríos, whose defense of Tirso's authorship of the play is more ardent than persuasive, fixes its composition in 1615.

The theological question which provides the basic conflict of *El condenado por desconfiado* concerns the role of predestination and free will, and of God's mercy and justice, in the salvation or condemnation of man. The question became the subject of a controversy between the Spanish Jesuits led by Luis Molina (1535–1600), who held that man receives from God sufficient grace to exercise his will to make those choices necessary for salvation, and the Dominicans headed by Domingo Báñez (1528–1604), who maintained that God moves the human will and

determines it to make this or that decision. It is surprising, perhaps, that a play destined for public entertainment should be based on such an issue, but Américo Castro asserts that Spaniards of that time had an abiding interest in theological matters which they analyzed and argued about much as we debate political and social issues today. Be that as it may, *El condenado* is a moving drama whose appeal is not limited to those who have any special knowledge or interest in the theological questions involved.

In the final verses of the play, mention is made of two sources: the author Belarmino and a book entitled *Vida de los padres*. The reference to Belarmino concerns a moral treatise written by Roberto Bellarmino, *De arte bene moriendi*. Chapter 10 of Part II, which deals with despair, contains the example of a monk who, after spending nearly forty years as a penitent in the desert, is driven to despair of his salvation when the devil awakens in him memories of his past sins.

The reference to the *Vida de los padres* concerns an episode in the life of San Pafnucio related in the *Vitae Patrum* (Antwerp, 1615), and has to do with the motif of linking the fate of a penitent hermit with that of a public sinner. In this episode Pafnucio asks God to show him which one of His saints he resembles. An angel informs him that he resembles a certain street-musician. Pafnucio locates the musician and learns that he is a wicked, dissolute character who cannot remember having done anything good in his life. After further prompting, however, the musician recalls how, at the cost of great sacrifice and personal risk, he saved two women from abuse and suffering. Humbled by this revelation, Pafnucio implores the musician not to despair of his salvation. The musician follows Pafnucio into the desert where, after three years of saintly life, he dies and is carried to heaven by angels. At the hour of his own death, Pafnucio is informed by an angel that he will occupy a place among the prophets in heaven, a reward which had not been revealed to him previously so that he would not be harmed by self-satisfaction.

In his study of the origins of *El condenado por desconfiado*, Menéndez Pidal has demonstrated that the basic narrative involving the contrast between a proud holy man and wretched sinner is found in the ancient Sanskrit *Mahabharata* and other oriental folklore. A Spanish folktale, *Del ermitaño y el carnicero*, contains the same motif; and one of the tales

in Don Juan Manuel's *El conde Lucanor* (Ejemplo III) provides a variant on the same theme. *El condenado por desconfiado* also has certain similarities to the *comedia de bandoleros*, a type of play in which the protagonist, often because of an injustice done to him or his family, becomes a bandit in order to avenge himself on the civil authorities and society. In the end his own crimes lead to his destruction. In Tirso's play, however, Paulo's motive for becoming a bandit is rooted in his own meanness of spirit.

The present text is based on Américo Castro's edition in the "Colección Universal", Espasa-Calpe, núms. 69 y 70 (Madrid, 1932), which is based in turn on the first edition of 1635. The following editions have also been consulted: J. E. Hartzenbusch, in *Biblioteca de Autores Españoles*, vol. 5 (Madrid, 1930); Blanca de los Ríos, in Tirso's *Obras dramáticas completas*, vol. 2 (Madrid, 1952); and Angel González Palencia, in *Biblioteca Clásica Ebro*, vol. 1 (Zaragoza, 1939).

SELECTED BIBLIOGRAPHY

Studies of El condenado por desconfiado

CEJADOR Y FRAUCA, JULIO. "*El condenado por desconfiado*," *Revue Hispanique* 57 (1923), 127-59.
GÓMEZ DE BAQUERO, E. ("Andrenio"). "El teatro religioso en España: *El condenado por desconfiado*," in *De Gallardo a Unamuno*, pp. 163-185. Madrid, 1926.
HORNEDO (S.J.), R.M. "*El condenado por desconfiado* no es una obra molinista," *Razón y Fe* 120 (1940), 18-34.
———— "*El condenado por desconfiado*. Su significación en el teatro de Tirso," *Razón y Fe* 120 (1940), 170-91.
LÓPEZ TASCÓN, JOSÉ. "*El condenado por desconfiado* y Fray Alonso Remón," *Boletín de la Biblioteca Menéndez Pelayo* 16 (1934), 533-46; 17 (1935),

14-29, 144-71, 274-93; 18 (1936), 35-82, 133-82.
MENÉNDEZ PIDAL, RAMÓN. "*El condenado por desconfiado* de Tirso de Molina," in *Estudios literarios*, Colección Austral, pp. 11-71. 3ª ed. Buenos Aires, 1942.
———— "Adición a las fuentes de *El condenado por desconfiado*." Ibid. Pp. 73-82.
PARKER, ALEXANDER A. "Santos y bandidos en el teatro español del Siglo de Oro," *Arbor*, 13 (1949), 395-416.
SANTELICES, LIDIA. "Probable autor del *Condenado por desconfiado*," in *Anales de la Facultad de Filosofía y Educación* 1, núms. 2-3, 48-56. Santiago de Chile, 1936. (Suggests Mira de Amescua as author.)
VOSSLER, KARL. "Alrededor de *El condenado por desconfiado*," *Revista Cubana* 14 (1940), 19-37.

〰〰〰 Acto primero

Verses			
1–76	Liras	329–333	Quintilla
77–136	Quintillas	334–479	Romance (i-o)
137–200	Octavas reales	480–623	Redondillas
201–248	Romance (e-o)	624–723	Endecasílabos sueltos
249–328	Redondillas	724–1013	Romance (e-o)

〰〰〰 Acto segundo

1014–1048	Liras	1471–1616	Romance (-ó)
1049–1328	Quintillas (with a few irregularities)	1617–1700	Quintillas
		1701–1776	Romance (e-o)
1329–1370	Endecasílabos sueltos	1777–1905	Quintillas
1371–1470	Quintillas	1906–2049	Romance (a-a)

〰〰〰 Acto tercero

2050	Verso suelto	2327–2334	Romance (a-e)
2051–2146	Redondillas		Prose letter
2147–2224	Romance (e-o)	2335–2430	Romance (a-e)
2225–2283	Décimas	2431–2515	Quintillas
2284–2287	Romance (song) (-ó)	2516–2571	Romance (-á)
2288–2297	Décima	2572–2599	Redondillas
2298–2301	Romance (song) (-ó)	2600–2761	Romancillo (e-a)
2302–2310	Décima (one verse missing)	2762–2821	Redondillas
2311–2326	Redondillas	2822–2988	Romance (a-o)

El condenado por desconfiado
COMEDIA FAMOSA POR EL MAESTRO TIRSO DE MOLINA
Representóla Figueroa

HABLAN EN ELLA LAS PERSONAS SIGUIENTES:

PAULO, *de hermitaño*
PEDRISCO, *gracioso*
EL DEMONIO
OCTAVIO
LISANDRO
CELIA
LIDORA, *su criada*
ENRICO
GALVÁN
ESCALANTE
ROLDÁN

CHERINOS
ANARETO, *padre de Enrico*
ALBANO, *viejo*
UN PASTOR
UN GOBERNADOR
UN ALCAIDE
[DOS] PORTEROS
UN JUEZ
UN MÚSICO
ALGUNOS VILLANOS
[ALGUNOS BANDOLEROS]

Acto primero

(*Sale* PAULO *de ermitaño*.)[1]

PAULO

¡Dichoso albergue mío!
¡Soledad apacible y deleitosa,
que en el calor y el frío
me dais posada en esta selva umbrosa
5 donde el huésped se llama
o verde yerba o pálida retama![2]
  Agora, cuando el alba
cubre las esmeraldas de cristales,
haciendo al sol la salva,[3]
10 que de su coche sale por jarales,[4]
con manos de luz pura

quitando sombras de la noche oscura,
  salgo de aquesta cueva
que en pirámides altos de estas peñas
15 naturaleza eleva,
y a las errantes nubes hace señas
para que noche y día,
ya que no hay otra, le hagan compañía.[5]
  Salgo a ver este cielo,
20 alfombra azul de aquellos pies[6] hermosos.
¿Quién, ¡oh celeste velo!,
aquesos tafetanes[7] luminosos
rasgar pudiera un poco
para ver. . . ? ¡Ay de mi! Vuélvome loco.

[1] *de hermitaño*: dressed as a hermit. The setting is the countryside near Naples.
[2] *retama*: Spanish broom.
[3] *salva*: salutation.
[4] *jaral*: bramble bush.

[5] *y . . . compañía*: and it (the cave) makes signs to the wandering clouds to accompany it night and day since it has no other company.
[6] *pies*: i.e. the feet of the clouds.
[7] *tafetanes*: taffeta curtains.

153

25 Mas ya que es imposible,
y sé cierto, Señor, que me estáis viendo
desde ese inaccesible
trono de luz hermoso, a quien[8] sirviendo
están ángeles bellos,
30 más que la luz del sol hermosos ellos,
mil gracias quiero daros
por las mercedes que me estáis haciendo
sin saber obligaros.
¿Cuándo yo merecí que del estruendo[9]
35 me sacarais del mundo,
que es umbral de las puertas del
profundo?[10]
¿Cuándo, Señor divino,
podrá mi indignidad agradeceros
el volverme al camino,
40 que, si yo lo conozco, es fuerza el veros,
y tras esa victoria,[11]
darme en aquestas selvas tanta gloria?
Aquí los pajarillos,
amorosas canciones repitiendo
45 por juncos y tomillos,
de vos me acuerdan, y yo estoy diciendo:
"Si esta gloria da el suelo,
¿qué gloria será aquella que da el cielo?"
Aquí estos arroyuelos,
50 jirones de cristal en campo verde,
me quitan mis desvelos,
y son causa a que de vos me acuerde.
¡Tal es el gran contento
que infunde al alma su sonoro acento!
55 Aquí silvestres flores
el fugitivo tiempo aromatizan,
y de varios colores
aquesta vega humilde fertilizan.
Su belleza me asombra:
60 calle el tapete y berberisca alfombra.[12]
Pues con estos regalos,[13]
con aquestos contentos y alegrías,
¡bendito seas mil veces,
inmenso Dios, que tanto bien me ofreces!
65 Aquí pienso seguirte,

ya que el mundo dejé para bien mío;
aquí pienso servirte,
sin que jamás humano desvarío,
por más que abra la puerta
70 el mundo a sus engaños, me divierta.[14]
Quiero, Señor divino,
pediros de rodillas humilmente[15]
que en aqueste camino
siempre me conservéis piadosamente.
75 Ved que el hombre se hizo
de barro vil y de barro quebradizo.
   (*Sale* PEDRISCO *con un haz*[16] *de
   yerba. Pónese* PAULO *de rodillas, y
   elévase.*)[17]
PEDRISCO
Como si fuera borrico,
vengo de yerba cargado,
de quien[18] el monte está rico;
80 si esto como, ¡desdichado!,
triste fin me pronostico.
¡Que he de comer yerba yo,
manjar que el cielo crió
para brutos animales!
85 Déme el cielo en tantos males
paciencia. Cuando me echó
mi madre al mundo, decía:
"Mis ojos santo te vean,
Pedrisco del alma mía."
90 Si esto las madres desean,
una suegra y una tía
¿qué desearán? Que aunque el ser
santo un hombre es gran ventura,
es desdicha no comer.
95 Perdonad esta locura
y este loco proceder,
mi Dios; y pues conocida
ya mi condición[19] tenéis,
no os enojéis porque os pida
100 que la[20] hambre me quitéis,
o no sea santo en mi vida.
Y si puede ser, Señor,
pues que vuestro inmenso amor

---

[8] *a quien*: al cual.
[9] *estruendo*: turmoil.
[10] *profundo*: hell.
[11] *esa victoria*: i.e., the victory of having returned to
the right path.
[12] *calle . . . alfombra*: let Berber rugs and carpets not
boast (because their beauty does not compare with
that of the meadow).
[13] Two verses are missing from this *lira*.

[14] *divertir*: to lead astray.
[15] *humilmente*: humildemente.
[16] *haz*: bundle.
[17] Stage direction. Paulo enters the cave at this
point, leaving Pedrisco alone on stage.
[18] *quien*: que.
[19] *condición*: character.
[20] *la hambre*. *La* was sometimes used before feminine
words beginning with stressed *a*- or *ha*-.

todo lo imposible doma,
105 que sea santo y que coma,
mi Dios, mejor que mejor.
   De mi tierra me sacó
Paulo diez años habrá,
y a aqueste monte apartó;
110 él en una cueva está,
y en otra cueva estoy yo.
   Aquí penitencia hacemos,
y sólo yerbas comemos,
y a veces nos acordamos
115 de lo mucho que dejamos
por lo poco que tenemos.
   Aquí, al sonoro raudal
de un despeñado cristal,
digo a estos olmos sombríos:
120 "¿Dónde estáis, jamones míos,
que no os doléis de mi mal?[21]
   Cuando yo solía cursar[22]
la ciudad y no las peñas
— ¡memorias me hacen llorar! —
125 de las hambres más pequeñas
gran pesar solíais tomar.
   Erais, jamones, leales:
bien os puedo así llamar,
pues merecéis nombres tales,
130 aunque ya de las mortales[23]
no tengáis ningún pesar."
   Mas ya está todo perdido;
yerbas comeré afligido,
aunque llegue a presumir
135 que algún mayo he de parir,
por las flores que he comido.
   Mas Paulo sale de la cueva oscura:
entrar quiero en la mía tenebrosa
y comerlas allí.
      (*Vase y sale* PAULO.)
         PAULO
        ¡Qué desventura!
140 ¡Y qué desgracia cierta, lastimosa!
El sueño me venció, viva figura
— por lo menos imagen temerosa —
de la muerte cruel; y al fin, rendido,
la devota oración puse en olvido.
145   Siguióse luego al sueño otro, de suerte,

sin duda, que a mi Dios tengo enojado,
si no es que acaso el enemigo[24] fuerte
haya aquesta ilusión representado.
Siguióse al fin, ¡ay Dios!, de ver[25] la muerte.
150 ¡Qué espantosa figura! ¡Ay, desdichado!
Si el verla en sueños causa tal quimera,
el que vivo la ve, ¿qué es lo que espera?
   Tiróme el golpe con el brazo diestro;
no cortó la guadaña.[26] El arco toma:
155 la flecha en el derecho, en el siniestro
el arco mismo que altiveces doma;
tiróme al corazón; yo, que me muestro
al golpe herido, porque al cuerpo coma
la madre tierra como a su despojo,
160 desencarcelo el alma, el cuerpo arrojo.
   Salió el alma en un vuelo, en un instante
vi de Dios la presencia. ¡Quién pudiera
no verlo entonces! ¡Qué cruel semblante!
Resplandeciente espada y justiciera
165 en la derecha mano, y arrogante
(como ya por derecho suyo era),
el fiscal[27] de las almas miré a un lado,
que aun en ser victorioso estaba airado.
   Leyó mis culpas, y mi guarda santa[28]
170 leyó mis buenas obras, y el Justicia
mayor del cielo, que es aquel que espanta
de la infernal morada la malicia,
las puso en dos balanzas; mas levanta
el peso de mi culpa y mi injusticia
175 mis obras buenas, tanto, que el Juez santo
me condena a los reinos del espanto.
   Con aquella fatiga y aquel miedo
desperté, aunque temblando, y no vi nada
si no es mi culpa, y tan confuso quedo,
180 que si no es a mi suerte desdichada,
o traza del contrario,[29] ardid o enredo,
que vibra contra mí su ardiente espada,
no sé a qué lo atribuya. Vos, Dios santo,
me declarad[30] la causa de este espanto.
185   ¿Heme de condenar, mi Dios divino,
como este sueño dice, o he de verme
en el sagrado alcázar cristalino?
Aqueste bien, Señor, habéis de hacerme.
¿Qué fin he de tener? Pues un camino
190 sigo tan bueno, no queráis tenerme

---

[21] *¿Dónde . . . mal?* Parody of two verses of a ballad which are quoted in *Don Quijote*, Part I, chapter V: "¿Dónde estás, señora mía,/que no te duele mi mal?"
[22] *cursar*: to frequent.
[23] Understand *las hambres mortales*.
[24] *enemigo*: diablo.

[25] *de ver*: el ver.
[26] *guadaña*: scythe.
[27] *fiscal*: public prosecutor.
[28] *guarda santa*: guardian angel.
[29] *contrario*: diablo.
[30] *me declarad*: declaradme.

en esta confusión, Señor eterno.
¿He de ir a vuestro cielo o al infierno?
   Treinta años de edad tengo, Señor mío,
y los diez he gastado en el desierto,
195 y si viviera un siglo, un siglo fío
que lo mismo ha de ser: esto os advierto.
Si esto cumplo, Señor, con fuerza y brío,
¿qué fin he de tener? Lágrimas vierto.
Respondedme, Señor, Señor eterno.
200 ¿He de ir a vuestro cielo o al infierno?
         (*Aparece el* DEMONIO *en lo alto de
         una peña.*)
               DEMONIO
   Diez años ha[31] que persigo
este monje en el desierto,
recordándole memorias
y pasados pensamientos;
205 siempre le he hallado firme,
como un gran peñasco opuesto.
Hoy duda en su fe; que es duda
de la fe lo que hoy ha hecho,
porque es la fe en el cristiano
210 que sirviendo a Dios y haciendo
buenas obras, ha de ir
a gozar de él en muriendo.
Éste, aunque ha sido tan santo,
duda de la fe, pues vemos
215 que quiere del mismo Dios,
estando en duda, saberlo.
En la soberbia también
ha pecado, caso es cierto.
Nadie como yo lo sabe,
220 pues por soberbio padezco.
Y con la desconfianza
le ha ofendido, pues es cierto
que desconfía de Dios
el que a su fe no da crédito.
225 Un sueño la causa ha sido;
y el anteponer un sueño
a la fe de Dios, ¿quién duda
que es pecado manifiesto?
Y así me ha dado licencia
230 el juez más supremo y recto
para que con más engaños
le incite agora de nuevo.
Sepa resistir valiente
los combates que le ofrezco,

235 pues supo desconfiar
y ser como yo, soberbio.
Su mal ha de restaurar[32]
de la pregunta que ha hecho
a Dios, pues a su pregunta
240 mi nuevo engaño prevengo.
De ángel tomaré la forma,
y responderé a su intento
cosas que le han de costar
su condenación, si puedo.
         (*Quítase el* DEMONIO *la túnica y
         queda de ángel.*)
               PAULO
245 ¡Dios mío! Aquesto os suplico.
¿Salvaréme, Dios inmenso?
¿Iré a gozar vuestra gloria?
Que me respondáis espero.
               DEMONIO
   Dios, Paulo, te ha escuchado,
250 y tus lágrimas ha visto.
               PAULO
   (¡Qué mal el temor resisto! (*Aparte.*)
Ciego en mirarlo he quedado.)
               DEMONIO
   Me ha mandado que te saque
de esa ciega confusión,
255 porque esa vana ilusión
de tu contrario se aplaque.
   Ve a Nápoles, y a la puerta
que llaman allá del Mar,
que es por donde tú has de entrar
260 a ver tu ventura cierta
o tu desdicha, verás
cerca de allá (estáme atento)
un hombre . . .
               PAULO
                  ¡Qué gran contento
con tus razones[33] me das!
               DEMONIO
265   . . . que Enrico tiene por nombre,
hijo del noble Anareto.
Conocerásle, en efeto,
por señas que es gentilhombre,[34]
alto de cuerpo y gallardo.
270 No quiero decirte más,
porque apenas llegarás
cuando le veas.

---

[31] *ha: hace.*
[32] *Su . . . restaurar*: freely, "He must redeem
himself for the sinful error(of the question . . .)"

[33] *razón*: statement.
[34] *gentilhombre*: man of good appearance.

PAULO
Aguardo
lo que le he de preguntar
cuando le llegare a ver.
DEMONIO
275 Sólo una cosa has de hacer.
PAULO
¿Qué he de hacer?
DEMONIO
Verle y callar,
contemplando sus acciones,
sus obras y sus palabras.
PAULO
En mi pecho ciego labras
280 quimeras y confusiones.
¿Sólo eso tengo de hacer?
DEMONIO
Dios que en él repares quiere,
porque el fin que aquél tuviere,
ese fin has de tener. (*Desaparece.*)
PAULO
285 ¡Oh misterio soberano!
¿Quién este Enrico será?
Por verle me muero ya.
¡Qué contento estoy, qué ufano!
Algún divino varón
290 debe de ser: ¿quién lo duda?
(*Sale* PEDRISCO.)
PEDRISCO
Siempre la fortuna ayuda
al más flaco corazón.
Lindamente he manducado; [35]
satisfecho quedo ya.
PAULO
295 Pedrisco.
PEDRISCO
A esos pies está
mi boca.
PAULO
A tiempo has llegado.
Los dos habemos de hacer
una jornada al momento.
PEDRISCO
Brinco y salto de contento.
300 Mas, ¿dónde, Paulo, ha de ser?
PAULO
A Nápoles.

PEDRISCO
¿Qué me dice?
Y ¿a qué, padre?
PAULO
En el camino
sabrá un paso peregrino.
¡Plegue a Dios que sea felice!
PEDRISCO
305 ¿Si seremos conocidos
de los amigos de allá?
PAULO
Nadie nos conocerá,
que vamos desconocidos
en el traje y en la edad.
PEDRISCO
310 Diez años ha que faltamos.
Seguros pienso que vamos,
que es tal la seguridad
de este tiempo, que en un hora [36]
se desconoce el amigo.
PAULO
315 Vamos.
PEDRISCO
Vaya Dios conmigo.
PAULO
De contento el alma llora.
A obedeceros me aplico,
mi Dios; nada me desmaya,
pues vos me mandáis que vaya
320 a ver al dichoso Enrico.
¡Gran santo debe de ser!
Lleno de contento estoy.
PEDRISCO
Y yo, pues contigo voy.
(No puedo dejar de ver, (*Aparte.*)
325 pues que mi bien es tan cierto,
con tan alta maravilla,
el bodegón de Juanilla
y la taberna del Tuerto.)
(*Vanse y sale el* DEMONIO.)
DEMONIO
Bien mi engaño va trazado.
330 Hoy verá el desconfiado
de Dios y de su poder
el fin que viene a tener,
pues él propio lo ha buscado.
(*Vase y salen* OCTAVIO *y* LISANDRO.) [37]

---

[35] *manducar*: to eat.
[36] *un hora.* The apocopation of the feminine indefinite article often occurs before a word beginning

with a vowel or *h*.
[37] Stage direction. The scene shifts to Celia's home in Naples.

LISANDRO
La fama de esta mujer
335 sólo a verla me ha traído.

OCTAVIO
¿De qué es la fama?

LISANDRO
La fama
que de ella, Octavio, he tenido
es de que es la más discreta
mujer que en aqueste siglo
340 ha visto el napolitano
reino.

OCTAVIO
Verdad os han dicho;
pero aquesa discreción
es el cebo de sus vicios;
con ésa engaña a los necios,
345 con ésa estafa a los lindos.[38]
Con una octava o soneto,
que con picaresco estilo
suele hacer de cuando en cuando,
trae a mil hombres perdidos;
350 y por parecer discretos,
alaban el artificio,
el lenguaje y los concetos.[39]

LISANDRO
Notables cosas me han dicho
de esta mujer.

OCTAVIO
Está bien.
355 ¿No os dijo el que aqueso os dijo,
que es de esta mujer la casa
un depósito de vivos,[40]
y que nunca está cerrada
al napolitano rico,
360 ni al alemán, ni al inglés,
ni al húngaro, armenio o indio,
ni aun al español tampoco
con ser tan aborrecido
en Nápoles?[41]

LISANDRO
¿Eso pasa?

OCTAVIO
365 La verdad es lo que digo,
como es verdad que venís

de ella enamorado.

LISANDRO
Afirmo
que me enamoró su fama.

OCTAVIO
Pues más hay.

LISANDRO
Sois fiel amigo.

OCTAVIO
370 Que tiene cierto mancebo
por galán, que no ha nacido
hombre tan mal inclinado
en Nápoles.

LISANDRO
Será Enrico,
hijo de Anareto el viejo,
375 que pienso que ha cuatro o cinco
años que está en una cama
el pobre viejo, tullido.[42]

OCTAVIO
El mismo.

LISANDRO
Notica tengo
de ese mancebo.

OCTAVIO
Os afirmo,
380 Lisandro, que es el peor hombre
que en Nápoles ha nacido.
Aquesta mujer le da
cuanto puede, y cuando el vicio
del juego suele apretalle,
385 se viene a su casa él mismo
y le quita a bofetadas
las cadenas, los anillos . . .

LISANDRO
¡Pobre mujer!

OCTAVIO
También ella
suele hacer sus ciertos tiros,[43]
390 quitando la hacienda a muchos
que son en su amor novicios,
con esta falsa poesía.

LISANDRO
Pues ya que estoy advertido

[38] *lindo*: dandy.
[39] *conceto*: *concepto*, idea, poetic conceit.
[40] *depósito de vivos*: place where gay blades meet; i.e., a brothel. The author is playing on the idea of a morgue, *depósito de cadáveres* (or *muertos*).
[41] *español . . . Nápoles*. Neapolitans, who lived under Spanish rule for more than two centuries, detested Spaniards for being arrogant and despotic.
[42] *tullido*: crippled.
[43] *ciertos tiros*: crooked tricks.

de amigo tan buen maestro,
395 allí veréis si yo os sirvo.

OCTAVIO

Yo entraré con vos también;
mas ojo al dinero, amigo.

LISANDRO

Con invención[44] entraremos.

OCTAVIO

Diréisle que habéis sabido
400 que hace versos elegantes,
y que a precio de un anillo
unos versos os escriba ·
a una dama.

LISANDRO

¡Buen arbitrio![45]

OCTAVIO

Y yo, pues entro con vos,
405 le diré también lo mismo.
Ésta es la casa.

LISANDRO

Y aun pienso
que está en el patio.

OCTAVIO

Si Enrico
nos coge dentro, por Dios,
que recelo algún peligro.

LISANDRO

410 ¿No es un hombre solo?

OCTAVIO

Sí.

LISANDRO

Ni le temo, ni le estimo.

(*Salen* CELIA, *leyendo un papel, y*
LIDORA, *con recado de escribir.*)

CELIA

Bien escrito está el papel.

LIDORA

Es discreto Severino.

CELIA

Pues no se le echa de ver
415 notablemente.[46]

LIDORA

¿No has dicho
que escribe bien?

CELIA

[Sí, por cierto.
La letra es buena: esto digo.][47]

LIDORA

Ya entiendo. [La mano y pluma
son de maestro de niños . . .]

CELIA

420 Las razones, de ignorante.

OCTAVIO

Llega, Lisandro, atrevido.

LISANDRO

Hermosa es, por vida mía.
Muy pocas veces se ha visto
belleza y entendimiento
425 tanto en un sujeto mismo.

LIDORA

Dos caballeros, si ya
se juzgan por el vestido,
han entrado.

CELIA

¿Qué querrán?

LIDORA

Lo ordinario.

OCTAVIO

Ya te ha visto.

CELIA

430 ¿Qué mandan vuesas mercedes?

LISANDRO

Hemos llegado atrevidos,
porque en casa de poetas
y de señores, no ha sido
vedada la entrada a nadie.

LIDORA

435 (Gran sufrimiento[48] ha tenido, (*Aparte.*)
pues la llamaron poeta,
y ha callado.)

LISANDRO

Yo he sabido
que sois discreta en extremo,
y que de Homero y de Ovidio
440 excedéis la misma fama.
Y así yo y aqueste amigo
que vuestro ingenio me alaba,
en competencia venimos
de que para cierta dama,

---

[44] *invención*: ruse.
[45] *arbitrio*: scheme.
[46] *no . . . notablemente*: one doesn't especially notice it
(that he is discreet).
[47] The words in brackets were supplied by Hartzenbusch in his edition of the play in the *Biblioteca de
Autores Españoles* because of the obviously defective
test in the first edition.
[48] *sufrimiento*: patience.

445 que mi amor puso en olvido
y se casó a su disgusto,
le hagáis algo; que yo afirmo
el premio a vuestra hermosura,
si es, señora, premio digno
450 el daros mi corazón.

LIDORA

(Por Belerma[49] te ha tenido.) (*Aparte a*
CELIA.)

OCTAVIO

Yo vine también, señora,
pues vuestro ingenio divino
obliga a los que se precian
455 de discretos, a lo mismo.

CELIA

¿Sobre quién tiene de[50] ser?

LISANDRO

Una mujer que me quiso
cuando tuvo qué quitarme,
y ya que pobre me ha visto,
460 se recogió a buen vivir.[51]

LIDORA

(Muy como discreta hizo.) (*Aparte.*)

CELIA

A buen tiempo habéis llegado;
que a un papel que me han escrito,
querría responder ahora;
465 y pues decía que de Ovidio
excedo a la antigua fama,
haré ahora más que él hizo.
A un tiempo se han de escribir
vuestros papeles y el mío.
470 Da a todos tinta y papel. (*A* LIDORA.)

LISANDRO

¡Bravo ingenio!

OCTAVIO

Peregrino.

LIDORA

Aquí está tinta y papel.

CELIA

Escribid, pues.

LISANDRO

Ya escribimos.

CELIA

Tú dices que a una mujer
475 que se casó . . .

LISANDRO

Aqueso digo.

CELIA

Y tú a la que te dejó
después que no fuiste rico.

OCTAVIO

Así es verdad.

CELIA

Y yo aquí
le respondo a Severino.

(*Escriben, y salen* GALVÁN *y* ENRICO
con espada y broquel.)

ENRICO

480 ¿Qué se busca en esta casa,
hidalgos?

LISANDRO

Nada buscamos;
estaba abierta, y entramos.

ENRICO

¿Conóceme?

LISANDRO

Aquesto pasa.[52]

ENRICO

Pues váyanse noramala,
485 que, ¡voto a Dios!, si me enojo . . .;
no me hagas, Celia, del ojo.[53]

OCTAVIO

¿Qué locura a aquésta iguala?

ENRICO

Que los arroje en el mar,
aunque está lejos de aquí.

CELIA

490 (Mi bien, por amor de mí.) (*Aparte a*
ENRICO.)

ENRICO

¿Tú te atreves a llegar?
Apártate, ¡voto a Dios!,
que te dé una bofetada.

OCTAVIO

Si el estar aquí os enfada,
495 ya nos iremos los dos.

LISANDRO

¿Sois pariente, o sois hermano
de aquesta señora?

---

[49] *Belerma.* Character in a ballad whose fiancé
Durandarte willed that after his death his heart
should be removed and delivered to her. The ballad
is the basis of the episode of the *Cueva de Montesinos*
in Part II of *Don Quijote.*

[50] *tener de*: haber de.
[51] *recogerse a buen vivir*: to reform one's conduct.
[52] *Aquesto pasa*: That's so.
[53] *no . . . ojo*: don't wink at me.

ENRICO
Soy
el diablo.

GALVÁN
Ya yo estoy
con la hojarasca [54] en la mano.
500 Sacúdelos. [55]

OCTAVIO
Deteneos.

CELIA
Mi bien, por amor de Dios.

OCTAVIO
Aquí venimos los dos,
no con lascivos deseos,
    sino a que nos escribiese
505 unos papeles.

ENRICO
Pues ellos
que [56] se precian tan bellos
¿no saben escribir?

OCTAVIO
Cese
vuestro enojo.

ENRICO
¿Qué es cesar?
¿Qué es de lo escrito?

OCTAVIO
Esto es.

ENRICO
510 Vuelvan por ellos después,
porque ahora no hay lugar.
    (*Rasga los papeles.*)

CELIA
¿Los rompiste?

ENRICO
Claro está.
Y si me enojo . . .

CELIA
¡Mi bien!
    (*Aparte a* ENRICO.)

ENRICO
Haré lo mismo también
515 de sus caras.

LISANDRO
Basta ya.

ENRICO
Mi gusto tengo de hacer
en todo cuanto quisiere;
y si voarcé [57] lo quiere,
sor [58] hidalgo, defender, [59]
520 cuéntese sin piernas ya,
porque yo nunca temí
hombres como ellos.

LISANDRO
¡Que ansí
nos trate un hombre!

OCTAVIO
Calla.

ENRICO
Ellos se precian de hombres,
525 siendo de mujer las almas;
si pretenden llevar palmas
y ganar honrosos nombres,
    defiéndanse de esta espada.
    (*Acuchíllalos.*)

CELIA
¡Mi bien!

ENRICO
Aparta.

CELIA
Detente.

ENRICO
530 No me detendrá el mismo infierno. [60]

CELIA
¡Qué es aquesto! ¡Ay, desdichada!

LIDORA
Huyendo van, que es belleza.

GALVÁN
¡Qué cuchillada le di!

ENRICO
Viles gallinas, ¿ansí
535 afrentáis vuestra destreza?

CELIA
Mi bien, ¿qué has hecho?

ENRICO
¡Nonada! [61]

---

[54] *hojarasca*: sword (underworld slang).
[55] *sacudir*: *golpear*.
[56] *ellos que*: probably "you who," not "they who." In underworld speech, both *él* and *voarcé(d)* are commonly used as the singular pronoun of address, and *ellos* and *voarcedes* are used in the plural. Cf. v. 522, *hombres como ellos*: men like you. Ruffians often speak of themselves in the third person, hence *el*

hombre means *yo*.
[57] *voarcé* (also *vuarcé*): *vuestra merced* (*usted*).
[58] *sor* (also *seor* and *seo*): *señor*.
[59] *defender*: *impedir*.
[60] This verse is too long and does not follow the rhyme. Hartzenbusch suggests, *Nadie detenerme intente*.
[61] *¡Nonada!*: A mere trifle!

¡Gallardamente le di
a aquél más alto! Le abrí
un jeme [62] de cuchillada.

LIDORA

540 ¡Bien el que entra a verte gana!

GALVÁN

Una punta le tiré
a aquél más bajo, y le eché
fuera una arroba de lana.
¡Terrible peto [63] traía!

ENRICO

545 ¡Siempre, Celia, me has de dar
digusto!

CELIA

Basta el pesar;
sosiega, por vida mía.

ENRICO

¿No te he dicho que no gusto
que entren estos marquesotes, [64]
550 todos guedeja y bigotes,
adonde me dan disgusto?
¿Qué provecho tienes dellos?
¿Qué te ofrecen, qué te dan
éstos que contino [65] están
555 rizándose los cabellos?
De peña, de roble o risco
es al dar su condición: [66]
su bolsa hizo profesión
en la orden de San Francisco. [67]
560 Pues, ¿para qué los admites?
¿Para qué les das entrada?
¿No te tengo yo avisada?
Tú harás algo que me incites
a cólera.

CELIA

Bueno está.

ENRICO

565 Apártate.

CELIA

Oye, mi bien,
porque sepas que hay también
alguno en [68] éstos que da,
aqueste anillo y cadena
me dieron éstos.

ENRICO

A ver.
570 La cadena he menester,
que me parece muy buena.

CELIA

¿La cadena?

ENRICO

Y el anillo
también me has de dar agora.

LIDORA

Déjale algo a mi señora.

ENRICO

575 Ella, ¿no sabrá pedillo?
¿Para qué lo pides tú?

GALVÁN

Ésta por hablar se muere.

LIDORA

(¡Mal haya quien bien os quiere, (*Aparte*.)
rufianes de Belcebú!) [69]

CELIA

580 Todo es tuyo, vida mía;
y, pues, yo tan tuya soy,
escúchame.

ENRICO

Atento estoy.

CELIA

Sólo pedirte querría
que nos lleves esta tarde
585 a la Puerta de la Mar.

ENRICO

El manto puedes tomar.

CELIA

Yo haré que allá nos aguarde
la merienda.

ENRICO

¿Oyes, Galván?
Ve a avisar luego al instante
590 a nuestro amigo Escalante,
a Cherinos y Roldán [70]
que voy con Celia.

GALVÁN

Sí haré.

ENRICO

Di que a la Puerta del Mar

[62] *jeme*: distance between the extended thumb and forefinger.
[63] *peto*: metal breastplate.
[64] *marquesote*: dandy.
[65] *contino*: continually.
[66] *De peña . . . condición*: Their character, when it comes to giving, is like a rock . . .

[67] *su . . . Francisco*: i.e., they are so stingy that you would think that their purses had taken a vow of poverty like Franciscan friars.
[68] *alguno en*: *alguien entre*.
[69] *Belcebú*: Beelzebub, prince of the devils.
[70] *Escalante, Cherinos*, and *Roldán* are common names for ruffians in the literature of the period.

nos vayan luego a esperar
595 con sus mozas.

LIDORA

¡Bien a fe!

GALVÁN

Ello habrá lindo bureo.[71]
Mas que[72] ha de haber cuchilladas.

CELIA

¿Quieres que vamos tapadas?

ENRICO

No es eso lo que deseo.
600 Descubiertas[73] habéis de ir,
porque quiero en este día
que sepan que tú eres mía.

CELIA

¿Cómo te podré servir?
Vamos.

LIDORA

(Tú eres inocente. (*A* CELIA.)
605 ¿Todas las joyas le has dado?)

CELIA

Todo está bien empleado
en hombre que es tan valiente.

GALVÁN

¿Mas que no te acuerdas ya
que te dijeron ayer
610 que una muerte habías de hacer?

ENRICO

Cobrada y gastada está
ya la mitad del dinero.

GALVÁN

Pues ¿para qué vas al mar?

ENRICO

Después se podrá trazar,
615 que ahora, Galván, no quiero.
Anillo y cadena tengo,
que me dio la tal señora;
dineros sobran ahora.

GALVÁN

Ya tus intentos prevengo.

ENRICO

620 Viva alegre el desdichado,
libre de cuidado y pena,
que en gastando la cadena
le daremos su recado.[74]

(*Vanse y salen* PAULO *y* PEDRISCO
de camino, graciosamente.) [75]

PEDRISCO

Maravillado estoy de tal suceso.

PAULO

625 Secretos son de Dios.

PEDRISCO

¿De modo, padre,
que el fin que ha de tener aqueste Enrico
ha de tener también?

PAULO

Faltar no puede
la palabra de Dios; el ángel suyo
me dijo que si Enrico se condena,
630 me he de condenar; y si él se salva,
también me he de salvar.

PEDRISCO

Sin duda, padre,
que es un santo varón aqueste Enrico.

PAULO

Eso mismo imagino.

PEDRISCO

Ésta es la puerta
que llaman de la Mar.

PAULO

Aquí me manda
635 el ángel que le aguarde.

PEDRISCO

Aquí vivía
un tabernero gordo, padre mío,
adonde yo acudía muchas veces;
y más allá, si acaso se le acuerda,
vivía aquella moza rubia y alta,
640 que archero[76] de la guardia parecía,
a quien él requebraba.

PAULO

¡Oh vil contrario!
Livianos pensamientos me fatigan.
¡Cuerpo flaco! Hermano, escuche.

PEDRISCO

Escucho.

PAULO

El contrario me tiene con memoria
645 y con pasados gustos . . .

---

[71] *Ello . . . bureo*: There will be fine entertainment.
[72] *Mas que*: I'll bet. In a question, ¿ *Mas que?* is usually best translated "What will you bet?" Cf. vv. 608 and 716.
[73] *descubiertas*: unveiled.

[74] *en . . . recado*: after spending (the money derived from) the chain, we'll give him his message (or gift); i.e., we'll take care of him.
[75] *graciosamente*: dressed as a *gracioso*.
[76] *archero*: *arquero*, archer.

PEDRISCO

Pues ¿qué hace?

PAULO

En el suelo me arrojo de esta suerte,
(*Échase en el suelo.*)
para que en él me pise: llegue, hermano,
píseme muchas veces.

PEDRISCO

En buen hora,
que soy muy obediente, padre mío.
(*Písale.*)
650 ¿Písole bien?

PAULO

Sí, hermano.

PEDRISCO

¿No le duele?

PAULO

Pise, y no tenga pena.

PEDRISCO

¿Pena, padre?
¿Por qué razón he yo de tener pena?
Piso y repiso, padre de mi vida;
mas temo no reviente, padre mío.

PAULO

655 Píseme, hermano.

(*Dan voces desde dentro, deteniendo a*
ENRICO.)

ROLDÁN

Deteneos, Enrico.

ENRICO

Al mar he de arrojalle, ¡vive el cielo!

PAULO

(A Enrico oí nombrar.) (*Aparte.*) [77]

ENRICO

¿Gente mendiga
ha de haber en el mundo?

CHERINOS

Deteneos.

ENRICO

Podrásme detener en arrojándole.

CELIA

660 ¿Dónde vas? Detente.

ENRICO

No hay remedio:
harta merced te hago, pues te saco
de tan grande miseria. [78]

ROLDÁN

¿Qué habéis hecho?
(*Salen todos.*)

ENRICO

Llegóme a pedir un pobre una limosna;
dolióme el verle con tan gran miseria,
665 y porque no llegase a avergonzarse
a otro desde hoy, cogíle en brazos
y le arrojé en el mar.

PAULO

(¡Delito inmenso!)

ENRICO

Ya no será más pobre, según pienso.

PEDRISCO

(¡Algún diablo limosna te pidiera!)

CELIA

670 ¡Siempre has de ser cruel!

ENRICO

No me repliques;
que haré contigo y los demás lo mesmo.

ESCALANTE

Dejemos eso agora, por tu vida.
Sentémonos los dos, Enrico amigo.

PAULO

(A éste han llamado Enrico.)
(*A* PEDRISCO.)

PEDRISCO

(Será otro.
675 ¿Querías tú que fuese este mal hombre,
que en vida está ya ardiendo en los
infiernos?
Aguardemos a ver en lo que para.)

ENRICO

Pues siéntense voarcedes, porque quiero
haya conversación.

ESCALANTE

Muy bien ha dicho.

ENRICO

680 Siéntese Celia aquí.

CELIA

Ya estoy sentada.

ESCALANTE

Tú conmigo, Lidora.

LIDORA

Lo mismo digo yo, seor Escalante.

CHERINOS

Siéntese aquí, Roldán.

[77] Throughout the rest of this scene, Paulo and Pedrisco, who are not observed by the other characters on stage, speak *al paño* or in asides which will be indicated only by parentheses.

[78] *harta . . . miseria.* This speech is addressed to a beggar whom Enrico throws into the sea.

ROLDÁN

Ya voy, Cherinos.

PEDRISCO

(¡Mire qué buenas almas, padre mío!
685 Lléguese más, verá de lo que tratan.)

PAULO

(¡Que no viene mi Enrico!)

PEDRISCO

(Mire y calle,
que somos pobres, y este desalmado
no nos eche en la mar.)

ENRICO

Agora quiero
que cuente cada uno de vuarcedes
690 las hazañas que ha hecho en esta vida.
Quiero decir . . . hazañas . . . latrocinios,
cuchilladas, heridas, robos, muertes,
salteamientos y cosas de este modo.

ESCALANTE

Muy bien ha dicho Enrico.

ENRICO

Y al que hubiere
695 hecho mayores males, al momento
una corona de laurel le pongan,
cantándole alabanzas y motetes.[79]

ESCALANTE

Soy contento.

ENRICO

Comience, seo Escalante.

PAULO

(¡Que esto sufre el Señor!)

PEDRISCO

(Nada le espante.)

ESCALANTE

700 Yo digo ansí.

PEDRISCO

(¡Qué alegre y satisfecho!)

ESCALANTE

Veinticinco pobretes tengo muertos,
seis casas he escalado y treinta heridas
he dado con la chica.[80]

PEDRISCO

(¡Quién te viera
hacer en una horca cabriolas!)

ENRICO

705 Diga, Cherinos.

PEDRISCO

(¡Qué ruin nombre tiene!

¡Cherinos! Cosa poca.)

CHERINOS

Yo comienzo.
No he muerto a ningún hombre; pero he
dado más de cien puñaladas.

ENRICO

¿Y ninguna
fue mortal?

CHERINOS

Amparóles la fortuna.
710 De capas que he quitado en esta vida
y he vendido a un ropero, está ya rico.

ENRICO

¿Véndelas él?

CHERINOS

¿Pues no?

ENRICO

¿No las conocen?

CHERINOS

Por quitarse de aquestas ocasiones,
las convierte en ropillas[81] y calzones.

ENRICO

715 ¿Habéis hecho otra cosa?

CHERINOS

No me acuerdo.

PEDRISCO

(¿Mas que le absuelve ahora el ladronazo?)

CELIA

Y tú ¿qué has hecho, Enrico?

ENRICO

Oigan voarcedes.

ESCALANTE

Nadie cuente mentiras.

ENRICO

Yo soy hombre
que en mi vida las dije.

GALVÁN

Tal se entiende.

PEDRISCO

720 (¿No escucha, padre mío, estas razones?)

PAULO

(Estoy mirando a ver si viene Enrico.)

ENRICO

Haya, pues, atención.

CELIA

Nadie te impide.

PEDRISCO

(¡Miren[82] a qué sermón atención pide!)

---

[79] *motete*: motet (choral composition).
[80] *chica*: dagger (underworld slang).
[81] *ropilla*: doublet.
[82] *¡Miren*: Let them consider.

ENRICO

Yo nací mal inclinado,
725 como se ve en los efectos
del discurso[83] de mi vida
que referiros pretendo.
Con regalos[84] me crié
en Nápoles; que ya pienso
730 que conocéis a mi padre,
que aunque no fue caballero
ni de sangre generosa,
era muy rico; y yo entiendo
que es la mayor calidad
735 el tener en este tiempo.
Criéme, al fin, como digo,
entre regalos, haciendo
travesuras cuando niño,
locuras cuando mancebo.
740 Hurtaba a mi viejo padre,
arcas y cofres abriendo,
los vestidos que tenía,
las joyas y los dineros.
Jugaba, y digo jugaba,
745 para que sepáis con esto
que de cuantos vicios hay,
es el primer padre el juego.
Quedé pobre y sin hacienda
y yo — me he enseñado a hacerlo —,
750 di en robar de casa en casa
cosas de pequeño precio.
Iba a jugar y perdía;
mis vicios iban creciendo.
Di luego en acompañarme
755 con otros del arte[85] mesmo:
escalamos siete casas,
dimos la muerte a sus dueños;
lo robado repartimos
para dar caudal al juego.
760 De cinco que éramos todos,
sólo los cuatro prendieron,
y nadie me descubrió,
aunque les dieron tormento.
Pagaron en una plaza
765 su delito, y yo con esto,
de escarmentado, acogíme
a hacer a solas mis hechos.

Íbame todas las noches
solo a la casa del juego,
770 donde a su puerta aguardaba
a que saliesen de adentro.
Pedía con cortesía
el barato,[86] y cuando ellos
iban a sacar qué darme,
775 sacaba yo el fuerte acero,
que riguroso escondía
en sus inocentes pechos,
y por fuerza me llevaba
lo que ganando perdieron.
780 Quitaba de noche capas;
tenía diversos hierros
para abrir cualquiera puerta
y hacerme capaz del dueño.[87]
Las mujeres estafaba;
785 y no dándome el dinero,
visitaba una navaja
su rostro luego al momento.
Aquestas cosas hacía
el tiempo que fui mancebo;
790 pero escuchadme y sabréis,
siendo hombre, las que he hecho.
A treinta desventurados
yo solo y aqueste acero,
que es de la muerte ministro,
795 del mundo sacado habemos:
los diez muertos por mi gusto,
y los veinte me salieron,
uno con otro, a doblón.[88]
Diréis que es pequeño precio;
800 es verdad; mas, ¡voto a Dios!,
que en faltándome el dinero,
que mate por un doblón
a cuantos me están oyendo.
Seis doncellas he forzado:
805 ¡dichoso llamarme puedo,
pues seis he podido hallar
en este felice tiempo!
De una principal[89] casada
me aficioné; ya resuelto,
810 habiendo entrado en su casa
a ejecutar mi deseo,
dio voces, vino el marido,

[83] *discurso*: course.
[84] *Con regalos*: In luxury.
[85] *arte*: profession.
[86] *barato*: money given by winning gamblers to bystanders.
[87] *hacerme . . . dueño*: i.e., to take over like the owner.
[88] *veinte . . . doblón*: twenty brought me, on the average, a doubloon each.
[89] *principal*: distinguished.

y yo, enojado y resuelto,
llegué con él a los brazos;
815 y tanto en ellos le aprieto,
que perdió tierra;⁹⁰ y apenas
en este punto le veo,
cuando de un balcón le arrojo,
y en el suelo cayó muerto.
820 Dio voces la tal señora;
y yo, sacando el acero,
le⁹¹ metí cinco o seis veces
en el cristal de su pecho,
donde puertas de rubíes
825 en campos de cristal bellos
le dieron salida al alma
para que se fuese huyendo.
Por hacer mal solamente,
he jurado juramentos
830 falsos, fingido quimeras,
hecho máquinas⁹² y enredos;
y un sacerdote que quiso
reprenderme con buen celo,
de un bofetón que le di,
835 cayó en tierra medio muerto.
Porque supe que encerrado
en casa de un pobre viejo
estaba un contrario mío,
a la casa puse fuego;
840 y sin poder remediallo,
todos se quemaron dentro,
y hasta dos niños, hermanos,
ceniza quedaron hechos.
No digo jamás palabra
845 si no es con un juramento,
un pese⁹³ o un por vida,⁹⁴
porque sé que ofendo al cielo.
En mi vida misa oí,
ni estando en peligros ciertos
850 de morir me he confesado
ni invocado a Dios eterno.
No he dado limosna nunca,
aunque tuviese dineros:
antes persigo a los pobres,
855 como habéis visto el ejemplo.
No respeto a religiosos:
de sus iglesias y templos

seis cálices he robado
y diversos ornamentos
860 que sus altares adornan.
Ni a la justicia respeto:
mil veces me he resistido
y a sus ministros he muerto;
tanto, que para prenderme
865 no tienen ya atrevimiento.
Y, finalmente, yo estoy
preso por los ojos bellos
de Celia, que está presente:
todos la⁹⁵ tienen respeto
870 por mí, que la adoro; y cuando
sé que la sobran dineros,
con lo que me da, aunque poco,
mi viejo padre sustento,
que ya le conoceréis
875 por el nombre de Anareto.
Cinco años ha que tullido
en una cama le tengo,
y tengo piedad con él
por estar pobre el buen viejo,
880 y porgue soy causa al fin
de ponelle en tal extremo,
por jugarle yo su hacienda
el tiempo que fui mancebo.
Todo es verdad lo que he dicho,
885 voto a Dios, y que no miento.
Juzgad ahora vosotros
cuál merece mayor premio.

PEDRISCO
(Cierto, padre de mi vida,
que son servicios tan buenos,
890 que puede ir a pretender⁹⁶
éste a la corte.)
ESCALANTE
         Confieso
que tú el lauro⁹⁷ has merecido.
ROLDÁN
Y yo confieso lo mesmo.
CHERINOS
Todos lo mesmo decimos.
CELIA
895 El laurel darte pretendo.
ENRICO
Vivas, Celia, muchos años.

⁹⁰ *perder tierra*: to lose one's footing.
⁹¹ *le*: *lo*.
⁹² *máquina*: scheme.
⁹³ *pese*: curse.
⁹⁴ *por vida*: an oath roughly equivalent to "For

Christ's sake!"
⁹⁵ *la* is often used for the feminine dative instead of *le*.
⁹⁶ *pretender*: to seek office.
⁹⁷ *lauro*: laurels of victory.

CELIA

Toma, mi bien; y con esto,
pues que la merienda aguarda,
nos vamos.

GALVÁN

Muy bien has hecho.

CELIA

900 Digan todos: "¡Viva Enrico!"

TODOS

¡Viva el hijo de Anareto!

ENRICO

Al punto todos nos vamos
a holgarnos y entretenernos. (*Vanse.*)

PAULO

Salid, lágrimas, salid;
905 salid apriesa del pecho,
no lo dejéis de vergüenza.
¡Qué lastimoso suceso!

PEDRISCO

¿Qué tiene, padre?

PAULO

¡Ay, hermano!
Penas y desdichas tengo.
910 Este mal hombre que he visto
es Enrico.

PEDRISCO

¿Cómo es eso?

PAULO

Las señas que me dio el ángel
son suyas.

PEDRISCO

¿Es eso cierto?

PAULO

Sí, hermano, porque me dijo
915 que era hijo de Anareto,
y aquéste también lo ha dicho.

PEDRISCO

Pues aquéste ya está ardiendo
en los infiernos.

PAULO

¡Ay triste!
Eso sólo es lo que temo.
920 El ángel de Dios me dijo
que si éste se va al infierno,
que al infierno tengo de ir,
y al cielo, si éste va al cielo.
Pues al cielo, hermano mío,
925 ¿cómo ha de ir éste, si vemos
tantas maldades en él,
tantos robos manifiestos,

crueldades y latrocinios
y tan viles pensamientos?

PEDRISCO

930 En eso, ¿quién pone duda?
Tan cierto se irá al infierno
como el despensero Judas.

PAULO

¡Gran Señor! ¡Señor eterno!
¿Por qué me habéis castigado
935 con castigo tan inmenso?
Diez años y más, Señor,
ha que vivo en el desierto
comiendo yerbas amargas,
salobres aguas bebiendo,
940 sólo porque vos, Señor,
juez piadoso, sabio, recto,
perdonarais mis pecados.
¡Cuán diferente lo veo!
Al infierno tengo de ir.
945 ¡Ya me parece que siento
que aquellas voraces llamas
van abrasando mi cuerpo!
¡Ay! ¡Qué rigor!

PEDRISCO

Ten paciencia.

PAULO

¿Qué paciencia o sufrimiento
950 ha de tener el que sabe
que se ha de ir a los infiernos?
¡Al infierno, centro oscuro,
donde ha de ser el tormento
eterno y ha de durar
955 lo que Dios durare! ¡Ah cielo!
¡Que nunca se ha de acabar!
¡Que siempre han de estar ardiendo
las almas! ¡Siempre! ¡Ay de mí!

PEDRISCO

Sólo oírle me da miedo.
960 Padre, volvamos al monte.

PAULO

Que allá volvamos pretendo;
pero no a hacer penitencia,
pues que ya no es de provecho.
Dios me dijo que si aquéste
965 se iba al cielo, me iría al cielo,
y al profundo, si al profundo.
Pues es ansí, seguir quiero
su misma vida; perdone
Dios aqueste atrevimiento:
970 si su fin he de tener,

tenga su vida y sus hechos;
que no es bien que yo en el mundo
esté penitencia haciendo,
y que él viva en la ciudad
975 con gustos y con contentos,
y que a la muerte tengamos
un fin.

PEDRISCO

Es discreto acuerdo.
Bien has dicho, padre mío.

PAULO

En el monte hay bandoleros:
980 bandolero quiero ser,
porque así igualar pretendo
mi vida con la de Enrico,
pues un mismo fin tenemos.
Tan malo tengo de ser
985 como él, y peor si puedo;
que pues ya los dos estamos
condenados al infierno,
bien es que antes de ir allá
en el mundo nos venguemos.

PEDRISCO

990 ¡Ah, señor! ¿Quién tal pensara?
Vamos, y déjate de eso,
y de esos árboles altos
los hábitos ahorquemos.
Viste galán.

PAULO

Sí haré,
995 y yo haré que tengan miedo
a un hombre que, siendo justo,
se ha condenado al infierno.
Rayo del mundo he de ser.
¿Qué se ha de hacer sin dineros?
1000 Yo los quitaré al demonio
si fuere cierto el traerlos.

PEDRISCO

Vamos, pues.

PAULO

Señor, perdona
1005 si injustamente me vengo.
Tú me has condenado ya;
tu palabra, es caso cierto
que atrás no puede volver.
Pues si es ansí, tener quiero
en el mundo buena vida,
pues tan triste fin espero.
1010 Los pasos pienso seguir
de Enrico.

PEDRISCO

Ya voy temiendo
que he de ir contigo a las ancas [98]
cuando vayas al infierno.

[98] *a las ancas*: mounted behind another person on horseback.

Acto segundo

(*Salen* ENRICO *y* GALVÁN.)

ENRICO

¡Válgate el diablo, el juego!
1015 ¡Qué mal que me has tratado!

GALVÁN

Siempre eres desdichado.

ENRICO

¡Fuego en las manos, fuego!
¿Estáis descomulgadas?[99]

GALVÁN

Echáronte a perder suertes trocadas.[100]

ENRICO

1020　Derechas[101] no las gano;
si las trueco, tampoco.

GALVÁN

Él es un juego loco.

ENRICO

Esta derecha mano
me tiene destruído:
1025 noventa y nueve escudos he perdido.

GALVÁN

¿Pues para qué estás triste,
que nada te costaron?

ENRICO

¡Qué poco que duraron!
¿Viste tal cosa? ¿Viste
1030 tal multitud de suertes?

GALVÁN

¿Con esa pesadumbre te diviertes
y no cuidas de nada,
y has de matar a Albano,
que de Laura el hermano
1035 te tiene ya pagada
la mitad del dinero?

ENRICO

Sin blanca[102] estoy; matar a Albano quiero.

GALVÁN

¿Y aquesta noche, Enrico,

Cherinos y Escalante? . . .

ENRICO

1040 A ayudallos me aplico.[103]
¿No han de robar la casa
de Octavio el Genovés?

GALVÁN

Aqueso pasa.[104]

ENRICO

Pues yo seré el primero
que suba a sus balcones;
1045 en tales ocasiones
aventajarme quiero.
Ve y diles que aquí aguardo.

GALVÁN

Volando voy, que en todo eres gallardo.

(*Vase.*)

ENRICO

Pues mientras ellos se tardan,
1050 y el manto lóbrego[105] aguardan,
que su remedio ha de ser,
quiero un viejo padre ver
que aquestas paredes guardan.
Cinco años ha que le tengo
1055 en una cama tullido,
y tanto a estimarle vengo,
que con[106] andar tan perdido
a mi costa le mantengo.
De lo que Celia me da,
1060 o yo por fuerza le quito,
traigo lo que puedo acá,
y su vida solicito,
que acabando el curso va.
De lo que de noche puedo,
1065 varias casas escalando,
robar con cuidado o miedo,
voy su sustento aumentando
y a veces sin él me quedo.
Que esta virtud solamente

---

[99] *descomulgadas*: cursed.

[100] *suertes trocadas*: changing points. Enrico has been gambling at dice in which game *suerte* represents the point or number one must make to win.

[101] *derechas*. The meaning is obscure; perhaps, "When the points were fixed . . ."

[102] *blanca*: copper coin of small value.

[103] The verse before this one is missing. Hartzenbusch suggests *Empresa es importante*.

[104] *Aqueso pasa*. See n. 52.

[105] *manto lóbrego*: lugubrious cloak; i.e., night.

[106] *con*: in spite of.

1070 en mi vida distraída[107]
conservo piadosamente,
que es deuda al padre debida
el serle el hijo obediente.
　　En mi vida le ofendí,
1075 ni pesadumbre le di;
en todo cuanto mandó,
obediente me halló
desde el día en que nací;
　　que aquestas mis travesuras,
1080 mocedades y locuras,
nunca a saberlas llegó;
que a saberlas, bien sé yo
que aunque mis entrañas duras,
de peña, al blando cristal
1085 opuesta, fueron formadas,
y mi corazón igual
a las fieras encerradas
en riscos de pedernal,
que las hubiera atajado;[108]
1090 pero siempre le he tenido
donde, de nadie informado,
ni un disgusto ha recibido
de tantos como he causado.
　　(*Descubre su padre en una silla.*)
Aquí está: quiérole ver.
1095 Durmiendo está, al parecer.
Padre.

ANARETO

¡Mi Enrico querido!

ENRICO

Del descuido que he tenido,
perdón espero tener
de vos, padre de mis ojos.
1100 ¿Heme tardado?

ANARETO

　　　　No, hijo.

ENRICO

No os quisiera dar enojos.

ANARETO

En verte me regocijo.

ENRICO

No el sol por celajes rojos
saliendo a dar resplandor
1105 a la tiniebla mayor

que espera tan alto bien,
parece al día tan bien,
como vos a mí, señor.
　　Que vos para mí sois sol,
1110 y los rayos que arrojáis
dese divino arrebol,[109]
son las canas con que honráis
este reino.

ANARETO

　　　　Eres crisol
donde la virtud se apura.

ENRICO

1115 ¿Habéis comido?

ANARETO

　　　　Yo, no.

ENRICO

Hambre tendréis.

ANARETO

　　　　La ventura
de mirarte me quitó
la hambre.

ENRICO

　　　　No me asegura,
padre mío, esa razón,
1120 nacida de la afición
tan grande que me tenéis;
pero agora comeréis,
que las dos pienso que son
de la tarde. Ya la mesa
1125 os quiero, padre, poner.

ANARETO

De tu cuidado me pesa.

ENRICO

Todo esto y más ha de hacer
el que obediencia profesa.
　　(Del dinero que jugué, (*Aparte.*)
1130 un escudo reservé
para comprar qué comiese,
porque aunque al juego le pese,
no ha de faltar esta fe.)
　　Aquí traigo en el lenzuelo,[110]
1135 padre mío, qué comáis.
Estimad mi justo celo.

ANARETO

Bendito, mi Dios, seáis

---

[107] *distraída*: dissolute.
[108] *que a saberlas . . . atajado*: because if he had learned about them (my misdeeds), I well know that although my feelings were made of rock, the opposite of delicate glass, and although my heart was like that of beasts enclosed in cliffs of flint, I would have stopped them.
[109] *arrebol*: sun-red sky.
[110] *lenzuelo*: handkerchief.

en la tierra y en el cielo,
pues que tal hijo me distes
1140 cuando tullido me vistes,
que mis pies y manos sea.

ENRICO

Comed, porque yo lo vea.

ANARETO

Miembros cansados y tristes,
ayudadme a levantar.

ENRICO

1145 Yo, padre, os quiero ayudar.

ANARETO

Fuerza me infunden tus brazos.

ENRICO

Quisiera en estos abrazos
la vida poderos dar.
Y digo, padre, la vida,
1150 porque tanta enfermedad
es ya muerte conocida.

ANARETO

La divina voluntad
se cumpla.

ENRICO

Ya la comida
os espera. ¿Llegaré[111]
1155 la mesa?

ANARETO

No, hijo mío,
que el sueño me vence.

ENRICO

¿A fe?[112]
Pues dormid.

ANARETO

Dádome ha un frío
muy grande.

ENRICO

Yo os llegaré
la ropa.

ANARETO

No es menester.

ENRICO

1160 Dormid.

ANARETO

Yo, Enrico, quisiera,
por llegar siempre a temer
que en viéndote es la postrera
vez que te tengo de ver,

porque aquesta enfermedad
1165 me trata con tal crueldad . . .
que quisiera que tomaras
estado.[113]

ENRICO

¿En eso reparas?
Cúmplase tu voluntad.
Mañana pienso casarme.
1170 (Quiero darle aqueste gusto,   (*Aparte.*)
aunque finja.)

ANARETO

Será darme
la salud.

ENRICO

Hacer es justo
lo que tú puedes mandarme.

ANARETO

Moriré, Enrico, contento.

ENRICO

1175 Darte gusto en todo intento,
porque veas de esta suerte
que por sólo obedecerte
me sujeto al casamiento.

ANARETO

Pues, Enrico, como viejo[114]
1180 te quiero dar un consejo.
No busques mujer hermosa,
porque es cosa peligrosa
ser en cárcel mal segura
alcaide de una hermosura
1185 donde es la afrenta forzosa.
Está atento, Enrico.

ENRICO

Di.

ANARETO

Y nunca entienda de ti
que de su amor no te fías,
que viendo que desconfías,
1190 todo lo ha de hacer ansí.
Con tu mismo ser la iguala:
ámala, sirve y regala;
con celos no la des pena;
que no hay mujer que sea buena
1195 si ve que piensan que es mala.
No declares tu pasión
hasta llegar la ocasión,
y luego . . . (*Duérmese.*)

---

111 *llegar: acercar.*
112 *¿ A fe?*: Really?
113 *tomar estado*: to marry.

114 Three verses are missing to complete this *quintilla.* Vv. 1183–84, 1190–93, and 1191–98 are taken from Act I of Lope de Vega's *El remedio en la desdicha.*

ENRICO
    Vencióle el sueño,
que es de los sentidos dueño,
1200 al dar la mejor lición.[115]
    Quiero la ropa llegalle,
y de esta suerte dejalle
hasta que repose.
    (*Cúbrele y sale* GALVÁN.)

GALVÁN
                    Ya
todo prevenido está,
1205 y mira que por la calle
viene Albano,[116]
a quien la muerte has de dar.

ENRICO
¿Pues yo he de ser tan tirano?

GALVÁN
¡Cómo!

ENRICO
    ¿Yo le he de matar
1210 por un interés liviano?

GALVÁN
    ¿Ya tienes temor?

ENRICO
                    Galván,
estos dos ojos que están
con este sueño cubiertos,
por mirar que están despiertos[117]
1215 aqueste temor me dan.
    No me atrevo, aunque mi nombre
tiene su altivo renombre
en las memorias escrito,
intentar[118] tan gran delito
1220 donde está durmiendo este hombre.

GALVÁN
¿Quién es?

ENRICO
        Un hombre eminente
a quien temo solamente
y en esta vida respeto;
que para el hijo discreto
1225 es el padre muy valiente.

Si conmigo le llevara
siempre, nunca yo intentara
los delitos que condeno,
pues fuera su vista el freno
1230 que la ocasión me tirara.[119]
    Pero corre esa cortina;
que el no verle podrá ser
(pues mi favor afemina)
que rigor venga a tener,[120]
1235 si ahora piedad me inclina.

GALVÁN
    (*Corre la cortina.*)
Ya está cerrada.

ENRICO
                Galván,
agora que no le veo
ni sus ojos luz me dan,
matemos, si es tu deseo,
1240 cuantos en el mundo están.

GALVÁN
Pues mira que viene Albano,
y que de Laura al hermano
que le des muerte conviene.

ENRICO
Pues él a buscarla viene,
1245 dale por muerto.

GALVÁN
                Es llano.

(*Sale* ALBANO, *viejo, y pasa.*)

ALBANO
El sol a poniente va,
como va mi edad también,
y con cuidado estará
mi esposa.

ENRICO
        Brazo, detén.

GALVÁN
1250 ¿Qué aguardas ya?[121]

ENRICO
    Miro un hombre que es retrato
y viva imagen de aquél
a quien siempre de honrar trato:

---

[115] *lición: lección.*
[116] This verse is short.
[117] Some editors have emended this verse to read, *por temer que estén despiertos.*
[118] *No me atrevo . . . intentar.* The preposition *a* was sometimes omitted before an infinitive following *atreverse.*
[119] *pues . . . tirara*: since the sight of him would be the restraint that would deprive me of the ability to act.

[120] *que el . . . tener*: because if I didn't see him (since my love for him weakens me), it could be that I could regain my cruelty.
[121] This verse is short. Most editors emend it to read, *¿ Qué aguardas, Enrico, ya ?* Note that Galván and Enrico never speak to Albano, who apparently does not see them. In v. 1260 Enrico is speaking to himself, not Albano, when he calls his name.

pues di, si aquí soy crüel,
1255 ¿no seré a mi padre ingrato?
    Hoy de mis manos tiranas
por ser viejo, Albano, ganas
la cortesía que esperas,
que son piadosas terceras,[122]
1260 aunque mudas, esas canas.
    Vete libre; que repara
mi honor (que así se declara,
aunque a mi opinión no cuadre)
que pensara que a mi padre
1265 mataba si te matara.[123]
    (*Vase* ALBANO.)
    ¡Ay, canas! Las que aborrecen . . .[124]
Pocos las ofenderán,
pues tan seguras se van
cuando enemigos se ofrecen.

GALVÁN

1270 ¡Vive Dios, que no te entiendo!
Otro eres ya del que fuiste.

ENRICO

Poco mi valor ofendo.

GALVÁN

Darle la muerte pudiste.

ENRICO

No es eso lo que pretendo.
1275 A nadie temí en mi vida;
varios delitos he hecho,
he sido fiero homicida,
y no hay maldad que en mi pecho
no tenga siempre acogida;
1280 pero en llegando a mirar
las canas que supe honrar
porque en mi padre las vi,
todo el furor reprimí
y las procuré estimar.
1285 Si yo supiera que Albano
era de tan larga edad,
nunca de Laura al hermano
prometiera tal crueldad.

GALVÁN

Respeto fue necio y vano.
1290 El dinero que te dio,
por fuerza habrás de volver,
ya que Albano no murió.

ENRICO

Podrá ser.

GALVÁN

    ¿Qué es podrá ser?

ENRICO

Podrá ser, si quiero yo.

GALVÁN

1295 Él viene.

    (*Sale* OCTAVIO.)

OCTAVIO

    A Albano encontré
vivo y sano como yo.

ENRICO

Ya lo creo.

OCTAVIO

    Y no pensé
que la palabra que dio
de matarle vuesasté,[125]
1300 no se cumpliera tan bien
como se cumplió la paga.
¿Esto es ser hombre de bien?[126]

GALVÁN

(Éste busca que le den
un bofetón con la daga.) (*Aparte.*)

ENRICO

1305 No mato a hombres viejos yo;
y si a voarcé le ofendió,
vaya y mátele al momento;
que yo quedo muy contento
con la paga que me dio.

OCTAVIO

1310 El dinero ha de volverme.

ENRICO

Váyase voarcé con Dios.
No quiera enojado verme;
que, ¡juro a Dios! . . .
(*Sacan las espadas.*)

GALVÁN

    Ya los dos
riñen; el diablo no duerme.

OCTAVIO

1315 Mi dinero he de cobrar.

ENRICO

Pues yo no lo pienso dar.

---

[122] *terceras:* intermediaries, advocates.
[123] *que repara . . . matara:* freely, "because my sense of honor (which reveals itself in this way, although honor is so alien to my reputation) makes me consider that I would think that I was killing my father if I killed you."

[124] A verse is lacking in this *quintilla* which impairs the meaning.
[125] *vuesasté: vuestra merced.*
[126] *hombre de bien:* man of your word.

OCTAVIO

Eres un gallina.

ENRICO

Mientes. (*Le hiere.*)

OCTAVIO

Muerto soy.

ENRICO

Mucho lo sientes.

GALVÁN

Hubiérase ido a acostar.

ENRICO

1320 A hombres como tú, arrogantes,[127]
doy la muerte yo, no a viejos,
que con canas y consejos
vencen ánimos gigantes.
    Y si quisieres probar
1325 lo que llego a sustentar,
pide a Dios, si él lo permite,
que otra vez te resucite,
y te volveré a matar.
    (*Dentro dice el* GOBERNADOR.)

GOBERNADOR

Prendedle, dadle la muerte.

GALVÁN

Aquesto es malo.
1330 Más de cien hombres vienen a prenderte
con el gobernador.

ENRICO

Vengan seiscientos.
Si me prenden, Galván, mi muerte es
cierta;
si me defiendo, puede hacer mi dicha
que no me maten, y que yo me escape;
1335 y más quiero morir con honra y fama.
Aquí está Enrico: ¿no llegáis, cobardes?

GALVÁN

Cercado te han por todas partes.

ENRICO

Cerquen,
que, vive Dios, que tengo de arrojarme
por entre todos.

GALVÁN

Yo tus pasos sigo.

ENRICO

1340 Pues haz cuenta que César va contigo.[128]

[127] A verse is lacking to complete the *quintilla*, but the sense is not impaired.

[128] *César va contigo.* Probably an allusion to the episode in which Julius Caesar said to a trembling boatman when they were caught in a storm, "Why are you afraid? You have Caesar with you."

(*Sale el* GOBERNADOR *y mucha gente, y* ENRICO *los mete a todos a cuchilladas.*)

GOBERNADOR

¿Eres demonio?

ENRICO

Soy un hombre solo
que huye de morir.

GOBERNADOR

Pues date preso,
y yo te libraré.

ENRICO

No pienso en eso.
Ansí habéis de prenderme. (*Lidiando.*)

GALVÁN

Sois cobardes.

GOBERNADOR

1345 ¡Ay de mí! Muerto soy.

UNO

¡Grande desdicha!
¡Mató al gobernador! ¡Mala palabra!

(*Retíranlos,*[129] *y sale* ENRICO.)

ENRICO

Y aunque la tierra sus entrañas abra,
y en ellas me sepulte, es imposible
que me pueda escapar; tú, mar soberbio,
1350 en tu centro me esconde;[130] con la espada
en la boca tengo de arrojarme.
Tened misericordia de mi alma,
Señor inmenso, que aunque soy tan malo,
no dejo de tener conocimiento
1355 de vuestra santa fe. Pero ¿qué hago?
¡Al mar quiero arrojarme cuando dejo
triste, afligido, un miserable viejo!
Al padre de mi vida volver quiero,
y llevarle conmigo; a ser Eneas
1360 del viejo Anquises.[131]

GALVÁN

¿Dónde vas? Detente.

ENRICO

Seguidme por aquí. (*Dentro.*)

GALVÁN

Guarda tu vida.

[129] *Retíranlos*: They (Enrico and Galván) drive them off. Apparently Enrico pursues them off stage, then returns.

[130] *me esconde*: escóndeme.

[131] *Eneas . . . Anquises*. See *El burlador de Sevilla*, n. 67.

ENRICO

Perdonad, padre de mis ojos,[132]
el no poder llevaros en mis brazos,
aunque en el alma bien sé yo que os llevo.
1365 Sígueme tú, Galván.

GALVÁN

Ya te sigo.

ENRICO

Por tierra no podemos escaparnos.

GALVÁN

Pues arrójome al mar.

ENRICO

Su centro airado
sea sepulcro mío. ¡Ay, padre amado!
¡Cuánto siento el dejaros!

GALVÁN

Ven conmigo.

ENRICO

1370   Cobarde soy, Galván, si no te sigo.
(*Sale* PAULO *de bandolero,*   [(*Vanse.*)
y otros, y traen tres hombres;
y PEDRISCO *de bandolero gracioso.*)

BANDOLERO 1°

A ti solo, Paulo fuerte,
pues que ya todos te damos
palabra de obedecerte,
que sentencies esperamos
1375 estos tres a vida o muerte.

PAULO

¿Dejáronnos ya el dinero?

PEDRISCO

Ni una blanca nos han dado.

PAULO

Pues ¿qué aguardas, majadero?

PEDRISCO

Habémoselo quitado.

PAULO

1380 ¿Que ellos no lo dieron? Quiero
sentenciar a todos tres.

PEDRISCO

Ya esperamos ver lo que es.

LOS TRES HOMBRES

Ten con nosotros piedad.

PAULO

De ese roble los colgad.

LOS TRES HOMBRES

1385 ¡Gran señor!

PEDRISCO

Moved los pies;
que seréis fruta extremada,
en esta selva apartada,
de todas aves rapantes.

PAULO

De esta crueldad no te espantes.[134]

PEDRISCO

1390 Ya no me espanto de nada;
porque verte ayer, señor,
ayunar con tal fervor,
y en la oración ocupado,
en tu Dios arrebatado,[135]
1395 pedirle ánimo y fervor
para proseguir tu vida
en tan grande penitencia;
y en esta selva escondida
verte hoy con tanta violencia,
1400 capitán de forajida[136]
gente, matar pasajeros,
tras robarles los dineros;
¿qué más se puede esperar?
Ya no me pienso espantar
1405 de nada.

PAULO

Los hechos fieros
de Enrico imitar pretendo,
y aun le quisiera exceder.
Perdone Dios si le ofendo;
que si uno el fin ha de ser,
1410 esto es justo, y yo me entiendo.

PEDRISCO

Así al otro le decían
que la escalera rodaba,
otros que rodar le vían.

PAULO

¡Y a mí, que a Dios adoraba,
1415 y por santo me tenían
en este circunvecino
monte, el globo cristalino[137]
rompiendo el ángel veloz,
me obligase con su voz
1420 a dejar tan buen camino,
dándome el premio tan malo!
Pues hoy verá el cielo en mí
si en las maldades no igualo
a Enrico.

132 This verse and 1365 are too short.
133 *aves rapantes*: *aves rapaces*, birds of prey.
134 *espantarse*: to be surprised.
135 *arrebatado*: enraptured.
136 *forajida*: lawless.
137 *globo cristalino*: *cielo.*

PEDRISCO

¡Triste de ti!

PAULO

1425 Fuego por la vista exhalo.

Hoy, fieras, que en horizontes
y en napolitanos montes
hacéis dulce habitación,
veréis que mi corazón
1430 vence a soberbios faetontes.[138]

Hoy, árboles, que plumajes
sois de la tierra, o salvajes
por lo verde que os vestís,
el huésped que recibís
1435 os hará varios ultrajes.

Más que la naturaleza
he de hacer por cobrar fama,
pues para mayor grandeza,
he de dar a cada rama
1440 cada día una cabeza.[139]

Vosotros dais, por ser graves,
frutos al hombre süaves;
mas yo con tales racimos
pienso dar frutos opimos[140]
1445 a las voladoras aves;

en verano y en invierno
será vuestro fruto eterno,
y si pudiera hacer más,
más hiciera.

PEDRISCO

Tú te vas
1450 gallardamente al infierno.

PAULO

Ve y cuélgalos al momento
de un roble.

PEDRISCO

Voy como el viento.

HOMBRE 1°

¡Señor!

PAULO

No me repliquéis,
si acaso ver no queréis
1455 el castigo más violento.

PEDRISCO

Venid los tres.

HOMBRE 2°

¡Ay de mí!

PEDRISCO

Yo he de ser verdugo aquí,
pues a mi dicha le plugo,
para enseñar al verdugo
1460 cuando me ahorquen a mí.

(*Vase.*)

PAULO

Enrico, si de esta suerte
yo tengo de acompañarte,
y si te has de condenar,
contigo me has de llevar,
1465 que nunca pienso dejarte.

Palabra de ángel fue;
tu camino seguiré,
pues cuando Dios, juez eterno,
nos condenare al infierno,
1470 ya habremos hecho por qué.

MÚSICOS (*Cantan dentro.*)

No desconfíe ninguno,
aunque grande pecador,   { *misericordia*
de aquella misericordia
de que más se precia Dios.[141]

PAULO

1475 ¿Qué voz es ésta que suena?

BANDOLERO 2°

La gran multitud, señor,
desos robles nos impide
ver dónde viene la voz.

MÚSICOS

Con firme arrepentimiento
1480 *de no ofender al Señor*   { *humilde*
llegue el pecador humilde;
que Dios le dará perdón.

PAULO

Subid los dos por el monte,
y ved si es algún pastor
1485 el que canta este romance.

BANDOLERO 2°

A verlo vamos los dos.

MÚSICOS

Su majestad soberana   { *gracia*
da voces al pecador,   { *divina*
porque le llegue a pedir
1490 *lo que a ninguno negó.*

(*Sale por el monte un* PASTORCILLO
tejiendo una corona de flores.)

---

[138] *faetontes.* An allusion to Phaeton (*Faetón*), who drove the chariot of the sun so close to the earth that he nearly set it on fire. He became symbolic of ambition and rashness.

[139] *he . . . cabeza*: i.e., I am going to hang a victim's head on every limb.

[140] *opimo*: rich.

[141] Note that as so often in Golden Age drama the "message" of the play is explicitly stated in a song.

PAULO

Baja, baja pastorcillo;
que ya estaba, ¡vive Dios!,
confuso con tus razones,[142]
admirado con tu voz.
1495 ¿Quién te enseñó ese romance,
que le escucho con temor,
pues parece que en ti habla
mi propia imaginación?

PASTORCILLO

Este romance que he dicho,
1500 Dios, señor, me le[143] enseñó;
o la iglesia, su esposa,
a quien en la tierra dio
poder suyo.

PAULO

Bien dijiste.

PASTORCILLO

Advierte que creo en Dios
1505 a pie juntillas,[144] y sé,
aunque rústico pastor,
todos los diez mandamientos,
preceptos que Dios nos dio.

PAULO

¿Y Dios ha de perdonar
1510 a un hombre que le ofendió
con obras y con palabras
y pensamientos?

PASTORCILLO

¿Pues no?
Aunque sus ofensas sean
más que átomos del sol,
1515 y que estrellas tiene el cielo,
y rayos la luna dio,
y peces el mar salado
en sus cóncavos guardó.
Esta es su misericordia;
1520 que con decirle al Señor:
"Pequé, pequé, muchas veces",
le recibe al pecador
en sus amorosos brazos;
que en fin hace como Dios.
1525 Porque si no fuera aquesto,[145]
cuando a los hombres crió,
no los criara sujetos
a su frágil condición.

Porque si Dios, sumo bien,
1530 de nada al hombre formó
para ofrecerle su gloria,
no fuera ningún blasón[146]
en su majestad divina
dalle aquella imperfección.
1535 Dióle Dios libre albedrío,
y fragilidad le dio
al cuerpo y al alma; luego
dio potestad con acción[147]
de pedir misericordia,
1540 que a ninguno le negó.
De modo que, si en pecando
el hombre, el justo rigor
procediera contra él,
fuera el número menor
1545 de los que en el sacro alcázar
están contemplando a Dios.
La fragilidad del cuerpo
es grande; que en una acción,
en un mirar solamente
1550 con deshonesta afición,
se ofende a Dios: de ese modo,
porque este triste ofensor,
con la imperfección que tuvo,
le ofende una vez o dos,
1555 ¿se había de condenar?
No, señor, aqueso no,
que es Dios misericordioso,
y estima al más pecador,
porque todos igualmente
1560 le costaron el sudor
que sabéis, y aquella sangre
que liberal derramó,
haciendo un mar a su cuerpo,
que amoroso dividió
1565 en cinco sangrientos ríos;[148]
que su espíritu formó
nueve meses en el vientre
de aquella que mereció
ser virgen cuando fue madre,
1570 y el claro oriente del sol,
que como clara vidriera,
sin que la rompiese, entró.
Y si os guiáis por ejemplos,
decid: ¿no fue pecador

---

[142] *razón.* See n. 33.
[143] *le: lo.*
[144] *a pie juntillas: firmly.*
[145] *si . . . aquesto: si no fuera así.*

[146] *blasón: glory.*
[147] *potestad con acción: effective power.*
[148] *cinco sangrientos ríos:* a reference to the five wounds of Christ at the crucifixion.

1575 Pedro, y mereció después
ser de las almas pastor?
Mateo, su coronista,[149]
¿no fue también su ofensor?
Y luego, ¿no fue su apóstol,
1580 y tan gran cargo le dio?
¿No fue pecador Francisco?[150]
Luego, ¿no le perdonó,
y a modo de honrosa empresa[151]
en su cuerpo le imprimió
1585 aquellas llagas divinas
que le dieron tanto honor,
dignándole[152] de tener
tan excelente blasón?
¿La pública pecadora,
1590 Palestina no llamó
a Magdalena, y fue santa
por su santa conversión?
Mil ejemplos os dijera
a estar despacio, señor;
1595 mas mi ganado me aguarda,
y ha mucho que ausente estoy.

PAULO
Tente, pastor, no te vayas.

PASTORCILLO
No puedo tenerme, no,
que ando por aquestos valles
1600 recogiendo con amor
una ovejuela perdida[153]
que del rebaño huyó;
y esta corona que veis
hacerme[154] con tanto amor,
1605 es para ella, si parece,[155]
porque hacérmela mandó
el mayoral, que la estima
del modo que le costó.[156]
El que a Dios tiene ofendido,
1610 pídale perdón a Dios,
porque es Señor tan piadoso
que a ninguno le negó.

PAULO
Aguarda, pastor.

PASTORCILLO
No puedo.

PAULO
Por fuerza te tendré yo.

PASTORCILLO
1615 Será detenerme a mí
parar en su curso al sol. (*Vase.*)

PAULO
Este pastor me ha avisado
en su forma peregrina,
no humana sino divina,
1620 que tengo a Dios enojado
por haber desconfiado
de su piedad (claro está);
y con ejemplos me da
a entender piadosamente
1625 que el hombre que se arrepiente
perdón en Dios hallará.
Pues si Enrico es pecador,
¿no puede también hallar
perdón? Ya vengo a pensar
1630 que ha sido grande mi error.
Mas ¿cómo dará el Señor
perdón a quien tiene nombre,
¡ay de mí!, del más mal hombre
que en este mundo ha nacido?
1635 Pastor, que de mí has huído,
no te espantes que me asombre.
Si él tuviera algún intento
de tal vez arrepentirse,
lo que por engaño siento,
1640 bien pudiera resistirse,[157]
y yo viviera contento.
¿Por qué, pastor, queréis vos
que halle su remedio medio?[158]
Alma, ya no hay más remedio
1645 que el condenarnos los dos.

(*Sale* PEDRISCO.)

PEDRISCO
Escucha, Paulo, y sabrás,
aunque de ello ajeno estás[159]
y lo atribuyas a engaño,

---

[149] *coronista*: *cronista*. Before his conversion, Matthew was known as Levi the Publican (Luke 5: 27).
[150] *Francisco*: St. Francis of Assisi, who was blessed with the stigmata of Christ's wounds in 1224.
[151] *empresa*: emblem.
[152] *dignar*: to consider worthy.
[153] The parable of the lost sheep, on which this scene is based, is related in Matthew 18: 12–13.
[154] *que . . . hacerme*: *que me veis hacer.*
[155] *parece*: *aparece.*

[156] *que la estima . . . costó*: who values it (the sheep) to the same extent that it caused him concern.
[157] *bien . . . resistirse*: he could well restrain himself (from committing more evil). Some editors emend *resistirse* to *recibirse.*
[158] *¿Por qué . . . medio?*: Why, shepherd, do you want him to find a way for his correction? A verse is missing to complete the *quintilla*; Hartzenbusch supplies after v. 1645: *que en la clemencia de Dios.*
[159] *estar ajeno de*: to be unaware of.

el suceso más extraño
1650 que tú habrás visto jamás.
En esta verde ribera
de tantas fieras aprisco,[160]
donde el cristal reverbera,
cuando el afligido risco
1655 su tremendo golpe espera;[161]
después de dejar colgados
aquellos tres desdichados,
estábamos Celio y yo,
cuando una voz que se oyó
1660 nos dejó medio turbados.
"Que me ahogo", dijo, y vimos
cuando la vista tendimos,[162]
1665 ....
Como en el mar hay tormenta,
y está de sangre cubierta,[163]
para anegallos bramaba.
Ya en las estrellas los clava,
1670 ya en su centro los asienta.
En los cristales no helados
las dos cabezas se vían
de aquestos dos desdichados,
y las olas parecían
1675 ser tablas de degollados.[164]
Llegaron al fin, mostrando
el valor que significo;
mas por no estarte cansando,
has de saber que es Enrico
1680 el uno.
PAULO
Estoilo[165] dudando.
PEDRISCO
No lo dudes, pues yo llego
a decirlo, y no estoy ciego.
PAULO
¿Vístele tú?
PEDRISCO
Vile yo.
PAULO
¿Qué hizo al salir?
PEDRISCO
Echó
1685 un por vida[166] y un reniego.
Mira ¡qué gracias le daba

a Dios, que ansí le libraba!
PAULO
¡Y dirá ahora el pastor
que le ha de dar el Señor
1690 perdón! El juicio me acaba.
Mas poco puedo perder,
pues aquí le llego a ver,
en proballe la intención.
PEDRISCO
Ya le trae tu escuadrón.
PAULO
1695 Pues oye lo que has de hacer.
(*Sacan a* ENRICO *y a* GALVÁN
atados y mojados.)
ENRICO
¿Dónde me lleváis ansí?
BANDOLERO 1º
El capitán está aquí,
que la respuesta os dará.
PAULO
(Haz esto.)
(*Habla aparte con* PEDRISCO, *y se va.*)
PEDRISCO
(Todo se hará.)
BANDOLERO 1º
1700 Pues ¿vase el capitán?
PEDRISCO
Sí.
¿Dónde iban vuesas mercedes,
que en tan gran peligro dieron,
como es caminar por agua?
¿No responden?
ENRICO
Al infierno.
PEDRISCO
1705 Pues ¿quién le mete en cansarse,
cuando hay diablos tan ligeros
que le llevarán de balde?
ENRICO
Por agradecerles menos.
PEDRISCO
Habla voarcé muy bien,
1710 y hace muy a lo discreto
en no agradecer al diablo
cosa que haga en su provecho.

[160] *aprisco*: refuge.
[161] *cuando . . . espera*: when the anxious cliff awaits the tremendous blow (of the waterfall).
[162] Three verses are lacking to complete the *quintilla*. Hartzenbusch supplies, *dos hombres nadar valientes/ (con la espada entre los dientes/uno), y a sacarlos fuimos.* The three missing verses have been counted in the enumeration of lines.
[163] *cubierta*. Some editors emend to *sedienta* in order to preserve the rhyme.
[164] *tablas de degollados*: scaffolds for beheading criminals.
[165] *Estoilo*: lo estoy.
[166] *por vida*. See n. 94.

¿Cómo se llama voarcé?

ENRICO

Llámome el diablo.

PEDRISCO

Y por eso

1715 se quiso arrojar al mar,
para remojar el fuego.
¿De dónde es?

ENRICO

Si de cansado
de reñir con agua y viento
no arrojara al mar la espada,
1720 yo os respondiera bien presto
a vuestras necias preguntas
con los filos de su acero.

PEDRISCO

Oye, hidalgo, no se atufe
ni nos eche tantos retos;
1725 que juro a Dios, si me enojo,
que le barrene ese cuerpo
más de setecientas veces,
sin las que en su nacimiento
barrenó naturaleza.
1730 Y ha de advertir que está preso,
y que si es valiente, yo
soy valiente como un Héctor;
y que si él ha hecho muertes,
sepa que también yo he muerto
1735 muchas hambres y candiles
y muchas pulgas a tiento.[167]
Y si es ladrón, soy ladrón,
y ¡por vida . . . !

BANDOLERO 1º

Bueno está.

ENRICO

1740 ¿Esto sufro y no me vengo?

PEDRISCO

Ahora ha de quedar atado
a un árbol.

ENRICO

No me defiendo.
Haced de mí vuestro gusto.

PEDRISCO

Y él también.

GALVÁN

De esta vez[168] muero.

PEDRISCO

1745 Si son como vuestra cara,

---

vos tenéis bellacos hechos.
Ea, llegaldos a atar;
que el capitán gusta de ello.
Llegad al árbol.
(*Átalos.*)

ENRICO

¡Que ansí
1750 me quiera tratar el cielo!

PEDRISCO

Llegad vos.

GALVÁN

¡Tened piedad!

PEDRISCO

Vendarles los ojos quiero
con las ligas a los dos.

GALVÁN

1755 ¿Vióse tan extraño aprieto?
Mire vuesarcé que yo
vivo de su oficio mesmo,
y que soy ladrón también.

PEDRISCO

Ahorrará con aquesto
de trabajo a la justicia
1760 y al verdugo de contento.

BANDOLERO 1º

Ya están vendados y atados.

PEDRISCO

Las flechas y arcos tomemos,
y dos docenas, no más,
clavemos en cada cuerpo.

BANDOLERO 1º

1765 Vamos.

PEDRISCO

(Aquesto es fingido: (*Aparte.*)
nadie los ofenda.)

BANDOLERO 1º

Creo
que el capitán los conoce.

PEDRISCO

Vamos, y ansí los dejemos.

GALVÁN

Ya se van a asaetearnos.

ENRICO

1770 Pues no por aqueso pienso
mostrar flaqueza ninguna.

GALVÁN

Ya me parece que siento
una jara[169] en estas tripas.

---

[167] *a tiento*: gropingly.
[168] *De esta vez*: Esta vez.

[169] *jara*: spear.

ENRICO

Vénguese en mí el justo cielo;
1775 que quisiera arrepentirme,
y cuando quiero, no puedo.

(*Sale* PAULO, *de ermitaño, con cruz y
rosario.*)

PAULO

Con esta traza he querido
probar si este hombre se acuerda
de Dios, a quien ha ofendido.

ENRICO

1780 ¡Que un hombre la vida pierda
de nadie visto ni oído!

GALVÁN

Cada mosquito que pasa
me parece que es saeta.

ENRICO

El corazón se me abrasa.
1785 ¡Que mi fuerza esté sujeta!
¡Ah, fortuna, en todo escasa!

PAULO

Alabado sea el Señor.

ENRICO

Sea por siempre alabado.

PAULO

Sabed con vuestro valor
1790 llevar este golpe airado
de fortuna.

ENRICO

¡Gran rigor!
¿Quién sois vos que ansí me habláis?

PAULO

Un monje que este desierto,
donde la muerte esperáis,
1795 habita.

ENRICO

¡Bueno, por cierto!
Y ahora, ¿qué nos mandáis?

PAULO

A los que al roble os ataron
y a mataros se apartaron,
supliqué con humildad
1800 que ya que con tal crueldad
de daros muerte trataron,
que me dejasen llegar
a hablaros.

ENRICO

¿Y para qué?

PAULO

Por si os queréis confesar,
1805 pues seguís de Dios la fe.

ENRICO

Pues bien se puede tornar,
padre, o lo que es.[170]

PAULO

¿Qué decís?
¿No sois cristiano?

ENRICO

Sí soy.

PAULO

No lo sois, pues no admitís
1810 el último bien que os doy,
¿Por qué no lo recibís?

ENRICO

Porque no quiero.

PAULO

(¡Ay de mí! (*Aparte.*)
Esto mismo presumí.)
¿No veis que os han de matar
1815 ahora?

ENRICO

¿Quiere callar,
hermano, y dejarme aquí?
Si esos señores ladrones
me dieren muerte, aquí estoy.

PAULO

(¡En qué grandes confusiones (*Aparte.*)
1820 tengo el alma!)

ENRICO

Yo no doy
a nadie satisfacciones.

PAULO

A Dios, sí.

ENRICO

Si Dios ya sabe
que soy tan gran pecador,
¿para qué?

PAULO

¡Delito grave!
1825 Para que su sacro amor
de darle perdón acabe.

ENRICO

Padre, lo que nunca he hecho,
tampoco he de hacer ahora.

PAULO

Duro peñasco es su pecho.

[170] *o . . . es:* or whatever you are.

ENRICO

1830 Galván, ¿qué hará la señora
Celia?

GALVÁN

Puesto en tanto estrecho,
¿quién se ha de acordar de nada?

PAULO

No se acuerde de esas cosas.

ENRICO

Padre mío, ya me enfada.

PAULO

1835 Estas palabras piadosas
¿le ofenden?

ENRICO

Cosa es cansada;
pues si no estuviera atado,
ya yo le hubiera arrojado
de una coz dentro del mar.

PAULO

1840 Mire que le han de matar.

ENRICO

Ya estoy de aguardar cansado.

GALVÁN

Padre, confiéseme a mí,
que ya pienso que estoy muerto.

ENRICO

Quite esa liga de aquí,
1845 padre.

PAULO

Sí haré, por cierto.

(*Quítales las vendas.*)

ENRICO

Gracias a Dios que ya vi.

GALVÁN

Y a mí también.

PAULO

En buena hora,
y vuelvan la vista ahora
a los que a matarlos vienen.

(*Salen los* BANDOLEROS *con
escopetas y ballestas.*)

ENRICO

1850 Pues ¿para qué se detienen?

PEDRISCO

Pues que ya su fin no ignora,
digo, ¿por qué no confiesa?

171 *abrir . . . pecho:* to kill.

ENRICO

No me quiero confesar.

PEDRISCO

Celio, el pecho le atraviesa.

PAULO

1855 Dejad que le vuelva a hablar.
Desesperación es ésa.

PEDRISCO

Ea, llegalde a matar.

PAULO

Deteneos (¡triste pena!),
porque si éste se condena,
1860 ¿me queda más que dudar?

ENRICO

Cobardes sois; ¿no llegáis,
y puerta a mi pecho abrís?[171]

PEDRISCO

De esta vez no os detengáis.

PAULO

Aguardad, que si le herís,
1865 más confuso me dejáis.
Mira que eres pecador,
hijo.

ENRICO

Ya del mundo el mayor:
ya lo sé.

PAULO

Tu bien espero.
Confiésate a Dios.

ENRICO

No quiero,
1870 cansado predicador.

PAULO

Pues salga del pecho mío,
si no dilatado río,
de lágrimas tanta copia,[172]
que se anegue el alma propia,
1875 pues ya de Dios desconfío.
Dejad de cubrir, sayal,
mi cuerpo, pues está mal,
según siente el corazón,
una rica guarnición
1880 sobre tan falso cristal.

(*Desnúdase el saco de hermitaño.*)

En mis torpezas resbalo,
y a la culebra me igualo;
mas mi parecer condeno,
porque yo desecho el bueno,

172 *copia:* abundance.

1885 mas ella desecha el malo.[173]
    Mi adverso fin no resisto,
pues mi desventura he visto,
y da claro testimonio
el vestirme de demonio
1890 y el desnudarme de Cristo.
    Colgad ese saco ahí
para que diga, ¡ay de mí!:
"En tal puesto me colgó
Paulo, que no mereció
1895 la gloria que encierro en mí."
    Dadme la daga y la espada;
ese cruz podéis tomar;
ya no hay esperanza en nada,
pues no me sé aprovechar
1900 de aquella sangre sagrada.
Desatadlos.

ENRICO

            Ya lo estoy,
y lo que he visto no creo.

GALVÁN

Gracias a los cielos doy.

ENRICO

Saber la verdad deseo.

PAULO

1905 ¡Qué desdichado que soy!
    ¡Ah, Enrico! Nunca nacieras,
nunca tu madre te echara
donde, gozando la luz,
fuiste de mis males causa;
1910 o pluguiera a Dios que ya
que, infundido el cuerpo y alma,
saliste a luz, en sus brazos
te diera la muerte un ama,
un león te deshiciera,
1915 una osa despedazara
tus tiernos miembros entonces,
o cayeras en tu casa
del más altivo balcón
primero que[174] a mi esperanza
1920 hubieras cortado el hilo.

ENRICO

Esta novedad me espanta.

PAULO

Yo soy Paulo, un ermitaño,
que dejé mi amada patria
de poco más de quince años,

1925 y en esta oscura montaña
otros diez serví al Señor.

ENRICO

¡Qué ventura!

PAULO

            ¡Qué desgracia!
Un ángel, rompiendo nubes
y cortinas de oro y plata,
1930 preguntándole yo a Dios
qué fin tendría: "Repara
(me dijo), ve a la ciudad,
y verás a Enrico (¡ay, alma!),
hijo del noble Anareto,
1935 que en Nápoles tiene fama.
Advierte bien en sus hechos,
y contempla en sus palabras;
que si Enrico al cielo fuere,
el cielo también te aguarda;
1940 y si al infierno, el infierno."
Yo entonces imaginaba
que era algún santo este Enrico;
pero los deseos se engañan.
Fui allá, vite luego al punto,
1945 y de tu boca y por fama
supe que eras el peor hombre
que en todo el mundo se halla.
Y ansí, por tener tu fin,
quitéme el saco, y las armas
1950 tomé, y el cargo me dieron
de esta forajida escuadra.
Quise probar tu intención,
por saber si te acordabas
de Dios en tan fiero trance;
1955 pero salióme muy vana.
Volví a desnudarme aquí,
como viste, dando al alma
nuevas tan tristes, pues ya
la tiene Dios condenada.

ENRICO

1960 Las palabras que Dios dice
por un ángel, son palabras,
Paulo amigo, en que se encierran
cosas que el hombre no alcanza.
No dejara yo la vida
1965 que seguías, pues fue causa
de que quizá te condenes
el atreverte a dejarla.

---

[173] *porque . . . malo*: i.e., Paulo casts off the "good" sackcloth of a hermit, whereas the snake sheds only its "bad" skin.

[174] *primero que*: before.

Desesperación ha sido
lo que has hecho, y aun venganza
1970 de la palabra de Dios,
y una oposición tirana
a su inefable poder;
y al ver que no desenvaina
la espada de su justicia
1975 contra el rigor de tu causa,
veo que tu salvación
desea; mas ¿qué no alcanza
aquella piedad divina,
blasón de que más se alaba?
1980 Yo soy el hombre más malo
que naturaleza humana
en el mundo ha producido;
el que nunca habló palabra
sin juramento; el que a tantos
1985 hombres dio muertes tiranas;
el que nunca confesó
sus culpas, aunque son tantas;
el que jamás se acordó
de Dios y su Madre Santa;
1990 ni aun ahora lo hiciera,
con[175] ver puestas las espadas
a mi valeroso pecho;
mas siempre tengo esperanza
en que tengo de salvarme,
1995 puesto que[176] no va fundada
mi esperanza en obras mías,
sino en saber que se humana
Dios con el más pecador,
y con su piedad se salva.
2000 Pero ya, Paulo, que has hecho
ese desatino, traza
de que alegres y contentos
los dos en esta montaña
pasemos alegre vida,
2005 mientras la vida se acaba.
Un fin ha de ser el nuestro:
si fuere nuestra desgracia
el carecer de la gloria
que Dios al bueno señala,
2010 mal de muchos, gozo es;[177]
pero tengo confianza
en su piedad, porque siempre
vence a su justicia sacra.

PAULO
Consoládome has un poco.
GALVÁN
2015 Cosa es, por Dios, que me espanta.
PAULO
Vamos donde descanséis.
ENRICO
(¡Ay, padre de mis entrañas!) (*Aparte.*)
Una joya, Paulo amigo,
en la ciudad olvidada
2020 se me queda; y aunque temo
el rigor que me amenaza,
si allá vuelvo, he de ir por ella,
pereciendo en la demanda.[178]
Un soldado de los tuyos
2025 irá conmigo.
PAULO
            Pues vaya
Pedrisco, que es animoso.
PEDRISCO
(Por Dios, que ya me espantaba (*Aparte.*)
que no encontraba conmigo.)[179]
PAULO
Dalde la mejor espada
2030 a Enrico, y en esas yeguas
que al ligero viento igualan,
os pondréis allá en dos horas.
GALVÁN
Yo me quedo en la montaña
a hacer tu oficio.
PEDRISCO
            Yo voy
2035 donde paguen mis espaldas
los delitos que tú has hecho.
ENRICO
Adiós, amigo.
PAULO
            Ya basta
el nombre para abrazarte.
ENRICO
Aunque malo, confianza
2040 tengo en Dios.
PAULO
            Yo no la tengo
cuando son mis culpas tantas.
Muy desconfiado soy.

---

[175] *con*: in spite of.
[176] *puesto que*: aunque.
[177] *mal de muchos, gozo es*: a proverb meaning that a misfortune shared by many is easily borne.

[178] *demanda*: undertaking.
[179] *ya . . . conmigo*: I was already so frightened that I was beside myself.

ENRICO

Aquesa desconfianza
te tiene de condenar.

PAULO

2045 Ya lo estoy; no importa nada.

¡Ah, Enrico! Nunca nacieras.

ENRICO

Es verdad; mas la esperanza
que tengo en Dios ha de hacer
que haya piedad de mi causa.

Acto tercero

(*Salen* PEDRISCO *y* ENRICO *en
la cárcel, presos.*)

PEDRISCO

2050 ¡Buenos estamos los dos!

ENRICO

¿Qué diablos estás llorando?

PEDRISCO

¿Qué diablos he de llorar?
¿No puedo yo lamentar
pecados que estoy pagando
2055 sin culpa?

ENRICO

¿Hay vida como ésta?

PEDRISCO

¡Cuerpo de Dios con la vida![180]

ENRICO

¿Fáltate aquí la comida?
¿No tienes la mesa puesta
a todas horas?

PEDRISCO

¿Qué importa
2060 que la mesa llegue a ver,
si no hay nada que comer?

ENRICO

De necedades acorta.

PEDRISCO

Alarga tú de comida.

ENRICO

¿No sufrirás como yo?

PEDRISCO

2065 Que pague aquel que pecó,
es sentencia conocida;
pero yo que no pequé,
¿por qué tengo de pagar?

ENRICO

Pedrisco, ¿quieres callar?

PEDRISCO

2070 Enrico, yo callaré;
pero la hambre hará
que hable el que muerto se vio,
y que calle aquel que habló
más que un correo.[181]

ENRICO

¡Que ya
2075 piensas que no has de salir
de la cárcel!

PEDRISCO

Error fue.
Desde el día que aquí entré,
he llegado a presumir
que hemos de salir los dos . . .

ENRICO

2080 Pues, ¿de qué estamos turbados?

PEDRISCO

. . . para ser ajusticiados,
si no lo remedia Dios.

ENRICO

No hayas miedo.

PEDRISCO

Bueno está;
pero teme el corazón
2085 que hemos de danzar sin son.[182]

ENRICO

Mejor la suerte lo hará.

(*Salen* CELIA *y* LIDORA.)[183]

CELIA

No quisiera que las dos,
aunque a nadie tengo miedo,
fuéramos juntas.

LIDORA

Bien puedo,
2090 pues soy criada, ir con vos.

ENRICO

Quedo, que Celia es aquésta.

PEDRISCO

¿Quién?

ENRICO

Quien más que a sí me adora.

---

[180] *¡ Cuerpo . . . vida !*: God's curse on this life!
[181] *correo*: gossipmonger.
[182] *hemos . . . son*. Pedrisco's use of the expression *danzar sin son* ("to act unwisely") is a humorous understatement of his real meaning, "We are to be hanged."
[183] Stage direction. The two women do not enter the cell, but stop in front of a barred window.

Mi remedio llega ahora.

PEDRISCO

Bravamente me molesta
2095 la hambre.

ENRICO

¿Tienes acaso
en qué echar todo el dinero
que ahora de Celia espero?

PEDRISCO

Con toda la hambre que paso,
me he acordado, vive Dios,
2100 de un talego que aquí tengo.
(*Saca un talego.*)

ENRICO

Pequeño es.

PEDRISCO

A pensar vengo
que estamos locos los dos:
tú en pedirle, en darle yo.

ENRICO

¡Celia hermosa de mi vida!

CELIA

2105 (¡Ay de mí! Yo soy perdida. (*Aparte.*)
Enrico es el que llamó.)
Señor Enrico.

PEDRISCO

¿Señor?
No es buena tanta crianza.[184]

ENRICO

Ya no tenía esperanza,
2110 Celia, de tan gran favor.

CELIA

¿Cómo estáis, Enrico?[185]

ENRICO

Bien,
y ahora mejor, pues ven,
a costa de mil suspiros,
mis ojos los tuyos graves.

CELIA

2115 Yo os quiero dar . . .

PEDRISCO

¡Linda cosa!

¡Oh! ¡Qué mujer tan hermosa!
¡Qué palabras tan süaves!
Alto, prevengo el talego.
Pienso que no han de caber . . .

ENRICO

2120 Celia, quisiera saber
qué me das.[186]

PEDRISCO

Tu dicha es llana.

CELIA

Las nuevas de que mañana
a ajusticiaros saldrán.

PEDRISCO

El talego está ya lleno;[187]
2125 otro es menester buscar.

ENRICO

¡Que aquesto llegue a escuchar!
Celia, escucha.

PEDRISCO

¡Aquesto es bueno!

CELIA

Ya estoy casada.

ENRICO

¡Casada!
¡Vive Dios!

PEDRISCO

Tente.

ENRICO

¿Qué aguardo?
2130 ¿Con quién, Celia?

CELIA

Con Lisardo,
y estoy muy bien empleada.[188]

ENRICO

Mataréle.

CELIA

Dejaos de eso,
y poneos bien con Dios.[189]

LIDORA

Vamos, Celia.

ENRICO

Pierdo el seso.
2135   Celia, mira.

---

[184] *crianza:* courtesy.

[185] The first verse of this *redondilla*, which should rhyme with *suspiros*, is missing. Hartzenbusch supplies, *¿ En qué puedo yo serviros?*

[186] The last part of this verse, which should rhyme with *talego*, is missing. Also the first verse of the following *redondilla*, which should rhyme with *saldrán*, and part of the second verse are lacking.

[187] *El . . . lleno.* Pedrisco's remark is sarcastic since

Enrico told him earlier to get something to hold the money that Celia would bring him. Also involved is a possible pun on *talego*, "bag" and "breeches" (in thieves' slang). Pedrisco's need for another pair of breeches results from his fear because of the news that Enrico and he would be executed.

[188] *bien empleada:* well matched.

[189] A verse after this one is missing. Hartzenbusch supplies, *que es lo que os importa a vos.*

CELIA
Estoy de prisa.
PEDRISCO
Por Dios, que estoy por reírme.
CELIA
Ya sé qué queréis decirme:
que se os diga alguna misa.
Yo lo haré; quedad con Dios.
ENRICO
2140 ¡Quién rompiera aquestas rejas!
LIDORA
No escuches, Celia, más quejas;
vámonos de aquí las dos.
ENRICO
¡Que esto sufro!
¿Hay tal crueldad?
PEDRISCO
¡Lo que pesa este talego!
CELIA
2145 ¡Qué braveza!
(*Vase.*)
ENRICO
Yo estoy ciego.
¿Hay tan grande libertad?[190]
PEDRISCO
Yo no entiendo la moneda
que hay en aqueste talego,
que, ¡vive Dios!, que no pesa
2150 una paja.
ENRICO
¡Santos cielos!
¡Que aquestas afrentas sufra!
¿Cómo no rompo estos hierros?
¿Cómo estas rejas no arranco?
PEDRISCO
Detente.
ENRICO
Déjame, necio.
2155 ¡Vive Dios, que he de rompellas
y he de castigar mis celos!
PEDRISCO
Los porteros vienen.
ENRICO
Vengan.
(*Sale un* PORTERO.)[191]
PORTERO
¿Ha perdido acaso el seso

el homicida ladrón?
ENRICO
2160 Moriré si no me vengo.
De mi cadena haré espada.
PEDRISCO
Que te detengas te ruego.
PORTERO
¡Asilde, matalde, muera!
ENRICO
Hoy veréis, infames presos,
2165 de los celos el poder
en desesperados pechos.
PORTERO
Un eslabón me alcanzó,
y dio conmigo en el suelo.
ENRICO
¿Por qué, cobardes, huís?
PEDRISCO
2170 Un portero deja muerto.
VOCES (*Dentro.*)
¡Matalde!
ENRICO
¿Qué es matar?
A falta de noble acero,
no es mala aquesta cadena
con que mis agravios vengo.
2175 ¿Para qué de mí huís?
PEDRISCO
Al alboroto y estruendo
se ha levantado el alcaide.
(*Salen el* ALCAIDE *y gente,
y asen a* ENRICO.)
ALCAIDE
¡Hola! Teneos. ¿Qué es esto?
PORTERO
Ha muerto aquese ladrón
2180 a Fidelio.
ALCAIDE
¡Vive el cielo,
que a no saber que mañana,
dando público escarmiento,
has de morir ahorcado,
que hiciera en tu aleve pecho
2185 mil bocas con esta daga!
ENRICO
¡Que esto sufro, Dios eterno!
¡Que me maltraten ansí!

[190] *libertad*: licentiousness.
[191] Stage direction. Some later editions call for the entrance of two *porteros* and various prisoners (*presos*), who are addressed in v. 2164. The second *portero* speaks beginning in vv. 2179 and 2212.

Fuego por los ojos vierto.
No pienses, alcaide infame,
2190 que te tengo algún respeto
por el oficio que tienes,
sino porque más no puedo;
que a poder, ¡ah cielo airado!,
entre mis brazos soberbios
2195 te hiciera dos mil pedazos;
y despedazado el cuerpo
me le comiera a bocados,
y que no quedara, pienso,
satisfecho de mi agravio.

ALCAIDE

2200 Mañana, a las diez, veremos
si es más valiente un verdugo
que todos vuestros aceros.
Otra cadena le echad.

ENRICO

Eso, sí, vengan más hierros;
2205 que de hierros no se escapa
hombre que tantos[192] ha hecho.

ALCAIDE

Metelde en un calabozo.

ENRICO

Aquése sí es justo premio;
que hombre de Dios enemigo,
2210 no es justo que mire el cielo. (*Llévanle.*)

PEDRISCO

¡Pobre y desdichado Enrico!

PORTERO

Más desdichado es el muerto;
que el cadenazo cruel
le echó en la tierra los sesos.

PEDRISCO

2215 Ya quieren dar la comida.

VOZ (*Dentro.*)

Vayan llegando, mancebos,
por la comida.

PEDRISCO

En buen hora,
porque mañana sospecho
que han de añudarme el tragar,[193]
2220 y será acertado medio
que lleve la alforja hecha[194]
para que allá convidemos
a los demonios magnates

a la entrada del infierno. (*Vanse.*)
(*Sale* ENRICO.)

ENRICO

2225 En lóbrega confusión,
ya, valiente Enrico, os veis;
pero nunca desmayéis;
tened fuerte el corazón,
porque aquésta es la ocasión
2230 en que tenéis de mostrar
el valor que os ha de dar
nombre altivo, ilustre fama.
Mirad . . .

UNA VOZ (*Dentro.*)

Enrico.

ENRICO

¿Quién llama?
Esta voz me hace temblar.
2235 Los cabellos erizados
pronostican mi temor;
mas ¿dónde está mi valor?
¿Dónde mis hechos pasados?

UNA VOZ (*Dentro.*)

Enrico.

ENRICO

Muchos cuidados
2240 siente el alma. ¡Cielo santo!
¿Cúya es voz [195] que tal espanto
infunde en el alma mía?

UNA VOZ (*Dentro.*)

Enrico.

ENRICO

A llamar porfía.
De mi flaqueza me espanto.
2245 A esta parte la voz suena
que tanto temor me da.
¿Si es algún preso que está
amarrado a la cadena?
Vive Dios que me da pena.[196]
(*Sale el* DEMONIO *y no le ve.*)

DEMONIO

2250 Tu desgracia lastimosa
siento.

ENRICO

¡Qué confuso abismo!
No me conozco a mí mismo,
y el corazón no reposa.

---

[192] *hierros . . . tantos.* Note the word play on *hierros* and *yerros*, which is understood after *tantos.*
[193] *tragar:* throat.
[194] *alforja hecha:* knapsack supplied with provisions.

[195] ¿ *Cúya es voz . . . ?*: ¿ *De quién es la voz . . . ?*
[196] A verse rhyming with *lastimosa* is missing after this one.

Las alas está[n] batiendo[197]
2255 con impulsos de temor;
Enrico, ¿éste es el valor?
Otra vez se oye el estruendo.

DEMONIO

Librarte, Enrico, pretendo.

ENRICO

¿Cómo te puedo creer,
2260 voz, si no llego a saber
quién eres y adónde estás?

DEMONIO

Pues agora me verás.[198]

ENRICO

Ya no te quisiera ver.

DEMONIO

No temas.

ENRICO

Un sudor frío
2265 por mis venas se derrama.

DEMONIO

Hoy cobrarás nueva fama.

ENRICO

Poco de mis fuerzas fío.
No te acerques.

DEMONIO

Desvarío
es el temer la ocasión.

ENRICO

2270 Sosiégate, corazón.

DEMONIO

¿Ves aquel postigo?

ENRICO

Sí.

DEMONIO

Pues salta por él, y ansí
no estarás en la prisión.

ENRICO

¿Quién eres?

DEMONIO

Salta al momento,
2275 y no preguntes quién soy;
que yo también preso estoy,
y que te libres intento.

ENRICO

¿Qué me dices, pensamiento?
¿Libraréme? Claro está.

2280 Aliento el temor me da
de la muerte que me aguarda.
Voime. Mas, ¿quién me acobarda?
Mas otra voz suena ya.

MÚSICOS (*Cantan dentro.*)

Detén el paso violento;
2285 *mira que te está mejor*
que de la prisión librarte
el estarte en la prisión.

ENRICO

Al revés me ha aconsejado
la voz que en el aire he oído,
2290 pues mi paso ha detenido,
si tú le has acelerado.
Que me está bien he escuchado
el estar en la prisión.

DEMONIO

Ésa, Enrico, es ilusión
2295 que te representa el miedo.

ENRICO

Yo he de morir si me quedo:
quiérome ir; tienes razón.

MÚSICOS (*Dentro.*)

Detente, engañado Enrico;
no huyas de la prisión;
2300 *pues morirás si salieres,*
y si te estuvieres, no.

ENRICO

Que si salgo he de morir,
y si quedo viviré,
dice la voz que escuché.

DEMONIO

2305 ¿Que al fin no te quieres ir?[199]

ENRICO

Quedarme es mucho mejor.

DEMONIO

Atribúyelo a temor;
pero, pues tan ciego estás,
quédate preso, y verás
2310 cómo te ha estado peor.

(*Vase.*)

ENRICO

Desapareció la sombra,
y confuso me dejó.
¿No es éste el portillo? No.
Este prodigio me asombra.

---

[197] *Las . . . batiendo*: The auricles of my heart are pounding
[198] No stage directions occur here in the first edition, but some modern editions supply: (*Aparécesele como en forma de una sombra*).
[199] A verse is missing before or after this one and rhyming with it.

2315 ¿Estaba ciego yo, o vi
en la pared un portillo?
Pero yo me maravillo
del gran temor que hay en mí.
¿No puedo salirme yo?
2320 Sí; bien me puedo salir.
Pues, ¿cómo? . . . ¡Que he de morir!
La voz me atemorizó.
Algún gran daño se infiere
de lo turbado que fui.
2325 No importa, ya estoy aquí
para el mal que me viniere.

(*Sale el* ALCAIDE *con la
sentencia.*)

ALCAIDE

Yo solo tengo de entrar;
los demás pueden quedarse.
Enrico.

ENRICO

¿Qué me mandáis?

ALCAIDE

2330 En los rigurosos trances
se echa de ver el valor:
agora podréis mostrarle.
Estad atento.

ENRICO

Decid.

ALCAIDE

(Aun no ha mudado el semblante.) (*Aparte.*)
"En el pleito que es entre partes, de la
una, el promotor fiscal[200] de su majestad,
ausente, y de la otra, reo acusado, Enrico,
por los delitos que tiene en el proceso por
ser matador, facineroso, incorregible y
otras cosas. — Vista, etc. — Fallamos que
le debemos de condenar y condenamos a
que sea sacado de la cárcel donde está, con
soga a la garganta y pregoneros delante que
digan su delito, y sea llevado a la plaza
pública, donde estará una horca de tres
palos, alta del suelo, en la cual será ahorcado
naturalmente. Y ninguna persona sea
osada a quitalle de ella sin nuestra licencia
y mandado. Y por esta sentencia definitiva
juzgando, ansí lo pronunciamos y manda-
mos, etc."

ENRICO

2335 ¡Que aquesto escuchando estoy!

ALCAIDE

¿Qué dices?

ENRICO

Mira, ignorante,
que eres opuesto muy flaco
a mis brazos arrogantes;
que si no, yo te hiciera . . .

ALCAIDE

2340 Nada puede remediarse
con arrogancia, Enrico;
lo que aquí es más importante
es poneros bien con Dios.

ENRICO

¿Y vienes a predicarme
2345 con leerme la sentencia?
¡Vive Dios, canalla, infame,
que he de dar fin con vosotros!

ALCAIDE

El demonio que te aguarde.

(*Vase.*)

ENRICO

Ya estoy sentenciado a muerte;
2350 ya mi vida miserable
tiene de plazo dos horas.
Voz que mi daño causaste,
¿no dijiste que mi vida,
si me quedaba en la cárcel,
2355 sería cierta? ¡Triste suerte!
Con razón debo culparte,
pues en esta cárcel muero
cuando pudiera librarme.

(*Sale un* PORTERO.)

PORTERO

Dos padres de San Francisco
2360 están para confesarte
aguardando afuera.

ENRICO

¡Bueno!
¡Por Dios que es gentil donaire!
Digan que se vuelvan luego
a su convento los frailes,
2365 si no es que quieran saber
a lo que estos hierros saben.[201]

PORTERO

Advierte que has de morir.

ENRICO

Moriré sin confesarme,
que no ha de pagar ninguno

---

[200] *En . . . fiscal*: In the suit between the litigants,
on the one side, the prosecuting attorney.

[201] *a . . . saben*: how these irons feel.

2370 las penas que yo pasare.

PORTERO

¿Qué más hiciera un gentil?

ENRICO

Esto que le he dicho baste;
que, por Dios, si me amohino,
que ha de llevar las señales
2375 de la cadena en el cuerpo.

PORTERO

No aguardo más.

(*Vase.*)

ENRICO

　　　　Muy bien hace.
¿Qué cuenta daré yo a Dios
de mi vida, ya que el trance
último llega de mí?
2380 ¿Yo tengo de confesarme?
Parece que es necedad.
¿Quién podrá ahora acordarse
de tantos pecados viejos?
¿Qué memoria habrá que baste
2385 a recorrer las ofensas
que a Dios he hecho? Más vale
no tratar de aquestas cosas.
Dios es piadoso y es grande:
su misericordia alabo;
2390 con ella podré salvarme.

(*Sale* PEDRISCO.)

PEDRISCO

Advierte que has de morir,
y que ya aquestos dos padres
están de aguardar cansados.

ENRICO

¿Pues he dicho yo que aguarden?

PEDRISCO

2395 ¿No crees en Dios?

ENRICO

　　　　Juro a Cristo
que pienso que he de enojarme,
y que en los padres y en ti
he de vengar mis pesares.
Demonios, ¿qué me queréis?

PEDRISCO

2400 Antes pienso que son ángeles
los que esto a decirte vienen.

ENRICO

No acabes de amohinarme;[202]

que, ¡por Dios!, que de una coz
te eche fuera de la cárcel.

PEDRISCO

2405 Yo te agradezco el cuidado.

ENRICO

Vete fuera y no me canses.

PEDRISCO

Tú te vas, Enrico mío,
al infierno como un padre.[203]

(*Vase.*)

ENRICO

Voz, que por mi mal te oí
2410 en esa región del aire,
¿fuiste de algún enemigo
que así pretendió vengarse?
¿No dijiste que a mi vida
le importaba de la cárcel
2415 no hacer ausencia? Pues di,
¿cómo quieren ya sacarme
a ajusticiar? Falsa fuiste;
pero yo también cobarde,
pues que me pude salir
2420 y no dar venganza a nadie.
Sombra triste, que piadosa
la verdad me aconsejaste,
vuelve otra vez, y verás
cómo con pecho arrogante
2425 salgo a tu tremenda voz
de tantas oscuridades.
Gente suena; ya sin duda
se acerca mi fin.

(*Sale el padre de* ENRICO *y un*
PORTERO.)

PORTERO

　　　　Hablalde;
podrá ser que vuestras canas
2430 muevan tan duro diamante.

ANARETO

Enrico, querido hijo,
puesto que[204] en verte me aflijo
de tantos hierros cargado,
ver que pagues tu pecado
2435 me da sumo regocijo.
¡Venturoso del que acá,
pagando sus culpas, va
con firme arrepentimiento;
que es pintado[205] este tormento

---

[202] *No . . . amohinarme*: Don't go too far in annoying me.
[203] *Tú . . . padre*. The meaning is obscure. It is

possible that it refers to the condemnation of Paulo.
[204] *puesto que*: aunque
[205] *pintado*: imaginary.

2440 si se compara al de allá!
La cama, Enrico, dejé,
y arrimado a este bordón
por quien me sustento en pie,
vengo en aquesta ocasión.

ENRICO

2445 ¡Ay, padre mío!

ANARETO

No sé,
Enrico, si aquese nombre
será razón que me cuadre,
aunque mi rigor te asombre.

ENRICO

Eso ¿es palabra de padre?

ANARETO

2450 No es bien que padre me nombre
un hijo que no cree en Dios.

ENRICO

Padre mío, ¿eso decís?

ANARETO

No sois ya mi hijo vos,
pues que mi ley[206] no seguís.
2455 Solos estamos los dos.

ENRICO

No os entiendo.

ANARETO

¡Enrico, Enrico!
A reprenderos me aplico
vuestro loco pensamiento,
siendo la muerte instrumento
2460 que tan cierto os pronostico.
Hoy os han de ajusticiar,
¡y no os queréis confesar!
¡Buena cristiandad, por Dios!
Pues el mal es para vos,
2465 y para vos el pesar.
Aqueso es tomar venganza
de Dios, que el poder alcanza
del impirio cielo[207] eterno.
Enrico, ved que hay infierno
2460 para tan larga[208] esperanza.
Es el quererte vengar
de esa suerte, pelear
con un monte o una roca,
pues cuando el brazo le[209] toca,
2475 es para el brazo el pesar.

Es, con dañoso desvelo,[210]
escupir el hombre al cielo[211]
presumiendo darle enojos,
pues que le cae en los ojos
2480 lo mismo que arroja al cielo.
Hoy has de morir; advierte
que ya está echada la suerte;
confiesa a Dios tus pecados,
y ansí, siendo perdonados,
2485 será vida lo que es muerte.
Si quieres mi hijo ser,
lo que te digo has de hacer.
Si no (de pesar me aflijo),
ni te has de llamar mi hijo,
2490 ni yo te he de conocer.

ENRICO

Bueno está, padre querido;
que más el alma ha sentido
(buen testigo de ello es Dios)
el pesar que tenéis vos
2495 que el mal que espero afligido.
Confieso, padre, que erré;
pero yo confesaré
mis pecados, y después
besaré a todos los pies
2500 para mostraros mi fe.
Basta que vos lo mandéis,
padre mío de mis ojos.

ANARETO

Pues ya mi hijo seréis.

ENRICO

No os quisiera dar enojos.

ANARETO

2505 Vamos, porque os confeséis.

ENRICO

¡Oh, cuánto siento el dejaros!

ANARETO

¡Oh, cuánto siento el perderos!

ENRICO

¡Ay, ojos! Espejos claros,
antes hermosos luceros,
2510 pero ya de luz avaros.

ANARETO

Vamos, hijo.

ENRICO

A morir voy;

---

[206] *ley*: religion.
[207] *impirio cielo*: *empíreo cielo*, heaven.
[208] *largo*: remote.
[209] *le* refers to *monte* and *roca*.

[210] *desvelo*: effort.
[211] *escupir al cielo*: to act to one's own harm. Cf. the proverb, *El que escupe al cielo, a la cara se le vuelve.*

todo el valor he perdido.

ANARETO

Sin juicio y sin alma estoy.

ENRICO

Aguardad, padre querido.

ANARETO

2515 ¡Qué desdichado que soy!

ENRICO

Señor piadoso y eterno,
que en vuestro alcázar pisáis
cándidos montes de estrellas,
mi petición escuchad.
2520 Yo he sido el hombre más malo
que la luz llegó a alcanzar
de este mundo, el que os ha hecho
más que arenas tiene el mar,
ofensas; mas, señor mío,
2525 mayor es vuestra piedad.
Vos, por redimir el mundo,
por el pecado de Adán,
en una cruz os pusisteis:
pues merezca yo alcanzar
2530 una gota solamente
de aquella sangre real.
Vos, Aurora de los cielos,
Vos, Virgen bella, que estáis
de paraninfos[212] cercada,
2535 y siempre amparo os llamáis
de todos los pecadores,
yo lo soy, por mí rogad.
Decilde que se le acuerde
a su sacra Majestad
2540 de cuando en aqueste mundo
empezó a peregrinar.
Acordalde los trabajos
que pasó en él por salvar
los que inocentes pagaron
2545 por ajena voluntad.
Decilde que yo quisiera,
cuando comience a gozar
entendimiento y razón,
pasar mil muertes y más
2550 antes que haberle ofendido.

ANARETO

Adentro priesa me dan.[213]

ENRICO

¡Gran Señor, misericordia!
No puedo deciros más.

ANARETO

¡Que esto llegue a ver un padre!

ENRICO

2555 La enigma[214] he entendido ya (*Para sí.*)
de la voz y de la sombra.
La voz era angelical,
y la sombra era el demonio.

ANARETO

Vamos, hijo.

ENRICO

¿Quién oirá
2560 ese nombre que no haga
de sus dos ojos un mar?
No os apartéis, padre mío,
hasta que hayan de expirar
mis ojos.

ANARETO

No hayas miedo.
2565 Dios te dé favor.

ENRICO

Sí hará,
que es mar de misericordia,
aunque yo voy muerto ya.

ANARETO

Ten valor.

ENRICO

En Dios confío.
Vamos, padre, donde están
2570 los que han de quitarme el ser
que vos me pudisteis dar.

(*Vanse y sale* PAULO.)

PAULO

Cansado de correr vengo
por este monte intrincado;
atrás la gente he dejado
2575 que a ajena costa mantengo.
Al pie deste sauce verde
quiero un poco descansar,
por ver si acaso el pesar
de mi memoria se pierde.
2580 Tú, fuente, que murmurando
vas entre guijas corriendo,
en tu fugitivo estruendo
plantas y aves alegrando,
dame algún contento ahora;
2585 infunde al alma alegría
con esa corriente fría
y con esa voz sonora.

---

[212] *paraninfo*: angel.
[213] The first edition reads *Adentro dan priesa*, which

does not follow the assonance and which is short.
[214] *enigma* was often treated as feminine.

Lisonjeros pajarillos
que no entendidos cantáis,
2590 y holgazanes gorjeáis
entre juncos y tomillos,
dad con picos sonorosos
y con acentos süaves
gloria a mis pesares graves
2595 y sucesos lastimosos.
En este verde tapete,
jironado de cristal,
quiero divertir mi mal
que mi triste fin promete.
(*Échase a dormir y sale el* PASTOR
con la corona, deshaciéndola.)

PASTOR

2600   Selvas intrincadas,
verdes alamedas
a quien de esperanzas
adorna Amaltea;[215]
fuentes que corréis,
2605 murmurando apriesa
por menudas guijas,
por blandas arenas:
ya vuelvo otra vez
a mirar la selva,
2610 a pisar los valles
que tanto me cuestan.
Yo soy el pastor
que en vuestras riberas
guardé un tiempo alegre
2615 cándidas ovejas.
Sus blancos vellones,
entre verdes felpas,[216]
jirones de plata
a los ojos eran.
2620 Era yo envidiado,
por ser guarda buena,
de muchos zagales
que ocupan la selva;
y mi mayoral,
2625 que en ajena tierra
vive, me tenía
voluntad inmensa,
porque le llevaba,
cuando quería verlas,
2630 las ovejas blancas
como nieve en pellas.[217]

Pero desde el día
que una, la más buena,
huyó del rebaño,
2635 lágrimas me anegan.
Mis contentos todos
convertí en tristezas,
mis placeres vivos
en memorias muertas.
2640 Cantaba en los valles
canciones y letras;
mas ya en triste llanto
funestas endechas.[218]
Por tenerla[219] amor,
2645 en esta floresta
aquesta guirnalda
comencé a tejerla.
Mas no la gozó,
que engañada y necia
2650 dejó a quien la amaba
con mayor firmeza.
Y pues no la quiso,
fuerza es que ya vuelva,
por venganza justa,
2655 hoy a deshacerla.

PAULO

Pastor, que otra vez
te vi en esta sierra,
si no muy alegre,
no con tal tristeza,
2660 el verte me admira.

PASTOR

¡Ay, perdida oveja!
¡De qué gloria huyes
y a qué mal te allegas!

PAULO

¿No es esa guirnalda
2665 la que en las florestas
entonces tejías
con gran diligencia?

PASTOR

Esta misma es;
mas la oveja, necia,
2670 no quiere volver
al bien que le espera,
y ansí la deshago.

PAULO

Si acaso volviera,

---

[215] *Amaltea*: Amalthea, a goat-nymph who provided milk for the infant Zeus.
[216] *felpa*: plush (fabric).

[217] *como . . . pellas*: like puffs of snow.
[218] Understand *canto* before *funestas endechas*.
[219] *tenerla*: tenerle.

zagalejo amigo,
2675 ¿no la recibieras?

PASTOR

Enojado estoy,
mas la gran clemencia
de mi mayoral
dice que aunque vuelvan,
2680 si antes fueron blancas,
al rebaño negras,
que las dé mis brazos
y, sin extrañeza,[220]
requiebros las diga
2685 y palabras tiernas.

PAULO

Pues es superior,
fuerza es que obedezcas.

PASTOR

Yo obedeceré;
pero no quiere ella
2690 volver a mis voces,
en sus vicios ciega.
Ya de aquestos montes
en las altas peñas
la llamé con silbos
2695 y avisé con señas.
Ya por los jarales,
por incultas selvas,
la anduve a buscar:
¡qué de ello me cuesta!
2700 Ya traigo las plantas[221]
de jaras diversas
y agudos espinos
rotas y sangrientas.
No puedo hacer más.

PAULO

2705 (En lágrimas tiernas (*Aparte.*)
baña el pastorcillo
las mejillas bellas.)
Pues te desconoce,
olvídate de ella,
2710 y no llores más.

PASTOR

Que lo haga es fuerza.
Volved, bellas flores,
a cubrir la tierra,
pues que no fue digna
2715 de vuestra belleza.

Veamos si allá
en la tierra nueva
la pondrán guirnalda
tan rica y tan bella.
2720 Quedaos, montes míos,
desiertos y selvas;
adiós, porque voy
con la triste nueva
a mi mayoral;
2725 y cuando lo sepa
(aunque ya lo sabe)
sentirá su mengua,[222]
no la ofensa suya,
aunque es tanta ofensa.
2730 Lleno voy a verle
de miedo y vergüenza:
lo que ha de decirme
fuerza es que lo sienta.
Diráme: "Zagal,
2735 ¿ansí las ovejas
que yo os encomiendo
guardáis?" ¡Triste pena!
Yo responderé . . .
No hallaré respuesta,
2740 si no es que mi llanto
la respuesta sea.

(*Vase.*)

PAULO

La historia parece
de mi vida aquésta.
De este pastorcillo
2745 no sé lo que sienta;
que tales palabras
fuerza es que prometan
oscuras enigmas . . .
Mas ¿qué luz es ésta
2750 que a la luz del sol
sus[223] rayos se afrentan?

(*Con la música suben dos ángeles el
alma de* ENRICO *por una apariencia,*[224]
y prosigue PAULO.)

Música celeste
en los aires suena,
y, a lo que diviso,
2755 dos ángeles llevan
una alma gloriosa
a la excelsa esfera.

---

[220] *extrañeza*: coolness, indifference.
[221] *plantas*: feet.
[222] *mengua*: loss.

[223] *que . . . sus*: cuyos.
[224] *apariencia*: stage machinery.

¡Dichosa mil veces,
alma, pues hoy llegas
2760 donde tus trabajos
fin alegre tengan!
    Frutas y plantas agrestes,
a quien el hielo corrompe,
¿no veis cómo el cielo rompe
2765 ya sus cortinas celestes?
    Ya rompiendo densas nubes
y esos transparentes velos,
alma, a gozar de los cielos
feliz y gloriosa subes.
2770   Ya vas a gozar la palma
que la ventura te ofrece:
¡triste del que no merece
lo que tú mereces, alma!

(*Sale* GALVÁN.)

    Advierte, Paulo famoso,
2775 que por el monte ha bajado
un escuadrón concertado,
de gente y armas copioso,
    que viene sólo a prendernos.
Si no pretendes morir,
2780 solamente, Paulo, huir
es lo que puede valernos.

PAULO
¿Escuadrón viene?

GALVÁN
            Esto es cierto:
ya se divisa la hilera
con su caja y su bandera.
2785 No escapas de preso o muerto
si aguardas.

PAULO
            ¿Quién la ha traído?

GALVÁN
Villanos, si no me engaño
(como hacemos tanto daño
en este monte escondido)
2790   de aldeas circunvecinas
se han juntado . . .

PAULO
            Pues matallos.

GALVÁN
¡Qué! ¿Te animas a esperallos?

PAULO
Mal quién es Paulo imaginas.

---

225 *cerrar*: to attack.

GALVÁN
Nuestros peligros son llanos.

PAULO
2795 Sí, pero advierte también
que basta un hombre de bien
para cuatro mil villanos.

GALVÁN
Ya tocan. ¿No lo oyes?

PAULO
                            Cierra,225
y no receles el daño;
2800 que antes que fuese ermitaño
supe también qué era guerra.

(*Salen los labradores que pudieren, con
armas y un* JUEZ.)

JUEZ
Hoy pagaréis las maldades
que en este monte habéis hecho.

PAULO
En ira se abrasa el pecho.
2805 Soy Enrico en las crueldades.

(*Éntralos acuchillando y sale* GALVÁN
*por otra puerta, huyendo, y tras él,
muchos villanos.*)

VILLANO 1º
Ea, ladrones, rendíos.

GALVÁN
Mejor nos está el morir . . .
mas yo presumo huir;
que para eso tengo bríos.

(*Vanse, y dice dentro* PAULO):

PAULO
2810   Con las flechas me acosáis,
y con ventaja reñís:
más de doscientos venís
para veinte que buscáis.

JUEZ
Por el monte va corriendo. (*Vase.*)

(*Baja* PAULO *por el monte, rodando,
lleno de sangre.*)

PAULO
2815 Ya no bastan pies ni manos;
muerte me han dado villanos;
de mi cobardía me ofendo.
    Volveré a darles la muerte . . .
Pero no puedo, ¡ay de mí!;

2820 el cielo, a quien ofendí,
se venga de aquella suerte.

(*Sale* PEDRISCO.)

PEDRISCO

Como en las culpas de Enrico
no me hallaron culpado,
luego que públicamente
2825 los jueces le ajusticiaron,
me echaron la puerta afuera,
y vengo al monte. — ¿Qué aguardo?
¡Qué miro! La selva y monte
anda todo alborotado.
2830 Allí dos villanos corren,
las espadas en las manos.
Allí va herido Fineo,
y allí huyen Celio y Fabio,
y aquí, que es gran desventura,
2835 tendido está el fuerte Paulo.

PAULO

¿Volvéis, villanos, volvéis?
La espada tengo en la mano;
no estoy muerto, vivo estoy,
aunque ya de aliento falto.

PEDRISCO

2840 Pedrisco soy, Paulo mío.

PAULO

Pedrisco, llega a mis brazos.

PEDRISCO

¿Cómo estás ansí?

PAULO

¡Ay de mí!
Muerte me han dado villanos.
Pero ya que estoy muriendo,
2845 saber de ti, amigo, aguardo
qué hay del suceso de Enrico.

PEDRISCO

En la plaza le ahorcaron
de Nápoles.

PAULO

Pues ansí,
¿quién duda que condenado
2850 estará al infierno ya?

PEDRISCO

Mira lo que dices, Paulo;
que murió cristianamente,
confesado y comulgado
y abrazado con un Cristo,

2855 en cuya vista, enclavados
los ojos, pidió perdón
y misericordia, dando
tierno llanto a sus mejillas
y a los presentes espanto.
2860 Fuera de aqueso, en muriendo
resonó en los aires claros
una música divina;
y para mayor milagro
y evidencia más notoria,
2865 dos paraninfos alados
se vieron patentemente,
que llevaban entre ambos
el alma de Enrico al cielo.

PAULO

¡A Enrico, el hombre más malo
2870 que crió naturaleza!

PEDRISCO

¿De aquesto te espantas, Paulo,
cuando es tan piadoso Dios?

PAULO

Pedrisco, eso ha sido engaño:
otra alma fue la que vieron,
2875 no la de Enrico.

PEDRISCO

¡Dios santo,
reducidle[226] vos!

PAULO

Yo muero.

PEDRISCO

Mira que Enrico gozando
está de Dios; pide a Dios
perdón.

PAULO

¿Y cómo ha de darlo
2880 a un hombre que le ha ofendido
como yo?

PEDRISCO

¿Qué estás dudando?
¿No perdonó a Enrico?

PAULO

Dios
es piadoso . . .

PEDRISCO

Es muy claro.

PAULO

. . . pero no con tales hombres.
2885 Ya muero, llega tus brazos.

---

[226] *reducir*: to convince.

PEDRISCO
Procura tener su fin.

PAULO
Esa palabra me ha dado
Dios; si Enrico se salvó,
también yo salvarme aguardo. (*Muere.*)

PEDRISCO
2890 Lleno el cuerpo de lanzadas,
quedó muerto el desdichado.
Las suertes fueron trocadas:
Enrico, con ser tan malo,
se salvó, y éste al infierno
2895 se fue por desconfiado.
Cubriré el cuerpo infeliz,
cortando a estos sauces ramos.
Mas ¿qué gente es la que viene?

(*Salen el* JUEZ *y los villanos.*)

JUEZ
Si el capitán se ha escapado,
2900 poca diligencia ha sido.

VILLANO 1°
Yo le vi caer rodando,
pasado de mil saetas,
de los altivos peñascos.

JUEZ
Un hombre está aquí.

PEDRISCO
2905 ¡Ay, Pedrisco desdichado!
Esta vez te dan carena.[227]

VILLANO 1°
Éste es criado de Paulo,
y cómplice en sus delitos.

GALVÁN
Tú mientes como villano;
2910 que sólo lo fui de Enrico
que de Dios está gozando.

PEDRISCO
Y yo. (Galvanito hermanito,
(*Aparte a* GALVÁN.)
no me descubras aquí,
por amor de Dios.)

JUEZ
Si acaso
2915 me dices dónde se esconde
el capitán que buscamos,
yo te daré libertad;
habla.

227 *carena*: punishment.
228 *contrario*. See n. 29.

PEDRISCO
Buscarle es en vano
cuando es muerto.

JUEZ
¿Cómo muerto?

PEDRISCO
2920 De varias flechas y dardos
pasado le hallé, señor,
con la muerte agonizando
en aqueste mismo sitio.

JUEZ
¿Y dónde está?

PEDRISCO
Entre aquestos ramos
2925 le metí.

(*Descúbrese fuego, y* PAULO *lleno de llamas.*)

JUEZ
Mas, ¡qué visión
es causa de tanto espanto!

PAULO
Si a Paulo buscando vais,
bien podéis ya ver a Paulo,
ceñido el cuerpo de fuego
2930 y de culebras cercado.
No doy la culpa a ninguno
de los tormentos que paso:
sólo a mí me doy la culpa,
pues fui causa de mi daño.
2935 Pedí a Dios que me dijese
el fin que tendría, en llegando
de mi vida el postrer día;
ofendíle, caso es llano;
y como la ofensa vio
2940 de las almas el contrario,[228]
incitóme con querer
perseguirme con engaños.
Forma de un ángel tomó,
y engañóme; que a ser sabio,
2945 con su engaño me salvara;
pero fui desconfiado
de la gran piedad de Dios,
que hoy a su juicio llegando,
me dijo: "Baja, maldito
2950 de mi Padre, al centro airado
de los oscuros abismos,
adonde has de estar penando."[229]
¡Malditos mis padres sean

229 "*Baja . . . penando*": a paraphrase of Matthew 25:41.

mil veces, pues me engendraron!
2955 ¡Y yo también sea maldito,
pues que fui desconfiado!
(*Húndese por el tablado, y sale fuego.*)
JUEZ
Misterios son del Señor.
GALVÁN
¡Pobre y desdichado Paulo!
PEDRISCO
¡Y venturoso de Enrico,
2960 que de Dios está gozando!
JUEZ
Porque toméis escarmiento,
no pretendo castigaros;
libertad doy a los dos.
PEDRISCO
Vivas infinitos años.
2965 Hermano Galván, pues ya
de ésta[230] nos hemos librado,
¿qué piensas hacer desde hoy?
GALVÁN
Desde hoy pienso ser un santo.
PEDRISCO
Mirando estoy con los ojos

2970 que no haréis muchos milagros.
GALVÁN
Esperanza en Dios.
PEDRISCO
Amigo,
quien fuere desconfiado
mire el ejemplo presente.
JUEZ
No más: a Nápoles vamos
2975 a contar este suceso.
PEDRISCO
Y porque éste es tan arduo
y difícil de creer,
siendo verdadero el caso,
vaya el que fuese curioso
2980 (porque sin ser escribano
dé fe de ello) a Belarmino;[231]
y si no, más dilatado,
en la *Vida de los padres*
podrá fácilmente hallarlo.
2985 Y con aquesto da fin
el mayor desconfiado,
y pena y gloria trocadas.
El cielo os guarde mil años.

[230] *ésta* has no definite antecedent. Understand some word such as *vez* or *ocasión*: crisis, danger.

[231] *Belarmino*. See the introduction to the play.

⌒⌒⌒ STUDY QUESTIONS AND TOPICS

1. What is the purpose of the long description of nature at the beginning of the play?
2. The contrast in character between Paulo and Pedrisco in Act I.
3. The importance of Paulo's dream in the development of the play.
4. The character of Enrico and Celia.
5. The irony of the dialogue between Paulo and Enrico at the end of Act II.

6. The function of the songs in the play.
7. What is the fundamental problem raised in the play?
8. How does this problem differ from that raised in *El burlador de Sevilla*?
9. Other similarites and differences between the two plays.

Guillén de Castro y Bellvís
(1569–1631)

~~~ CHRONOLOGY

1569   Guillén de Castro y Bellvís is born in Valencia, son of Francisco de Castro and Castellana Bellvís. Nothing is known about his formal education.
1592   Becomes a member of the *Academia de los Nocturnos*, a Valencian literary society.
1593   Begins service as a cavalry officer in the forces guarding the Mediterranean coast.
1595   Marries Doña Marquesa Girón de Rebolledo, mother of his only child, a daughter born in 1596.
1607   Now a widower, Castro becomes governor of the fortress of Scigliano, a dependency of the viceroyalty of Naples in Upper Calabria.
1608   Publication of his first printed plays, *El caballero bobo* and *El amor constante*.
1616   Organizes and becomes president of *Los montañeses del Parnaso*, a literary society in Valencia.
1618   Publication of the *Primera parte* of Castro's plays, which includes *Las mocedades del Cid*. Moves to Madrid, where he becomes a member of the *Academia poética*.
1619   Lope de Vega dedicates *Las almenas de Toro* to him.
1621   Reprinting of Castro's *Primera parte*, dedicated to Lope's daughter Marcela.
1624   Accused of complicity in a murder, but charges are dropped for lack of evidence.
1625   Publication of the *Segunda parte* of his plays.
1626   Marries Doña Angela María Salgado, many years his junior.
1631   Dies in Madrid.

∽∽∽ Guillén de Castro and His Plays

Most famous writer of the Valencian school of dramatists, which flourished during the last two decades of the sixteenth century, Guillén de Castro was the only major playwright of the Golden Age who was also a professional soldier. In 1592, under the name of *Secreto*, he became a member of the *Academia de los Nocturnos*, a literary society composed of the most distinguished writers of Valencia. The youthful Castro, who fancied himself to be quite a lover, once regaled his fellows with a reading of his *Discurso como ha de grangear un galán a una dama*, a brief manual on the art of seduction. Commissioned a captain in the coast cavalry in 1593, he spent more than twenty years in military service in Spain and in Italy, but during this time he managed to write a substantial number of plays.

Retired from the army in 1616, Castro returned from Naples to Valencia where he attempted to revive the *Academia de los Nocturnos* under the name of *Los montañeses del Parnaso*, but the new society lasted less than a year. After the publication of the *Primera parte* of his plays in Valencia in 1618, he decided to move to Madrid, which had become the unchallenged center of the theater and the arts. In the Spanish capital he became a member of the *Academia poética*, which counted among its members the greatest Spanish writers of the day—Lope de Vega, whom he had met earlier in Valencia, Tirso de Molina, Luis de Góngora, Francisco de Quevedo, and others. Castro continued to write for the stage until 1625 when he returned to Valencia to oversee the publication of the *Segunda parte* of his plays. Long a widower, Castro remarried in 1626. He is not known to have written a line after his second marriage, perhaps because his wife's dowry permitted him to live in modest comfort without his having to depend upon his pen. Guillén de Castro died in Madrid in 1631 at the age of sixty-two. For a long time literary historians perpetuated the legend that he spent the final years of his life in poverty and that he was buried a pauper, but recent evidence has disproved that notion. In his will he provided that a sum be set aside to pay for moving his body to Valencia for final burial.

Forty-two plays have been attributed to Castro, of which only twenty-seven have been fully authenticated. The plays are very uneven in merit, reflecting the volatile personality of the author. Firm in friendship but quick to anger, Castro was not only a passionate man but one of rigid character. Likewise, his plays are peopled with men and women who are given to passionate outbursts but who, at the same time, never deviate from their personal codes of behavior. Although *El Narciso en su opinión* is regarded as a precursor of the *comedia de figurón* (a comedy in which the protagonist is an extreme eccentric), most critics hold that Castro had little sense of humor. He was the first Spanish dramatist to adapt any of Cervantes' works for the stage, but the plays *La fuerza de la sangre*, *El curioso impertinente* and *Don Quijote de la Mancha* (based on the episode of Fernando and Dorotea) are drawn from the novelist's most somber creations. Other critics, noting the marital conflicts that occur in *Los mal casados de Valencia* and in several other plays, think that Castro must have looked upon matrimony as an abominable institution. At his worst, Castro is often guilty of rampant sensationalism, violence, and extreme emotionalism—qualities which recall Juan de la Cueva's neo-Senecan melodramas.

But an author should be judged by his best work, not his worst, and Guillén de Castro is at his best in dramatizing Spanish ballads and capturing the chivalric spirit of medieval Spain, of which his soldier's heart was so enamoured. Only Lope de Vega surpassed him in recreating the color and pageantry of Spain's epic past. *El conde Alarcos* and *El conde Dirlos* are good examples of Castro's adaptation of popular ballads. But Castro's two masterpieces are *Las mocedades del Cid* and its sequel, sometimes called the *Comedia segunda* of *Las mocedades del Cid*, sometimes called *Las hazañas del Cid*, although the Cid has a relatively minor role in the second play. Printed in the *Primera parte* of Castro's plays (1618), these two works are not based on the great twelfth-century epic, *El poema de Mío Cid*, but rather almost exclusively on the many ballads, old and new, which were built up around the Castilian hero. The dramatist probably was familiar with some of the chronicles that recounted the life and deeds of Rodrigo de Vivar, but the ballads incorporated most of the pertinent material contained in the chronicles, including the late fourteenth- or early fifteenth-century *Crónica rimada del Cid*, so that Castro did not need to look beyond the *Romancero* for source materials.

As the title suggests, *Las mocedades del Cid*

is devoted to dramatizing events in Rodrigo's youth—his knighting, his victories over the Moors, his defense of Castilian territory against the claims of Aragon, and, above all, his troubled romance with Jimena, whose father he killed to restore his family's honor. Castro centers his play on the opposing demands of love and duty, but he is also concerned with portraying Rodrigo as the perfect Christian knight. The French dramatist Pierre Corneille, whose *Le Cid* (1636) was adapted from the Spanish play, focuses more sharply on the conflict of love and duty, a conflict now recognized as the hallmark of his theater. Not only is Corneille's play intrinsically important because of its artistic excellence, but it is also regarded by many critics as the foundation of French tragedy, although Corneille's rivals protested that its subject matter was inappropriate for tragedy and that it strained the classical unities. Curiously, Corneille's adaptation and the controversy which it started have so absorbed drama critics outside of Spain that they have often overlooked Guillén de Castro's masterpiece in spite of its own great merits. *Las mocedades del Cid* has never been surpassed in its vigorous dramatization of the chivalric spirit of medieval Spain.

The present edition is based primarily on the text of V. Said Armesto's edition in *Clásicos Castellanos*, vol. 15 (Madrid, 1913), which is based on the text contained in the 1621 edition of the *Primera parte* of Castro's plays. Other editions consulted include: Ramón de Mesonero Romanos, in *Biblioteca de Autores Españoles*, vol 43 (Madrid, 1951); Ernest Mérimée, *Première partie des Mocedades del Cid* (Toulouse, 1890); E. Juliá Martínez, in *Obras de Guillén de Castro*, vol. 2 (Madrid, 1926); and G. W. Umphrey (New York, 1939).

SELECTED BIBLIOGRAPHY

I. Collections of Guillén de Castro's Plays

Dramáticos contemporáneos de Lope de Vega, ed. Ramón de Mesonero Romanos, in Biblioteca de Autores Españoles, vol. 43. Nueva impresión. Madrid, 1951. Contains 7 plays by Castro.

Obras de Guillén de Castro, ed E. Juliá Martínez. 3 vols. Madrid, 1925–27. Contains 45 plays and extensive Introduction.

II. General Studies of Guillén de Castro

BRUERTON, COURTNEY. "The Chronology of the Comedias of Guillén de Castro," Hispanic Review 12 (1944), 89–151.

GREEN, OTIS H. "New Documents for the Biography of Guillén de Castro y Bellvís," Revue Hispanique 81, Part 2 (1933), 248–60.

LA DU, ROBERT R. "Honor and the King in the Comedias of Guillén de Castro," Hispania 45 (1962), 211–17.

MÉRIMÉE, HENRI. L'Art dramatique à Valencia. Toulouse, 1913.

WILSON, W.W. "A Note on Fifteen Plays Attributed to Guillén de Castro," Modern Language Quarterly 8 (1947), 393–400.

III. Studies of Las mocedades del Cid and the Cid Theme

CASALDUERO, JOAQUÍN. "Guillén de Castro: Primera comedia de Las mocedades del Cid," in Estudios sobre el teatro español, pp. 45–71. Madrid, 1962.

FERRIÈRE, E. Littérature et philosophie: Corneille et Guillén de Castro. Paris, 1865.

HÄMEL, A. "Der Cid im Spanischen Drama des XVI und XVII Jahrhunderts," Zeitschrift für Romanische Philologie 25 (1910), 1–104.

MATULKA, BARBARA. The Cid as a Courtly Hero. New York, 1928.

MCBRIDE, C.A. "Los objetos materiales como objetos significativos en Las mocedades del Cid," Nueva Revista de Filología Hispánica 15 (1961), 448–58.

MCCRARY, WILLIAM C. "Guillén de Castro and the Moçedades of Rodrigo: A Study of Tradition and Innovation," in Romance Studies in Memory of Edward Billings Ham, pp. 89–102. Hayward, California, 1967.

SEGALL, J.B. Corneille and the Spanish Drama. New York, 1907.

WEIGER, J.C. "Los silencios de Las moçedades del Cid," Hispanófila, no. 23 (1965), 1–7.

〰〰〰 Acto primero

Verses		
1–40	Quintillas	
41–49	Ten- and three-syllable lines assonating in e-o.	
50–129	Quintillas	
130–305	Romance (a-o)	
306–357	Redondillas	
358–427	Décimas	

428–517	Romance (a-a)
518–541	Canción (Canzone), stanzas of eight verses of seven- and eleven-syllable lines with fixed rhyme: aBaBCcDD.
542–569	Romance (a-o)
570–865	Redondillas

〰〰〰 Acto segundo

866–1037	Redondillas
1038–1208	Redondillas alternating with quintillas (the third line of each quintilla being a *pie quebrado*)

1209–1284	Tercetos
1285–1428	Romance (i-a)
1429–1712	Redondillas
1713–1820	Romance (a-o)

〰〰〰 Acto tercero

1821–1972	Redondillas
1973–2114	Romance (á)
2115–2718	Redondillas

2719–2894	Romance (a-a)
2895–2926	Redondillas
2927–3004	Romance (e-a)

✍✍✍ *Las mocedades del Cid*
COMEDIA PRIMERA

EL REY DON FERNANDO

LA REINA, *su mujer*

EL PRÍNCIPE DON SANCHO

LA INFANTA DOÑA URRACA

DIEGO LAÍNEZ, *padre del Cid*

RODRIGO, *el Cid*

EL CONDE LOZANO

JIMENA GÓMEZ, *hija del Conde*

ARIAS GONZALO

PERANSULES

HENÁN DÍAZ *y* BERMUDO LAÍN, *hermanos del Cid*

ELVIRA, *criada de Jimena Gómez*

UN MAESTRO DE ARMAS *del Príncipe*

DON MARTÍN GONZALES

UN REY MORO

CUATRO MOROS

UN PASTOR

UN GAFO

DOS O TRES PAJES *y* ALGUNA OTRA GENTE DE ACOMPAÑAMIENTO

✍✍✍ Acto primero

(*Salen el* REY DON FERNANDO[1] *y* DIEGO LAÍNEZ, *los dos de barba blanca, y el* DIEGO LAÍNEZ, *decrépito, arrodíllase delante el*[2] REY, *y dice*:)

DIEGO LAÍNEZ

Es gran premio a mi lealtad.

REY

A lo que debo me obligo.

DIEGO LAÍNEZ

Hónrale tu Majestad.

REY

Honro a mi sangre en Rodrigo.[3]

5 Diego Laínez, alzad.

Mis proprias[4] armas le he dado
para armalle caballero.

DIEGO LAÍNEZ

Ya, señor, las ha velado,[5]
y ya viene . . .

REY

Ya lo espero.

DIEGO LAÍNEZ

10 . . . excesivamente honrado,
pues don Sancho[6] mi señor,
mi príncipe, y mi señora
la reina, le son, señor,
padrinos.

---

[1] Fernando I, called *el Grande* (also *el Magno*), reigned as king of Castile and Leon from 1035 to 1065. The action begins in the royal palace in Toledo.

[2] *delante el*: *delante del*.

[3] *Honro . . . Rodrigo*. According to the anonymous *Crónica rimada del Cid* (c. 1400), the Cid was distantly related to the kings of Leon.

[4] *proprias*: *propias*.

[5] *Ya . . . velado*. Before being armed knight, the novice spent the preceding night in keeping vigil over his arms and in preparing himself spiritually for knighthood through meditation and prayer.

[6] Don Sancho, who later ruled as king of Castile (1065–72), was called *el Fuerte*.

REY

Pagan agora
15 lo que deben a mi amor.

(*Salen la* REINA *y el* PRÍNCIPE DON
SANCHO, *la* INFANTA DOÑA URRA-
CA, JIMENA GÓMEZ, *el* CONDE
LOZANO, ARIAS GONZALO, PERAN-
SULES *y* RODRIGO.)

URRACA

¿Qué te parece, Jimena,
de Rodrigo?

JIMENA

Que es galán,
(y que sus ojos le dan (*Aparte.*)
al alma sabrosa pena).

REINA

20 ¡Qué bien las armas te están!
¡Bien te asientan!

RODRIGO

¿No era llano,[7]
pues tú les diste los ojos,
y Arias Gonzalo la mano?[8]

ARIAS

Son del cielo tus despojos,[9]
25 y es tu valor castellano.

REINA

¿Qué os parece mi ahijado? (*Al* REY.)

DON SANCHO

¿No es galán, fuerte y lucido? (*Al* REY.)

CONDE

(Bravamente le han honrado   (*Aparte a*
los reyes.)   PERANSULES.)

PERANSULES

(Extremo ha sido.)

RODRIGO

30 Besaré lo que ha pisado
quien tanta merced me ha hecho.

REY

Mayores las merecías.
¡Qué robusto, qué bien hecho!
Bien te vienen armas mías.

RODRIGO

35 Es tuyo también mi pecho.

---

[7] *¿No era llano . . . ?*: Wasn't it to be expected?
[8] *pues . . . mano*: since you selected them and Arias
Gonzalo gave them to me.
[9] *despojos*: qualities.
[10] The patron saint of Spain is the apostle St.
James (Santiago), whose remains are said to be
enshrined in Santiago de Compostela.

REY

Lleguémonos al altar
del Santo Patrón de España.[10]

DIEGO LAÍNEZ

No hay más glorias que esperar.

RODRIGO

Quien te sirve y te acompaña,
40 al cielo puede llegar.

(*Corren una cortina, y parece el altar
de Santiago, y en él una fuente de
plata, una espada y unas espuelas
doradas.*)

REY

Rodrigo, ¿queréis ser caballero?

RODRIGO

Sí, quiero.

REY

Pues Dios os haga buen caballero.
Rodrigo, ¿queréis ser caballero?

RODRIGO

45 Sí, quiero.

REY

Pues Dios os haga buen caballero.
Rodrigo, ¿queréis ser caballero?

RODRIGO

Sí, quiero.

REY

Pues Dios os haga buen caballero.
50   Cinco batallas campales
venció en mi mano esta espada,
y pienso dejarla honrada
a tu lado.

RODRIGO

Extremos tales[11]
mucho harán, señor, de nada.
55   Y así, porque su alabanza
llegue hasta la esfera quinta,[12]
ceñida en tu confïanza,[13]
la quitaré de mi cinta,
colgaréla en mi esperanza.
60   Y, por el ser que me ha dado
el tuyo, que el cielo guarde,
de no[14] volvérmela al lado
hasta estar asegurado

---

[11] *Extremos tales*: such extraordinary favors.
[12] *esfera quinta*. The fifth sphere in the Ptolemaic
system corresponded to Mars, the god of war.
[13] *tu confïanza*: your confidence in me.
[14] Understand *juro* before *de no. Jurar* was formerly
followed by *de* before an infinitive.

de no hacértela cobarde,
65 que será habiendo vencido
cinco campales batallas.
CONDE
(¡Ofrecimiento atrevido!) (*Aparte.*)
REY
Yo te daré para dallas[15]
la ocasión que me has pedido.—
70 Infanta, y vos le poné[16]
la espuela.
RODRIGO
¡Bien soberano!
URRACA
Lo que me mandas haré.
RODRIGO
Con una favor de tal mano,
sobre el mundo pondré el pie.
(*Pónele* DOÑA URRACA *las espuelas.*)
URRACA
75 Pienso que te habré obligado,
Rodrigo; acuérdate desto.
RODRIGO
Al cielo me has levantado.
JIMENA
(Con la espuela que le ha puesto, (*Aparte.*)
el corazón me ha picado.)
RODRIGO
80 Y tanto servirte espero
como obligado me hallo.
REINA
Pues eres ya caballero,
ve a ponerte en un caballo,
Rodrigo, que darte quiero;
85 y yo y mis damas saldremos
a verte salir en él.
DON SANCHO
A Rodrigo acompañemos.
REY
Príncipe, salid con él.
PERANSULES
(Ya estas honras son extremos.[17]) (*Aparte.*)
RODRIGO
90 ¿Qué vasallo mereció
ser de su rey tan honrado?
DON SANCHO
Padre, y ¿cuándo podré yo

ponerme una espada al lado?
REY
Aún no es tiempo.
DON SANCHO
¿Cómo no?
REY
95 Pareceráte pesada,
que tus años tiernos son.
DON SANCHO
Ya desnuda o ya envainada,
las alas del corazón[18]
hacen ligera la espada.
100 Yo, señor, cuando su acero
miro de la punta al pomo,
con tantos bríos le[19] altero,
que a ser[20] un monte de plomo
me pareciera ligero.
105 Y si Dios me da lugar
de ceñilla y, satisfecho
de mi pujanza, llevar
en hombros, espalda y pecho,
gola, peto y espaldar,
110 verá el mundo que me fundo
en ganalle;[21] y si le gano,
verán mi valor profundo,
sustentando en cada mano
un polo de los del mundo.
REY
115 Sois muy mozo, Sancho; andad.
Con la edad daréis desvío
a ese brío.
DON SANCHO
¡Imaginad
que pienso tener más brío
cuando tenga más edad!
RODRIGO
120 En mí tendrá vuestra Alteza
para todo un fiel vasallo.
CONDE
(¡Qué brava naturaleza!) (*A* PERANSULES.)
DON SANCHO
Ven y pondráste a caballo.
PERANSULES
(¡Será la misma braveza!) (*Al* CONDE.)
REINA
125 Vamos a vellos.

---

[15] *dallas: darlas* (*las* refers to *batallas*).
[16] *le poné: ponedle.*
[17] *extremos.* Note that as in verse 53 *extremos* is a noun.

[18] *alas del corazón*: courage.
[19] *le* refers to *corazón.*
[20] *a ser: si fuera (el acero).*
[21] *me fundo en ganalle*: I aspire to conquer it.

DIEGO LAÍNEZ
Bendigo,
hijo, tan dichosa palma.²²
REY
(¡Qué de pensamientos sigo!)²³ (*Aparte.*)
JIMENA
(¡Rodrigo me lleva el alma!) (*Aparte.*)
URRACA
(Bien me parece Rodrigo.) (*Aparte.*)

(*Vanse, y quedan el* REY, *el* CONDE
LOZANO, DIEGO LAÍNEZ, ARIAS
GONZALO *y* PERANSULES.)

REY
130   Conde de Orgaz,²⁴ Peransules,
Laínez, Arias Gonzalo,
los cuatro que hacéis famoso
nuestro Consejo de Estado,
esperad, volved, no os vais;²⁵
135 sentaos, que tengo que hablaros.

(*Siéntanse todos cuatro, y el* REY *en
medio de ellos.*)

Murió Gonzalo Bermudes,
que del príncipe don Sancho
fue ayo, y murió en el tiempo
que más le importaba el ayo,
140 pues dejando estudio y letras
el príncipe tan temprano,
tras su inclinación le llevan
guerras, armas y caballos;
y siendo de condición²⁶
145 tan indomable y tan bravo,
que tiene asombrado el mundo
con sus prodigios extraños,
un vasallo ha menester
que, tan lëal como sabio,
150 enfrene sus apetitos
con prudencia y con recato.
Y así yo, viendo, parientes,
más amigos que vasallos,
que es mayordomo mayor
155 de la reina Arias Gonzalo,

y que de Alonso y García²⁷
tiene la cura a su cargo
Peransules, y que el conde,
por muchas causas Lozano,
160 para mostrar que lo es,
viste acero y corre el campo,
quiero que a Diego Laínez
tenga el príncipe por ayo;
pero es mi gusto que sea
165 con parecer de los cuatro,
columnas de mi corona
y apoyos de mi cuidado.
ARIAS
¿Quién como Diego Laínez
puede tener a su cargo
170 lo que importa tanto a todos,
y al mundo le importa tanto?
PERANSULES
¿Merece Diego Laínez
tal favor de tales manos?
CONDE
Sí, merece, y más agora,
175 que a ser contigo ha llegado
preferido a mi valor,
tan a costa de mi agravio.²⁸
Habiendo yo pretendido
el servir en este cargo
180 al príncipe mi señor,
que el cielo guarde mil años,
debieras mirar, buen rey,
lo que siento y lo que callo
por estar en tu presencia,
185 si es que puedo sufrir tanto.
Si el viejo Diego Laínez
con el peso de los años
caduca²⁹ ya, ¿cómo puede,
siendo caduco, ser sabio?
190 Y cuando al príncipe enseñe
lo que entre ejercicios varios
debe hacer un caballero
en las plazas y en los campos,³⁰
¿podrá, para dalle ejemplo,
195 como yo mil veces hago,

---

²² *palma*: triumph.
²³ *¡Qué . . . sigo!*: What thoughts I keep having!
²⁴ The *Conde de Orgaz* is the title of Jimena's father, but in the ballads he was so often called *lozano* ("proud" and "vigorous") that the adjective came to be used as a surname. See vv. 158–59, 199, and 1119–20 for more play on his name. See also n. 70.
²⁵ *vais*: *vayáis*.

²⁶ *condición*: character.
²⁷ *Alonso* and *García* are the younger sons of King Fernando.
²⁸ *tan . . . agravio*: to the great detriment of my honor.
²⁹ *caducar*: to become senile.
³⁰ *en las plazas . . . campos*: in tourneys and on battlefields.

hacer un lanza astillas,
desalentando un caballo?
Si yo . . .

REY

¡Baste!

DIEGO LAÍNEZ

Nunca, conde,
anduvistes tan lozano.
200 Que estoy caduco confieso,
que el tiempo, en fin, puede tanto.
Mas caducando, durmiendo,
feneciendo, delirando,
¡puedo, puedo enseñar yo
205 lo que muchos ignoraron![31]
Que si es verdad que se muere
cual se vive, agonizando,[32]
para vivir daré ejemplos,
y valor para imitallos.
210 Si ya me faltan las fuerzas
para con pies y con brazos
hacer de lanzas astillas
y desalentar caballos,
de mis hazañas escritas
215 daré al príncipe un traslado,[33]
y aprenderá en lo que hice,
si no aprende en lo que hago.
Y verá el mundo y el rey
que ninguno en lo criado[34]
220 merece . . .

REY

¡Diego Laínez!

CONDE

¡Yo lo merezco . . .

REY

¡Vasallos!

CONDE

. . . tan bien como tú, y mejor!

REY

¡Conde!

DIEGO LAÍNEZ

Recibes engaño.[35]

CONDE

Yo digo . . .

REY

¡Soy vuestro rey!

DIEGO LAÍNEZ

225 ¿No dices? . . .

CONDE

¡Dirá la mano
lo que ha callado la lengua!

(*Dale una bofetada.*)

PERANSULES

¡Tente!

DIEGO LAÍNEZ

¡Ay, viejo desdichado!

REY

¡Ah de mi guarda!

DIEGO LAÍNEZ

¡Dejadme!

REY

230 ¡Prendelde![36]

CONDE

¿Estás enojado?
Espera, excusa alborotos,
rey poderoso, rey magno,
y no los habrá en el mundo
de habellos en tu palacio.[37]
Y perdónale esta vez
235 a esta espada y a esta mano
el perderte aquí el respeto,
pues tantas[38] y en tantos años
fue apoyo de tu corona,
caudillo de tus soldados,
240 defendiendo tus fronteras
y vengando tus agravios.
Considera que no es bien
que prendan los reyes sabios
a los hombres como yo,
245 que son de los reyes manos,
alas de su pensamiento
y corazón de su estado.

REY

¡Hola!

PERANSULES

¿Señor?

---

[31] *lo que* . . . *ignoraron*: what many (men) never have learned.
[32] *agonizar*: to die.
[33] *traslado*: copy.
[34] *en lo criado*: in all creation.
[35] *Recibes engaño*: *te engañas*.
[36] *¡Prendelde!*: *¡Prendedle!*
[37] *excusa alborotos . . . palacio*: freely, "avoid scandal

here . . . and there will be no public scandal resulting from what happened in your palace." A breach of conduct, such as drawing a sword or issuing a challenge in the presence of the king or in the royal palace was a crime punishable by exile or, less commonly, by death.
[38] *tantas*: *tantas veces*.

ARIAS
¿Señor?

REY
¡Conde!

CONDE
Perdona.

REY
¡Espera, villano! (*Vase el* CONDE.)
¡Seguilde!

ARIAS
250 ¡Parezca³⁹ agora
tu prudencia, gran Fernando!

DIEGO LAÍNEZ
Llamalde, llamad al conde
que venga a ejercer el cargo
de ayo de vuestro hijo;
255 que podrá más bien honrallo,
pues que yo sin honra quedo,
y él lleva, altivo y gallardo,
añadido al que tenía,
el honor que me ha quitado.
260 Y yo me iré, si es que puedo,
tropezando en cada paso
con la carga de la afrenta
sobre el peso de los años,
donde mis agravios llore
265 hasta vengar mis agravios.

REY
¡Escucha, Diego Laínez!

DIEGO LAÍNEZ
Mal parece un afrentado
en presencia de su rey.

REY
¡Oíd!

DIEGO LAÍNEZ
Perdonad, Fernando.
270 ¡Ay, sangre que honró a Castilla!

(*Vase* DIEGO LAÍNEZ.)

REY
¡Loco estoy!

ARIAS
Va apasionado.⁴⁰

REY
Tiene razón. ¿Qué haré, amigos?
¿Prenderé al conde Lozano?

ARIAS
No, señor; que es poderoso,
275 arrogante, rico y bravo,
y aventuras en tu imperio
tus reinos y tus vasallos.⁴¹
Demás de que en casos tales
es negocio averiguado
280 que el prender al delincuente
es publicar el agravio.

REY
Bien dices. —Ve, Peransules,
siguiendo al conde Lozano.
Sigue tú a Diego Laínez. (*A* ARIAS.)
285 Decid de mi parte a entrambos
que, pues la desgracia ha sido
en mi aposento cerrado
y está seguro el secreto,
que ninguno a publicallo
290 se atreva, haciendo el silencio
perpetuo, y que yo lo mando
so pena de mi desgracia.⁴²

PERANSULES
¡Notable razón de estado!

REY
Y dile a Diego Laínez
295 que su honor tomo a mi cargo,
y que vuelva luego a verme.
Y di al conde que le llamo
y le aseguro;⁴³ y veremos
si puede haber medio humano
300 que componga estas desdichas.

PERANSULES
Iremos.

REY
¡Volved volando!

ARIAS
Mi sangre es Diego Laínez.

PERANSULES
Del conde soy primo hermano.

REY
Rey soy mal obedecido;
305 castigaré mis vasallos. (*Vanse.*)

(*Sale* RODRIGO *con sus hermanos*
HERNÁN DÍAZ *y* BERMUDO LAÍN,
que le salen quitando las armas.)

³⁹ *Parezca: Aparezca.*
⁴⁰ *apasionado*: distressed.
⁴¹ *aventuras . . . vasallos*: you run the risk of losing
the kingdoms and vassals under your rule (*imperio*).

⁴² *so pena . . . desgracia*: under penalty of incurring
my disfavor.
⁴³ *le aseguro*: I grant him safe-conduct.

RODRIGO
Hermanos, mucho me honráis.

BERMUDO
A nuestro hermano mayor
servimos.

RODRIGO
Todo el amor
que me debéis me pagáis.

HERNÁN
310 Con todo habemos quedado,
que es bien que lo confesemos,
envidiando los extremos
con que del rey fuiste honrado.

RODRIGO
Tiempo, tiempo vendrá, hermanos,
315 en que el rey, placiendo a Dios,
pueda emplear en los dos
sus dos liberales manos,
y os dé con los mismos modos
el honor que merecí;
320 que el rey que me honra a mí,
honra tiene para todos.
Id colgando con respeto
sus armas, que mías son;
a cuyo heroico blasón
325 otra vez juro y prometo
de[44] no ceñirme su espada,
que colgada aquí estará
de mi mano, y está ya
de mi esperanza colgada,
330 hasta que llegue a vencer
cinco batallas campales.

BERMUDO
Y ¿cuándo, Rodrigo, sales
al campo?

RODRIGO
A tiempo ha de ser.

(*Sale* DIEGO LAÍNEZ *con el báculo*[45]
partido en dos partes.)

DIEGO LAÍNEZ
¿Agora cuelgas la espada,
335 Rodrigo?

HERNÁN
¡Padre!

BERMUDO
¡Señor!

RODRIGO
¿Qué tienes?

DIEGO LAÍNEZ
(No tengo honor.) (*Aparte.*)
Hijos . . .

RODRIGO
Dilo.

DIEGO LAÍNEZ
Nada, nada . . .
Dejadme solo.

RODRIGO
¿Qué ha sido?
(De honra son estos enojos.[46] (*Aparte.*)
340 Vertiendo sangre los ojos,
con el báculo partido . . .)

DIEGO LAÍNEZ
¡Salíos fuera!

RODRIOG
Si me das
licencia, tomar quisiera
otra espada.

DIEGO LAÍNEZ
¡Esperad fuera!
345 ¡Salte,[47] salte como estás!

HERNÁN
¡Padre!

BERMUDO
¡Padre!

DIEGO LAÍNEZ
(¡Más se aumenta (*Aparte.*)
mi desdicha!)

RODRIGO
¡Padre amado!

DIEGO LAÍNEZ
(Con una afrenta os he dado (*Aparte.*)
a cada uno una afrenta.)
350 ¡Dejadme solo . . . !

BERMUDO
(Cruel (*A* HERNÁN.)
es su pena.)

HERNÁN
(Yo la siento.)

DIEGO LAÍNEZ
. . . (¡que se caerá este aposento

---

[44] *juro . . . de.* Neither *jurar* nor *prometer* is followed by *de* in modern Spanish.
[45] *báculo*: staff (symbol of high office).

[46] *De honra . . . enojos*: This anger stems from a matter of honor.
[47] *Salte* is the imperative of *salir*, plus the reflexive pronoun.

si hay cuatro afrentas en él!)
    ¿No os vais?

RODRIGO

    Perdona.

DIEGO LAÍNEZ

        (¡Qué poca (*Aparte.*)
es mi suerte!)

RODRIGO

355   (¿Qué sospecho? (*Aparte.*)
Pues ya el honor en mi pecho
toca a fuego, al arma toca.)[48]
    (*Vanse los tres.*)

DIEGO LAÍNEZ

    ¡Cieios! ¡Peno, muero, rabio!
No más báculo[49] rompido,
360 pues sustentar no ha podido,
sino al honor, al agravio.[50]
Mas no os culpo, como sabio;
mal he dicho, perdonad;
que es ligera autoridad
365 la vuestra, y sólo sustenta,
no la carga de una afrenta,
sino el peso de una edad.
    Antes con mucha razón
os vengo a estar obligado,
370 pues dos palos me habéis dado
con que vengue un bofetón;
mas es liviana opinión
que mi honor fundarse quiera
sobre cosa tan ligera.
375 Tomando esta espada, quiero
llevar báculo de acero,
y no espada de madera.

    (*Ha de haber unas armas colgadas
    en el tablado y algunas espadas.*)

    Si no me engaño, valor
tengo que mi agravio siente.
380 ¡En ti, en ti, espada valiente,
ha de fundarse mi honor!
De Mudarra[51] el vengador
eres; tu acero afamólo

desde el uno al otro polo;
385 pues vengaron tus heridas
la muerte de siete vidas,
¡venga en mí un agravio solo!
    ¿Esto es blandir o temblar?
Pulso tengo todavía;
390 aún hierve mi sangre fría;
que tiene fuego el pesar.
Bien me puedo aventurar;
mas, ¡ay cielo!, engaño es,
que cualquier tajo o revés[52]
395 me lleva tras sí la espada,
bien en mi mano apretada,
y mal segura en mis pies.
    Ya me parece de plomo,
ya mi fuerza desfallece,
400 ya caigo, ya me parece
que tiene a la punta el pomo.
Pues ¿qué he de hacer? ¿Cómo, cómo,
con qué, con qué confïanza
daré paso[53] a mi esperanza
405 cuando funda el pensamiento
sobre tan flaco cimiento[54]
tan importante venganza?
    ¡Oh, caduca edad cansada!
Estoy por pasarme el pecho.
410 ¡Ah, tiempo ingrato! ¿Qué has hecho?
¡Perdonad, valiente espada,
y estad desnuda y colgada,
que no he de envainaros, no!
Que pues[55] mi vida acabó
415 donde mi afrenta comienza,
teniéndoos a la vergüenza,[56]
diréis la que tengo yo.
    ¡Desvanéceme la pena!
Mis hijos quiero llamar;
420 que aunque es desdicha tomar
venganza con mano ajena,
el no tomalla condena
con más veras al honrado.
En su valor he dudado,
425 teniéndome suspendido

---

[48] *tocar a fuego*: to sound an alarm; *tocar al arma*: to sound a call to arms.

[49] *No más báculo*: *No quiero más báculo.*

[50] *pues . . . agravio*: since it has not been able to support me when I am in dishonor but only when I possessed honor.

[51] *Mudarra*, bastard son of Gonzalo Bustos and a Moorish woman, avenged the treacherous murder of his half-brothers, the *Siete Infantes de Lara.* The

legend is the subject of several ballads and plays.

[52] *tajo . . . revés*: slash (the *tajo* being delivered from right to left, the *revés* from left to right).

[53] *dar paso*: to realize.

[54] *cimiento*: foundation.

[55] *Que pues*: since.

[56] *teniéndoos a la vergüenza*: keeping you exposed to shame (referring to the fact that the sword will hang *desnuda*).

el suyo por no sabido,⁵⁷
y el mío por acabado.
¿Qué haré? . . . No es mal pensamiento.—
¿Hernán Díaz?

(*Sale* HERNÁN DÍAZ.)

HERNÁN

¿Qué me mandas?

DIEGO LAÍNEZ

430 Los ojos tengo sin luz,
la vida tengo sin alma.

HERNÁN

¿Qué tienes?

DIEGO LAÍNEZ

¡Ay, hijo! ¡Ay, hijo!
Dame la mano; estas ansias
con este rigor me aprietan.

(*Tómale la mano a su hijo, y
apriétasela lo más fuerte que
pudiere.*)

HERNÁN

435 ¡Padre, padre! ¡Que me matas!
¡Suelta, por Dios, suelta! ¡Ay, cielo!

DIEGO LAÍNEZ

¿Qué tienes? ¿Qué te desmaya?
¿Qué lloras, medio mujer?

HERNÁN

¡Señor!

DIEGO LAÍNEZ

¡Vete, vete! ¡Calla!
440 ¿Yo te di el ser? No es posible.
¡Salte fuera!

HERNÁN

(¡Cosa extraña!) (*Vase.*)

DIEGO LAÍNEZ

¡Si así son todos mis hijos,
buena queda mi esperanza!—⁵⁸
¿Bermudo Laín?

(*Sale* BERMUDO LAÍN.)

BERMUDO

¿Señor?

DIEGO LAÍNEZ

445 Una congoja, una basca
tengo, hijo. Llega, llega;
dame la mano. (*Apriétale la mano.*)

BERMUDO

Tomalla

puedes. Mi padre, ¿qué haces?
¡Suelta, deja, quedo,⁵⁹ basta!
450 ¿Con las dos manos me aprietas?

DIEGO LAÍNEZ

¡Ah, infame! ¿Mis manos flacas
son la garras de un león?
Y aunque lo fueran, ¿bastaran
a mover tus tiernas quejas?
455 ¿Tú eres hombre? ¡Vete, infamia
de mi sangre!

BERMUDO

(Voy corrido.) (*Vase.*)

DIEGO LAÍNEZ

¿Hay tal pena? ¿Hay tal desgracia?
¡En qué columnas estriba
la nobleza de una casa
460 que dio sangre a tantos reyes!
Todo el aliento me falta.—
¿Rodrigo?

(*Sale* RODRIGO.)

RODRIGO

Padre, señor,
¿es posible que me agravias?⁶⁰
Si me engendraste el primero,
465 ¿cómo el postrero me llamas?

DIEGO LAÍNEZ

¡Ay, hijo! Muero . . .

RODRIGO

¿Qué tienes?

DIEGO LAÍNEZ

¡Pena, pena, rabia, rabia!

(*Muérdele un dedo de la mano
fuertemente.*)

RODRIGO

¡Padre, soltad en mal hora!
¡Soltad, padre, en hora mala!
470 ¡Si no fuérades mi padre,
diéraos una bofetada!

DIEGO LAÍNEZ

Ya no fuera la primera.

RODRIGO

¿Cómo?

DIEGO LAÍNEZ

¡Hijo, hijo del alma!
Ese sentimiento adoro,
475 esa cólera me agrada,

---

⁵⁷ *por no sabido*: because theirs (*su valor*) is unknown.
⁵⁸ *buena . . . esperanza*. The remark is ironical.
⁵⁹ *quedo*: gently (an adverb).

⁶⁰ *agravias*. Although *es posible* is usually followed
by the subjunctive, Rodrigo's certainty permits the
indicative.

esa braveza bendigo.
Esa sangre alborotada
que ya en tus venas revienta,
que ya por tus ojos salta,
480 es la que me dio Castilla,
y la que te di heredada
de Laín Calvo·y de Nuño,[61]
y la que afrentó en mi cara
el conde . . . el conde de Orgaz . . .
485 ése a quien Lozano llaman.
Rodrigo, dame los brazos;
hijo, esfuerza mi esperanza,
y esta mancha de mi honor
que al tuyo se extiende, lava
490 con sangre; que sangre sola
quita semejantes manchas.
Si no te llamé el primero
para hacer esta venganza,
fue porque más te quería,
495 fue porque más te adoraba;
y tus hermanos quisiera
que mis agravios vengaran,
por tener seguro en ti
el mayorazgo en mi casa.
500 Pero pues los vi, al proballos,
tan sin bríos, tan sin alma,
que doblaron mis afrentas
y crecieron[62] mis desgracias,
a ti te toca, Rodrigo.
505 Cobra el respeto a estas canas.
Poderoso es el contrario,
y en palacio y en campaña
su parecer el primero,
y suya la mejor lanza;
510 pero pues tienes valor
y el discurso no te falta,
cuando a la vergüenza miras,
aquí ofensa y allí espada,
no tengo más que decirte,.
515 pues ya mi aliento se acaba,
y voy a llorar afrentas
mientras tú tomas venganzas.

(*Vase* DIEGO LAÍNEZ, *dejando solo
a* RODRIGO.)

RODRIGO

Suspenso, de afligido,[63]
estoy. Fortuna, ¿es cierto lo que veo?
520 Tan en mi daño ha sido
tu mudanza, que es tuya,[64] y no la creo.
¿Posible pudo ser que permitiese
tu inclemencia que fuese
mi padre el ofendido—¡extraña pena!—
525 y el ofensor el padre de Jimena?
¿Qué haré, suerte atrevida,
si él es el alma que me dio la vida?
¿Qué haré—¡terrible calma![65]—,
si ella es la vida que me tiene el alma?
530 Mezclar quisiera, en confianza tuya,[66]
mi sangre con la suya,
¿y he de verter su sangre?—!brava pena!—
¿yo he de matar al padre de Jimena?
Mas ya ofende esta duda
535 al santo honor que mi opinión[67] sustenta.
Razón es que sacuda
de amor el yugo y, la cerviz exenta,[68]
acuda a lo que soy;[69] que habiendo sido
mi padre el ofendido,
540 poco importa que fuese—¡amarga pena!—
el ofensor el padre de Jimena.
¿Qué imagino? Pues que tengo
más valor que pocos años,
para vengar a mi padre
545 matando al conde Lozano,
¿qué importa el bando temido
del poderoso contrario,
aunque tenga en las montañas
mil amigos asturianos?[70]
550 Y ¿qué importa que en la corte
del rey de León, Fernando,
sea su voto el primero,
y en guerra el mejor su brazo?
Todo es poco, todo es nada
555 en descuento[71] de un agravio,
el primero que se ha hecho

---

[61] *Laín Calvo*, ancestor of the Cid, and *Nuño* (*Rasura*) were judges in Castile.
[62] *crecer: acrecer.*
[63] *Suspenso, de afligido:* Overcome with grief.
[64] *que es tuya:* which is typical of you. Inconstancy is, of course, a traditional characteristic of Fortune.
[65] *calma:* anxiety, doubt.
[66] *en confianza tuya:* confiding in you (*suerte*).
[67] *opinión:* reputation.

[68] *la cerviz exenta:* with my neck free (from the yoke of love).
[69] *acuda a lo que soy:* freely, "go to the defense of my honor."
[70] *mil amigos asturianos.* The dramatist is confusing the non-historical Conde de Orgaz (Conde Lozano), Jimena's father in the ballads, with the historical Conde de Oviedo (in Asturias), father of the Cid's wife, Jimena Díaz.
[71] *descuento:* payment.

a la sangre de Laín Calvo.
Daráme el cielo ventura,
si la tierra me da campo,
560 aunque es la primera vez
que doy el valor al brazo.
Llevaré esta espada vieja
de Mudarra el Castellano,[72]
aunque está bota [73] y mohosa
565 por la muerte de su amo;
y si le pierdo el respeto,
quiero que admita en descargo
del ceñirmela ofendido,
lo que la [74] digo turbado:
570 Haz cuenta, valiente espada,
que otro Mudarra te ciñe,
y que con mi brazo riñe
por su honra maltratada.
Bien sé que te correrás [75]
575 de venir a mi poder,
mas no te podrás correr
de verme echar paso atrás.
Tan fuerte como tu acero
me verás en campo armado;
580 segundo dueño has cobrado
tan bueno como el primero.
Pues cuando alguno me venza,[76]
corrido del torpe hecho,
hasta la cruz [77] en mi pecho
585 te esconderé de vergüenza. (*Vase.*)

(*Salen a la ventana* DOÑA URRACA
y JIMENA GÓMEZ.)

URRACA

¡Qué general alegría
tiene toda la ciudad
con Rodrigo!

JIMENA

Así es verdad,
y hasta el sol alegra el día.

URRACA

590 Será un bravo caballero,
galán, bizarro y valiente.

JIMENA

Luce en él gallardamente
entre lo hermoso y lo fiero.[78]

URRACA

¡Con qué brío, qué pujanza,
595 gala, esfuerzo y maravilla,
afirmándose en la silla,
rompió en el aire una lanza![79]
Y al saludar, ¿no le viste
que a tiempo picó el caballo?

JIMENA

600 Si llevó para picallo
la espuela que tú le diste,
¿qué mucho?

URRACA

¡Jimena, tente!
Porque ya el alma recela [80]
que no ha picado la espuela
605 al caballo solamente.

(*Salen el* CONDE LOZANO *y*
PERANSULES *y algunos* CRIADOS.)

CONDE

Confieso que fue locura,
mas no la quiero enmendar.

PERANSULES

Querrálo el rey remediar
con su prudencia y cordura.

CONDE

610 ¿Qué he de hacer?

PERANSULES

Escucha agora;
ten flema,[81] procede a espacio [82] . . . —

JIMENA

A la puerta de palacio
llega mi padre, y, señora,
algo viene alborotado.

URRACA

615 Mucha gente le acompaña.—

PERANSULES

Es tu condición [83] extraña.

CONDE

Tengo condición de honrado.

---

[72] *Mudarra* (see n. 51) was called *el Castellano* because of his Castilian father, Gonzalo Bustos (Gustios).

[73] *bota: embotada.*

[74] *la: le.*

[75] *correrse*: to be ashamed.

[76] *cuando . . . venza. Cuando* meaning "if" is regularly followed by the subjunctive.

[77] *cruz*: crossguard of a sword.

[78] *Luce . . . fiero*: freely, "He displays both handsomeness and manly arrogance."

[79] *rompió . . . lanza.* After the knighting ceremony, a tournament was held in which Rodrigo displayed his skill with the lance.

[80] *recelar* meaning "to suspect" is regularly followed by the indicative.

[81] *ten flema*: keep calm.

[82] *a espacio: despacio.*

[83] *condición.* See n. 26.

PERANSULES

Y con ella ¿has de querer
perderte?

CONDE

Perderme, no;
620 que los hombres como yo
tienen mucho que perder,
y ha de perderse Castilla
antes que yo.

PERANSULES

¿Y no es razón
el dar tú . . .?

CONDE

¿Satisfacción?
625 ¡Ni dalla ni recebilla!

PERANSULES

¿Por qué no? No digas tal.
¿Qué duelo en su ley lo escribe? [84]

CONDE

El que la da y la recibe,
es muy cierto quedar mal, [85]
630   porque el uno pierde honor,
y el otro no cobra nada.
El remitir a la espada
los agravios es mejor.

PERANSULES

Y ¿no hay otros medios buenos?

CONDE

635 No dicen con mi opinión. [86]
Al dalle satisfacción,
¿no he de decir, por lo menos,
que sin mí y conmigo estaba [87]
al hacer tal desatino,
640 o porque sobraba el vino,
o porque el seso faltaba?

PERANSULES

Es así.

CONDE

Y ¿no es desvarío
el no advertir que, en rigor,
pondré un remiendo en su honor
645 quitando un jirón del mío?
Y en habiendo sucedido,

habremos los dos quedado,
él, con honor remendado,
y yo, con honor perdido.
650   Y será más en su daño
remiendo de otro color;
que el remiendo en el honor
ha de ser del mismo paño.
No ha de quedar satisfecho
655 de esa suerte, cosa es clara;
si sangre llamé a su cara,
saque sangre de mi pecho;
que manos tendré y espada
para defenderme dél.

PERANSULES

660 Esa opinión es cruel.

CONDE

Esta opinión es honrada.
Procure siempre acertalla
el honrado y principal;
pero si la acierta mal,
665 defendella, y no enmendalla. [88]

PERANSULES

Advierte bien lo que haces;
que sus hijos . . .

CONDE

Calla, amigo;
y ¿han de competir conmigo
un caduco y tres rapaces? (*Vanse.*)

(*Sale* RODRIGO.)

JIMENA

670   Parece que está enojado
mi padre, ¡ay Dios! Ya se van.

URRACA

No te aflijas; tratarán
allá en su razón de estado. [89]
Rodrigo viene.

JIMENA

Y también
675 trae demudado el semblante.

RODRIGO

(Cualquier agravio es gigante (*Aparte.*)
en el honrado . . . ¡Ay, mi bien!)

---

[84] *¿Qué . . . escribe?*: What duelling code has this
written in its rules?

[85] *El que . . . mal.* Construe, "Es cierto que el que
la da y el que la recibe quedan mal."

[86] *No dicen . . . opinión*: They are not in keeping
with my sense of honor.

[87] *sin mí y conmigo estaba*: I was beside myself and
acted wilfully.

[88] *Procure . . . no enmendalla*: Let the man of honor
and prestige strive always to have the right opinion;
but if he fails, let him defend it and not change it.
This *redondilla* has become famous for its expression of
the Spaniard's uncompromising sense of honor.

[89] *tratarán . . . estado*: they are probably discussing
affairs of state.

URRACA
¡Rodrigo, qué caballero
pareces!
RODRIGO
(¡Ay, prenda amada!) (*Aparte.*)
URRACA
¡Qué bien te sienta la espada
680 sobre seda y sobre acero!
RODRIGO
Tal merced . . .
JIMENA
(Alguna pena (*A* DOÑA
señala. ¿Qué puede ser?)   [URRACA.)
URRACA
Rodrigo . . .
RODRIGO
(¡Que he de verter (*Aparte.*)
685 sangre del alma! ¡Ay, Jimena!)
URRACA
. . . o fueron vanos antojos,
o pienso que te has turbado.
RODRIGO
Sí, que las dos habéis dado
dos causas a mis dos ojos;
690   pues lo fueron deste efeto
el darme con tal ventura,
Jimena, amor y hermosura,
y tú, hermosura y respeto.⁹⁰
JIMENA
(Muy bien ha dicho, y mejor (*Aparte.*)
695 dijera, si no igualara
la hermosura.)⁹¹
URRACA
(Yo trocara (*Aparte.*)
con el respeto el amor.)⁹²
Más bien hubiera acertado (*A* JIMENA.)
si mi respeto no fuera,
700 pues sólo tu amor pusiera

tu hermosura en su cuidado,
y no te causara enojos
el ver igualarme a ti
en ella.⁹³
JIMENA
Sólo sentí
705 el agravio de tus ojos;⁹⁴
porque yo más estimara
el ver estimar mi amor
que mi hermosura.
RODRIGO
(¡Oh rigor (*Aparte.*)
de fortuna! ¡Oh suerte avara!
710   ¡Con glorias creces⁹⁵ mi pena!)
URRACA
Rodrigo . . .
JIMENA
(¿Qué puede ser?) (*Aparte.*)
RODRIGO
¿Señora? (¡Que he de verter (*Aparte.*)
sangre del alma! ¡Ay, Jimena!
Ya sale el conde Lozano.
715 ¿Cómo, ¡terribles enojos!,
teniendo el alma en los ojos
pondré en la espada la mano?)
(*Salen el* CONDE LOZANO *y*
PERANSULES *y los* CRIADOS.)
PERANSULES
De lo hecho te contenta,⁹⁶
y ten por cárcel tu casa.
RODRIGO
720 (El amor allí me abrasa, (*Aparte.*)
y aquí me hiela el afrenta.)⁹⁷
CONDE
Es mi cárcel mi albedrío,
si es mi casa.⁹⁸
JIMENA
(¿Qué tendrá? (*Aparte.*)

⁹⁰ *pues . . . respeto*: freely, "since fortunately for me, Jimena's giving me her love and beauty, and the sight of your beauty with the feelings of respect I have for you, were the causes of this effect (my troubled state)."
⁹¹ *mejor dijera . . . hermosura*; he would have said it better if he had not made us equal in beauty.
⁹² *Yo trocara . . . amor*: I would trade respect for love.
⁹³ *Más bien . . . ella*: "He would have expressed himself better if it had not been for the respect he shows me, for then his love for you would have caused him to give thought only to your beauty, and seeing yourself put on a par with me in it (beauty) would not have caused you annoyance" (Umphrey's

note). Note that Urraca, in her jealousy, misinterprets Jimena's preceding speech in which she meant that her beauty was not equal to that of the princess (as the following speech makes clear).
⁹⁴ *Sólo . . . ojos*: I regretted only the insult to your eyes (i.e., beauty).
⁹⁵ *crecer*. See n. 62.
⁹⁶ *te contenta*: *conténtate*.
⁹⁷ *el afrenta*. The article *el* (an old form of the feminine article) is sometimes employed before feminine nouns beginning with unstressed *a* or *ha*.
⁹⁸ *Es . . . casa*. The count means that if his home is to be his prison, his imprisonment depends upon his free will.

Ya está hecho brasa, y ya está
725 como temblando de frío.)
URRACA
(Hacia el conde está mirando (*Aparte.*)
Rodrigo, el color perdido.
¿Qué puede ser?)
RODRIGO
(Si el que he sido (*Aparte.*)
soy siempre, ¿qué estoy dudando?) 99
JIMENA
730 (¿Qué mira? ¿A qué me condena?)
(*Aparte.*)
RODRIGO
(Mal me puedo resolver.) (*Aparte.*)
JIMENA
(¡Ay, triste!) (*Aparte.*)
RODRIGO
(¡Que he de verter (*Aparte.*)
sangre del alma! ¡Ay, Jimena!
¿Qué espero? ¡Oh amor gigante!
735 ¿En qué 100 dudo? Honor, ¿qué es esto?
En dos balanzas 101 he puesto
ser honrado y ser amante.
(*Salen* DIEGO LAÍNEZ *y* ARIAS
GONZALO.)
Mas mi padre es éste; rabio
ya por hacer su venganza;
740 que cayó la una balanza
con el peso del agravio.
¡Cobardes mis bríos son,
pues para que me animara
hube de ver en su cara
745 señalado el bofetón!)
DIEGO LAÍNEZ
Notables son mis enojos.
Debe dudar y temer.102
¿Qué mira, si echa de ver
que le animo con los ojos?
ARIAS
750 Diego Laínez, ¿qué es esto?
DIEGO LAÍNEZ
Mal te lo puedo decir.
PERANSULES
Por acá podremos ir, (*Al* CONDE.)
que está ocupado aquel puesto.

CONDE
Nunca supe andar torciendo
755 ni opiniones ni caminos.
RODRIGO
(Perdonad, ojos divinos, (*Aparte.*)
si voy a matar muriendo.)
¿Conde?
CONDE
¿Quién es?
RODRIGO
A esta parte
quiero decirte quién soy.
JIMENA
760 (¿Qué es aquello? ¡Muerta estoy!)
CONDE
¿Qué me quieres?
RODRIGO
Quiero hablarte.
Aquel viejo que está allí,
¿sabes quién es?
CONDE
Ya lo sé.
¿Por qué lo dices?
RODRIGO
¿Por qué?
765 Habla bajo; escucha.
CONDE
Di.
RODRIGO
¿No sabes que fue despojo 103
de honra y valor?
CONDE
Sí, sería.
RODRIGO
Y que es sangre suya y mía
la que tengo en el ojo,104
770 ¿sabes?
CONDE
Y el sabello — acorta
razones —105 ¿qué ha de importar?
RODRIGO
Si vamos a otro lugar,
sabrás lo mucho que importa.
CONDE
Quita,106 rapaz. ¿Puede ser?

99 *dudar*: to hesitate.
100 *¿En qué?*: *¿Por qué?*
101 *balanzas*: scales. The metaphorical weighing of conflicting emotions, especially love and the sense of duty, is a common device in the seventeenth-century theater.
102 *Debe . . . temer.* Rodrigo is the understood subject.
103 *despojo*: model.
104 *sangre . . . ojo.* Cf. *tener sangre en el ojo*: to be a man of honor.
105 *acorta razones*: cut your remarks short.
106 *Quita*: Away with you.

775 Vete, novel caballero,
vete y aprende primero
a pelear y a vencer;
y podrás después honrarte
de verte por mí vencido,
780 sin que yo quede corrido[107]
de vencerte y de matarte.
Deja agora tus agravios,
porque nunca acierta bien
venganzas con sangre quien
785 tiene la leche en los labios.

[handwritten note: Is not grown enough]

RODRIGO

En ti quiero comenzar
a pelear y aprender;
y verás si sé vencer,
veré si sabes matar.
790 Y mi espada mal regida
te dirá en mi brazo diestro
que el corazón es maestro
desta ciencia no aprendida.
Y quedaré satisfecho,
795 mezclando entre mis agravios
esta leche de mis labios
y esa sangre de tu pecho.

PERANSULES

¡Conde!

ARIAS

¡Rodrigo!

JIMENA

¡Ay de mí!

DIEGO LAÍNEZ

El corazón se me abrasa.

RODRIGO

800 Cualquier sombra desta casa (*Al* CONDE.)
es sagrado[108] para ti . . .

JIMENA

¿Contra mi padre, señor?

RODRIGO

. . . y así no te mato agora.

JIMENA

805 ¡Oye!

RODRIGO

Perdonad, señora;
que soy hijo de mi honor.
¡Sígueme, conde!

CONDE

Rapaz
con soberbia de gigante,

mataréte si delante
te me pones. Vete en paz,
810 vete, vete, si no quiés[109]
que, como en cierta ocasión
di a tu padre un bofetón,
te dé a ti mil puntapiés.

[handwritten note: ofensa dicha en público]

RODRIGO

¡Ya es tu insolencia sobrada!

JIMENA

815 ¡Con cuánta razón me aflijo!

DIEGO LAÍNEZ

Las muchas palabras, hijo,
quitan la fuerza a la espada.

JIMENA

¡Detén la mano violenta,
Rodrigo!

URRACA

¡Trance feroz!

DIEGO LAÍNEZ

820 ¡Hijo, hijo! Con mi voz
te envío ardiendo mi afrenta.
(*Éntranse acuchillando el* CONDE *y*
RODRIGO, *y todos tras ellos, y dicen
dentro lo siguiente*:)

CONDE

¡Muerto soy!

JIMENA

¡Suerte inhumana!
¡Ay, padre!

PERANSULES

¡Matalde! ¡Muera!

URRACA

¿Qué haces, Jimena?

JIMENA

Quisiera
825 echarme por la ventana;
pero volaré corriendo,
ya que no bajo volando.
¡Padre!

DIEGO LAÍNEZ

¡Hijo!

URRACA

¡Ay, Dios!
(*Sale* RODRIGO *acuchillándose con
todos.*)

RODRIGO

¡Matando
he de morir!

---

[107] *corrido*: embarrassed.
[108] *sagrado*: sanctuary. The reference is to the king's
palace.
[109] *quiés*: quieres.

URRACA
¿Qué estoy viendo?
CRIADO 1°
830 ¡Muera, que al conde mató!
CRIADO 2°
¡Prendeldo!
URRACA
Esperá,[110] ¿qué hacéis?
Ni prendáis ni matéis . . .
Mirad que lo mando yo,
que estimo mucho a Rodrigo,
835 y le ha obligado su honor.
RODRIGO
Bella Infanta, tal favor
con toda el alma bendigo;
mas es la causa extremada
para tan pequeño efeto
840 interponer tu respeto
donde sobrara mi espada.[111]
No matallos ni vencellos
pudieras mandarme a mí,
pues por respetarte a ti
845 los dejo con vida a ellos.
Cuando me quieras honrar,[112]
con tu ruego y con tu voz

detén el viento veloz,
para[113] el indómito mar;
850 y para parar el sol
te le opón[114] con tu hermosura;
que para éstos, fuerza pura
sobra en mi brazo español;
y no irán tantos viniendo,
855 como pararé matando.
URRACA
Todo se va alborotando.
Rodrigo, a Dios te encomiendo;
y el sol, el viento y el mar,
pienso, si te han de valer,[115]
860 con mis ruegos detener
y con mis fuerzas parar.
RODRIGO
Beso mil veces tu mano.—
¡Seguidme![116] (*A los* CRIADOS.)
CRIADO 1°
¡Vete al abismo![117]
CRIADO 2°
¡Sígate el demonio mismo!
URRACA
865 ¡Oh valiente castellano!

---

[110] *esperá: esperad.*
[111] *mas . . . espada.* Rodrigo means that for Urraca to intercede on his behalf by imposing her authority (*respeto*) on the servants would be an unnecessary act for such a minor matter, when his sword would be more than sufficient for the occasion.

[112] *Cuando me quieras honrar.* See n. 76.
[113] *para* is from the verb *parar.*
[114] *te le opón: opóntele.*
[115] *han de valer.* The subject is *ruegos* and *fuerzas.*
[116] *¡Seguidme!* Pursue me (if you dare).
[117] *abismo*: hell.

Acto segundo

(*Sale el* REY DON FERNANDO *y algunos*
CRIADOS *con él.*)

REY

¿Qué rüido, grita y lloro,
que hasta las nubes abrasa,
rompe el silencio en mi casa,
y en mi respeto el decoro?[118]
870   Arias Gonzalo, ¿qué es esto?

(*Sale* ARIAS GONZALO.)

ARIAS

¡Una grande adversidad!
Perderáse esta ciudad
si no lo[119] remedias presto.

(*Sale* PERANSULES.)

REY

Pues ¿qué ha sido?

PERANSULES

Un enemigo . . .

REY

875 ¿Peransules?

PERANSULES

. . . un rapaz
ha muerto al conde de Orgaz.

REY

¡Válame Dios![120] ¿Es Rodrigo?

PERANSULES

Él es, y en tu confïanza
pudo alentar su osadía.[121]

REY

880 Como la ofensa sabía,
luego caí en la venganza.
Un gran castigo he de hacer.
¿Prendiéronle?

PERANSULES

No, señor.

ARIAS

Tiene Rodrigo valor,
885 y no se dejó prender.
Fuése, y la espada en la mano,
llevando a compás los pies,[122]
pareció un Roldán[123] francés,
pareció un Héctor troyano.

(*Salen por una puerta* JIMENA GÓMEZ,
y por otra DIEGO LAÍNEZ, *ella con un
pañuelo lleno de sangre y él teñido en
sangre el carrillo.*)

JIMENA

890 ¡Justicia, justicia pido!

DIEGO LAÍNEZ

Justa venganza he tomado.

JIMENA

Rey, a tus pies he llegado.

DIEGO LAÍNEZ

Rey, a tus pies he venido.

REY

(¡Con cuánta razón me aflijo!) (*Aparte.*)
895 ¡Qué notable desconcierto!

JIMENA

¡Señor, a mi padre han muerto!

DIEGO LAÍNEZ

Señor, matóle mi hijo;
fue obligación sin malicia.

JIMENA

Fue malicia y confianza.[124]

DIEGO LAÍNEZ

900 Hay en los hombres venganza.

JIMENA

¡Y habrá en los reyes justicia!
Esta sangre limpia y clara
en mis ojos considera.[125]

---

[118] *y . . . decoro?*: and the respect owed to me?
[119] *lo*. Neuter *lo* is often used in the predicate although its antecedent is feminine (here, *adversidad*).
[120] *¡ Válame Dios!*: *¡ Válgame Dios!*
[121] *en . . . osadía*: he drew courage for his daring from his confidence in you.
[122] *compás de pies*: a fencing term having to do with footwork.

[123] *Roldán* (*Rolando*) was the nephew of Charlemagne and the hero of the French epic *La Chanson de Roland*. He was killed by the Saracens at Roncesvalles in 778.
[124] *Fue . . . confianza*: It was done out of malice and because of his confidence in you.
[125] *Esta sangre . . . considera.* See n. 104.

DIEGO LAÍNEZ
Si esa sangre no saliera,
905 ¿cómo mi sangre quedara?[126]
JIMENA
¡Señor, mi padre he perdido!
DIEGO LAÍNEZ
¡Señor, mi honor he cobrado!
JIMENA
Fue el vasallo más honrado.
DIEGO LAÍNEZ
¡Sabe el cielo quién lo ha sido!
910   Pero no os quiero afligir;
sois mujer; decid, señora.
JIMENA
Esta sangre[127] dirá agora
lo que no acierto a decir.
Y de mi justa querella[128]
915 justicia así pediré,
porque yo sólo sabré
mezclar lágrimas con ella.
Yo vi con mis propios ojos
teñido el luciente acero:
920 mira si con causa muero
entre tan justos enojos.
Yo llegué casi sin vida
y sin alma, ¡triste yo!,
a mi padre, que me habló
925 por la boca de la herida.
Atajóle la razón
la muerte, que fue cruel,
y escribió en este papel[129]
con sangre mi obligación.
930   A tus ojos poner quiero
letras que en mi alma están,
y en los míos, como imán,
sacan lágrimas de acero.
Y aunque el pecho se desangre
935 en su misma fortaleza,[130]
costar tiene[131] una cabeza
cada gota desta sangre.
REY
¡Levantad!

DIEGO LAÍNEZ
Yo vi, señor,
que en aquel pecho enemigo
940 la espada de mi Rodrigo
entraba a buscar mi honor.
Llegué y halléle sin vida,
y puse con alma exenta
el corazón en mi afrenta[132]
945 y los dedos en su herida.
Lavé con sangre el lugar
adonde[133] la mancha estaba,
porque el honor que se lava,
con sangre se ha de lavar.
950   Tú, señor, que la ocasión
viste de mi agravio, advierte
en mi cara de la suerte
que se venga un bofetón;
que no quedara contenta
955 ni lograda mi esperanza,
si no vieras la venganza
adonde viste la afrenta.
Agora, si en la malicia,
que a tu respeto obligó,[134]
960 la venganza me tocó,
y te toca la justicia,
hazla en mí, rey soberano,
pues es propio de tu alteza
castigar en la cabeza
965 los delitos de la mano.
Y sólo fue mano mía
Rodrigo; yo fui el cruel
que quise buscar en él
las manos que no tenía.
970   Con mi cabeza cortada
quede Jimena contenta;
que mi sangre sin mi afrenta
saldrá limpia y saldrá honrada.
REY
Levanta y sosiegaté,[135]
975 Jimena.
JIMENA
Mi llanto crece.

---

[126] *no saliera . . . quedara: no hubiera salido . . . habría quedado.*
[127] *Esta sangre.* Apparently Jimena displays the bloodstained handkerchief.
[128] *querella:* complaint.
[129] *este papel* refers to the handkerchief.
[130] *Y . . . fortaleza:* And even though I should lose all my life's blood. (Literally, "And although my heart should lose all its blood in its very fortress.")

[131] *costar tiene: ha de costar.*
[132] *puse . . . afrenta:* relieved in spirit, I took heart in my dishonor.
[133] *adonde: donde.*
[134] *si . . . obligó:* if in this evil affair in which your dignity was compromised.
[135] *sosiegaté* rhymes with *haré,* hence the stress on the enclitic pronoun.

(*Salen* DOÑA URRACA *y el príncipe* DON
SANCHO, *con quien les acompañe.*)
URRACA
(Llega, hermano, y favorece (*Aparte.*)
a tu ayo.)
DON SANCHO
(Así lo haré.)
REY
Consolad, infanta, vos
a Jimena. — ¡Y vos, id preso!
(*A* DON DIEGO.)
DON SANCHO
980 Si mi padre gusta deso,
presos iremos los dos.
    Señale la fortaleza . . .[136]
mas tendrá su majestad
a estas canas más piedad.
DIEGO LAÍNEZ
985 Déme los pies vuestra alteza.[137]
REY
    A castigalle me aplico.
¡Fue gran delito!
DON SANCHO
          Señor,
fue la obligación de honor,
y soy yo el que lo suplico.
REY
990   Casi a mis ojos matar
al conde tocó en traición.
URRACA
El conde le dio ocasión.
JIMENA
¡Él la pudiera excusar!
DON SANCHO
    Pues por ayo me le has dado,
995 hazle a todos preferido;
pues que para habello sido
le importaba el ser honrado.
¡Mi ayo bueno estaría
preso[138] mientras vivo estoy!
PERANSULES
1000 De tus hermanos lo[139] soy,
y fue el conde sangre mía.
DON SANCHO
  ¿Qué importa?

REY
        ¡Baste!
DON SANCHO
        Señor,
en[140] los reyes soberanos
siempre menores hermanos
1005 son criados del mayor.
¿Con el príncipe heredero
los otros se han de igualar?
PERANSULES
Preso le manda llevar.
DON SANCHO
¡No hará el rey, si yo no quiero!
REY
1010   ¡Don Sancho!
JIMENA
          ¡El alma desmaya! .
ARIAS
(Su braveza maravilla.) (*Aparte.*)
DON SANCHO
¡Ha de perderse Castilla
primero que preso vaya!
REY
    Pues vos le habéis de prender.
DIEGO LAÍNEZ
1015 ¿Qué más bien puedo esperar?
DON SANCHO
Si a mi cargo ha de quedar,
yo su alcaide quiero ser.
    Siga entretanto Jimena
su justicia.
JIMENA
       ¡Harto mejor![141]
1020 Perseguiré el[142] matador.
DON SANCHO
Conmigo va.
REY
      ¡Enhorabuena!
JIMENA
(¡Ay, Rodrigo!, pues me obligas, (*Aparte.*)
si te persigo, verás.)
URRACA
(Yo pienso valelle más, (*Aparte.*)
1025 cuanto tú más le persigas.)

---

[136] *fortaleza*: prison.
[137] *Déme los pies*: Give me your feet (to kiss)—a common formula for expressing gratitude or homage.
[138] *¡Mi ayo . . . preso*: A fine thing that my tutor should be a prisoner.
[139] *lo* refers to *ayo*.
[140] *en: entre.*
[141] *¡ Harto mejor!*: So much the better!
[142] *el: al.*

ARIAS
(Sucesos han sido extraños.) (*Aparte.*)

DON SANCHO
Pues yo tu príncipe soy,
ve confiado.

DIEGO LAÍNEZ
Sí, voy.
Guárdate el cielo mil años.

(*Sale un* PAJE *y habla con la* INFANTA.)

PAJE
1030   A su casa de placer[143]
quiere la reina partir;
manda llamarte.

URRACA
Habré de ir;
con causa debe de ser.

REY
Tú, Jimena, ten por cierto
1035 tu consuelo en mi rigor.

JIMENA
¡Haz justicia!

REY
Ten valor.

JIMENA
(¡Ay, Rodrigo, que me has muerto!)
(*Aparte.*)

(*Vanse, y salen* RODRIGO *y* ELVIRA,
criada de JIMENA.)

ELVIRA
¿Qué has hecho, Rodrigo?

RODRIGO
Elvira,
una infelice jornada;[144]
1040 a nuestra amistad pasada
y a mis desventuras mira.

ELVIRA
¿No mataste al conde?

RODRIGO
Es cierto;
importábale a mi honor.

ELVIRA
Pues, señor,
1045 ¿cuándo fue casa del muerto
sagrado del matador?

RODRIGO
Nunca al que quiso la vida;
pero yo busco la muerte
en su casa.

ELVIRA
¿De qué suerte?

RODRIGO
1050 Está Jimena ofendida;
de sus ojos soberanos
siento en el alma disgusto,
y por ser justo
vengo a morir en sus manos,
1055 pues estoy muerto en su gusto.[145]

ELVIRA
¿Qué dices? Vete y reporta[146]
tal intento; porque está
cerca palacio,[147] y vendrá
acompañada.

RODRIGO
¿Qué importa?
1060   En público quiero hablalla[148]
y ofrecelle la cabeza.

ELVIRA
¡Qué extrañeza!
Eso fuera . . . — ¡vete, calla! —
locura, y no gentileza.

RODRIGO
1065   Pues, ¿qué haré?

ELVIRA
¿Qué siento? ¡Ay, Dios!
Ella vendrá . . . ¿Qué recelo?
Ya viene. ¡Válgame el cielo!
¡Perdidos somos los dos!
A la puerta del retrete[149]
1070 te cubre[150] desa cortina.

RODRIGO
Eres divina. (*Escóndese* RODRIGO.)

ELVIRA
(Peregrino fin promete (*Aparte.*)
ocasión tan peregrina.)

(*Salen* JIMENA GÓMEZ, PERANSULES *y*
quien los acompañe.)

JIMENA
Tío, dejadme morir.

PERANSULES
1075 Muerto voy. ¡Ah, pobre conde!

---

[143] *casa de placer*: country home.
[144] *jornada*: act, action.
[145] *gusto*: affection.
[146] *reportar*: to restrain.

[147] *cerca palacio*: cerca el palacio.
[148] *hablalla*: hablarle.
[149] *retrete*: boudoir.
[150] *te cubre*: cúbrete.

JIMENA

Y dejadme sola adonde
ni aun quejas puedan salir.

(*Vanse* PERANSULES *y los demás que
salieron acompañando a* JIMENA.)

Elvira, sólo contigo
quiero descansar un poco.
1080 Mi mal toco (*Siéntase en una almohada.*)
con toda el alma; Rodrigo
mató a mi padre.

RODRIGO

(¡Estoy loco!) (*Aparte.*)

JIMENA

¿Qué sentiré, si es verdad . . .

ELVIRA

Di, descansa.

JIMENA

. . . ¡ay, afligida!,
1085 que la mitad de mi vida
ha muerto la otra mitad?

ELVIRA

¿No es posible consolarte?

JIMENA

¿Qué consuelo he de tomar,
si al vengar
1090 de mi vida la una parte,
sin las dos he de quedar?

ELVIRA

¿Siempre quieres a Rodrigo?
Que mató a tu padre mira.

JIMENA

Sí, y aun preso, ¡ay, Elvira!,
1095 es mi adorado enemigo.

ELVIRA

¿Piensas perseguille?

JIMENA

Sí,
que es de mi padre el decoro;[151]
y así lloro
el buscar lo que perdí,
1100 persiguiendo lo que adoro.

ELVIRA

Pues ¿cómo harás — no lo entiendo —
estimando el matador
y el muerto?

JIMENA

Tengo valor,
y habré de matar muriendo.
1105 Seguiréle hasta vengarme.

(*Sale* RODRIGO *y arrodíllase delante de*
JIMENA.)

RODRIGO

Mejor es que mi amor firme,
con rendirme,
te dé el gusto de matarme
sin la pena de seguirme.

JIMENA

1110 ¿Qué has emprendido? ¿Qué has hecho?
¿Eres sombra? ¿Eres visión?

RODRIGO

Pasa el mismo corazón[152]
que pienso que está en tu pecho.

JIMENA

¡Jesús! . . . ¡Rodrigo! ¿Rodrigo
en mi casa?

RODRIGO

Escucha.

JIMENA

1115 ¡Muero!

RODRIGO

Sólo quiero
que en oyendo lo que digo,
respondas con este acero. (*Dale su daga.*)
Tu padre el conde, Lozano
1120 en el nombre y en el brío,[153]
puso en las canas del mío
la atrevida injusta mano;
y aunque me vi sin honor,
se malogró mi esperanza
1125 en tal mudanza,[154]
con tal fuerza que tu amor[155]
puso en duda mi venganza.
Mas en tan gran desventura
lucharon a mi despecho,[156]
1130 contrapuestos en mi pecho,
mi afrenta con tu hermosura;
y tú, señora, vencieras,[157]
a no haber[158] imaginado
que, afrentado,
1135 por infame aborrecieras
quien[159] quisiste por honrado.

---

151 *es . . . decoro*: it is a question of respect owed to
my father.
152 *Pasa . . . corazón*: Pierce my very heart.
153 *Lozano . . . brío.* See n. 24.
154 *mudanza*: turn of events.

155 *tu amor*: my love for you.
156 *a mi despecho*: in spite of me.
157 *vencieras*: habrías vencido.
158 *a no haber*: si no hubiera (*yo*).
159 *quien*: a quien.

Con este buen pensamiento,
tan hijo de tus hazañas,[160]
de tu padre en las entrañas
1140 entró mi estoque sangriento.
　　Cobré mi perdido honor;
mas luego, a tu amor rendido,
he venido,
porque no llames rigor
1145 lo que obligación ha sido,
　　donde disculpada veas
con mi pena mi mudanza,
y donde tomes venganza,
si es que venganza deseas.
1150　　Toma, y porque a entrambos cuadre
un valor y un albedrío,[161]
haz con brío
la venganza de tu padre
como hice la del mío.

JIMENA

1155　　Rodrigo, Rodrigo, ¡ay triste!,
yo confieso, aunque lo sienta,
que en dar venganza a tu afrenta
como caballero hiciste.
　　No te doy la culpa a ti
1160 de que desdichada soy;
y tal estoy,
que habré de emplear en mí
la muerte que no te doy.
　　Sólo te culpo, agraviada,
1165 el ver que a mis ojos vienes
a tiempo que aún fresca tienes
mi sangre en mano y espada.
　　Pero no a mi amor rendido,
sino a ofenderme has llegado,
1170 confiado
de no ser aborrecido
por lo que[162] fuiste adorado.
　　Mas ¡vete, vete, Rodrigo!
Disculpará mi decoro
1175 con quien piensa que te adoro
el saber que te persigo.
　　Justo fuera sin oírte
que la muerte hiciera darte;
mas soy parte[163]
1180 para sólo perseguirte,
pero no para matarte.

Vete, y mira a la salida
no te vean, si es razón
no quitarme la opinión
1185 quien me ha quitado la vida.

RODRIGO

Logra mi justa esperanza;
mátame.

JIMENA

Déjame.

RODRIGO

　　　　　Espera;
considera
que el dejarme es la venganza,
1190 que el matarme no lo fuera.

JIMENA

Y aun por eso quiero hacella.

RODRIGO

¡Loco estoy! Estás terrible . . .
¿Me aborreces?

JIMENA

　　　　　No es posible;
que predominas mi estrella.[164]

RODRIGO

1195　　Pues tu rigor ¿qué hacer quiere?

JIMENA

Por mi honor, aunque mujer,
he de hacer
contra ti cuanto pudiere,
deseando no poder.

RODRIGO

1200　　¡Ay, Jimena! ¿Quién dijera . . .

JIMENA

¡Ay, Rodrigo! ¿Quién pensara . . .

RODRIGO

. . . que mi dicha se acabara?

JIMENA

. . . . y que mi bien feneciera?
　　Mas, ¡ay, Dios!, que estoy temblando
1205 de que han de verte saliendo.

RODRIGO

¿Qué estoy viendo?

JIMENA

Vete y déjame penando.

RODRIGO

Quédate; iréme muriendo. (*Éntranse los
tres.*)[165]

---

[160] *tan hijo de tus hazañas:* so in keeping with your past conduct (*hazañas,* "deeds").

[161] *Toma . . . albedrío:* Take (this dagger), and so that the same courage and willpower will apply to both of us.

[162] *por lo que: por lo mucho que.*

[163] *parte:* party (in a legal sense).

[164] *predominas mi estrella:* you control my destiny.

[165] *los tres.* Elvira has been on stage throughout this scene.

(*Sale* DIEGO LAÍNEZ, *solo.*)

DIEGO LAÍNEZ

No la ovejuela su pastor perdido,
1210 ni el león que sus[166] hijos le han quitado,
baló quejosa ni bramó ofendido,
como yo por Rodrigo. ¡Ay, hijo amado!
Voy abrazando sombras, descompuesto,
entre la oscura noche que ha cerrado.
1215 Dile la seña y señaléle el puesto
donde acudiese en sucediendo el caso.[167]
¿Si me habrá sido inobediente en esto?
Pero no puede ser. ¡Mil penas paso!
Algún inconveniente le habrá hecho,
1220 mudando la opinión, torcer el paso.
¡Qué helada sangre me revienta el pecho!
¿Si es muerto, herido o preso? ¡Ay, cielo
santo!
¡Y cuántas cosas de pesar sospecho!
¿Qué siento? ¿Es él? Mas no merezco
tanto;
1225 será que corresponden a mis males
los ecos de mi voz y de mi llanto.
Pero entre aquellos secos pedregales
vuelvo a oír el galope de un caballo . . .
Dél se apea Rodrigo. ¿Hay dichas tales?
(*Sale* RODRIGO.)
1230 ¿Hijo?

RODRIGO

¿Padre?

DIEGO LAÍNEZ

¿Es posible que me hallo
entre tus brazos? Hijo, aliento tomo
para en tus alabanzas empleallo.
¿Cómo tardastes tanto? Pies de plomo
te puso mi deseo,[168] y pues veniste,[169]
1235 no he de cansarte preguntando el cómo.
¡Bravamente probaste! ¡Bien lo hiciste!
¡Bien mis pasados bríos imitaste!
¡Bien me pagaste el ser que me debiste!
Toca las blancas canas que me honraste;
1240 llega la tierna boca a la mejilla

donde[170] la mancha de mi honor quitaste.
Soberbia el alma a tu valor se humilla
como conservador de la nobleza
que ha honrado tantos reyes en Castilla.

RODRIGO

1245 Dame la mano y alza la cabeza,
a quien,[171] como la causa, se atribuya
si hay en mi algún valor y fortaleza.

DIEGO LAÍNEZ

Con más razón besara yo la tuya,[172]
pues si yo te di el ser naturalmente,
1250 tú me le has vuelto a pura fuerza suya.[173]
Mas será no acabar eternamente,
si no doy a esta plática desvíos.[174]
Hijo, ya tengo prevenida gente;
con quinientos hidalgos, deudos míos,
1255 (que cada cual tu gusto solicita),
sal en campaña a ejercitar tus bríos.
Ve, pues la causa y la razón te incita,
donde están esperando en sus caballos,
que el menos bueno a los del sol[175] imita.
1260 Buena ocasión tendrás para empleallos,
pues moros fronterizos arrogantes
al rey le quitan tierras y vasallos;
que ayer, con melancólicos semblantes,
el Consejo de Guerra y el de Estado
1265 lo supo por espías vigilantes.
Las fértiles campañas han talado
de Burgos, y pasando Montes de Oca,[176]
de Nájera, Logroño y Bilforado,[177]
con suerte mucha y con vergüenza poca
1270 se llevan tanta gente aprisionada,
que ofende al gusto[178] y el valor provoca.
Sal les[179] al paso, emprende esta jornada
y dando brío al corazón valiente,
pruebe la lanza quien probó la espada;
1275 y el rey, sus grandes, la plebeya gente,
no dirán que la mano te ha servido
para vengar agravios solamente.
Sirve en la guerra al rey; que siempre ha
sido

---

[166] *que sus: cuyos.*
[167] *en sucediendo el caso:* after the event had taken place.
[168] *Pies . . . deseo:* My desire to see you made it seem that you were coming on feet of lead.
[169] *veniste: viniste.*
[170] *donde: de donde.*
[171] *a quien: a la que.*
[172] *la tuya* refers to *mano.*
[173] *suya* refers to *mano.*

[174] *si . . . desvíos:* if I don't get away from this chatter (and get to the point).
[175] *los del sol* refers to the horses that drew Apollo's chariot.
[176] *Montes de Oca:* a range of mountains east of Burgos.
[177] *Nájera, Logroño,* and *Bilforado* (modern *Belorado*) are towns east of Burgos.
[178] *ofende al gusto:* causes distress.
[179] *Sal les.* The imperative of *salir* and *les* are not joined to avoid the sound of *ll.*

digna satisfación de un caballero
1280 servir al rey a quien dejó ofendido.
RODRIGO
Dadme la bendición.
DIEGO LAÍNEZ
Hacello quiero.
RODRIGO
Para esperar de mi obediencia palma,[180]
tu mano beso y a tus pies la[181] espero.
DIEGO LAÍNEZ
Tómala con la mano y con el alma. (*Vanse.*)
(*Sale la infanta* DOÑA URRACA,
asomada a una ventana.)
URRACA
1285   ¡Qué bien el campo y el monte
le parece a quien lo mira,
hurtando el gusto al cuidado,[182]
y dando el alma a la vista!
En los llanos y en las cumbres
1290 ¡qué a concierto[183] se divisan
aquí los pimpollos verdes,
y allí las pardas encinas!
Si acullá brama el león,
aquí la mansa avecilla
1295 parece que su braveza
con sus cantares mitiga.
Despeñándose el arroyo,
señala que, como estiman
sus aguas la tierra blanda,
1300 huyen de las peñas vivas.[184]
Bien merecen estas cosas
tan bellas y tan distinctas[185]
que se imite a quien las goza
y se alaba a quien las cría.[186]
1305 ¡Bienaventurado aquel
que por sendas escondidas
en los campos se entretiene
y en los montes se retira!
Con tan buen gusto la reina,
1310 mi madre, no es maravilla
si en esta casa de campo
todos sus males alivia.
Salió de la corte huyendo

de entre la confusa grita,
1315 donde unos toman venganza
cuando otros piden justicia.
¿Qué se habrá hecho Rodrigo?
Que con mi presta venida
no he podido saber dél
1320 si está en salvo o si peligra.
No sé qué tengo, que el alma
con cierta melancolía
me desvela en su cuidado;
mas ¡ay! estoy divertida.
1325 Una tropa de caballos
dan polvo al viento que imitan,
todos a punto de guerra.
¡Jesús, y que hermosa vista!
Saber la ocasión deseo,
1330 la curiosidad me incita.
— ¡Ah, caballeros! ¡Ah, hidalgos! —
Ya se paran y ya miran.
— ¡Ah, capitán, el que lleva
banda y plumas amarillas! —
1335 Ya de los otros se aparta,
la lanza a un árbol arrima;
ya se apea del caballo,
ya de su lealtad confía,
Ya el cimiento[187] desta torre,
1340 que es todo de peña viva,[188]
trepa con ligeros pies.
Ya los miradores[189] mira;
aún no me ha visto . . . ¿Qué veo?
Ya le conozco. ¿Hay tal dicha?
(*Sale* RODRIGO.)
RODRIGO
1345 La voz de la infanta era . . .
Ya casi las tres esquinas
de la torre he rodeado.
URRACA
¡Ah Rodrigo!
RODRIGO
Otra vez grita.
Por respetar a la reina
1350 no respondo, y ella misma[190]
me hizo dejar el caballo.

---

[180] *palma*: reward.
[181] *la* refers to *bendición*.
[182] *hurtando . . . cuidado*: stealing (a moment's) pleasure from one's cares.
[183] *a concierto*: in harmonious order.
[184] *señala . . . vivas*. The meaning is that the stream's course, avoiding the outcroppings of rocks, shows that its waters like the soft earth.

[185] *distinctas: distintas.*
[186] *que . . . cria*: that we imitate the one who enjoys them (i.e., the nature lover) and that we praise him who creates them (the Creator) (Umphrey's note).
[187] *cimiento*: base.
[188] *peña viva*: outcropping of rock.
[189] *mirador*: closed balcony.
[190] *ella misma*: i.e., my respect for her.

Mas ¡Jesús! ¿Señora mía?

URRACA

Dios te guarde. ¿Dónde vas?

RODRIGO

Donde mis hados me guían,
1355 dichosos, pues me guiaron
a merecer esta dicha.

URRACA

¿Ésta es dicha? No, Rodrigo,
la que pierdes lo sería;
bien me lo dice por señas
1360 la sobrevista amarilla.[191]

RODRIGO

Quien con esperanzas vive,
desesperado camina.

URRACA

Luego, ¿no las has perdido?

RODRIGO

A tu servicio me animan.

URRACA

1365 ¿Saliste de la ocasión[192]
sin peligro y sin heridas?

RODRIGO

Siendo tú mi defensora,
advierte cómo saldría.

URRACA

¿Dónde vas?

RODRIGO

A vencer moros,
1370 y así la gracia perdida
cobrar de tu padre el rey.

URRACA

(¡Qué notable gallardía!) (*Aparte.*)
¿Quién te acompaña?

RODRIGO

Esta gente
me ofrece quinientas vidas,
1375 en cuyos hidalgos pechos
hierve también sangre mía.

URRACA

Galán vienes, bravo vas;
mucho vales, mucho obligas.

Bien me parece, Rodrigo,
1380 tu gala y tu valentía.

RODRIGO

Estimo con toda el alma
merced que fuera divina,[193]
mas mi humildad en tu alteza
mis esperanzas marchita.

URRACA

1385 No es imposible, Rodrigo,
el igualarse las dichas
en desiguales estados,
si es la nobleza una misma.
Dios te vuelva vencedor;
1390 que después . . .

RODRIGO

Mil años vivas.

URRACA

(¿Qué he dicho?) (*Aparte.*)

RODRIGO

Tu bendición
mis vitorias facilita.

URRACA

¿Mi bendición? ¡Ay, Rodrigo!,
si las bendiciones mías
1395 te alcanzan, serás dichoso.

RODRIGO

Con no más de recebillas
lo seré, divina infanta.

URRACA

Mi voluntad es divina.
Dios te guíe, Dios te guarde,
1400 como te esfuerza y te anima,
y en número tus vitorias
con las estrellas compitan.
Por la redondez del mundo,
después de ser infinitas,
1405 con las plumas de la fama
el mismo sol las escriba.[194]
Y ve agora confiado
que te valdré con la vida;
fía[195] de mí estas promesas
1410 quien plumas al viento fía.[196]

---

[191] *sobrevista amarilla*: yellow vizor (but the reference could also be to the yellow plumes mentioned in verse 1334). Yellow symbolized sadness.

[192] *ocasión*: dangerous situation.

[193] *que fuera divina*: that would be divine (if I were worthy of it).

[194] *Por . . . escriba*: freely, "After your victories are infinite in number, may the sun itself record them with Fame's pens and carry them throughout the far

reaches of the globe." The mythological character Fame is said to record the deeds of the great for future ages.

[195] *fía* should be *fíe* since the subject is *quien*.

[196] *quien . . . fía*: the one who entrusts his plumes (and wings) to the wind (referring to Rodrigo's *plumas amarillas*). The clause is based on a proverb, *Palabras y plumas el viento las lleva*, meaning that promises are easily broken.

RODRIGO

La tierra que ves adoro,
pues no puedo[197] la que pisas,
y la eternidad del tiempo
alargue a siglos tus días.
1415 Oiga el mundo tu alabanza
en las bocas de la invidia,[198]
y más que merecimientos
te dé la fortuna dichas.
Y yo me parto en tu nombre,
1420 por quien[199] venzo mis desdichas,
a vencer tantas batallas
como tú me pronosticas.

URRACA

Deste cuidado te acuerda.[200]

RODRIGO

Lo divino no se olvida.

URRACA

1425 Dios te guíe.

RODRIGO

Dios te guarde.

URRACA

Ve animoso.

RODRIGO

Tú me animas.
Toda la tierra te alabe.

URRACA

Todo el cielo te bendiga. (*Vanse.*)
(*Gritan de adentro los* MOROS, *y sale
huyendo un* PASTOR.)

MOROS

¡Li, li, li, li![201]

PASTOR

¡Jesús mío,
1430 qué de miedo me acompaña!
Moros cubren la campaña;
mas de sus fieros[202] me río,
de su lanza y de su espada,
como suba y me remonte[203]
1435 en la cumbre de aquel monte,
todo de peña tajada.
(*Sale un* REY MORO *y cuatro* MOROS
con él, y el PASTOR *éntrase huyendo.*)

REY MORO

Atad bien esos cristianos;
con más concierto que priesa
id marchando.

MORO 1°

¡Brava presa!

REY MORO

1440 Es hazaña de mis manos.
Con asombro y maravilla,
pues en su[204] valor me fundo,
sepa mi poder el mundo,
pierda su opinión Castilla.
1445 ¿Para qué te llaman Magno,[205]
rey Fernando, en paz y en guerra,
pues yo destruyo tu tierra
sin oponerte[206] a mi mano?
Al que Grande te llamó,
1450 ¡vive el cielo! que le coma,
porque, después de Mahoma,
ninguno mayor que yo.
(*Sale el* PASTOR *sobre la peña.*)

PASTOR

Si es mayor el que es más alto,
yo lo soy entre estos cerros.
1455 ¿Qué apostaremos, ¡ah, perros!,
que no me alcanzáis de un salto?

MORO 2°

¿Que no te alcanza una saeta?[207]

PASTOR

Si no me escondo, sí hará.
¡Morillos, volvé, esperá[208]
1460 que el cristiano os acometa!

MORO 3°

Oye, señor, ¡por Mahoma!,
que cristianos . . .

REY MORO

¿Qué os espanta?

MORO 4°

Allí polvo se levanta.

MORO 1°

Y allí un estandarte asoma.

MORO 2°

1465 Caballos deben de ser.

---

[197] *no puedo: no puedo pisar.*
[198] *invidia: envidia.*
[199] *quien: el que.*
[200] *Deste . . . te acuerda: Acuérdate de este cuidado* (i.e.,
my concern for you).
[201] *¡Li, li, li, li!* is said to be an imitation of the
Moorish battle cry, *le, ilah ile alah!*
[202] *fieros:* boastful threats.

[203] *como . . . remonte.* The subjunctive is often used
after *como* meaning "provided that" or "if."
[204] *su.* The antecedent is *manos.*
[205] *Magno* rhymes with *mano,* the *g* being silent.
[206] *sin oponerte: sin que te opongas.*
[207] Understand *¿Qué apuestas* before the question.
[208] *volvé, esperá: volved, esperad.*

REY MORO

Logren, pues, mis esperanzas.

MORO 3°

Ya se parecen[209] las lanzas.

REY MORO

¡Ea, morir o vencer!

(*Toque dentro una trompeta.*)

MORO 2°

Ya la bastarda trompeta[210]

1470 toca al arma.

(*Dicen dentro a voces.*)

¡Santiago![211]

REY MORO

¡Mahoma! — Haced lo que hago.

(*A los* MOROS.)

(*Otra vez dentro.*)

¡Cierra España!

REY MORO

¡Oh gran profeta!

(*Vanse, y suena la trompeta y cajas de guerra y ruido de golpes dentro.*)

PASTOR

¡Bueno! Mire lo que va[212]

de Santiago a Mahoma.

1475 ¡Qué bravo herir! Puto, toma

para peras.[213] ¡Bueno va!

¡Voto a San![214] Braveza es

lo que hacen los cristianos;

ellos matan con las manos,

1480 sus caballos con los pies.

¡Qué lanzadas! ¡Pardiés,[215] toros

menos bravos que ellos son!

Así calo yo un melón

como despachurran[216] moros.

1485 El que como cresta el gallo,

trae un penacho amarillo,

¡oh lo que hace!; por decillo

al cura, quiero mirallo.

¡Pardiós! No tantas hormigas

1490 mato yo en una patada,

ni siego en una manada

tantos manojos de espigas

---

como él derriba cabezas.

¡Oh hideputa![217] Es de modo

1495 que va salpicando todo

de sangre mora . . .¡Bravezas

hace, voto al soto! . . . Ya

huyen los moros. — ¡Ah galgos!

¡Ea, cristianos hidalgos,

1500 seguildos! ¡Matá, matá!—[218]

Entre las peñas se meten

donde no sirven caballos.

Ya se apean; alcanzallos

quieren . . . De nuevo acometen.

(*Salen* RODRIGO *y el* REY MORO, *cada uno con los suyos, acuchillándose.*)

RODRIGO

1505 También pelean a pie

los castellanos, morillos.

¡A matallos, a seguillos!

REY MORO

¡Tente! ¡Espera!

RODRIGO

¡Rindeté![219]

REY MORO

Un rey a tu valentía

1510 se ha rendido, y a tus leyes.

(*Ríndesele el* REY.)

RODRIGO

¡Tocá al arma! Cuatro reyes

he de vencer en un dia.

(*Vanse todos, llevándose presos a los* MOROS.)

PASTOR

¡Pardiós! que he habido[220] placer

mirándolos desde afuera;

1515 las cosas desta manera

de tan alto se han de ver.

(*Éntrase el* PASTOR, *y salen el príncipe* DON SANCHO *y un* MAESTRO DE ARMAS *con sendas espadas negras,[221] y tirándole el príncipe, y tras él, reportándole,* DIEGO LAÍNEZ.)

MAESTRO

¡Príncipe, señor, señor!

---

[209] *parecen: aparecen.*
[210] *bastarda trompeta*: false trumpet (cross between a trumpet and a bugle).
[211] *Santiago*. The battle cry of Spain is *¡ Santiago, y cierra España!* (*cerrar*: to attack). The Moorish battle cry was *¡ Mahoma!*
[212] *Mire lo que va*: See what a difference there is between.
[213] *Puto . . . peras*: You whoremonger, take this (said as he is probably throwing stones).

[214] *¡ Voto a San!* A euphemistic oath roughly equivalent to "I swear by all the saints!" Cf. *voto al soto* (v. 1497), in which *soto* is substituted for *santo*.
[215] *¡ Pardiés!* (also *¡ Pardiós!* in v. 1489): *¡ Por Dios!*
[216] *despachurrar*: to smash.
[217] *hideputa: hijo de puta.*
[218] *seguildos . . . matá: seguidlos . . . matad.*
[219] *Rindeté* rhymes with *pie*, hence the shift of stress.
[220] *he habido: he tenido.*
[221] *espadas negras*: fencing swords.

DIEGO LAÍNEZ

Repórtase vuestra alteza;
que, sin causa, la braveza
1520 desacredita el valor.

DON SANCHO

¿Sin causa?

DIEGO LAÍNEZ

Vete, que enfadas (*Al* MAESTRO.)
al príncipe. (*Éntrase el* MAESTRO.)
¿Cuál ha sido?

DON SANCHO

Al batallar, el rüido
que hicieron las dos espadas,
1525 y a mí el rostro señalado . . .[222]

DIEGO LAÍNEZ

¿Hate dado?

DON SANCHO

No; el pensar
que, a querer,[223] me pudo dar,
me ha corrido y me ha enojado.
Y a no escaparse[224] el maestro,
1530 yo le enseñara[225] a saber;
no quiero más aprender.

DIEGO LAÍNEZ

Bastantemente eres diestro.

DON SANCHO

Cuando tan diestro no fuera,[226]
tampoco importara nada.

DIEGO LAÍNEZ

1535 ¿Como?

DON SANCHO

Espada contra espada,
nunca por eso temiera.
Otro miedo el pensamiento
me aflige y me atemoriza:
con una arma arrojadiza
1540 señala en mi nacimiento[227]
que han de matarme, y será
cosa muy propincua mía
la causa.

DIEGO LAÍNEZ

Y ¿melancolía
te da eso?

DON SANCHO

Sí, me da.

1545 Y haciendo discursos[228] vanos,
pues me padre no ha de ser,
vengo a pensar y a temer
que lo[229] serán mis hermanos;
y así los quiero tan poco,
que me ofenden.

DIEGO LAÍNEZ

1550 ¡Cielo santo!
A no respetarte tanto,
te dijera . . .[230]

DON SANCHO

¿Que soy loco?

DIEGO LAÍNEZ

Que lo fue quien a esta edad
te ha puesto en tal confusión.

DON SANCHO

1555 ¿No tiene demostración
esta ciencia?[231]

DIEGO LAÍNEZ

Así es verdad,
mas ninguno la aprendió
con certeza.

DON SANCHO

Luego, di:
¿locura es creella?

DIEGO LAÍNEZ

Sí.

DON SANCHO

1560 ¿Serálo el temella?

DIEGO LAÍNEZ

No.

DON SANCHO

¿Es mi hermana?

DIEGO LAÍNEZ

Sí, señor.

(*Sale* DOÑA URRACA *y un* PAJE, *que le saca un venablo tinto en sangre.*)

URRACA

En esta suerte ha de ver
mi hermano que, aunque mujer,
tengo en el brazo valor. —
1565 Hoy, hermano . . .

DON SANCHO

¿Cómo así?

---

[222] *y . . . señalado*: and his having aimed at my face.
[223] *a querer*: si lo quisiera.
[224] *a no escaparse*: si no se hubiera escapado.
[225] *enseñara*: habría enseñado.
[226] *Cuando . . . fuera*: Even if I were not so skillful.
[227] *señala . . . nacimiento*: the horoscope at my birth

indicates.
[228] *discurso*: conjecture.
[229] *lo* refers to *la causa*.
[230] *A no respetarte . . . te dijera*: Si no te respetara . . . diría.
[231] *esta ciencia*: i.e., astrology.

URRACA

. . . entre una peñas . . .

DON SANCHO

¿Qué fue?

URRACA

. . . este venablo tiré,
con que maté un jabalí,
viniendo por el camino
1570 cazando mi madre y yo.

DON SANCHO

Sangriento está; y ¿le arrojó
tu mano? ¡Ay, cielo divino!
(Mira si tengo razón.) *(Entre los dos.)*

DIEGO LAÍNEZ

(Ya he caído en tu pesar.)

URRACA

1575 ¿Qué te ha podido turbar
el gusto?

DON SANCHO

Cierta ocasión
que me da pena.

DIEGO LAÍNEZ

Señora,
una necia astrología
le causa melancolía,
1580 y tú la creciste agora.

URRACA

Quien viene a dalle contento,
¿cómo su disgusto aumenta?

DIEGO LAÍNEZ

Dice que a muerte violenta
le inclina su nacimiento.[232]

DON SANCHO

1585 Y con una arma arrojada
herido en el corazón.

DIEGO LAÍNEZ

Y como en esta ocasión
la vio en tu mano . . .

URRACA

¡Ay, cuitada!

DON SANCHO

Alteróme de manera
1590 que me ha salido a la cara.

URRACA

Si disgustarte pensara[233]
con ella[234] no la trujera.[235]

[232] *nacimiento*: horoscope.
[233] *pensara*: *hubiera pensado*.
[234] *ella* refers to *arma*.
[235] *trujera*: *trajera* (*habría traído*).

Mas ¿tú crédito has de dar
a lo que abominan todos?

DON SANCHO

1595 Con todo, buscaré modos
cómo poderme guardar.
Mandaré hacer una plancha,[236]
y con ella cubriré
el corazón, sin que esté
1600 más estrecha ni más ancha.

URRACA

Guarda con más prevención
el corazón; mira bien
que por la espalda también
hay camino al corazón.

DON SANCHO

1605 ¿Qué me has dicho? ¿Qué imagino?
¡Que tú de tirar te alabes
un venablo, y de que sabes
del corazón el camino
por las espaldas! ¡Traidora,
1610 temo que causa has de ser
tú de mi muerte! ¡Mujer,
estoy por matarte agora,
y asegurar mis enojos!

DIEGO LAÍNEZ

¿Qué haces, príncipe?

DON SANCHO

¿Qué siento?

1615 ¡Ese venablo sangriento
revienta sangre en mis ojos!

URRACA

Hermano, el rigor reporta
de quien[237] justamente huyo.
¿No es mi padre, como tuyo,
1620 el rey mi señor?

DON SANCHO

¿Qué importa?
Que eres de mi padre hija,
pero no de mi fortuna.[238]
Nací heredando.

URRACA

Importuna
es tu arrogancia, y prolija.

DIEGO LAÍNEZ

El rey viene.

[236] *plancha*: iron plate.
[237] *quien*: *que*.
[238] *pero . . . fortuna*: Sancho means that Urraca has
no claim to his rights as the heir apparent.

DON SANCHO

1625   (¡Qué despecho!) (*Aparte.*)

URRACA

(¡Qué hermano tan enemigo!) (*Aparte.*)
        (*Salen el* REY DON FERNANDO *y el*
        REY MORO, *que envía* RODRIGO, *y*
        otros que le acompañan.)

REY

Diego, tu hijo Rodrigo
un gran servicio me ha hecho,
1630   y en mi palabra fiado,
licencia le he concedido
para verme.

DIEGO LAÍNEZ

        Y ¿ha venido?

REY

Sospecho que habrá llegado,
        y en prueba de su valor . . .

DIEGO LAÍNEZ

¡Grande fue la dicha mía!

REY

1635 . . . hoy a mi presencia envía
un rey por su embajador. (*Siéntase el* REY.)
Volvió por mí y por mis greyes;[239]
muy obligado me hallo.

REY MORO

Tiene, señor, un vasallo
1640 de quien lo son cuatro reyes.
        En escuadrones formados,
tendidas nuestras banderas,
corríamos tus fronteras,
vencíamos tus soldados,
1645   talábamos tus campañas,
cautivábamos tus gentes,
sujetando hasta las fuentes
de las soberbias montañas;
        cuando gallardo y ligero
1650 el gran Rodrigo llegó,
peleó, rompió, mató,
y vencióme a mí el primero.
        Viniéronme a socorrer
tres reyes, y su venir

1655 tan sólo pudo servir
de dalle más que vencer,
        pues su esfuerzo varonil
los nuestros[240] dejando atrás,
quinientos hombres no más
1660 nos vencieron a seis mil.
        Quitónos el español
nuestra opinión en un día,
y una presa que valía
más oro que engendra el sol;[241]
1665   y en su mano vencedora
nuestra divisa otomana,[242]
sin venir lanza cristiana
sin una cabeza mora.[243]
        Viene con todo triunfando
1670 entre aplausos excesivos,
atropellando cautivos
y banderas arrastrando,
        asegurando esperanzas,
obligando corazones,
1675 recibiendo bendiciones
y despreciando alabanzas,
        y ya llega a tu presencia.

URRACA

(¡Venturosa suerte mía!) (*Aparte.*)

DIEGO LAÍNEZ

Para llorar de alegría
1680 te pido, señor, licencia,
        y para abrazalle, ¡ay, Dios!,
antes que llegue a tus pies.

        (*Entra* RODRIGO, *y abrázanse.*)

¡Estoy loco!

RODRIGO

        Causa es (*Al* REY.)
que nos disculpa a los dos;
1685   pero ya esperando estoy
tu mano y tus pies y todo.[244]
(*Arrodíllase delante el* REY.)

REY

Levanta, famoso godo,[245]
levanta.

---

[239] *Volvió por . . . greyes*: He defended me and my
subjects.
[240] *los nuestros* refers to *esfuerzo(s)*.
[241] *más oro . . . sol*. In the Middle Ages it was
believed that gold was produced by the rays of the
sun and, therefore, shared its color and brilliance.
[242] *otomana*: Moorish. The Ottoman or Turkish
Empire was not founded until long after the events
of the play.

[243] *sin venir . . . mora*: there is not a Christian soldier
who does not come bearing the head of a Moor on
the point of his lance.
[244] *y todo: también*.
[245] *godo*: Goth. The Spanish nobility took pride in
tracing their ancestry back to the Visigoths, who
ruled the country from the fifth century until the
Moorish invasion in 711.

RODRIGO
Tu hechura[246] soy. —
¡Mi príncipe! (*A* DON SANCHO.)

DON SANCHO
¡Mi Rodrigo!

RODRIGO
1690 Por tus bendiciones llevo (*A* URRACA.)
estas palmas.

URRACA
Ya de nuevo,
pues te alcanzan, te bendigo.

REY MORO
¡Gran Rodrigo!

RODRIGO
¡Oh, Almanzor![247]

REY MORO
Dame la mano, el mió Cide.[248]

RODRIGO
1695 A nadie mano se pide
donde está el rey mi señor.[249]
A él le presta la obediencia.

REY MORO
Ya me sujeto a sus leyes
en nombre de otros tres reyes
1700 y el mío. (¡Oh, Alá! Paciencia.) (*Aparte.*)

DON SANCHO
El "mió Cid" le ha llamado.

REY MORO
En mi lengua es "mi señor",
pues ha de serlo el honor
merecido y alcanzado.[250]

REY
1705 Ese nombre le está bien.

REY MORO
Entre moros le ha tenido.

REY
Pues allá le ha merecido,
en mis tierras se le den.
Llamalle "el Cid" es razón,
1710 y añadirá, porque asombre,[251]
a su apellido este nombre,
y a su fama este blasón.[252]

(*Sale* JIMENA GÓMEZ, *enlutada, con
cuatro* ESCUDEROS, *también enlutados,
con sus lobas.*[253])

ESCUDERO I°
Sentado está el señor rey
en su silla de respaldo.

JIMENA
1715 Para arrojarme a sus pies
¿qué importa que esté sentado?
Si es magno, si es justiciero,
premie al bueno y pene al malo;
que castigos y mercedes
1720 hacen seguros vasallos.

DIEGO LAÍNEZ
Arrastrando luengos lutos,
entraron de cuatro en cuatro[254]
escuderos de Jimena,
hija del conde Lozano.
1725 Todos atentos la miran,
suspenso quedó palacio,[255]
y para decir sus quejas
se arrodilla en los estrados.

JIMENA
Señor, hoy hace tres meses
1730 que murió mi padre a manos
de un rapaz, a quien las tuyas
para matador criaron.
Don Rodrigo de Vivar,
soberbio, orgulloso y bravo,
1735 profanó tus leyes justas,
y tú le amparas ufano.
Son tus ojos sus espías,
tu retrete su sagrado,
tu favor sus alas libres,
1740 y su libertad mis daños.
Si de Dios los reyes justos
la semejanza y el cargo
representan en la tierra
con los humildes humanos,
1745 no debiera de ser rey
bien temido y bien amado

---

[246] *hechura*: servant, creature (in the sense that man is a creature of God).

[247] *Almanzor*: a name meaning "the aided of God" and applied indiscriminately to all Moorish kings.

[248] *mió Cide*: my lord (from Arabic *Sidi*). Note that *mió* is monosyllabic here.

[249] *A nadie . . . señor.* Rodrigo means that homage is rendered to no one but the king in the latter's presence.

[250] *pues . . . alcanzado.* Construe, *pues ha merecido y alcanzado el honor de serlo.*

[251] *porque asombre*: so that it will cause (greater) admiration.

[252] *blasón*: honor.

[253] *loba*: black gown.

[254] *de cuatro en cuatro*: four abreast.

[255] *palacio*. In addition to "palace," *palacio* meant the specific place where the king held public audiences.

quien desmaya la justicia
y esfuerza los desacatos.
A tu justicia, señor,
1750 que es árbol de nuestro amparo,
no se arrimen malhechores,
indignos de ver sus ramos.
Mal lo miras, mal lo sientes,
y perdona si mal hablo;
1755 que en boca de una mujer
tiene licencia un agravio.
¿Qué dirá, qué dirá el mundo
de tu valor, gran Fernando,
si al ofendido castigas,
1760 y si premias al culpado?
Rey, rey justo, en tu presencia
advierte bien cómo estamos:
él ofensor, yo ofendida,
yo gimiendo y él triunfador;
1765 él arrastrando banderas,
y yo lutos arrastrando;
él levantando trofeos,
y yo padeciendo agravios;
él soberbio, yo encogida,
1770 yo agraviada y él honrado,
yo afligida y él contento,
él riendo y yo llorando.

RODRIGO
(Sangre os dieran mis entrañas, (*Aparte.*)
para llorar, ojos claros.)

JIMENA
1775 (¡Ay, Rodrigo! ¡Ay, honra! ¡Ay, ojos!
                              (*Aparte.*)
¿Adónde os lleva el cuidado?)

REY
No haya más, Jimena, baste.
Levantaos, no lloréis tanto,
que ablandarán vuestras quejas
1780 entrañas de acero y mármol;
que podrá ser que algún día
troquéis en placer el llanto,
y si he guardado a Rodrigo,
quizá para vos le guardo.
1785 Pero por haceros gusto,
vuelva a salir desterrado,

y huyendo de mi rigor,
ejercite el de sus brazos,
y no asista en la ciudad
1790 quien tan bien prueba en el campo.
Pero si me dais licencia,
Jimena, sin enojaros,
en premio destas vitorias
ha de llevarse este abrazo.(*Abrázale.*)

RODRIGO
1795 Honra, valor, fuerza y vida,
todo es tuyo, gran Fernando,
pues siempre de la cabeza
baja el vigor a la mano;
y así, te ofrezco a los pies
1800 esas banderas que arrastro,
esos moros que cautivo,
y esos haberes que gano.

REY
Dios te me guarde, el mió Cid.

RODRIGO
Beso tus heroicas manos,
1805 (y a Jimena dejo el alma). (*Aparte.*)

JIMENA
(¡Que la opinión pueda tanto (*Aparte.*)
que persigo lo que adoro!)

URRACA
(Tiernamente se han mirado; (*Aparte.*)
no le ha cubierto hasta el alma
1810 a Jimena el luto largo,
¡ay, cielo!, pues no han salido
por sus ojos sus agravios.)

DON SANCHO
Vamos, Diego, con Rodrigo;
que yo quiero acompañarlo,
1815 y verme entre sus trofeos.

DIEGO LAÍNEZ
Es honrarme, y es honrallo.
(¡Ay, hijo del alma mía!) (*Aparte.*)

JIMENA
(¡Ay, enemigo adorado!) (*Aparte.*)

RODRIGO
(¡Oh, amor, en tu sol me hielo!) (*Aparte.*)

URRACA
1820 (¡Oh, amor, en celos me abraso!) (*Aparte.*)

~~~ Acto tercero

(*Salen* ARIAS GONZALO *y la infanta*
DOÑA URRACA.)

ARIAS

Más de lo justo adelantas,
señora, tu sentimiento.

URRACA

Con mil ocasiones[256] siento
y lloro con otras tantas.

1825　　Arias Gonzalo, por padre
te he tenido.

ARIAS

　　　　Y soylo yo
con el alma.

URRACA

　　　　Ha[257] que murió
y está en el cielo mi madre
más de un año, y es crueldad
1830 lo que esfuerzan mi dolor,
mi hermano con poco amor,
mi padre con mucha edad.

　　Un mozo que ha de heredar
y un viejo que ha de morir
1835 me dan penas que sentir
y desdichas que llorar.

ARIAS

　　Y ¿no alivia tu cuidado
el ver que aún viven los dos,
y entre tanto querrá Dios
1840 pasarte a mejor estado,[258]
a otros reinos y a otro rey
de los que te han pretendido?

URRACA

¿Yo un extraño[259] por marido?

ARIAS

No lo siendo de tu ley,[260]
1845 ¿qué importa?

URRACA

　　　　　　　¿Así me destierra

la piedad que me crió?[261]
Mejor le[262] admitiera yo
de mi sangre y de mi tierra;
que más quisiera mandar
1850 una ciudad, una villa,
una aldea de Castilla,
que en muchos reinos reinar.

ARIAS

Pues pon, señora, los ojos
en uno de tus vasallos.

URRACA

1855 Antes habré de quitallos
a costa de mis enojos.

　　Mis libertades[263] te digo
como al alma propria mía . . .

ARIAS

Di, no dudes.

URRACA

　　　　Yo querría
1860 al gran Cid, al gran Rodrigo.
Castamente me obligó;[264]
pensé casarme con él.

ARIAS

Pues ¿quién lo estorba?

URRACA

　　　　　　　　Es cruel
mi suerte, y honrada yo.
1865 Jimena y él se han querido,
y después del conde muerto[265]
se adoran.

ARIAS

　　　　¿Es cierto?

URRACA

　　　　　　　Cierto
será, que en mi daño ha sido.
Cuanto más su padre llora,
1870 cuanto más justicia sigue,
y cuanto más le persigue,

---

[256] *ocasiones*: reasons.
[257] *Ha: Hace.*
[258] *mejor estado*: better civil status (i.e., marriage).
[259] *extraño: extranjero.*
[260] *No . . . ley*: If he is not alien to your religion.
[261] *¿Así . . . crió?*: Would those of you who have

reared me with loving kindness banish me that way?
[262] *le* refers to *marido.*
[263] *libertades*: desires.
[264] *me obligó*: he won my favor.
[265] *después . . . muerto: después de que el conde fue muerto.*

243

es cierto que más le adora;
y él la idolatra adorado,[266]
y está en mi pecho advertido,
1875 no del todo aborrecido,
pero del todo olvidado;
que la mujer ofendida,
del todo desengañada,
ni es discreta, ni es honrada,
1880 si no aborrece ni olvida.
Mi padre viene; después
hablaremos . . . mas, ¡ay cielo!,
ya me ha visto.

ARIAS
A tu consuelo
aspira.

(*Salen el* REY DON FERNANDO *y*
DIEGO LAÍNEZ *y los que le acompañan.*)

DIEGO LAÍNEZ
Beso tus pies
1885 por la merced que a Rodrigo
le has hecho; vendrá volando
a servirte.

REY
Ya esperando
lo estoy.

DIEGO LAÍNEZ
Mi suerte bendigo.

REY
Doña Urraca, ¿dónde vais?
1890 Esperad, hija, ¿qué hacéis?
¿Qué os aflige? ¿Qué tenéis?
¿Habéis llorado? ¿Lloráis?
Triste estáis.

URRACA
No lo estuviera
si tú, que me diste el ser,
1895 eterno hubieras de ser,
o mi hermano amable fuera.
Pero mi madre perdida,
y tú cerca de perderte,[267]
dudosa queda mi suerte,
1900 de su rigor[268] ofendida.

Es el príncipe un león
para mí.

REY
Infanta, callad;
la falta en la eternidad
supliré en la prevención.[269]
1905 Y pues tengo, gloria a Dios,
más reinos y más estados
adquiridos que heredados,[270]
alguno habrá para vos.
Y alegraos, que aún vivo estoy,
1910 y si no . . .

URRACA
Dame la mano.

REY
. . . es don Sancho buen hermano,
yo padre, y buen padre soy.
Id con Dios.

URRACA
Guárdate el cielo.

REY
Tened de mí confianza.

URRACA
1915 Ya tu bendición me alcanza. (*Vase.*)

ARIAS
Ya me alcanza tu consuelo.

(*Sale un* CRIADO *y entrega al* REY *una
carta; el* REY *la lee y después dice:*)

REY
Resuelto está el de Aragón,[271]
pero ha de ver algún día
que es Calahorra[272] tan mía
1920 como Castilla y León;
que pues letras y letrados
tan varios en esto están,[273]
mejor lo averiguarán
con las armas los soldados.
1925 Remitir quiero a la espada
esta justicia que sigo,
y al mió Cid, al mi Rodrigo,
encargalle esta jornada.[274]

---

[266] *él . . . adorado*: él, adorado (*de ella*), la idolatra.
[267] *perderte*: morirte.
[268] *su rigor*: el rigor de mi hermano.
[269] *la falta . . . prevención*: I'll make up for my inability to live forever by taking precautions.
[270] *más reinos . . . heredados.* The king was obligated to bequeath to his heir apparent only his inherited property, not that which he acquired by conquest

or other means.
[271] *el de Aragón*: el rey de Aragón (Ramiro I, died in 1063).
[272] *Calahorra*: ancient town between Burgos and Zaragoza in the province of Logroño.
[273] *letras . . . están*: laws and lawyers are in such variance in this matter.
[274] *jornada*: enterprise.

En mi palabra fïado[275]
1930 lo he llamado.

ARIAS

Y ¿ha venido?

DIEGO LAÍNEZ

Si tu carta ha recibido,
con tus alas[276] ha volado.

(*Sale otro* CRIADO.)

CRIADO

Jimena pide licencia
para besarte la mano.

REY

935 Tiene del conde Lozano
la arrogancia y la impaciencia.
Siempre la tengo a mis pies,
descompuesta y querellosa.

DIEGO LAÍNEZ

Es honrada y es hermosa.

REY

940 Importuna también es.
A disgusto me provoca
el ver entre sus enojos,
lágrimas siempre en sus ojos,
justicia simpre en su boca.
945 Nunca imaginara tal;
siempre sus querellas sigo.

ARIAS

Pues yo sé que ella y Rodrigo,
señor, no se quieren mal.
Pero así de la malicia
950 defenderá la opinión,
o quizá satisfación[277]
pide, pidiendo justicia;
y el tratar el casamiento
de Rodrigo con Jimena
955 será alivio de su pena.

REY

Yo estuve en tu pensamiento,
pero no lo osé intentar
por no crecer su disgusto.

DIEGO LAÍNEZ

Merced fuera, y fuera justo.

REY

1960 ¿Quiérense bien?

ARIAS

No hay dudar.

REY

¿Tú lo sabes?

ARIAS

Lo sospecho.

REY

Para intentallo ¿qué haré?
¿De qué manera podré
averiguallo en su pecho?

ARIAS

1965   Dejándome el cargo a mí,
haré una prueba bastante.

REY

Dile que entre. (*Al* CRIADO 2°)

ARIAS

Este diamante
he de probar. — Oye. (*Al* CRIADO 1°)

CRIADO

Di.

(*El primer* CRIADO *habla al oído con*
ARIAS GONZALO, *y el otro sale a*
avisar a JIMENA.)

REY

En el alma gustaría
1970 de gozar tan buen vasallo
libremente.

DIEGO LAÍNEZ

Imaginallo
hace inmensa mi alegría.

(*Sale* JIMENA GÓMEZ.)

JIMENA

Cada día que amanece,
veo quien mató a mi padre,[278]
1975 caballero en un caballo,
y en su mano un gavilán.
A mi casa de placer,
donde alivio mi pesar,
curioso, libre y ligero,

---

[275] *En . . . fïado*: freely, "Knowing that he would
trust my word."
[276] *con tus alas*. Note the double meaning: "with
your wings" and "encouraged by you."
[277] *satisfación*: compensation.
[278] *padre*. Note that *padre* does not conform to the
assonance in -*á* that continues to the end of the
romance meter in v. 2114. As Umphrey observes,
Jimena's speech does not adhere closely to the
central theme of the play, probably because it includes irrelevant details from the ballad on which it
is based.

1980 mira, escucha, viene y va,
y por hacerme despecho
dispara a mi palomar
flechas, que a los vientos tira,
y en el corazón me dan;
1985 mátanme mis palomicas,
criadas y por criar;
la sangre que sale de ellas
me ha salpicado el brial.[279]
Enviéselo a decir,[280]
1990 envióme a amenazar
con que ha de dejar sin vida
cuerpo que sin alma está.[281]
Rey que no hace justicia
no debría[282] de reinar,
1995 ni pasear en caballo,
ni con la reina folgar.[283]
¡Justicia, buen rey, justicia!

REY

Baste, Jimena, no más.

DIEGO LAÍNEZ

Perdonad, gentil señora,
2000 y vos, buen rey, perdonad;
que lo que agora dijiste
sospecho que lo soñáis.
Pensando vuestras venganzas,
si os desvanece el llorar,
2005 lo habréis soñado esta noche,
y se os figura verdad;
que Rodrigo ha muchos días,
señora, que ausente está,
porque es ido[284] en romería
2010 a Santiago;[285] ved, mirad
cómo es posible ofenderos
en eso que le culpáis.

JIMENA

Antes que se fuese ha sido.
(¡Si podré disimular!) (*Aparte*.)
2015 Ya en mi ofensa, que estoy loca
sólo falta que digáis.

(*Dentro un* CRIADO *y el* PORTERO.)

PORTERO

¿Qué queréis?

CRIADO

Hablar al rey;
dejadme, dejadme entrar.
(*Sale el primer* CRIADO.)

REY

¿Quién mi palacio alborota?

ARIAS

2020 ¿Qué tenéis? ¿Adónde vais?

CRIADO

Nuevas te traigo, el buen rey,
de desdicha y de pesar;
el mejor de tus vasallos
perdiste, en el cielo está.
2025 El Santo Patrón de España
venía de visitar,
y saliéronle al camino
quinientos moros y aun más;
y él, con veinte de los suyos,
2030 que acompañandole van,
los acomete, enseñado
a no volver paso atrás.
Catorce heridas le han dado,
que[286] la menor fue mortal;
2035 ya es muerto el Cid, ya Jimena
no tiene que se cansar,[287]
rey, en pedirte justicia.

DIEGO LAÍNEZ

¡Ay, mi hijo! ¿Dónde estáis?
(Que estas nuevas, aun oídas (*Aparte*.)
2040 burlando, me hacen llorar.)

JIMENA

¿Muerto es Rodrigo? ¿Rodrigo
es muerto? (No puedo más. (*Aparte*.)
¡Jesús mil veces!)

REY

Jimena,
¿qué tenéis, que os desmayáis?

JIMENA

2045 Tengo un lazo en la garganta,
y en el alma muchos hay.

REY

Vivo es Rodrigo, señora,
que yo he querido probar
si es que dice vuestra boca
2050 lo que en vuestro pecho está.

---

[279] *brial*: skirt.
[280] *Enviéselo a decir*: I sent word to him (to stop).
[281] *cuerpo . . . está*. Jimena refers to herself as being without a soul because of her grief over her father's death and her estrangement from Rodrigo.
[282] *debría: debería*.
[283] *folgar: holgar*. This verse, taken from the ballad, is mere rhetoric since the queen is already dead.
[284] *es ido: se ha ido*.
[285] *Santiago*. See n. 10.
[286] *que: de las que*.
[287] *se cansar: cansarse*.

Ya os he visto el corazón;
reportalde, sosegad.

JIMENA

(Si estoy turbada y corrida, (*Aparte.*)
mal me puedo sosegar.
2055 Volveré por mi opinión;
ya sé el cómo. ¡Estoy mortal![288]
¡Ay, honor, cuánto me cuestas!)
Si por agraviarme más
te burlas de mi esperanza
2060 y pruebas mi libertad;[289]
si miras que soy mujer,
verás que lo aciertas mal;
y si no ignoras, señor,
que con gusto o con piedad,
2065 tanto atribula un placer
como congoja[290] un pesar,
verás que con nuevas tales
me pudo el pecho asaltar
el placer, no la congoja.
2070 Y en prueba desta verdad,
hagan públicos pregones
desde la mayor ciudad
hasta en la menor aldea,
en los campos y en la mar,
2075 y en mi nombre, dando el tuyo
bastante siguridad,[291]
que quien[292] me dé la cabeza
de Rodrigo de Vivar,
le daré, con cuanta hacienda
2080 tiene la casa de Orgaz,
mi persona, si la suya
me igualare en calidad.
Y si no es su sangre hidalga
de conocido solar,[293]
2085 lleve, con mi gracia[294] entera,
de mi hacienda la mitad.
Y si esto no haces, rey,
proprios y extraños[295] dirán
que, tras quitarme el honor,
2090 no hay en ti, para reinar,
ni prudencia, ni razón,
ni justicia, ni piedad.

REY

Fuerte cosa habéis pedido.

No más llanto; bueno está.

DIEGO LAÍNEZ

2095 Y yo también, yo, señor,
suplico a tu majestad
que, por dar gusto a Jimena,
en un pregón general
asegures lo que ofrece
2100 con tu palabra real;
que a mí no me da cuidado;
que en Rodrigo de Vivar
muy alta está la cabeza,
y el que alcanzalla querrá
2105 más que gigante ha de ser,
y en el mundo pocos hay.
Pues las partes[296] se conforman,
ea, Jimena, ordenad
a vuestro gusto el pregón.

JIMENA

2110 Los pies te quiero besar.

ARIAS

(¡Grande valor de mujer!) (*Aparte.*)

DIEGO LAÍNEZ

(No tiene el mundo su igual.) (*Aparte.*)

JIMENA

(La vida te doy; perdona, (*Aparte.*)
honor, si te debo más.)

(*Salen el* CID RODRIGO *y dos* SOLDA-
DOS *suyos, y el* PASTOR *en hábito de
lacayo, y una voz de un* GAFO[297] *dice
de dentro, sacando las manos, y lo demás
del cuerpo muy llagado y asqueroso.*)

GAFO

2115   ¿No hay un cristiano que acuda
a mi gran necesidad?

RODRIGO

Esos caballos atad.
¿Fueron voces?

SOLDADO 1º

Son, sin duda.

RODRIGO

¿Qué puede ser? El cuidado
2120 hace la piedad mayor.
¿Oyes algo?

SOLDADO 2º

No señor.

---

[288] *mortal*: about to die.
[289] *libertad*: will.
[290] *congojar*: acongojar.
[291] *dando . . . siguridad* (*seguridad*): with your name
furnishing sufficient guarantee.
[292] *quien*: a quien.

[293] *de . . . solar*: of a noble family.
[294] *gracia*: gratitude.
[295] *proprios y extraños*: (your own) subjects and
foreigners.
[296] *parte*. See n. 163.
[297] *gafo*: leper.

RODRIGO
Pues no hemos apeado,
escuchad.
PASTOR
No escucho cosa.[298]
SOLDADO 1°
Yo tampoco.
SOLDADO 2°
Yo tampoco.
RODRIGO
2125 Tendamos la vista un poco
por esta campaña hermosa;
que aquí esperaremos bien
los demás, proprio lugar
para poder descansar.
PASTOR
2130 Y para comer también.
SOLDADO 1°
¿Traes algo en el arzón?[299]
SOLDADO 2°
Un pierna de carnero.
SOLDADO 1°
Y yo una bota . . .
PASTOR
Ésa quiero.
SOLDADO 1°
. . . y casi entero un jamón.
RODRIGO
2135 Apenas salido el sol,
después de haber almorzado,
¿queréis comer?
PASTOR
Un bocado.
RODRIGO
A nuestro santo español
primero gracias le hagamos,
2140 y después podréis comer.
PASTOR
Las gracias suélense haçer
después de comer: comamos.
RODRIGO
Da a Dios el primer cuidado;
que aún no tarda la comida.
PASTOR
2145 ¡Hombre no he visto en mi vida
tan devoto y tan soldado![300]

RODRIGO
¿Y es estorbo el ser devoto
al ser soldado?
PASTOR
Sí, es.
¿A qué soldado no ves
2150 desalmado o boquirroto?[301]
RODRIGO
Muchos hay, y ten en poco
siempre a cualquiera soldado
hablador y desalmado,
porque es gallina[302] o es loco;
2155 y los que en su devoción,
a sus tiempos concertada,
le dan filos a[303] la espada,
mejores soldados son.
PASTOR
Con todo, en esta jornada
2160 da risa tu devoción,
con dorada guarnición
y con espuela dorada,
con plumas en el sombrero,
a caballo, y en la mano
2165 un rosario.
RODRIGO
El ser cristiano
no impide al ser caballero.
Para general consuelo
de todos, la mano diestra
de Dios mil caminos muestra,
2170 y por todos se va al cielo;
y así, el que fuere guiado
por el mundo peregrino,
ha de buscar el camino
que diga con el estado.[304]
2175 Para el bien que se promete
de un alma limpia y sencilla,
lleve el fraile su capilla,
y el clérigo su bonete,
y su capote doblado
2180 lleve el tosco labrador,
que quizá acierta mejor
por el surco de su arado.
Y el soldado y caballero,
si lleva buena intención,
2185 con dorada guarnición,

[298] *No escucho cosa*: No oigo nada.
[299] *arzón*: saddlebow.
[300] *tan soldado*: so much a soldier.
[301] *boquirroto*: loudmouthed.

[302] *gallina*: coward.
[303] *dar filos a*: to sharpen.
[304] *que . . . estado*: which is appropriate to his position.

con plumas en el sombrero,
    a caballo, y con dorada
espuela, galán divino,
si no es que yerra el camino
190 hará bien esta jornada;
    porque al cielo caminando,
ya llorando, ya riendo,
van los unos padeciendo
y los otros peleando.
            GAFO
195 ¿No hay un cristiano, un amigo *(Dentro.)*
de Dios?
            RODRIGO
        ¿Qué vuelvo a escuchar?
            GAFO
No con sólo pelear
se gana el cielo, Rodrigo.
            RODRIGO
    Llegad; de aquel tremedal 305
200 salió la voz.
            GAFO
        Un hermano
en Cristo déme la mano;
saldré de aquí.
            PASTOR
            No haré tal;
que está gafa y asquerosa.
            SOLDADO 1°
No me atrevo.
            GAFO
            Oíd un poco,
205 por Cristo.
            SOLDADO 2°
            Ni yo tampoco.
            RODRIGO
Yo sí, que es obra piadosa,
    (Sácale de las manos.)
y aun te besaré la mano.
            GAFO
Todo es menester, Rodrigo:
matar allá al enemigo,
210 y valer aquí al hermano.
            RODRIGO
    Es para mí gran consuelo
esta cristiana piedad.

            GAFO
    Las obras de caridad
son escalones del cielo,
2215 y en un caballero son
tan propias y tan lucidas,
que deben ser admitidas
por precisa obligación.
    Por ellas un caballero
2220 subirá de grada en grada,
cubierto en lanza y espada
con oro el luciente acero, 306
y con plumas, 307 si es que acierta
la ligereza del vuelo,
2225 no haya miedo que en el cielo
halle cerrada la puerta.
    ¡Ah, buen Rodrigo!
            RODRIGO
                Buen hombre,
¿qué ángel — llega, tente, toca — 308
habla por tu enferma boca?
2230 ¿Cómo me sabes el nombre?
            GAFO
    Oíte nombrar viniendo
agora por el camino.
            RODRIGO
Algún misterio imagino
en lo que te estoy oyendo.
2235 ¿Qué desdicha en tal lugar
te puso?
            GAFO
        Dicha sería.
Por el camino venía,
desviéme a descansar,
    y como casi mortal
2240 torcí el paso, erré el sendero,
por aquel derrumbadero
caí en aquel tremedal,
    donde ha dos días cabales
que no como.
            RODRIGO
            ¡Qué extrañeza!
2245 Sabe Dios con qué terneza
contemplo aflicciones 309 tales.
    A mí ¿qué me debe Dios
más que a ti? Y porque es servido, 310
lo que es suyo ha repartido

---

305 *tremedal*: quagmire.
306 *cubierto . . . acero*: the shining steel of his lance and sword adorned with gold.
307 *y con plumas*: and adorned with plumes. By

extension, *plumas* suggest wings.
308 *tente, toca*: hold steady, give me your hand.
309 *aflicciones*: aflicciones.
310 *es servido*: he wills it.

2250 desigualmente en los dos.
    Pues no tengo más virtud,
tan de güeso y carne soy,
y gracias al cielo estoy
con hacienda y con salud,
2255   con igualdad nos podía
tratar; y así, es justo darte
de lo que quitó en tu parte[311]
para añadir en la mía.
    Esas carnes laceradas
        (*Cúbrele con un gabán.*)
2260 cubrid con ese gabán. —
¿Las acémilas[312] vendrán
tan presto?

PASTOR

        Vienen pesadas.

RODRIGO

    Pues de eso podéis traer
que a los arzones venía.

PASTOR

2265 Gana de comer tenía,
mas ya no podré comer,
    porque esa lepra de modo
me ha el estómago revuelto . . .

SOLDADO 1º

Yo también estoy resuelto
2270 de no comer.

SOLDADO

        Y yo y todo.[313]
Un plato viene no más,
que por desdicha aquí está.

RODRIGO

Ése solo bastará.

SOLDADO 2º

Tú, señor, comer podrás
2275   en el suelo.

RODRIGO

        No, que a Dios
no le quiero ser ingrato.
Llegad, comed, que en un plato (*Al* GAFO.)
hemos de comer los dos.

        (*Siéntanse los dos y comen.*)

SOLDADO 1º

Asco tengo.

SOLDADO 2º

        Vomitar
2280 querría.

PASTOR

    ¿Vello podéis?

RODRIGO

Ya entiendo el mal que tenéis;
allá os podéis apartar.
Solos aquí nos dejad,
si es que el asco os alborota.

PASTOR

2285 El dejaros con la bota
me pesa, ¡Dios es verdad!

    (*Vanse el* PASTOR *y* SOLDADOS.)

GAFO

Dios os lo pague.

RODRIGO

        Comed.

GAFO

Bastantemente he comido,
¡gloria a Dios!

RODRIGO

        Bien poco ha sido.
2290 Bebed, hermano, bebed.
Descansá.

GAFO

        El divino Dueño
de todo siempre pagó.

RODRIGO

Dormid un poco, que yo
quiero guardaros el sueño.
2295   Aquí estaré a vuestro lado.
Pero . . . yo me duermo . . . ¿hay tal?[314]
No parece natural
este sueño que me ha dado.[315]
    A Dios me encomiendo, y sigo
2300 en todo su voluntad. (*Duérmese.*)

GAFO

¡Oh gran valor! ¡Gran bondad!
¡Oh gran Cid! ¡Oh gran Rodrigo!
    ¡Oh gran capitán cristiano!
Dicha es tuya y suerte es mía,
2305 pues todo el cielo te envía
la bendición por mi mano,
    y el mismo Espíritu Santo
este aliento por mi boca.

---

[311] *en tu parte*: from your share.
[312] *acémila*: pack mule
[313] *y todo*. See n. 244.

[314] *¿hay tal?*: is it possible?
[315] *que me ha dado*: which has come upon me.

(*El* GAFO *aliéntale por las espaldas, y
desaparécese; y el* CID *váyase desper-
tando a espacio, porque tenga tiempo de
vestirse el* GAFO *de San Lázaro.*)[316]

RODRIGO

¿Quién me enciende? ¿Quién me toca?
2310 ¡Jesús! ¡Cielo, cielo santo!
 ¿Qué es del pobre? ¿Qué se ha hecho?
¿Qué fuego lento me abrasa,
que como rayo me pasa
de las espaldas al pecho?
2315 ¿Quién sería? El pensamiento
lo adevina[317] y Dios lo sabe.
¡Qué olor tan dulce y suave
dejó su divino aliento!
 Aquí se dejó el gabán;
2320 seguiréle sus pisadas . . .
¡Válgame Dios! Señaladas
hasta en las peñas están;
 seguir quiero sin recelo
sus pasos . . .

(*Sale arriba con una tunicela blanca el*
GAFO, *que es San Lázaro.*)

GAFO

 ¡Vuelve, Rodrigo!

RODRIGO

2325 . . . que yo sé que si los sigo,
me llevarán hasta el cielo.
 Agora siento que pasa
con más fuerza y más vigor
aquel bao, aquel calor
2330 que me consuela y me abrasa.

GAFO

San Lázaro soy, Rodrigo.
Yo fui el pobre a quien honraste,
y tanto a Dios agradaste
con lo que hiciste conmigo,
2335 que serás un imposible
en nuestros siglos famoso,[318]
un capitán milagroso,
un vencedor invencible;
 y tanto que sólo a ti
2340 los humanos te han de ver
después de muerto vencer.
 Y en prueba de que es así,

en sintiendo aquel vapor,
aquel soberano aliento
2345 que por la espalda violento
te pasa al pecho el calor,[319]
emprende cualquier hazaña,
solicita cualquier gloria,
pues te ofrece la vitoria
2350 el santo patrón de España.
 Y ve, pues tan cerca estás,
que tu rey te ha menester. (*Desaparécese.*)

RODRIGO

 Alas quisiera tener
y seguirte donde vas;
2355 mas, pues el cielo, volando,[320]
entre sus nubes te encierra,
lo que pisaste en la tierra
iré siguiendo y besando.

(*Salen el* REY DON FERNANDO, DIEGO
LAÍNEZ, ARIAS GONZALO *y* PERAN-
SULES.)

REY

 Tanto de vosotros fío,
2360 parientes . . .

ARIAS

 Honrarnos quieres.

REY

 . . . que a vuestros tres pareceres
quiero remitir el mío;
 y así, dudoso y perplejo,
la respuesta he dilatado,
2365 porque de un largo cuidado[321]
nace un maduro consejo.
 Propóneme el de Aragón
que es un grande inconveniente
el juntarse tanta gente
2370 por tan leve pretensión,[322]
 y cosa por inhumana[323]
que nuestras hazañas borra,
el comprar a Calahorra
con tanta sangre cristiana;
2375 y que así, desta jornada
la justicia y el derecho
se remita a sólo un pecho,
una lanza y una espada,
 que peleará por él

---

[316] *San Lázaro*: St. Lazarus, the patron saint of
lepers.
[317] *adevinar*: adivinar.
[318] *imposible . . . famoso*: famous prodigy.
[319] *que . . . calor*: which, irresistibly, carries warmth

through your back to your chest.
[320] *volando* refers to *te*.
[321] *cuidado*: reflection, thought.
[322] *pretensión*: claim (to Calahorra).
[323] *y . . . inhumana: y tiene por cosa inhumana.*

2380 contra el que fuere por mí,[324]
para que se acabe así
guerra, aunque justa, cruel.
    Y sea del vencedor
Calahorra; y todo, en fin,
2385 lo remite a don Martín
Gonzales, su embajador.

DIEGO LAÍNEZ

    No hay negar que es cristiandad
bien fundada y bien medida
excusar con una vida
2390 tantas muertes.

PERANSULES

            Es verdad;
mas tiene el aragonés
al que ves su embajador
por manos de su valor
y por basa de sus pies.
2395   Es don Martín un gigante
en fuerzas y en proporción,
un Rodamonte, un Milón,
un Alcides, un Adlante;[325]
    y así, apoya sus cuidados
2400 en él solo, habiendo sido[326]
quizá no estar prevenido
de dineros y soldados.
    Y así, harás mal si aventuras,
remitiendo esta jornada
2405 a una lanza y a una espada,
lo que en tantas te aseguras,
    y viendo en brazo tan fiero
el[327] acerada cuchilla . . .

ARIAS

Y ¿no hay espada en Castilla
2410 que sea también de acero?

DIEGO LAÍNEZ

    ¿Faltará acá un castellano,
si hay allá un aragonés,
para basa de tus pies,
para valor de tu mano?
2415   ¿Ha de faltar un Adlante
que apoye tu pretensión,

un árbol a ese Milón,[328]
y un David a ese gigante?[329]

REY

    Días ha que en mi corona[330]
2420 miran mi respuesta en duda,
y no hay un hombre que acuda
a ofrecerme su persona.

PERANSULES

    Temen el valor profundo
deste hombre, y no es maravilla
2425 que atemorice a Castilla
un hombre que asombra el mundo.

DIEGO LAÍNEZ

    ¡Ah, Castilla! ¿A qué has llegado?

ARIAS

    Con espadas y consejos
no han de faltarte los viejos,
2430 pues los mozos te han faltado.
    Yo saldré, y, rey, no te espante
el fiar de mí este hecho;
que cualquier honrado pecho
tiene el corazón gigante.

REY

    ¡Arias Gonzalo!

ARIAS

2435   Señor,
de mí te sirve y confía;
que aun no es mi sangre tan fría
que no hierva en mí valor.[331]

REY

    Yo estimo esa voluntad
2440 al peso de[332] mi corona;
pero alzad. Vuestra persona
no ha de aventurarse — ¡alzad! —
    no digo por una villa,
mas por todo el interés[333]
2445 del mundo.

ARIAS

            Señor, ¿no ves
que pierde opinión Castilla?

REY

    No pierde; que a cargo mío,

---

[324] *el que fuere por mí*: the one who will represent me.
[325] *Rodamonte . . . Adlante.* Rodomonte, a character in Ariosto's *Orlando furioso*, was a Saracen warrior noted for his strength and boastfulness. *Milón*: Milo, a famous Greek athlete. *Alcides*: another name for Hercules. *Adlante (Atlante)*: Atlas.
[326] *habiendo sido*: the reason having been.
[327] *el*. Modern usage would require *la*.
[328] *árbol . . . Milón*. Milo was devoured by wolves

when, in his old age, he attempted to split an oak tree in two, but the parts bound his hands, leaving him defenseless.
[329] *David . . . gigante*: a reference to the biblical story of David and Goliath.
[330] *corona*: kingdom.
[331] *valor* is the subject of *hierva*.
[332] *al peso de*: as much as.
[333] *interés*: wealth.

que le di tanta opinión,
queda su heroico blasón,[334]
2450 que de mis gentes confío,
y ganará el interés
no sólo de Calahorra,
mas pienso hacelle que corra[335]
todo el reino aragonés.
2455 Haced que entre don Martín.

(*Vase un* CRIADO *y entra* OTRO.)

CRIADO
Rodrigo viene.
REY
A buena hora;
entre.
DIEGO LAÍNEZ
¡Ay, cielo!
REY
En todo agora
espero dichoso fin.

(*Salen por una puerta* DON MARTÍN
GONZALES, *y por otra* RODRIGO.)

DON MARTÍN
Rey poderoso en Castilla . . .
RODRIGO
2460 Rey, en todo el mundo Magno . . .[336]
DON MARTÍN
¡Guárdete el cielo!
RODRIGO
Tu mano
honre al que a tus pies se humilla.
REY
Cubríos, don Martín. — Mió Cid,
levantaos. — Embajador,
2465 sentaos.
DON MARTÍN
Así estoy mejor.
REY
Así os eschucho; decid.
DON MARTÍN
Sólo suplicarte quiero . . .
RODRIGO
(¡Notable arrogancia es ésta!) (*Aparte.*)

DON MARTÍN
. . . que me des una respuesta,
2470 que ha dos meses que la espero.
¿Tienes algún castellano,
a quien tu justicia[337] des,
que espere un aragonés
cuerpo a cuerpo y mano a mano?
2475 Pronuncie una espada el fallo,
dé una vitoria la ley;[338]
gane Calahorra el rey
que tenga mejor vasallo.
Deje Aragón y Castilla
2480 de verter sangre española,
pues basta una gota sola
para el precio de una villa.
REY
En Castilla hay tantos buenos
que puedo en su confïanza[339]
2485 mi justicia y mi esperanza
fiarle al que vale menos;
y a cualquier señalaría
de todos, si no pensase
que si a uno señalase,
2490 los demás ofendería.
Y así, para no escoger,
ofendiendo tanta gente,
mi justicia solamente
fiaré de mi poder.
2495 Arbolaré mis banderas
con divisas diferentes;
cubriré el suelo de gentes
naturales y extranjeras;
marcharán mis capitanes
2500 con ellas; verá Aragón
la fuerza de mi razón
escrita en mis tafetanes.[340]
Esto haré, y lo que le toca
hará tu rey contra mí.
DON MARTÍN
2505 Esa respuesta le di,
antes de oílla en tu boca;
porque teniendo esta mano
por suya el aragonés,
no era justo que a mis pies
2510 se atreviera un castellano.[341]

---

[334] *blasón*: banner.
[335] *ganará . . . corra*. The subject of both verbs is *blasón*.
[336] *Magno*. See n. 205.
[337] *tu justicia*: your cause.

[338] *ley*: i.e., the laws or rules prescribed for the duel.
[339] *en su confïanza*: with confidence in them.
[340] *tafetanes*: flags.
[341] *no era justo . . . castellano*: it was not to be expected that a Castilian would stand up to me.

RODRIGO

¡Reviento! Con tu licencia
quiero responder, señor;
que ya es falta del valor
sobrar tanto la paciencia. —
2515 Don Martín, los castellanos,
con los pies a vencer hechos,[342]
suelen romper muchos pechos,
atropellar muchas manos
y sujetar muchos cuellos;
2520 y por mí su majestad
te hará ver esta verdad
en favor de todos ellos.

DON MARTÍN

El que está en aquella silla
tiene prudencia y valor;
2525 no querrá . . .

RODRIGO

¡Vuelve, señor,
por[343] la opinión de Castilla!
Esto el mundo ha de saber,
eso el cielo ha de mirar;
sabes que sé pelear
2530 y sabes que sé vencer.
Pues, ¿cómo, rey, es razón
que por no perder Castilla
el interés de una villa
pierda un mundo de opinión?
2535 ¿Qué dirán, rey soberano,
el alemán y el francés,
que[344] contra un aragonés
no has tenido un castellano?
Si es que dudas en el fin
2540 de esta empresa, a que me obligo,
salga al campo don Rodrigo
aunque venza don Martín.
Pues es tan cierto y sabido
cuánto peor viene a ser
2545 el no salir a vencer,
que saliendo, el ser vencido.

REY

Levanta, pues me levantas
el ánimo. En ti confío,
Rodrigo; el imperio mío
2550 es tuyo.

RODRIGO

Beso tus plantas.

REY

¡Buen Cid!

RODRIGO

¡El cielo te guarde!

REY

Sal en mi nombre a esta lid.

DON MARTÍN

¿Tú eres a quien llama Cid
algún morillo cobarde?

RODRIGO

2555 Delante[345] mi rey estoy,
mas yo te daré en campaña
la respuesta.

DON MARTÍN

¿Quién te engaña?
¿Tú eres Rodrigo?

RODRIGO

Yo soy.

DON MARTÍN

¿Tú, a campaña?

RODRIGO

¿No soy hombre?

DON MARTÍN

2560 ¿Conmigo?

RODRIGO

Arrogante estás.
Sí, y allí conocerás
mis obras como mi nombre.

DON MARTÍN

Pues ¿tú te atreves, Rodrigo,
no tan sólo a no temblar
2565 de mí, pero a pelear,
y cuando menos,[346] conmigo?
¿Piensas mostrar tus poderes,
no contra arneses y escudos,
sino entre pechos desnudos,
2570 con hombres medio mujeres,
con los moros, en quien[347] son
los alfanjes de oropel,
las adargas de papel,
y los brazos de algodón?
2575 ¿No adviertes que quedarás
sin el alma que te anima,
si dejo caerte encima

---

[342] *con . . . hechos.* Rodrigo means that Castilians
are accustomed to being victorious by advancing
bravely.
[343] *¡ Vuelve . . . por:* Defend.
[344] *que:* but that.
[345] *Delante: Delante de.*
[346] *cuando menos:* especially.
[347] *en quien: entre quienes.*

una manopla no más?
Ve allá y vence a tus morillos,
2580 y huye aquí de mis rigores.

RODRIGO

Nunca perros ladradores
tienen valientes colmillos.³⁴⁸
Y así, sin tanto ladrar,
sólo quiero responder
2585 que, animoso por vencer,
saldré al campo a pelear;
y fundado en la razón
que tiene su majestad,
pondré yo la voluntad,
2590 y el cielo la permisión.

DON MARTÍN

¡Ea! Pues quieres morir,
con matarte, pues es justo,
a dos cosas de mi gusto
con una quiero acudir.
2595 ¿Al que diere la cabeza (*Al* REY.)
de Rodrigo, la hermosura
de Jimena no asegura
en un pregón vuestra alteza?

REY

Sí, aseguro.

DON MARTÍN

Y yo soy quien
2600 me ofrezco dicha tan buena,
porque, por Dios, que Jimena
me ha parecido muy bien.
Su cabeza por los cielos,
y a mí en sus manos, verás.³⁴⁹

RODRIGO

2605 (Agora me ofende más, (*Aparte.*)
porque me abrasa con celos.)

DON MARTÍN

Es, pues, rey, la conclusión,
en breve, por no cansarte,
que donde el término parte
2610 Castilla con Aragón
será el campo, y señalados
jüeces,³⁵⁰ los dos saldremos,
y por seguro traeremos
cada³⁵¹ quinientos soldados.
2615 Así quede.

REY

Quede así.

RODRIGO

Y ya verás en tu mengua³⁵²
cuán diferente es la lengua
que la espada.

DON MARTÍN

Ve, que allí
daré yo, aunque te socorra
2620 de tu arnés³⁵³ la mejor pieza,
a Jimena tu cabeza,
y a mi rey a Calahorra.

RODRIGO

Al momento determino (*Al* REY.)
partir, con tu bendición.

DON MARTÍN

2625 Como si fuera un halcón
volaré por el camino.

REY

Ve a vencer.

DIEGO LAÍNEZ

Dios soberano
te dé la vitoria y palma,
como te doy con el alma
2630 la bendición de la mano.

ARIAS

Gran castellano tenemos
en ti.

DON MARTÍN

Yo voy.

RODRIGO

Yo te sigo.

DON MARTÍN

Allá me verás, Rodrigo.

RODRIGO

Martín, allá nos veremos. (*Vanse.*)
(*Salen* JIMENA *y* ELVIRA.)

JIMENA

2635 Elvira, ya no hay consuelo
para mi pecho afligido.

ELVIRA

Pues tú misma lo has querido,
¿de quién te quejas?

JIMENA

¡Ay, cielo!

---

³⁴⁸ *Nunca . . . colmillos.* Cf. the proverb, *Perro ladrador, poco mordedor.*
³⁴⁹ *Su cabeza . . . verás*: You'll see his head on high (on the point of my lance) and me in her arms.

³⁵⁰ *señalados jüeces*: the referees having been appointed.
³⁵¹ *cada*: cada uno.
³⁵² *en tu mengua*: to your discredit.
³⁵³ *arnés*: armor.

ELVIRA

Para cumplir con tu honor
2640 por el decir de la gente,[354]
¿no bastaba cuerdamente
perseguir el matador
de tu padre y de tu gusto,
y no obligar con pregones
2645 a tan fuertes ocasiones[355]
de su muerte y tu disgusto?

JIMENA

¿Qué pude hacer? ¡Ay, cuitada!
Vime amante y ofendida,
delante del rey corrida,
2650 y de corrida, turbada;
y ofrecióme un pensamiento
para excusa de mi mengua;
dije aquello con la lengua,
y con el alma lo siento,
2655   y más con esta esperanza
que este aragonés previene.

ELVIRA

Don Martín Gonzales tiene
ya en sus manos tu venganza;
y en el alma tu belleza
2660 con tan grande extremo arraiga,
que no dudes que te traiga
de Rodrigo la cabeza;
que es hombre que tiene en poco
todo un mundo, y no te asombres
2665 que es espanto de los hombres
y de los niños el coco.

JIMENA

¡Y es la muerte para mí!
No me le nombres, Elvira;
a mis desventuras mira.
2670 ¡En triste punto nací![356]
Consuélame. ¿No podría
vencer Rodrigo? ¿Valor
no tiene? Mas es mayor
mi desdicha porque es mía;
2675   y ésta . . . ¡Ay, cielos soberanos! . . .

ELVIRA

Tan afligida no estés.

JIMENA

. . . será grillos de sus pies,
será esposas[357] de sus manos.

Ella le atará en la lid
2680 donde le venza el contrario.

ELVIRA

Si por fuerte y temerario
el mundo le llama "el Cid",
quizá vencerá su dicha
a la desdicha mayor.

JIMENA

2685 Gran prueba de su valor
será el vencer mi desdicha.

(*Sale un* PAJE.)

PAJE

Esta carta te han traído;
dicen que es de don Martín
Gonzales.

JIMENA

Mi amargo fin
2690 podré yo decir que ha sido.
Vete. — Elvira, llega, llega.

ELVIRA

La carta puedes leer.

JIMENA

Bien dices, si puedo leer;
que de turbada estoy ciega.
(*Lee la carta.*)
2695   "El luto deja, Jimena,
ponte vestidos de bodas,
si es que mi gloria acomodas
donde[358] quitaré tu pena.
De Rodrigo la cabeza
2700 te promete mi valor,
por ser esclavo y señor
de tu gusto y tu belleza.
Agora parto a vencer,
vengando al conde Lozano;
2705 espera alegre una mano
que tan dichosa ha de ser.
Don Martín. "—¡Ay, Dios! ¿Qué siento?

ELVIRA

¿Dónde vas? . . . . ¿Hablar no puedes?

JIMENA

¡A lastimar las paredes
2710 de mi cerrado aposento,
a gemir, a suspirar!

ELVIRA

¡Jesús!

---

[354] *por . . . gente*: because of what people would say.
[355] *ocasión*: risk.
[356] *¡En . . . nací!*: I was born under an unfavorable star!
[357] *esposas*: handcuffs.
[358] *donde*: i.e., in her heart.

JIMENA
¡Voy ciega, estoy muerta!
Ven, enséñame la puerta
por donde tengo de entrar.
ELVIRA
2715 ¿Dónde vas?
JIMENA
        Sigo y adoro
las sombras[359] de mi enemigo.
¡Soy desdichada! ¡Ay, Rodrigo,
yo te mato y yo te lloro! (*Vanse.*)

(*Salen el* REY DON FERNANDO, ARIAS
GONZALO, DIEGO LAÍNEZ *y* PERAN-
SULES.)

REY
De don Sancho la braveza,
2720 que, como sabéis, es tanta
que casi casi se atreve
al respeto de mis canas;[360]
viendo que por puntos crecen
el desamor, la arrogancia,
2725 el desprecio, la aspereza
con que a sus hermanos trata;
como, en fin, padre, entre todos
me ha obligado a que reparta
mis reinos y mis estados,
2730 dando a pedazos el alma.[361]
Desta piedad, ¿qué os parece?
Decid, Diego.
DIEGO LAÍNEZ
       Que es extraña,
y a toda razón de estado
hace grande repugnancia.
2735 Si bien lo adviertes, señor,
mal prevalece una casa
cuyas fuerzas, repartidas,
es tan cierto el quedar flacas.
Y el príncipe, mi señor,
2740 si en lo que dices le agravias,
pues le dio el cielo braveza,
tendrá razón de mostralla.
PERANSULES
Señor, Alonso y García,
pues es una misma estampa,[362]

2745 pues de una materia misma
los formó quien los ampara,
si su hermano los persigue,
si su hermano los maltrata,
¿qué será cuando suceda
2750 que a ser escuderos vayan
de otros reyes a otros reinos?
¿Quedará Castilla honrada?
ARIAS
Señor, también son tus hijas
doña Elvira y doña Urraca,
2755 y no prometen buen fin
mujeres desheredadas.
DIEGO LAÍNEZ
¿Y si el príncipe don Sancho,
cuyas bravezas espantan,
cuyos prodigios admiran,
2760 advirtiese que le agravias?
¿Qué señala, qué promete,
sino incendios en España?
Así que, si bien lo miras,
la misma, la misma causa
2765 que a lo que dices te incita,
te obliga a que no lo hagas.
ARIAS
Y ¿es bien que su majestad,
por temer esas desgracias,
pierda sus hijos, que son
2770 pedazos de sus entrañas?
DIEGO LAÍNEZ
Siempre el provecho común
de la religión cristiana
importó más que los hijos;
demás que será sin falta,
2775 si mezclando disensiones
unos a otros se matan,
que los perderá[363] también.
PERANSULES
Entre dilaciones largas
eso es dudoso, esto cierto.
REY
2780 Podrá ser, si el brío amaina
don Sancho con la igualdad,[364]
que se humane.

---

[359] *sombra*: image.
[360] *se atreve al respeto de*: he dares to show disrespect for.
[361] *como . . . el alma*: in short, all this (the conditions stated above) has obliged me as a father to divide among all (my children) my kingdoms and estates, sharing my heart among them.

[362] *pues . . . estampa*: since it is the same stamp they bear (i.e., since they are both made in your image).
[363] *perderá*. The subject is *su majestad*.
[364] *si el brío . . . igualdad*: if equality (in rank) causes Don Sancho to restrain his spiritedness.

DIEGO LAÍNEZ

No se humana
su indomable corazón
ni aun a las estrellas altas.
2785 Pero llámale, señor,
y tu intención le declara,
y así verás si en la suya
tiene paso tu esperanza.[365]

REY

Bien dices.

DIEGO LAÍNEZ

Ya viene allí.

(*Sale el* PRÍNCIPE.)

REY

2790 Pienso que mi sangre os llama.
Llegad, hijo; sentaos, hijo.

DON SANCHO

Dame la mano.

REY

Tomalda.
Como el peso de los años,
sobre[366] la ligera carga
2795 del cetro y de la corona,
más presto a los reyes cansa,
para que se eche de ver
lo que va[367] en la edad cansada
de los trabajos del cuerpo
2800 a los cuidados del alma,
siendo la veloz carrera
de la frágil vida humana
un hoy en lo poseído,
y en lo esperado un mañana,[368]
2805 yo, hijo, que de mi vida
en la segunda jornada,
triste el día y puesto el sol,
con la noche me amenaza,[369]
quiero, hijo, por salir
2810 de un cuidado, cuyas ansias
a mi muerte precipitan

cuando mi vida se acaba,
que oyáis[370] de mi testamento
bien repartidas las mandas,[371]
2815 por saber si vuestro gusto
asegura mi esperanza.

DON SANCHO

¿Testamento hacen los reyes?

REY

(¡Qué con tiempo[372] se declara!) (*Aparte.*)
No, hijo, de lo que heredan,
2820 mas pueden de lo que ganan.
Vos heredáis, con Castilla,
la Extremadura y Navarra,
cuanto hay de Pisuerga a Ebro.[373]

DON SANCHO

Eso me sobra.

REY

(En la cara (*Aparte.*)
2825 se la ha visto el sentimiento.)

DON SANCHO

(¡Fuego tengo en las entrañas!) (*Aparte.*)

REY

De don Alonso es León
y Asturias, con cuanto abraza
Tierra de Campos;[374] y dejo
2830 a Galicia y a Vizcaya
a don García. A mis hijas
doña Elvira y doña Urraca
doy a Toro y a Zamora,
y que igualmente se partan
2835 el Infantado.[375] Y con esto,
si la del cielo os alcanza
con la bendición que os doy,
no podrán fuerzas humanas
en vuestras fuerzas unidas,
2840 atropellar vuestras armas;
que son muchas fuerzas juntas
como un manojo de varas,
que a rompellas no se atreve
mano que no las abarca,
2845 mas de por sí cada una,

[365] *si . . . esperanza*: if your hope can find a way (to affect his intention).

[366] *sobre*: in addition to.

[367] *lo que va*: the difference there is.

[368] *un hoy . . . mañana*: a fleeting day in our possession of it and an everlasting future in prospect (Umphrey's note).

[369] *yo . . . me amenaza*. The construction is cumbersome. The king means that because he is in the last stage of his life, the sorrowful day having passed and the sun having set, he is threatened by night (death).

[370] *oyáis*: *oigáis*.

[371] *manda*: legacy.

[372] *con tiempo*: in advance.

[373] *Pisuerga . . . Ebro*. Formerly the article was often omitted before the names of rivers.

[374] *Tierra de Campos*, a district between Castile and Leon, in the modern province of Palencia.

[375] *el Infantado*, a district in Leon, of which Toro and Zamora were the principal cities. Its name derives from the *Infantas* to whom the district was bequeathed by Fernando I.

cualquiera las despedaza.[376]

DON SANCHO

Si en ese ejemplo te fundas,
señor, ¿es cosa acertada
el dejallas divididas
2850 tú, que pudieras juntallas?
¿Por qué no juntas en mí
todas las fuerzas de España?
En quitarme lo que es mío,
¿no ves, padre, que me agravias?

REY

2855 Don Sancho, príncipe, hijo,
mira mejor que te engañas.
Yo sólo heredé a Castilla;
de tu madre doña Sancha
fue León, y lo demás
2860 de mi mano y de mi espada.
Lo que yo gané ¿no puedo
repartir con manos francas
entre mis hijos, en quien
tengo repartida el alma?

DON SANCHO

2865 Y a no ser[377] rey de Castilla,
¿con qué gentes conquistaras
lo que repartes agora?
¿Con qué haberes, con qué armas?
Luego, si Castilla es mía
2870 por derecho, cosa es clara
que al caudal, y no a la mano,
se atribuye la ganancia.[378]
Tú, señor, mil años vivas;
pero si mueres, mi espada
2875 juntará lo que me quitas,
y hará una fuerza de tantas.

REY

¡Inobediente rapaz,
tu soberbia y tu arrogancia
castigaré en un castillo!

PERANSULES

2880 (¡Notable altivez!) *(Aparte a* ARIAS.*)*

ARIAS

(¡Extraña!)

DON SANCHO

Mientras vives, todo es tuyo.

REY

¡Mis maldiciones te caigan

si mis mandas no obedeces!

DON SANCHO

No siendo justas, no alcanzan.

REY

2885 Estoy . . .

DIEGO LAÍNEZ

Mire vuestra alteza *(A* DON SANCHO.*)*
lo que dice; que más calla
quien más siente.

DON SANCHO

Callo agora.

DIEGO LAÍNEZ

En esta experiencia clara *(Al* REY.*)*
verás mi razón, señor.

REY

2890 El corazón se me abrasa.

DIEGO LAÍNEZ

¿Qué novedades son éstas?
¿Jimena con oro y galas?

REY

¿Cómo sin luto Jimena?
¿Qué ha sucedido? ¿Qué pasa?

(Sale JIMENA *vestida de gala.)*

JIMENA

2895 (Muerto traigo el corazón. *(Aparte.)*
¡Cielo! ¿Si podré fingir?)
Acabé de recebir
esta carta de Aragón;
y como me da esperanza
2900 de que tendré buena suerte,
el luto que di a la muerte
me lo quito a la venganza.

DIEGO LAÍNEZ

Luego, ¿Rodrigo es vencido?

JIMENA

Y muerto lo espero ya.

DIEGO LAÍNEZ

2905 ¡Ay, hijo!

REY

Presto vendrá
certeza de lo que ha sido.

JIMENA

(Ésa[379] he querido saber, *(Aparte.)*
y aqueste achaque[380] he tomado.)

---

[376] *manojo de varas . . . las despedaza.* This fable, which derived from Aesop's *The Bundle of Sticks*, was popular with Spanish writers. It is repeated in Act I of Francisco de Rojas Zorrilla's *Numancia cercada*.
[377] *a no ser*: si no hubieras sido.
[378] *cosa . . . ganancia*: it is obvious that the (territorial) gain should be attributed to the resources (of Castile) and not to your own might.
[379] *Ésa* refers to *certeza*.
[380] *achaque*: pretext.

REY

Sosegaos. (*A* DIEGO LAÍNEZ.)

DIEGO LAÍNEZ

Soy desdichado.

2910 Crüel eres.

JIMENA

Soy mujer.

DIAGO LAÍNEZ

Agora estarás contenta,
si es que murió mi Rodrigo.

JIMENA

(Si yo la venganza sigo, (*Aparte.*)
corre el alma la tormenta.)

(*Sale un* CRIADO.)

REY

2915 ¿Qué nuevas hay?

CRIADO

Que ha llegado
de Aragón un caballero.

DIEGO LAÍNEZ

¿Venció don Martín? ¡Yo muero!

CRIADO

Debió de ser . . .

DIEGO LAÍNEZ

¡Ay, cuitado!

CRIADO

. . . que éste trae la cabeza
2920 de Rodrigo, y quiere dalla
a Jimena.

JIMENA

(De tomalla[381] (*Aparte.*)
me acabará la tristeza.)

DON SANCHO

¡No quedará en Aragón
una almena, vive el cielo!

JIMENA

2925 (¡Ay, Rodrigo! ¡Este consuelo[382] (*Aparte.*)
me queda en esta aflicción!)
Rey Fernando, caballeros,
oíd mi desdicha inmensa,
pues no me queda en el alma
2930 más sufrimiento y más fuerza.
A voces quiero decillo,
que quiero que el mundo entienda
cuánto me cuesta el ser noble,
y cuánto el honor me cuesta.

2935 De Rodrigo de Vivar
adoré siempre las prendas,[383]
y por cumplir con las leyes
— ¡que nunca el mundo tuviera! —
procuré la muerte suya,
2940 tan a costa de mis penas;
que agora la misma espada
que ha cortado su cabeza
cortó el hilo de mi vida.

(*Sale* DOÑA URRACA.)

URRACA

Como he sabido tu pena
2945 he venido. (¡Y como mía, (*Aparte.*)
hartas lágrimas me cuesta!)

JIMENA

Mas, pues soy tan desdichada,
tu majestad no consienta
que ese don Martín Gonzales,
2950 esa mano injusta y fiera,
quiera dármela de esposo;
conténtese con mi hacienda.
Que mi persona, señor,
si no es que el cielo la lleva,
2955 llevaréla a un monasterio.

REY

Consolaos, alzad, Jimena.

(*Sale* RODRIGO.)

DIEGO LAÍNEZ

¡Hijo! ¡Rodrigo!

JIMENA

¡Ay de mí!
¿Si son soñadas quimeras?

DON SANCHO

¡Rodrigo!

RODRIGO

Tu majestad
2960 me dé los pies, y tu alteza.

URRACA

(Vivo le quiero, aunque ingrato.) (*Aparte.*)

REY

De tan mentirosas nuevas
¿dónde está quien fue el autor?

RODRIGO

Antes fueron verdaderas;
2965 que si bien lo adviertes, yo

---

[381] *De tomalla*: If I accepted it.
[382] *Este consuelo* refers to Don Sancho's threat to take revenge on Aragon.

[383] *prendas*: qualities, attributes.

no mandé decir en ellas
sino sólo que venía
a presentalle a Jimena
la cabeza de Rodrigo
2970 en tu estrado, en tu presencia,
de Aragón un caballero;
y esto es, señor, cosa cierta,
pues yo vengo de Aragón
y no vengo sin cabeza,
2975 y la de Martín Gonzales
está en mi lanza allí fuera;
y ésta le presento agora
en sus manos a Jimena.
Y pues ella en sus pregones
2980 no dijo viva ni muerta
ni cortada, pues le doy
de Rodrogo la cabeza,
ya me debe el ser mi esposa;
mas si su rigor me niega
2985 este premio, con mi espada
puede cortalla ella mesma.

REY

Rodrigo tiene razón;
yo pronuncio la sentencia
en su favor.

JIMENA

(¡Ay de mí! (*Aparte.*)
2990 Impídeme la vergüenza.)

DON SANCHO
Jimena, hacedlo por mí.

ARIAS
Esas dudas no os detengan.

PERANSULES
Muy bien os está, sobrina.

JIMENA
Haré lo que el cielo ordena.

RODRIGO
2995 ¡Dicha grande! Soy tu esposo.

JIMENA
Y yo tuya.

DIEGO LAÍNEZ
    ¡Suerte inmensa!

URRACA
(Ya del corazón te arrojo, (*Aparte.*)
ingrato.)

REY
Esta noche mesma
vamos, y os desposará
3000 el obispo de Plasencia.

DON SANCHO
Y yo he de ser el padrino.

RODRIGO
Y acaben de esta manera
las *Mocedades del Cid*
y las bodas de Jimena.

STUDY QUESTIONS AND TOPICS

1. The staging of the knighting of Rodrigo at the beginning of the play.
2. The merits and defects of Diego Laínez' trial of his sons.
3. The dramatic and affective quality of Rodrigo's soliloquy (vv. 518 ff.).
4. The character of Count Lozano.
5. Critics have been unanimous in praising the scene of the reunion of father and son (Act II, vv. 1230 ff.). Why is it such a noteworthy scene?
6. Comment on the role of the following characters: the shepherd, the leper, Doña Urraca, Don Sancho.
7. The character of Rodrigo and Jimena.
8. The conflict of love and duty in the play.
9. Guillén de Castro's use and treatment of ballads in the play.
10. To what dramatic genre does the play belong? Comment on the problems of genre raised by the play.
11. Pierre Corneille's adaptation of Castro's play.

~~~ Antonio Mira de Amescua
(1574?–1644)

〜〜〜 CHRONOLOGY

1574   (?) Antonio Mira de Amescua is born in Guadix in Andalusia.

1600   Having finished his studies in law and theology in Granada, and having been ordained, Mira is appointed a judge in Guadix.

1601   Is appointed to an ecclesiastical post in Baza.

1603   Mentioned as a dramatist in Agustín de Rojas Villandrando's *Viaje entretenido*.

1604   Performance of *La rueda de la fortuna*, Mira's earliest definitely dated play.

1606   Takes up residence in Madrid.

1610   Becomes chaplain of the royal chapel of the cathedral of Granada. In the same year, Mira goes to Naples with the newly appointed viceroy, the Count of Lemos.

1616   Returns to Madrid and begins writing actively for the stage.

1620   Writes a prose *Relación* of the festivities held in Madrid to celebrate the beatification of San Isidro.

1623   Finishes *El ejemplo mayor de la desdicha y Capitán Belisario*.

1632   Becomes archdeacon of the cathedral of Guadix, and virtually ceases his literary work.

1644   Dies in Guadix.

ᘓᘓᘓ Mira de Amescua and His Plays

Born in the city of Guadix in the province of Granada, probably in 1574, Doctor Mira de Amescua (also known to his contemporaries as Mira, Mira de Mescua, and Mirademescua) was another of the several Spanish dramatists who combined a religious vocation with a busy literary career. Although he had written some poetry and a few plays before moving to Madrid in 1606, his most active years as a dramatist coincided with his two periods of residence in the capital, from 1606 to 1610, and again, from 1616 to 1631. In 1632 he returned as archdeacon of the cathedral in his native Guadix, where, far removed from the theaters and life of the court, he abandoned his literary work. One of his *autos sacramentales, La Ronda y visita de la cárcel* was presented in Madrid during the Corpus Christi celebrations of 1641, but it was probably composed years earlier. All but forgotten by the theater-goers of the day, Mira died in Guadix in 1644.

Unlike the works of most major dramatists of his time, Mira de Amescua's plays were never collected during his lifetime, although several were published as *sueltas* or in miscellaneous collections. Today forty-six *comedias* and seventeen shorter pieces, mainly *autos sacramentales,* are attributed to him. In general, the plays adhere to the dramaturgical practices established by Lope de Vega, but many of them have a distinctive quality and tone which stem from the author's strong convictions and philosophical bent.

A man of high principle and irascible personality (he is reputed to have struck a fellow cleric at a meeting of churchmen), Mira was impatient of frivolity and nonsense, whether in literature or life. On approving a volume of Lope de Vega's plays for publication, he wrote: "el fin de la comedia [es] enseñar virtudes morales y políticas." Other Spanish dramatists voiced similar ideas about the didactic purpose of the *comedia,* but none was more consistent than Mira in the application of that purpose to his art. Accordingly, his plays as a whole are marked by their lofty moral tone, deep religious sentiment, unity of thought, and sincerity of expression. Prominent among his themes are the instability of fortune, the vainglory of human ambition and power, and the necessity for faith and charity. On the negative side, several of Mira's best known plays have been censured for the unnecessary complication of their action and for the irrelevance of their subplots.

Long regarded as Mira's masterpiece and one of the finest *comedias de santos, El esclavo del demonio* is based on the legend of Fray Gil de Santarem, also called San Gil de Portugal. According to the legend, Fray Gil sells his soul to the devil in exchange for knowledge of the black arts, but he is saved when, after seeing a supernatural vision, he repents, and his soul is redeemed through the intercession of Our Lady. In Mira's play, Don Gil makes a pact with the devil in order to win the love of Leonor, but when she is delivered to him and he starts to kiss her, he discovers that it is a skeleton he holds in his arms. Repentant, he calls upon his guardian angel who recovers the signed document; then Don Gil resolves to lead a life of austere penance. Often called a Spanish version of the Faust legend, *El esclavo del demonio* is typical of Mira's plays in its insistence upon a moral lesson, a lesson which is stated early in the play:

Busca el bien, huye del mal, que es la edad corta,
y hay muerte, y hay infierno, hay Dios y gloria.
(Act I, vv. 300–301)

The two plays based on Don Álvaro de Luna, generally printed under the titles of *La próspera fortuna de don Álvaro de Luna y adversa de Ruy López de Ávalos* and *La adversa fortuna de don Álvaro de Luna*, were long of doubtful authorship because they were first printed in the *Segunda parte de las comedias del Maestro Tirso de Molina* (Madrid, 1635). Tirso, it will be recalled, stated in the dedication of this volume that only four of the twelve plays contained in it were his. The recent discovery of an autograph manuscript of the second Don Álvaro play, approved for presentation on October 17, 1624, seems to offer incontrovertible evidence that Mira de Amescua was the author, at least a joint author, of the second play, and probably of the first.

The two Don Álvaro plays (henceforth called *La próspera fortuna* and *La adversa fortuna*) are outstanding examples of the *comedias de privanza* or "fallen-favorite plays," a type of drama widely cultivated during the first three decades of the seventeenth century because the high risks of *privanza* were a pulsating reality of the times. When he came to the throne in 1598, Philip III turned over the reins of government to his tutor, the Duke of Lerma. For twenty years Lerma and his henchmen, of whom Don Rodrigo Calderón was one, presided over the affairs of a nation sinking rapidly into bankruptcy and military impotence. Not the least of Lerma's problems was to deal with the machinations of his political rivals, among whom his own son, the Duke of Úceda, and the king's confessor, Friar Luis de Aliaga, were the most

vicious. In 1618 Lerma requested and received permission to retire from the court. His withdrawal saved him from banishment or worse disgrace, but his friends were not so lucky. When Úceda and Aliaga became entrenched as the king's favorites, a general purge ensued; and several of the most powerful nobles of the realm were either exiled or imprisoned.

In 1619 Don Rodrigo Calderón, secretary of the king's chamber, was arrested and charged with 244 offenses, including malfeasance in office, witchcraft, murder, and complicity in the poisoning of Queen Margarita (who died in 1614 of complications resulting from childbirth). After two years of hearings and appeals, he was beheaded in the main square of Madrid on October 21, 1621. As the most striking spectacle in the political drama that had long enthralled the country, Don Rodrigo Calderón's public execution was an awesome event indeed. His conduct on the scaffold was exemplary. His dignity and composure in the face of death aroused the admiration of the multitude—and gave rise to a new saying in the language: *tener más orgullo que don Rodrigo en la horca.* But above all, ballad-mongers and poets of renown sought to capture the pathos of his death, and writers of moral bent pondered the ways of fortune and decried the vanity of human glory. And inevitably poets and populace were prompted to recall the rise and fall of a much greater favorite, Don Álvaro de Luna, who was executed almost two centuries earlier.

One of the greatest men of Spanish history, Don Álvaro de Luna served John II of Castile for more than thirty years, first as page, then as soldier and statesman. It was he who kept rebellious feudal lords at bay; it was he who defended the kingdom against the encroachments of Moors and other Spanish princes. But Don Álvaro had powerful enemies in Castile, and on more than one occasion they persuaded John to banish him from the court. On each occasion, however, John, whose dependence on Luna bordered on the pathetic, recalled him to his side. Finally, jealous of Don Álvaro's power and egged on by his Portuguese wife (whose marriage to

John was personally arranged by Luna against the king's will), John allowed his favorite to be brought to trial. The charges against him included treason, murder, and bewitching the king. Legend has it that the queen helped guide John's trembling hand to sign the death warrant. Don Álvaro de Luna was beheaded in the main square of Valladolid on June 2, 1453, John could no longer call him back.

It is generally believed that Mira's two-part play on Don Álvaro was composed and staged before the imprisonment of Don Rodrigo Calderón but rewritten in the form that we now know it when the latter's fate hung in the balance. But if it was rewritten after 1621 and not as an indirect appeal that Calderón's life be spared, it is certainly informed with the hope that Philip IV, who succeeded his father in 1621, and his own favorite, the Count-Duke Olivares, would prove more worthy than their predecessors. Many of the *comedias de privanza* and much doctrinal literature on the subject of favoritism were written during the early years of the reign of Philip IV for the purpose of instructing the young king.

The principal sources of Mira's Don Álvaro plays are the *Crónica de Juan II* (printed in vol. 68 of the *Biblioteca de Autores Españoles*), the *Crónica de don Álvaro de Luna* (now believed to have been written by Gonzalo Chacón, one of Don Álvaro's followers), the many sixteenth-century ballads on the favorite's fall, and Damián Salustio del Poyo's two plays, *La adversa fortuna de Ruy López de Ávalos* and *La privanza y caída de don Álvaro de Luna*, both composed around 1605. But no matter what his sources and no matter how much contemporaneous events colored his work, Mira's two-part play stands as one of the most universal and moving tragedies of the Golden Age theater.

La adversa fortuna de don Álvaro de Luna is a difficult play to get into, partly because of certain obscurities, partly because of its structure, and partly because a complete understanding of it depends upon familiarity with the first play, *La próspera fortuna*, about which a word should be said. The first play,

like many *comedias de privanza*, is concerned with showing the simultaneous rise and fall from power of two favorites, Don Álvaro and Ruy López de Ávalos. The latter, who had been the favorite of Henry III, first incurs the wrath of John II when, in keeping with the deceased king's will, he refuses to let John ascend the throne until he is fifteen. Moreover, he is betrayed by some of his closest followers who, in order to curry the king's favor, accuse him of disloyalty. Aware of his predicament, Ruy López accepts his fate with Christian resignation, and goes into exile. Simultaneously, as the former favorite's luck declines, Don Álvaro's fortunes mount. The king takes an impulsive attachment to him, and cannot do enough to honor his friend, thereby arousing the envy of other nobles. As the first play ends, Don Álvaro becomes increasingly obsessed with the ingratitude of those who turn upon their benefactors, but he resolves to follow the example of Ruy López, because "obrar bien es lo que importa." *La adversa fortuna de don Álvaro de Luna* continues to develop the themes of envy, ingratitude, and the mutability of fortune, but equally important in the second play is the theme of friendship, because it brings into conflict two orders of reality, friendship and politics. Don Álvaro, aware of the danger of being crushed in the clash of these conflicting realities, seeks on more than one occasion to temper his sovereign's generosity toward him, but the doting king is unmindful of the issues. The play also offers a masterful study of human relationships.

The text of the present edition is based on Nellie E. Sánchez-Arce's critical edition, *La segunda de don Álvaro* (Mexico, 1960), which is based in turn on Mira de Amescua's autograph manuscript. Our text has been collated with the editions of Luigi de Filippo (Florence, 1960), Emilio Cotarelo y Mori, in vol. 4 of the *Nueva Biblioteca de Autores Españoles* (Madrid, 1906), and Blanca de los Ríos, in vol. 1 of Tirso de Molina, *Obras dramáticas completas* (Madrid, 1946). The last two volumes also include the text of the first play, *La próspera fortuna de don Álvaro de Luna y adversa de Ruy López de Ávalos*. The same play has also been edited by Nellie E. Sánchez-Arce with the title *Comedia famosa de Ruy López de*

Ávalos (Primera parte de don Álvaro de Luna) (Mexico, 1965).

Selected Bibliography

I. Collections of Mira de Amescua's Plays

Dramáticos contemporáneos de Lope de Vega, ed. Ramón de Mesonero Romanos, in *Biblioteca de Autores Españoles*, vol. 45. Nueva impresión. Madrid, 1951. Contains 5 of Mira's plays.
Teatro, ed. Angel Valbuena Prat, in *Clásicos Castellanos*, vols. 70 and 82. Madrid, 1943–47. Vol. 70 contains an important Introduction.

II. General Studies of Mira de Amescua

Anibal, Claude E. *Mira de Amescua.* I: "*El harpa de David.*" Introduction and Critical Text. II: *Lisardo—His Pseudonym.* Columbus, Ohio, 1925.
Cotarelo y Mori, Emilio. *Mira de Amescua y su teatro. Estudio biográfico y crítico.* Madrid, 1931.
Sanz, Fructuoso. "El Dr. Antonio Mira de Amescua. Nuevos datos para su biografía," *Boletín de la Real Academia Española* 1 (1914), 551–72.

III. Studies of the Don Álvaro Plays

Juliá Martínez, Eduardo. "Rectificaciones bibliográficas: *Adversa fortuna de don Álvaro de Luna,*" *Revista de Bibliografía Nacional* 4 (1943), 148–50.
MacCurdy, Raymond R. "Tragic *hamartia* in La próspera y adversa fortuna de don Álvaro de Luna," *Hispania* 47 (1964), 82–90.
McClelland, I. L. *Tirso de Molina: Studies in Dramatic Realism*, pp. 90–128. Liverpool, 1948.
Wilson, Margaret, "*La próspera fortuna de don Álvaro de Luna*: An Outstanding Work by Mira de Amescua," *Bulletin of Hispanic Studies* 33 (1956), 25–36.

VERSIFICATION OF *LA ADVERSA FORTUNA DE DON ÁLVARO DE LUNA*

∽∽∽ Acto primero

Verses			
1–96	Romance (i-a)	697–780	Silvas (alternating seven- and eleven-syllable lines rhyming aAbBcCdD, etc.)
97–152	Octavas reales		
153–560	Redondillas	781–1000	Décimas
561–696	Romance (e-a)		

∽∽∽ Acto segundo

1001–1112	Redondillas	1403–1422	Endecasílabos sueltos (ending with a *copla* rhyming AABbB)
1113–1346	Romance (a-a)		
1347–1402	Silvas (mixed seven- and eleven-syllable lines with no fixed rhyme, although most lines rhyme in pairs)	1423–1710	Redondillas
		1711–1790	Octavas reales
		1791–1870	Redondillas
		1871–2028	Romance (e-e)

∽∽∽ Acto tercero

2029–2172	Redondillas	2613–2796	Romance (a-o)
Prose letter		2797–2810	Soneto
2173–2336	Redondillas	2811–2818	Romance (-á)
2337–2344	Romance (a-a)	2819–2922	Redondillas
2345–2360	Redondillas	2923–2982	Décimas
2361–2368	Romance (i-a)	2983–3038	Romance (u-a)
2369–2420	Redondillas	3039–3046	Silvas (seven- and eleven-syllable lines rhyming in pairs, with one irregular five-syllable verse)
2421–2480	Décimas		
2481–2572	Romance (i-a)		
2573–2612	Redondillas	3047–3064	Romance (u-a)

La adversa fortuna de don Álvaro de Luna

[*La segunda de Don Álvaro*]

PERSONAS*

HERNANDO DE ROBLES
NUÑO
DON ÁLVARO DE LUNA
EL NIÑO, *recién nacido príncipe de Castilla*
EL ALMIRANTE
EL ADELANTADO
EL REY DON JUAN
LINTERNA, *gracioso*
ALONSO PÉREZ VIVERO
LA INFANTA CATALINA
DOÑA JUANA PIMENTEL
EL INFANTE ENRIQUE DE ARAGÓN
UN CRIADO DEL INFANTE

MONTEROS
TRES GRANDES
DON JUAN DE SILVA
ACOMPAÑAMINETO
UN EMBAJADOR
UN ALCAIDE
SOLDADOS
EL CONDE DE BENAVENTE
LA REINA ISABEL
DON ÁLVARO DE ZÚÑIGA
MORALES, *músico*
GENTE
UN SECRETARIO

Acto primero

(*Salen* ROBLES *y* NUÑO.)[1]
Seas, Nuño, bien venido
a los reinos de Castilla,
de los piélagos de Oriente,
de aquellas fértiles islas
5 del Mar Tirreno.[2] Después
que, capitán en Sicilia,
dejaste a España, no tienen
el estado que solían
las cosas. El rey es hombre;

10 a empresas grandes se inclina.
Niño le dejaste, y ya
conocerle no podrías
a verle sin majestad;[3]
y la diferencia misma
15 en don Álvaro hallarás.
Otro es ya; mas tanto priva[4]
con el rey como merece:
consérvele Dios la dicha.
Y pues la naturaleza

---

*Characters are listed in the order of their appearance, although several do not have speaking parts.
[1] Stage direction. The setting is a public square in Valladolid. Most of the subsequent action takes place in the royal palace in the same city.

[2] *Mar Tirreno*: Tyrrhenian Sea.
[3] *ya . . . majestad*: now you would not recognize him if you should see him without a majestic appearance.
[4] *privar*: to enjoy the favor.

273

20 se mostró pródiga y rica
en sus partes,[5] la fortuna
a sus pies pies esté rendida.
Muchos títulos no quiso;
muchos cargos, que podían
25 hacerle rico, no aceta.
¿Qué varón hay que resista
su mismo aumento?[6] Éste solo
se niega al bien,[7] y porfía
con acciones militares,
30 venciendo huestes moriscas.
Las honras quiere ganar
a que el amor le convida,[8]
y aunque resistió gallardo
al rey de Navarra[9] el día
35 que a Castilla pasar quiso
sus banderas enemigas,
merced ninguna ha acetado
hasta verse en la conquista
de Granada, donde piensa
40 dilatar la Andalucía.
Viudo está, ya lo sabrás;
porque murió doña Elvira
Portocarrero, que fue
del señor de Moguer hija.
45 El rey, al fin, como sabes,
casó con doña María,[10]
hija del rey de Aragón,
y las bodas en Medina
se celebraron; y agora
50 esa grandeza que miras,
ese pasmo de los hombres,
esa pompa y bizarría,
ese concurso que ves
en San Pablo,[11] es que bautizan
55 al príncipe don Enrique,[12]
que en las amenas orillas
de Pisuerga[13] le ha nacido
deste matrimonio. Digan

los críticos[14] las señales
60 con que los cielos avisan
revoluciones[15] o aumentos
desta feliz monarquía.
Tres padrinos, tres señores,
han de sacarle de pila.
65 Don Alonso Enríquez es
uno de dellos, sangre altiva
del mismo rey, gran señor
y almirante de Castilla.
El adelantado[16] es otro;
70 ya sabes que se apellida
Sandoval, y Diego Gómez
ordinariamente firma.
Es don Álvaro de Luna
el tercero; no imaginan
75 a este propósito mal
políticos estadistas.[17]
Dicen que los dos oficios[18]
a don Enrique apadrinan,
y falta el de condestable,[19]
80 que quedó de las rüinas
de Ruy López, y que agora
querrá el rey que se lo pida
don Álvaro, porque ansí
en este bautismo sirvan
85 los tres oficios, que son
— ya, Nuño, tienes noticia —
almirante, condestable
y adelantado. La grita
y aclamaciones del vulgo
90 parece que nos avisan
que salen ya de la iglesia.
Deste lado te retira,[20]
o acompañemos también
la soberana familia
95 del rey, para ver despacio
lo que tanto nos admira.[21]

[5] *partes*: qualities.
[6] *aumento*: advancement.
[7] *bien*: wealth.
[8] *Las . . . convida*: i.e., He desires to earn the honors which the king, because of his love for him, offers him free.
[9] *rey de Navarra*: Juan I (reigned 1425–42) was repulsed by Don Álvaro in his efforts to conquer Castile.
[10] Juan II married María, daughter of Fernando I of Aragon, in Medina del Campo in 1418.
[11] *San Pablo*: church in Valladolid.
[12] *don Enrique*: the future Enrique IV (*el Impotente*), born in 1425, reigned 1454–74. He is not to be confused with the Infante Enrique of Aragon, who appears later in the play.
[13] *Pisuerga*. The article was often omitted before names of rivers.
[14] *crítico*: astrologer.
[15] *revolución*: change.
[16] *adelantado*: military governor.
[17] *no . . . estadistas*: statesmen do not think that this is a bad occasion (for Don Álvaro).
[18] *dos oficios*: two officeholders (i.e., the *almirante* and *adelantado*).
[19] *condestable*: commander of the armed forces.
[20] *te retira*: retírate.
[21] *admirar*: to arouse wonder.

(*Salen todos del bautismo*: DON ÁLVARO
con un ropón[22] *y el* NIÑO, *a sus lados el*
ALMIRANTE *y el* ADELANTADO, *y el*
REY *por otra puerta a recebir al* NIÑO.)

REY

¿Cómo traéis al príncipe?

DON ÁLVARO

                Cristiano,
del gremio de la Iglesia, y con la risa,
como el alma es aliento soberano,
100 su oculto regocijo nos avisa:
tal,[23] en florido abril, clavel temprano
muestra, rasgando la sutil camisa,
en las hojas que son esfera breve,
unas listas[24] de sangre, otras de nieve.
105 Cuando desnudo infante se miraba,
con un ceño arrugó la hermosa frente,
de lágrimas los ojos coronaba,
mayorazago de Adán inobediente;
y apenas del primer borrón[25] se lava
110 cuando, puesto el capillo[26] transparente,
alado serafín nos parecía
que del trono de Dios se desasía.
Él mismo, ya su rostro serenado,
a la vela se asió con tal denuedo,
115 que apenas de su mano la ha quitado
confuso el arzobispo de Toledo.
Acuérdome que un ángel vi pintado
alumbrando, al hacer la cruz de Oviedo,[27]
al artífice; hoy vi su semejante
120 en este cielo de quien[28] soy Atlante.[29]
Por edades se cuente, y no por años,
su dichoso vivir, y tú le veas
conquistando los reinos más extraños,
gallardo Anquises deste nuevo Eneas.[30]
125 No atienda a los mortales desengaños,
entre las garras pálidas y feas
de la muerte, hasta ver cómo retrata

la prudente vejez hebras de plata.
    Alégrete de ver que excede y pasa
130 su edad a la del fénix[31] matizado
que, en árabes aromas hechas brasa,
su cuna y su sepulcro ha fabricado.
En ésta,[32] ya del sol célebre casa,
de tus nietos te mires rodeado,
135 que con esto, señor, parecerías
al año con sus meses y sus días.
    En tus armas coloque la Granada
más hermosa del mundo, Enrique;[33] sea
quien aquella república cerrada
140 con flor de nácar en tu escudo vea,
que agora, de turbantes coronada,
su pálida corteza abrir desea,
mostrando por rubíes y hermosos granos
racimos de valientes castellanos.
145 Este pimpollo de tu ilustre copa
a Castilla dilate los extremos;[34]
piélagos surque en atrevida popa
cuantos ocultos a los mapas vemos,
y revienten los límites de Europa
150 hasta que en Asia la Mayor llamenos,
a pesar de los bárbaros alfanjes,
Guadalquivir al Tigris, Tajo al Ganges.

REY

    Denle el cielo y la fortuna
esa edad y ese trofeo,
155 que yo lo mismo deseo
a don Álvaro de Luna.
Si el gran Filipo decía,
cuando Alejandro nació,
que el cielo dicha le dio,
160 porque en el tiempo nacía
de Aristóteles,[35] y diestro
en la virtud peregrina,
bebería la dotrina

---

[22] *ropón*: cloak (often lined with ermine fur).
[23] *tal*: *como*
[24] *lista*: stripe.
[25] *borrón*: stain (an allusion to original sin).
[26] *capillo*: baptismal cap.
[27] *cruz de Oviedo*: allusion to the Cruz de los Angeles which, according to tradition, was constructed by angels of materials furnished by Alfonso *el Casto* of Asturias. It is preserved in the Cathedral of Oviedo.
[28] *quien*: *que*
[29] *Atlante*: Atlas.
[30] *Aniquises . . . Eneas*. See *El burlador*, n. 67. Here Don Álvaro addresses the king as *gallardo Anquises*, with the wish that he will also enjoy the filial love of his son.
[31] *fénix*. The pheonix was supposed to live 500 years

before being consumed by fire and recreating itself from its own ashes.
[32] The antecedent of *ésta* is *edad*.
[33] *En . . . Enrique*: May Enrique place Granada . . . on your coat of arms. It was the custom for kings to include the emblem of newly conquered kingdoms on their coat of arms.
[34] *Este . . . extremos*: May this shoot from the top of your illustrious family tree extend the borders of Castile.
[35] *Si . . . Aristótoles*. Writing to Aristotle of the birth of Alexander the Great, Philip of Macedonia is reported to have said, "I do not thank the gods so much for his birth, as for his having been born in your time."

de tan divino maestro,
165   lo mismo digo; que un rayo
será el príncipe temido,
pues en el tiempo ha nacido
que os podrá tener por ayo,
y aprenderá cada día
170 con ejemplos singulares
las acciones militares
y cristiana policía.[36]

DON ÁLVARO

A tanta satisfación
el alma se rinde ya.

REY

175 Condestable, bueno está.

DON ÁLVARO

Esas palabras no son,
señor, las que os he pedido.[37]
Nuestro concierto, ¿qué fue?
¡Condestable yo! ¿Por qué,
180 si a los moros no he vencido?

REY

Esa modestia es bizarra,
como lo fue esa cuchilla[38]
que retiró de Castilla
las banderas de Navarra.
185   Mayor vitoria es vencer
un rey cristiano que un moro:
vuestros méritos no ignoro.
Si bautizó el chanciller
a don Enrique, es razón
190 que le hayan apadrinado
almirante, adelantado
y condestable, que son
los cuatro oficios supremos
de Castilla. Condestable,
195 vuestra modestia no hable,
y porque os cansáis, andemos.

(*Sale* LINTERNA *de capigorrón.*) [39]

LINTERNA

No ande más, gran señor,
deténgase, que no es río;
atrevimiento es el mío,
200 pero discúlpalo amor.
Los sabios debemos ser

audaces con cortesía.
Yo soy de la astrología
el primer hombre, el primer
205   conocedor de los cielos;
un signo soy desatado
del zodíaco; he vagado
por trópicos, paralelos,
rumbos, climas, epiciclos,
210 polos, astros, horóscopos,
garamantos y galopos,
horizontes y ericiclos.[40]
Mi fama ha de ser eterna;
luz y guía soy del hombre,
215 y por aquesto es mi nombre
el licenciado Linterna.
He sido levantador [41]
deste admirable portento,
al dichoso nacimiento
220 del príncipe, mi señor.

(*Saca un papel muy grande. Dáselo.*)

Veráse en esta figura [42]
cuanto le ha de suceder.

REY

Émulo no debe ser
de su criador la criatura.
225   Lo que Dios ha reservado
para sí, no ha de inquirir
el hombre, ni debe oír
el próvido y recatado
los sucesos que revela
230 la judiciaria.[43] Si son
adversos, dan aflicción,
su noticia desconsuela;
si son prósperos nos dan
vanagloria y confianza,
235 y si después hay mudanza
en los casos y no van
sucediendo de ese modo,
más nos afligen, y ansí
nunca estas figuras vi.
240 Sólo Dios lo sabe todo,

(*Rómpele el papel.*)

suya es la muerte y la vida,
él alcanza lo futuro;

---

[36] *cristiana policía*: Christian conduct.
[37] *Esas . . . pedido.* Don Álvaro is referring to the fact that the king has just appointed him *condestable* by calling him by that title.
[38] *cuchilla*: sword.
[39] *de capigorrón*: dressed in a student's cap and gown.
[40] *trópicos . . . ericiclos.* Most of these are legitimate astrological terms, but three make no sense in this context and were probably used for humorous effect: *garamanto*: Libyan; *galopo*: rascal; *ericiclo*, meaning unknown (coined to rhyme with *epiciclo?*).
[41] *levantador*: one who casts a horoscope.
[42] *figura*: diagram of a horoscope.
[43] *judiciaria*: astrology.

ni esto es cierto ni seguro;
la ciencia humana es fallida.
245 Ningún pronóstico leo,
ni tengo crédito dél,[44]
pero aunque rompí el papel,
tomad por el buen deseo.
    (*Dale una cadena.*)

LINTERNA

Vivas más que el que no muere,
250 fénix raro; mas no es justo
adivinar sin tu gusto;
vivas lo que Dios quisiere.
    Y el príncipe que ha nacido,
porque España un César vea,
255 viva, señor, viva, y sea
lo que Dios fuere servido.
    (*Vanse todos y queda* LINTERNA.)
    Aquí que nadie me ve,
¿dónde está la ciencia mía,
embustera astrología,
260 que yo palabra no sé?
¡Qué mucho! En mí no comienza
este modo de engañar.
¡Linda cosa es el hablar
con ánimo y desvergüenza!
265 Un monstruo conozco yo,
hecho a manera de cepa,[45]
que no hay ciencia que no sepa,
aunque ninguna aprendió.
    (*Sale* ROBLES.)

ROBLES

Señor astrólogo . . .

LINTERNA

          Pues,
270 ¿ser astrólogo es ser loco?

ROBLES

Manda que le espere un poco
el condestable.

LINTERNA

        ¿Quién es?

ROBLES

Don Álvaro, mi señor.

LINTERNA

¿Desde cuándo?

ROBLES

        Desde ahora.

LINTERNA

275 Es muy dichosa esta hora;
que está en la Ursa Mayor[46]
muy retrógrado Saturno.[47]
Nadir y Cenit[48] están
en oposición del Can,[49]
280 junto al luminar triurno.[50]
    Yo me acuerdo y muy aína[51]
cuando no era condestable.

ROBLES

¡Linda memoria!

LINTERNA

         ¡Notable!
Tomé la jacarandina.[52]

ROBLES

285   La anacardina dirá.[53]

LINTERNA

Todo lo tomo. ¿Es dador
don Álvaro, mi señor?

ROBLES

Ya ha venido, y lo verá.

    (*Sale* DON ÁLVARO.)

DON ÁLVARO

Licenciado, ¿se acordó
290 de alzar aquella figura[54]
que le dije?

LINTERNA

       ¡Qué locura!
¡No preguntara más yo!
Pues estoyme aquí acordando
cosas que espantan, y ¿había
295 de olvidar lo que Vusía[55]
tanto me está suplicando?
El año de cuatrocientos,
que nació dichosamente,
tenía por ascendentes
300 dos planetas turbulentos,

---

[44] *tener crédito de*: to believe.
[45] *cepa*: vinestalk. Some commentators believe that the misshapen monster in question refers to the Mexican dramatist, Juan Ruiz de Alarcón.
[46] *Ursa Mayor*: Great Bear (constellation).
[47] *Saturno*: Saturn.
[48] *Nadir y Cenit*: nadir, the lowest point of the celestial sphere from where one stands and opposite to the zenith.

[49] *Can*: the constellation *Can mayor* (Great Dog) or *Can menor* (Little Dog).
[50] *luminar triurno*: three-faced luminary; i.e., the moon. *Triurno* is a coined word.
[51] *aína*: easily.
[52] *jacarandina*: gang of ruffians.
[53] *La anacardina dirá*: You probably mean cashew paste (which supposedly aided the memory).
[54] *alzar figura*: to cast a horoscope.
[55] *Vusía*: *Vuestra señoría*.

Marte y Venus. Cada uno
por horóscopo tenía
a Mercurio y a su tía:
ya se sabe que ésta es Juno.
305 Mirando estaban de trino[56]
Júpiter y los Triones;[57]
y haciendo las direcciones,
lo que juzgo y adivino
es que tiene la fortuna
310 de hacer prodigios notables
con todos los condestables
dichos Álvaros de Luna.
     Con desdichas y embarazos,
todos aquéllos a quien[58]
315 hará en este mundo bien,
le serán ingratonazos.
     Dichoso en guerras será;
vencerá Vusiñoría[59]
tres batallas en un día;
320 treinta títulos tendrá.
     Vivirá contento y falso[60]
con la fortuna en Madrid,
Toledo y Valladolid.

DON ÁLVARO

¿Y moriré?

LINTERNA

En cadahalso.[61]

DON ÁLVARO

325 Un lugar junto a Toledo.[62]
¡Vive Dios, que no he de entrar
jamás en ese lugar,
pues vivir sin verle puedo!

LINTERNA

Y con aqueso podrá
330 ser un Juan de Espera en Dios,[63]
viviendo un siglo, y aun dos.
Fénix barbado será.

DON ÁLVARO

¿Quieres servirme?

LINTERNA

Sí, haré,
para introducir despacio[64]
335 lenguaje nuevo en palacio.
Palabras inventaré
que no las hable la villa,
pues conviene segregar
lo sacro de lo vulgar.
340 Hable la lengua sencilla
el poblachón,[65] pero aquí
digan: *reforma, valía,
descrédito, grosería,
está falsa,*[66] *viven en sí,*
345 *desaciertos, lo garboso,
baja fortuna, aliñado,
desvalido, aventurado,
desperdicios y lo airoso.*
     Y sobre el *aborrecido*
350 *y olvidado* he de mover
polvaredas,[67] que han de ser
pocas nueces, gran rüido.[68]

DON ÁLVARO

Me agrada su buen humor.
Hernando de Robles, mira.

ROBLES

355 ¿Qué me mandas?

DON ÁLVARO

Quien aspira
a medrar con mi favor,
una cosa ha de observar
solamente.

ROBLES

Di cuál es.

DON ÁLVARO

Oye primero, y después
360 lo sabrás. De tu lugar
te he sacado y te he traído
a mi servicio. Hoy estás
en el del rey porque vas,

---

[56] *de trino*: in trine (the favorable aspect of the planets).

[57] *Triones*: the seven stars that form the constellation Great Bear.

[58] *quien: quienes.*

[59] *Vusiñoría: Vuestra señoría.*

[60] *falso*: in dissimulation; also, in false security.

[61] *cadahalso: cadalso,* scaffold.

[62] Don Álvaro understands *cadahalso* to mean a town by that name.

[63] *Juan de Espera en Dios*: the Wandering Jew according to Spanish tradition (a shoemaker who taunted Christ on His way to the crucifixion, and

was condemned to wander on earth until the Second Advent).

[64] Most printed editions omit verses 334–52, in which Linterna proceeds to poke fun at certain words and expressions (indicated by italics) which were used to excess by Gongoristic poets. The text of this passage follows the reading in Filippo's edition.

[65] *poblachón*: populace.

[66] *está falsa*. Note that Linterna used *falso* in an ambiguous sense in v. 321.

[67] *mover polvareda: mover cantera,* to provoke dissension.

[68] *pocas . . . rüido*: big noise with little substance.

de mi amor favorecido,
365 medrando más cada día,
sin ser noble o principal.
Tesorero general
eres.

ROBLES

Dé Vuseñoría
dos hierros en esta frente,[69]
370 porque debo ser su esclavo.

DON ÁLVARO

Esa modestia te alabo;
lo que quiero solamente
es que agradecido seas,
porque me han pronosticado
375 muchos el ser desdichado
haciendo bien.

ROBLES

No lo creas,
y menos de mí, señor.
Lo que ese astrólogo ha dicho
es locura, es un capricho
380 procedido de su humor.

DON ÁLVARO

Ve a besar la mano al rey
por la merced; que él lo quiere.

ROBLES

¡Mal haya aquel que te fuere
criado de mala ley;[70]
385 la fortuna le derribe;
muera preso en pobre estado!

DON ÁLVARO

Solamente es desdichado
el que mal por bien recibe.
¿Oís, Vivero?

(*Sale* VIVERO.)

VIVERO

¿Señor?

DON ÁLVARO

390 También cabéis en mi pecho.
Su majestad os ha hecho
ya su contador mayor.

VIVERO

Alejandro aragonés,

nuevo César, nuevo Eneas,
395 católico Numa,[71] veas
tiempo y fortuna a tus pies.

DON ÁLVARO

Esas lisonjas no os pido;
mayores puestos espero
que habéis[72] de tener, Vivero;
400 sólo os quiero agradecido.

VIVERO

Muera, señor, despeñado
de un monte o algún balcón
el ingrato corazón
que el beneficio ha olvidado.

DON ÁLVARO

405 Un discreto, no sé quién,
preguntado si tenía
enemigos, respondía:
"Sí, que a muchos hice bien."[73]
Hablad al rey; besad hoy
410 su mano.

VIVERO

Tuyo seré.

(*Vanse* ROBLES *y* VIVERO.)

DON ÁLVARO

Vete a casa tú.

LINTERNA

Sí, haré;
a mudar de traje voy,
porque espero ser ansí
presto tu enemigo fiero:
415 quise decirte que espero
recebir merced de ti.

DON ÁLVARO

Te firmarás: licenciado[74]
con espada.

LINTERNA

¡Qué advertido!
¿Yo he de firmar lo que he sido,[75]
420 y he de hacer lo que un soldado
alférez en Aragón?
Ordenóse, cura era,
y daba desta manera

---

[69] *Dé . . . frente:* Put two brands on my brow. Slaves were branded with two marks, an *S* and a *clavo* ("nail"), thus *S* means *esclavo.*

[70] *de mala ley:* disloyal.

[71] *Numa:* Numa Pompilius, second legendary king of Rome, noted for his wisdom and holiness.

[72] *habéis.* Note the use of the indicative after *espero.*

[73] The source of this quotation is not known.

[74] *Licenciado* as used here means one who has retired from, or completed, military service, and is exempt from further duty.

[75] Linterna means that he already is a licenciate (in astrology).

cédulas de confesión:[76]
425 "Ha confesado este día
conmigo el señor Tomé,
y por esto lo firmé,
el Alférez Luis García."
En mi tierra conocí
430 otra graciosa locura.
Dijéronme era otro cura;
sus cédulas daba ansí:
"Ha confesado conmigo
el regidor Juan Gaspar,
435 y por no saber firmar,
lo firmó por mí un testigo".
Y firmaba el sastre.

DON ÁLVARO
                                        Ven,
que salen damas.

LINTERNA
                              ¡Qué estrellas!
¡Oh, quién parlara con ellas
440 antes! ¡Voz con moral den![77] (*Vase.*)

DON ÁLVARO
Mi ambición es solamente
hacer bien. ¿Qué verde planta
sobre los aires levanta
verde copa, altiva frente,
445 que no brinde en los caminos
a su sombra y a sus flores,
albergue de ruiseñores,
descanso de peregrinos?
¿Ni qué fuentes naturales,
450 entre hierbas tropezando,
no hacen rumor, convidando
a beber de sus cristales?
Sale el sol, el cielo gira:
¿qué gusanillo no alienta,
455 qué cóncavos no calienta,
qué no alumbra y qué no mira?
No seáis sólo para vos,
Álvaro, en dichas seguras,
porque esto de hacer hechuras[78]
460 tiene un no sé qué de Dios.
La infanta viene, y hacia aquí
me retiro. Y doña Juana,

la que aurora soberana
es del cielo para mí,
465 la acompaña. ¡Ay, dulce amor,
poderosa fuerza alcanzas!
Entre guerras y privanzas
no me olvida tu rigor.

(*Salen la* INFANTA CATALINA *y* DOÑA JUANA.)

CATALINA
Doña Juana Pimentel,
470 deste mal me han avisado;
mira si tendré cuidado;
tú me puedes sacar dél.
Habla al condestable, amiga;
favor será no pequeño;
475 que es el infante[79] mi dueño,
y a tales ansias obliga.
Sólo don Álvaro puede
librarme deste pesar.
Aquí está; daré lugar
480 para que le hables. Quede
con los dos mi gran dolor
para que lástima os dé. (*Vase.*)

JUANA
A tu alteza serviré
como debo. (Calla, amor; (*Aparte.*)
485 disimula, niño dios,[80]
si en mí pretendes crecer,
porque en dándote a entender
somos perdidos los dos.
Si hablas en esta ocasión,
490 me darás, amor, enojos;
no te asomes a los ojos,
vive allá en el corazón.)
Don Álvaro . . .

DON ÁLVARO
                              Apenas creo
que en tu voz mi nombre oí.

JUANA
495 ¿Esto es imposible?

DON ÁLVARO
                                        Sí,
tanto como mi deseo.

---

[76] *cédula de confesión*: certificate of confession. Spanish churches issued certificates testifying that parishioners had complied with their duties of communion and confession at Easter.

[77] ¡*Oh* . . . *den!*: Sánchez-Arce notes that these verses are almost illegible, especially v. 440, for

which no explanation will be attempted here. These verses are omitted in other editions.

[78] *hechura*: creature (in the sense that man is a creature of God).

[79] *infante*: refers to Prince Enrique of Aragon.

[80] *niño dios*: Cupid.

JUANA

A su alteza[81] le dijeron
que al infante de Aragón
previenen una traición
500 hombres que mal le quisieron,
  y que a don Pedro, su hermano,
  y a él pretenden dar muerte.
El aviso ha sido fuerte;
no será el recelo vano;
505 que como el infante mueve
alborotos en Castilla,
no pienso que es maravilla
si el engaño se le atreve.[82]
Dicen que a caza ha salido,
510 y aunque el rey lo haya mandado,
sacadnos deste cuidado,
don Álvaro, yo os lo pido.
  ¿Dónde vais sin responder?
Volved acá, condestable;
515 dadme lugar a que os hable.

DON ÁLVARO

¿Dónde he de ir? A obedecer
órdenes que a mí me da:
gustos de Vueseñoría
no admiten réplica. Mía
520 es tanta la causa ya,
  que aunque es gloria estar oyendo
y es deidad[83] estar mirando
lo que el alma estima amando,
quiero más, obedeciendo,
525 ausentarme y ser despojos
desa dicha; porque es justo
que me arroje vuestro gusto
de la gloria de mis ojos.

JUANA

Impedid una traición,
530 y a la infanta este pesar.

DON ÁLVARO

¡Qué bueno fuera llevar
para esta empresa un listón
verde de un pecho crüel!
  (*Tiénele ella*[84] *en el pecho.*)

JUANA

Y su alteza no da cuenta
535 desto al rey, por si él intenta . . .

DON ÁLVARO

Fuera para mí laurel
el verde listón, que diera
envidia a Césares.

JUANA

Yo
pienso que él no lo mandó.

DON ÁLVARO

540 La misma esperanza[85] fuera
y fuera abismo[86] de glorias.

JUANA

En Castilla no es razón[87]
matar a Enrique a traición.

DON ÁLVARO

Yo porfío. Dos historias
545 son las nuestras, pero veo
que diferentes han sido.

JUANA

Yo os hablo en esto que os pido.

DON ÁLVARO

Y yo en esto que deseo.

JUANA

Digo, al fin, que ambos veremos
550 dicha en esto, aunque distinta.

DON ÁLVARO

Pero en esto de la cinta,
¿qué tenemos?[88]

JUANA

      ¿Qué tenemos?
(*Vuelve el rostro.*)
Una empresa porfïada,
locura en que un hombre dio.

DON ÁLVARO

555 Ya me contentara yo
con no veros enojada.

JUANA

Si a partido os dais,[89] yo intento
volver con piedad los ojos;
digo que voy sin enojos.

DON ÁLVARO

560 Digo que yo me contento. (*Vanse.*)
(*Salen el* INFANTE *y un* CRIADO *de
caza.*)

INFANTE

Este bosque rodeado

---

[81] *su alteza* refers to the Infanta Catalina.
[82] *si . . . atreve*: if they dare to act treacherously
against him.
[83] *es deidad*: it is divine.
[84] *Tiénele ella*: She has one (*listón*).
[85] *misma esperanza*. A reference to the green ribbon

which, because of its color, is the symbol of hope.
[86] *abismo*: infinity.
[87] *no es razón: no es justo.*
[88] *¿ qué tenemos?* what's the situation?
[89] *darse a partido*: to relinquish one's opinion.

de las ondas de Pisuerga,
de quien [90] las silvestres flores
aprende la primavera,
565 suele divertirme a ratos
del cuidado y la tristeza,
porque la caza arrebata
todas las pasiones nuestras.

CRIADO

Della dicen . . .

INFANTE

No me digas
570 que es imagen de la guerra;
que es vieja civilidad, [91]
y me cansa.

CRIADO

¿Y si dijera
que es inclinación real,
y las delicias honestas
575 de los príncipes?

INFANTE

Dirías
cosa ordinaria y más cierta.
Los monteros, [92] ¿dónde están?

CRIADO

Siguen diversas veredas.

(*Está uno a la puerta con una máscara.*)

INFANTE

¿Quién es ése?

CRIADO

Alguna guarda.

INFANTE

580 Entremos por la maleza
de sabinas [93] enlazadas
con hermosas madreselvas.

(*Vanse, y salen los que pudieren con
máscaras.*)

MONTERO 1°

Guarda del bosque ha pensado
que soy. Salid y, cubiertas
585 las caras, como quien tiene
recelos, si no vergüenza,
haremos lo que nos mandan
los señores que desean
el sosiego de Castilla,
590 matándolos.

MONTERO 2°

Si lo ordena
el rey ansí . . .

MONTERO 1°

No lo creo.
No son asechanzas [94] éstas
de quien es su primo y rey.
No vengan desta manera
595 grandes reyes sus enojos.

MONTERO 2°

¿Y los demás?

MONTERO 1°

Ya rodean
el bosque, también cubiertos
los rostros, porque no puedan
escaparse de unos u otros.

MONTERO 2°

600 ¿Cuántos somos todos?

MONTERO 1°

Treinta,
conjurados a morir
sin que la traición se sepa
de nuestras lenguas.

MONTERO 2°

Aquí
me parece que es la senda
605 donde vendrán a parar;
aquí espadas y ballestas
le darán la muerte.

(*Salga* DON ÁLVARO *con media máscara
y haga señas que se retiren.*)

MONTERO 1°

¿Quién
es aquéste que por señas
retirar nos manda?

MONTERO 2°

Alguno
610 del otro puesto. Cabeza
será de la otra cuadrilla,
pues con máscara se muestra
ordenando nuestro intento.

DON ÁLVARO

Silencio, amigos, y alerta
615 a mi aviso.

MONTERO 1°

Aquí esperamos.
Reconoce bien.

---

[90] *quien: que.*
[91] *civilidad*: commonplace.
[92] *montero*: hunter, (hunting) beater.

[93] *sabina*: savin (species of juniper).
[94] *asechanza*: ambush.

(*Sale el* INFANTE.)

INFANTE
            No esperan
los gamos, ni aun los conejos,
y aun es novedad[95] que teman
hoy tanto.

DON ÁLVARO
            Señor infante,
620 salga del bosque tu alteza
por esa parte que el río
con murallas de agua cerca.[96]
Suba luego en su caballo,
porque darle muerte intentan
625 aquellos hombres que mira,
mejor diré, aquellas fieras.

INFANTE
¿Y sabéis quién los envía?

DON ÁLVARO
No, señor. No se detenga
vuestra alteza; huya en tanto
630 que yo con maña o con fuerza
los entretengo.[97]

INFANTE
            El caballo
ha quedado, amigo, fuera
del bosque, y el ancho río
por aquí no se vadea.[98]
635 Mal podré escaparme.

DON ÁLVARO
                        ¿Mal?
Pues, señor, ánimo, y mueran
los traidores, o muramos
los dos en vuestra defensa;
aunque primero he de ver
640 cuánto el artificio[99] pueda.

(*Hace señas que se vayan.*)

MONTERO 1º
Que nos vamos, dice; creo
que nos engaña.

MONTERO 2º
            Quién sea
no sabemos, y el infante
está solo. No se pierda
645 la ocasión: acometamos.

95 *es novedad*: it is unusual.
96 *cercar*: to surround.
97 *entretener*: to delay.
98 *no se vadea*: cannot be forded.
99 *artificio*: trickery.

DON ÁLVARO
Si la maña no aprovecha,
apelemos a la espada,
señor; la dicha de César[100]
va con vos.

INFANTE
            Y aun el valor,
650 según bizarro te muestras.

(*Riñen.*)

MONTERO 1º
Un rayo del cielo ha sido
quien le ampara. Resistencia
es invencible; el huir
agora nos aprovecha.

(*Vanse los* MONTEROS.)

INFANTE
655 La vida, amigo, te debo.
¿Quién eres?

DON ÁLVARO
            Quien no desea
paga de aqueste servicio.

INFANTE
Descubre el rostro.

DON ÁLVARO
                        No quieras
obligarte a nadie.

INFANTE
            Amigo,
660 en esto, ¿qué me aconsejas?
¿Iré a palacio?

DON ÁLVARO
            ¿Pues no?

INFANTE
Temo que mi muerte intentan[101]
el rey y su condestable;
y así me he de ir a Villena.[102]

DON ÁLVARO
665 Cuando me importa el honor,
acabarán las finezas
de no darme a conocer. (*Descúbrese.*)
No imagine vuestra alteza
que mi rey ni el condestable
670 muerte ni mal le desean.

INFANTE
Álvaro, dame los brazos.

100 *dicha de César.* Julius Caesar's good fortune was
proverbial. See *El condenado por desconfiado*, n. 128.
101 *intentan.* Note the use of the indicative after
temer.
102 *Villena*: a town in the province of Alicante,
formerly belonging to the kingdom of Aragon.

¿De quién Enrique pudiera
sino de ti recebir
la vida? Tuya es mi hacienda,
675 mi honor, mi vida, mi alma.

DON ÁLVARO
Sólo quiero que agradezcas
mi voluntad, porque yo
hago bien sólo con esta
condición.

INFANTE
Tú me casaste,[103]
680 tú me das la vida; quieran
los cielos . . .

DON ÁLVARO
Que no me pagues
como suelen todos.

INFANTE
¡Ea!,
deja tal desconfianza.
Otra vez, bien se me acuerda,
685 te di la mano y palabra
de ser tuyo.

DON ÁLVARO
Vuestros sean
los reinos de Asia, señor.[104]

INFANTE
Y tuya la fama eterna.
A Ocaña[105] quiero partirme,
690 que mi pecho no sosiega.
Adiós, don Álvaro. (*Danse las manos.*)

DON ÁLVARO
Él vaya,
gran señor, con vuestra alteza.

INFANTE
Tu amigo soy.

DON ÁLVARO
Yo tu esclavo.

INFANTE
No temas que ingrato sea.

DON ÁLVARO
695 Sí temo, porque eres hombre,
y es tal su naturaleza. (*Vanse todos.*)

---

[103] *Tú me casaste*: You arranged my marriage (to Princess Catalina).

[104] *Vuestros . . . señor*. The statement is a hyperbolic expression of well-wishing.

[105] *Ocaña*: a town in the province of Toledo.

[106] *común*: community.

[107] *cuando*: even though.

[108] *cuando tal importe*: since it is a matter of such importance.

(*Salen el* REY *y tres* GRANDES *con un memorial.*)

GRANDE 1°
A un reino conmovido,
¿qué prudencia de rey ha resistido?
Y más, cuando es justicia
700 lo que el común[106] pretende, y no malicia.

GRANDE 2°
Señor, el reino intenta,
no en modo descortés ni acción violenta,
que se ejecute luego,
para bien de Castilla y su sosiego,
705 lo que aquí se contiene,
que cuando[107] injusto fuera, te conviene.

GRANDE 1°
En justa razón hallo
que importa más un reino que un vasallo;
y cuando tal importe,[108]
710 salga cualquiera de tu ilustre corte.

REY
Yo lo veré despacio.

GRANDE 1°
Eso no puede ser. Aquí en palacio
el cumplimiento esperan
los grandes de Castilla.

REY
¡Que ver quieran,
715 de la envidia llevados,
los vasallos leales desterrados!

GRANDE 2°
No es rigor conveniencia
que a tus reinos importa.
(*Vanse los* GRANDES.)

REY
¿Qué paciencia
tendré correspondiente
720 a la pasión colérica que siente
el alma? ¡Ah, quién hiciera
lo que un rey de Aragón, y ejemplos diera
de justicia y rigores,
cortando en el jardín todas las flores
725 que empinaran el cuello!
Simple era el monje rey;[109] sabio fue en ello.

---

[109] *monje rey*. This legend, known as *la campana de Huesca*, is told about the Aragonese king Ramiro II *el Monje* (reigned 1134–37), who asked the advice of Fray Frotardo as to how he should deal with nobles who constituted a threat to his power. Fray Frotardo took the king into a garden where he lopped off all the flowers which towered above the others. The king got the message: he slaughtered all the dissident nobles.

¡Ah, quién hiciera agora
lo que mi padre, que en los cielos mora,
quitando a éstos el brío![110]
730 Mas no es agora igual el poder mío.
(*Lee.*) "Que de mi corte y casa
destierre yo a don Álvaro." ¿Esto pasa?
Confuso estoy. ¡Que pida
el reino tal crueldad, si de mi vida
735 es la mitad! ¡Ay, cielo!,
el consejo[111] me falta y el consuelo.
Si no les satisfago
su envidia torpe, mi poder deshago;
si a don Álvaro pierdo,
740 ni soy dichoso rey ni amigo cuerdo.
Mas cuando al cumplimiento
deste destierro venga, ¿con qué aliento,
si amor no da licencia,
podré notificarle la sentencia?
745 ¿Cómo mis propios labios,
si bien lo quieren, le dirán agravios?

(*Sale* DOÑA JUANA.)

JUANA

La reina, mi señora,
espera a tu majestad.

REY

                    Dame tú agora
valor y aliento, Juana;
750 que no puede mi lengua ser tirana.
El reino me ha pedido
lo que en este papel verás, y ha sido
tanto su atrevimiento,
que sin fuerzas me deja y sin aliento
755 con que palabra alguna
decir pueda a don Álvaro de Luna.
Caso tan impaciente[112]
de ti lo escuchará más dulcemente;
dile tú lo que pasa:
760 el reino le destierra de mi casa,
y yo, por no perdello,[113]
forzado de los grandes vengo en ello.[114]

JUANA

Señor, ¿cuándo las damas
secretarios han sido? ¿A mí me llamas
765 para intimar sentencia
que la envidia escribió con tal violencia?

REY

Sí, Juana, porque es bueno
que al amigo se dé dulce el veneno;
cuando es la causa fuerte,
770 piedad suele tener la misma muerte.
Mi grave sentimiento
se tiempla, y el rigor de su tormento
a menos mal provoca
oyéndolo del aire de tu boca. (*Siéntase.*)
775 Él viene; aquí me empeño
en un grave dolor; yo finjo sueño
por no ver su semblante.
Verle no quiero y quiero estar delante.
¡Quién durmiese de veras
780 por no escuchar palabras lastimeras!

JUANA

(Si para tanta crueldad   (*Aparte.*)
al rey le falta el valor,
¿cómo ha de hacer el amor
lo que teme la amistad?
785 ¿Faltábame a mí piedad
para dejar de sentir
lo que no osaré decir?
Mas si lo pude leer
sin morir, bien podrá ser
790 que lo diga sin morir.
    Excusa el rey su dolor,
y a mí me lo da doblado;
que la amistad no ha alcanzado
las finezas del amor.
795 Si yo estimo el resplandor
desta luna, aunque advertidos
se recaten mis sentidos,
o ya honestos o ya sabios,
¿cómo han de poder mis labios
800 dar veneno a sus oídos?)

(*Salga* DON ÁLVARO.)

DON ÁLVARO

(¡Durmiendo el rey, y leyendo   (*Aparte.*)
con turbación un papel
doña Juana Pimentel!
Novedades estoy viendo.
805 Cuando en mí mismo no entiendo
si es cuidado o si es amor,

---

[110] *¡Ah ... brío!* According to tradition, Enrique III *el Doliente* (reigned 1390–1406), father of Juan II, recovered lands and income belonging to the crown by threatening to decapitate the nobles who usurped royal property during his minority.

[111] *consejo:* prudence.
[112] *impaciente:* vexatious.
[113] *por no perdello:* in order not to lose (or destroy) it.
[114] *vengo en ello:* I agree to it.

¿qué mucho que sin valor
mis ojos estén inquietos
si ven juntos sus objetos:
810 la privanza y el amor?)

JUANA

Condestable.

DON ÁLVARO

No despierte
la voz al rey; hable paso
Vuiseñoría.

JUANA

(Si en caso   (*Aparte.*)
tan riguroso y tan fuerte
815 en hielo no se convierte
la voz, ¿cómo puede hablar
paso la que quiere dar
voces que remedio son
para echar del corazón
820 tantos siglos de pesar?)
Don Álvaro, desdichado
fuera el hombre, a no tener
alma inmortal, y a no ser
un bosquejo trasladado
825 del mismo que lo ha criado;
porque excedido se viera
de los brutos, de una fiera
o un pajarillo pequeño,
y siendo el hombre su dueño,
830 miserable animal fuera.
Y es su excelencia mayor,
digna que se estime y precie,
que los brutos de una especie
tienen paz, tienen amor
835 entre sí y se dan favor,
y sólo el hombre es el cruel
con el hombre, porque en él
nunca hay paz, y siempre lidia.
Rasgos son de humana envidia
840 las letras de ese papel.

(*Dale el memorial.*)

DON ÁLVARO

Déjasme tan prevenido,
que ya es fuerza que, al leer,
el rayo no venga a ser

tanto como el trueno ha sido.
845 (*Lee.*) "Señor, el reino ha advertido
que don Álvaro pretende
mandarlo todo." Él ofende
mi intención y mi lealtad.
No dice el reino verdad;
850 mas la envidia, ¿qué no emprende?
(*Lee.*) "Causa ha sido su ambición . . ."
(¿ambición es fe sencilla?)
"que nos den guerra en Castilla
los infantes de Aragón;
855 y ansí, muchos grandes son
de su parte, por lo cual
es conveniencia real
que el condestable no esté
en la corte." Mayor fue
860 el temor del mal que el mal.
[Letra de Robles parece . . .[115]
¡Vive Dios, que es de su mano!
Quien hace bien a un villano,
quien un traidor favorece,
esta ingratitud merece.
Mas ¿qué mucho, si en aquel
primero y santo vergel[116]
labró Dios una figura
que, en mirando su hermosura,
se rebeló contra él?]
Mi señora, cuando importe
al rey, mi señor, mi ausencia,
no es muy agria esta sentencia.
[Partiréme de] la corte,[117]
865 y a los piélagos del norte
me pasaré, al mar profundo
que ve el Ponto[118] sin segundo,
o, por ver si verdad fue
que hay antípodas, me iré
870 buscando nuevo mundo.

REY

Sois ingrato y desleal
a mi grande amor. ¿Ansí
sentís el dejarme a mí,
cosa que llevo tan mal
875 que aun el ánimo real
me ha faltado, ¡vive Dios!,
para decíroslo, y vos

---

[115] The *décima* in brackets was added to the autograph MS. in a handwriting different from the original author's, but it is included because of its relevance to the theme of ingratitude. It is not, however, counted in the numbering of the lines.
[116] *vergel*: garden.

[117] *Partiréme . . . corte* is the reading found in most printed editions, but the autograph has, *España será la corte.*
[118] *Ponto*: Pontus, country in Asia Minor which borders the Pontus Eupinus (Black Sea).

sentís alegre y cortés?
No, condestable, no es
880 amistad la de los dos.

DON ÁLVARO

Rey y señor, el no verte,
supuesto que mi desgracia
fuera el perder yo tu gracia,
esto fuera trance fuerte,
885 sombra y líneas[119] de la muerte.
Esto sí fuera sentir,
esto sí fuera gemir,
esto sí fuera llorar,
esto sí fuera rabiar,
890 esto sí fuera morir.
Pero importando al sosiego
de tu reino mi partida,
atropéllese mi vida,
muera o ausénteme luego;
895 que aunque con el alma llego
a sentir tu ausencia[120] yo,
aquel que honrado nació
y sus costumbres ordena,
siente merecer la pena,
900 pero el padecella, no.
Bien sabe tu majestad
que no soy merecedor
deste envidioso rigor,
porque a ser esto verdad,
905 ¿qué paz, qué amor, qué piedad
hallara yo en tu semblante?
Pero a un ánimo constante
no ha de turbar ni mover
la envidia; que ha de tener
910 las finezas del diamante.[121]

REY

Condestable, yo no soy
tan filósofo moral;
vuestra ausencia llevo mal,
tristeza al semblante doy.

DON ÁLVARO

915 Rey mío, esforzando estoy
lo que el alma calla y siente.
Sabe Dios si estando ausente
yo sentiré más dolor,
porque en materias de amor
920 es más tierno el más valiente.

JUANA

(Y quien oye a la amistad (*Aparte.*)
hacer aquestos extremos,
¿qué siente? Disimulemos,
amor, tirana deidad
925 de la humana libertad.)

DON ÁLVARO

En Ayllón[122] me estaré yo.

REY

¿Es tuyo? Pienso que no.

DON ÁLVARO

¿Tu merced[123] olvidas?

REY

                    ¿Quién,
si es amigo, hombre de bien,[124]
930 se acuerda de lo que dio?

DON ÁLVARO

Sólo se debe acordar
quien ve que el que lo recibe
desagradecido vive.

REY

Tu ausencia dará lugar
935 a que pueda sosegar
esta envidiosa porfía.
Escríbeme cada día.

DON ÁLVARO

¡Cómo pudiera vivir
callando sin escribir
940 afectos del alma mía!

REY

¿Y qué tiempo estaré yo
sin vernos?

JUANA

        (¡Amor extraño!) (*Aparte.*)

DON ÁLVARO

Un año.

REY

        Siglo es un año,
condestable; un año, no.

JUANA

945 (Con mi lengua misma habló.) (*Aparte.*)

DON ÁLVARO

Medio[125] estaré.

REY

                No han de ser
sino tres meses.

---

[119] *líneas*: outline.
[120] *tu ausencia*: my absence from you.
[121] *finezas del diamante*: fine qualities of the diamond (symbol of fortitude).
[122] *Ayllón*: town in the province of Segovia where the

manor house of Don Álvaro is still preserved.
[123] *merced*: grant of land.
[124] *hombre de bien*. generous man.
[125] *Medio*: *medio año*.

DON ÁLVARO

Hacer
tu voluntad determino.

REY

Y toma para el camino
950 el ducado de Alcocer.[126]

DON ÁLVARO

Beso tus pies.

JUANA

(¡Quién le diera   (*Aparte*.)
el favor que me pedía!
Modo falta, no osadía;
que ya siento de manera
955 su ausencia que le dijera
lo que el rey. ¡Ah, listón verde!
¡Qué dulce ocasión se pierde
de que vos suyo seáis,
para que allá le digáis
960 que, si ama, de mí se acuerde!)

DON ÁLVARO

Viviera fuera de mí
a no haber de verte presto,
y podré decir con esto
que te dejo a ti por ti.
965 Tu quietud pretendo ansí;
vive en paz, vive, señor,
sin este inquieto furor,
y aquel que servirte sabe,
ya que en tu corte no cabe,
970 quepa al menos en tu amor.

REY

Ése ha de ser inviolable;
Pílades sois de mi gusto.[127]

DON ÁLVARO

Di Mecenas con Augusto.[128]

REY

Abrazadme, condestable.

DON ÁLVARO

975 Calle, Alejandro; no hable
su privado Efestión.[129]

JUANA

(Amor me da la ocasión. (*Aparte*.)

¡Ea!, modestia importuna;
sirva de rayo a esta luna
980 la plata de este listón.

(*Abrázanse el* REY *y* DON ÁLVARO.
Da el listón DOÑA JUANA *a* DON
ÁLVARO.)

¡No me vio el rey!)

DON ÁLVARO

Juraré
que al tocar tus brazos yo,
dos favores recibió
un alma: un pecho, una fe.
985 ¿Qué esperanza no tendré,
si tus brazos merecí,
si con ellos recebí
el favor más eminente
que al sol coronó la frente
990 de topacio y de rubí?[130]

REY

Adiós, Álvaro.

DON ÁLVARO

Sin dos
almas voy.

REY

Vengan mañana
cartas.

DON ÁLVARO

Adiós, doña Juana.

JUANA

(Responder no puedo.) Adiós,   (*Aparte*.)
995 condestable.

REY

¿Cómo vos
no me miráis?

DON ÁLVARO

No me atrevo.

REY

Mucho os amo.

DON ÁLVARO

Mucho os debo.

JUANA

(Mucho callo.) (*Aparte*.)

---

[126] *toma . . . Alcocer*: accept as a farewell gift the dukedom of Alcocer (town in the province of Guadalajara).

[127] *Pílades . . . gusto*: You are the Pylades of my affection (a reference to the legendary friendship of Pylades and Orestes).

[128] *Mecenas . . . Augusto*. Maecenas, famous Roman patron of the arts, was for a time the chief adviser of the Emperor Augustus (Octavian).

[129] *Calle . . . Efestión*: i.e., Alexander the Great and his intimate friend, Hephaestion, should not boast because their friendship did not compare with that of Juan II and Don Álvaro.

[130] *favor . . . rubí*. Don Álvaro is referring to the ribbon given him by Doña Juana, which is more precious than the topaz and ruby which adorn the sun's brow.

REY

¡Qué dolor!

JUANA

(¡Qué cuidado!)   (*Aparte.*)

DON ÁLVARO

¡Qué temor!

REY

1000 Triste voy.

DON ÁLVARO

Pesares llevo.

(*Vanse los tres, cada uno por su puerta.*)

ᔆᔆᔆ Acto segundo

(*Salen* DON ÁLVARO *y* LINTERNA.)

LINTERNA

Gracias a Dios que te veo
volver a la corte ya.

DON ÁLVARO

¿Qué hay de nuevo por acá?

LINTERNA

Hay un general deseo
1005   de verte en los corazones.
Lo que pasa, Alá saber.[131]

DON ÁLVARO

Si máscaras suelen ser
lisonjas y adulaciones
  que nos cubren el semblante,
1010 ¿quién verá lo verdadero?

LINTERNA

No quedará caballero
que no salga de portante[132]
  a recebirte, por verte
de su rey favorecido.
1015 Dél se cuenta que ha sentido
más tu ausencia que la muerte
de la reina.

DON ÁLVARO

          Calla, necio.
Sentimientos y cuidados
de los reyes son sagrados,
1020 de tal deidad, de tal precio,
  que no los ha de juzgar
la plebe, ni discurrir
sobre el obrar y sentir

de su rey. En lo vulgar
1025   te pregunto qué hay de nuevo;
deja aparte lo sagrado.

LINTERNA

Si deso me has preguntado,
poca estimación te debo.
  Sabe que tienes de hallar
1030 monstruos que en la corte espantan.
Yo vi músicos que cantan
sin hacerse de rogar;
  yo vi sana a una ramera;
yo vi celoso un marido,[133]
1035 un culto que se ha entendido
y un calvo sin caballera;
  una vieja sin gruñir
y sin fingirnos cuidado,
y una moza que ha hablado
1040 tres palabras sin pedir.

DON ÁLVARO

Ya disparatas; no espero
que tu gusto me entretenga.

LINTERNA

Juan de Silva viene.

DON ÁLVARO

          Venga,
que es honrado caballero.

(*Sale* DON JUAN DE SILVA.)

SILVA

1045   Déle, señor Vuecelencia,
a éste, su hechura, los pies.

---

[131] *Alá saber*: Allah knows.
[132] *salir de portante*: to hasten out.

[133] *celoso un marido*. A frequent object of satire was the *marido paciente* who showed no jealousy when his had a lover.

DON ÁLVARO

Juan de Silva, amigo, ¿qué
es Excelencia?

SILVA

Es diferencia
que inventó la cortesía
1050 para que entre los señores
se conozcan los mayores.

DON ÁLVARO

¿No bastaba Señoría?

SILVA

Ya ansí a los grandes se dice.

DON ÁLVARO

Aceto el tratarme ansí,
1055 como no comience[134] en mí;
que un privado es infelice
con el pueblo cuanto suele
ser dichoso con su rey.
Sin el freno de la ley
1060 le murmuran, aunque vele
sobre sus mismas acciones
y se ajuste a la razón.
En mí llaman ambición
el recebir galardones
1065 de las manos liberales
de mi rey; pero paciencia.

SILVA

¿Y cómo está Vuecelencia
detenido aquí en Cigales?[135]

DON ÁLVARO

Hasta ver segundo aviso
1070 de su majestad, a quien
mi llegada escribí.

SILVA

Bien
su prudencia estimó y quiso
su majestad.

LINTERNA

Por la arena
corren dos; apriesa suben.
1075 Mientras sienten miel, acuden
zánganos[136] a la colmena.
Cuando al destierro saliste,
eras colmena vacía;
poca gente nos seguía;
1080 pero agora que volviste
a la corte y al amor

del rey, te van aplaudiendo.
Velos, señor, conociendo;
velos marcando, señor.

(*Salen* ROBLES *y* VIVERO.)

VIVERO

1085 Vuecelencia dé los pies
a sus criados.

ROBLES

Y sea
bien venido, pues desea
Castilla, por su interés,
esta dichosa venida
1090 con que a mí el vivir me dais.

DON ÁLVARO

Como vos la deseáis,
sea, Hernando, vuestra vida.

ROBLES

Sí, señor.

DON ÁLVARO

(Sí lo sería,   (*Aparte.*)
si yo vengativo fuera.)

ROBLES

1095 La corte alegre os espera,
y hoy miramos alegría
en el semblante severo
del rey. Plebeyos y nobles
aclamándoos están.

DON ÁLVARO

Robles.

ROBLES

¿Señor?

DON ÁLVARO

1100 Preguntaros quiero
si esta letra conocéis.
(*Saca un papel.*)
(La cólera y la razón   (*Aparte.*)
nunca sufren dilación.)
No os turbéis ni la neguéis.

ROBLES

1105 Confieso que la escribí,
pero, señor . . .

LINTERNA

Que no hay "pero";[137]
vos sois lindo majadero.

DON ÁLVARO

Y yo aquel villano fui

---

[134] *como* meaning "if" is regularly followed by the subjunctive.
[135] *Cigales*: town in the province of Valladolid.

[136] *acuden zánganos*: they come like drones.
[137] *no hay "pero"*: *no hay pero que valga*, there are no buts about it.

que la serpiente abrigó;[138]
1110 que muerda no es maravilla.
                    ROBLES
Los señores de Castilla,
sin tener la culpa yo . . .
                    DON ÁLVARO
Bueno está, no deis disculpas;
que ya sé que en vuestra casa
1115 dos juntas hizo la envidia
de mis émulos. ¿Qué causa
os he dado para ser
escritor de las palabras
que este memorial contiene,
1120 mentirosas y villanas?
¿Por haceros bien y honraros
merezco vuestra desgracia?[139]
Una de dos:[140] o tenéis
de confesar que vuestra alma
1125 es ingrata y sois traidor,
o que merezco la infamia
deste papel; porque vos,
siendo una persona baja,
no habéis merecido nunca
1130 las mercedes soberanas
de mi rey, y me castigan
por haber sido la causa.
¡Que escriban los naturales[141]
admirables alabanzas
1135 de brutos agradecidos,
y el hombre, imagen sagrada
de Dios, apenas lo sea!
¡Que de las azules garras
de una serpiente[142] librase
1140 a un águila hermosa y parda
un piadoso labrador,
que a coger las ondas claras
llegó de una fuentecilla,
y luego, al beber el agua,
1145 el águila, agradecida,
le derribó con las alas
el vaso, porque el veneno,
que el labrador ignoraba

que vomitó la serpiente
1150 sobre la líquida plata,
no le matase![143] ¡Que un hombre,
en los desiertos de Arabia,
sacase una aguda espina
a un león cuando bramaba
1155 estremeciendo los montes
y derribando las palmas
de dolor, y que después,
saliendo este hombre a la plaza
de Roma, echado a las fieras,
1160 aquella bestia inhumana
reconoció agradecida
al bienhechor, y a sus plantas
se postró, diciendo muda:
"Aquí mis dientes no matan
1165 al que la salud me ha dado;
su defensa soy y guarda"![144]
¡Qué confusión! ¡Qué vergüenza
de los hombres! ¿Qué pensabas
cuando estas letras hacías,
1170 menos que fiera,[145] si agravias
con villana ingratitud
la naturaleza humana,
pues el águila y león
te enseñan y te aventajan?
1175 ¡Vive Dios!, que a tal traición
no hay condición recatada,[146]
no hay prudencia, no hay paciencia,
todo es ira, todo es rabia.
Pudiera darte la muerte
1180 el acero desta daga,
mas quiero que sepa el mundo
que mi razón no te mata
porque me hiciste una vez
un gusto, y ansí mi alma
1185 quiere ser agradecida,
no acudiendo a la venganza
por darte ejemplo con esto;
que las piadosas entrañas
del hombre noble perdonan
1190 por un servicio mil faltas,

---

[138] *Y . . . abrigó.* An allusion to Aesop's fable *The Farmer and the Snake* in which a farmer gave shelter to a frozen snake only to discover later that the snake turned on his wife and children. The farmer then killed the ungrateful snake with a mattock.
[139] *desgracia:* disfavor.
[140] Understand *cosas* after *dos.*
[141] *naturales:* natural scientists.
[142] *serpiente:* dragon or giant lizard.

[143] This fable of the grateful eagle, probably of Greek origin, is related by Sebastián de Covarrubias Horozco, *Tesoro de la lengua castellana o española* (Madrid, 1611).
[144] The familiar story of Androcles and the lion has long stood as an example of the gratitude of animals.
[145] *menos que fiera:* you who are less than a beast.
[146] *condición recatada:* circumspect temperament.

y es mejor agradecer
el corto don que se alcanza
que vengar muchas injurias,
que uno da honor, y otro agravia.
1195 Acuérdome que dijiste:
"Muera en prisión triste y larga
quien no fuere agradecido."
Persígante tus palabras;
vete en paz, sigue tu estrella.
1200 Tú, Vivero, en esta causa[147]
toma ejemplo y escarmienta;[148]
y si mi piedad te engaña,
advierte que no está siempre
nuestra cólera enfrenada,
1205 que algunas veces se suelta
y la paciencia nos falta.

LINTERNA

Señor, el rey de Castilla,
de León y las Montañas,
de Toledo y de Sevilla,
1210 el príncipe de Vizcaya,
el hijo de don Enrique,
el soberano monarca,
el nieto del rey don Juan,
el primer hombre de España . . .

DON ÁLVARO

1215 ¿Qué dices, bestia?

LINTERNA

　　　　Que viene,
si mis antojos no engañan.
Suya es aquella carroza;
ya llega cerca, ya para,
ya levantan el estribo,
1220 ya sale fuera, ya aguarda
que a sus pies llegues. Camina,
que tu dicha te acompaña.

(*Sale el* REY, *de camino, y acompañamiento.*)

REY

Álvaro, amigo.

DON ÁLVARO

　　　　Señor,

¿la corona castellana,
1225 el blasón[149] de Europa sale
de su trono y de las aras
de su deidad, y recibe
con honras extraordinarias
sus hechuras?

REY

　　　　Condestable,
1230 en mi edad, si bien no larga,
nunca tuve mejor día.
¡Oh, cuánto ver deseaba
tal amigo! ¿Cómo vienes?

DON ÁLVARO

　　　　Alegre, como quien halla
1235 tantas honras y mercedes
y rey que un amor me paga
tan inmenso y tan profundo,
que la luz hermosa y clara
era sombra de la muerte
1240 en su ausencia.[150] En las bizarras
manchas del cielo y estrellas
sólo de noche miraba
con memoria de mi rey.
La corona de Ariadna,[151]
1245 entre los confusos sueños,
como no está ociosa el alma,
me representaba especies[152]
de algunas cosas pasadas
entre los dos; y si acaso,
1250 entre horrores y fantasmas,
se turbaba el sueño, todo
era ver águilas pardas
y leones, por ser reyes
de los brutos. Y aun hallaba
1255 basiliscos,[153] animales
que reyes pequeños llaman,
porque traen unas coronas
de reyes, verdes y blancas.
Si a divertir mis pesares
1260 salí a las verdes campañas,
sólo el hermoso granado[154]
los ojos me conquistaba;

---

[147] *causa*: case.
[148] *escarmentar*: to learn by experience.
[149] *blasón*: glory.
[150] *su ausencia*: my absence from him (the king).
[151] *corona de Ariadna*: Ariadne's crown (known also as the Corona Borealis or the Northern Crown) is a constellation which, according to mythology, represents the crown that Dionysius gave to Ariadne for a wedding present and which he set among the stars

when she died. Throughout this speech Don Álvaro employs a series of images (crown, the king of animals, etc.) evoked by his thoughts of the king.
[152] *especies*: images.
[153] *basilisco*: basilisk, a lizard or dragon whose look was regarded as poisonous and often fatal. It was called *régulo* (little king) in Spanish because of its crown-shaped crest.
[154] *granado*: pomegranate tree.

porque entre ramos de murta,[155]
y entre las flores de nácar,
1265 como un monarca del campo
da su fruta coronada.[156]

REY

Yo, amigo, podré decirte
que la luna contemplaba
muchas veces cuando hermosa
1270 hurta al sol rayos de plata,
por ser tu nombre, y decía:
"Si yo soy el sol de España
y he de iluminar mi luna,
¿qué mar, qué tierra pesada
1275 se ha puesto en medio y no deja
que penetre esferas altas
mi luz, hiriendo y dorando
de rosicleres su cara."[157]
Sosegué al fin el eclipse
1280 que la envidia te causaba.
Llaméte, veniste, y yo,
viudo ya en tristeza tanta,
salgo a alegrarme, y te doy
con obras, no con palabras,
1285 la bienvenida. Eres duque
de Escalona y de Riaza.[158]

DON ÁLVARO

Y esclavo del rey don Juan.

REY

¿Quién es el que te acompaña?

DON ÁLVARO

Juan de Silva, un caballero
1290 que por sus partes gallardas
estimo.

REY

¿Y aquel traidor,
este ingrato en cuya casa,
que ya lo supe, se hizo
la conjuración pasada
1295 contra ti, se atreve agora
a vernos? Ya tengo causas
para derribarle: en éste
el castigo no es venganza.
Sea mi alférez mayor

1300 Juan de Silva, y porque haga
luego algún servicio, prenda
a Hernando de Robles.

SILVA

Gracias
de tan gran merced te dé,
César español, tu fama.

ROBLES

1305 Señor, ¿en qué te he ofendido?

REY

En muchas cosas. ¿No basta
comunicar con naciones
a mi corona contrarias?
¡La hacienda le secrestad![159]

LINTERNA

1310 La fortunilla voltaria
ha dado patas arriba
con toda vuestra arrogancia.
Señor Juan de Silva, escuche:
Crió un villano en su casa
1315 un cochino y un jumento.
Al cochino regalaba
tanto, que al jumento mismo
daba envidia, que esta falta
es muy de asnos. Llegó el día
1320 de San Martín,[160] y escuchaba
el asno grandes gruñidos.
Asomóse a una ventana,
vio al miserable cochino,
el cuchillo a la garganta,
1325 que roncaba sin dormir.
"¿Para aquesto le engordaban?
— dijo el asno —. Voyme al monte
por leña; venga mi albarda."
Subiste; llegó tu día;
1330 roncando vas tu desgracia;
vuélvome a mi astrología;
ser mozo de espuelas[161] basta.

ROBLES

¡Bárbaro, loco, por vida! (*Vase.*)

LINTERNA

¿Qué soberbia no se amansa?

---

[155] *murta*: myrtle.

[156] *fruta coronada* refers to the pomegranate, about which Covarrubias says in his *Tesoro*: ". . . sinifica dominio e imperio, porque la granada está coronada de puntas."

[157] *hiriendo . . . su cara*: Striking and gilding its (the moon's) face with hues of rosy pink.

[158] *Escalona* is a town in the province of Toledo

where Don Álvaro's castle now stands in ruins. *Riaza* is a town in the province of Segovia.

[159] *secrestar: secuestrar*, to confiscate.

[160] *día de San Martín*. Hogs are traditionally slaughtered on St. Martin's Day, November 11. Cf. the proverb, *A cada puerco le viene su San Martín.*

[161] *mozo de espuelas*: groom.

DON ÁLVARO

1335 Honras me das infinitas.

REY

Vivero.

VIVERO

Señor, ¿qué mandas?

REY

Mi camarero sois ya.

VIVERO

Beso tus pies.

REY

Dad las gracias
a don Álvaro; por él
1340 todas mis mercedes pasan;
dél reciben la virtud,
a la manera del agua.[162]
Con mercedes y castigos
se han visto bien gobernadas
1345 las repúblicas.

DON ÁLVARO

Del orbe
seas singular monarca. (*Vanse.*)

(*Salen la* INFANTA CATALINA *con una
carta y* DOÑA JUANA.)

CATALINA

El infante me ordena en esta carta
que a Trujillo[163] me parta,
villa que el rey nos dio, y quitó a Villena.[164]
1350 Colérico me ordena,
sin duda, esta partida.
Alguna guerra tienen prevenida
el de Navarra[165] y él; y el rey mi hermano
tendrá sosiego en vano
1355 en tanto que mis primos
en Castilla estuvieren. Bien lo vimos
en el año pasado,
que con estar conmigo desposado,
a Castilla turbó paz y sosiego
1360 don Enrique, aunque luego
se redujo a la paz.[166]

JUANA

¿Qué causa puede

mover a los infantes
y a los grandes que siguen su partido
agora a muchas guerras en Castilla?

CATALINA

1365 Sólo ver que concede
tanta mano[167] como antes
a don Álvaro el rey.

JUANA

¿Siempre no ha sido
lo mismo? ¿Es novedad, es maravilla
que quiera bien un rey a algún criado?
1370 ¿Quién no tuvo privado?
En príncipes y reyes,
cuantos al mundo dieron justas leyes,
ansí en sacras historias
como en profanas,[168] ven nuestras memorias
1375 ejemplos tan frecuentes
que son comunes ya a todas las gentes.
¿No ha de tener el rey quien la fatiga
del peso del reinar le sobrelleve,
quien la verdad le diga,
1380 con quien él comunique lo que debe
hacer en las materias más dudosas?
¡Oh, condición humana! ¡Oh, rigurosas
costumbres de los míseros mortales!
Que siempre las envidias son fatales
1385 al que el rey quiere bien; nadie repara
cuán trabajosa y cara
es aquella privanza,
si un hora breve de placer no alcanza.

CATALINA

Don Álvaro ha llegado;
1390 quiero dar cuenta al rey de mi cuidado.

JUANA

Y yo, si vuestra alteza
ausenta de palacio su belleza,
licencia pediré.[169] Muerta María,
la reina mi señora, a quien servía,
1395 ¿qué he de hacer?

CATALINA

Doña Juana,
volveráse a casar el rey mañana.

---

[162] *del . . . agua:* freely, "from him they (my favors) receive their efficacy, just as (all living things receive their vitality) from water."

[163] *Trujillo:* town in the province of Cáceres.

[164] *Villena:* Don Juan Pacheco, the Marqués de Villena, who was an enemy of Don Álvaro de Luna. He is not to be confused with Enrique de Villena (incorrectly called the Marqués de Villena) who was

noted as a writer and as a practitioner of the black arts.

[165] *el de Navarra.* See n. 9.

[166] *se redujo . . . paz:* he was forced to accept peace.

[167] *mano:* authority

[168] *profanas:* secular.

[169] *licencia pediré:* I shall ask permission to leave.

JUANA
Vuestra alteza, señora,
es el dueño que yo venero agora.
(*Vase* CATALINA.)

(*Salen* DON ÁLVARO *y un* EMBAJADOR.)

JUANA
(El parabién de la venida quiero   (*Aparte.*)
1400 dar aquí al condestable.
Esperaré que[170] hable
con este caballero.)

DON ÁLVARO
Digo, señor, que en esto no habrá duda.
Con Isabel de Portugal sin falta
1405 el rey se casará. No lo he tratado
con él,[171] pero está bien el casamiento
a Castilla, y ansí doy la palabra
al maestre de Avís[172] de que está hecho.

EMBAJADOR
Al maestre diré que Vuecelencia
1410 le hace esta amistad.

JUANA
(Si no me engaño, (*Aparte.*)
de casamiento tratan. No me han visto;
quiero acercarme más.)

DON ÁLVARO
¿Es Isabela
hermosa?

EMBAJADOR
Sí, señor, este retrato
lo asegura fiel.   (*Dale un retrato.*)

DON ÁLVARO
Quedo agradado.
1415 Al maestre decid que esto está hecho;
la palabra le doy, y a vos la mano.
Las bodas no tendrán impedimento;
prevéngase Isabel mientras yo aviso.

JUANA
(¡Que siempre la mujer escuchar quiso
(*Aparte.*)
1420 por su daño! ¡Ay de mí! ¿Qué estoy
sintiendo?)

EMBAJADOR
Esa respuesta llevo.

DON ÁLVARO
Al maestre de Avís amistad debo.
(*Vase el* EMBAJADOR.)

JUANA
Cuando por haber llegado,
veros, condestable, quiero,
1425 no sé qué he de dar primero,
si el parabién de casado
o el de la vuelta dichosa.
(No siente mucho pesar (*Aparte.*)
quien puede disimular;
1430 turbada estoy y celosa.)

DON ÁLVARO
Aquí y ausente también
vuestro soy y por vos vivo.
La bienvenida recibo,
mas no entiendo el parabién.

JUANA
1435 (Todo lo concede ansí (*Aparte.*)
quien niega lo que escuché.
¡Ay, falso! ¡Ay, hombre sin fe!
Quiero volver sobre mí;[173]
encubramos el tormento,
1440 corazón.) En Portugal
sé que os casáis. No hacéis mal,
que es ilustre el casamiento,
y aun es Isabel hermosa;
ese retrato lo diga.
1445 (Desdichada es mi fatiga;[174] (*Aparte.*)
vileza es ser envidiosa.
¡Quién pudiera no sentir
lo que miro y lo que escucho!
Mas no debe de ser mucho,
1450 pues lo he sabido encubrir.)

DON ÁLVARO
Este retrato, señora,
podrá responder por mí;
para el rey lo recebí;
su casamiento es agora
1455 el que se trata, no el mío.
Isabel de Portugal
es la consorte real,
cuyo rostro, cuyo brío
ha trasladado el pincel
1460 con tan valiente destreza,

---

[170] *que: a que.*
[171] It is a historical fact that Don Álvaro did not consult the king before arranging his marriage to Princess Isabel, thereby incurring the displeasure of his royal master who had his heart set on marrying a French princess.

[172] *Avís:* a Portuguese military order. The Grand Master was the Infante Don Pedro.
[173] *volver sobre mí:* to pull myself together.
[174] *fatiga:* anxiety.

que dejó a naturaleza
con envidia y celos dél.
(*Dale el retrato.*)

JUANA

(¿Si me dirá la verdad? (*Aparte.*)
Sí, que mal será traidor
1465 hombre de tanto valor,
hombre de tanta piedad.
   Agora en el alma mía
los celos se han de mostrar;
callarlos supo el pesar,
1470 y no sabrá la alegría.)

DON ÁLVARO

Ésa mi reina ha de ser;
en Castilla ha de reinar.

JUANA

Comencémosla a estimar;
reverencia[175] le he de hacer.
1475   Vengas muy enhorabuena
a los reinos de Castilla,
portuguesa maravilla.
(Todavía me da pena; (*Aparte.*)
teme el alma todavía,
1480 que como fue grave el daño,
aunque vino el desengaño,
de su salud desconfía.)[176]
   (*Vuélvele[177] el retrato.*)
Tomad, condestable.

DON ÁLVARO

                    Agora
saber de vos me conviene . . .

JUANA

1485 No puede ser, que el rey viene.
No os halle aquí.

DON ÁLVARO

                Adiós, señora. (*Vase.*)

JUANA (*Sola.*)

   Tanto es este amor, que muero
con el susto y el espanto.
Corrida estoy de amar tanto;
1490 no he de amar, olvidar quiero.
   Mas, ¿cuándo se ha pretendido
olvidar? ¡Qué loco error!
Sin querer viene el amor,

sin querer venga el olvido.
   (*Sale el* REY *con un retrato.*)

REY

1495 Juana.

JUANA

      Señor, tu presencia
deseada de mí está,
que si su alteza[178] se va,
fuerza es pedirte licencia
para irme a Benavente.[179]

REY

1500 ¿Cómo, Juana, cuando trato
(bien lo muestra este retrato),
de casarme brevemente?
   ¿Irte de palacio? No;
ya se sabe cómo estimo
1505 sangre del conde mi primo. (*Siéntase.*)
   Presto tendré dueño yo,
y presto tú le tendrás,
nuevo sol y luz de España.

JUANA

(Don Álvaro no me engaña.) (*Aparte.*)

REY

1510 Aquí, Juana, lo verás.
   Mira este cielo francés,
a cuyo divino sol
se pone el reino español
por tapete de sus pies.
1515   Resiunda[180] es la francesa
que vivifica el pincel.

JUANA

(¡Ay de mí! ¡No es Isabel!) (*Aparte.*)

REY

   Ésa es la lis,[181] flor es ésta
que hoy elige mi albedrío,
1520 porque lirios soberanos
a leones castellanos
con el aliento den brío.[182]

JUANA

   ¿Francesa reina nos das?

REY

   Juana, sí. No es maravilla;
1525 que a Francia ha dado Castilla
reinas santas.

[175] *reverencia*: bow.
[176] *desconfía*. The subject is *alma*.
[177] *volver*: devolver.
[178] *su alteza* refers to the Infanta Catalina.
[179] *Benavente*: town in the province of Zamora.
[180] *Resiunda*. The *Crónica de Juan II* gives the name
of the French princess as *Regunda*.

[181] *lis*: lily.
[182] *porque . . . castellanos*: so that royal lilies, with
their scent, will give elegance to Castilian lions. Note
the allusion to the fleurs-de-lis of the French coat of
arms and to the lion of the coat of arms of the kingdom
of Castile and Leon.

JUANA

(Ya no más,   (*Aparte*.)
fiero amor, no más traición;
que mi rabia y mis enojos
arrojan hoy por los ojos
1530 pedazos del corazón.
El engaño siento más
que la traición que me ha hecho.
No cabe el alma en el pecho.)

REY

¿Qué tienes? ¿Adónde vas?

JUANA

1535   Ese retrato, señor,
ha acordado al alma mía
la reina doña María,
y enternéceme su amor.
Bien me quiso, y llanto doy
1540 del alma sin resistir.
(Si hay mayor mal que el morir,   (*Aparte*.)
a buscar ese mal voy.) (*Vase*.)

REY

Aunque más en celos arda
por accidente o valor,[183]
1545 pienso rendirme al amor
por vos, francesa gallarda.
A nadie dije mi intento,
mas ya que estoy inclinado,
reina sois de mi cuidado,
1550 reina de mi pensamiento.

(*Sale* DON ÁLVARO.)

DON ÁLVARO

Solo está el rey, y un retrato (*Al paño*.)
contempla con atención.
¿Si tuviese otra intención
cuando de casarle trato?
1555   Mal hice en no darle cuenta
primero de mi deseo.
Empeñada en esto veo
mi palabra. Mas ¿qué intenta,
qué pretende, qué imagina,
1560 sin que yo lo sepa? Nada;
según esto, ni le agrada
el retrato, ni se inclina.

Sospecho que está dormido,
(*Acércase al* REY.)
tanto pueden los cuidados
1565 en los ojos desvelados
de un rey sabio y advertido;
que como el sueño es ladrón
de la mitad de la vida,
si ve al alma prevenida,
1570 suele embestir a traición.
Este retrato le quito
y le pongo el de Isabel,
(*Truécale el retrato*.)
despierte o no, porque en él
mi negocio solicito.
1575   Si reina obligada tengo
a mi maña y mi cuidado,[184]
podré vivir descuidado;
hombre es el rey, y prevengo
con aquesto otra columna
1580 que la envidia no derribe,
y en quien[185] la máquina[186] estribe
de mi próspera fortuna.

(*Retírase. Despierta el* REY.)

REY

Rapto[187] del sueño veloz
venció mis ojos. Pintura,
1585 si a vos, en tanta hermosura,
os falta sólo la voz,
en el sueño parecidos
habemos los dos estado;
que el hombre es hombre pintado[188]
1590 cuando duermen sus sentidos.
¿Qué es esto? ¿Quién se atreve
a volver sombras obscuras
perfiles de estrellas puras,
líneas de luz y de nieve?[189]
1595   ¿Qué occidente o mar helado,
qué nube sin arrebol
hurtó de mi mano el sol,
y la sombra me ha dejado?
¿Qué envidia, qué amor,[190] qué mal
1600 transformó con arrogancia
los bellos lirios de Francia

---

[183] *Aunque . . . valor*: Although I may burn more with jealousy because of my passion and spirit.

[184] *Si . . . cuidado*: i.e., if a queen owes her position to my skill and solicitude.

[185] *quien*: que.

[186] *máquina*: edifice.

[187] *rapto*: swoon.

[188] *hombre pintado*: i.e., a lifeless man. Most printed editions read *mundo pintado*.

[189] *volver . . . nieve*: to transform profiles . . . into dark shadows.

[190] *amor*. Most printed editions read *humor* (in the sense of "caprice").

en quinas[191] de Portugal?

DON ÁLVARO

(No le ha parecido bien;   (*Aparte.*)
agora, agora, fortuna,
1605 he menester que en mi luna
tus rayos prósperos den.)
      Yo fui el mar y el occidente,
yo fui la envidia y la nube
que ese atrevimiento tuve.
1610 Este sol resplandeciente
de Isabel de Portugal,
del maestre de Avís hija,
quise, gran señor, que elija
vuestra majestad real.
1615   Un abismo[192] es de belleza,
que al tiempo que la formó,
a sí misma se excedió
la madre naturaleza.
      Compararse a nada debe,
1620 que para[193] su ejemplo, son
las estrellas un borrón,
sombra el sol, noche la nieve.

REY

Álvaro, yo me contento
con mi elección, y me caso
1625 con la luz en que me abraso,
con la vida en que me aliento.
      Belleza tan sin igual
pasme allá a naturaleza;
bástame a mí una belleza
1630 que merezca hombre mortal.
Dadme el retrato.

DON ÁLVARO

                          Señor,
conveniencias de su estado
son las que siempre han casado
a los reyes, no el amor,
1635 no el gusto, no los antojos;
que hacer debe el casamiento
de un gran rey su entendimiento,
no la elección de sus ojos.
      Con guerras está Castilla;
1640 Portugal nos dará gente.

REY

También Francia, y tan valiente.
Resiunda es maravilla
de Europa, y mía ha de ser.

[191] *quinas*: coat of arms of Portugal consisting of
five blue shields.
[192] *abismo*. See n. 88.
[193] *para*: in comparison with.

DON ÁLVARO

Gran señor, ¿y si yo he dado,
1645 en vuestro amor confïado,
mi palabra, qué he de hacer?
      (*De rodillas.*)

REY

¿Cómo, don Álvaro, vos
me casáis a mí sin mí?[194]   (*Levántale.*)

DON ÁLVARO

Amor suele hacer ansí
1650 una voluntad de dos.
      Confié, engañéme, erré;
pero ya me vuelvo a Ayllón
a tomar satisfacción
de mí mismo.[195] Allí estaré,
1655   huyendo vuestra presencia;
pues que sin palabra estoy,
afrentado y triste voy;
mi error me ha dado licencia.[196]   (*Vase.*)

REY

      Volved acá. ¿Qué es aquesto?
1660 Condestable, ¿dónde os vais?

DON ÁLVARO

Donde a un hombre no veáis
que su fe y palabra ha puesto
donde no puede cumplilla.

REY

Álvaro, en nuestra amistad
1665 no cabe dificultad.
      Reina será de Castilla
Isabel; no os enojéis.
¿Otra vez os desterráis?
Poco, don Álvaro, amáis,
1670 poco a mí me agradecéis.

DON ÁLVARO

Bésoos los pies, gran señor;
vida y honor me estáis dando.

REY

Condestable, estoy pensando
que, pues cobré tanto amor
1675   a esta francesa, podría
buscarse alguna disculpa,
para que no fuese culpa
vuestra palabra.

DON ÁLVARO

                    ¿La mía?

[194] *sin mí*: without consulting me.
[195] *tomar satisfacción de mí mismo*: to make amends
(for my wrongs).
[196] Understand "to leave" after *licencia*.

No, señor, mejor será
1680 que yo viva desterrado
como un hombre que ha quebrado
su palabra. Goce ya
vuestra majestad, señor,
ese dueño que desea,
1685 y el mundo a mí no me vea.

REY

Álvaro, ¿tanto rigor?
Volved acá, por mi vida,
que es ya mi dueño Isabel;
su retrato adoro; en él
1690 tendré el alma divertida.
Y mirad si satisfago
al amor que está en mi pecho;
que los treces[197] os han hecho
maestre de Santïago.
1695 Vos solo seréis caudillo
de mi ejército, y ansí
partid, maestre, de aquí;
ganadme luego a Trujillo;
que el infante de Aragón,
1700 desde allí fortificado,
grandes huestes ha juntado.

DON ÁLVARO

Vencerá vuestra razón.[198]

REY

Más amor que tenéis muestro.

DON ÁLVARO

Señor, ¿habláis en el caso
1705 de Isabel?

REY

Sí, que me caso
sin mi gusto y por el vuestro. (*Vase.*)

DON ÁLVARO

Hoy ve el curso de mi vida,
con esto, fija a mis pies
a la fortuna, si es
1710 Isabel agradecida.

(*Sale* DOÑA JUANA.)

JUANA

Mal caballero, fementido amante,
desleal y traidor a la fe mía,
más cándida, más pura, más brillante
que el rosicler y púrpura del día,
1715 ¿en qué varón magnánimo y constante

su veneno vertió la alevosía?
En ti solo, traidor. ¡Viven los cielos!,
que éstos agravios son, y no son celos.
Que el rey se casa en Portugal dijiste,
1720 cuando un lirio francés miro en su mano;
un retrato le vi,[199] y otro me diste.
¿Ésta es acción de noble o de villano?
Mentiste, condestable, tú mentiste;
no lo merece amor, dios soberano,
1725 que del pecho, a pesar destos enojos,
se asoma a los viriles[200] de los ojos.
¡Plega al cielo, traidor, que derribado,
a fuerza de la envidia diligente,
del supremo lugar, del alto estado,
1730 admiración[201] te llamen de la gente!
Y si envidia causó tu bien pasado,
mayor lástima dé tu mal presente;
desvanézcase ya sin luz alguna
la pompa y majestad de tu fortuna;
1735 porque yo en Benavente retirada,
sangre de Pimenteles generosa,
de amor, con escarmientos, enseñada,
gozaré libertad y paz dichosa.
Y pues que la fortuna recatada
1740 infeliz me formó, no siendo hermosa,
allí con mis pesares divertida
contaré las tragedias de tu vida.
No siento tus engaños; sólo siento
que mi imprudente amor se haya atrevido
1745 a salir a la lengua, y el tormento,
que el silencio le daba, haya rompido.
¡Ah, mal nacido amor! Este escarmiento
tu vil facilidad ha merecido.
¡Murieras en el alma y no en los labios,
1750 sintiendo injurias y llorando agravios!

DON ÁLVARO

Atiende, mi señora, al desengaño
de quien la sombra de tu luz adora.
En Francia quiso el rey (que no te engaño)
casarse antes de verme, pero agora
1755 no quiere casamiento tan extraño.
A Isabel quiere ya. Mira, señora,
el retrato francés que te dio enojos.

JUANA

¡Ay, Dios, si esto es verdad!

DON ÁLVARO

Sí, por tus ojos.

---

[197] *treces*: administrative officers of the military Order of Santiago.
[198] *razón*: cause.

[199] *un retrato le vi.* I saw him with a portrait.
[200] *viril*: transparent glass.
[201] *admiración*: wonder, astonishment.

JUANA

¡Qué fácil condición tiene quien ama!
1760 Al mar le compararon los poetas,
con celos: Una vez airado, brama
muriendo, y produciendo olas inquietas,
en globos de cristales se derrama,
que parecen dïáfanos cometas,
1765 y luego en dulce paz y sin rigores,
campo de estrellas es, cielo de flores.
Pasó la tempestad de mis enojos;
serenó el desengaño mi semblante.
Borre en mi lengua, pues borró en mis ojos,
1770 tantas quejas amor de aquí adelante.
Tributaria de bárbaros despojos
te mire la fortuna, tan constante
que aun el tiempo sentirse apenas pueda
en los vuelcos fatales de su rueda.[202]
1775 Ni recele, ni sienta tu privanza
golpe infeliz de mísera caída,
ni se mire tu luna con mudanza
de los rayos del sol destituída;
ni adquiera en tus sucesos su venganza
1780 la envidia de los hombres, ni en tu vida
nos dejen experiencias las historias
de lo que pueden las humanas glorias.[203]
Pasmo del mundo tu fortuna sea.

DON ÁLVARO

No es eso lo que yo me he deseado.

JUANA

1785 Pues tengas lo que esta alma te desea.

DON ÁLVARO

Ser pudiera con eso desdichado.

JUANA

Siempre Castilla tus hazañas vea.

DON ÁLVARO

No es eso, no, favor de enamorado.[204]
Si casado no dices, y contigo,
1790 tenme por infeliz.

JUANA

Pues eso digo.
(*Vanse, cada uno por su parte.*)
(*Tocan cajas. Salen el* INFANTE *y* CRIADOS.)

INFANTE

Sienta Castilla, bizarra

solamente en su opinión,[205]
las banderas de Aragón
y las cajas de Navarra.
1795 Plaza de armas ha de ser
Trujillo de nuestra gente;
desde aquí, osada y valiente,
a Castilla ha de ofender.
Apriesa marcha mi hermano;
1800 y estando juntos los dos
pienso domar, ¡vive Dios!,
el orgullo castellano.
La intención he de vengar
que de mi muerte han tenido.

CRIADO

1805 Al condestable has debido
la vida.

INFANTE

Pues libertar
pienso al rey de su poder;
no ha de gobernarlo todo.

CRIADO

Advierte que dese modo
1810 ingrato vienes a ser.
Él te casó con la infanta;
la vida después te dio.

INFANTE

Ya su poder me cansó;
esto es mundo, ¿qué te espanta?[206]
(*Salen un* ALCAIDE *en lo alto, y un* SOLDADO.)

ALCAIDE

1815 Sepa, señor, vuestra alteza,
que está a peligro la villa;
que la gente de Castilla
viene ya. Esta fortaleza
no teme, porque ha de estar
1820 por el nombre y opinión
de Navarra y de Aragón.
No la puede conquistar
el castellano trofeo;[207]
que es al fin inexpugnable.

INFANTE

1825 ¿Si ha venido el condestable
con el ejército?

---

[202] *Tributaria . . . rueda*: freely, "May Fortune be your tributary, giving you the spoils of victories won from barbarians, and may she be so constant in her treatment of you that time itself can hardly be felt in the fatal turning of her wheel."

[203] *ni en . . . glorias*: freely, "nor may histories leave us examples in your life of how human glories can end in tragedy."

[204] *de enamorado*: for one in love.

[205] *opinión*: reputation.

[206] *esto . . . espanta?*: this is the way of the world; why are you surprised?

[207] *trofeo*: collection of arms and insignia

ALCAIDE

Creo,
según dicen las espías,
que el conde de Benavente
gobierna agora la gente.

INFANTE

1830 En efecto, desconfías.
Mis fuerzas son desiguales.[208]
Alcaide, ¿qué me aconsejas?

ALCAIDE

Señor, si la villa dejas,
quemados los arrabales,
1835   y a Alburquerque[209] pasas, pienso
que es medio más acertado.

INFANTE

Como aragonés honrado
mostrarás valor inmenso
defendiendo este castillo;
1840 porque yo, con tu consejo,
a Alburquerque marcho, y dejo
desmantelado a Trujillo.

ALCAIDE

Moriré, señor, por vos.

INFANTE

¿Sois leal?

ALCAIDE

Tuyo seré.

INFANTE

1845 Freno con esto pondré
a Castilla. Adiós.

ALCAIDE

Adiós.

INFANTE

Marche el ejército luego,
y al pasar muéstrese rayo;
que desta suerte me ensayo
1850 por vencer a sangre y fuego. (*Vase.*)

ALCAIDE

La gente que el rey previno
para ir a Granada es ésa
que marchando ves apriesa;
contra los infantes vino,
1855   como sabe su intención.

SOLDADO

Cosa es injusta mirar
en Castilla tremolar

las banderas de Aragón.

ALCAIDE

Grandes los han alentado.

SOLDADO

1860 Quizá envidiosos están.

ALCAIDE

Sin duda es el capitán
el que a la posta[210] ha llegado
al ejército. ¿No ves
que le abaten las banderas
1865 y en concertadas hileras
le reciben?

SOLDADO

Pienso que es
don Álvaro el general.

ALCAIDE

Al ánimo y la fortuna
de don Álvaro de Luna
1870 seré invencible y leal.[211] (*Vanse.*)

(*Tocan cajas a marchar, y salen* DON
ÁLVARO, *el* CONDE DE BENAVENTE,
SOLDADOS *y* LINTERNA.)

DON ÁLVARO

Decir podré, castellanos
invencibles y valientes,
que por el viento he venido;
porque no dudo que fuesen
1875 hijos del viento, nacidos
en las riberas del Betis,[212]
los caballos que he traído.
El conde de Benavente
bien mis ausencias suplía;
1880 mandóme el rey que viniese
y a Trujillo le ganase.

CONDE

Llana está la villa; el fuerte,
inexpugnable castillo,
dificultoso parece
1885 de ganar. Apriesa marcha
de don Enrique la gente.
¿Seguirémosla?

DON ÁLVARO

No, conde.
El rey a Trujillo quiere;
démosle a Trujillo.

---

[208] *desigual*: inferior.
[209] *Alburquerque*: town in the province of Badajoz.
[210] *a la posta*: by post (relay of horses).
[211] *leal*: steadfast.

[212] *Betis*: ancient name of the Guadalquivir River. Horses bred in Andalusia were famous for their speed.

LINTERNA

Demos.

DON ÁLVARO

1890 ¿Demos dices? Acomete.
¡Ea, escalar el castillo!

LINTERNA

Atrévase quien se atreve,
teniendo cara y espaldas,
a ser siempre maldiciente.[213]
1895 Atrévase cierto novio
que vi en el tálamo un viernes
tan animoso y osado
que, pasando de diez sietes
la edad de la novia, y siendo
1900 su hermosura sólo un diente
y dos ojos que vertían
uno arrope y otro aceite,
zurda y calva, el dicho novio
risueño estaba y alegre.
1905 Si Dios quisiera que el hombre
vàya a la guerra y pelee,
naciera armado del modo
que el león nace y la sierpe,
pero si nace desnudo,
1910 ¿no está claro que Dios quiere
que guarde bien su pellejo?

DON ÁLVARO

Pues al principio, ¿quién vence?

LINTERNA

¡Cuerpo de Dios! Al principio
se nos va entrando la muerte
1915 por un dolor de cabeza;
al principio el mar es leche;
al principio del diluvio,
estaban todos alegres
viendo llover, y decían:
1920 "¡Qué buen año ha de ser éste!"
Acometan las tortugas,
que atrás y adelante tienen
dos rodelas que las guardan,
dos conchas que las defienden.
1925 Acometan los pöetas
de comedias, pues se atreven
contra los silbos humanos
de mosqueteras serpientes.[214]

DON ÁLVARO

¿Sois cobarde?

LINTERNA

Soy discreto.

DON ÁLVARO

1930 (Su condición[215] me entretiene.) (*Aparte.*)
¡Ah del castillo! (*Llamando.*)

ALCAIDE

¿Quién llama?

DON ÁLVARO

Llama, alcaide, quien pretende
vuestro honor y vuestro aumento.
El rey de Castilla quiere
1935 que le entreguéis su castillo.

ALCAIDE

No se gana de esa suerte
honor, como vos decís.
Haga el rey que a mí me suelten
los infantes de Aragón
1940 el homenaje.

DON ÁLVARO

¿Quién puede
en tierras del rey don Juan
tener castillos?

ALCAIDE

Quien suele
dalle querras y ser su igual.

DON ÁLVARO

(No te respondo que mientes, (*Aparte.*)
1945 villano, por no impedir
la facción[216] que se pretende.)
Retírese Vuecelencia;[217]
retiraos todos, y queden
algunos en esa hermita.

(*Retíranse adentro.*)
1950 Sólo quiero hablarte. Déme
su salvaguardia el castillo.

ALCAIDE

Sube, pues, que ya la tienes.
(Agria es la cuesta, y quien solo (*Aparte.*)
a esta fortaleza viene,
1955 no puede engañarnos.)

DON ÁLVARO

Yo,
señor alcaide, fui siempre

---

[213] *Atrévase . . . maldiciente.* Linterna probably means that only the slanderer, who is liable to be slandered himself when his back is turned, would be foolish enough to attack.

[214] *silbos . . . serpientes.* A reference to the practice of the *mosqueteros* (groundlings) in the theaters of show-ing their displeasure with a play by hissing.

[215] *condición*: disposition.

[216] *facción*: partisanship.

[217] *Vuecelencia* is addressed to the Count of Bena-vente.

vuestro aficionado, y pues
el rey manda que le entreguen
su castillo, a cargo mío
1960 han de quedar las mercedes.
Salid acá y hablaremos
en este repecho verde
con que este cerco, esta valla
del castillo, se guarnece.

ALCAIDE
1965 Señor condestable, hablemos,
mas no podéis convencerme
a que yo entregue el castillo.

DON ÁLVARO
Si los infantes no deben
resistir al rey, ¿por qué
1970 se resiste y se defiende
un alcaide?

ALCAIDE
Porque he sido
noble como vos.

DON ÁLVARO
No siempre
es nobleza ser constante,
porque hay constancias aleves.

ALCAIDE
1975 Entregad a Enrique vos
el castillo de Alburquerque.

DON ÁLVARO
Lo que no debo ni puedo
me pedís.

ALCAIDE
Mi dicho es ése.

DON ÁLVARO
Vos debéis, si sois leal,
1980 entregarlo.

ALCAIDE
¿Quién me excede
en lealtad a mí? Ninguno.

DON ÁLVARO
Ya no puedo más; reviente
mi impaciencia. ¿Tú, alcaidillo,
tú, hombrecillo, te defiendes
1985 con valor del rey don Juan?
¡Vive Dios, que infame muerte
has de llevar en el valle!
Rodando has de ir.

(*Abrázase con él y ruedan abajo.*)

ALCAIDE
¡Socorredme,
los del castillo!

SOLDADO 1º
¿Quién basta
1990 contra el ánimo valiente
del condestable?

DON ÁLVARO
¡Ah, soldados!

(*Salen todos.*)

CONDE
¡Muera!

DON ÁLVARO
No muera; prendelde.
Da el anillo del infante
para que el castillo entreguen,
1995 o morirás.

ALCAIDE
Veslo aquí.

DON ÁLVARO
Suban las banderas, trepen
ese cerro los soldados,
y en las almenas del fuerte
las tremolen.

LINTERNA
Bien rodáis;
2000 sólo cierto amigo puede
rodar mejor con dos bolas.[218]

CONDE
El rey llega; a tiempo viene
que gozará la vitoria.

(*Sale el* REY.)

REY
Un nuevo soldado tienes,
2005 maestre de Santïago.
Vivir no puedo sin verte;
tu sombra soy y te sigo.

DON ÁLVARO
Señor, el cielo prospere
tu persona. Ya es Trujillo
2010 tuyo otra vez.

REY
A Alburquerque
pasaremos a esperar
allí que la reina llegue;
por ti y por ella he venido.
Álvaro, llamarte puedes

---

[218] *amigo . . . bolas.* Some editors believe that the reference is to Juan Ruiz de Alarcón because of his hunchback.

₂₀₁₅ duque de Trujillo; tuyo
  ha de ser, pues lo defiendes.
        DON ÁLVARO
  Mirad, señor, que la envidia
  vive entre tantas mercedes.
  No más, señor. ¡Vive Dios,
₂₀₂₀ que esta merced me entristece!
        REY
  Prosigamos la vitoria.
  Haced que marchen, maestre,
  marqués de Villena.

        LINTERNA
      ¡Dalle![219]
  (DON ÁLVARO *va a besar los pies al*
  REY *y cae sobre ellos.*)
        DON ÁLVARO
  Beso tus pies. Que tropiece
₂₀₂₅ hizo el peso de tus honras.
  Detente, dicha, detente;
  fortuna, no quiero más;
  a los pies del rey me tienes.
      (*Tocan cajas.*)

[219] *¡Dalle!: ¡Dale!* An interjection denoting disapproval of another's insistence (referring here to the king's insistence on bestowing more honors on Don Álvaro).

(*Salen* SILVA *y* VIVERO.)

SILVA

Y no sé desde aquel día
2030 lo que en la corte ha pasado,
que me han tenido ocupado
fronteras de Andalucía.
    Y aunque las nuevas derrama
la fama, que éste es su empleo,[220]
2035 nunca soy fácil ni creo
lo que publica la fama,
    pues suele mentir; y ansí
de sucesos y accidentes[221]
cualquier cosa que me cuentes
2040 será nueva para mí.

VIVERO

    El infante de Aragón,
hoy a la paz reducido,
entra en la corte; que ha sido
un generoso blasón[222]
2045   de don Juan no ser crüel
a tantos atrevimientos.
Ya sabes los casamientos
del rey con doña Isabel
    de Portugal, que ya vino,
2050 siendo otava maravilla
de las damas de Castilla;[223]
y con ella fue padrino
    el rey, prudente y afable,
de don Álvaro; ambos fueron
2055 padrinos que honrar supieron

las bodas del condestable.
    Doña Juana Pimentel
fue el favor que la fortuna
dio a don Álvaro de Luna
2060 más supremo, porque en él[224]
el condestable ha librado[225]
    toda su dicha, y al fin,
la quinta de su jardín
fue el tálamo deseado.
2065   Mas si el sol suele correr
al auge, y de allí no sube,
algunos indicios tuve
de que esto ha de suceder
    al condestable, y que ha sido
2070 el auge de su ventura
ser dueño de esa hermosura.

SILVA

¿De qué lo habéis presumido?

VIVERO

    De que, viniendo el infante,
le han de volver sus estados;
2075 y los grandes, incitados
de la ambición arrogante
    de don Álvaro, se unieron
a hacer cargos rigurosos.

SILVA

    ¿Y vos llamáis ambiciosos
2080 pecho y ánimo que os dieron
tanto honor? ¿Ése es buen pago?
¡Vive Dios, que es inculpable

---

[220] *Y . . . empleo.* Fame is traditionally depicted as a maiden who flies through the air with extended wings and blowing a trumpet.

[221] *accidente*: happening (by chance).

[222] *blasón*: commendable act.

[223] *otava* (*octava*) *maravilla . . . Castilla.* By poetⓘ conceit Isabel is the Eighth Wonder, hence the ulⓘ mate, of the women of Castile.

[224] The antecedent of *él* is *favor.*

[225] *librar en*: to base (one's happiness, etc.) on.

la vida del condestable,
maestre de Santïago!
2085 Ni arrogante ni ambicioso
en sus obras se ha mostrado;
mas es siempre el envidiado
lo que quiere el envidioso.
  De ingrato y desconocido[226]
2090 retaros puedo, y prometo
que a no mirar el respeto
de palacio . . .[227]

VIVERO

      Ya ha salido
el rey. Yo responderé
donde os deje satisfecho.
2095 (Declaréme: mal he hecho; (*Aparte.*)
mas yo me disculparé.) (*Vase* SILVA.)
    (*Sale el* REY.)

REY

¿Qué hay, Vivero?

VIVERO

          Gran señor,
lo que siempre digo: presto
no tendréis hacienda; y esto
2100 lo sé como contador.
  Mucho a don Álvaro dais;
todos los grandes lo sienten.
¡Plega Dios que ellos no intenten
remedios que vos sintáis!
2105 Remediadlo como sabio:
rico está; basten, señor,
tanta amistad, tanto amor.

REY

¿Os ha hecho algún agravio?

VIVERO

No señor, ni dél lo espero.

REY

2110 Ingrato sois.

VIVERO

        El crïado
a su dueño está obligado.

REY

Bueno está; basta, Vivero.
    (*Salen* ISABEL *y el* INFANTE.)

ISABEL

Señor, el infante viene
más humilde y más humano.
2115 Suplícoos le deis la mano.

REY

Cuando tal padrino tiene,
mis brazos daré al infante.

INFANTE

Si la reina, mi señora,
me da este favor agora,
2120 bien osaré estar delante
de tu majestad, señor;
dadme la mano.

REY

          Yo estimo
la persona de mi primo;
levantaos.

INFANTE

      Sin el favor
2125 de vuestra mano, ¿quién puede
levantarse de su estado?

REY

Tomad, pues.

INFANTE

        Ya ha perdonado
quien la mano me concede.
  Señor, si algunos enojos
2130 os he dado sin razón,
válgame para el perdón
el sagrado de esos ojos.
  Ya, arrepentido, los vi,
y obediente os seré yo;
2135 soldado sí, opuesto no,
primo no, vasallo sí.

REY

Yo lo creo.

ISABEL

      Y yo lo fío.

INFANTE

Pues conocéis mis intentos,
perdonad si tengo alientos
2140 de aconsejaros, rey mío.
  No llevan los grandes bien
tanto favor y amistad
con don Álvaro.

ISABEL

          Es verdad.

REY

¿Y vos, señora, también?
2145 ¡Pobre don Álvaro! Creo
que una vez os dio la vida.

---

[226] *desconocido*: unthankful.
[227] *prometo . . . palacio.* Silva means that only his respect for the inviolability of the king's palace, in which no violence was tolerated, prevents him from punishing Vivero.

INFANTE

No hay obligación que impida
el buen celo, el buen deseo
de que esté tu majestad
2150 en su reino con quietud.

REY

¡Ah, villana ingratitud,
que aun se atreve tu impiedad
a una reina y a un infante!

INFANTE

Muchas culpas nos refieren
2155 del maestre los que quieren
que no le tengáis delante.
Señor, oídlas, que es justo;
cargos le quieren hacer.
No es bien dejaros vencer
2160 de la amistad y del gusto.

ISABEL

Y cuando[228] culpas no hubiera,
— si las hay, sábelas Dios —
el apartarle de vos,
¿qué inconveniente tuviera?

(Sale ZÚÑIGA con una carta.)

ZÚÑIGA

2165   Ésta mi padre os escribe.

REY

¿Quién?

ZÚÑIGA

El conde de Plasencia,
el que, con vuestra licencia,
retirado en Béjar[229] vive.

REY

Levantaos, Zúñiga. (Tema[230] *(Aparte.)*
2170 y obstinación de fortuna
quiere eclipsar esta luna.
Turbado rasgo la nema.)

(Lee la carta.)

"Señor, todos los que aquí firman desean
como leales la paz y quietud de vuestro
reino. Éste está por perderse respeto de[231]
gobernarlo todo el condestable, con cuyo
poder tiene cargos[232] y culpas que se dirán a
vuestra majestad, estando él desterrado o
preso. Vuestra majestad lo remedie. — *El rey
de Navarra, Pedro de Velasco, camarero mayor, don*

*Pedro de Zúñiga, conde de Plasencia, el conde de Haro,
el marqués de Santillana, don Luis de Guzmán,
maestre de Calatrava, don Juan de Sotomayor,
maestre de Alcántara,* [233] *Pedro Manrique.*"
¿Qué es esto? ¡Ah, reino envidioso!
¡Que sea culpa la dicha,
2175 y que venga ser desdicha
el ser conmigo dichoso!
Si el merecer mis favores
no es dicha, sino justicia,
¿qué quiere aquí la malicia?
2180 Como el áspid en las flores,
con capa[234] de celo bueno,
con máscara de fïel,
viene la envidia crüel
derramando su veneno.
2185   Vedme vos. *(Vase ZÚÑIGA.)*

*(Salen DON ÁLVARO, LINTERNA y el
músico MORALES.)*

DON ÁLVARO

¿Aquí has venido?

LINTERNA

Soy de buen gusto y curioso.
¿A la sombra de un dichoso,
quién no entró donde ha querido?

DON ÁLVARO

Tenga vuestra majestad
2190 felices días.

REY

(Si son *(Aparte.)*
como el de hoy, no es bendición,
sino especie de crueldad.)

DON ÁLVARO

¿No me dais la mano? *(De rodillas.)*

REY

(¿Quién *(Aparte.)*
tales injusticias vio?
2195 Desdicha es quererlo yo,
delito es quererme él bien.
¿Posible es que éste se emplea
en culpas? No las espero.
Pues soy solo quien le quiero,
2200 sea yo quien no las crea.)

DON ÁLVARO

¿Qué tristeza hay que os suspenda?[235]

228 *cuando*: even if.
229 *Béjar*: town in the province of Salamanca.
230 *tema*: persistence.
231 *respeto de*: because of.
232 *cargo*: fault.

233 *Calatrava . . . Alcántara*: military and religious
orders established in the twelfth century.
234 *capa*: pretext.
235 *suspenda*. The indefiniteness of the antecedent
(*tristeza*) in the question accounts for the use of the
subjunctive in the adjectival clause.

REY

(Si yo le di cada día *(Aparte.)*
aun más de lo que él quería,
mal usurpara[236] mi hacienda.
205 Si a todos piedad mostró,
que[237] mis ojos son testigos,
¿cómo ha ganado enemigos?
Es envidia, culpa, no.)

DON ÁLVARO

Besar la mano osaré,
210 para mí tan liberal,
sin que vos me la deis.
(*Retírala el* REY.)

REY

(Mal, *(Aparte.)*
si es culpado, la daré.)

DON ÁLVARO

¿Son tristezas o castigos?
Habladme, señor, por Dios. (*Levántase.*)

REY

215 Álvaro, mirad por vos,
porque tenéis enemigos.

DON ÁLVARO

Si vos no miráis por mí,
mal podré saber el modo.

REY

No todos lo pueden todo. (*Vase.*)

DON ÁLVARO

220 Todos no, pero vos sí.
¡Válgame el cielo! ¿Qué es esto?
¿Han reventado las minas
de la envidia? Si declinas,
presto fue, fortuna, presto.
225 Señor infante, en los ojos
del rey he visto mudanza;
en vos tengo mi esperanza;
sabedme[238] si son enojos.

INFANTE

No sé cómo puede ser,
230 que el negocio está apretado,

DON ÁLVARO

¿No os acordáis que habéis dado
palabra de agradecer
mi voluntad?

INFANTE

Sí, me acuerdo,
mas, ¿quién basta contra tantos? (*Vase.*)

DON ÁLVARO

2235 Basta Dios, bastan sus santos,
basta mi verdad. No pierdo
el ánimo cuando os hallo,
majestad piadosa, aquí.
Reina sois; volved por mí.[239]

ISABEL

2240 Sed, maestre, buen vasallo,
y eso volverá por vos. (*Vase.*)

DON ÁLVARO

Yo os hice sólo en un día
majestad de señoría;
reina os hice, ¡vive Dios!
2245 El ser me debéis, y ansí
veros ingrata es consuelo,
pues sé que es obra del cielo,
y que no nace de mí.
Los mismos cielos envían
2250 a un magnánimo este mal
para ejemplo universal
de los hombres que confían
en los hombres, y si vengo
a ser ejemplo del mundo,
2255 aun cayendo en lo profundo,
soy singular, dicha tengo.
Bien sé, Vivero, que aquí
andáis con algún engaño:
yo mismo labré mi daño;
2260 gusano de seda fui.
Bien conozco en estos modos
que por bien me pagáis mal. (*Vase.*)

VIVERO

Oíd, oíd.

LINTERNA

¡Pesia tal![240]
San Martín[241] hay para todos.
2265 ¡Ah, envidia, que eres polilla
de la próspera fortuna!
"A don Álvaro de Luna,[242]
condestable de Castilla,

---

[236] *mal usurpara*: it is unlikely that he would usurp.
[237] *que: de lo que.*
[238] *sabedme*: find out for me.
[239] *volver por*: to defend.
[240] *¡Pesia tal!*: Confound it!
[241] *San Martín.* See n. 160.
[242] Verses 2267–96 are little more than a para-

phrase in *redondillas* of a ballad on Don Álvaro found in Agustín Durán, *Romancero general*, vol. 2, no. 987 (vol. 16 of the *Biblioteca de Autores Españoles*). Several of the ballad lines are incorporated verbatim in the play, and others help explain obscure passages in the text. The lines taken from the ballad are enclosed in quotation marks for purposes of identification.

el rey don Juan el Segundo[243]
con mal semblante le mira."

MORALES

2270 Cosa es común; mal se admira
de tales casos el mundo.[244]
¿Quién no dio tales primicias[245]
a la fortuna voltaria?

LINTERNA

2275 "Dio vuelta la rueda varia;[246]
trocó en saña sus caricias . . ."

MORALES

Quizá el rey la frente esquiva
mostró para algunas trazas.

LINTERNA

". . . el amor en amenazas;[247]
2280 privaba, mas ya no priva."[248]

MORALES

¿Cuándo la fortuna esquiva
al poder no da esta guerra?

LINTERNA

"Ejemplo que da en la tierra
porque el hombre mire arriba."

MORALES

2285 Si hoy parece que declina,
volverá a su ser mañana.

LINTERNA

"No hay seguridad humana
sin contradicción divina."

MORALES

Todo pasa y vuela apriesa;
2290 no hay firme y seguro estado.

LINTERNA

"Hoy el rey no le ha hablado;
miróle de mala guisa."
(Tras él voy, porque diría:[249]
"¿Dó está mi lacayo, adó lo?")[250]
2295 "Dejáronme venir solo
la gente que me seguía." (*Vanse todos.*)
(*Sale* DON ÁLVARO.)

DON ÁLVARO

¡Oh, casa, humano reposo!

¡Oh, cuántas veces me viste
más dichoso, menos triste,
2300 más fuerte, menos quejoso!
A ti vengo pensativo;
seas en trance tan cierto
tumba de un ánimo muerto,
sepulcro de un cuerpo vivo.
2305 Aquí de Dios, importuno
pensamiento,[251] hablad por mí.
¿Hice bien a muchos? — Sí.
¿Y agravio a quién? — A ninguno.
¿Soy traidor? — De ningún arte.[252]
2310 ¿Qué he merecido? — Laureles.
¿Tengo enemigos? — Crüeles.
¿Qué pretenden? — Derribarte.
¿Quién lo dice? — La experiencia.
¿Qué dice el vulgo? — Es confuso.
2315 ¿Por qué me envidian? — Es uso.[253]
¿De quién? — Del mundo. ¡Paciencia!
¡Qué extraña melancolía!
¡Moralicos! . . .

(*Sale* MORALES.)

MORALES

Mi señor.

DON ÁLVARO

Tú sueles, cual ruiseñor
2320 que despierta el claro día,
divertirme. Si cantares,
ya que mi fatiga es tanta,
canciones tristes me canta[254]
para hartarme de pesares.

MORALES

2325 ¿Cuándo quieres que te cante?

DON ÁLVARO

Luego.

MORALES

Voy.

DON ÁLVARO

Canta allá fuera,
por si[255] mi cólera altera

---

[243] *Juan el Segundo.* Contrary to modern usage, writers of the Golden Age occasionally followed the old practice of using the article before the ordinal number in a king's title.
[244] *mal . . . mundo*: it is difficult for the world to be amazed at such cases.
[245] *primicias*: tribute.
[246] *varia*: inconstant.
[247] *el amor . . . amenazas.* Understand, *la rueda varia trocó el amor en amenazas.*
[248] *privaba . . . priva.* Don Álvaro is the subject.

[249] *diría*: he will probably say.
[250] *¿Dó . . . adó lo?*: Where . . . where is he? This verse and the preceding one are a parenthetical remark, not part of the ballad.
[251] It is customary for Golden Age characters to carry on a dialogue with their *pensamiento* or to address soliloquies to it.
[252] *De ningún arte: de ninguna manera.*
[253] *uso: costumbre.*
[254] *me canta: cántame.*
[255] *por si: in case.*

la gravedad del semblante.
No me mires mis acciones,
2330 porque suele delirar
el que se deja llevar
de las humanas pasiones.
¿Qué hay, mi fortuna, qué hay?
(*Siéntase.*)
— Que me he cansado; es mi oficio.
2335 Ya ha temblado el edificio;
esta máquina se cae.
(*Cantan dentro.*)
"Lo de ayer ya se pasó;[256]
lo de hoy cual viento pasa,
lo de mañana aun no llega,
2340 ansí aqueste mundo anda.
En él lo firme perece
a manos de la mudanza;
lo más sano luego enferma,
el deseo no se alcanza."
DON ÁLVARO (*En pie.*)
2345 Si humo, nada, sombra, viento
es la vida, ¿qué será
el bien que el mundo nos da?
Por fuerza ha de ser tormento,
pues no le queda otro ser.
2350 Si es nada la vida amada,
¿no han de ser menos que nada
la riqueza y el placer?
Y la misma muerte son
los bienes, siendo esto. Pues
2355 que sentís lo que no es,
¡ánimo, mi corazón!
¡Qué mal un triste reposa!
No hay discurso que mitigue
la imaginación. Prosigue,
2360 muchacho; canta otra cosa.
(*Cantan.*)
"Los que priváis con los reyes,[257]
notad bien la historia mía;
catad que a la fin se engaña
el hombre que en hombres fía.
2365 Apenas tuve quince años,
de Aragón vine a Castilla
a servir al rey don Juan,
que el Segundo se decía."

DON ÁLVARO
Servíle treinta y dos años,
2370 y siempre bien me ha querido.
¿Cómo agora se ha creído
de[258] mentiras y de engaños?
Pienso que en vano me quejo,
que quizá no eran enojos
2375 los que mostraban sus ojos;
que como el rey es espejo
de toda humana criatura,
los que mi bien envidiaban
en su rostro se miraban
2380 y él mostraba su figura.
Mas si mi agravio sentía,
como piadoso y humano,
¿por qué me negó la mano?
Amistades no quería;
2385 retiróla, enojo ha sido;
pero ¿cómo me ha avisado?
No lo entiendo, estoy turbado;
no lo entiendo, estoy rendido.
(*Suena ruido dentro.*)
(*Salen* LINTERNA *y* MORALES *con la
guitarra.*)
DON ÁLVARO
¡Hola! ¿Qué es eso?
LINTERNA
No es nada.
2390 Cayó un balcón infïel;[259]
estaba Vivero en él,
y dio tal pajarotada,[260]
que como güevo[261] estrellado
hace la figura de Hero.[262]
MORALES
2395 Alonso Pérez Vivero,
a ese balcón arrimado,
esperaba para hablarte;
era antigua la madera . . .
DON ÁLVARO
Salir no quiero allá fuera;
2400 no digan que tengo parte
en su muerte; aunque si es
mi dicha toda accidentes,
hoy lo dirán los presentes[263]
y las historias después.

---

[256] This song is taken from the first part of a ballad on Don Álvaro contained in Durán, *Romancero general*, vol. 2, no. 1003.
[257] This song, with slight variants, is also based on a ballad (no. 1001 in Durán).
[258] *creerse de*: to give credit to.

[259] *infïel*: unreliable.
[260] *pajarotada*: fall to the earth (like a bird falling).
[261] *güevo*: huevo.
[262] *Hero* threw herself into the sea when her lover Leander was drowned in the Hellespont.
[263] *presentes*: those living.

2405 Si para ejemplo nací
de la fortuna crüel,
lo que fue accidente en él
vendrá a ser desdicha en mí.

LINTERNA

Hacer pienso a esta ocasión
2410 un epitafio.

MORALES

Pues di:
¿haces²⁶⁴ versos buenos?

LINTERNA

Sí,
respeto de cuyos son,²⁶⁵
porque más agrada al fin
y más contento se toma
2415 de ver sobre la maroma²⁶⁶
al mono que al volatín.²⁶⁷
Diré *itinerar a bulto*,
numen y *morbo* diré;
macarrónico seré,
2420 y habrá quien me llame culto.²⁶⁸

(*Sale* DOÑA JUANA.)

JUANA

Condestable, mi señor,
dícenme que habéis venido
melancólico. ¿Qué ha sido?
¿Vos triste, vos sin valor?
2425 Sólo el hombre sin honor
ha de turbar el semblante,
no el magnánimo y constante.
¿Cómo se ha de entristecer
varón que debe tener
2430 el corazón de diamante?
¡Ea!, señor, ¿dónde está
del ánimo la grandeza,
del valor la fortaleza?
¿Accidente humano os da
2435 perturbación cuando, ya
con la experiencia y los años,
la luz de los desengaños
debe alumbraros? ¿Qué es esto?

DON ÁLVARO

Retiraos. (*A* LINTERNA *y* MORALES.)

LINTERNA

Morales, presto
2440 verás sucesos extraños. (*Vanse.*)

DON ÁLVARO

Mi señora, yo he mirado
que ha sido vuestro valor
el bien último y mayor
que la fortuna me ha dado.
2445 Principio, aumento y estado,
y declinación²⁶⁹ tendré
como cuanto el cielo ve.
Comencé cuando serví,
títulos tuve, crecí,
2450 vuestro fui, mi estado fue.²⁷⁰
Y si el tiempo y la fortuna
a un mismo paso caminan,
y en ese cielo declinan
los aspectos de la luna,
2455 si no hay constancia ninguna
en cuanto el cielo crió,
mi declinación llegó,
ya mi rüina prevengo.
Muchos envidiosos tengo;
2460 la mano el rey me negó.

JUANA

Mi señor, mi bien, mi amigo,
no os animo ni aconsejo,
que a vuestra experiencia dejo
uno y otro; pero digo
2465 que al que es fatal enemigo
no puede la humana suerte
resistir, y el varón fuerte
no tiene cólera alguna
con el tiempo y la fortuna,
2470 con la vejez y la muerte.
Lo que importa es que, en el trance
de cualquiera destos cuatro,
se exponga el hombre al teatro
del vivir sin que le alcance
2475 culpa alguna, y que balance
su virtud y acciones de hombre;
porque cuando más le asombre
fortuna o muerte atrevida,

---

²⁶⁴ *haces* is Filippo's reading. Sánchez-Arce reads *hacer*.

²⁶⁵ *respeto . . . son*: because of whose they are.

²⁶⁶ *maroma*: tightrope.

²⁶⁷ *volatín*: tightrope walker.

²⁶⁸ *Diré . . . culto*. Linterna is again satirizing the frequent use of certain words favored by the *cultos* or Gongoristic poets: *itinerar a bulto*: to wander aimlessly; *numen*: inspiration; *morbo*: infirmity.

²⁶⁹ *Principio . . . declinación*. Note that these words are applicable to the four phases of the moon: new, first quarter (crescent), second quarter (full), and last quarter (decline).

²⁷⁰ *mi estado fue*: freely, "my marriage to you was my fulfillment."

quitaránle estado o vida,
2480 mas no borrarán su nombre.

(*Sale* LINTERNA.)

LINTERNA

Subid, señor condestable,
en aquel trotón[271] aprisa;
fugiréis[272] del rey la saña,
porque a prenderos envía.
2485 Inconstantes son los omes,[273]
sus palabras son fingidas,
cautelosas sus mercedes,
y sus falagos[274] mentiras.
Volved los ojos, señor,
2490 a las pasadas rüinas
y furtad el cuerpo agora
a la que vos viene encima.[275]
Tenedes[276] espejos claros
de las pasadas desdichas;
2495 el tiempo vos da lugar,
las señales vos avisan.
A las pasadas mercedes
non miréis, que ya declinan
y entregan[277] un home bueno;
2500 non vos fiéis, mas fugildas[278]
y pensad que habedes[279] sido
el extremo de la dicha.
La levantada privanza
vos amenaza caída;
2505 la muerte viene con alas,
puestas las faldas en cinta;[280]
no hay plazo que non llegue
ni deuda que non se pida.
Muchos grandes conocéis
2510 que vos tienen grande envidia;
el rey es fácil, vos solo.
Catad non vos fagan minas;[281]
non vos sujetéis a fierros[282]
de las cárceles esquivas;

2515 que enemigo aferrojado[283]
más sus contrarios aviva.
Non seáis en vuesas cosas
la flor de la maravilla,[284]
que crece al salir del sol,
2520 y el mismo sol la marchita.

DON ÁLVARO

Linterna, ¿qué estás diciendo?

LINTERNA

Como fablo en lengua antigua,
a guisa de nuesos padres,[285]
pensáis que es burla o mentira.
2525 Nuestra casa está cercada,
ya las puertas nos derriban,
gente sube, fugid luego,
que otro remedio non finca.[286]
Cortesanos palaciegos,
2530 que entre lisonjas se crían,
non guardan los mandamientos
y nos guardan las esquinas.

(*Salen* ZÚÑIGA *y* GENTE *con armas.*)

ZÚÑIGA

Señor condestable, daos
a prisión.

LINTERNA

A cosa linda
2535 se ha de dar.

ZÚÑIGA

El rey lo manda;
él a prenderos me envía.

JUANA

Huíd, señor, mientras yo,
amparando vuestra vida,
fuere cristiana amazona,
2540 fuere segunda Camila.[287]
¡Vive Dios, que el gran maestre,
condestable de Castilla,
no se ha de dar a prisión

---

[271] *trotón*: horse.
[272] *fugiréis: huiréis.* Linterna's speech contains many archaic words because, as he later says, he is speaking in *lengua antigua.* The speech derives from a ballad in Durán's *Romancero general*, vol. 2, no. 989.
[273] *omes*: hombres.
[274] *falagos: halagos.*
[275] *furtad . . . encima*: conceal yourself from that (ruin) which descends upon you.
[276] *tenedes: tenéis.*
[277] *entregar*: to betray.
[278] *fugildas: huídlas.*
[279] *habedes: habéis.*

[280] *faldas en cinta:* (*poner) haldas en cinta,* to be ready for anything; also, to gather up one's skirts to facilitate running.
[281] *Catad . . . minas*: Take heed that they don't undermine you.
[282] *fierros: hierros.*
[283] *aferrojado: aherrojado,* shackled.
[284] *flor de la maravilla*: morning-glóry.
[285] *a guisa de nuesos padres: a manera de nuestros padres.*
[286] *non finca: no queda.*
[287] *Camila*: Camilla, in Virgil's *Aeneid*, was a virgin warrior of the Volscian nation noted for her speed of foot and skill with arms.

ni sujetar a injusticias!

(*Toma una espada a uno y acuchíllalos.*)

2545 Tomad las armas, criados.

ZÚÑIGA

Señora, en vano porfían
vuestro amor y vuestro aliento:
cien hombres traigo.

JUANA

A la ira
de mi pecho serán pocos.

2550 Huye, señor, por mi vida.

DON ÁLVARO

Ni me suelta mi destino,
ni mis discursos[288] me animan,
ni me deja dar un paso
el peso de mis desdichas.

ZÚÑIGA

2555 Esta cédula es del rey;
aquí promete y avisa
que será vuestra persona
salva siempre.

DON ÁLVARO

No se diga
que si don Álvaro huye,
2560 algunas culpas tenía;
ni digan que contra el rey
tomó las armas. Justicia
guardará mi rey; bien sé
que no hallará culpas mías.

2565 Y si el hombre es breve mundo,
obra de mano divina,
pequeño Dios es el rey.
¿Dónde, pues, dónde podía
huír yo de su poder?

2570 Preso voy.

JUANA

Y yo sin vida.

LINTERNA

Yo sin tomar mi consejo.

MORALES

Yo dando lágrimas vivas.

(*Salen* ISABEL *y el* INFANTE.)

INFANTE

Que mengüe luna tan llena
más que a nadie me conviene,
2575 pues los estados me tiene

de Trujillo y de Villena.

Sabe Dios que no deseo
ni su mal ni su disculpa,
y entre el descargo[289] y la culpa,
2580 ni bien dudo, ni bien creo.

Neutral tengo la pasión;
sólo quiero la justicia,
como envidia ni malicia
no causen[290] su perdición.

ISABEL

2585 Que reina por su orden fui
pretende, y es gran rigor
el tener un acreedor
siempre delante de mí;
que deuda grande sería,
2590 y su queja cierta estaba,[291]
viendo que no le pagaba
o que pagar no podía.

(*Sale el* REY.)

REY

Ya estará el reino contento,
porque jüeces nombré
2595 que examinen bien la fe
y lealtad deste portento
de desdichas.

ISABEL

En la muerte
de Vivero poco habrá
que examinar; clara está.

REY

2600 No muy clara; de otra suerte
agora la han referido.

(*Sale* ZÚÑIGA.)

ZÚÑIGA

A esta torre traigo preso
a don Álvaro.

REY

Confieso
que su amor me ha enternecido.
2605 (¿Preso dijo? ¡Qué rigor! (*Aparte.*)
¡Qué apriesa que le persiguen!
¡Plega a Dios que no me obliguen
otra palabra peor!)

DON ÁLVARO (*Dentro.*)

He de entrar.

---

[288] *discursos*: thoughts.
[289] *descargo*: exoneration.
[290] *como . . . causen: como* meaning "provided (that)"
is regularly followed by the subjunctive.
[291] *estaba: estaría.*

ZÚÑIGA

No puede ser;
2610 no querrá el rey que le vea
hombre preso.

DON ÁLVARO

Aunque lo sea,
¡vive Dios que lo he de ver! (*Sale fuera.*)
Rey don Juan, rey mi señor,
perdonad si preso hablo,
2615 que este privilegio tiene
quien está preso en palacio.
Bien os acordáis, señor,
que son ya treinta y dos años
los que os serví con lealtad,
2620 más de amigo que vasallo.
La libertad que hoy no tengo
muchas veces os he dado,
cuando grandes, cuando primos,
niño y hombre os la quitaron.
2625 Recebí grandes mercedes,
no las niego, no; antes hallo
que no ha recebido tantas
ninguno de rey humano.
Nada os pedí, vos me disteis
2630 esta máquina, que traigo
encima, de las riquezas
que ya me van derribando.
Si me las disteis, señor,
por darme lugar más alto
2635 de que arrojarme, pregunto:
¿fueron mercedes o agravios?
¿Por qué me hicisteis dichoso
para hacerme desdichado?
Crüel sois haciendo bien;
2640 dando vidas, sois tirano.
Que secrestaron, me dicen,
mi riqueza y mis estados;
todo era vuestro, señor,
todo estaba en vuestra mano.
2645 El hombre vuelve a la tierra,
las aguas al mar salado;

a su centro, a su principio
vuelve todo; no me espanto
que a vos volviese mi hacienda
2650 como a su origen sagrado.
Pluguiera a Dios yo pudiera
dar al mundo ejemplos claros;
que como la[292] merecí,
la sé despreciar, y tanto,
2655 que de quitármela siento
sólo que me hayáis quitado
el poder para volverla
con desprecios de Alejandro.[293]
Retirarme quise; ¡ah, cielos,
2660 y quién hubiera imitado
muchos ilustres varones
que imperios menospreciaron!
Por serviros no lo hice;
pensé que agradaba; falso
2665 es el humano discurso;[294]
erré, pero ya lo pago.
Hoy lástima, ayer envidia;
hoy fatiga, ayer descanso;
hoy prisiones,[295] ayer triunfos;
2670 bien se ve que está jugando
la fortuna con los hombres,
y vos, rey, y rey cristiano,
su instrumento sois. ¡Qué mucho
los elementos, contrarios
2675 y amigos entre sí mismos,
de su poder blasonaron![296]
A veces la madre tierra
tiembla y derriba los altos
montes, cuya verde cumbre
2680 se coronó de peñascos;
navega el bajel hermoso
entre globos de alabastro,
y en un instante las aguas
le rompen y hacen pedazos;
2685 poco a poco se nos muestra
la verde pompa de un árbol,
y en un momento es cadáver

292 The antecedent of *la* is *hacienda*.
293 *desprecios de Alejandro.* Perhaps an allusion to an anecdote in Alexander the Great's life illustrative of his pride and his scorn for anything but total victory. When King Darius of Persia sought a truce with Alexander by offering to partition his empire with him, Parmenio, a general in Alexander's army, said if he were Alexander, he would accept the offer. Alexander replied scornfully, "So would I if I were Parmenio."
294 *discurso*: reason.

295 *prisiones*: chains.
296 *¡Qué mucho . . . blasonaron!* What wonder that the elements, which are both enemies and friends to one another, boasted of their (individual) powers! The four elements are traditionally shown as being boastful of their own powers although mutually dependent on each other. They continued to war among themselves until God brought them into harmony. The implication here is that the king is the instrument of fortune in that he has not established order among his dissident nobles.

a los gemidos del austro;
tarda un supremo edificio
2690 en trepar el viento vago,
y en un instante es rüinas
de la potencia de un rayo.
Monte, bajel, árbol, torre,
fue mi vida en vuestros brazos;
2695 agua, tierra, viento y fuego
sois, señor; crecí despacio,
y apriesa me derribáis.
Acordaos de mí, acordaos;
no borréis la imagen vuestra,
2700 no deshagan vuestras manos
criado que tanto os quiso,
hechura que os cuesta tanto.

REY

(No le puedo responder (*Aparte.*)
con la gravedad y el llanto
2705 de rey, amigo y jüez.)
¡Zúñiga!

ZÚÑIGA

Señor.

REY

Llevaldo
a Portillo.[297] (¡Ay, infelice!) (*Aparte.*)

ZÚÑIGA

Señor condestable, vamos.

DON ÁLVARO

¿Hablarme no me queréis,
2710 y menos me habéis mirado,
ni me dais consuelo, rey?
¡Démelo el rey soberano!

(*Vanse* DON ÁLVARO *y* ZÚÑIGA.)

REY

(¡Que me obligue a mí el reinar (*Aparte.*)
con quietud al trance amargo
2715 de ver preso al que bien quise!
Mas padecer puede engaño
este amor. Llevarme dejo,
ya fácil o ya cristiano,
del error o del acierto
2720 de mis grandes.)

ISABEL

(No turbaron, (*Aparte.*)
como pensé, los afectos
del rey sus palabras.)

INFANTE

(Vano (*Aparte.*)

dijeron que era el discurso
contra el destino y los hados
2725 los filósofos gentiles.)

(*Sale un* CRIADO *y, luego, un* SECRE-
TARIO.)

CRIADO

Aquí espera el secretario.
(*Sale éste.*)

REY

¿Qué queréis vos?

SECRETARIO

A firmar
los jüeces me enviaron
la sentencia del maestre.

REY

2730 ¿Sin escuchar sus descargos?
¿Son comedia estas acciones?
¿Es nuestra vida teatro,
que todo pasa en un hora?
Pero ¿quién vive de espacio?
2735 ¡Presto dieron la sentencia!

INFANTE

Los cargos justificados,
bien hacen en darse priesa
sosegando el reino.

REY

Cuando
es la pasión el jüez,
2740 amor propio el abogado,
la envidia el procurador,
¡ay del reo! No firmaron
reyes con tanto temor.

(*Toma la cartera y la pluma.*)

¿A qué, pues, le sentenciaron?
2745 ¿Le destierran otra vez?

SECRETARIO

A que muera degollado.

REY

¡Válgame Dios, que llegaste, (*Cáesele todo.*)
gallarda luna, al ocaso!
¡Qué tinieblas mereciste
2750 al fin del camino largo
de tus servicios!

ISABEL

Señor,
¿valor falta en vuestros brazos
para tener una pluma
y un papel, que es justo? Agravio

2755 hacéis a vuestra justicia.

INFANTE

No borren amor y llanto
el blasón de la prudencia.
Si los jüeces nombrados
lo ordenan, firmad, señor.

REY

2760 Con siete letras [298] deshago
lo que en muchos años hice.
¡Que pueda un hombre en un rasgo [299]
dar la muerte, siendo dueño
del vivir sólo la mano
2765 de Dios! ¿Qué tiranos reyes
a este trance no temblaron?
La pluma es áspid; veneno
es la tinta; el papel blanco
es retrato de la vida;
2770 manchemos, pues, el retrato.
No acierto a escribir.
          (*El* INFANTE *tiene la cartera;* ISABEL
          le lleva la mano.)

ISABEL

                    Ansí
moverás, señor, el brazo.

REY

"Yo el rey", diré. ¿Cómo, si es
"Yo el crüel" más acertado?
2775 ¿Yo he de decir que lo firmo?
¿Yo he de decir que lo mato?
"El" se sigue; "ellos" diría, [300]
envidiosos y tiranos.
          (*Va firmando poco a poco, turbado.*)
"Rey", digo, Dios en la tierra.
2780 Si otros rigen este paso,
¿cómo he firmado, "Yo el rey"?
¿Cómo firmé lo que es falso?
¡Oh pluma, flecha con hierba [301]
que, disparada del arco
2785 de la desdicha, penetras
dos pechos de cera y mármol!
Pluma, pincel que borró
la imagen y el simulacro [302]
de la privanza de un rey,
¡mal os haga Dios! (*Arrójalo todo.*)

ISABEL

2790   (¡Que tanto (*Al* INFANTE.)
pueda en un rey la piedad!)

INFANTE

(Sentir debe el propio daño; (*A* ISABEL.)
si era otro él el que muere.)

REY

Quien dice que es ser privado
2795 dicha, miente; de la envidia
es un objeto bizarro. (*Vanse todos.*)
          (*Sale* DON ÁLVARO *con cadena.*)

DON ÁLVARO

Un filósofo griego [303] ha dividido
la humana suerte en cuatro, porque es una
la que sigue feliz desde la cuna
2800 al hombre hasta el sepulcro, y otra ha sido
la que infeliz y adversa le ha seguido
del nacer al morir, siempre importuna.
Con uno fue piadosa la fortuna;
tardó y, al declinar, su voz ha oído.
2805 Con otro tuvo el curso presuroso;
vino a la juventud y le ha negado
a la vejez el gusto y el reposo.
La cuarta diferencia me ha tocado,
y si en el mundo he sido el más dichoso,
2810 ¿quién duda que soy ya el más desdichado?

MORALES (*Canta dentro.*)

"Aquella luna hermosa
que sus [304] rayos le dio el sol,
que con un mortal eclipse
pierde luz y resplandor,
2815 en lo más alto subió;
del cielo de su valor,
baja a la casa de Toro
y muere en la del León." [305]
          (*Sale el* SECRETARIO *con la sentencia.*)

SECRETARIO

Don Álvaro, mi señor,
2820 aquí importa la prudencia,
aquí conviene paciencia,
aquí es menester valor.

DON ÁLVARO

¿Cuándo permiten que os hable?

---

[298] *siete letras.* As explained later, the seven letters refer to the king's official signature approving the sentence, *Yo el rey.*

[299] *rasgo:* stroke of a pen.

[300] *"ellos" diría:* I should say "they."

[301] *hierba:* herb poison.

[302] *simulacro:* semblance.

[303] The philosopher in question has not been identified.

[304] *que sus: cuyos.*

[305] *baja . . . León.* The meaning is that the moon (Don Álvaro) has descended from the highest point on the zodiac (Aquarius) to the house of Taurus and thence to the lowest point, the house of Leo.

"Álvaro" escuchando estoy;
2825 sin duda que ya no soy
maestre ni condestable.
¿Siendo yo el mismo valor,
de valor me prevenís?
            SECRETARIO
A gran desdicha venís,
2830 y no puede ser mayor.
A muerte os han condenado,
y ésta se ha de ejecutar.
            DON ÁLVARO
¿Quién oyéndola nombrar
            (*Deja caer la cadena.*)
no ha gemido y no ha temblado?
2835   ¡Válgame Dios! ¡Trance fuerte!
¡Miseria fatal del hombre!
Si me espanta sólo el nombre,
¿qué será la misma muerte?
Un vaso de agua me trae,
2840 porque escucho con desmayo
esta sentencia, este rayo
que del mismo cielo cae;
y la sangre, en tal estrecho[306]
oyendo el trueno, ha temblado
2845 y dejó desamparado
el corazón en el pecho.
La firma quiero mirar.
            SECRETARIO
"Yo el rey", dice.
            DON ÁLVARO
                    ¡Oh, injusta ley!
¡Pobre de mí si otro rey
2850 no me hubiera de juzgar!
¡Pobre de mí si, en la calma
de mis dichas conocida,[307]
el rey que quita la vida
pudiera quitar el alma!
            (*Sale* MORALES.)
2855   Aquí hay agua.
            DON ÁLVARO
                    ¡Cómo espanta
la muerte con su bramido!
Aunque entró por el oído,
se atravesó a la garganta.
Pasarla quiero bebiendo. (*Bebe.*)

            SECRETARIO
2860 ¡Sentimiento natural!
            MORALES
¡Pensión[308] del último mal!
¡Sabe Dios que estoy sintiendo!
            DON ÁLVARO
¡Ea!, alentad, corazón;
horror no debéis sentir,
2865 porque el nacer y el morir
actos semejantes son.
Siempre a miserias nacimos,
siempre en miserias estamos;
cuando nacemos lloramos,
2870 lloramos cuando morimos.
El que nace, salir quiere
de un sepulcro; en otro yace.
Sepulcro deja el que nace,
a sepulcro va el que muere.
2875   La cuna es bien y es trabajo,
porque es, sin distancia alguna,
cuando está hacia arriba, cuna;
tumba, cuando está hacia abajo.[309]
Bien sabéis, rey verdadero,
2880 pues sois el original
de mi rey, que es rey mortal,
que por su ofensa no muero;
por las vuestras, sí, y asombre
vuestra gran piedad, mi Dios,
2885 que ofenderos pude a vos
sin hacer ofensa al hombre.
Y ofender como infïel
no puede al rey hombre sabio,
sin que vos sintáis su agravio,
2890 no sintiendo el vuestro él.
Bien sé que atalaya[310] soy,
que subí desde la cuna
al monte de la fortuna,
y avisos al hombre doy,
2895   porque se guarde y asombre,
diciendo con voz incierta:
"Alerta, hermanos, alerta;
no confïéis en el hombre!"
¡Sírvaos yo de ejemplo a vos
2900 cuando doy avisos tales!
"¡Alerta, alerta, mortales,

---

[306] *estrecho*: strait(s).
[307] *calma . . . conocida*. The meaning is not clear, perhaps because of defective text. This speech does not appear in most editions. *calma conocida* can mean either "manifest calm" or "manifest anxiety."
[308] *pensión*: suffering.

[309] *cuando . . . abajo*. The idea that the cradle is no more than an inverted tomb, thus showing the proximity of life and death, is a favorite motif in the baroque period.
[310] *atalaya*: lookout.

confïad en sólo Dios!"
SECRETARIO
Eschuchadme la sentencia.
DON ÁLVARO
Sin oílla la consiento.
2905 Niño, tu pérdida siento; (*A* MORALES.)
huérfano estás, ten paciencia.
Con sólo este anillo vengo;
daréte este último bien
y mi sombrero también,
2910 pues ya cabeza no tengo.
(*Dale un anillo y el sombrero.*)
Di tú al príncipe jurado[311]
que, a quien sirve con amor,
aprenda a pagar mejor
que su padre me ha pagado. (*Vase.*)
MORALES
2915 ¡Que este pago le dé el rey!
Hasta mirarle difunto,
no pienso dejarle un punto;
paje soy de buena ley.
¡Tomen ejemplo en los dos
2920 cuando doy avisos tales!
"¡Alerta, alerta, mortales,
confïad en sólo Dios!" (*Vanse.*)

(*Sale el* REY, *el* INFANTE, ZÚÑIGA,
SILVA *y otros.*)

REY
Fantasmas, melancolías,
¿qué[312] me seguís desa suerte?
2925 Sombras, ¿qué sois? ¿Sueño y muerte?
Pues ya se acaban mis días,
basten ya las ansias mías;
dejadme, ¡oh rigor extraño!
Con verdad o con engaño,
2930 todo es pensar y sentir
que sólo puedo vivir
más que don Álvaro un año,
si me cita al tribunal
de Dios.[313] Estoy engañado;
2935 que fue siempre el desdichado
tan piadoso y tan leal,

que no me hará tanto mal,
y ser culpado no espero
permitiendo el trance fiero
2940 sin piedad y con malicia.
Todos dicen que es justicia,
y quebrantarla no quiero.[314]

(*Sale* DOÑA JUANA *con manto.*)

JUANA
Rey don Juan, rey de Castilla
y merecedor del mundo,
2945 en el título Segundo,
y primera maravilla,
a tus pies, señor, se humilla
la misma lealtad, la fe,
la que sin alma se ve
2950 sin don Álvaro, y es ya
sombra de lo que será,
no sombra de lo que fue.
Rey piadoso, ¿cómo puedes
matarnos con impiedad?
2955 Que siendo yo su mitad,
el mismo fin me concedes;
desdichas son tus mercedes.
Una de dos, rey airado:
si él erró, tú estás culpado
2960 en darle honor imprudente;
si no erró, y es inocente,
¿por qué ha de ser desdichado?
¡Ea!, rey, que es singular
la piedad en la grandeza.
2965 La misma naturaleza
pelea por conservar
lo que ha sabido criar;
imita a Dios, si renombre
pretendes que al mundo asombre,
2970 que antes quiso padecer
que borrar ni deshacer
esta fábrica[315] del hombre.
REY
(Con el alma enternecida, (*Aparte.*)
entre piedad y rigor,

---

[311] *jurado.* Cf. *jurar*: to recognize the sovereignty of a person by taking a formal oath. The prince in question is Don Enrique, son of Juan II.

[312] *¿qué?*: ¿*por qué?*

[313] *que sólo . . . Dios.* Juan II lived little more than one year after the execution of Don Álvaro, thus giving rise to the legend that he was summoned before God's justice. The *Crónica de don Álvaro de Luna*, probably written by his follower Gonzalo Chacón,

attributes the king's death to a fever, said by some to have been brought on by his guilty conscience.

[314] *y ser culpado . . . no quiero.* There are numerous differences between the autograph manuscript and other editions, but it seems clear that the king first decides to cancel the execution but changes his mind in the name of justice.

[315] *fábrica*: being.

2975 yo vengo a estar como flor
de dos vientos combatida;
pesando estoy muerte y vida.
¡Oh, tú, justicia!, ¿aquí estás?
¿Aquí, amor, lágrimas das?
2980 Pelead con esperanzas;
muera, viva en las balanzas.[316]
¡Pesó la justicia más!)

JUANA

Dueño mío, no hay piedad;
trofeos de la fortuna
2985 serán tu pompa veloz
y tu majestad caduca.
Hoy morirás, y tan pobre
que te falte sepultura;
mas no importa; prodigiosas
2990 serán las exequias[317] tuyas.
Los montes serán, del mundo,
pirámides y colunas
de tu rico monumento;
no le igualará el de Numa.[318]
2995 El cóncavo de los cielos
será la fúnebre tumba,
que la temorosa noche
con sus bayetas la cubra.
Las estrellas serán hachos,[319]
3000 pues son faroles que alumbran
en el entierro del sol,
en la tristeza noturna.
Lágrimas serán las fuentes,
que el mar anhelando buscan,
3005 y las voces de la fama
epitafios que reduzcan
a alabanzas tus desdichas.
Si el rey falta, Dios te ayuda,
porque tan grande varón
3010 no cabe en menores urnas. (*Vase.*)

REY

Movido de aquellas voces,
más piadosas que importunas,
ya que la noche ha salido
tenebrosa, triste y muda,
3015 seguidme todos, seguidme,
y esta acción tened oculta,
porque historias no la digan

a las naciones futuras.
Porque nadie nos conozca,
3020 los que vinieren se cubran;
que quiero ver el teatro
donde trágicas figuras
representan mi justicia.

INFANTE

¿Dónde vas, señor? ¿Qué buscas
3025 por estas calles?

REY

La plaza
donde los hados sepultan
mis mercedes, mis favores,
en agravios y en injurias.
¡Vive Dios, que si no es muerto,
3030 que aunque el reino se conjura
contra él, ha de vivir!
Mas ya mi tardanza es mucha.

SILVA

Ya estás, señor, en la plaza;
que parece que con plumas[320]
3035 has venido.

ZÚÑIGA

Y allí tienes,
si los ojos no lo dudan,[321]
el espectáculo triste.

REY

¿Quién habla en él?[322] Oye, escucha.

(*Descúbrese la mesa*[323] *enlutada, la
cabeza aparte y el cuerpo a un lado; una
vela en un candelero y* MORALES,
enlutado, pidiendo.)

MORALES

Dadme por Dios, hermano,
3040 para ayudar a enterrar este cristiano.

REY

¡Ay, Luna triste!
Saliste tarde, presto te pusiste;
nunca a crecer llegaras,
porque si no crecieras, no menguaras.

MORALES

3045 Dadme por Dios, hermano,
para ayudar a enterrar este cristiano.

---

316 *muera . . . balanzas*: i.e., let him die or live
according to whether justice or my love for him
weighs more on the scales.
317 *exequias*: funeral rites.
318 *el de Numa*. Numa (see n. 71) was buried in a
large vault under Janiculum Hill, and the books of
his laws were buried in a separate tomb.
319 *hachos*: beacons.
320 *plumas*: alas.
321 *si . . . dudan*: if my eyes are not mistaken.
322 *él* refers to *teatro*.
323 *mesa*: scaffold.

REY

Si la vida no le di,
¿qué importa la sepultura?
Honras le hiciera en la muerte,
3050 pero, de hacellas, resultan
inconvenientes agora
que de su bien me descuidan:[324]
arrepentido estoy ya.
Reyes de este siglo, nunca

3055 deshagáis vuestras hechuras.
¡Oh, quién a mis descendientes
avisara que no huyan
de los que bien eligieron
3060 para la privanza suya!
Y acabe aquí la tragedia
de la envidia y la fortuna;
acabe aquí el gran eclipse
del resplandor de los Lunas.

[324] *Honras . . . descuidan*: I would honor him in death but to do so will now bring difficulties that force me to neglect his good name.

༄༄༄ STUDY QUESTIONS AND TOPICS

1. The historical background of the play.
2. On rejecting the offer of Linterna to cast the horoscope of the new born prince, the king says: "Émulo no debe ser/de su criador la criatura" (Act I, vv. 223–24). What is the significance of this statement in view of later developments in the play?
3. The character of Don Álvaro and the king.
4. The conflict of friendship and politics.
5. The theme of ingratitude.

6. Cape-and-sword elements in the play.
7. The importance of Doña Juana's speech (Act III, vv. 2461 ff.) in the ideology of the play.
8. Is Don Álvaro a faultless victim or does he have a "tragic flaw" which contributes to his downfall?
9. The poetic imagery and other devices employed to portend Don Álvaro's tragedy.
10. The theme of the play.

Juan Ruiz de Alarcón
(1580 or 81–1639)

༄༅ CHRONOLOGY

1580 or 1581 Juan Ruiz de Alarcón y Mendoza is born in Mexico, song of Pedro Ruiz de Alarcón and Leonor de Mendoza.

1592(?)–1600 Studies at the University of Mexico but goes to Spain without completing his law degree.

1602 Receives the degree of Bachelor of Laws from the University of Salamanca, and continues working on the degree of licentiate.

1606–8 Practices law in Seville.

1608–13 Returns to Mexico; receives the degree of licentiate in law in 1609. Returns to Spain in 1613.

1614 Establishes residence in Madrid and begins writing for the theater.

1623 Is commissioned to write a *relación* in verse to commemorate the visit to Madrid of Prince Charles of England.

1626 Appointed a temporary *relator* of the Council of the Indies. Stops writing for the stage.

1628 Publication of the *Parte primera* of his plays.

1633 Appointed a permanent *relator* of the Council of the Indies.

1634 Publication of the *Parte segunda* of his plays.

1639 Dies in Madrid leaving a sizeable estate.

～～～ Alarcón and His Plays

The only major dramatist of the Golden Age who was not a native of the Spanish peninsula, Alarcón was born in Mexico in late 1580 or early 1581, the son of Pedro Ruiz de Alarcón and Leonor de Mendoza. His parents, who were moderately well-to-do if not wealthy, came from families of some social prestige, a fact in which he took considerable pride. Later, he made use of the title *Don*, thus reaping the abuse of his literary enemies who regarded him as a colonial upstart.

Alarcón attended the University of Mexico (Universidad Real y Pontificia) in Mexico City, probably between 1592 and 1600, but in the latter year, without completing his law degree, he transferred to the University of Salamanca. There he received the degrees of Bachelor of Canon Law in 1600 and Bachelor of Laws in 1602, and he continued working on the licentiate until 1605. Although he had not received the licentiate when he began to practice law in Seville in 1606, there is evidence that he used that title. Legend has it that while in Seville he was befriended by Cervantes.

In 1608 Alarcón returned to Mexico and in the following year was awarded the degree of *Licenciado en Leyes* by the University of Mexico. He tried several times, unsuccessfully, to secure a faculty position at the University, but finally, despairing of improving his lot in the New World, he returned to Spain in 1613. He took up residence in Madrid, where, to make a living if for no other reason, he began writing for the theater.

Alarcón soon ran afoul of established literary cliques. His difficulties were of both a professional and personal order. Preoccupied with the moral and ethical aims of literature, and thoughtful and reflective by nature, Alarcón could not, or would not, accept without reservations a philosophy of art which so often seemed to emphasize vacuous amusement and romantic intrigue, often at the expense of logic and social and moral justice. While Alarcón did learn to work within the framework of Lope de Vega's New Art, his plays reveal a distinctive view of life and literature.

Alarcón's personal problems with his fellow writers stemmed in part from his own proud and, perhaps, ill-tempered nature, and in part from their unreasonable hostility toward the Mexican intruder. The relations between Alarcón and his enemies, among whom were included many of the most distinguished writers of the day—Lope de Vega, Quevedo, Góngora, Suárez de Figueroa, Mira de Amescua, and Luis Vélez de Guevara—furnish a sordid example of "man's inhumanity to man." Not blessed by nature with physical charm—Alarcón was short, hunchbacked, swarthy, and red-bearded—he was lampooned heartlessly for his physical defects. Even Tirso de Molina, supposedly one of his few literary friends, referred to him las "Don Cucumber de Alarcón" because of his twisted figure. At times Alarcón countered abuse with abuse, but for the most part he made no reply. Indeed, some critics have regarded the extreme courtesy and consideration for the feelings of other people evident in his plays to be the result of the sublimation of his resentment. Other critics consider these qualities to be the result, in part at least, of his Mexican background. The two theories are not, of course, mutually exclusive.

Two events, both of which probably occurred in 1623, brought Alarcón's feud with his enemies to a climax. At the first performance of his play *El Anticristo* (his only religious drama), a stink bomb was thrown into the theater sending the spectators rushing to the exits. Several people fainted, and others were injured in the panic. Both Lope de Vega and Mira de Amescua were questioned by the police about the incident, but although they were soon released, their enmity toward Alarcón made them prime suspects.

In August of the same year, Philip IV ordered a lavish festival to be given in Madrid to celebrate the engagement of his sister, Doña María de Austria, to Prince Charles of England, whose visit to the Spanish court was regarded as one of great importance in the diplomatic relations of the two countries. The Duke of Cea, in charge of organizing the activities, commissioned Alarcón to a write a *relación* in verse of the events, but Alarcón, who had little talent for pompous, eulogistic poetry, asked a dozen poets to collaborate with him on the composition. Together they improvised seventy-three octaves which Alarcón edited and signed. Immediately another group of poets, including Lope, Góngora, Quevedo, and Mira de Amescua (although the latter collaborated in the enterprise) attacked the Mexican for the wretchedness of the *relación* and for having plagiarized the work of others. The following *décima* by Juan Pérez de Montalván, the disciple of Lope de Vega, is typical of the satirical poetry addressed to Alarcón on the occasion:

La relación he leído
de don Juan Ruiz de Alarcón,
un hombre que de embrión
parece que no ha salido.
Varios padres ha tenido

este pöema sudado;
mas nació tan mal formado
de dulzura, gala y modo,
que, en mi opinión, casi todo
parece del corcovado.

The period of Alarcón's greatest literary activity was from 1614 to 1625, although he probably wrote a few plays of apprenticeship in earlier years. In 1626 he secured a temporary appointment as a *relator* of the Consejo de las Indias, a job which involved preparing legal briefs of the cases brought before that body. His work left little time for writing, but it brought him a modest income on which he could live without depending on his pen. His scorn and bitterness toward the theatergoing public are manifest in the prologue to the *Parte primera* of his *comedias* (Madrid, 1628) a volume which contains eight plays instead of the usual twelve:

"EL AUTOR AL VULGO. Contigo hablo, bestia fiera, que con la nobleza no es menester, que ella se dicta más que yo sabría. Allá van esas comedias: trátalas como sueles, no como es justo, sino como es gusto; que ellas te miran con desprecio y sin temor, como las que pasaron ya el peligro de tus silbos, y ahora pueden sólo pasar el de tus rincones. Si te desagradaren, me holgaré de saber que son buenas; y si no, me vengará de saber que no lo son, el dinero que te han de costar."

Of course, Alarcón dared address the public as *bestia fiera*, instead of the cajoling *ilustre senado*, only after he no longer depended upon its favor for his livelihood.

In 1633 Alarcón received a permanent appointment with the Consejo de las Indias as *relator en propiedad* and, at the same time, a raise in salary that permitted him to live in comfort. In the dedication of the *Parte segunda* of his plays, published in Barcelona in 1634, he again expressed his gratitude to Don Ramiro Felipe de Guzmán, Duke of Medina de las Torres, who had been his benefactor when he was a job-seeker at court. Alarcón had acquired a sizeable estate by the time he died in Madrid on August 4, 1639.

His principal beneficiary was an illegitimate daughter, Lorenza, born of his union with a woman named Ángela Cervantes, about whom little is known. In his will he also remembered a few relatives, servants, and "the poor of the church."

The least prolific of all major Golden Age dramatists, Alarcón is credited with writing only twenty-five plays, twenty of which were printed in his two *Partes*. There are good reasons for Alarcón's relative unproductivity. His career as a writer was short—twelve years or so. He lacked imagination and spontaneity, qualities so apparent in the fertile genius of Lope de Vega and other Spanish playwrights. Like Terence, of whom he was so fond—he was sometimes called the "Spanish Terence"—he preferred to observe the life and customs of the people about him and to probe the motives of human conduct rather than to rush plots on paper. He was a meticulous craftsman who thought out his plays with care and polished them conscientiously. And, for the most part, Alarcón did not write unless he felt that he had something worth saying.

As a result of his temperament and approach, Alarcón's plays have about them a certain logic, precision, and purposefulness that critics have designated as "classical." Although they are set on Spanish soil and are concerned with Spanish manners, most of them have a universal quality that permits them to be easily adapted to foreign stages. His style is lucid, the dialogue, carefully measured. In Alarcón's plays, with few exceptions, there is little Gongorism; there are few rhapsodic lyrical moments. His poetry does not soar but remains rooted in the plausible situations that form his plays. Alarcón's themes are seldom profound, seldom troubled with metaphysical or theological complexities. He is concerned with man as a social being; consequently, he attacks those vices which demean human relations—lying, slander, greed, ingratitude, inconsiderateness, injustice. Apparently Alarcón reacted sharply to the abuse that he experienced in his own life, and for that reason he created a world in which the generous of spirit are rewarded, while the ignoble are shown to be pretentious frauds.

Alarcón's ethical preoccupations are translated into his delineation of character, a fact which probably accounts for his reputation as the perfecter, if not the creator, of the Spanish comedy of character. His most famous play, *La verdad sospechosa*, presents an engaging liar and braggart, Don García, who lies himself into and out of one embarrassing situation after another until he is finally trapped. In the end, in spite of his personal charm and family prestige, he loses the girl he wants to marry and is forced to marry another. A play of universal appeal, *La verdad sospechosa* was adapted successfully for the French stage as *Le Menteur* (1642) by Pierre Corneille, who had previously adapted Guillén de Castro's *Las mocedades del Cid*. Another of Alarcón's best known plays, *Las paredes oyen*, pits two antithetical characters as rivals for the hand of a lovely widow: Don Mendo, a handsome, dashing gallant, equally adept at spewing out flattery and slander, and Don Juan de Mendoza, a character created largely in Alarcón's own image. Incidentally, not only does Alarcón often bestow his family names on characters, usually sympathetic ones, but other autobiographical elements are frequent in his plays. In *Las paredes oyen*, of course, the ill-favored but generous-hearted Don Juan wins the lady.

El examen de maridos was first printed in the apocryphal *Parte veinticuatro* of the plays of Lope de Vega (Zaragoza, 1631), and was later reprinted in the *Parte segunda* of Alarcón's *comedias* (Barcelona, 1634), From all accounts, it was one of the most successful plays staged in the 1620's. The initial situation is an interesting one: On her father's death, the wealthy Marquesa Inés is given a piece of paper on which is written her father's last wish: "Antes que te cases, mira lo que haces." Inés, true to her father's admonition, decides to choose a husband by requiring her various suitors to take an examination—an examination which will measure the candidates' social position, physical prowess, and intellectual accomplishments. The rest of the play is devoted to exploring the question: In matters of love, can the head triumph over the heart?

El examen de maridos reveals the best features of Alarcón's dramaturgy: a skilfully constructed plot, tightly reasoned dialogue (perhaps the result of his legal training), thoughtful observations on manners, and reflections on human motives and conduct. The text of the present edition is based on

the edition of Agustín Millares Carlo in *Clásicos Castellanos*, vol. 146 (Madrid, 1960), which follows the text in Alarcón's *Parte segunda* (Barcelona, 1634). Other editions consulted include J. E. Hartzenbusch, in *Biblioteca de Autores Españoles*, vol. 20 (Madrid, 1852), and that of the Real Academia Española, edited by Isaac Núñez Arenas, in *Comedias escogidas de . . .*, vol. 3 (Madrid, 1867).

SELECTED BIBLIOGRAPHY

I. Collections of Alarcón's Plays

Comedias, ed. J. E. Hartzenbusch, in *Biblioteca de Autores Españoles*, vol. 20. Madrid, 1852.
Teatro completo, ed. Ermilo Abreu Gómez. Mexico, 1951.
Teatro. I. *La verdad sospechosa* y *Las paredes oyen*, ed. Alfonso Reyes. II. *La prueba de las promesas* y *El examen de maridos*, ed. Agustín Millares Carlo. III. *Los pechos privilegiados* y *Ganar amigos*, ed. Agustín Millares Carlo. In *Clásicos Castellanos*, vols. 37, 146, and 147. Madrid, 1918–60.
Obras completas, ed. Agustín Millares Carlo. 3 vols. Mexico, 1957–59.
Cuatro comedias, ed. Antonio Castro Leal. Tercera edición. Mexico, 1965.

II. General Studies of Alarcón

ABREU GÓMEZ, ERMILO. *Ruiz de Alarcón: Bibliografía crítica*. Mexico, 1939.
BRENES, CARMEN OLGA. *El sentimiento democrático en el teatro de Juan Ruiz de Alarcón*. Valencia, 1960.
CASTRO CALVO, JOSÉ MARÍA. "El resentimiento de la moral en el teatro de Juan Ruiz de Alarcón,"

Revista de Filología Española 26 (1942), 282–97.
CASTRO LEAL, ANTONIO. *Juan Ruiz de Alarcón: Su vida y su obra*. Mexico, 1943.
DENIS, SERGE. *Lexique du Théâtre de J. R. de Alarcón*. Paris, 1943.
EBERSOLE, ALVA V. *El ambiente español visto por Juan Ruiz de Alarcón*. Valencia, 1959.
FERNÁNDEZ-GUERRA y ORBE, LUIS. *D. Juan Ruiz de Alarcón y Mendoza*. Madrid, 1871.
HENRÍQUEZ UREÑA, PEDRO. *Don Juan Ruiz de Alarcón*. Havana, 1915.
JIMÉNEZ RUEDA, JULIO. *Juan Ruiz de Alarcón y su tiempo*. Mexico, 1939.
PÉREZ, ELISA. "Influencia de Plauto y Terencio en el teatro de Ruiz de Alarcón," *Hispania* 11 (1928), 131–49.
POESSE, WALTER. *Ensayo de una bibliografía de Juan Ruiz de Alarcón y Mendoza*. Valencia, 1964.
SCHONS, DOROTHY. *Apuntes y documentos nuevos para la biografía de Juan Ruiz de Alarcón y Mendoza*. Madrid, 1929.
SILVERMAN, JOSEPH H. "El gracioso de Juan Ruiz de Alarcón y el concepto de la figura del donaire tradicional," *Hispania* 35 (1952), 64–69.

∾∾∾ Acto primero

Verses

1–180	Redondillas	343–738	Redondillas
181–342	Romance (a-e)	739–898	Décimas

∾∾∾ Acto segundo

899–1050	Redondillas	1201–1772	Redondillas
1051–1200	Romance (o-a)	1773–1958	Romance (e-o)

∾∾∾ Acto tercero

1959–2030	Octavas reales	2354–2697	Redondillas
2031–2282	Redondillas	2698–3009	Romance (e-o)
2283–2353	Silvas		

El examen de maridos

DE

JUAN RUIZ DE ALARCÓN

PERSONAS

EL CONDE CARLOS, *galán*	BELTRÁN, *escudero viejo*
EL MARQUÉS FADRIQUE, *galán*	HERNANDO, *lacayo*
EL CONDE DON JUAN, *galán*	OCHAVO, *gracioso*
DON GUILLÉN, *galán*	DOÑA INÉS, *dama*
DON JUAN DE GUZMÁN, *galán*	MENCÍA, *su criada*
EL CONDE ALBERTO, *galán*	DOÑA BLANCA, *dama*
DON FERNANDO, *viejo grave*	CLAVELA, *su criada*

La escena es en Madrid

Acto primero

(Salen DOÑA INÉS, *de luto, y* MENCÍA.*)*

MENCÍA

Ya que tan sola has quedado
con la muerte del Marqués
tu padre, forzoso es,
señora, tomar estado;[1]
5 que en su casa has sucedido,
y una mujer principal
parece en la corte mal
sin padres y sin marido.

DOÑA INÉS

Ni más puedo responderte,
10 ni puedo más resolver,
de que a mi padre he de ser
tan obediente en la muerte
  como en la vida lo fui;
y con este justo intento
15 aguardo su testamento
para disponer de mí.

(Sale BELTRÁN, *de camino.)*

BELTRÁN

Dame, señora, los pies.

DOÑA INÉS

Vengas muy enhorabuena,
Beltrán amigo.

BELTRÁN

La pena
20 de la muerte del Marqués
  mi señor, que esté en la gloria,
me pesa de renovarte,
cuando era bien apartarte
de tan funesta memoria;
25 mas cumplo lo que ordenó,
cercano al último aliento:
en lugar de testamento
este pliego me entregó,
  sobrescrito para ti.

(Dale un pliego.)

[1] *tomar estado*: to marry.

333

DOÑA INÉS

30 A recibirle, del pecho
sale en lágrimas deshecho
el corazón. Dice así:
    (*Abre el pliego.*)
(*Lee.*) "Antes que te cases, mira lo que
haces."[2]

MENCÍA

¿No dice más?

DOÑA INÉS

No, Mencía.

BELTRÁN

Su postrer disposición
35 cifró toda en un renglón.

DOÑA INÉS

¡Ay, querido padre! Fía
que no exceda a lo que escribes
mi obediencia un breve punto,
y que aun después de difunto
40 presente a mis ojos vives.
Y vos, si el haber nacido
en mi casa, y si el amor
que el Marqués mi señor
habéis, Beltrán, merecido;
45 si la firme confïanza
con que en vuestra fe y lealtad
resignó su voluntad,
aseguran mi esperanza,
sed de mi justa intención
50 el favorable instrumento
con que deste testamento
disponga la ejecución.
Sólo de vuestra verdad
he de fïar el efeto;[3]
55 y la elección del sujeto
a quien de mi libertad
entregue la posesión,
de vos ha de proceder,
y obligarme a resolver
60 sola vuestra información.[4]

BELTRÁN

No tengo que encarecerte
mi obligación y ni fe,
pues ellas, según se ve,
son las que pueden moverte

65 a hacerme tu consejero.

DOÑA INÉS

Venid conmigo a saber,
Beltrán, lo que habéis de hacer;
que eligir esposo quiero
con tan atentos sentidos
70 y con tan curioso[5] examen
de sus partes,[6] que me llamen
el *Examen de maridos.*
    (*Vanse.*)
    (*Salen* DON FERNANDO *y el* CONDE
    CARLOS.)

DON FERNANDO

Pensar que solo sois vos
dueño de su[7] voluntad,
75 y, según vuestra amistad,
un alma vive en los dos,
de vos me obligan a fiar
y pediros una cosa
que, por ser dificultosa,
80 podréis vos solo alcanzar.

CONDE CARLOS

Si como habéis entendido,
don Fernando, esa amistad,
conocéis la voluntad
con que siempre os he servido,
85 seguro de mí os fiáis,
pues ya, según mi afición,
sólo con la dilación
puede ser que me ofendáis.

DON FERNANDO

Ya pues, Conde, habréis sabido
90 que el Marqués a Blanca adora.

CONDE CARLOS

De vos, don Fernando, agora
solamente lo he entendido.

DON FERNANDO

Negaréislo como amigo
y secretario[8] fïel
95 del Marqués.

CONDE CARLOS

Jamás con él
he llegado, ni él conmigo,
a que de tales secretos
partícipes no hagamos,

---

[2] *Antes que te cases, mira lo que haces* is a well-known proverb.

[3] *efeto (efecto)*: execution.

[4] *y obligarme . . . información*: and only your report will cause me to decide.

[5] *curioso*: meticulous.

[6] *partes*: qualities.

[7] *su* refers to the Marqués don Fadrique, who has not yet been introduced.

[8] *secretario*: confidant.

o sea porque adoramos
100 tan soberanos sujetos,
    que, con darse a la amistad
nombre de sacra y divina,
aún no la juzgamos dina
de atreverse a su deidad,[9]
105 o porque el celo y rigor[10]
desta amistad es tan justo,
que niega culpas del gusto
y delitos del amor,
    o porque de ese cuidado
110 vivimos libres los dos,
y en lo que os han dicho a vos
acaso os han engañado.

DON FERNANDO

No importa para el intento
haberlo sabido o no:
115 ser así y saberlo yo
es la causa y fundamento
    que me obligó a resolverme
a que de vuestra amistad,
nobleza y autoridad
120 en esto venga a valerme.
    Y así, supuesto, señor,
que si el Marqués pretendiese
que Blanca su esposa fuese,
no me encubriera su amor,
125 pues, si sus méritos son
tan notorios, se podría
prometer[11] que alcanzaría
por concierto[12] su intención;
    de aquí arguyo que su amor
130 sólo aspira a fin injusto,
y quiere alcanzar su gusto
con ofensa de mi honor.
    Vos, pues, de cuya cordura,
grandeza y valor confío,
135 remediad el honor mío
y corregid su locura;
    que en los dos evitaréis
con esto el lance postrero,[13]
pues lo ha de hacer el acero
140 si vos, Conde, no lo hacéis.

CONDE CARLOS

Fernando, bien sabéis vos

que, por no sujeto[14] a ley
el amor, le pintan rey,
niño, ciego, loco y dios.
145 Y así, en este caso, yo,
si he de hablar como discreto,
el intentarlo os prometo,
pero el conseguirlo no;
    que por locura condeno
150 que se prometa el valor,
ni poder más que el amor,
ni[15] asegurar hecho ajeno.
    Mas esto sólo fïad,
pues de mí os queréis valer:
155 que el Marqués ha de perder
o su amor o mi amistad.

DON FERNANDO

Esa palabra me anima
a pensar que venceréis,
que sé lo que vos valéis
160 y sé lo que él os estima.

CONDE CARLOS

No admite comparación
nuestra amistad; mas yo sigo
en las finezas de amigo
las leyes de la razón:
165 en esto la tenéis vos,
y de vuestra parte estoy.

DON FERNANDO

Seguro con eso voy.

CONDE CARLOS

Dios os guarde.

DON FERNANDO

                Guárdeos Dios. (*Vase.*)

(*Salen el* MARQUÉS *y* OCHAVO.)

OCHAVO

Él es un capricho extraño.

MARQUÉS

170 ¿Examen hace, curiosa,
de pretendientes?

OCHAVO

                ¡Qué cosa
para los mozos de hogaño!

MARQUÉS

Conde . . .

---

[9] *con . . . deidad*: although friendship is called sacred and divine, we still do not consider it worthy of presuming against their divinity.

[10] *rigor*: strict correctness.

[11] *se podría prometer*: he could be assured.

[12] *por concierto*: by mutual consent.

[13] *lance postrero*: i.e., a duel.

[14] *por no sujeto*: *por no estar sujeto*.

[15] *ni . . . ni*: either . . . or (fairly common usage in the period).

CONDE CARLOS
Marqués . . .

MARQUÉS
Escuchad
el más nuevo pensamiento
175 que en humano entendimiento
puso la curiosidad.

CONDE CARLOS
Decid.

MARQUÉS
Vuelve a referillo   (*A* OCHAVO.)
con todas sus circunstancias.

OCHAVO
Perdonad mis ignorancias,
180 pues de mí queréis oíllo.
La sin igual doña Inés,
a cuyas divinas partes
se junta ya el ser marquesa
por la muerte de su padre,
185 abriendo su testamento,
con resolución de darle
el cumplimiento debido
a postreras voluntades,
halló que era un pliego a ella
190 sobrescrito, y que no trae
más que un renglón todo él,
en que le dice su padre:
"Antes que te cases, mira lo que haces."[16]
Puso en ella este consejo
un ánimo tan constante
195 de ejecutallo, que intenta
el capricho más notable
que de romanas matronas
cuentan las antigüedades.
Cuanto a lo primero, a todos,
200 gentileshombres y pajes
y criados de su casa,
orden ha dado inviolable
de que admitan los recados,
los papeles y mensajes
205 de cuantos de su hermosura
pretendieren ser galanes.
Con esto, en un blanco libro,
cuyo título es *Examen*
de maridos, va poniendo
210 la hacienda, las calidades,
las costumbres, los defetos
y excelencias personales

de todos sus pretendientes,
conforme puede informarse
215 de lo que la fama dice
y la inquisición que hace.
Estas relaciones llama
"consultas," y "memoriales"
los billetes, y "recuerdos"
220 los paseos y mensajes.
Lo primero, notifica
a todo admitido amante
que sufra la competencia
sin que el limpio acero saque;
225 y al que por esto o por otro
defeto una vez borrare
del libro, no hay esperanza
de que vuelva a consultarle.
Declara que amor con ella
230 no es mérito, y sólo valen,
para obligar su albedrío,
proprias y adquiridas partes;
de manera que ha de ser
quien a su gloria aspirare,
235 por elección venturoso,
y eligido por examen.

CONDE CARLOS
¡Extraña imaginación!

MARQUÉS
¡Paradójico dislate!

OCHAVO
¡Caprichoso desatino!

CONDE CARLOS
240 (¡Ah, ingrata! ¿Qué novedades   (*Aparte.*)
inventas para ofenderme,
y trazas para matarme?
¿Qué me ha de valer contigo,
si tanto amor no me vale?
245 ¿Posible es, crüel, que intentes,
contra leyes naturales,
que sin amor te merezcan
y que sin celos te amen?)

MARQUÉS
Ya, con tan alta ocasión,
250 imagino en los galanes
de la corte mil mudanzas
de costumbres y de trajes.

CONDE CARLOS
La fingida hipocresía,
la industria,[17] el cuidado, el arte

---

[16] This line is not part of the versification.

[17] *industria*: cunning.

255 a la verdad vencerán;
más valdrá quien más engañe.
Ochavo, déjanos solos,
que tengo un caso importante
que tratar con el Marqués.

OCHAVO

260 Si es importante, bien haces
en ocultarlo de mí,
que cualquiera que fiare
de criados su secreto,
vendrá a arrepentirse tarde. (*Vase.*)

MARQUÉS

265 Cuidadoso espero ya
lo que tenéis que tratarme.

CONDE CARLOS

Retóricas persuasiones
y proemios elegantes
para pedir, son ofensas
270 de las firmes amistades,
y así, es bien que brevemente
mi pensamiento os declare.
De don Fernando de Herrera
la noble y antigua sangre
275 ni puede nadie ignoralla
ni ofendella debe nadie;
y el que es mi amigo, Marqués,
no ha de decirse que hace
sinrazón mientras un alma
280 ambos pechos informare.
Una de tres escoged:
o no amar a Blanca, o darle
la mano, o dejar de ser
mi amigo por ser su amante.

MARQUÉS

285 Primero que me resuelva
en un negocio tan grave,
los celos de mi amistad,
que al encuentro, Conde, salen,
me obligan a que averigüe
290 mis quejas y sus verdades.[18]
¿Cómo, si de ajena boca
supistes que soy amante
de Blanca, no tenéis celos
de que de vos lo ocultase?

CONDE CARLOS

295 Porque los cuerdos amigos
tienen razón de quejarse

de que la verdad les nieguen,
mas no de que se la callen;
y así, de vuestro silencio
300 no he formado celos, antes
os estoy agradecido;
que presumo que el callarme
vuestra afición fue recelo
de que yo la reprobase,
305 porque no consienten culpas
las honradas amistades.
Y así, Marqués, resolvéos
a olvidalla o a olvidarme,
que la razón siempre a mí
310 me ha de tener de su parte.

MARQUÉS

Puesto, Conde, que el más rudo
el imperio de amor sabe,
con vos, que prudente sois,
no trato de disculparme.
315 Dar la mano a doña Blanca
no es posible sin que pase
el mayorazgo[19] que gozo
al más cercano en mi sangre;
que obliga de su erección[20]
320 un estatuto inviolable
a que el sucesor elija
esposa de su linaje.
Yo, pues, antes de escucharos,
viendo estas dificultades,
325 procuraba ya remedios
de olvidalla y de mudarme;
y ha sido el mandallo vos
el mayor, pues es tan grande
mi amistad, que lo imposible
330 por vos me parece fácil.

CONDE CARLOS

Supuesto que no hay finezas
que a la vuestra[21] se aventajen,
os las promete a lo menos
mi agradecimiento iguales.
335 Y adiós, Marqués, porque quiero
dar al cuidadoso padre
de Blanca esta feliz nueva.

MARQUÉS

Bien podéis asegurarle
que no hará la muerte misma
340 que esta palabra os quebrante.

---

[18] *mis quejas . . . verdades*: my grievances and the bases for them.
[19] *mayorazgo*: right of primogeniture (and by exten-

sion, "title").
[20] *erección*: establishment.
[21] *la vuestra* refers to *amistad*.

CONDE CARLOS
Cuando no vuestra amistad,
me asegura vuestra sangre. (*Vanse.*)

(*Salen el* CONDE ALBERTO, *por una
parte, y por otra,* DON JUAN DE
GUZMÁN.)

DON JUAN
¡Conde!

CONDE ALBERTO
¡Don Juan!

DON JUAN
Con hallaros
en esta casa[22] me dais
345 indicios de que intentáis
de marido examinaros.

CONDE ALBERTO
Dado que no tengo amor,
por curiosidad deseo
deste examen de himeneo
350 ser también competidor.
Mas lo que pensáis de mí
por el lugar en que estoy,
de vos presumiendo voy,
pues también os hallo aquí.

DON JUAN
355 Siendo en tan alta ocasión
de méritos la contienda,
pienso que quien no pretenda
perderá reputación.

(*Sale* DON GUILLÉN.)

DON GUILLÉN
¡Copiosa está de guerreros
360 la estacada![23]

CONDE ALBERTO
¡Don Guillén!
¿Sois opositor también?

DON GUILLÉN
Con tan nobles caballeros,
si es que aspiráis a eligidos,
fuerza es probar mi valor;
365 que si es tal el vencedor,
no es deshonra ser vencidos.

CONDE ALBERTO
¡Que en novedad tan extraña
diese la Marquesa hermosa!

DON GUILLÉN
Por ella será famosa
370 eternamente en España.

DON JUAN
Al fin, quiere voluntades[24]
a la usanza de Valencia,
que sufran la competencia
sin celos ni enemistades.[25]

CONDE ALBERTO
375 Nueva Penélope[26] ha sido.

(*Sale* OCHAVO, *y luego* BELTRÁN.)

OCHAVO
(¡Plega a Dios no haya en la corte (*Aparte.*)
algún Ulises[27] que corte
en cierne tanto marido!)

DON JUAN
Beltrán sale aquí.

CONDE ALBERTO
Y él es,
380 según he sido informado,
el secretario y privado
de la hermosa doña Inés.

OCHAVO
Y a fe que es del tiempo vario
efeto bien peregrino
385 que, no siendo vizcaíno,
llegase a ser secretario.[28]

(*Sale* BELTRÁN.)

BELTRÁN
(Al cebo de doña Inés (*Aparte.*)
pican todos, que es gran cosa
gozar de mujer hermosa
390 y un título de marqués.)

CONDE ALBERTO
Señor Beltrán, la intención
de la Marquesa, que ha dado,
como a los pechos cuidado,
a la fama admiración,
395 causa el concurso que veis;
mis partes y calidades

---

[22] *esta casa*: i.e., the home of Doña Inés.
[23] *estacada*: battlefield.
[24] *voluntades*: affections (and by extension, "suitors").
[25] Traditionally Valencians were known for their free and easy manners and their inconstancy in love. Cf. José de Cadalso, *Cartas marruecas*, "Estos últimos (los valencianos) están tenidos por hombres de sobra-

da ligereza, atribuyéndose este defecto al clima y suelo . . ." (*Carta XXVI*).
[26] *Nueva Penélope*. In Homer's *Odyssey* Penelope had many suitors who sought to marry her when her husband Odysseus, long absent, was believed dead.
[27] *Ulises*: Ulysses (Latin name of Odysseus).
[28] *vizcaíno . . . secretario*. Biscayans, noted for their extreme honesty, were prized as secretaries.

son éstas, y son verdades
que presto probar podréis.
(*Quiere dalle un papel.*)

DON JUAN

Éste mis partes refiere.
(*Quiere dalle otro papel.*)

BELTRÁN

400 La Marquesa mi señora
saldrá de su cuarto agora,
que veros a todos quiere.
A ella dad los memoriales,
porque informarse procura
405 de la voz, la compostura[29]
y las partes personales
de cada cual por sus ojos.

OCHAVO

Es prudencia y discreción
no entregar por relación
410 tan soberanos despojos.[30]

BELTRÁN

Ella sale.
(*Compónense todos.*)

OCHAVO

(Gusto es vellos (*Aparte.*)
cuidadosos y afectados,
compuestos y mesurados,
alzar[31] bigotes y cuellos.
415 Parécenme propiamente,
en sus aspectos e indicios,
los pretendientes de oficios
cuando ven al presidente.[32]
Mas, por Dios, que es la criada
420 como un oro.)
(*Salen* DOÑA INÉS *y* MENCÍA.)
¿Oye, doncella?

MENCÍA

¿Qué quiere?

OCHAVO

El amor por ella[33]
me ha dado una virotada.[34]

MENCÍA

Aun bien que[35] hay en lugar
albéitares.[36]

OCHAVO

Pues, traidora,
425 ¿tan bestia es el que te adora
que albéitar le ha de curar?

CONDE ALBERTO

Puesto que[37] el alma confiesa
que no hay méritos humanos
que a los vuestros soberanos
430 igualen, bella Marquesa,
si alguno ha de poseeros,
hacer esto es competir
con todos, no presumir
que he de poder mereceros;
435 y a este fin he reducido[38]
mis partes a este papel,
humilde como fiel.[39]
(*Dale un memorial.*)

DOÑA INÉS

(¡Qué retórico marido!) (*Aparte.*)
Yo atenderé como es justo
440 a vuestros méritos, Conde.

OCHAVO

(Como rey, por Dios, responde: (*Aparte.*)
ella es loca de buen gusto.)

DON JUAN

Yo soy, señora, don Juan
de Guzmán: aquí veréis
445 lo demás, si en mí queréis
más partes que ser Guzmán.
(*Dale un papel.*)

DOÑA INÉS

(¡Qué amante tan enflautado!)[40] (*Aparte.*)
Yo lo veré.

OCHAVO

(¡Linda cosa, (*Aparte.*)
la voz sutil y melosa
450 en un hombre muy barbado!)

DON GUILLÉN

Don Guillén soy de Aragón,
que si por amor hubiera
de mereceros, ya fuera
mi esperanza posesión.
455 Éste os puede referir
mis méritos verdaderos,

---

[29] *compostura*: bearing.
[30] *despojos*: qualities.
[31] *alzar*: to straighten.
[32] *presidente*: head of a governmental council or commission.
[33] *por ella*: *por ti*. Servants frequently used *él* and *ella* meaning "you" as forms of address.

[34] *virotada*: arrow wound.
[35] *Aun bien que*: fortunately.
[36] *albéitar*: veterinarian.
[37] *Puesto que*: aunque.
[38] *reducir*: to summarize.
[39] Understand *tan* before *humilde*.
[40] *enflautado*: inflated.

pocos para mereceros,
muchos para competir.

(*Dale un memorial.*)

DOÑA INÉS
(¡Qué meditada oración!) (*Aparte.*)
460 Yo veré el papel.

OCHAVO
(¡Qué bien (*Aparte.*)
trajo el culto don Guillén
la tal contraposición!) [41]

DOÑA INÉS
Con vuestra licencia, quiero
retirarme.

CONDE ALBERTO
Loco estoy. (*Vase.*)

DON JUAN
465 Libre vine y preso voy. (*Vase.*)

DON GUILLÉN
Por vos vivo y sin vos muero. (*Vase.*)

DOÑA INÉS
Tened esos memoriales.

(*Dalos a* BELTRÁN.)
Mas, ¿qué busca este mancebo?

OCHAVO
Por ver capricho tan nuevo
470 me atreví a vuestros umbrales;
y aunque desta mocedad
y paradójico intento
os alabe el pensamiento,
tengo una dificultad,
475 y es que en vuestros pretensores
me han dicho que examináis
lo visible, y no tratáis
de las partes interiores,
en que muchas veces vi
480 disimulados engaños,
que causan mayores daños
al matrimonio; y así,
quiero saber qué invención
o industria pensáis tener,
485 o qué examen ha de haber
para su averiguación.

DONA INÉS
¿No hay remedio?

OCHAVO
Uno de dos
en dificultad tan nueva:
recebir la causa a prueba,[42]
490 o encomendárselo a Dios.

DOÑA INÉS
De buen gusto es la advertencia.
¿Queréis otra cosa aquí?

OCHAVO
Un nuevo amante, por mí,
Marquesa, os pide licencia
495 para veros e informaros
de sus méritos; que puesto
que a todos la dais, en esto
quiere también obligaros.

DOÑA INÉS
¿Quién es?

OCHAVO
Señora, el Marqués,
500 vuestro deudo.

DOÑA INÉS
Ya ha ofendido
su valor, pues ha pedido
lo que a todos común es.

OCHAVO
Tiene el ser desconfïado
de discreto; y le parece,
505 Marquesa, que aun no merece
ser de vos examinado.

DOÑA INÉS
Pues yo no sólo le doy
licencia, pero juzgara
por agravio que no honrara
510 el examen.

OCHAVO
Pues yo voy
con nueva tan venturosa;
y tanto vos lo[43] seáis,
pues cual sabia examináis,
que no elijáis como hermosa.[44]

(*Vanse* DOÑA INÉS *y* BELTRÁN.)

OCHAVO
515 Y tú, enemiga, haz también
un examen; y si acaso

---

[41] *contraposición*: antithesis (referring to the opposition between *pocos* and *muchos* in Don Guillén's speech).

[42] *recebir* (*recibir*) . . . *a prueba*: to set a time during which parties in a lawsuit must justify their claims.

[43] The antecedent of *lo* is *venturosa*.

[44] *no elijáis como hermosa*. An allusion to the popular belief that beautiful women make bad choices of marriage partners.

te merezco, pues me abraso,
trueca en favor el desdén.

MENCÍA

¿Bebe?

OCHAVO

Bebo.

MENCÍA

¿Vino?

OCHAVO

Puro.

MENCÍA

520 Pues ya queda reprobado;
que yo quiero esposo aguado. (*Vase.*)

OCHAVO

¡Escucha! En vano procuro
detenella. ¡Bueno quedo!
¡Vive Dios, que estoy herido!
525 Pero si mi culpa ha sido
beberlo puro, bien puedo
no quedar desesperado.
Aguado soy, que aunque puro
siempre beberlo procuro,
530 siempre al fin lo bebo aguado,
pues todo, por nuestro mal,
antes de salir del cuero,
en el Adán tabernero
peca en agua original.[45] (*Vase.*)

(*Salen* DOÑA BLANCA *y* CLAVELA, *con mantos.*)

CLAVELA

535 Pienso que no te está bien
mostrar al Marqués amor,
porque es la contra[46] mejor
de un desdén otro desdén.
Si su mudanza recelas,
540 tu firmeza[47] te destruye,
porque el amante que huye,
seguirle es ponerle espuelas.

DOÑA BLANCA

Ya que pierdo la esperanza
que tan segura tenía,
545 saber al menos querría
la ocasión de su mudanza;
y por esto le he citado,

sin declaralle quién soy,
para el sitio donde estoy.

CLAVELA

550 Él vendrá bien descuidado
de que eres tú quien le llama.

(*Salen el* MARQUÉS *y* OCHAVO *por otra puerta, sin ver a* DOÑA BLANCA *y* CLAVELA.)

OCHAVO

Su hermosura y su intención
son tan nuevas, que ya son
la fábula de la fama;
555 y al fin, no sólo te ha dado
la licencia que has pedido,
pero se hubiera ofendido
de que no hubieras honrado
el concurso generoso
560 que al examen se le ofrece.

MARQUÉS

Locura, por Dios, parece
su intento; mas ya es forzoso
seguir a todos en eso.

OCHAVO

Un aguacero cayó
565 en un lugar, que privó
a cuantos mojó, de seso;
y un sabio, que por ventura
se escapó del aguacero,
viendo que al lugar entero
570 era común la locura,
mojóse y enloqueció,
deciendo: "En esto, ¿qué pierdo?
Aquí, donde nadie es cuerdo,
¿para qué he de serlo yo?"
575 Así agora no se excusa,
supuesto que a todos ves
examinarse, que des
en seguir lo que se usa.[48]

MARQUÉS

Bien dices, que era el no hacello
580 dar al mundo qué decir.
Pero quiérote advertir
de que nadie ha de entendello
hasta salir vencedor;

[45] *pues todo . . . original.* Alarcón often refers to Adam's original sin for comic purposes, and, like other Golden Age writers, he often satirizes tavern keepers for diluting their wine. Here Ochavo laments the fact that wine sins by being diluted with "origin-al" water by Adam-like tavern keepers.
[46] *contra*: retaliation.
[47] *firmeza*: constancy.
[48] *usarse*: to be in fashion.

porque, si quedo vencido,
585 no quiero quedar corrido.[49]
OCHAVO
Mármol soy.
MARQUÉS
Este temor
me obliga así a recatar,[50]
aunque mi pecho confía
que doña Inés será mía
590 si me llego a examinar.
DOÑA BLANCA
¿Que doña Inés será vuestra,
si a examinaros llegáis?
MARQUÉS
¡Oh, Blanca! ¿Vos me escucháis?
DOÑA BLANCA
Quien tanta inconstancia muestra
595 como vos, ¡tiene esperanza
de que saldrá vencedor,
siendo el defeto mayor
en un hombre la mudanza!
¿De qué os admiráis? Yo fui,
600 yo fui la que os he llamado,
viendo que con tal cuidado
andáis huyendo de mí,
para saber la ocasión
que os he dado, a vos tomáis,
605 para que así me rompáis
tan precisa obligación;
y de vuestros mismos labios,
antes que os la preguntara,
quiso el cielo que escuchara
610 la ocasión de mis agravios.
MARQUÉS
Blanca, no te desenfrenes.
Escucha atenta primero
mi disculpa, y después quiero
que, si es razón, me condenes.
615 Cuando empezó mi deseo
a mostrar que en ti vivía,
ni aun la esperanza tenía
del estado que hoy poseo.
Entonces tú, como a pobre,
620 te mostraste siempre dura;
que el oro de tu hermosura
no se dignaba del cobre.
Heredé por suerte; y luego,
o fuese ambición o amor,

625 mostraste a mi ciego ardor
correspondencias de fuego.
Mas la herencia, que la gloria
me dio de tu vencimiento,[51]
fue también impedimento
630 para gozar la vitoria;
porque estoy, Blanca, obligado
a dar la mano a mujer
de mi linaje, o perder
la posesión del estado.
635 Esta ocasión me desvía
de ti, pues según arguyo,[52]
ni rico puedo ser tuyo,
ni pobre quieres ser mía.
Perdida, pues, tu esperanza,
640 si otra doy en celebrar,
es divertirme, no amar;
es remedio, no mudanza.
Así que, a no poder más,
mudo intento: si pudieres,
645 haz lo mismo; que si quieres,
mujer eres, y podrás. (*Vase.*)
DOÑA BLANCA
¡Oye!
CLAVELA
Alas lleva en los pies.
OCHAVO
(¡Cielos, haced que algún día (*Aparte.*)
pueda yo hacer con Mencía
650 lo que con Blanca el Marqués!) (*Vase.*)
DOÑA BLANCA
Desesperada esperanza,
el loco intento mudad,
y de ofendida apelad
del amor a la venganza.
655 ¡Por los cielos, inconstante,
ya que tu agravio me obliga,
que has de llorarme enemiga,
pues no me estimas amante!
¡A tus gustos, tus intentos,
660 tus fines, me he de oponer!
¡Seré verdugo al nacer
de tus mismos pensamientos!
CLAVELA
De cólera estás perdida;
loca te tiene el despecho.
DOÑA BLANCA
665 ¡Sierpes apacienta el pecho

---

[49] *corrido*: embarrassed.
[50] *recatar*: to be wary.

[51] *tu vencimiento*: winning you.
[52] *argüir*: to reason.

de una mujer ofendida! (*Vanse.*)

(*Sale el* CONDE DON JUAN, *y después el* CONDE CARLOS.)

CONDE JUAN

De tus ojos salgo ciego
y abrasado, Inés hermosa,
cual la incauta mariposa
670 busca luz y encuentra fuego.

(*Sale el* CONDE CARLOS.)

CONDE CARLOS

(¿Aquí está el conde don Juan? (*Aparte.*)
¡Todo el infierno arde en mí!)
Conde, de hallaros aquí,
ciertas sospechas me dan
675 de que pretendéis entrar
en el examen.

CONDE JUAN

¿Pues quién
no aspira a tan alto bien,
si méritos lo han de dar?

CONDE CARLOS

Quien supiere que a la bella
680 Inés ha un siglo que quiere
Carlos.

CONDE JUAN

Si quien lo supiere,
Conde, no ha de pretendella,
de esa obligación me hallo
con justa causa excluido,
685 porque nunca lo he sabido.

CONDE CARLOS

¿No basta, pues, escuchallo
aquí de mí, si hasta agora
la he servido con secreto,
justo y forzoso respeto
690 del que estima a la que adora?

CONDE JUAN

No basta a quien se ha empeñado
sin saberlo: a no empezar
podéis con eso obligar,
mas no a dejar lo empezado.

CONDE CARLOS

695 Esta espada sabrá hacer
que sobre[53] decirlo yo
para dejallo.

CONDE JUAN

Y que no,
ésta sabrá defender;

y esto en el campo, no aquí;
700 que es sagrado este lugar.

CONDE CARLOS

Allá os espero mostrar
el valor que vive en mí.

(*Sale* DOÑA INÉS.)

DOÑA INÉS

¿Qué es esto? Conde don Juan,
conde Carlos, ¿dónde vais?

CONDE CARLOS

705 Solamente a que entendáis
los excesos a que dan
ocasión vuestros antojos.
Venid.

CONDE JUAN

Vamos.

DOÑA INÉS

¡Deteneos;
que mal logrará deseos
710 quien obliga con enojos!
Sabiendo que es lo primero
que he advertido en este examen
que no ha de entrar en certamen
quien por mí saque el acero,
715 ¿cómo aquí con ofenderme
queréis los dos obligarme,
pues que pretendéis ganarme
con el medio de perderme?
El fin desta pretensión,
720 ¿consiste en vuestro albedrío?
¿Es vuestro gusto o el mío
quien ha de hacer la elección?
Sufra, pues, quien alcanzarme
procure, la competencia,
725 o confiese en mi presencia
que no pretende obligarme.

CONDE JUAN

No hay más ley que vuestro gusto
para mi abrasado pecho.

CONDE CARLOS

Y yo, Inés, aunque a despecho
730 de un agravio tan injusto
como recibo de vos,
me dispongo a obedeceros.

DOÑA INÉS

De no sacar los aceros
me dad palabra los dos.

[53] *sobre* is the present subjunctive of *sobrar*.

CONDE CARLOS
735 Yo, por serviros, la doy.

CONDE JUAN
Yo la doy, por obligaros;
que a morir, por no enojaros,
dispuesto, señora, estoy. (*Vase.*)

CONDE CARLOS
¡Ah, Marquesa! ¡A Dios pluguiera,
740 pues os cansa el amor mío,
fuese mío mi albedrío
para que no os ofendiera!
¡Pluguiera a Dios que pudiera
poner freno a mis pasiones
745 el ver vuestras sinrazones!
Que cuando el amor es furia,
los golpes que da la injuria
rematan más las prisiones.[54]
Apaga el cierzo violento
750 llama que empieza a nacer;
mas en llegando a crecer,
le aumenta fuerzas el viento.
Ya estaba en mi pensamiento
apoderado el furor
755 de vuestro amoroso ardor;
y a quien llega a estar tan ciego,
cada agravio da más fuego,
cada desdén más amor.

DOÑA INÉS
Basta, Conde; que llenáis
760 de vanas quejas el viento,
si de vuestro sentimiento
la ocasión no declaráis.
¿De qué agravios me acusáis?

CONDE CARLOS
El preguntarlo es mayor
765 ofensa y nuevo rigor,
pues para que os disculpéis
de vuestro error, os hacéis
ignorante de mi amor.
¿Podéisme negar acaso
770 que dos veces cubrió el suelo
tierna flor y duro hielo
después que por vos me abraso?
El fiero dolor que paso
por vuestros ricos despojos,
775 aunque a encubrir mis enojos

el recato me ha obligado,
¿no os lo ha dicho mi cuidado
con la lengua de mis ojos?
¿No han sido mi claro oriente
780 vuestros balcones, y han visto
que ha dos años que conquisto
su hielo con fuego ardiente?
Si os amé tan cautamente,
que apenas habéis sabido
785 vos misma que os he querido,
ésa es fineza mayor,
pues muriendo, vuestro honor
a mi vida he preferido.
Pues cuando tras esto dais
790 licencia a nuevos cuidados,
para ser examinados
por que el más digno elijáis,
¿cómo, decid, preguntáis
a un despreciado y celoso
795 de qué se muestra quejoso?
Cuando por amante no,
por mí, ¿no merezco yo
ser con vos más venturoso?

DOÑA INÉS
Negarlo fuera ofenderos;
800 pero vos me disculpáis,
y con lo que me acusáis
pienso yo satisfaceros.
Si entre tantos caballeros
como al examen se ofrecen,
805 vuestras partes os parecen
dignas de ser preferidas,
ellas serán elegidas
si más que todas merecen.
Mas si acaso el propio amor
810 os engaña, y otro amante,
aunque menos arrogante,
en partes es superior,
ni es ofensa ni es error
si en mi provecho me agrada,
815 de vuestro daño olvidada,
que el que es más digno me venza;
que de sí misma comienza
la caridad ordenada.[55]

CONDE CARLOS
Y de amar vuestra beldad,
820 ¿cuáles los méritos son?

---

[54] *rematan . . . prisiones*: make more binding the chains (of love).

[55] *que . . . ordenada*. Cf. the proverb, *La caridad bien*

ordenada empieza por uno mismo, the equivalent of the English "Charity begins at home."

DONA INÉS
Amar por inclinación
es propia comodidad.
Si presa la voluntad
del deseo, se fatiga
825 porque el deleite consiga,
del bien que pretende nace;
y quien su negocio hace,⁵⁶
a nadie con él obliga.
Demás que, si amarme fuera
830 conmigo merecimiento,
no solo vuestro tormento
obligada me tuviera;
que no tantos en la esfera
leves átomos se miran,
835 ni en cuanto los rayos giran
del sol claro arenas doran,
cuantos más que vos me adoran,
si menos que vos suspiran.⁵⁷
Pero, supuesto que amarme
840 no me obliga, imaginad
que cumplir mi voluntad
es el modo de obligarme.
El más digno ha de alcanzarme:
si vuestros méritos claros
845 esperan aventajaros,
en obligación me estáis,
pues por una que intentáis,
dos vitorias quiero daros.
Corta hazaña es por amor
850 conquistar una mujer;
ilustre vitoria es ser
por méritos vencedor.
De mí os ha de hacer señor
la elección, no la ventura.
855 Si no os parece cordura
el nuevo intento que veis,
al menos no negaréis
que es de honrada esta locura.
CONDE CARLOS
En fin, ¿que en vano porfío
860 disuadiros ese intento?
DONA INÉS
Antes que mi pensamiento
se mudará el norte frío.

CONDE CARLOS
Pues yo de todos confío
ser por partes vencedor.
865 Mas ved que en tan ciego amor
mis sentidos abrasáis,
que si en la elección erráis,
no he de sufrir el error.
Mirad cómo os resolvéis,
870 y advertid bien, si a mí no,
que merezca más que yo
a quien vuestra mano deis;
pues como vos proponéis
que vencer, para venceros,
875 tantos nobles caballeros,
son dos tan altas vitorias,
son dos afrentas notorias
las que recibo en perderos.
Yo enfrenaré mi pasión
880 si es más digno el más dichoso,
obediente al imperioso
dictamen de la razón;
pero siendo en la elección
vos errada y yo ofendido,
885 ¡vive Dios que al preferido
ha de hacer mi furia ardiente
teatro de delincuente⁵⁸
del tálamo de marido!
DOÑA INÉS
Pensad que si no vencéis,
890 no habéis de quedar quejoso;
que será tal el dichoso,
que vos mismo lo aprobéis.
CONDE CARLOS
Cumplid lo que prometéis.
DOÑA INÉS
Tal examen he de hacer,
895 que a todos dé, al escoger,
qué invidiar,⁵⁹ no qué cuipar.
CONDE CARLOS
Pues, Inés, a examinar.
DOÑA INÉS
Pues, Carlos, a merecer.

---

⁵⁶ *hacer* (*uno*) *su negocio*: to look after one's own
interests.
⁵⁷ *Demás que . . . suspiran*: freely, "Moreover, if I
considered your loving me a merit, your suffering
alone would not obligate me to you, because there are
not as many atoms in the heavens or as many sun
rays adorning the sands with gold, as there are those
who love me more than you do, although they sigh
less than you."
⁵⁸ *teatro de delincuente*: criminal's scaffold.
⁵⁹ *invidiar*: envidiar.

Acto segundo

(*Salen* DOÑA BLANCA *y* CLAVELA,
con mantos.)

DOÑA BLANCA

Yo la he de ver, y estorbar
900 cuanto pueda su esperanza;
que el amor pide venganza
si llega a desesperar;
y pues no me vio jamás
la Marquesa, cierta voy
905 de que no sabrá quién soy.

CLAVELA

Resuelta, señora, estás,
y no quiero aconsejarte.

DOÑA BLANCA

Ella sale.

CLAVELA

Hermosa es:
con razón la luz que ves
910 puede en celos abrasarte.

DOÑA BLANCA

Cúbrete el rostro, y advierte
que los enredos que emprendo
van perdidos en pudiendo
este viejo conocerte.

(*Salen* DOÑA INÉS *y* BELTRÁN.)

BELTRÁN

915 Ya del Marqués don Fadrique
el memorial he pasado;[60]
y, si verdad ha informado,
no dudo que se publique
por su parte la vitoria.

DOÑA INÉS

920 Pues, Beltrán, con brevedad
de lo cierto os informad,
porque es ventaja notoria
la que en sus méritos veo,
y si verdaderos son,
925 mi sangre o mi inclinación
facilitan su deseo.

BELTRÁN

Él es tu deudo; y por Dios
que fuera bien que se unieran
vuestras dos casas, y hicieran
930 un rico estado los dos.

DOÑA BLANCA

(Primero el fin de tus años, (*Aparte.*)
caduco[61] enemigo, veas.)

CLAVELA

(La ocasión es que deseas.) (*Aparte, a su ama.*)

DOÑA BLANCA

(Comiencen, pues, mis engaños,
(*A* CLAVELA, *ap.*)
935   y advierte bien el rodeo
con que mi industria la obliga
a rogarme que la diga
lo que decirle deseo.)
940   No vengo a mala ocasión,
cuando de bodas tratáis,
pues feliz anuncio dais
con eso a mi pretensión.

DOÑA INÉS

¿Quién sois y qué pretendéis?

DOÑA BLANCA

Soy, señora, una criada

---

[60] *he pasado*: he leído.

[61] *caduco*: worthless.

945 de una mujer desdichada,
que por dicha conocéis.
  Lo que pretendo es mostraros
joyas de hechura[62] y valor,
con que pueda el resplandor
950 del mismo sol invidiaros.
  Tratado su casamiento,[63]
las previno mi señora;
y habiendo perdido agora,
con la esperanza el intento
955   de ese estado,[64] determina
tomar el de religión;
y viendo que la ocasión
de casaros se avecina,
  según publica la fama,
960 me mandó que os las trajese,
por que si entre ellas hubiese
alguna que de tal dama
  mereciese por ventura
ser para suya estimada,
965 por el valor apreciada,
aunque pierda de la hechura
mucha parte,[65] la compréis.

DOÑA INÉS

Las joyas, pues, me mostrad.

DOÑA BLANCA

Su curiosa novedad
970 pienso que cudiciarés.[66]

  (*Saca una cajeta de joyas.*)

De diamantes jaquelados[67]
es ésta.

DOÑA INÉS

  No he visto yo
mejor cosa.

DOÑA BLANCA

  Ésa costó
mil y quinientos ducados.
975   Pero ved estos diamantes
al tope.[68]

DOÑA INÉS

  La joya es bella:
el cielo no tiene estrella
que dé rayos más brillantes.

DOÑA BLANCA

Con más razón esta rosa,[69]
980 esmaltada[70] en limpio acero,
compararéis al lucero.

DOÑA INÉS

Venus[71] es menos hermosa.
Quien tales joyas alcanza
muy rica debe de ser.

DOÑA BLANCA

985 Tanto, que por no perder
de una mano la esperanza,
las diera en albricias[72] todas;
y sé que le pareciera
corto exceso a quien supiera
990 con quién trataba sus bodas.
  Mas son pláticas perdidas;
de lo que importa tratemos.

CLAVELA

(¡Por qué sutiles extremos (*Aparte.*)
busca el medio a sus heridas!)

DOÑA INÉS

995   Ya de curiosa me incito
a saber quién fue el ingrato;
que vuestro mismo recato
me despierta el apetito.

CLAVELA

(Ya están conformes las dos.) (*Aparte.*)

DOÑA BLANCA

1000 Si saberlo os importara,
Marquesa hermosa, fiara
más graves cosas de vos.

DOÑA INÉS

  A quien trata de casarse,
y a quien, como ya sabréis,
1005 hace el examen que veis,
temerosa de emplearse[73]
  en quien — como el escarmiento
lo ha mostrado — si se arroja,
a la vuelta de la hoja
1010 halle el arrepentimiento,
  ¿no importa saber con quién
quiso esa dama casarse,
y para no efetuarse

---

[62] *de hechura*: of excellent workmanship.
[63] *Tratado su casamiento*: her marriage having been arranged.
[64] *estado*: civil status. The three states in this sense are married (*casado*), single (*soltero*), and religious (*clérigo*).
[65] *aunque . . . parte*: although she may lose a large part of the cost of the workmanship.
[66] *cudiciar: codiciar.*

[67] *jaquelado*: square-faceted.
[68] *al tope*: (joined) end to end.
[69] *rosa: diamante rosa*, rose diamond.
[70] *esmaltada*: adorned.
[71] The planet or star of Venus is the morning star (*lucero*).
[72] *en albricias*: as a reward.
[73] *emplearse*: to marry.

la causa que hubo también?
1015 Si, como me certifica
vuestra misma lengua agora,
la que tenéis por señora
es tan principal y rica,
¿presumís que entre los buenos
1020 que opuestos agora están
a mi mano, ese galán
que ella quiso, valga menos?
¿Quién duda sino que está
a este mi examen propuesto
1025 él también? Pues según esto,
no poco me importará
saber quién fue, y cuál ha sido
tan poderosa ocasión
que el efeto a la afición
1030 de esa dama haya impedido.
Decídmelo por mi vida,
y fiad que me tendréis,
si esta lisonja me hacéis,
mientras viva, agradecida.

DOÑA BLANCA
1035 Si he de hacerlo, habéis de dar
la palabra del secreto.

DOÑA INÉS
Como quien soy[74] lo prometo.

DOÑA BLANCA
Solas hemos de quedar.

DOÑA INÉS
Dejadnos solas. (*A* BELTRÁN.)

BELTRÁN
(Quien fía (*Aparte.*)
1040 secretos a una mujer,
con red intenta prender
las aguas que el Nilo envía.)
(*Retírase al paño.*)

DOÑA BLANCA
(La industria verás agora (*A* CLAVELA.)
con que la obligo a querer
1045 al Conde, y a aborrecer
al Marqués, si ya lo adora.)

BELTRÁN
(Pues nada encubre de mí, (*Al paño.*)
los secretos que después
me ha de contar doña Inés,

1050 quiero escuchar desde aquí.)

DOÑA INÉS
Ya estamos solas.

DOÑA BLANCA
Marquesa,
a quien haga más dichosa
el cielo que a la infeliz
de quien refiero la historia:
1055 sabed que ese conde Carlos,
ése cuya fama asombra
con los rayos de su espada
las regiones más remotas;
ese Narciso en la paz,
1060 que por sus partes hermosas
es de todos invidiado
como adorado de todas,
en esta dama de quien
oculta el nombre mi boca,
1065 por obedecerla a ella,
y porque a vos no os importa,
puso más ha de tres años
la dulce vista engañosa,
pues a sus mudas palabras
1070 no corresponden las obras.
Miró, sirvió y obligó,
porque son muy poderosas
diligencias sobre[75] partes
que solas por sí enamoran.
1075 Al fin, en amor iguales
y en méritos se conforman,
que si él es galán Adonis,
es ella Venus hermosa;
y porque a penas ardientes
1080 dichoso término pongan,
declarados sus intentos,
alegres tratan sus bodas.
Entonces ella previno
éstas y otras ricas joyas,
1085 como hermosas desdichadas,
malquistas como curiosas;[76]
y cuando ya de Himeneo[77]
el nupcial coturno[78] adorna
el pie, y en la mano Juno[79]
1090 muestra la encendida antorcha;
cuando ya, ya al dulce efeto

---

[74] *Como quien soy*: as a person of honor.
[75] *sobre*: in addition to.
[76] *malquistas . . . curiosas*: as unloved as they are exquisite. Alarcón is playing with the idea that the jewels are like beautiful women who are unlucky in love.

[77] *Himeneo*: god of marriage.
[78] *coturno*: cothurnus (a high, thick-soled, lace boot).
[79] *Juno*: the guardian of women and protectress of marriage who, as Juno Lucina (Light-bringer), is depicted as carrying a torch.

falta la palabra sola
que eternas obligaciones
en breve sílaba [80] otorga,
1095 al Conde le sobrevino
una fiebre; si engañosa,
su mudanza lo publica,
su ingratitud lo pregona;
pues desde entonces, fingiendo
1100 ocasiones dilatorias,
descuidadas remisiones
y tibiezas [81] cuidadosas,
vino por claros indicios
a conocerse que sola
1105 su mudada voluntad
los desposorios estorba.
Ella, del desdén sentida
y de la afrenta rabiosa,
pues hechos ya los conciertos,
1110 quien se retira deshonra,
llegó por cautas espías
a saber que el Conde adora
otra más dichosa dama,
no sé yo si más hermosa,
1115 porque con tanto secreto
su nuevo dueño enamora,
que, viendo todos la flecha,
no hay quien la aljaba [82] conozca.
Con esto, su cuerdo padre,
1120 por consolar sus congojas,
a la boda del Marqués
don Fabrique la conhorta; [83]
mas cuando de su nobleza
y de sus partes heroicas
1125 iban nuevas impresiones
borrando antiguas memorias,
vino a saber del Marqués
ciertas faltas mi señora,
para en [84] marido insufribles,
1130 para en galán fastidiosas;
y aunque parezca indecente
el referillas mi boca,
y esté de que han de ofenderos

los oídos temerosa, [85]
1135 el secreto y el deseo
de serviros, y estar solas
aquí las tres, da disculpa
a mi lengua licenciosa.
Tiene el Marqués una fuente, [86]
1140 remedio que necios toman,
pues para sanar enferman,
y curan una con otra.
Tras esto, es fama también
que su mal aliento enoja,
1145 y fastidia más de cerca
que él de lejos enamora.
Y afirman los que le tratan
que es libre y es jactanciosa
su lengua, y jamás se ha visto
1150 una verdad en su boca.
Pues como en el verde abril
marchita el helado Bóreas [87]
las flores recién nacidas,
las recién formadas hojas,
1155 así mi dueño, al instante
que destas faltas la informan,
del amor en embrïón
el nuevo concepto aborta; [88]
y con la misma violencia
1160 que al arco la cuerda torna
cuando, de membrado [89] brazo
disparada, el viento azota,
de su conde Carlos vuelve
a abrasarse en las memorias,
1165 sus perfeciones estima
y sus desdenes adora.
Mas viendo, [90] al fin, su deseo
imposible la vitoria,
pues son, cuando amor declina,
1170 las diligencias dañosas,
despechada, muda intento,
y la deseada gloria
que no ha merecido deja
a otra mano más dichosa,
1175 pues podrá quien goce al Conde.

---

[80] *breve sílaba*: i.e., *sí*.
[81] *tibiezas*: coolness.
[82] *aljaba*: quiver.
[83] *conhortar*: animar.
[84] *para en*. In modern Spanish either *para* or *en* would be redundant, but the combination of the two prepositions is fairly common in the Golden Age.
[85] *y esté . . . temorosa*: and (although) I am afraid that they (*faltas*) will offend your ears.

[86] *fuente*: running sore (artificially opened to drain off infection).
[87] *Bóreas*: north wind.
[88] *del amor . . . aborta*: (my mistress) aborted her newly conceived love in an embryonic stage.
[89] *membrado*: skillful (archaic).
[90] The subject of *viendo* is *su deseo*, a periphrasis for *ella*.

alabarse de que goza
el marido más bizarro
que ha celebrado la Europa.

DOÑA INÉS

Cuanto puedo os agradezco
1180 la relación de la historia;
y a fe que me ha enternecido
la tragedia lastimosa
que en sus amantes deseos
ha tenido esa señora.

DOÑA BLANCA

1185 Tenéis, al fin, sangre noble.
Mas, ¿ qué decís de las joyas?

DOÑA INÉS

Que me agradan, mas quisiera,
para tratar de la compra,
que un oficial[91] las aprecie.

DOÑA BLANCA

1190 No puedo aguardar agora;
si gustáis volveré a veros.

DOÑA INÉS

Será para mí lisonja;
que vos no me enamoráis
menos que ellas me aficionan.

DOÑA BLANCA

1195 A veros vendré mil veces,
por ser mil veces dichosa.

CLAVELA

(Bien se ordena tu venganza.)

(*Aparte a su ama.*)

DOÑA BLANCA

(Ya he sembrado la discordia.
Pues soy despreciada Juno,
1200 ¡muera Paris y arda Troya!)[92]

(*Vanse* DOÑA BLANCA *y* CLAVELA.)

DOÑA INÉS

¡Hola, Beltrán!

BELTRÁN

                    ¿Qué me quieres,
señora?

DOÑA INÉS

Al punto partid,
y con recato seguid,
Beltrán, esas dos mujeres.

1205   Sabed su casa, y de suerte
el seguillas ha de ser,
que ellas no lo han de entender.[93]

BELTRÁN

Voy, señora, a obedecerte;
y fía de mi cuidado
1210 que lo que te han referido
averigüe; que escondido
su relación he escuchado. (*Vase.*)

DOÑA INÉS

Hasta agora, ciego amor,
libre entendí que vivía:
1215 ni tus prisiones sentía
ni me inquietaba tu ardor;
pero ya ¡triste! presumo
que la libertad perdí;
que el fuego escondido en mí
1220 se conoce por el humo.
Causóme pena escuchar
los defetos del Marqués,
y de amor sin duda es
claro indicio este pesar.
1225 Cierto está que es de querelle
este efeto, pues sentí
las faltas que dél oí
como ocasión[94] de perdelle.
Presto he pagado el delito
1230 de seguir mi inclinación,
y de hacer en la elección
consejero al apetito.
No más amor, que no es justo
tras del escarmiento errar;
1235 esposo al fin me ha de dar
el examen, y no el gusto.

(*Sale el* MARQUÉS.)

MARQUÉS

(Corazón, ¿de qué os turbáis? (*Aparte.*)
¿Qué alboroto, qué temor
os ocupa? Ya de amor
1240 señales notorias dais.
¿Quién creyera tal mudanza?
Pero, ¿quién no la creyera,
si la nueva causa viera
de mi dichosa esperanza?
1245 Perdona, Blanca, si sientes

---

[91] *oficial*: artisan (here, "jeweler").

[92] *Juno . . . Troya!* A reference to the Judgment of Paris related in Homer's *Iliad*. Paris, called upon to judge a contest among Venus, Pallas, and Juno, awarded the golden apple to Venus, who had prom-ised him the most beautiful woman in the world (Helen of Troy). His decision incurred the hatred of Juno and Pallas, and led to the Trojan War.

[93] *entender*: to notice.

[94] *ocasión*: danger.

ver que a nueva gloria aspiro,
que en Inés ventajas miro,
y en ti miro inconvenientes.)
    Mi dicha, Marquesa hermosa,
1250 ostenta ya, con entrar
a veros sin avisar,
licencias de vitoriosa;
    que le ha dado a mi esperanza,
para tan osado intento,
1255 el amar, atrevimiento,
y el merecer, confïanza.

DOÑA INÉS

(Ya empiezo a verificar (*Aparte.*)
los defetos que he escuchado,
pues a hablar no ha comenzado,
1260 y ya se empieza a alabar.)
    Mirad que no es de prudentes
la propria satisfación,
y más donde tantos son
de mi mano pretendientes;
1265 y quien con tal osadía
presume, o es muy perfeto,
o, si tiene algún defeto,
en que es oculto se fía;
    y es acción poco discreta
1270 estar en eso fïado,
que a la envidia y al cuidado,
Marqués, no hay cosa secreta.

MARQUÉS

Bien me puede haber mentido
mi proprio amor lisonjero,
1275 pero yo mismo, primero
que fuese tan atrevido,
    me examiné con rigor
de enemigo, y he juzgado
que puede estar confïado,
1280 más que el de todos, mi amor.
    De mi sangre no podéis
negarme, Inés, que confía
con causa, pues es la mía
la misma que vos tenéis.
1285   De mi persona y mi edad,
si pesa a mis enemigos,
vuestros ojos son testigos;
no mendigáis la verdad.

    En la hacienda y el estado
1290 ilustre en que he sucedido,
de ninguno soy vencido,
si soy de alguno igualado.
    Mis costumbres, yo no digo
que son santas, mas al menos
1295 son tales, que los más buenos
me procuran por amigo.
    De mi ingenio no publica
mi lengua la estimación;
dígalo la emulación, [95]
1300 que ofendiendo califica.
    Pues en gracias naturales
y adquiridas, decir puedo
que los pocos que no excedo
se jactan de serme iguales.
1305   En las armas, sabe el mundo
mi destreza y mi pujanza:
hable el segundo Carranza,
el Narváez [96] sin segundo.
    Si canto, suspendo el viento;
1310 si danzo, cada mudanza
hace, para su alabanza,
corto el encarecimiento.
    Nadie es más airoso a pie,
que, puesto que del andar
1315 es contrapunto el danzar,
por consecuencia se ve,
    si en contrapunto soy diestro,
que lo seré en canto llano. [97]
    Pues a caballo, no en vano
1320 me conocen por maestro
    de ambas sillas [98] los más sabios,
pues al más zaino [99] animal
trueco en sujeción leal
los indómitos resabios. [100]
1325   En los toros, ¿quién ha sido
a esperar más reportado?
¿Quién a herir más acertado,
y a embestir más atrevido?
    ¿A cuántos, ya que el rejón
1330 rompí, y empuñé la espada,
partí de una cuchillada
por la cruz [101] el corazón?
    Tras esto, de que la fama,

---

[95] *emulación*: envious rivalry (or simply "rivals").

[96] *Carranza . . . Narváez.* Jerónimo de Carranza and Luis Pacheco de Narváez were famous fencing masters who also wrote books on the art of fencing.

[97] *canto llano*: plain song.

[98] *ambas sillas*. In the seventeenth century there were two main types of saddles, the *silla de la brida* and the *silla jineta*, the latter being distinguished by higher saddle-trees and much shorter stirrup straps.

[99] *zaino*: vicious.

[100] *resabio*: vicious habit.

[101] *cruz*: withers.

como sabéis, es testigo,
1335 sé callar al más amigo
mis secretos y mi dama;
y soy — que esto es lo más nuevo
en los de mi calidad —
amigo de la verdad
1340 y de pagar lo que debo.
Ved, pues, señora, si puedo
con segura presunción
perder en mi pretensión
a mis contrarios el miedo.

DOÑA INÉS

1345 (¡Qué altivo y presuntuoso! (*Aparte*.)
¡Qué confiado y lozano
os mostráis, Marqués! No en vano
dicen que sois jactancioso.)
Bien fundan sus esperanzas
1350 vuestros nobles pensamientos
en tantos merecimientos;
mas a vuestras alabanzas
y a las partes que alegáis,
hallo una falta, Marqués,
1355 que no negaréis.

MARQUÉS

¿Cuál es?

DOÑA INÉS

Ser vos quien las publicáis.

MARQUÉS

Regla es que en la propria boca
la alabanza se envilece;
mas aquí excepción padece,
1360 pues a quien se opone,[102] toca
sus méritos publicar,
por costumbre permitida;
que mal, si sois pretendida
de tantos, puedo esperar
1365 que los mismos que atrevidos
a vuestra gloria se oponen,
mis calidades pregonen,
si está en eso ser vencidos.
Decirlas yo es proponer,
1370 es relación, no alabanza;
alegación, no probanza,
que ésa vos la habéis de hacer.
Hacelda, y si fuere ajeno
un punto de la verdad,
1375 a perder vuestra beldad
desde agora me condeno.

DOÑA INÉS

Mucho os habéis arrojado.

MARQUÉS

La verdad es quien me alienta.

DOÑA INÉS

(¿Cómo puede ser que mienta (*Aparte*.)
1380 quien habla tan confiado?
¡Cielos santos! ¿Es posible
que tales faltas esconda
tal talle, y no corresponda
lo secreto a lo visible?)
1385 Tales los méritos son
que alegáis vos, y yo veo,
que si, como ya deseo
y espero, la relación
verifica la probanza
1390 que rigurosa he de hacer,
desde aquí os doy de vencer
seguridad, no esperanza;
porque inclinada me siento,
si os digo verdad, Marqués,
1395 a vuestra persona.

MARQUÉS

Ése es
mi mayor merecimiento.
¿Qué más plena información[103]
de méritos puedo hacer,
señora, que merecer
1400 tan divina inclinación?
Si en ése que tú me das,
Marquesa, a todos excedo,
está cierta que no puedo
ser vencido en los demás.

(*Sale* BELTRÁN.)

BELTRÁN

1405 Llegada es ya la ocasión
en que es forzoso probarlos.

MARQUÉS

Beltrán, ¿cómo?

BELTRÁN

El conde Carlos
con la misma pretensión
ha publicado, en servicio
1410 de la Marquesa, un cartel,
y desafía por él
a todo ilustre ejercicio
de letras y armas a cuantos
al examen se han opuesto.

---

[102] *oponerse*: to compete in a contest.

[103] *información*: evidence.

MARQUÉS

1415 ¡El Conde! (¡Cielos! ¿Qué es esto? (*Aparte*.)
El Conde solo, entre tantos
amantes, basta conmigo
a obligarme a desistir;
que no es justo competir
1420 con tan verdadero amigo.
Mas ya por opositor
al examen me he ofrecido,
y nadie creerá que ha sido
la amistad, sino el temor,
1425 el que muda mi intención.
Pues, amigo, perdonad
si prefiero a la amistad
las aras[104] de la opinión.)[105]

DOÑA INÉS

Marqués, parece que os pesa,
1430 y que os han arrepentido
las nuevas que habéis oído.

MARQUÉS

Lo dicho, dicho, Marquesa.
La suspensión que habéis visto
nació de que amigo soy
1435 del Conde; mas ya que estoy
declarado, si desisto,
lo podrá la emulación
a temor atribuir;
y es forzoso preferir
1440 a la amistad la opinión.
Demás que vuestra beldad
es mi disculpa mayor,
si por las leyes de amor
quebranto las de amistad.

DOÑA INÉS

1445 Pues bien es que comencéis
a vencer, yo a examinar;
aunque no pienso buscar,
si al conde Carlos vencéis,
otra probanza mayor.

MARQUÉS

1450 Si vos estáis de mi parte,
ni temo en la guerra a Marte,
ni en la paz al dios de amor.

DOÑA INÉS

(¿Habéis sabido, Beltrán,
(*Aparte a* BELTRÁN.)
la casa?)

BELTRÁN

(Ya la he sabido.) (*Aparte*.)

DOÑA INÉS

1455 (¡Oh, cielos! Hayan mentido[106] (*Aparte*.)
nuevas que tan mal me están;
que las señales desmienten
defetos tan desiguales.)[107]

BELTRÁN

(No des crédito a señales, (*Aparte*.)
1460 si las del Marqués te mienten.)

(*Vanse* DOÑA INÉS *y* BELTRÁN.)

MARQUÉS

¡De una vista, niño ciego,[108]
dejas un alma rendida!
¿De una flecha tanta herida,
y de un rayo tanto fuego?
1465 ¡Loco estoy! Ni resistir
ni desistir puedo ya;
todo mi remedio está
sólo en vencer o morir.

(*Sale el* CONDE CARLOS.)

CONDE CARLOS

Marqués amigo, ¿sabéis
1470 el cartel que he publicado?

MARQUÉS

Y me cuesta más cuidado
del que imaginar podéis.

CONDE CARLOS

¿Por qué?

MARQUÉS

En vuestro desafío
tenéis por opositor
1475 a vuestro amigo el mayor.

CONDE CARLOS

El mayor amigo mío
sois vos, Marqués.

MARQUÉS

Pues yo soy.

CONDE CARLOS

¿Qué decís?

MARQUÉS

Cuánto me pesa
sabe Dios. Con la Marquesa
1480 declarado, Conde, estoy;

---

[104] *aras*: honors (*fig.*).
[105] *opinión*: reputation.
[106] Note the use of the subjunctive, without an introductory word such as *ojalá* or *que*, to express an exclamatory wish.
[107] *desigual*: excessive.
[108] *niño ciego*: Cupid.

después de estarlo he tenido
nuevas de vuestra intención;
si, salvando mi opinión,
y sin que entiendan que ha sido
1485 el desistir cobardía,
puedo hacerlo; vos el modo
trazad, pues siempre es en todo
vuestra voluntad la mía;
que, pues por vos he olvidado,
1490 tras de dos años de amor
a doña Blanca, mejor
deste tan nuevo cuidado
se librará el alma mía;
aunque, si el pecho os confiesa
1495 lo que siente, la Marquesa
ha encendido en solo un día
más fuego en mi corazón
que doña Blanca en dos años.
Mas libradme de los daños
1500 que amenazan mi opinión
si desisto deste intento,
y veréis si mi amistad
tropieza en dificultad
o repara en sentimiento.

CONDE CARLOS

1505 Culpados somos los dos,
Marqués, igualmente aquí;
que el recataros de mí
y el recatarme de vos
en esto, nos ha traído
1510 a lance tan apretado,
que uno y otro está obligado
a acabar lo que ha emprendido.

MARQUÉS

Yo no soy culpado en eso;
que no quise publicar
1515 mi intento por no quedar
corrido del mal suceso;
y con esta prevención,
que pienso que fue prudente,
a doña Inés solamente
1520 declaré mi pretensión.
Y sabe Dios que mi intento
fue quererme divertir
de[109] doña Blanca, y cumplir
vuestro justo mandamiento;
1525 y el cielo, Conde, es testigo
que, aunque en el punto que vi

a la Marquesa perdí
la libertad, fue conmigo
de tanto efeto el oir
1530 que érades también su amante,
que de mi intento al instante
determiné desistir;
mas ella, que no confía
tanto de humana amistad,
1535 lo que fue fidelidad
atribuyó a cobardía;
y ésta es precisa ocasión
de proseguir: que si es justo,
Conde, preferir al gusto
1540 la amistad, no a la opinión.

CONDE CARLOS

Con lo que os ha disculpado
me disculpo: yo, ignorante
de que fuésedes su amante,
el cartel he publicado.
1545 No puedo con opinión
deste empeño[110] desistir;
que no lo ha de atribuir
a amistad la emulación.

MARQUÉS

Eso supuesto, mirad,
1550 Conde, lo que hemos de hacer.

CONDE CARLOS

Competir, sin ofender
las leyes de la amistad.

MARQUÉS

Tened de mí confïanza;
que siempre seré el que fui.

CONDE CARLOS

1555 Y fiad que no haga en mí
la competencia mudanza.

(*Vase el* MARQUÉS.)

CONDE CARLOS

¿Cuándo, ingrata doña Inés,
ha de cesar tu crueldad?
Cuando ya, por mi amistad,
1560 mudaba intento el Marqués,
¡le obligaste al desafío,
por darme pena mayor!
¿Qué le queda a tu rigor
que emprender en daño mío?

(*Sale* BELTRÁN.)

BELTRÁN

¡Famoso Conde!

---

[109] *divertirme de*: *alejarme de.*

[110] *empeño*: commitment.

CONDE CARLOS

1565   ¡Beltrán!

¿Qué hay del examen?

BELTRÁN

             Señor,

hoy de todo pretensor

los méritos se verán.

CONDE CARLOS

     ¿Qué ha sentido la Marquesa

1570 del cartel que he publicado?

BELTRÁN

La gentileza ha estimado

con que vuestro amor no cesa

de obligalla.

CONDE CARLOS

         Su rigor

a lo menos no lo muestra.

BELTRÁN

1575 No os quejéis; que culpa es vuestra

conquistar ajeno amor,

ingrato a quien os adora

y por vos vive muriendo.

CONDE CARLOS

¿Qué decís, que no os entiendo?

BELTRÁN

1580 La Marquesa, mi señora,

lo sabe ya todo; en vano

os hacéis desentendido.

CONDE CARLOS

Decid, por Dios: ¿qué ha sabido?

Del secreto os doy la mano,[111]

1585 si es que os recatáis por eso;

solos estamos los dos.

BELTRÁN

Ha sabido que por vos

pierde doña Blanca el seso.

CONDE CARLOS

¿Qué doña Blanca?

BELTRÁN

           De Herrera,

1590 la hija de don Fernando.

CONDE CARLOS

Lo que os estoy escuchando

es ésta la vez primera

que a mi noticia llegó.

BELTRÁN

¡Bien, por Dios!

[111] *dar la mano*: to promise.

CONDE CARLOS

        Él es testigo

1595 de que la verdad os digo.

BELTRÁN

Pues que[112] lo sepáis o no,

por vos vive en tal tormento

y en tanto fuego abrasada

Blanca, que desesperada,

1600 quiere entrarse en un convento.

CONDE CARLOS

¿Por mí?

BELTRÁN

      Por vos.

CONDE CARLOS

          Mirad bien,

que os engañáis.

BELTRÁN

          Ni yo dudo

quién sois, ni engañarse pudo

quien lo dijo.

CONDE CARLOS

        Pues, ¿de quién

1605   lo sabéis, que no podía

engañarse?

BELTRÁN

        Helo sabido

de una criada, que ha sido

de quien ella más se fía.

CONDE CARLOS

Otra vez vuelvo a juraros

1610 que he estado ignorante dello.

BELTRÁN

Bien puede, sin entendello

vos, doña Blanca adoraros;

que esas partes fortaleza

mayor pueden sujetar,

1615 y ella, de honesta, callar,

ciega de amor, su flaqueza;

que sólo os puedo decir

que quien me lo dijo, fue

con circunstancias, que sé

1620 que no me pudo mentir.

CONDE CARLOS

(¿Puede ser esto verdad, (*Aparte.*)

cielo santo? Puede ser;

que en antojos de mujer

no es ésta gran novedad.

1625   Pero no; el Marqués ha sido

[112] *Pues que*: whether.

su amante: mentira es.
Pero bien pudo el Marqués
amalla sin ser querido.
¿Cómo me pudo tener
1630 tanta afición sin mostralla?
Pero como honesta calla,
si adora como mujer.
¿Cómo mi amor la conquista
sin comunicar con ella?
1635 Pero la honrada doncella
tiene la fuerza en la vista.
     Marquesa, si esto es verdad,
al cielo tu sinrazón
ofende, y me da ocasión
1640 de castigar tu crueldad.
     Será de mí celebrada
Blanca, principal y hermosa:
quizá pagarás celosa
lo que niegas confiada.
1645   Mas, ¿qué haré? Que el desafío
me tiene empeñado ya.
Él mismo ocasión me da
para el desagravio mío:
yo haré que tu confïanza,
1650 si el cielo me da vitoria,
donde espera mayor gloria,[113]
me dé a mí mayor venganza.)
     Adiós, Beltrán.

BELTRÁN
          Conde, adiós.

CONDE CARLOS
Mi pretensión ayudad.

BELTRÁN
1655 Ya sabéis mi voluntad.

CONDE CARLOS
Confiado estoy de vos. (*Vase.*)

BELTRÁN
     Lo que manda la Marquesa
comencemos a ordenar.
     (*Pone papeles sobre un bufete y recado
     de escribir y un libro.*)
¡Cielos! ¿En qué ha de parar
1660 tan dificultosa empresa?

          (*Sale* CLAVELA *con manto.*)

CLAVELA
(Dicen que un loco hace ciento,[114] (*Aparte.*)
y ya, por la ceguedad
de Blanca, en mí la verdad
del refrán experimento:
1665   oblígame a acreditar
su enredo con otro enredo.
Éste es Beltrán; aquí puedo
su intención ejecutar.)
     Suplícoos que me digáis
1670 dónde hallaré un gentilhombre
desta casa, cuyo nombre
es Beltrán.

BELTRÁN
          Con él estáis.

CLAVELA
¿Vos sois?

BELTRÁN
          Yo soy.

CLAVELA
               Buen agüero
del dichoso efeto ha dado,
1675 haberos luego encontrado,
a lo que pediros quiero.

BELTRÁN
¿En qué os puedo yo servir?

CLAVELA
Es público que se casa
la señora desta casa;
1680 dicen que ha de recebir[115]
más criadas, y quisiera,
pues tanto podéis, que fuese,
para que me recibiese,
vuestra piedad mi tercera;[116]
1685   que ni por padres honrados
ni por buena fama creo
que desprecie mi deseo.
En labores y bordados[117]
hay en la corte muy pocas
1690 que me puedan igualar;
si me pongo a aderezar
valonas, vueltas[118] y tocas,
no distingue, aunque lo intente,
la vista más atrevida,
1695 si son de gasa bruñida

---

[113] *si . . . gloria.* Construe, "si el cielo, donde espera mayor gloria, me da la vitoria."

[114] *un loco hace ciento*: a common proverb roughly equivalant to the English, "One rotten apple spoils the barrel."

[115] *recebir* (*recibir*): to employ.

[116] *quisiera . . . fuese . . . tercera*: I would like . . . your compassion (a periphrasis for "you") to be . . . my intermediary.

[117] *labores y bordados*: needlework and embroidery.

[118] *valonas, vueltas*: flat collars, cuffs.

o de cristal transparente;
y si de lo referido
pretendéis certificaros,[119]
será fácil informaros
1700 de la casa en que he servido;
que su madre del Marqués
don Fadrique es buen testigo
de las verdades que digo.

BELTRÁN

(Esta ocasión, ¡cielos!, es (*Aparte.*)
1705 la que buscar he podido,
para informarme de todo
lo que pretendo.) ¿De modo
que habéis, señora, servido
a la Marquesa?

CLAVELA

Diez años.

BELTRÁN

1710 ¿Por qué causa os despidió
de su servicio?

CLAVELA

(¡Cayó (*Aparte.*)
en la red de mis engaños!)
Si os he de decir verdad,
me habéis de guardar secreto.

BELTRÁN

1715 Decid; que yo os lo prometo.

CLAVELA

Conquistó mi honestidad
su hijo el Marqués, de suerte
que me despedí por él,
y por eximirme dél
1720 tuviera en poco la muerte.[120]

BELTRÁN

¿Por qué? Decid.

CLAVELA

Yo me entiendo.

BELTRÁN

¿No lo fiaréis de mí?
(La verdad descubro aquí.) (*Aparte.*)

CLAVELA

(¡En el lazo va cayendo!) (*Aparte.*)
1725 No es oro todo, Beltrán,
lo que reluce: secretos
padece algunos defetos,[121]
aunque le veis tan galán,
que da vergüenza el contarlos:

1730 ¡mirad qué será el tenerlos!

BELTRÁN

¿Y no puedo yo saberlos,
supuesto que he de callarlos?

CLAVELA

Pues os he dicho lo más
y pues pretendo obligaros,
1735 tengo de lisonjearos
diciéndoos lo que jamás
mis labios han confesado:
tiene el Marqués una fuente;
y el mayor inconveniente
1740 no es éste de ser amado.

BELTRÁN

¿Pues cuál?

CLAVELA

En una ocasión
que me halló sola, en los lazos
me prendió de sus dos brazos,
y en la amorosa cuestión,[122]
1745 a mis labios atrevido,
con su aliento me ofendió
tanto, que me mareó
el mal olor el sentido.
Por esto, y por la opinión
1750 que tiene de mentiroso,
hablador y jactancioso,
tomé al fin resolución
de resistir y de huir
el ciego amor que le abrasa
1755 por mí: y así, de su casa
me fue forzoso salir.

BELTRÁN

Decidme, ¿cómo os llamáis?

CLAVELA

Es mi nombre Ana María.

BELTRÁN

¿Dónde vivís?

CLAVELA

Una tía
1760 me alberga; mas, pues tomáis
mi cuidado a cargo vos,
al mío queda el buscaros.

BELTRÁN

Importa no descuidaros.

CLAVELA

Dios os guarde.

---

[119] *certificarse*: to make certain.
[120] *por . . . muerte*: to free myself from him, I would have considered death of little consequence.

[121] *secretos* modifies *defetos*.
[122] *cuestión*: business.

BELTRÁN
Guárdeos Dios.

CLAVELA
1765   (Fuerza es que al fin se declare (*Aparte.*)
la verdad; mas haga el daño
que hacer pudiere el engaño,
y dure lo que durare.) (*Vase.*)

BELTRÁN
Con tan clara información,
1770 las faltas son ciertas ya
del Marqués, y perderá
por ellas su pretensión.

(*Sale* DOÑA INÉS.)

DOÑA INÉS
¿Tenéis, Beltrán, prevenidos
los memoriales?

BELTRÁN
Dispuestos
1775 están como has ordenado.

DOÑA INÉS
Pues llegad, llegad[123] asientos;
sentaos, Beltrán. El examen
en nombre de Dios empiezo.

(*Siéntanse al bufete con un libro y
memoriales.*)

BELTRÁN
Este billete, señora,
1780 es de don Juan de Vivero.

DOÑA INÉS
Breve escribe. Dice así:
(*Lee.*) "Si os mueven penas, yo muero."
Esto de "muero" es vulgar,
mas por lo breve es discreto.

BELTRÁN
1785 Hecha tengo su consulta.

DOÑA INÉS
Decid.

BELTRÁN
(*Lee en el libro.*)
"Don Juan de Vivero,
mozo, galán, gentilhombre,
y en sus acciones compuesto;
seis mil ducados de renta;
1790 galiciano[124] caballero;
es modesto de costumbres,
aunque dicen que fue un tiempo
a jugar tan inclinado,
que perdió hasta los arreos

---

123 *llegar: acercar.*
124 *galiciano: gallego.*

1795 de su casa y su persona;
pero ya vive muy quieto."

DOÑA INÉS
El que jugó jugará;
que la inclinación al juego
se aplaca, mas no se apaga.
1800 Borralde.

BELTRÁN
Ya te obedezco.

DOÑA INÉS
Proseguid.

BELTRÁN
Éste es don Juan (*Mira al libro.*)
de Guzmán, noble mancebo.
(*Dale un papel a* DOÑA INÉS.)

DOÑA INÉS
¿No es éste el que ayer traía
una banda verde al cuello?

BELTRÁN
1805 Ese mismo.

DOÑA INÉS
Pues yo dudo
que escape de loco o necio,
que preciarse de dichosos
nunca ha sido acción de cuerdos.
(*Lee.*) "En tanto que el máximo planeta en giro veloz ilustre el orbe, y sus
piramidales rayos iluminen mis vítreos
ojos . . ."[125]
¡Oh, qué fino mentecato!

BELTRÁN
1810 ¡Y qué puro majadero!

DOÑA INÉS
¡A una mujer circunloquios
y no usados epitetos!

BELTRÁN
¿Quieres oir su consulta?

DOÑA INÉS
No, Beltrán, borralde presto,
1815 y al margen poned así:
"Éste se borra por necio:
no se consulte otra vez,
porque es falta sin remedio."
(*Escribe* BELTRÁN *en el libro.*)

BELTRÁN
Ya está puesto. El que se sigue
1820 es don Gómez de Toledo,
que la cruz de Calatrava

---

125 Alarcón often satirized Gongoristic style which
he generally avoided in his own writing.

ostenta en el noble pecho;
hombre que anda a lo ministro,
capa larga y corto cuello,
1825 levantado por detrás
el cuello del ferreruelo,[126]
el paso compuesto y corto,
siempre el sombrero derecho,
y un papel en la pretina;[127]
1830 maduro en años y en seso.

DOÑA INÉS

Apruebo el seso maduro;
maduros años no apruebo
para en marido, Beltrán.

BELTRÁN

Es maduro, mas no es viejo.

DOÑA INÉS

1835 Va la consulta.

BELTRÁN

Es Hurtado
de Mendoza.

DOÑA INÉS

¿De los buenos?

BELTRÁN

De los buenos.

DOÑA INÉS

Será vano.

BELTRÁN

Es pobre.

DOÑA INÉS

Serálo menos.

BELTRÁN

Tiene esperanza de ser
1840 de una gran casa heredero.

DOÑA INÉS

No contéis por caudal propio
el que está en poder ajeno,
y más donde el morir antes
o después es tan incierto.

BELTRÁN

1845 Pretende oficios.

DOÑA INÉS

¿Pretende?
¡Triste dél! ¿Tenéis por bueno
para mi marido a quien
ha de andar siempre pidiendo?

BELTRÁN

Un virreinato pretende.

DOÑA INÉS

1850 ¿Virreinato cuando menos?
¡Mirad si digo que es vano!

BELTRÁN

Tiene, para merecello,
innumerables servicios.

DOÑA INÉS

A maravedís los trueco;[128]
1855 que méritos no premiados
son litigiosos derechos.

BELTRÁN

Sólo entre sus buenas partes
se le conoce un defeto.

DOÑA INÉS

¿Cuál?

BELTRÁN

Es colérico adusto.[129]

DOÑA INÉS

1860 ¡Peligroso compañero!

BELTRÁN

Mas dicen que aquella furia
se le pasa en un momento,
y queda apacible y manso.

DOÑA INÉS

Si con el ardor primero
1865 me arroja por un balcón,
decidme, ¿de qué provecho,
después de haber hecho el daño,
será el arrepentimiento?

BELTRÁN

¿Borrarélo?

DOÑA INÉS

Sí, Beltrán;
1870 que elegir esposo quiero
a quien tenga siempre amor,
no a quien siempre tenga miedo.

BELTRÁN

Ya está borrado. Consulta (*Lee en el libro.*)
de don Alonso.

DOÑA INÉS

Ya entiendo.

BELTRÁN

1875 Éste tiene nota al margen,
que dice: "Merced le han hecho
de un hábito, y no ha salido;[130]
consúlteseme en saliendo."

[126] *ferreruelo*: short cloak.
[127] *pretina*: waistband.
[128] *A . . . trueco*: I would trade them for a few cents. The *maravedí* was worth about one third of a cent. Alarcón often uses *trocar a* instead of *trocar por*.
[129] *adusto*: sullen.
[130] *Merced . . . salido*: They have granted him a habit (i.e., membership in a military order), but it has not been made public yet.

DOÑA INÉS

¿Ha salido?

BELTRÁN

No, señora.

DOÑA INÉS

1880 Harta lástima le tengo.
Beltrán, el que hábito pide,
más pretende, según pienso,
dar muestra de que es bienquisto,
que no de que es caballero.
1885 Adelante.

BELTRÁN

Don Guillén[131]
de Aragón se sigue luego,
de buen talle y gentil brío;
sobre un condado trae pleito.

DOÑA INÉS

¿Pleito tiene el desdichado?

BELTRÁN

1890 Y dicen que con derecho;
que sus letrados lo afirman.

DOÑA INÉS

Ellos, ¿cuándo dicen menos?

BELTRÁN

Gran poeta.

DOÑA INÉS

Buena parte,[132]
cuando no se toma el serlo
por oficio.

BELTRÁN

1895 Canta bien.

DOÑA INÉS

Buena gracia en un soltero
si canta sin ser rogado,
pero sin rogar con ello.[133]

BELTRÁN

En latín y griego es docto.

DOÑA INÉS

1900 Apruebo el latín y el griego,
aunque el griego, más que sabios,
engendrar suele soberbios.

BELTRÁN

¿Qué mandas?

DOÑA INÉS

Que se consulte

si saliere con el pleito.

BELTRÁN

1905 El que se sigue es don Marcos
de Herrera.

DOÑA INÉS

Borraldo luego,
que don Marcos y don Pablo,
don Pascual y don Tadeo,
don Simón, don Gil, don Lucas,
1910 que sólo oírlos da miedo,
¿cómo serán si los nombres
se parecen a sus dueños?

BELTRÁN

Ya está borrado. Consulta (*Lee en el libro.*)
del conde don Juan.

DOÑA INÉS

Ya entiendo.

BELTRÁN

1915 Es andaluz, y su estado
es muy rico y sin empeño[134]
y crece más cada día;
que trata y contrata.

DOÑA INÉS

Eso
en un caballero es falta;
1920 que ha de ser el caballero,
ni pródigo de perdido,
ni de guardoso avariento.[135]

BELTRÁN

Dicen que es dado a mujeres.

DOÑA INÉS

Condición que muda el tiempo:
1925 casará, y amansará
al yugo del casamiento.

BELTRÁN

No es puntüal.

DOÑA INÉS

Es señor.

BELTRÁN

Mal pagador.

DOÑA INÉS

Caballero.

BELTRÁN

Avalentado.[136]

---

[131] *Don Guillén.* Some critics have conjectured whether this is an allusion to Guillén de Castro.

[132] *Buena parte*: A good quality.

[133] *pero . . . ello*: i.e., but without making entreaties in his singing.

[134] *sin empeño*: free from encumbrances.

[135] *ni pródigo de . . . avariento*: neither recklessly wasteful nor greedily stingy. Alarcón often uses *de* before an adjective for emphasis.

[136] *avalentado*: boastful.

DOÑA INÉS
Andaluz.

BELTRÁN
Es viudo.

DOÑA INÉS
1930 Borralde presto;
que quien dos veces se casa,
o sabe enviudar o es necio.

BELTRÁN
El conde Carlos se sigue.
Éste tiene gran derecho;
1935 que es noble, rico y galán,
y de muchas gracias lleno.

DOÑA INÉS
Sí, mas tiene una gran falta.

BELTRÁN
¿Y cuál es?

DOÑA INÉS
Que no le quiero.

BELTRÁN
¿Borrarélo?

DOÑA INÉS
No, Beltrán,
1940 ni lo borro ni lo apruebo.

BELTRÁN
Sólo el marqués don Fadrique

137 *hallastes*: hallasteis.

resta ya; sus partes leo.

DOÑA INÉS
Decidme: ¿qué información
hallastes 137 de los defetos
1945 que aquella mujer me dijo?

BELTRÁN
Que son todos verdaderos.

DOÑA INÉS
¿Que son ciertos?

BELTRÁN
Ciertos son.

DOÑA INÉS
Pues borralde . . . Mas, ¡teneos!
No le borréis; que es en vano,
1950 entre tanto que no puedo,
como su nombre en el libro,
borrar su amor en el pecho.

(Levántase derribando el bufete.)

BELTRÁN
¡Con las tablas de la ley
diste, señora, en el suelo!
1955 No hallarás perfeto esposo;
que caballo sin defeto,
quien lo busca, desconfíe
de andar jamás caballero.

~~~ Acto tercero

(*Dentro, ruido de cascabeles y atabales.*
Salen HERNANDO, *por una puerta, y*
por otra OCHAVO.)

HERNANDO

¡Vítor el conde Carlos! ¡Vítor!

OCHAVO

¡Cola![138]

1960 ¡El marqués don Fadrique, vítor!

HERNANDO

¡Mientes!

OCHAVO

Lacayo vil, ¿tú lengua niega sola
lo que afirman conformes tantas gentes?

HERNANDO

Tú, como infame, mientes por la gola;[139]
que no han sido los votos diferentes[140]
1965 en dar al conde Carlos la vitoria.

OCHAVO

El premio nos dirá cúya[141] es la gloria.

HERNANDO

Más entiendes de vinos que de lanzas:
Llevóse el conde Carlos la sortija[142]
dos veces, ¿y te quedan esperanzas
1970 de que a tu dueño la Marquesa elija?

OCHAVO

Triste, que ni el primero punto alcanzas[143]
de vinos ni de lanzas. No colija
tu pecho de eso el lauro que te ofreces;
que el Marqués la ha llevado otras dos
[veces.

HERNANDO

1975 El Conde, por ventura, en el torneo,
¿en todo no ha quedado ventajoso?

OCHAVO

O estás loco, o te miente tu deseo.
¿El premio no llevó de más airoso
el Marqués mi señor?
(*Miran adentro.*)

HERNANDO

Al Conde veo
1980 que el premio dan.

OCHAVO

No estés presuntüoso;
que otro dan al Marqués.

HERNANDO

¿Hay tal sentencia?
¡Que igualen tan notoria diferencia!

OCHAVO

Juzgólo el Almirante, y corresponde
a quien es.

HERNANDO

Será un necio quien replique.

OCHAVO

1985 Su premio guarda en la urna blanca el
[Conde.

HERNANDO

Y el suyo le presenta don Fadrique
a la Marquesa.

OCHAVO

Gran misterio esconde,
y rabio por saber qué signifique

---

[138] *¡Cola!*: Down with him!
[139] *gola: garganta.*
[140] *diferente*: divergent.
[141] *cúya*: *de quién.*

[142] *sortija.* In the test of skill known as *correr sortija*, the horseman tried to insert his lance in a ring suspended on a cord.
[143] *alcanzar: entender.*

en balcón blanco, que al del alba imita,[144]
1990 blanca urna en que los premios deposita.

HERNANDO

A su tiempo dirá. La fiesta ha dado
fin, la Marquesa deja la ventana.

OCHAVO

Y ya nuestros dos dueños han dejado
sus dos caballos.

HERNANDO

        Hoy el Conde gana
1995 la vitoria del bien que ha deseado.

OCHAVO

Hoy goza de su prenda soberana
el Marqués.

HERNANDO

        Ellos vienen.

OCHAVO

              Pues veamos
cómo se hablan agora nuestros amos.

(*Salen el* CONDE CARLOS *y el* MARQUÉS,
aderezados de sortija; el CONDE *de
blanco y el* MARQUÉS *de verde.*)

CONDE CARLOS

Marqués, mil norabuenas[145] quiero daros
2000 del aire, de la gala y bizarría
con que corrido habéis: pudo invidiaros
en todo el mismo autor del claro día.

MARQUÉS

El alabarme, Conde, es alabaros;
lisonja es vuestra la lisonja mía;
2005 que si a vos sólo merecí igualarme,
gusto que os alabéis con alabarme.

OCHAVO

¡Qué honrado competir! (*A* HERNANDO.)

CONDE CARLOS

                Fue la sentencia
como de tal señor.

MARQUÉS

            El Almirante
honra como quien es.

OCHAVO

              ¿Quién competencia
2010 tan noble ha visto en uno y otro amante?

CONDE CARLOS

Marqués, pediros quiero una licencia.

MARQUÉS

Si soy vuestro, y no tiene semejante
la amistad que profeso yo teneros,
sólo os puedo negar el concederos[146]
2015 ¿Licencia puedo dar a quien de todo
es dueño, a quien gobierna mi albedrío?
Tomalda, Conde, vos; que de ese modo
os puedo dar lo que tenéis por mío;
y para daros a entender del todo
2020 cuánto soy vuestro y cuánto en vos confío,
si sin pedirla no queréis tomarla,
yo, sin saberla, tengo de otorgarla.

CONDE CARLOS

Sólo quiero saber . . .

MARQUÉS

              No digáis nada,
o mi amistad de vos será ofendida.

CONDE CARLOS

¿Amáis a la Marquesa?

MARQUÉS

               No es amada
2025 en su comparación de mí la vida.[147]

CONDE CARLOS

¿Y Blanca?

MARQUÉS

      Es ya de mí tan olvidada,
que aun haberla querido se me olvida.

CONDE CARLOS

Con eso tomo la licencia, amigo.
2030 Hago lo que mandáis, y no os lo digo.

(*Vase, y síguele* HERNANDO.)

OCHAVO

Por Dios, señor, que has andado
tan gallardo y tan lucido,
que la invidia ha enmudecido,
la soberbia te ha invidiado.
2035 Bien puede el Conde alabarse
de ser vencido.

MARQUÉS

           Eso no:
ni pude vencerle yo,
ni quien lo juzgó engañarse.[148]

---

[144] *balcón . . . del alba.* The "balcony of dawn" is a
common metaphor for the east which, in the *comedia*,
is often further identified with the rising sun by the
appearance of a beautiful woman. Here the Marquesa is present on the balcony.

[145] *norabuenas: enhorabuenas*, congratulations.

[146] *el concederos*: your conceding to me.

[147] *No . . . vida*: In comparison with the way I love
her, I do not love my own life.

[148] *ni . . . engañarse*: nor could the one who judged it
have made a mistake.

OCHAVO

Eso sí: que es señal clara
2040 de los nobles corazones
igualar en las razones
las espaldas con la cara.[149]

MARQUÉS

Al cuarto de doña Inés
hemos llegado.

OCHAVO

Ella viene.
(*Salen* DOÑA INÉS, BELTRÁN *y*
MENCÍA.)

DOÑA INÉS

2045 (¡Ah, cielos! ¿Qué imperio tiene (*Aparte.*)
en mi albedrío el Marqués,
que en viéndole, mi deseo
pone al instante en olvido
las faltas que dél he oído,
2050 por las partes que en él veo?)

MARQUÉS

Huélgome, hermosa señora,
que abreviaréis la elección,
pues dos solamente son
los que os compiten agora,
2055 porque a los demás, vencidos,
la suerte los excluyó.
El conde Carlos y yo
quedamos para elegidos;
iguales nos han juzgado
2060 en la sortija y torneo.
No sé yo si su deseo
iguala con mi cuidado;
sé que si me vence a mí
en la gloria que pretendo,
2065 tengo de mostrar muriendo
lo que amando merecí.

DOÑA INÉS

No importa, Marqués, que vos
y el Conde solos quedéis
para abreviar, cuando veis
2070 que el ser iguales los dos
me pone en más confusión,
porque en muchos desiguales
más fácil que en los iguales
se resuelve la elección.

2075 Pero ya prevengo un medio
con que me he de resolver.
(Dilaciones son, por ver (*Aparte.*)
si el tiempo me da remedio.)
(*Hablan bajo* DOÑA INÉS, *el* MARQUÉS
y BELTRÁN.)

OCHAVO

2080 ¿Cuándo, enemiga Mencía,
tu dureza he de ablandar?
¡Que no te quieras casar!
Sólo en mi daño podía
tan gran novedad hallarse,
2085 pues para darme querella,
eres la primer doncella
que no rabia por casarse.

MENCÍA

Sí quiero, mas no te quiero.

OCHAVO

Pues si por mí no lo acabo,
puédalo el llamarme Ochavo;[150]
2090 que eres mujer, y es dinero.

MENCÍA

(¡Que no pueda yo librarme (*Aparte.*)
deste amante porfiado!
Mas si puedo, de su enfado[151]
una burla ha de vengarme.)
2095 ¿Diré, Ochavo, la verdad?

OCHAVO

Dila, si es en mi favor.

MENCÍA

Tu amor pago con amor.

OCHAVO

¿De veras?

MENCÍA

Mi voluntad
esta noche ha de dar fin
2100 a tu firme pretensión.

OCHAVO

¿Mas qué tenemos? ¿Balcón,
o puerta falsa,[152] o jardín?

MENCÍA

No tanto lo que desea
mi ciego amor dificulta.
2105 Ese tafetán[153] oculta,
Ochavo, una chimenea:

---

[149] *igualar . . . cara*: i.e., to talk the same behind a person's back as to his face.
[150] *Pues . . . Ochavo*: Well, if I don't bring it (our marriage) about on my own, my being named Ochavo may accomplish it. The *ochavo* was a copper coin worth slightly less than a cent. Alarcón was especially fond of punning on the names of his *graciosos*, to most of whom he gave significant names.
[151] *su enfado*: my annoyance with him.
[152] *puerta falsa*: back or side door.
[153] *tafetán*: taffeta curtain.

escóndete en ella agora
que en plática están los tres
divertidos; que, después
2110 que se acueste mi señora,
   yo, que soy su camarera,
saldré a esta cuadra, y tendrás
de lo que oyéndome estás
información verdadera.

OCHAVO

2115   Al paso que[154] se desea,
se duda y se desconfía,
obedézcote, Mencía,
y doyme a la chimenea. (*Vase.*)

MARQUÉS

¿Los ingenios intentáis
examinarnos?

DOÑA INÉS

2120   Si iguales
los méritos corporales
a los del alma juzgáis,
erráislo;[155] y se precipita
la que así no se recata,
2125 que con el alma se trata;
si con el cuerpo se habita.

MARQUÉS

¡Ay, mi bien! Que no lo siento
porque me causa temor;
que en las alas de mi amor
2130 volará mi entendimiento;
   siéntolo, Inés, porque veo
que son todas dilaciones,
solicitando ocasiones
de no premiar mi deseo.
2135   Mirad qu muero de amor.

DOÑA INÉS

¡Qué mal, Marqués, lo entendéis!
Las dilaciones que veis
son sólo en vuestro favor;
que nadie en mi pensamiento
2140 os hace a vos competencia;
sólo está de mi sentencia
en vos el impedimento.

MARQUÉS

¡Declárate! ¿Así te vas?

DOÑA INÉS

Basta, Marqués, declararos
2145 que ni puedo más amaros,

ni puedo deciros más.
(*Vase, y* MENCÍA.)

MARQUÉS

Cielos, ¿qué es esto? Sacad,
Beltrán, desta confusión
mi afligido corazón.

BELTRÁN

2150 Sabe Dios mi voluntad,
   mas hame puesto preceto
del silencio doña Inés,
y no querréis vos, Marqués,
que os revele su secreto.

MARQUÉS

2155   (De la vil emulación (*Aparte.*)
sin duda nace este engaño,
y puede más en mi daño
la envidia que la razón.
   Mas, ¿por qué, enemiga ingrata,
2160 me matas con encubrirlo?
Matarásme con decirlo,
pues el callarlo me mata.) (*Vase.*)

BELTRÁN

Sáquennos con bien los cielos
de intento tan peligroso.
(*Sale* DOÑA INÉS.)

DOÑA INÉS

¿Fuese?

BELTRÁN

2165   Corrido y quejoso,
ardiendo en cólera y celos.
   Y tiene, por Dios, razón,
si atenta lo consideras;
que declararle pudieras
2170 de su daño la ocasión.
(OCHAVO *se asoma al paño y escucha.*)

DOÑA INÉS

Bien lo quisieran mis males,
pero nadie, si es discreto,
dice al otro su defeto;
y los del Marqués son tales,
2175   que la vergüenza no deja
referirlos, y es más sabio
intento excusar su agravio
que satisfacer su queja.
(*Escucha* OCHAVO *desde el paño.*)

OCHAVO

(¿Qué serán estos defetos?) (*Aparte.*)

---

154 *Al paso que*: at the same time that.
155 One of Alarcón's most consistent themes is that physical qualities are not as important as those of the soul.

DOÑA INÉS

2180 Decid: ¿quién, si en la opinión
del Marqués al mundo son
sus defetos tan secretos
que eso le da confïanza,
le dirá faltas tan feas?

BELTRÁN

2185 Yo, señora, si deseas
no dar causa a tu venganza.
Porque tener una fuente
es enfermedad, no error;
de la boca el mal olor
2190 es natural accidente;[156]
el mentir es liviandad
de mozo; no es maravilla,
y vendrán a corregilla
la obligación y la edad.
2195   Estos sus defetos son;
pues él los pregunta, deja
que yo mitigue su queja
y aclare su confusión.

OCHAVO

(¡Hay tal cosa!) (*Aparte.*)

DOÑA INÉS

2200   Mal sabéis
cuánto amarga un desengaño.
Aunque remediéis su daño
con eso, le ofenderéis;
que aun los públicos defetos
hace, quien los dice, ofensa:[157]
2205 ¿qué será si el Marqués piensa
que los suyos son secretos?
Si son ciertos, la razón
con que le dejo verá,
o el tiempo descubrirá
2210 la verdad, si no lo son,
que a esto sólo mi cuidado
con la dilación aspira.

BELTRÁN

Señora, si ella es mentira,
¡lindamente la han trazado!

DOÑA INÉS

2215   ¿Qué ocasión[158] a la crïada
de Blanca pudo mover
a mentir?

BELTRÁN

         Toda mujer
es a engañar inclinada.

(*Vanse* DOÑA INÉS *y* BELTRÁN.)

OCHAVO

¿Esto pasa? ¿Que escondido
2220 tanto mal tenga el Marqués?
¿Que lo sepa doña Inés,
y yo no lo haya sabido?
¿Quién puede haber que lo crea?
¿Que de mentiroso tiene
2225 opinón? — Mas gente viene;
vuélvome a la chimenea. (*Vase.*)

(*Salen* DOÑA BLANCA *y* CLAVELA *a la
ventana.*)

CLAVELA

¿Qué querrá tratar conmigo
el conde Carlos?

DOÑA BLANCA

             Él es,
como sabes, del Marqués
2230 don Fadrique fiel amigo,
y decirme de su parte
alguna cosa querrá.

CLAVELA

¿Si está arrepentido ya
de mudarse y de agraviarte?

DOÑA BLANCA

2235   No vuela con tanto aliento
mi esperanza.

CLAVELA

             Pues, señora,
¿quieres saber lo que agora
me ha dictado el pensamiento?

DOÑA BLANCA

Dilo.

CLAVELA

     El Conde te ha mirado
2240 en la sortija y torneo
tanto, que de algún deseo
me da indicio su cuidado.

DOÑA BLANCA

¿Eso dices, cuando ves
que es doña Inés su esperanza?

CLAVELA

2245 ¿No hay en el amor mudanza?

---

[156] *accidente*: ailment.
[157] *que . . . ofensa.* Construe, "que quien dice aun
los públicos defetos hace ofensa."
[158] *ocasión*: motive.

DOÑA BLANCA
Siendo amigo del Marqués,
¿he de creer que pretende
las prendas[159] que él adoró?

CLAVELA
Si ya el Marqués te olvidó,
2250 con amarte, ¿qué le ofende,
supuesto que es tan usado
en la corte suceder
el amigo en la mujer
que el otro amigo ha dejado,
2255 sin que esta ocasión lo sea[160]
para poder dividillos?
Que dicen que esos puntillos
son para hidalgos de aldea.

DOÑA BLANCA
Presto el misterio que esconde
2260 su venida y su intención
conoceré. Hacia el balcón
viene un hombre.

CLAVELA
Será el Conde.

(*Sale el* CONDE CARLOS, *de noche.*)[161]

CONDE CARLOS
(Amor, como son divinos, (*Aparte.*)
son tus intentos secretos,
2265 pues dispensas tus efetos
por tan ocultos caminos.
¿Quién pensara que la fama[162]
de que a Blanca doy cuidado,[163]
hubiera en mí despertado
2270 tan nueva amorosa llama,
que funde ya mi esperanza
en ella su dulce empleo,
y prosiga mi deseo
lo que empezó mi venganza?
2275 De amar es fuerte incentivo
ser amado, que el rigor
mata el más valiente amor
y apaga el ardor más vivo.
Mas ya Blanca en su balcón
2280 me espera. ¡Qué puntüal!
Es fuego el amor, y mal
se encubre en el corazón.)
¿Es Blanca?

DOÑA BLANCA
¿Es Carlos?

CONDE CARLOS
Soy, señora mía,
el hombre más dichoso
2285 de cuantos ven la luz del claro día,
si bien estoy quejoso
del tiempo que el recato me ha tenido
oculto el alto honor que he merecido.

DOÑA BLANCA
No os entiendo.

CONDE CARLOS
Señora,
2290 baste el silencio, baste el sufrimiento;
dos años basten ya que el pensamiento,
sin producir acciones,
ardiendo reprimió vuestras pasiones.

DOÑA BLANCA
Hablad, que menos os entiendo agora.

CONDE CARLOS
2295 En vano es, Blanca, ya vuestro recato:
declararos podéis; no soy ingrato.

DOÑA BLANCA
Vos, Conde, os declarad.

CONDE CARLOS
Cuando la fama
publica ya parlera
que el sol ha iluminado
2300 dos veces ya los signos de su esfera,
después que arde en mi amor vuestro cui-
[dado,
y que os obliga la desconfïanza
de ser mi dulce esposa, a la mudanza
del secular al religioso estado,
2305 ¿os preciáis de secreta y recatada,
porque tal gloria goce yo penada?

DOÑA BLANCA
(Este daño resulta de mi engaño.)
(*A* CLAVELA.)

CLAVELA
(No es, si ganas al Conde, mucho el daño.)

CONDE CARLOS
¿Por ventura teméis que el pecho mío
2310 no os corresponda, Blanca? ¿Por ventura
— demás que esa beldad os asegura
la vitoria del más libre albedrío —
no os han dicho mis ojos,

---

[159] *prendas*: i.e., Doña Inés' charms.
[160] *sin que . . . lo sea*: without this event being a cause.

[161] *de noche*: dressed in streetwear for the night.
[162] *fama*: rumor.
[163] *a Blanca . . . cuidado*: i.e., Blanca is in love with me.

mis colores, divisas y libreas,
2315 mis ardientes enojos?[164]
En lo blanco y lo verde, ¿quién no alcanza
que di a entender que es Blanca mi es-
[peranza?[165]
¿No adorné en la sortija y el torneo
de blanco una ventana? ¿Y puesta en ella
2320 no vistes la urna breve,
émula de la nieve,
mostrando por enigmas mi deseo,
poniendo en ella del marcial trofeo
los premios que gané, con que mostraba
2325 que a esa blanca deidad los dedicaba?
En las cañas,[166] ¿mi adarga en campo[167]
[verde
no llevaba una blanca,[168]
cuya letra en el círculo decía:
"Trueco a una blanca la esperanza mía"?
2330 Tras esto, ¿yo no vengo ya rendido?
Pues, mi bien, ¿qué os impide o qué os
[enfrena
de sacarme y salir de tanta pena?

CLAVELA

(Goza de la ocasión, señora mía; (*A* BLANCA.)
que rabio ya por verte señoría.)[169]

DOÑA BLANCA

2335 (¿Qué recelo? ¿Qué dudo? (*Aparte.*)
¿Con qué medio mejor la suerte pudo
disponer mi remedio y mi venganza?
¡Pague el Marqués mi agravio y su mu-
[danza!)
Conde, ya llegó el tiempo que mi pecho,
2340 de las verdades vuestras satisfecho,
descanse de sus penas;
que si llegaba el fuego a las almenas[170]
antes de ser pagado,[171]
¿qué será cuando veo
2345 que el vuestro corresponde a mi deseo?

CONDE CARLOS

¿Que alcanzo tanta gloria?

DOÑA BLANCA

Ha mucho que gozáis esta vitoria.

Mas, Conde, gente viene, y es muy tarde.
Trataldo con mi padre, y Dios os guarde.

CONDE CARLOS

2350 Adiós, querida Blanca.
(*Vanse* DOÑA BLANCA *y* CLAVELA.)
¡Amor, vitoria!
¿Qué gracias te daré por tanta gloria,
pues en un punto alcanza
mi amor, de Blanca amor, de Inés ven-
[ganza?
(*Sale el* MARQUÉS, *de noche.*)

MARQUÉS

¿Es el Conde?

CONDE CARLOS

¿Es el Marqués?

MARQUÉS

2355 ¡Vos tan tarde, Conde, aquí!

CONDE CARLOS

Sí, que os solicito así
la dicha de doña Inés.

MARQUÉS

¿Cómo?

CONDE CARLOS

La mano le doy,
si vos licencia me dais,
a Blanca.

MARQUÉS

2360 Al cuello me echáis,
Conde, nuevos lazos hoy;
pues aunque el amor cesó,
la obligación del deseo
de su merecido empleo[172]
2365 viva en el alma quedó.
Pues en tan noble marido
mejorada suerte alcanza,
no se queje su esperanza[173]
de que mi mano ha perdido.

CONDE CARLOS

2370 (¡Esto es bueno, para haber (*Aparte.*)
dos años que a mí me adora
doña Blanca!) Nadie agora
os queda ya que[174] temer.

---

[164] *enojos*: pangs (of love).
[165] *En . . . esperanza*: i.e., Carlos chose white, since it coincides with Blanca's name, over green, the color usually symbolic of hope.
[166] *cañas*: a contest in which horsemen, protected by shields, threw reed spears at each other.
[167] *campo*: field or surface of a shield.
[168] *blanca*: coin of small value.
[169] *que . . . señoría*: because I am eager to see you a lady of rank (i.e., as the wife of a count).
[170] *almena*: merlon of a battlement (figuratively, "peak").
[171] *pagado*: rewarded. Some editors emend to *apagado*.
[172] *empleo*: marriage.
[173] *su esperanza*: a periphrasis for *ella*.
[174] *Nadie . . . que*: *Nadie . . . a quien*. Hartzenbusch emends *Nadie* to *Nada*.

MARQUÉS

¡Ay de mí, Conde, que es vano
2375 vuestro cuidado y el mío,
cuando alcanzar desconfío
de la Marquesa la mano!
Que de sus labios oí
— ved si con causa lo siento —
2380 que estaba el impedimento
de alcanzalla, sólo en mí;
no dijo más la crüel.
Conde, solo estáis conmigo,
mi amigo sois, y el amigo
2385 es un espejo fïel:
en vos a mirarme vengo.
Carlos, sepa yo, de vos,
por vuestra amistad, por Dios,
¿qué secreta falta tengo,
2390 que cuando a mí se me esconde,
la sabe Inés? ¿Por ventura
de mi sangre[175] se murmura
alguna desdicha, Conde?
Habladme claro: mirad
2395 que he de tener, ¡vive Dios!,
si esto no alcanzo de vos,
por falsa vuestra amistad.

CONDE CARLOS

Estad, Marqués, satisfecho,
que a saberlo, os lo dijera;
2400 y si no es la envidia fiera
la que tal daño os ha hecho,
el ingenio singular
de Inés me obliga a que arguya
que ésa es toda industria[176] suya,
2405 con que, intentando no errar
la elección, os obligó
a que os miréis, y enmendéis
si algún defeto tenéis
que vos sepáis, y ella no.
2410 Mas si de vuestra esperanza
marchita el verdor lozano
la envidia infame, esta mano
y este pecho a la venganza
tan airado se previene,
2415 que el mundo todo ha de ver
que nadie se ha de atrever
a quien tal amigo tiene.

MARQUÉS

Bien sabéis vos que os merece
mi amistad esa fineza.

CONDE CARLOS

2420 Ya la purpúrea belleza
del alba en perlas ofrece
por los horizontes claros
el humor[177] que al suelo envía.

MARQUÉS

Aquí me ha de hallar el día.

CONDE CARLOS

2425 Fuerza será acompañaros.

MARQUÉS

No, Conde, que estos balcones
de Inés quiero que me vean
solo, y que testigos sean
de que en mis tristes pasiones
2430 aguardo aquí solo el día:
solo por más sentimiento;
que la pena y el tormento
alivia la compañía.
Vos es bien que os recojáis;
2435 descansad, pues sois dichoso.

CONDE CARLOS

Mal puedo ser venturoso
mientras vos no lo seáis. (*Vase.*)
(*Sale* OCHAVO *en lo más alto del
corredor, tiznado.*)[178]

OCHAVO

¡Gracias a Dios que he salido
ya de esta vaina de hollín![179]
2440 ¡Ah, vil Mencía! Tu fin
burlarme en efeto ha sido.
Al tejado menos alto
de uno en otro bajaré,
porque dél al suelo dé
2445 menos peligroso salto.

MARQUÉS

(Parece que sobre el techo (*Aparte.*)
de Inés anda un hombre. ¡Cielos!
¿Qué será? ¡Ah, bastardos celos,
qué asaltos dais a mi pecho!
2450 ¿De Inés puede ser manchada
tan vilmente la opinión?
No es posible. Algún ladrón
será, o de alguna criada

---

[175] *sangre*: lineage.
[176] *industria*: ruse.
[177] *humor*: dew.
[178] Stage direction. Ochavo has just emerged from the chimney, and appears on the raised gallery at the rear of the stage which serves as the roof of Inés' house.
[179] *vaina de hollín*: casing of soot.

será el amante. Verélo;
2455 que parece que procura,
disminuyendo la altura,
bajar de uno en otro al suelo.)

OCHAVO

De aquí he de arrojarme al fin,
que es el postrer escalón.
2460 ¡Válgame en esta ocasión
algún santo volatín![180]

(*Salta al teatro y tiéndese y el* MARQUÉS
pónele la espada al pecho.)

MARQUÉS

¡Hombre, tente y di quién eres!

OCHAVO

Hombre, tente tú; que a mí,
si me ves tendido aquí,
2465 ¿qué más tenido me quieres?

MARQUÉS

¿Es Ochavo?

OCHAVO

¿Es mi señor?

MARQUÉS

Dime, ¿qué es esto?

OCHAVO

No es nada:
burla ha sido, aunque pesada;
mas son percances de amor.

MARQUÉS

¿Cómo?

OCHAVO

2470   Esa crüel Mencía
esta noche me ha tenido
entre el hollín escondido,
y vino al romper del día
diciendo que su señora
2475 su intento había sospechado,
y que con ese cuidado
se estaba vistiendo agora
con su gente para ver
la casa; yo, que me vi
2480 en tal peligro, salí
como bala, por poder
librarme por el cañón
de esa ahumada chimenea.

MARQUÉS

¡Por Dios, que estoy por que vea
2485 tu atrevida pretensión
la pena de tu locura!
¿De casa que me ha de honrar
te atreviste a quebrantar
la opinión y la clausura?

OCHAVO

2490   El amor me ha disculpado;
y basta, señor, por pena
haber, perdiendo la cena,
toda una noche esperado,
y haber el refrán cumplido
2495 de "si pegare, y si no,
tizne",[181] pues que no pegó
y tan tiznado he salido.

MARQUÉS

Necio, no estoy para oir
tus gracias.

OCHAVO

¡Yo sí, Marqués,
2500 para decillas, después
que sin cenar ni dormir
toda la noche he velado!
Mas siempre los males son
por bien,[182] pues por el cañón
2505 no cupiera a haber cenado;
y el descuento[183] está bien llano
que deste trabajo tuve,
pues de no cenar, estuve
para saltar más liviano;
2510   demás que lo que he sabido
esta noche me ha obligado
a dar por bien empleado
cuanto mal me ha sucedido.

MARQUÉS

¿Cómo?

OCHAVO

¿Lo que algún contrario
2515 tuyo ha sabido de ti,
encubres, Marqués, de mí,
tu amigo y tu secretario?[184]
¿Fuente tienes, y la cura
otro que yo?

---

[180] *volatín:* tightrope walker.

[181] The proverb *Si pegare, y si no, tizne* ("If it sticks, all right, and if it doesn't, let it smudge") is used to express complete indifference about the outcome of an event or undertaking. Variants are: *Si pegare, bien; si no, también;* and *Si pegare, pegue; si no, no pegue.* Coquín, however, applies the proverb to his exper-ience in the chimney without intending to express indifference.

[182] *Mas . . . bien.* Cf. the proverb, *No hay mal que por bien no venga,* which is the title of one of Alarcón's plays.

[183] *descuento:* compensation.

[184] *secretario.* See n. 8.

MARQUÉS

¿Fuente yo?

OCHAVO

2520 ¿Doña Inés lo sabe, y no
Ochavo?

MARQUÉS

¡Hay tal desventura!
¿Eso han dicho a doña Inés?

OCHAVO

Ten paciencia; que otras cosas
más ocultas y afrentosas
2525 le han dicho de ti, Marqués.

MARQUÉS

Acaba, dilas.

OCHAVO

A enfado
dice, señor, que provoca
el aliento de tu boca:
¡mira tú a quién has besado
2530 sobreahito y en ayunas,[185]
o después de comer olla,
ajos, morcilla, cebolla,
habas verdes o aceitunas!

MARQUÉS

¡Hay tal maldad! Cosas son
2535 que trazan envidias fieras.

OCHAVO

¡Dichoso tú, si pudieras
dar dellas información
de lo contrario a tu ingrata!
Mas esto es nada, señor;
2540 lo que falta es lo peor,
y lo que más la recata.[186]

MARQUÉS

El veneno riguroso
me da de una vez.

OCHAVO

Pues, ¿quieres
sabello? Hanle dicho que eres
2545 hablador y mentiroso.

MARQUÉS

¡Cielos! ¿Qué furias son éstas,
que en mí ejecutan sus iras?
¿Qué traiciones, qué mentiras,
con tal ingenio compuestas,
2550 que es imposible que dellas
darle desengaño intente?

OCHAVO

En fin, ¿tú no tienes fuente?

MARQUÉS

¿Quieres que en vivas centellas
te abrase mi furia?

OCHAVO

No;
2555 mas, señor, si son mentiras,
efeto son de las iras
que en doña Blanca encendió
el ser de ti desdeñada,
porque, según entendí,
2560 quien esto dijo de ti
fue della alguna criada.

MARQUÉS

La vida me has dado agora;
que el remedio trazaré
fácilmente, pues ya sé
2565 destos engaños la autora.

OCHAVO

Pues vámonos a acostar,
en pago de tales nuevas.

MARQUÉS

(Por más máquinas que muevas, (*Aparte.*)
Blanca, no te has de vengar.)
(*Vanse.*)

(*Salen* DOÑA INÉS, BELTRÁN *y*
MENCÍA.)

DOÑA INÉS

2570 Hoy es, Beltrán, ya forzoso
dar fin a mis dilaciones.

BELTRÁN

No te venzan tus pasiones:
haz al Conde venturoso,
pues en partes ha excedido
2575 a todos.

DOÑA INÉS

Hoy mi sentencia,
si no es que en la competencia
de ingenios quede vencido,
le da el laurel vitorioso.

MENCÍA

Yo pienso que ha de venir
2580 toda la Corte a asistir
al certamen ingenioso.

DOÑA INÉS

Así tendrá la verdad

---

[185] *sobreahito y en ayunas*: overstuffed or while
fasting.

[186] *recatar*: to make wary.

más testigos, y el deseo
con que acertar en mi empleo
2585 y cumplir la voluntad
de mi padre he pretendido,
notorio al mundo será.

(*Salen el* CONDE DON JUAN, DON
GUILLÉN *y* DON JUAN DE GUZMÁN,
y el CONDE ALBERTO.)

CONDE ALBERTO
Aunque del examen ya
doña Inés nos ha excluido,
2590   no es bien que nos avergüence:
la fiesta podemos ver;
que en elección de mujer
el peor es el que vence.

DON GUILLÉN
Yo, a lo menos, no he tenido
2595 a infamia el ser reprobado.

DON JUAN
Yo, por no verme casado,
no siento el haber perdido.

(*Salen el* MARQUÉS *y el* CONDE
CARLOS *por otra parte, y* OCHAVO.)

CONDE CARLOS
¿Que tal quiso acreditar (*Al* MARQUÉS.)
la envidia?

MARQUÉS
(Pues ha de ser (*Aparte.*)
2600 doña Blanca su mujer,
decoro le he de guardar
en callarle que ella ha sido
quien con celosa pasión
se valió desta invención.)
2605 Una mujer me ha querido,
con las faltas que escucháis,
desacreditar.

CONDE CARLOS
Marqués,
daros pienso a doña Inés,
pues vos a Blanca me dais.

MARQUÉS
2610 Tracémoslo, pues.

CONDE CARLOS
Dejad
ese cargo a mi cuidado,
que al efeto[187] se ha obligado.

MARQUÉS
Ejemplo sois de amistad.

(*Salen* DOÑA BLANCA, *con manto, y*
DON FERNANDO *por otra parte.*)

DON FERNANDO
¿No sabré a qué fin pretende
2615 que nos hallemos aquí
el Conde?

DOÑA BLANCA
Él lo ordena así:
déjale hacer, que él se entiende;
de su palabra confía.

DOÑA FERNANDO
De tu esposo me la ha dado.

DOÑA BLANCA
2620 Pues piensa que esto ha trazado
para mayor honra mía.

MARQUÉS
Ya están en vuestra presencia
los dos de quien[188] vuestro examen
al ingenioso certamen
2625 remite, Inés, la sentencia.

CONDE CARLOS
Sólo falta proponer
la materia o la cuestión
en que igual ostentación
de ingenios hemos de hacer.

DOÑA INÉS
2630   Generosos caballeros,
en cuyas nobles personas
piden iguales coronas
las letras y los aceros:
den objeto a la cuestión
2635 vuestras mismas pretensiones,
porque con vuestras razones
justique mi elección.

MARQUÉS
Proponed, pues.

DOÑA INÉS
Escuchad.
Uno de los dos — no digo
2640 cuál, que no es justo — conmigo
tiene más conformidad;
mas éste, a quien me he inclinado,
padece algunos defetos
tan graves, aunque secretos,
2645 que acobardan mi cuidado;[189]

---

187 *efeto* (*efecto*): purpose.
188 *quien: quienes.*

189 *cuidado:* interest.

y, por el contrario, hallo
al otro perfeto en todo,
pero yo no me acomodo
con mi inclinación a amallo.
2650 Y así, ha de ser la cuestión
en que os habéis de mostrar,
si la mano debo dar
al que tengo inclinación,
     aunque defetos padezca,
2655 o si me estará más bien
que el que no los tiene, a quien
no me inclino, me merezca.
     Cada cual, pues, la opinión
defienda que más quisiere,
2660 y la parte que venciere
merecerá mi elección,
     juzgando la diferencia
cuantos presentes están,
pues con esto no podrán
2665 quejarse de mi sentencia.

CONDE CARLOS

     Al Marqués se inclina Inés; (*Aparte.*)
yo soy el aborrecido;
ya el ingenio me ha ofrecido
el modo con que al Marqués
2670 la palabra que le he dado
le cumpla.) Yo, con licencia
vuestra, en esta diferencia
defiendo que el que es amado
debe ser el escogido.

MARQUÉS

2675 (¡Cielos! Mi causa defiende (*Aparte.*)
el Conde; mas él se entiende.
La mano me ha prometido
de Inés: confiado estoy,
que es mi amigo verdadero;
2680 con su pensamiento quiero
conformarme.) Pues yo soy
de contrario parecer,
y defiendo que es más justo
no seguir el propio gusto,
2685 y al más perfeto escoger.

DONA INÉS

     (Entrambos se han engañado; (*Aparte.*)
que el Conde sin duda entiende
que le quiero, pues defiende
la parte del que es amado;
2690 y el Marqués, pues la otra parte

defiende, piensa también
que es aborrecido. ¡Oh, quién
pudiera desengañarte!)

CONDE CARLOS

     Los fundamentos espero
2695 que en favor vuestro alegáis,
Marqués.

MARQUÉS

     Digo, pues gustáis
de que hable yo primero:
El matrimonio es unión
de por vida; y quien es cuerdo,
2700 aunque atienda a lo presente,
previene lo venidero.
El amor es quien conserva
el gusto del casamiento;
amor nace de hermosura,
2705 y es hermoso lo perfeto:
luego debe la Marquesa
dar la mano a aquel que, siendo
más perfeto, es más hermoso,
pues haber de amarlo es cierto.[190]
2710 De aquí se prueba también
que aborrecer lo perfeto
y amar lo imperfeto es
accidental y violento;[191]
lo violento no es durable:
2715 luego es más sabio consejo
al que es perfeto escoger
— pues dentro de breve tiempo
trocará en amor constante
su injusto aborrecimiento —
2720 que al imperfeto querido,
si luego ha de aborrecello.
Semejantes a las causas
se producen los efetos;
ni obra el bueno como malo,
2725 ni obra el malo como bueno:
luego un imperfeto esposo
un martirio será eterno
que al paso de sus erradas
acciones irá creciendo.
2730 Y no importa que el amor
venza los impedimentos,
quite los inconvenientes
y perdone los defetos,
pues nos dice el castellano
2735 refrán, que es breve enangelio,

---

[190] *pues . . . cierto*: *pues es cierto que tendrá que amarlo.*   [191] *violento*: unnatural.

que quien por amores casa
vive siempre descontento.
El gusto cede al honor
siempre en los ilustres pechos,
2740 y las mujeres se estiman
según sus maridos: luego
su gusto debe olvidar
Inés, pues tendrá, escogiendo
al perfeto, estimación,
2745 y al imperfeto, desprecio.
Indicios da de locura
quien pone eficaces medios
para algún fin, y después
no lo ejecuta, pudiendo.
2750 La marquesa doña Inés
este examen ha propuesto
para escoger al mas digno,
sin que tenga parte en ello
el amor: luego si agora
2755 no eligiese al más perfeto,
demás de que no cumpliera
el paternal testamento,
indicios diera de loca,
nota de liviana al pueblo,
2760 qué murmurar a los malos
y qué sentir a los buenos.

CONDE ALBERTO

¡Bien por su parte ha alegado!

DON JUAN

¡Fuertes son los argumentos!

DON GUILLÉN

Oigamos agora al Conde,
2765 que tiene divino ingenio.

CONDE CARLOS

Difícil empresa sigo,[192]
pues lo imperfeto defiendo;
pero si el amor me ayuda,
la vitoria me prometo.
2770 Si el amor es quien conserva
el gusto del casamiento,
como propuso el Marqués,
con eso mismo le pruebo
que amor para la elección
2775 ha de ser el consejero,

pues del buen principio nace
el buen fin de los intentos.
Y no importa que el querido
padezca algunos defetos,
2780 pues nos advierte el refrán
castellano que lo feo
amado parece hermoso,
y es bastante parecello,
pues nunca amor se aconseja
2785 sino con su gusto mesmo:
Aristóteles lo afirma.
Séneca y Platón dijeron
que el amor no es racional;
que halla en el daño provecho
2790 y halla dulzura en lo amargo,
San Agustín: según esto,
si en el matrimonio tiene
el amor todo el imperio,
su locura es su razón
2795 y es ley suya su deseo;
lo que él quiere es lo acertado,
lo que él ama es lo perfeto,
lo hermoso, lo que él desea,
lo que él aprueba, lo bueno.
2800 El temor de que después
venga Inés a aborrecello,
no importa, que eso es dudoso,
y el amalle agora es cierto.
Para amor no hay medicina
2805 sino gozar de su objeto:
dícelo en su carta Ovidio,[193]
y en su epigrama Propercio;[194]
crece con la resistencia,
según Quintiliano:[195] luego
2810 si Inés no elige al que adora,
no tendrá su mal remedio;
antes irá cada día
con la privación creciendo.
Pensar que el aborrecido
2815 vendrá a ser, por ser perfeto,
después amado, es engaño;
que no llega en ningún tiempo,
según Curcio,[196] a amar de veras
quien comenzó aborreciendo.

---

[192] The count's speech beginning here contains numerous references to classical authors and characters, a practice followed by many Golden Age authors. No attempt will be made to quote the exact textual sources of Alarcón's references.
[193] Cf. Ovid, *Heroïdes*, Book V, vv. 147–149.
[194] Propertius wrote elegies, not epigrams. The probable source here is his *Elegies*, Book, I, No. 1, vv. 27–28, or Book II, No. 1, vv. 57–58.
[195] *crece . . . Quintiliano.* I have not located this proverbial idea in Quintilian's *Institutiones Oratoriae.*
[196] *Curcio*: Quintus Curtius Rufus, Roman author of a history of Alexander the Great.

820 El amor, dice Heliodoro[197]
que no repara en defetos;
la antigüedad nos lo muestra
con portentosos ejemplos:
Pigmaleón rodio,[198] Alcides,[199]
825 a unas estatuas quisieron,
Pasife[200] a un toro, y a un pez
el sabio orador Hortensio;[201]
Semíramis[202] a un caballo,
a un árbol Jerjes,[203] y vemos
830 al que dio nombre al ciprés
de amor de una cierva muerto.[204]
Pues, ¿qué defetos mayores
que éstos, por quien[205] los sujetos
son incapaces de amor,
835 pues no puede hallarse en ellos
correspondencia, por ser
en especie tan diversos,
que el mismo amor que intentó
mostrar en estos portentos
840 su poder, quedó corrido
más que glorioso de hacerlos?
Luego, amando la Marquesa
al que padece defetos,
y más sabiéndolos ya,
845 no se mudará por ellos.
Si ignorándolos le amara,
en tal caso fuera cierto
que el descubrillos después
le obligara a aborrecello;
850 y por esto mismo arguyo
que no sólo, aborreciendo
agora al perfeto Inés,
no podrá después quererlo,
mas antes, si lo quisiera
855 agora, fuera muy cierto
aborrecello después;
y desta suerte lo pruebo:
Ovidio dice que amor
se hiela y muda si aquello

2860 no halla en la posesión
que le prometió el deseo;
pues hombre perfeto en todo
no es posible hallarse; luego,
aunque Inés amase agora
2865 al que tiene por perfeto,
lo aborreciera después
que con el trato y el tiempo
sus defetos descubriera,
pues nadie vive sin ellos.
2870 Quien ama a un defetuoso
ama también sus defetos,
tanto que aun le agradan cuantos
le semejan en tenerlos;
luego es en vano temer
2875 que se mude Inés por ellos,
que "amar lo imperfeto es
violento, y lo que es violento
no dura", el Marqués arguye;
lo segundo le concedo,
2880 lo primero no; que sólo
es a amor violento aquello
que no quiere, y natural
lo que pide su deseo.
Que "el malo obra como malo
2885 y obra el bueno como bueno,
y de las malas acciones
nace el aborrecimiento",
dice el Marqués: es verdad,
pero como[206] el amor ciego
2890 aprueba la causa injusta,
aprueba el injusto efeto.
Que las mujeres se estimen
por sus maridos, concedo;
pero en eso, por mi parte,
2895 fundo el mayor argumento;
que quien con mujer se casa
que confiesa amor ajeno,
estima en poco su honor:
luego, amando al imperfeto

---

[197] *Heliodoro*: Heliodorus, author of the fourth-century Greek novel, *Ethiopica*.

[198] *Pigmaleón rodio*: Pygmalion the Rhodian, king of Cyprus (not Rhodes), fell in love with a statue he made. When it was endowed with life by Aphrodite, he married the maiden, Galatea.

[199] *Alcides*: Hercules.

[200] *Pasife*: Pasiphaë fell in love with a white bull. As a result of their union she gave birth to the Minotaur.

[201] *Hortensio*: Quintus Hortensius Hortalus was a Roman orator whose many erotic adventures sup-

posedly included a love affair with a fish.

[202] *Semíramis*: Semiramis, legendary queen of Assyria and Babylonia.

[203] *Jerjes*: Xerxes, king of Persia, became so infatuated with a banana tree that he adorned it with precious stones.

[204] *al . . . muerto.* Cyparissus, who accidentally killed his favorite stag, was so grief-stricken that the gods took pity on him and transformed him into a cypress tree.

[205] *por quien: por los cuales.*

[206] *como: así como.*

₂₉₀₀ Inés, fuera infame el otro,
si quisiera ser su dueño;
luego ni él puede admitillo,
ni la Marquesa escogello.
Que "quien por amores casa
₂₉₀₅ vive siempre descontento",
según lo afirma el refrán,
dice el Marqués y es muy cierto,
cuando por amor se hacen
desiguales casamientos;
₂₉₁₀ pero cuando son en todo
iguales los dos sujetos,
no hay, si el amor los conforma,[207]
más paraíso en el suelo.
Decir que no cumple así
₂₉₁₅ el paternal testamento
es engaño; que su padre
sólo le puso precepto
de que mire lo que hace;
ya lo ha mirado, y con eso
₂₉₂₀ su voluntad ha cumplido.
Que no consigue el intento
del examen si no escoge
al de más merecimientos,
sin atender al amor,
₂₉₂₅ según Inés ha propuesto,
es verdad; pero se debe
entender del amor nuestro,
no del suyo; que con ella
es la parte de más precio
₂₉₃₀ ser della amado,[208] y no ser
amado el mayor defeto:
luego, si elige al que quiere,
ni dará nota[209] en el pueblo,
ni qué decir a los malos,
₂₉₃₅ ni qué sentir a los buenos.

CONDE ALBERTO
¡Vítor!

DON JUAN
¡Vítor!

DON GUILLÉN
¡Venció el Conde!

CONDE ALBERTO
Sus valientes argumentos
vencieron en agudeza,
en erudición y ejemplos.

BELTRÁN
₂₉₄₀ Todos declaran al Conde
por vencedor.

DOÑA INÉS
Según eso,
ya es forzoso resolverme
aunque me pese a escogerlo.
Vencistes, Conde; mi mano
₂₉₄₅ es vuestra.

DOÑA BLANCA
(¡Qué escucho, cielos!) (*Aparte.*)

DON FERNANDO
(¿Esto hemos venido a ver, (*Aparte a ella.*)
Blanca?)

CONDE CARLOS
(Agora que ya puedo (*Aparte.*)
ser su esposo, he de vengarme,
y ha de ser un acto mesmo
₂₉₅₀ fineza para el Marqués,
y para ella desprecio.)
Marquesa, engañada estáis,
porque vos habéis propuesto
que la parte que venciere
₂₉₅₅ ha de ser esposo vuestro;
pues si mi parte ha vencido,
y es la parte que defiendo
la del imperfeto amado,
él ha de ser vuestro dueño.
₂₉₆₀ Yo sé bien que no soy yo
el querido, y sé que ha puesto
la invidia vil al Marqués
tres engañosos defetos;
y por que os satisfagáis,
₂₉₆₅ escuchadme aparte.
(*Hablan en secreto.*)

MARQUÉS
(¡Cielos! (*Aparte.*)
No hay más tesoro en el mundo
que un amigo verdadero.)

DOÑA BLANCA
(Yo soy perdida, si aquí (*Aparte.*)
se declaran mis enredos.)

DOÑA INÉS
(*Aparte los dos*: DOÑA INÉS *y el*
CONDE CARLOS.)
₂₉₇₀ (Esas tres las faltas son
que me han dicho.)

---

[207] *conformar*: to bring into accord.
[208] *que . . . amado*: because, as far as she is concerned, the most important matter is to be loved by her.
[209] *dar nota*: to cause scandal.

CONDE CARLOS
　　　　Pues mi ingenio
las inventó (*Aparte.* Esta fineza
deba el Marqués a mi pecho)
por vencerle, y por vengarme
2975 de vos; y ya que mi intento
conseguí, pues que la mano
me ofrecéis, y no la quiero,
como noble, restituyo
al Marqués lo que le debo.
2980 Y para que a mis palabras
deis crédito verdadero,
baste por señas deciros
las tres faltas que le han puesto,
y que ha sido una mujer
2985 la que tales fingimientos
os dijo por orden mía.
　　　　DOÑA INÉS
Es verdad. La vida os debo.
　　　　CONDE CARLOS
Pues dad al Marqués la mano.
Ya, Marqués, se ha satisfecho
2990 doña Inés de que la invidia

os puso falsos defetos.
Yo defendí vuestra parte,
y fui vencido venciendo.
Dalde la mano, que yo
2995 bien he mostrado que tengo
puesta en Blanca mi esperanza,
con las colores y versos
y divisas de las cañas,
de la sortija y torneo.
　　　　DOÑA BLANCA
3000 Yo me confieso dichosa.
　　　　MARQUÉS
Sois mi amigo verdadero,
y vos mi esposa querida.
　　　　DOÑA INÉS
Cuando os miro sin defetos,
¿cómo, Marqués, os querré,
3005 si os adoraba con ellos?
　　　　OCHAVO
El *Examen de maridos*
tiene, con tal casamiento,
dichoso fin, si el senado[210]
perdona al autor sus yerros.

---

[210] *senado*: audience.

⌇⌇⌇⌇ STUDY QUESTIONS AND TOPICS

1. The structure of the play. Are there any superfluous episodes or subplots?
2. The language and poetry of the play.
3. Evidence of Alarcón's legal training as revealed in the play.
4. The theme of friendship in the play.
5. Alarcón's social and ethical ideas as revealed in the play.
6. Compare the servants Beltrán and Ochavo with each other and with the servants in the plays previously read.
7. The principal theme of the play and how it is developed.
8. The psychological elements in the play.
9. The alleged classicism and universality of Alarcón.

Luis Vélez de Guevara
(1579-1644)

CHRONOLOGY

1579   Luis Vélez de Guevara is born in Écija, second son of Diego Vélez de Dueñas and Francisca Negrete de Santander.

1596   Receives the degree of *Bachiller en Artes* from the University of Osuna.

1599   Publication of his first printed work, a poetic account of the marriage of Philip III and Marguerite of Austria.

1600   Participates in a military expedition to Italy.

1603   Resides in Valladolid; moves to Seville in 1604 and to Madrid in 1606 or before.

1608   Publishes a laudatory poem addressed to the heir to the throne, Philip IV.

1612   Publication of his first two plays to appear in print, *Los hijos de la Barbuda* and *El espejo del mundo.*

1625   Becomes *ujier de cámara* to Philip IV.

1632   Juan Pérez de Montalván states in his *Para todos* that Vélez had written 400 plays.

1637   Serves as the presiding officer at an *Academia burlesca* held at the court.

1641   Publication of *El diablo cojuelo*, a satirical prose narrative.

1644   Dies in Madrid on November 10.

ᘒᘒᘒ Vélez de Guevara and His Plays

Born in 1579 in Écija, called the "frying pan of Andalusia" because of its intense summer heat, Luis Vélez de Guevara was the second child of middle class parents, Diego Vélez de Dueñas and Francisca Negrete de Santander. He first attended school in Écija, then enrolled in the University of Osuna, where he received the degree of *Bachiller en Artes* in 1596. Soon after graduation, he entered the service of Don Rodrigo de Castro, Cardinal-Archbishop of Seville.

Vélez' first published work, a poetic account of the marriage of Philip III and Princess Marguerite of Austria, appeared in 1599 under the name of Luis Vélez de Santander. Two other early works were signed with the same name: a laudatory sonnet contributed to Agustín de Rojas Villandrando's lively book on Spanish theatrical life, *El viaje entretenido* (1603), and a similar poem dedicated to Lope de Vega's *Rimas* (Seville edition of 1604). After participating in a military expedition to Savoy and Naples in 1600, Vélez resided in Valladolid and Seville before taking up residence in Madrid in 1606 or earlier. In Madrid where he lived the rest of his life, he published in 1608 a laudatory poem addressed to Philip IV, the young heir to the Spanish throne: *Elogio del Juramento del Serenísimo Príncipe Don Felipe Domingo, IV deste nombre*. It is his earliest known composition to bear the name Luis Vélez de Guevara.

The next three decades of Vélez de Guevara's life were marked by his struggle to make a living despite his growing reputation as a dramatist. Witty and garrulous, Vélez liked to have a good time and he liked women. He was usually broke. Fortunately, his quick humor (in his *Viaje del Parnaso* Cervantes refers to him as *quitapesares*, "gloom-chaser") enabled him to find employment as a chamberlain or majordomo with a series of noble patrons who enjoyed his jokes and anecdotes. His career as a palace hanger-on reached its peak in 1625 when he was named *ujier de cámara* to Philip IV, but his job as doorkeeper to the royal bedchamber was an honorary one and carried no regular wages. Perhaps his marriage, in 1626, to Doña María de Palacios, a widow, and his fourth wife, brought him sufficient dowry to enable him to live in comfort without having to wheedle loans and handouts from friends and patrons, a practice which Vélez had developed into a fine art. The king also helped matters by granting him in 1633 a monthly pension of two hundred *reales*.

Although Vélez probably started writing for the stage early in the century, the first reference to him as a dramatic author occurred in 1611 when Andrés de Claramonte, a theatrical manager and playwright, said of him: "Luis Vélez de Guevara, florido ingenio de Écija, de quien esperamos grandes escritos y trabajos, y ha hecho hoy muchas famosas comedias." The titles of the "comedias famosas" that he had written by 1611 have not been identified, but a year later his first two plays to appear in print, *Los hijos de la Barbuda* and *El espejo del mundo*, were published in the *Tercera parte de las comedias de Lope de Vega y otros autores* (Barcelona, 1612).

By 1616 Vélez had acquired a reputation as one of the most skillful writers of *comedias de santos* or *comedias a lo divino* at the court. When Lope de Vega was unavailable to compose a play for a fiesta commemorating the beatification of Saint Isabel, Queen of Portugal, the man in charge of commissioning the play wrote, "Pero hanme asegurado algunas personas pláticas que Luis Vélez, poeta moderno, la hará muy bien; porque la que son a lo divino hace casi mejor que Lope de Vega." The next fifteen years were the most productive in Vélez de Guevara's career. In 1632 Juan Pérez de Montalván wrote in his *Para todos:* "Luis Vélez de Guevara ha escrito más de quatrocientas Comedias, todas ellas de pensamientos sutiles, arrojamientos poéticos, y versos excelentísimos y bizarros, en que no admite comparación su valiente espíritu." In 1637 when he was honored by being appointed the presiding officer of a burlesque literary academy held at the court, Vélez confirmed that he had written four hundred plays, in addition to a large amount of poetry ("poesías que han corrido de mí como de una fuente agua").

During the latter part of his career, especially in the 1630's, Vélez wrote eight plays in collaboration with other dramatists. His favorite collaborators were the popular young dramatists, Francisco de Rojas Zorrilla and Antonio Coello, who learned much of their art from the aging writer. Vélez is not known to have written any plays after 1637, although in 1641 he published his prose narrative *El diablo cojuelo,* a clever satire of Spanish life and manners. In 1642, two years before his death, Vélez petitioned that his office as *ujier de cámara* to the king be given to his son Juan, who also followed in his father's footsteps in writing for the stage. The request was granted. Vélez de Guevara died in Madrid on November 10, 1644.

Although Vélez was admired by his contemporaries primarily for his plays and poetry, after his death his dramatic works were soon forgotten, and, ironically, he was remembered mainly by future generations as the author of *El diablo cojuelo,* a book which became widely known in Europe through Alain-René Lesage's French adaptation, *Le Diable boiteux* (1707). No collections of Vélez de Guevara's plays were made in the seventeenth century, and relatively few of the four hundred plays that he is said to have written were printed during his lifetime. Today sixty-nine extant *comedias,* three *autos sacramentales,* and seven *entremeses* and *bailes* are credited to him, in addition to the eight plays in which he collaborated. His surviving *comedias* are usually classified into three groups: *comedias novelescas* (32 in number), *comedias histórico-novelescas* (28), and *comedias divinas* (9).

Like Lope de Vega and Guillén de Castro, Vélez de Guevara showed a preference for historical and legendary themes drawn from Spain's past, and also like his two contemporaries he often adorned his themes with variants of traditional ballads woven into the dialogue. He especially liked heroic characters capable of committing supreme acts of valor, sacrifice, and, if the case demanded, revenge. One of his most popular plays based on national history is *Más pesa el rey que la sangre,* which deals with Alonso Pérez de Guzmán (Guzmán el Bueno), the defender of Tarifa when the city was besieged in 1294 by the Moors and their ally, the rebellious Infante Don Juan. When the latter, who held Guzmán's son as a hostage, threatened to kill him if his father did not surrender the city, Guzmán, standing on the city wall, threw his dagger down to the invaders who then killed the boy. Guzmán's heroic act and staunch loyalty to his king's trust are duly immortalized in Spanish history.

Vélez' fondness for heroic and grandiose characters led him on occasion to compose plays based on foreign characters, usually bloody barbarians or tyrants. Examples of such characters are Attila and Tamerlane, protagonists in *Atila, azote de Dios* and *La nueva ira de Dios y gran Tamorlán de Persia.*

But whether his subjects were Spanish or foreign, Vélez admired bold, strong-willed men and women who let nothing stand in the way of fulfilling their ambitions and desires. He also had a penchant for tragic events (although, as Mesonero Romanos remarked, he often avoided tragic endings by softening, at the expense of logic, the dénouements of his plays). It is not surprising that Vélez showed little inclination to write *comedias de capa y espada*, which he found too tame for his taste.

In the prologue to his *Ocho comedias y ocho entremeses nunca representados* (1615), Cervantes refers to the "pomp, tumult, pageantry, and grandeur" of Vélez de Guevara's plays. Because of these qualities and his fondness for the miraculous and spectacular *coups de théâtre*, many of his plays may be called *comedias de ruido* (or *de cuerpo*), terms employed by Cristóbal Suárez de Figueroa in *El pasajero* (1617) to distinguish these rousing productions from cape-and-sword plays. But Vélez had a sense of humor, and no better satire of the extravagances of the *comedias de ruido* has been written than that which he included in *El diablo cojuelo* (Tranco 4). Here a mad poet has written a play entitled *Tragedia troyana, Astucias de Simón, Caballo griego, Amantes adúlteros y Reyes endemoniados*. Among the cast of characters are included "cuatro mil griegos por lo menos" and "once mil dueñas a caballo." Vélez anticipated the Hollywood extravaganza by three centuries.

Vélez de Guevara's masterpiece, *Reinar después de morir*, concerns the tragic love of Doña Inés de Castro and Prince Pedro, son of Alfonso IV of Portugal. The illegitimate daughter of Don Pedro Fernández de Castro, a powerful Galician nobleman, and of Doña Aldonza Soares de Valladares, Inés was a direct descendant of Sancho IV of Castile. Reared in the home of Don Juan Manuel, the author of *El libro del Conde Lucanor*, Inés accompanied Don Juan's daughter, Constanza, when the latter went to Coimbra in 1340 to marry Prince Pedro. The wedding took place as scheduled, but Pedro soon fell in love with Inés. When their liaison became public knowledge, Inés was exiled to Alburquerque, across the Spanish border.

In 1345 when Constanza died at the age of twenty-one from complications resulting from the birth of her third child, Don Pedro, in violation of his father's orders, had Inés return to Coimbra where they lived together as man and wife. Although they were probably never married, Pedro and Inés had at least three children, perhaps four. In the eyes of the Portuguese nobility, the children, if legitimized, would pose a threat to the independence of the country, because they feared that if one of Inés' sons succeeded Pedro on the throne, he would come under the domination of his Castilian relatives who had already acquired considerable power in Spain. The alarm was sounded in political circles throughout the country: *Que não se perca Portugal por uma mulher* ("Let not Portugal be lost for the sake of a woman"). Hence, as all commentators on the play have remarked, what started out as a private affair of the heart became a matter of state.

In 1355 Alfonso IV, who had a genuine affection for Inés, finally acceded to the advice of his counselors that her life be sacrificed for the welfare of the country. Two years later Alfonso died. On ascending to the throne, Pedro immediately apprehended chief conspirators responsible for her death. It is said that their hearts were cut out and their bodies burned. Legend also has it (but there is no proof) that Pedro had Inés' corpse disinterred, placed on the throne, and crowned. The courtiers were then forced to kiss the bones of her hands as a token of vassalage. But legend or not, the coronation of Doña Inés de Castro is commemorated in Portugal every year on April 24.

The first treatment of the story of Doña Inés in literature occurs in the "Trovas que García de Resende fez a a morte de Dona Ines de Castro . . .," included in the *Cancioneiro geral* published by García de Resende in 1516. Another poetic treatment of surpassing beauty appears in Luis Camoens' great epic, *Os Lusiadas* (1572), Canto III, octaves cxviii-cxxxvi. Although no traditional Spanish ballads on the subject have been preserved, Menéndez Pelayo assumes that such ballads circulated in the sixteenth century and that they gave rise to the extant ballads on Doña Isabel de Liar, the circumstances of whose death are similar to those in the legend of Doña Inés. The legend also became the subject of several sixteenth- and seventeenth-century plays, both in Portugal and Spain. Antonio Ferreira's *Dona Ignez de Castro*, a five-act tragedy structured along classical lines, was written between 1553 and 1567, and performed under his direction by students at the University of Coimbra. Although Ferreira died in 1569, his play was published posthumously in 1587 and again, in revised form, in 1598 with the title *Castro*. A manuscript of the play must have come into the possession of Jerónimo Bermúdez, a Dominican theologian at the University of Salamanca, who translated it into Spanish and gave it the title *Nise lastimosa*. The translation and a sequel of Bermúdez' own composition, *Nise laureada*, were published under the pseudonym of Antonio de Silva in a volume entitled *Primeras tragedias españolas* (Madrid, 1577). Bermúdez' sequel is very inferior in structure and lyric qualities to his translation of Ferreira's tragedy.

Bermúdez' two *Nise* plays served in turn as one of the sources of Mejía de la Cerda's *Tragedia famosa de Doña Inés de Castro reyna de Portugal*, printed in the *Tercera parte de las comedias de Lope de Vega y otros autores* (Barcelona, 1612). Lope himself wrote a play, now lost, entitled *Doña Inés de Castro*, which is listed among the titles of his *comedias* included in the 1618 edition of *El peregrino en su patria*

but not listed in the 1604 edition. Although the date of composition of Vélez de Guevara's *Reinar después de morir* is not known (the earliest recorded edition was printed in the *Comedias de los mejores y más insignes ingenios de España*, Lisbon, 1652), Vélez seems to have made limited use of Mejía de la Cerda's tragedy. It is impossible to say, of course, whether or not he also borrowed something from Lope de Vega's lost play. The traditional ballads which he used are indicated in the Notes.

The legend of Doña Inés de Castro has continued to inspire European dramatists to the present day. Some forty-five dramatic versions have been catalogued, and there may be more. Two outstanding modern plays on the subject are Henri de Montherlant's *La Reine morte* (1947) and Alejandro Casona's *Corona de amor y muerte*, first performed in Buenos Aires in 1955 and later presented in Lisbon on April 24, 1957, on the six hundredth anniversary of the supposed coronation of Doña Inés.

With its tragic plot, appealing heroine, and moving verse, *Reinar después de morir* represents the dramatic art of Luis Vélez de Guevara at its best. The text presented here is based on that of the first printed edition (Lisbon, 1652) as edited by Manuel Muñoz Cortés, in *Clásicos Castellanos*, vol. 132 (Madrid, 1959). Two early *sueltas* of the play have also been consulted, as have the editions of Francisco Induráin, in *Biblioteca Clásica Ebro*, vol. 54 (Zaragoza, 1944), and Giuseppe Carlo Rossi (Naples, 1961).

SELECTED BIBLIOGRAPHY

I. Collections of Vélez de Guevara's Plays

Dramáticos contemporáneos de Lope de Vega, ed. Ramón de Mesonero Romanos, in *Biblioteca de Autores Españoles*, vol. 45. Madrid, 1858. Contains 6 plays by Vélez.

Ocho comedias desconocidas de don Guillén de Castro . . ., de Luis Vélez de Guevara, etc., ed. Adolfo Schaeffer, 2 vols. Leipzig, 1887. Contains 4 plays by Vélez.

II. General Studies of Vélez de Guevara

COTARELO y MORI, EMILIO. *Luis Vélez de Guevara y sus obras dramáticas*. Madrid, 1917.

PROFETI, MARIA GRAZIA. "Note critiche sull' opera di Vélez de Guevara," in *Miscellanea di studi ispanici*, pp. 47–174. Pisa, 1965.

SPENCER, FORREST, and RUDOLPH SCHEVILL. *The Dramatic Works of Luis Vélez de Guevara*. Berkeley, 1937.

III. Studies of Reinar después de morir and the Inés de Castro Theme

APRÁIZ y BUESA, ANGEL. *Doña Inés de Castro en el teatro español*. Vitoria, 1911.

AUBRUN, CHARLES V. "*Regner après la mort* de Vélez de Guevara et *La reine morte* de Montherlant," in *Le Théâtre tragique*. Paris, 1962.

CORNIL, SUZANNE. *Inès de Castro: Contribution à l'étude du développement littéraire du thème dans les littératures romanes*. Brussels, 1952.

FIGUEIREDO, ANTHERO DE. *D. Pedro e D. Inés. "O grande desvayro."* Lisbon, 1913.

Simón Díaz, José. "Textos dispersos de clásicos españoles. XII: Vélez de Guevara," *Revista de Literatura* 21 (1962), 89–103.

TRIWEDI, MITCHELL D. "Inés de Castro, 'cuello de garza'; una nota sobre *El reinar después de morir* de Luis Vélez de Guevara," *Hispanófila*, no. 15 (1962), 1–7.

VALBUENA PRAT, A. "La Doña Inés de Vélez de Guevara," in *Historia del teatro español*, pp. 134–42. Barcelona, 1956.

~~~ Jornada primera

Verses

1–14	Romance (e-o)	609–618	Romance (a-e)
15–116	Romance (-é)	619–622	Pareados
117–294	Silvas	623–678	Redondillas
295–378	Redondillas	679–698	Song (refrain and gloss), six-syllable lines
379–490	Romance (a-e)		
491–512	Silvas	699–770	Redondillas
513–552	Décimas	771–822	Romance (a-a)
553–608	Romance (a-a)	823–912	Romance (e-o)

~~~ Jornada segunda

913–984	Redondillas	1301–1564	Romance (e-o)
985–1158	Romance (a-e)	1565–1642	Romance (o-e)
1159–1256	Redondillas (two verses missing)	1643–1646	Pareados
1257–1260	Letrilla	1647–1706	Romance (a-a)
1261–1300	Décimas		

~~~ Jornada tercera

1707–1868	Romance (i-a)	2258–2265	Romance (-í)
1869–1873	Quintilla	2266–2318	Silvas
1874–2033	Romance (-á)	2319–2398	Décimas
2034–2103	Décimas	2399–2426	Redondillas
2104–2177	Romance (-á	2427–2474	Romance (-í)
2178–2257	Silvas		

〜〜 COMEDIA FAMOSA

〜〜 *Reinar después de morir*

DE LUIS VÉLEZ

PERSONAS QUE HABLAN EN ELLA:

EL REY DON ALONSO DE PORTUGAL
EL PRÍNCIPE DON PEDRO
BRITO, *criado*
DOÑA BLANCA, *Infanta de Navarra*
DOÑA INÉS DE CASTRO
ELVIRA, *criada*
VIOLANTE, *criada*
EL CONDESTABLE DE PORTUGAL

NUÑO DE ALMEIDA
EGAS COELLO
ALVAR GONZÁLEZ
ALONSO, *niño*
DIONÍS, *niño*
CRIADOS
MÚSICOS
ACOMPAÑAMIENTO

〜〜 Jornada primera

(*Salen* MÚSICOS *cantando, el* PRÍNCIPE
vistiéndose y el CONDESTABLE.)[1]

MÚSICOS
Soles, pues sois tan hermosos, (*Cantan.*)
no arrojéis rayos soberbios
a quien vive en vuestra luz,
contento en tan alto empleo.

PRÍNCIPE
5 La capa.

MÚSICO 1º
El príncipe sale.

MÚSICOS
Prosigamos.

PRÍNCIPE
El sombrero.

MÚSICOS
Vuestra benigna influencia (*Cantan.*)
mitigue airados incendios,
pues el raudal de mi llanto
10 *es poca agua a tanto fuego.*

PRÍNCIPE
¡Ay, Inés, alma de cuanto
peno y lloro, vivo y siento!
Proseguid, cantad.

MÚSICO 1º
Digamos
otra letra y tono nuevo.

15 *Pastores de Manzanares,*[2] (*Cantan.*)
yo me muero por Inés,
cortesana en el aseo,
labradora en guardar fe.

---

[1] Stage direction. The setting is the prince's manor home by the Mondego River near Coimbra. Dressing scenes, with or without music, are fairly common in the *comedia*.

[2] This traditional song, with slight variants, was probably current before the play was written. It is contained in the collection *Primavera y flor de los mejores romances*, by Pedro Arias Pérez (Madrid, 1621).

389

PRÍNCIPE

Parece que a mi cuidado
20 esa letra quiso hacer,
lisonjeándome el alma,
eterna en mi pecho a Inés.
Volved, volved, por mi vida,
a repetir otra vez
25 aquesa letra; cantad,
que me ha parecido bien.

MÚSICOS

Pastores de Manzanares,
yo me muero por Inés,
cortesana en el aseo,
30 *labradora en guardar fe.*

PRÍNCIPE

Pues los pastores publican
que tanta hermosura ven
en la deidad de mi amante,
con justa causa diré
35 que en perderme fui dichoso
por tan soberano bien.
Siempre que llega[3] al Mondego,
parece que sólo al ver
a mi Inés bella, las aves
40 quisieran besar su pie.
Las plantas de su deidad
reciben fruto; no hay mes
que en viéndola no sea mayo;
no hay flor que a su rosicler[4]
45 no tribute vasallaje.
Si aquesto es verdad, si es
dueño de aves y plantas
y de todo cuanto ve
el cielo en la tierra hermosa,
50 no la lisonjeo en ser
también yo su esclavo. Amor,
pues a mi Inés me humillé,
pues me rendí a su hermosura,
a voces confesaré,
55 diciendo con toda el alma
a los que amantes me ven:
Pastores de Manzanares,
yo me muero por Inés,
cortesana en el aseo,

60 *labradora en guardar fe.*

(*Sale* BRITO *de camino.*)

BRITO

Déle vuestra alteza a Brito,
príncipe, a besar sus pies.

PRÍNCIPE

Brito, seas bien venido.
¿Cómo dejas a mi bien?

BRITO

65 Déjame alentar un poco
y luego te lo diré;
que aun no pienso que he llegado,
que un rocín de Lucifer[5]
que el portugués llama *posta,*[6]
70 que *jebao*[7] llama el francés,
bridón[8] el napolitano,
y algunas veces *corsier,*[9]
de tan altos pensamientos,
que en subiendo encima dél,
75 anda a coces con el sol,
y a cabezadas después,
me trae sin tripas, que todas
se me han subido a la nuez
a hacer gárgaras con ellas,
80 sin lo que toca al borrén[10]
que viene haciéndose ruedas
de salmón.

PRÍNCIPE

Calla, no des
suspensión a mi cuidado,
sino dime, ¿cómo fue
85 tu viaje? Cuenta, Brito,
que ya deseo saber
nuevas de mi hermosa prenda.
Habla, Brito.

BRITO

Bueno, a fe,
para contarlo quedemos
90 solos los dos.

PRÍNCIPE

Dices bien.
Condestable, despejad;[11]
y a estos músicos les den,

---

[3] Understand *ella*, referring to Inés, as the subject of *llega*.

[4] *rosicler*: rose pink (complexion).

[5] *rocín de Lucifer*: devilish nag. The description (either serious or comical) of horses is frequent in the *comedia*.

[6] *posta*: post horse.

[7] *jebao* probably derives from French *cheval*, "horse."

[8] *bridón*: bridled horse.

[9] *corsier: corcel*, swift horse.

[10] *borrén*: saddle pad (but used here meaning "buttocks" which are as red as slices of salmon).

[11] *despejar*: to withdraw.

cuando no por forasteros,[12]
porque han celebrado a Inés,
95 mil escudos.

CONDESTABLE

Despejad.

PRÍNCIPE

Id con Dios.

MÚSICO

El cielo dé
a vuestra alteza, señor,
un siglo de vida, amén.

PRÍNCIPE

Id con Dios.

MÚSICO

¡Qué gran valor!

OTRO

¡Qué cordura!

MÚSICO

100 Octavio, ven;
no es señor quien señor nace,
sino quien lo sabe ser.

(*Vanse los* MÚSICOS *y el* CONDESTABLE.)

PRÍNCIPE

Ya, Brito, quedamos solos;
dime, ¿cómo queda Inés?
105 ¿Cómo la dejaste, Brito?
Responde presto.

BRITO

A perder
el sentido cada instante
que entre tus brazos no esté.

PRÍNCIPE

¿Y Alonso y Dionís?

BRITO

El uno
110 es jazmín y otro clavel,
y cada cual es retrato
de los dos.

PRÍNCIPE

Has dicho bien;
prosigue, prosigue, Brito.

BRITO

Oye y te la pintaré,
115 si de tanta beldad puede
ser una lengua pincel.
Llegué a Coímbra apenas

ayer, cuando al blasón de sus almenas
a un tiempo hicieron salva[13]
120 los músicos de cámara del alba,
el sol, y luego el día,
y primero que todos mi alegría.
Guié los pasos luego
a la quinta, Narciso del Mondego,[14]
125 que guarda en dulce empeño
la beldad soberana de tu dueño,
cuando, dando al aurora
celos, el sol parece que enamora
el oriente divino
130 de Inés, sol para el sol más peregrino.
Que aun no he llegado creo,
piso el umbral y en el zaguán me apeo;
que gustan los amantes
que les vayan contando por instantes,
135 por puntos, por momentos,
las dichas de sus altos pensamientos,
que brevemente dichas
no les parece que parecen dichas.[15]
Al fin, al cuarto llego
140 alborozado, sin aliento, y luego
a las cerradas puertas,
sólo a tu amor eternamente abiertas,
dos veces toco en vano,
que en este oriente aun era muy temprano;
145 si bien tu hermoso dueño,
rendida a su cuidado más que al sueño,
voces dio a las criadas,
menos de mi venida alborozadas.
Perdóneme Violante,
150 a quien más debe el sueño que su amante,
mas yo, como es mi vida,
la quiero bien dormida y bien vestida,
esté ausente o presente,
porque mi amor es menos penitente.

PRÍNCIPE

155 Pasa, Brito, adelante,
y con mi amor no mezcles a Violante,
ni burlas con mis veras,
que espero nuevas de mi bien.

BRITO

Esperas
las que siempre procuro
160 yo traerte, ¡vive Dios! Al fin, el muro,

---

12 *cuando . . . forasteros*: si no por ser forasteros.
13 *salva*: salutation.
14 *quinta . . . Mondego*: i.e., the manor house is so close to the Mondego River that, like Narcissus, its image is reflected in it.
15 Note the *equívoco* involving two different meanings of *dicha*, "good fortune" and "told" (in v. 137).

el oriente dorado
de aquel sol, de aquel cielo, franqueado,[16]
sin reparo ninguno,
corro los aposentos uno a uno,
165 y no paro hasta donde
está la esfera que tu sol esconde.
Su amor me desalumbra,
y sin la permisión que se acostumbra,
verla y hablarla trato,
170 que el alborozo precedió al recato.[17]
Entro, al fin, sin sentido,
y en el dorado tálamo que ha sido
teatro venturoso
más de tu amor que del común reposo,
175 amaneciendo entonces
y enamorando mármoles y bronces,
los ojos en estrellas,
en nieve y nácar las mejillas bellas,
en claveles la boca,
180 la frente y manos en cristal de roca,
en rayos los cabellos,
entre Alonso y Dionís, tus hijos bellos,
asidos a porfía[18]
(por maternal terneza o compañía)
185 del cuello de alabastro,
deidad admiro a doña Inés de Castro,
aurora en carne humana,
taraceado abril con la mañana,[19]
todo un cielo abreviado,
190 y al sol de dos luceros abrazado.
Quedé tierno y dudoso,
que, como de aquel árbol generoso
tan hermoso pendían,
racimos de diamantes parecían;
195 ella, amor ostentando,
aunque de honestidad indicios dando
a la nieve divina,
de púrpura corriendo otra cortina;[20]
que de tales mujeres
200 siempre son los recatos sumilleres;[21]
mas, encendida aurora,
sobre las almohadas se incorpora,
y ya, como embarazos,

deja a Dionís y Alonso de los brazos,
205 que de sentido ajenos,
favores y ternezas no echan menos,
tanto en tan dulce empeño
pueden los pocos años con el sueño;
y con ansia infinita,
210 antes que una palabra me permita,
ni besarla una mano
(recato portugués o castellano),
me dijo: "¿Cómo dejas
a Pedro, Brito?" Y can celosas quejas
215 prosiguió, más hermosa
que lo está una mujer que está celosa,
porque han dado los celos
hasta el color que viste a los cielos,[22]
tu tardanza culpando
220 en Santarem,[23] con doña Blanca, cuando
tu padre la ha traído
para tu esposa.

PRÍNCIPE

                    Perderé el sentido,
Brito, si Inés no fía
todo su amor a toda el alma mía.
225 Primero verá el cielo
su vecindad de estrellas en el suelo,
verá la noche fría
que puede competir al claro día,
que falte la firmeza
230 con que yo adoro a Inés.

BRITO

                    Oiga tu alteza;
basta, basta, no ofusques
mi relación ni imposibles busques
mal guisados,[24] ni modos;
que yo los doy por recibidos todos,
235 y lo mismo hará el dueño
por quien me he puesto en semejante
                              [empeño.
Al fin, escucha atento.

PRÍNCIPE

Prosigue.

BRITO

        Como digo de mi cuento . . .

---

[16] *el muro . . . franqueado*: having crossed the wall.
[17] *que . . . recato*: because my joy (on seeing her) preceded propriety.
[18] *a porfía*: in competition with each other.
[19] *taraceado*. The noun *taracea* means a combination of two colors; hence, Inés' complexion partakes of the colors of April mixed with those of the morning.
[20] *de púrpura . . . cortina*: i.e., Inés blushed (thus drawing a purple curtain over her snow-white flesh).

[21] *sumiller*: chamberlain. The meaning is that the modesty of women such as Inés serves as chamberlains in seeing that they are always presentably attired.
[22] *celos . . . color . . . cielos*. In Spanish color symbolism, blue signifies jealousy.
[23] *Santarem*: town in the Portuguese province of Estremadura, about forty miles northeast of Lisbon.
[24] *mal guisados*: unreasonable.

PRÍNCIPE
Acaba.

BRITO
Ven conmigo;
240 la tal Inés, en la ocasión que digo,
finezas y ansias junta,
y entre falsa y celosa me pregunta:
"Dime, Brito, ¿es bizarra
don Blanca, la infanta de Navarra,
245 de Pedro nueva empresa,[25]
que viene a ser de Portugal princesa?"
Yo la respondo entonces,
haciéndome de pencas y de gonces:[26]
"Aunque Blanca no es fea,
250 es contigo muy poca taracea,[27]
moneda mal segura
que no puede correr con tu hermosura,
y si intenta igualarse
contigo, muy de noche ha de pasarse."
255 En esto despertaron
Dionís y Alonso, y juntos preguntaron
a una vez por su padre.
Enternecióse oyéndolos la madre;
o fuese amor o celos,
260 tocó a anegar en lágrimas dos cielos,[28]
y en lluvias tan extrañas,
sartas de perlas hizo las pestañas
que en sus luces hermosas,
de perlas se volvían mariposas,
265 y abrasándose en ellas
granizaron los párpados estrellas;
y viendo contra el día
que abajo tanto cielo se venía,[29]
calmando sus recelos
270 dile tu carta y serenó sus cielos.
Cedióse a su alegría,
convaleció de su tristeza el día,
quedó el sol sin nublado,
porque del desperdicio aljofarado[30]
275 al último suspiro
mucho cristal sobró para zafiro.
Tomó el pliego y besóle,
y tres o cuatro veces repasóle

con señas diferentes
280 (que es costumbre de espías y de ausentes).
Pidió la escribanía,[31]
volvió otra vez a perturbarse el día,
los cielos se cubrieron,
a la tinta las lágrimas suplieron,
285 y mientras escribía,
un alma en cada lágrima cabía,
siendo en tantos renglones
las almas muchas más que las razones.
Cerró llorando el pliego,
290 sellóle, despachóme, y partí luego
otra vez por la posta,
pareciéndome el mundo senda angosta,
y con el "fuera, aparta",[32]
entré por Santarem, y ésta es su carta.

PRÍNCIPE
295 Levanta, Brito, del suelo,
que solo tú puedes dar
tal alivio a mi pesar,
tal fin a mi desconsuelo.
Toma esta cadena, Brito,
300 en tanto que a besar llego
las letras de aqueste pliego
que Inés con el llanto ha escrito.

BRITO
Besa muy enhorabuena,
mientras que, tomada a peso,[33]
305 primero yo también beso
las letras desta cadena.
¡El rey!

PRÍNCIPE
¿Mi padre?

BRITO
Señor,
el mismo.

PRÍNCIPE
El pliego guardaré
de Inés.

BRITO
Y yo a guardar iré
310 mi cadena, que es mejor.
(*Sale el* REY DON ALONSO.)

---

[25] *empresa:* amorous conquest.
[26] *haciéndome . . . gonces.* As noted by Muñoz Cortés, *hacerse de pencas* means *hacerse de rogar; pencas* also means *hoja carnosa,* which suggests *gonce,* "thistle."
[27] *taracea.* See n. 19. In keeping with her name, Blanca is rather colorless.
[28] *amor . . . tocó . . . cielos:* it (love or jealousy) caused her eyes to be drenched in tears.

[29] *y . . . se venía:* i.e., and seeing that so much of the heavens (the stars of her weeping) was falling on the day (Inés herself).
[30] *desperdicio aljofarado:* pearl-like discharge.
[31] *escribanía:* writing materials.
[32] *fuera, aparta:* get out of the way, make room.
[33] *tomada a peso:* having tested the weight; i.e. having assessed the value.

REY
¿Príncipe?

PRÍNCIPE
¿Señor?

REY
¿Qué hacéis?

PRÍNCIPE
¿Vos aquí?

REY
No hay que admiraros
de que venga yo a buscaros,
Pedro, pues vos no lo hacéis.
315   Yo os quisiera hablar despacio.

PRÍNCIPE
(Hoy corre mi amor fortuna.)[34] (*Aparte.*)

REY
¿Quién sois vos? (*A* BRITO.)

BRITO
Señor, soy una
sabandija[35] de palacio.

REY
¿De qué al príncipe servís?

BRITO
320 De mozo fidalgo.[36]

REY
Bien,
¿de camino estáis también?

BRITO
Soy su maza.[37]

REY
¿Qué decís?

BRITO
Que voy siempre con su alteza
adonde quiera que va.

REY
325 Y aun donde no va.

BRITO
Ésa es ya
maliciosa sutileza.

REY
Algo desembarazado
sois.

BRITO
Sí, señor poderoso,

que en palacio al vergonzoso
330 siempre el refrán ha culpado.[38]

REY
¿Cómo os llamáis?

BRITO
Brito.

REY
¿Vos
sois Brito? Ya quién sois sé;
sois hombre de mucha fe.

BRITO
Eso sí, señor, por Dios,
335   porque con ella he servido
a su alteza, como ya
de mí satisfecho está.

PRÍNCIPE
Es Brito muy entendido;
con razón le estimo y quiero.
340 Téngole notable amor.

REY
Para que le hagáis favor
no habrá menester tercero;
que en esto debe tener
gran maña y agilidad.

BRITO
345 Mintió a vuestra majestad
quien fue de ese parecer;
que a su alteza no le han dado
tan poca parte[39] los cielos
que haya menester anzuelos
350 en el ardid del criado.
No me ha menester a mí
para ninguna facción,[40]
porque los méritos son
siempre terceros de sí;
355   y cuando en alguna se halle
dificultosa de obrar,
no ha de ir, ni es justo, a buscar
alcahuetes a la calle;
porque el príncipe es humano,
360 y alguna vez se enamora,
aunque a esta plaza hasta ahora
no le he tomado una mano.[41]
Vuestra real majestad

---

[34] *correr fortuna*: to run a risk.
[35] *sabandija*: insect, worthless person.
[36] *mozo fidalgo*: chief page.
[37] *maza*: pole to which mokeys are chained. Brito means that his master and he are inseparable.
[38] The proverb, *Al hombre vergonzoso el diablo le llevó a palacio*, means that a person must be brazen to

get along at court.
[39] *parte*: talent.
[40] *facción*: battle (but used here in the sense of "amorous conquest").
[41] *tomar la mano a uno*: *adelantarse a otro*. Brito means that he has not acted as a go-between in arranging rendezvous for his master.

perdone estas baratijas,
365 porque hasta en las sabandijas
la defensa es natural.
　Y adiós, que contra cautelas
de palacio asisto en mí,[42]
que estoy indecente así
370 con botas y con espuelas. (*Vase.*)

REY

Pedro, los que hemos nacido
padres y reyes, también
hemos de mirar al bien
375 común más que al nuestro.

PRÍNCIPE

　　　　　　Ha sido,
padre y señor, atención
debida a esa majestad.
¿Qué me mandáis?

REY

　　　　Escuchad,
veréis que tengo razón.
　Yo os he casado en Navarra
380 con la infanta, que Dios guarde;
y en Lisboa a vuestras bodas
se han hecho fiestas, y tales
que todos nuestros fidalgos[43]
procuraron señalarse,
385 dando muestras con su afecto
de ser nobles y leales.
Después que llegó la infanta,
he reparado que sale
a vuestro rostro un disgusto
390 que os divierte de lo afable,
os retira de lo alegre,
y sólo pueden llevarse
aquestos extremos, Pedro,
donde hay mucho amor de padre.
395 Doña Blanca disimula,
y aunque la causa no sabe,
piensa sin duda que es ella
causa de vuestros pesares.
Hacedme gusto de verla
400 con amoroso semblante.
Príncipe, desenojadla,
que es vuestra esposa; no halle,
cuando con vos tanto gana,
el perderse en el ganarse.[44]
405 Yo os lo ruego como amigo,
os lo pido como padre,

---

[42] *asisto en mí*: I take care of myself.
[43] *fidalgo*: hidalgo.

os lo mando como rey;
no deis lugar a enojarme.
Ella viene, aquí os quedad;
410 prudente sois, esto baste. (*Vase.*)

PRÍNCIPE

¡Ay, Inés, cómo por ti,
loco, rendido y amante,
ni admito la corrección
ni hay ventura que me cuadre!

(*Sale la* INFANTA.)

INFANTA

415 Guarde Dios a vuestra alteza.

PRÍNCIPE

Señora . . .

INFANTA

¿Príncipe?

PRÍNCIPE

　　　　Dadme
la mano a besar.

INFANTA

　　　　Señor,
deteneos, que no es galante
acción que beséis mi mano,
420 cuando advierto que no sale
ese cortesano afecto
de marido ni de amante.
Yo, señor, soy vuestra esposa,
y debéis considerarme
425 reina ya de Portugal,
si infanta de Navarra antes.

PRÍNCIPE

(Eso no, viviendo Inés.) (*Aparte.*)
Señora, sólo un instante
os suplico que me deis
430 audiencia; sentaos, y hable
el alma, que muda ha estado
hasta poder declararse.

INFANTA

Decid.

PRÍNCIPE

Atended.

INFANTA

　　　Ya oigo.
Pasad, príncipe, adelante.

PRÍNCIPE

435 Casé, señora, en Castilla,
obedeciendo a mi padre,

---

[44] *no halle . . . ganarse*: let her not find, when she gains
so much in marrying you, that her gain has turned to loss.

primera vez con su infanta,[45]
que en globos de estrellas yace.
Tuve desta dulce unión
440 un hijo, y puesto que sabe
vuestra alteza estos principios,
paso a lo más importante.
Cuando mi difunta esposa
vino conmigo a casarse,
445 pasó a Portugal con ella
una dama suya, un ángel,
una deidad, todo un cielo.
Perdóneme que la alabe
vuestra alteza en su presencia,
450 que informada de sus partes
importa, porque disculpe
osadas temeridades
cuando advertida conozca
las causas de efectos tales.
455 Era al fin (por acabar
la pintura desta imagen,
el retrato deste sol,
deste archivo de deidades)
doña Inés de Castro, Cuello
460 de Garza,[46] que con su padre
pasó a servir a la reina —
mejor dijera a matarme —;
y aunque siempre su hermosura
fue una misma, ni un instante
465 me atreví, señora, a verla
con pensamientos de amante;
que a sola mi esposa entonces
rendí de amor vasallaje,
hasta que crüel la parca
470 le cortó el vital estambre.
Muerta mi esposa, trató
casarme otra vez mi padre
con vuestra alteza, señora,
que el cielo mil siglos guarde,
475 sin que este segundo intento
conmigo comunicase,
yerro que es fuerza que ahora
vuestro decoro le[47] pague,
y le sienta yo, por ser

480 vuestra alteza a quien se hace
la ofensa; que el sentimiento
no será bien que me falte
a tiempo que por mi causa
padecéis tantos desaires.
485 (Confusa, hasta ver el fin, (*Aparte.*)
será fuerza que se halle.
Mas, supuesto que es forzoso
el decirlo y declararme,
rompa el silencio la voz,
490 pues que no puedo excusarme.)
Muerta, señora, ya mi esposa amada,
querida tanto como fue llorada,
pasados muchos días de tormento,
difunto el gusto y vivo el sentimiento,
495 en un jardín, al declinar el día,
mis imaginaciones divertía,[48]
mirando cuadros y admirando flores,
archivos de hermosura y de olores.
Al doblar una punta de claveles,[49]
500 desta hermosa pintura los pinceles,
al pasar por un monte de azucenas,
que mirar su[50] blancura pude apenas,
porque la candidez de su hermosura
la vista me robó con la blancura,
505 y en una fuente hermosa,
que tenía el remate de una rosa
para su adorno un fénix de alabastro,[51]
vi a doña Inés de Castro,
que al margen de la fuente
510 se miraba en el agua atentamente;
y olvidado de mí, viendo mi muerte
en su deidad, la dije desta suerte:
"Nunca pensé que pudiera,
muerta mi esposa, querer
515 en mi vida otra mujer,
ni que otro cuidado hubiera
con que el dolor divirtiera
de mi pena y mi dolor;
pero ya he visto en rigor,
520 advirtiendo tu deidad,
que aquello fue voluntad,
y aquesto solo es amor.

[45] The reference is to Doña Constanza, daughter of Don Juan Manuel of Castile, who bore Don Pedro three children including one son, Fernando. The latter became king of Portugal in 1367.
[46] *Cuello de Garza*: epithet applied to Doña Inés because of her lovely, heron-like neck.
[47] *le*: *lo* (also in v. 479).
[48] *divertir*: to distract.

[49] *Al doblar . . . clavelas*: On crossing a part (of the garden) filled with carnations. *Doblar la punta* is a nautical term meaning "to cross a cape."
[50] *que . . . su: cuya.*
[51] *que tenía . . . alabastro*: i.e., the reflection of Doña Inés appeared to be a phoenix of alabaster crowned with a rose.

¿Cómo puede ser, ¡ay cielos!,
que en mi casa haya tenido
525 el mismo amor escondido,
sin que remontase el vuelo
a su atención mi desvelo?[52]
¿Cómo este bien ignoré?
¿Cómo ciego no miré?
530 ¿Cómo en esta luz hermosa
no fui incauta mariposa,
y cómo no te adoré?"
Hice este discurso apenas,
cuando a mirarme volvió
535 el rostro, y entonces yo
puse silencio a mis penas;
heladas todas las venas,
quedé, mirándola, helado;
ella, el aliento turbado,
540 quiso hablar, hablar no pudo,
quedó suspensa y yo mudo,
en su imagen transformado.
El alma al verla salió
por la puerta de los ojos,
545 y a sus plantas, por despojos,
las potencias le ofreció;
el corazón se rindió
sólo con llegar a ver
esta divina mujer,
550 y ella, viéndome rendido
y en su hermosura perdido,
pagó con agradecer.
Desde este instante, señora,
desde aqueste punto, infanta,
555 hicimos tan dulce unión
reciprocando las almas,
que girasol de su luz,
atento a sus muchas gracias,
vivo en ella tan unido
560 debajo de la palabra
y fe de esposo, que amor
cuando perdido se halla,
para poderse cobrar,
se busca entre nuestras ansias.
565 En una quinta, que está
cerca del Mondego, pasa
ausencias inexcusables,[53]
solamente acompañada
a ratos de mi firmeza

570 y siempre de mi esperanza.
Tenemos de aqueste logro
de Cupido, de esta llama
del ciego dios, dos infantes,
dos pimpollos y dos ramas,
575 tan bellos, que es ver dos soles
mirar sus hermosas caras.
Querémonos tan conformes,
son tan unas nuestras almas,
que a un arroyo o fuentecilla,
580 adonde algunas mañanas
sale a recibirme Inés,
todos los de la comarca
llaman, por lisonjearnos,
el Penedo de las Ansias.[54]
585 En fin, señora, mi amor
es tan grande que no hay planta
que para amar no me imite,
no hay árbol que con las ramas
esté tan unido como
590 lo estoy con mi esposa amada.
Y aunque parezca desaire
a vuestra alteza contarla
aqueste empleo,[55] he advertido
que es mejor para obligarla,
595 cuando engañada se advierte,
decirlo y desengañarla;
pues cuando[56] de Portugal
no sea reina, en Alemania,
en Castilla y Aragón
600 hay príncipes que estimaran
saber aquesta ventura
que habéis juzgado a desgracia;
y porque me espera Inés,
y culpará mi tardanza,
605 dadme licencia, señora,
que a verme en su cielo vaya,
pues es bien que asista el cuerpo
allá donde tengo el alma. (*Vase.*)

INFANTA

¿Han sucedido a mujer
610 como yo tales desaires?
¿Cómo es posible que viva
quien ha oído semejante
injuria? ¡Al arma! ¡Venganza!
Despida el pecho volcanes
615 hasta quedar satisfecha.

---

[52] *sin que . . . desvelo*: without my vigilance having soared high enough to notice it.
[53] *inexcusables*: unavoidable.

[54] *Penedo de las Ansias*: Rock of Longing.
[55] *empleo*: courtship.
[56] *cuando*: aunque.

Muera conmigo quien hace
que a una infanta de Navarra
el decoro le profanen;
que una mujer celosa y agraviada
620 sólo consigo misma es comparada,
que si la aflige amor y acosan celos,
aun seguros no están della los cielos. (*Vase.*)

(*Sale* INÉS, *en traje de caza, con escopeta,*
y VIOLANTE, *criada.*)

VIOLANTE

¿No estás cansada, señora?

DOÑA INÉS

Sí, Violante, y triste estoy;
625 hacia el Mondego me voy,
que el sol el ocaso dora;
y antes que sea más tarde,
pues Pedro no viene, quiero
retirarme.

VIOLANTE

Siempre espero
630 que hagas de tu gusto alarde,
sin cuidados amorosos.

DOÑA INÉS

Violante, no puede ser,
que en la que llega a querer
no hay instantes más gustosos
635   que los que da a su cuidado.
¿Qué será no haber venido
mi Pedro?

VIOLANTE

Le habrá tenido
el rey, su padre, ocupado;
desecha ya la tristeza
640 que te aflige.

DOÑA INÉS

No te asombre;
que, aunque Pedro es rey, es hombre,
y temo olvidos.

VIOLANTE

Su alteza
sólo en ti vive, señora,
sólo tu amor le desvela.

DOÑA INÉS

645 Como el pensamiento vuela,
hizo este discurso ahora.
Violante, advierte mi pena;

que no temo sin razón,
ni esta profunda pasión
650 es bien que la juzgue ajena.
El príncipe, mi señor,
aunque amante le he advertido,
se ve, Violante, querido,
y esto aumenta mi temor.
655   Advierto que está delante,
contrastando mi fortuna,
una hermosa Venus, una
Blanca, de Navarra infante.[57]
Su padre quiere casarle,
660 aunque casado se ve,
y puede ser que mi fe
llegue, Violante, a cansarle.
Mirá tú si mi fortuna
infelice puede ser,
665 que a la más cuerda mujer
se la doy de dos la una.[58]
Toma la escopeta allá,
ya que ésta la quinta es.

VIOLANTE

Descansa, señora, pues.

DOÑA INÉS

670 Todo disgusto me da.

VIOLANTE

¿Quieres, señora, que cante
para divertir tu pena,
una letra nueva y buena
que te alegre?

DOÑA INÉS

Sí, Violante,
675   canta, y no por alegrar
mi pena te lo consiento,
sino porque a mi tormento
quisiera un rato aliviar.

VIOLANTE

Saüdade minha,[59]
680 *¿ cuándo vos vería?*

DOÑA INÉS

Diga el pensamiento,
pues sólo él siente,
adorado ausente,
lo que de vos siento;
685 *mi pena y tormento*
se trueque en contento
con dulce porfía.

---

[57] *infante* formerly could be feminine.
[58] *que . . . una.* The meaning is obscure.
[59] *Saüdade minha*: My longed-for love. The refrain is

from a traditional Portuguese song of which there are
numerous variants.

Saüdade minha,
¿cuándo vos vería?

VIOLANTE

690   *Minha saüdade,*
caro penhor meu,[60]
¿a quem direi eu
tamanha verdade?
Na minha vontade
695 *de noite e de dia*
siempre vos vería.
Saüdade minha,
¿cuándo vos vería?
Parece que se ha dormido,
            (*Sigue hablando.*)
700 y con paso diligente
vuelve atrás la hermosa fuente,
todo el curso suspendido.
Dejarla quiero al beleño[61]
deste descanso; entretanto
705 que da tregua a su llanto,
árboles, guardadla el sueño.
   (*Vase, y sale el* PRÍNCIPE DON PEDRO
   con BRITO.)

PRÍNCIPE

Gracias a Dios, Brito amigo,
que he salido a ver mi bien.
¿Quién fue más dichoso, quién
710 pudo igualarse conmigo?
¿Posible es, Brito, que estoy[62]
donde pueda ver mi esposa,
entre cuya llama hermosa
simple mariposa soy?

BRITO

715   Tan posible, que llegamos
a la quinta que está enfrente
del Mondego.

PRÍNCIPE

         Aguarda, tente.

BRITO

¿Has visto algo entre los ramos?

PRÍNCIPE

¿No ves a Inés celestial
720 que aquí a la vista se ofrece?

BRITO

Que está dormida parece
al margen de aquel cristal

que la fuente vierte; calla,
no la despiertes, señor.

PRÍNCIPE

725 Díselo, Brito, a mi amor.

BRITO

Luego, ¿quieres despertalla?

PRÍNCIPE

Quiero, Brito, y no quisiera
impedirla el descansar.

BRITO

Será lástima inquietar
730 su sosiego.

DOÑA INÉS

        Tente, espera ...   (*Soñando.*)

PRÍNCIPE

Parece que habla.

BRITO

            Estará,
señor, entre sueño hablando.

PRÍNCIPE

¿Qué estará mi bien soñando?

BRITO

Contigo el sueño será.

DOÑA INÉS

735   ¡Que me mata, tente, aguarda!
¡Alonso, Dionís, Violante!

PRÍNCIPE

Deja, Brito, que adelante
pase, porque ya se tarda
mi deseo en ver despierto
740 mi hermoso sol.

BRITO

         Llega pues,
pero despertar a Inés
será grande desacierto.

DOÑA INÉS

No me maten tus rigores.
¿Por qué me quitas la vida?
745 Pedro, Pedro de mi vida,
esposo, mi bien.

PRÍNCIPE

         Amores,
mucho he debido al pesar
que en ti ha ocasionado el sueño,
pues te trajo, hermoso dueño,
750 en mi pecho a descansar.

---

[60] The Spanish translation of vv. 691–696 follows:
"cara prenda mía,/ ¿a quién diré yo/ tamaña verdad?/
En mi voluntad/ de noche y día/ siempre vos vería."

[61] *beleño*: henbane (used figuratively meaning
"sleep").
[62] *¿Posible ... estoy*. Modern Spanish would require
the subjunctive.

DOÑA INÉS
¡Pedro, señor, dueño amado!

(*Despierta.*)

PRÍNCIPE
¿Qué tienes, Inés?

DOÑA INÉS
Soñaba
que la vida me quitaba . . .

PRÍNCIPE
¿Quién?

DOÑA INÉS
Un león coronado,
755 y a mis dos hijos, ¡ay cielo!,
de mis brazos ajenaba,[63]
y airado los entregaba
(aun no cesa mi recelo)
a dos brutos que inhumanos
760 los apartaron de mí.

PRÍNCIPE
¿Eso, Inés, soñaste?

DOÑA INÉS
Sí.

PRÍNCIPE
Fueron tus recelos vanos;
desecha, Inés, el dolor;
cóbrate más valerosa,
765 si bien estás más hermosa
con el susto y el temor.

DOÑA INÉS
¿Eres mío?

PRÍNCIPE
Tuyo soy.

DOÑA INÉS
Y tuya mi fe será.

BRITO
¿Adónde Violante está?
770 A perdirla celos[64] voy.

DOÑA INÉS
Nunca como hoy, dueño mío,
temí de mi amor mudanzas,
no porque de ti no fío,
sino por ser desdichada.
775 Apenas de nuestra quinta
salí a caza esta mañana,
cuando vi una tortolilla
que entre los chopos lloraba
su amante esposo perdido.

780 Yo, de verla lastimada,
llegué a temer que mi suerte
no[65] me trajase a imitarla.
Vi luego que de una vid
un olmo galán se enlaza,
785 y envidiosa de sus dichas
también se me turbó el alma,
pues un tronco bruto goza
posesión más bien lograda,
y yo apenas gozo el bien
790 cuando todo el bien me falta.
Y como en la tortolilla
he visto más declaradas
mis sospechas temerosas,
siendo yo tan desdichada,
795 no es mucho, Pedro, que tema
llegar a imitar sus ansias.

PRÍNCIPE
Inés, si el sol en la tierra,
como produce las plantas,
infundiera en cada flor
800 una deidad, y llegara
a reducir las bellezas
con las de tu hermosa cara
(que es la mayor, dueño mío)
en otra mujer, palabra
805 te doy que siendo tuyo,
en mi corazón no hallara
ni un cortesano cariño,
ni una amorosa palabra,
ni un pequeño ofrecimiento,
810 ni un afecto en que mostrara
átomos de la afición
con que te adoro; que tanta
fuerza tiene tu hermosura
desde que está retratada
815 en mi pecho, que tu nombre
tiene por objeto el alma.
¿Alonso y Dionís, adónde
están?

(*Sale* ALONSO, *niño.*)

ALONSO
¿Padre?

PRÍNCIPE
¡Prenda amada!
¿Y vuestro hermano?

ALONSO
Señor,

---

[63] *ajenar: apartar.*
[64] *pedir celos:* to make jealous complaint.

[65] *no* is redundant.

820 ahora merendando estaba.
¿Quieres que vaya a llamarle?

PRÍNCIPE

Sí, mi vida.

DOÑA INÉS

¡Espera, aguarda!

(*Salen* BRITON *y* VIOLANTE
alborotados.)

BRITO

¡Señor, señor, oye!

PRÍNCIPE

Brito,
¿qué dices?

VIOLANTE

¡Señora!

DOÑA INÉS

¡Cielos!
825 ¿Qué es esto? Dilo, Violante.

VIOLANTE

Dilo, Brito, que no puedo.

PRÍNCIPE

¿De qué os turbáis? Hablad ya.

BRITO

Por la orilla del Mondego
y el camino de la quinta
830 tres coches se han descubierto,
y del rey parecen.

DOÑA INÉS

¿Hay
más desdichas?

PRÍNCIPE

Ve en un vuelo
y reconoce quién es.

BRITO

Yo ya he visto, aunque de lejos,
835 que el rey y la infanta vienen,
y Alvar González con ellos,
y Egas Coello.

PRÍNCIPE

Ambos son
dos traidores encubiertos.

VIOLANTE

Ya llegan.

DOÑA INÉS

Pues ya me voy
840 a retirar.

PRÍNCIPE

Deteneos,

---

señora, que estando yo
con vos, no hay que temer riesgos.

(*Salen el* REY DON ALONSO, *la*
INFANTA, ALVAR GONZÁLEZ, EGAS
COELLO *y* ACOMPAÑAMIENTO.)

REY

Aquésta es la quinta, entrad.
Pedro.

PRÍNCIPE

Señor, ¿qué es esto?

INFANTA

845 (Ahora empieza mi venganza.) (*Aparte.*)

DOÑA INÉS

(Ahora empiezan mis celos.) (*Aparte.*)

REY

(Ahora empieza mi castigo.) (*Aparte.*)

PRÍNCIPE

(Ahora empieza mi tormento.) (*Aparte.*)

ALVAR

(Ahora se enoja el rey.) (*Aparte.*)

EGAS

850 (Ahora se quieta[66] el reino.) (*Aparte.*)

VIOLANTE

(Ahora te echan a galeras.)
(*Aparte a* BRITO.)

BRITO

(Ahora te dan ducientos[67]
(*Aparte a* VIOLANTE.)
por alcahueta, Violante.)

VIOLANTE

(Miente y calle.) (*Aparte.*)

BRITO

(Callo y miento.) (*Aparte.*)

REY

855 No sé cómo reportarme.
En fin, príncipe don Pedro,
¿ocasionáis a que haga
vuestro padre estos excesos
de salir para buscaros
860 fuera de la corte?

DOÑA INÉS

(¡Cielos!, (*Aparte.*)
temiendo estoy su rigor,
pero con todo yo llego.)
Déme vuestra majestad
a besar su mano.

REY

(¿El cielo (*Aparte.*)

---

[66] *quietarse*: aquietarse.

[67] *ducientos*: i.e., doscientos azotes.

865 mayor belleza ha formado?
De mirarla me enternezco.)
¿Cómo os llamáis?

DOÑA INÉS

Doña Inés
de Castro.

REY

Alzaos del suelo.

DOÑA INÉS

Quien a vuestros pies se ve,
870 goza, señor, de su centro,[68]
pues en ellos . . .

REY

Levantad.

DOÑA INÉS

Toda mi ventura tengo.

REY

¡Qué honestidad! ¡Qué cordura!
¿Quién es este caballero?

PRÍNCIPE

875 Un deudo cercano mío.

REY

También debe ser mi deudo;
lindo es. ¿Cómo os llamáis?

ALONSO

Alonso, al servicio vuestro.

REY

Por vuestro abuelo será.[69]

DOÑA INÉS

880 Tiene muy honrado abuelo.

REY

Y muy hermosa y muy noble
madre.

INFANTA

(¡Qué ha sido esto, cielos!) (*Aparte.*)

REY

Vamos.

INFANTA

(¿A esto el rey me trajo? (*Aparte.*)
Perderé el entendimiento.)

REY

Venid, infanta.

EGAS

885   Señor,
ved que para vuestro reino
este inconveniente es grande.

ALVAR

Y con este impedimento
de doña Inés, doña Blanca
890 no logrará su deseo
de casar en Portugal.

REY

Ya lo he mirado, Egas Coello;
mas no es ocasión ahora
de salir de tanto empeño.

ALONSO

895 Dadme la mano, señor,
y la bendición.

REY

¡Qué bueno!
¡Hay más gracioso muchacho!

INFANTA

(Mis desdichas voy sintiendo.) (*Aparte.*)

REY

Adios, doña Inés.

DOÑA INÉS

Señor,
900 guarde mil años el cielo
a vuestra real majestad,
para mi señor y dueño
de mi albedrío.

REY

(¡Inés! (*Aparte.*)
¡Cuánto con el alma siento
905 no poder aquí, aunque quiera,
mostrar lo mucho que os quiero!)

BRITO

Violante, adiós, que me voy.

VIOLANTE

Brito, adios, que lo deseo.

PRÍNCIPE

Adiós, Inés de mi vida.

DOÑA INÉS

910 Adiós, adorado dueño.

PRÍNCIPE

¡Muerto voy!

DOÑA INÉS

¡Yo voy sin alma!

PRÍNCIPE

¡Qué desdicha!

DOÑA INÉS

¡Qué tormento!

---

[68] *centro*: cherished place.

[69] *Por . . . será*: i.e., you are probably named after your grandfather (the king himself).

⌒⌒⌒ Jornada segunda

(*Salen la* INFANTA *y* ELVIRA, *criada.*)

INFANTA

Ésta ya es resolución;
no me aconsejes, Elvira.

ELVIRA

915 Infanta, señora, mira
que aventuras tu opinión.[70]

INFANTA

Aunque lo advierto, no ignoro
también que en desprecio tal,
una mujer principal
920 atropella su decoro.
Deja ya de aconsejarme,
y repara que agraviada,
ofendida y despreciada,
he de morir o vengarme.
925 A muchas han sucedido
desprecios de voluntad,
mas no de la calidad
que yo los he padecido.
Bien que Inés es muy bizarra,
930 y aunque hermosa llegue a verse,
no es justo llegue a oponerse
a una infanta de Navarra;
que compitiendo las dos,
aunque es grande su belleza,
935 para igualar mi grandeza
el sol es poco, ¡por Dios!

ELVIRA

El rey sale.

INFANTA

Pues, Elvira,

déjame sola, que ahora
he de hablar claro.

ELVIRA

Señora . . .

INFANTA

940 Obedece, calla y mira.

ELVIRA

Ya me voy, y ruego al cielo
que se acabe tu cuidado. (*Vase.*)

INFANTA

El agravio declarado
no admite ningún consuelo.
(*Sale el* REY, *solo.*)

REY

945 Dejadme solo, Coello,
que a solas pretendo hablarla;
quisiera desenojarla.

INFANTA

(Pues me ofrece su cabello (*Aparte.*)
la ocasión,[71] quiero lograr
950 mi intento.) ¿Señor?

REY

¿Infanta?

INFANTA

¿Tanto favor? ¿Merced tanta?
¿Que vos me vengáis a honrar?
¡Gran ventura!

REY

Blanca hermosa,
tanto os estimo y venero,
955 tanto, bella infanta, os quiero,
que fuera dificultosa
la acción que para serviros

---

[70] *opinión*: reputation.
[71] *Pues . . . ocasión*: freely, "Since I have the oppor-

tunity." Cf. *Tomar la ocasión por los cabellos*: to seize
the opportunity.

no emprendiera; y este afecto,
hijo de vuestro respeto,[72]
960 me obliga siempre a asistiros
   con un mudo afecto, y tal,
que en lo entendido y bizarra,
dudo si sois en Navarra
nacida, o en Portugal.

INFANTA

965   Con tanto favor tratáis
me fe, que ciega os adora,
que confusa el alma, ignora
el modo con que me honráis;
   pero advierte mi cuidado,
970 viendo estos extremos dos,
que me habéis querido vos
hablar como desposado,
   y advertido del rigor
que el príncipe usa conmigo,
975 como padre y como amigo
me mostráis en vos su amor.

REY

¿En qué estaba divertida,
hija mía, vuestra alteza?

INFANTA

Sólo en pensar la presteza,
980 gran señor, de mi partida.

REY

¿Cómo? ¿Con tal brevedad,
infanta, queréis partir?

INFANTA

Eso le quiero decir;
oiga vuestra majestad.
985   Por concierto de mi hermano
y vuestro (mudos pesares, (*Aparte.*)
hoy hable la estimación,
los demás afectos callen),
a este mar de Portugal
990 de nuestros navarros mares,
en una ciudad de leños,[73]
en una escuadra volante
de delfines que volaban
a competencia del aire,
995 llegué, señor, ¡ay de mí!,
un lunes, para mí martes:[74]
que en el dueño y no en el día
se contienen los azares.
Fue tan próspero y feliz

1000 este deseado viaje,
que parece que anunciaban
tan venturosas señales
presagios de la desdicha
que ahora llega a atormentarme.
1005 Salió vuestra majestad
a recibirme y honrarme
con su persona y amor, hijo
de los afectos de padre.
Y cuando al príncipe, ¡ay cielos!,
1010 esperaba para darle,
entre la mano de esposa,
tiernos requiebros de amante,
posesión del albedrío,
uniendo las voluntades,
1015 supe que quedó en Lisboa,
sin que su cuidado pase
siquiera a saber con quién
su alteza pasa a casarse.
Este cuidado o descuido
1020 cuidadoso fueron parte[75]
para empezar, ¡qué desdicha!,
el alma a alborotarse,
y a temer lo que lloré
dentro de pocos instantes.
1025 Cuatro veces murió el sol
en los brazos de la tarde,
por cuya muerte la noche
vistió luto funerable,
primero que de su cuarto
1030 fuese al mío a visitarme;
si fue agravio a mi decoro,
júzguelo quien amar sabe.
Al fin, vuestra majestad
fue a visitarle una tarde;
1035 lo que le mandó no sé,
mas bien puedo asegurarme
que en defender mi justicia
sería todo de mi parte.
Al fin me vio, y los empeños[76]
1040 que tuve en sólo un instante
que le di audiencia, no es bien
que mi lengua los relate;
básteme, siendo quien soy,
que los sepa y que los calle.
1045 Que a no ser dentro de mí
tan bizarra y tan galante,

---

[72] *hijo . . . respeto*: the result of my respect for you.
[73] *ciudad de leños*: (fig.) ship.
[74] *martes* is considered an unlucky day in Spanish

folklore.
[75] *parte*: occasion.
[76] *empeño*: effort.

¿cómo pudiera pasar
por el tropel de desaires
que me han sucedido? ¿Cómo,
1050 sin que abortara volcanes,
que en cenizas convirtieran
a quien intentó agraviarme
atrevido y poco atento?
Vamos, señor, adelante,
1055 y perdonad que los celos
llegan a precipitarme,
y el corazón a los labios
se asomó para quejarse.
Pasadas muchas injurias,
1060 que es bien que en silencio pase,
a una quinta del Mondego
fui, porque vos me llevasteis,
a volver más despreciada
que me había mirado antes,
1065 pues se siente más la ofensa
cuando delante se hace
de quien, mirando el desprecio,
llegará a vanagloriarse.
Esto, señor, que parece
1070 que es sentimiento que hace
mi persona en lo exterior,
según os muestre el semblante,
no es sino que así he querido
de mi suceso informarle,
1075 porque sepa que no ignoro
lo que vuestra alteza sabe.
Que a no ser así, es sin duda
que no pasara el desaire
de ir a requebrar los nietos,[77]
1080 cuando me ofreció vengarme;
y a no ser así también,
¿cómo pudiera llevarse[78]
que doña Inés compitiera
(aunque muchas son sus partes)
1085 conmigo? Que no lo hermoso
puede igualar a lo grande.
Decid al príncipe vos,
no como rey, como padre,
que sus empeños disculpo;
1090 que ha acertado al emplearse[79]
en quien tan bien le merece,
y que mire cuando agravie,

que no todas, como yo,
podrán desapasionarse.
1095 Este pliego es a mi hermano,
donde le pido que trate
de enviar por mí, sin que sepa
lo que ha podido obligarme;
que no es bien que le dé cuenta
1100 de semejantes desaires.
Con mi partida, señor,
pongo fin a mis pesares,
principio al gusto de Inés,
y medio para que trate
1105 don Pedro su casamiento,
sin que yo pueda estorbarle;
que, aunque ya lo está en secreto,
como llegó a declararme,
parece que aumenta el gusto
1110 saber que todos lo saben.
Adiós, señor; no me tenga[80]
tu majestad ni me trate
jamás sino de partirme;
porque sería obligarme
1115 a que haga, por detenerme,
lo que no por despreciarme;
que, aunque ahora soy prudente,
no sé, en llegando a enojarme,
si me valdrá la prudencia
1120 para no precipitarme.
No detenerme es cordura;
a mi cuarto voy, que es tarde.
No hay, señor, de qué advertirme;
que, pues llegué a declararme,
1125 todo lo habré ya mirado.
(¡Voy muriendo!). Dios le guarde.

REY
Oye, infanta.

INFANTA
      Alonso invicto,
vuestra majestad no mande
que un instante me detenga,
1130 o, ¡vive Dios!, que a esos mares,
Parténope[81] desdichada,
me arroje para anegarme. (*Vase.*)

REY
¡Alvar González! ¡Coello!

[77] *requebrar los nietos*: to show affection to your grandchildren. The personal *a* is again omitted before the direct object.
[78] *llevarse*: to be tolerated.
[79] *emplearse*: to marry.
[80] *tenga*: *detenga*.
[81] *Parténope*: Parthenope, a siren who drowned herself in despair because of her unsuccessful attempts to enchant Odysseus.

(*Salen* ALVAR GONZÁLEZ *y* EGAS
(COELLO.)

ALVAR

¿Señor?

REY

Partid al instante,
1135 y detened a la infanta.

ALVAR

Ya voy.

EGAS

El príncipe sale.

REY

No sé cómo de mi enojo
ahora podrá librarse.
¡Que así me empeñe [82] mi hijo!
1140 Irme quiero sin hablarle,
que si le hablo, sospecho
que no podré reportarme.

(*Sale el* PRÍNCIPE *solo.*)

PRÍNCIPE

Señor, ¿vuestra majestad
conmigo airado el semblante?
1145 ¿La espalda volvéis, señor,
a vuestra hechura? [83]

REY

Dejadme,
no me habléis, que estoy cansado
de ver vuestros disparates.
Príncipe, no me veáis.
1150 Egas Coello, aquesta tarde
de Santarem al castillo
le llevad preso; allí pague
inobediencias que han sido
causas de tantos males.

EGAS

1155 ¡Qué príncipe tan prudente . . .!

PRÍNCIPE

Pues yo, señor . . . ¿por qué?

REY

Baste;
ahora veréis si es mejor
obedecer o enojarme. (*Vase.*)

PRÍNCIPE

En fin, Coello, ¿que voy
1160 preso a Santarem?

EGAS

Así
lo manda su alteza; a mí,

que noble criado soy,
me toca el obedecer.

PRÍNCIPE

¿Sois vos mi alcaide?

EGAS

El cuidado
1165 y el guardaros ha fiado
a mi noble proceder
y a sola la lealtad mía,
y así es forzoso el hacello.

PRÍNCIPE

Si ahora anochece, Coello,
1170 mañana será otro día.

EGAS

En cualquier aurora es
mi lealtad muy de español.

PRÍNCIPE

Mil cosas fomenta el sol
que las deshace después.

EGAS

1175 Yo sé que llego a servir
con fe, señor, verdadera,
y así muera cuando muera,
como [84] os sirva con morir.

PRÍNCIPE

Creo que pena os ha dado
1180 el ver que preso voy.

EGAS

Sé que vuestro esclavo soy,
y que sólo mi cuidado
os sirve días y noches
como criado de ley. [85]

PRÍNCIPE

1185 Coello, sirvamos al rey;
id a prevenir los coches.

(*Vase* COELLO, *y sale* BRITO.)

PRÍNCIPE

¿Qué hay, Brito? ¿Qué te parece
de estrella tan importuna?

BRITO

De esto nos da la fortuna
1190 cada día que amanece.

PRÍNCIPE

¡Qué doloroso trasunto!
Muerto estoy, estoy perdido.

---

[82] *empeñar*: to compromise.
[83] *hechura*: creature.

[84] *como*: provided that.
[85] *de ley*: loyal.

BRITO

Sólo Belerma[86] ha vivido
con el corazón difunto.

PRÍNCIPE

1195 Parte, Brito; dile a Inés . . .
¿Así te vas? (*Hace* BRITO *que se va.*)

BRITO

¿Por qué no?

PRÍNCIPE

¿Qué le dirás?

BRITO

¿Qué sé yo?
Ya te lo diré después.
Quisiera, señor, ponerme
1200 en la iglesia de San Juan,
porque esperezos[87] me dan
de que el rey ha de prenderme.

PRÍNCIPE

¿Y eso temes, Brito? Vete;
mas ¿por qué te ha de prender?

BRITO

1205 Fácil es de conocer;
porque he sido tu alcahuete;
y en ocasión semejante
llegara a sentir de veras
ir a bogar a galeras,
1210 como me dijo Violante.

PRÍNCIPE

Brito, ve a la esposa mía,
y dila que pierdo el seso
hasta que la vea.

BRITO

Y tras eso,[88]
¿cómo el rey preso te envía?

PRÍNCIPE

1215 Pues si preso me quería,
¿para qué dos veces preso?[89]
Que a explicar mi sentimiento
no basto, y si a eso te obligo,
di todo lo que no digo,
1220 pues no cabe en lo que siento.

BRITO

Diréle que partes ciego
por su amor, lo que la adoras,
lo que suspiras y lloras,

cuánto te abrasa su fuego.

PRÍNCIPE

1225 A mucho te has obligado;
que el mal a que estoy rendido
bien cabe en lo padecido,
mas no cabrá en lo contado.
Dila que el rey, inhumano . . .
1230 Oye, Brito, y no la aflijas;
y aquellas dos perlas, hijas
de aquel nácar castellano . . .

BRITO

No te enternezcas, señor;
mira que llorando estás.

PRÍNCIPE

1235 ¡Ay, Brito!, no puedo más.

BRITO

¿Adónde está tu valor?
Préndate el rey; que el proceso
podrás romper algún día.

PRÍNCIPE

Mas si preso me quería,
1240 ¿para qué dos veces preso? (*Vanse.*)

(*Salen* DOÑA INÉS *y* VIOLANTE.)

VIOLANTE

¿Acabaste ya el papel?

DOÑA INÉS

No.

VIOLANTE

Pues ¿cómo?

DOÑA INÉS

He reparado
que no cabrá mi cuidado
ni mis finezas en él.

VIOLANTE

1245 ¿Leíste la glosa?

DOÑA INÉS

Sí,
y es tal, que pude llegar
cuando la miré, a pensar
que se escribió para mí.

VIOLANTE

¿Sábesla ya?

DOÑA INÉS

Ya lo sé.

---

[86] *Belerma.* See *El condenado por desconfiado*, n. 49. Góngora wrote a burlesque ballad beginning, "Diez años vivió Belerma con el corazón difunto."

[87] *esperezo*: presentiment.

[88] *Y tras eso* . . .: And after that (should I tell her) . . .?

[89] *dos veces preso*: i.e., his father's prisoner and also a prisoner in his love for Inés. Two verses are missing after this one to complete the *redondilla*.

VIOLANTE

1250 ¿Toda?

DOÑA INÉS

Nada hay que te espante;[90]
mientras estuve, Violante,
en mi cuarto la estudié.

VIOLANTE

¿Quieres decirla, señora?

DOÑA INÉS

Sí, Violante, aquésta es;
1255 atiende.

VIOLANTE

Ya escucho.

DOÑA INÉS

Pues
no te diviertas ahora.
Mi vida, aunque sea pasión,[91]
no querría yo perdella,
por no perder la razón
1260 *que tengo de estar sin ella.*
Dichoso y favorecido
me vi, Nise, en un instante,
y luego pasé de amante
a extremos de aborrecido;
1265 mas, aunque airado Cupido,
la flecha trocó en arpón,
no pudo ser ocasión
para desear mi muerte;
que he de querer, por quererte,
1270 *mi vida, aunque sea pasión.*
El alma con que vivía
se fue a ti cuando pensaba
que en mi pecho la hospedaba
como tuya, siendo mía;
1275 y aunque perdida la vía,
sin formar de amor querella,
contento me vi sin ella;
mas a no ser en despojos,
Nise, de tus bellos ojos,
1280 *no querría yo perdella.*
Gobierno del hombre han sido
voluntad y entendimiento,
con que a la razón atento,
mientras hombre fui, he vivido;
1285 pero después que Cupido
puso en ti mi inclinación,
puede tanto mi pasión

que jamás, bella mujer,
no te quisiera perder,
1290 *por no perder la razón.*
Cautivo y sin libertad
vivo después que te vi,
y aunque viví en mí sin mí,
rendido a tu voluntad,
1295 esperé de ti piedad;
pero después que a mi estrella
tu imperio, Nise, atropella,
es tan corta mi ventura,
que ella misma me asegura
1300 *que tengo de estar sin ella.*

(*Sale* BRITO.)

BRITO

Esconde, Inés, si es posible,
que no será fácil, de esos
peligrosos dulces ojos
los hermosos rayos negros.
1305 Esconde, por vida tuya,
lo canicular,[92] lo fresco,
lo florido, lo nevado,
lo apacible, lo severo,
lo buscado, lo temido,
1310 lo juguetón, lo compuesto,
lo alegre, lo mesurado,
lo lindo, lo más que bello
de esa cara; que un nublado
no le ha de faltar a un cielo
1315 donde hay tantas pesadumbres.

DOÑA INÉS

¿Qué dices?

BRITO

Vete de presto,
que viene la infanta acá.

DOÑA INÉS

¿La infanta acá?

BRITO

Pretendiendo
hallar en esa ribera,
1320 por no perder el trofeo,
una garza que del aire
hoy ha derribado, entiendo
que ha de llegar.

DOÑA INÉS

Oye, Brito,
¿garza?

[90] *Nada . . . te espante*: There is no reason for you to be surprised.

[91] The four verses glossed by Vélez de Guevara in

the following *décimas* were not composed by him but were widely known in the seventeenth century.

[92] *lo canicular*: the warmth.

BRITO
Sí.

DOÑA INÉS
¿Y ella la ha muerto?

BRITO
1325 Ella ha sido; que a volar
con un escuadrón soberbio
de pájaros salió armada.

DOÑA INÉS
Escuadrón sería de celos,
pues vino a matarme a mí.

BRITO
1330 En un alazán [93] soberbio,
con la rienda en una mano,
y en la otra uno de ellos, [94]
la vieras como una Palas, [95]
o la borracha de Venus.

DOÑA INÉS
1335 ¡Válgame Dios! ¿Qué he de hacer?
Quiero retirarme, quiero
que no me vea; mas no,
sin duda es mejor acuerdo
esperarla y ver si pueden
1340 cortesanos cumplimientos
obligarla.

BRITO
Dices bien.

DOÑA INÉS
Dime ahora de mi dueño:
¿cómo le dejaste, Brito?
¿Tiene el príncipe don Pedro
1345 salud?

BRITO
Aunque de su parte
sólo a visitarte vengo,
para que sepas, señora,
lo que pasa allá de nuevo,
no es posible; sólo digo,
1350 mi señora, que te puedo
asegurar que esta noche
vendrá a verte.

DOÑA INÉS
¿Cierto?

BRITO
Cierto.

[93] *alazán*: sorrel-colored horse.
[94] *uno de ellos* refers to one of the hunting falcons (*pájaros* in v. 1327).
[95] *Palas.* Pallas Athena, goddess of wisdom and

DOÑA INÉS
Y dime, Brito, ¿qué hay
de la infanta?

BRITO
Que la veo
1355 ya junto a ti.

DOÑA INÉS
Enhoramala
venga a estorbar mis intentos.

(*Salen la* INFANTA, ALVAR GONZÁLEZ,
COELLO *y* CAZADORES.)

INFANTA
Mucho he sentido perdella.

ALVAR
Remontó, señora, el vuelo
tanto, que ha sido imposible
1360 el hallarla.

INFANTA
El aire creo
que en sí la habrá transformado
para volar más ligero,
pues della envidioso pudo
tomar ligereza.

DOÑA INÉS
El cielo
1365 dé a vuestra alteza, señora,
la vida que yo deseo.

INFANTA
(No me estuviera muy bien.) (*Aparte.*)
Inés, levantad del suelo.
¿Vos aquí?

DOÑA INÉS
Si esta ventura
1370 de hablaros, señora, y veros,
por estar aquí he ganado,
decir sin lisonja puedo
que sólo he sido dichosa
aqueste instante que os veo.

INFANTA
1375 ¿Cómo estáis?

DOÑA INÉS
Para serviros
como mi señora y dueño.

INFANTA
(Parece que está triste; (*Aparte.*)

war and protectress of house work, was traditionally depicted as carrying a spear in her right hand and a shield in her left hand (or a distaff and a spindle).

¿si ha sabido que a don Pedro
le prendió el rey? Es sin duda;
1380 pues, amor, examinemos
si podéis vivir en mí;
que, aunque ya muerto os contemplo,
para llegarlo a creer,
falta el último remedio.)
1385 Triste estáis.

        DOÑA INÉS
        Señora, ¿yo?

        INFANTA
No os aflijáis, que os prometo
que me holgara de poder
daros, doña Inés, consuelo.
El príncipe en asistiros
1390 nunca pudo ser eterno,
siempre ha menester casarse;
ya lo está conmigo.

        DOÑA INÉS
            ¡Cielos!
¿Qué decís?

        INFANTA
        Que a Santaren,[96]
como ya sabéis, fue preso,
1395 y saldrá para que así,
en un dichoso himeneo,
junte dos almas que vos
habéis dividido.

        DOÑA INÉS
        (Esto   (*Aparte.*)
no se puede ya llevar;
1400 que, fuera de ser desprecio,
son celos, y nadie ha habido
cuerda en llegar a tenerlos.
Responderla quiero.)

        INFANTA
            Inés,
suspended un poco el vuelo
1405 con que altiva habéis volado.
Reducíos a vuestro centro,[97]
y sírvaos de corrección,
de aviso y de claro ejemplo;
que a una blanca garza, hija
1410 de la hermosura del viento,
volé esta tarde, y, altiva,
cuando ya llegaba al cielo,
la despedazó en sus garras

un gerifalte[98] soberbio,
1415 enfadado de mirar
que a su coronado cetro,
desvanecida, intentase
competir. Esto os advierto.

        DOÑA INÉS
        (No puedo (*Aparte.*)
callar ya.)

        ALVAR
        (Mucho la infanta (*A* COELLO.)
1420 se ha declarado.)

        EGAS
        (Yo temo (*A él.*)
alguna desdicha aquí.)

        DOÑA INÉS
Infanta, con el respeto
que a tanta soberanía
se debe, deciros quiero
1425 que no ajéis[99] de mi nobleza
lo encumbrado con ejemplos.
Yo soy doña Inés de Castro
Cuello de Garza, y me veo,
si vos de Navarra infanta,
1430 reina de aqueste hemisferio
de Portugal, y casada
con el príncipe don Pedro
estoy primero que vos;
mirad si mi casamiento
1435 será, infanta, preferido,
siendo conmigo y primero.
No penséis, señora, no,
que es profanar el respeto
que debo, hablaros así,
1440 sino responder que intento
desempeñar a mi esposo;
pues si él asiste en mi pecho,
con él habláis, no conmigo;
y puesto que soy él, debo,
1445 si habláis con doña Inés,
responder como don Pedro.

        INFANTA
¡Oh Inés, cómo os olvidáis
que la que cayó del cielo
era garza!

        DOÑA INÉS
        Y blanca y todo,[100]
1450 según vos dijisteis.

---

[96] *Santaren. Santarem* is the more common form in
the play.
[97] *Reducíos a vuestro centro*: Withdraw to your appropriate place.

[98] *gerifalte*: gyrfalcon.
[99] *ajar*: to abuse.
[100] *y todo*: también.

INFANTA

Bueno,
¿vos me respondéis a mí
equívocos desacuerdos?

DOÑA INÉS

Mal he hecho yo, señora.

ALVAR

¡Que así perdiese el respeto
1455 a tanta soberanía!

DOÑA INÉS

Si dije, ¡válgame el cielo!,
que era blanca . . .

INFANTA

Bien está;
retiraos.

DOÑA INÉS

Amor, ¿qué es esto?

EGAS

El rey viene ya.

INFANTA

Mi enojo
1460 quiero reprimir.

DOÑA INÉS

Yo entro
temerosa y afligida.
Vamos, Violante, que espero
hallar en Dionís y Alonso,
si no remedio, consuelo.

(*Vanse* DOÑA INÉS *y* VIOLANTE, *y sale
el* REY *y* ACOMPAÑAMIENTO.)

REY

1465 Lograr no pensé el hallaros.

BRITO

(Voy a decir a don Pedro (*Aparte.*)
todo cuanto ha sucedido.) (*Vase.*)

REY

Hija infanta, ¿qué es aquesto?
¿Cómo ha pasado la tarde
1470 vuestra alteza en el empleo
de la caza?

INFANTA

Gran señor,
en la falda de ese cerro,
que la guarnece de plata
un lisonjero arroyuelo,
1475 descubrimos una garza,
y aunque al remontar el vuelo

[101] Note that *enigma* could be feminine.

perdió la vida, volvió
a vivir, señor, de nuevo;
que no tengo con las garzas
1480 ni jurisdicción ni imperio,
después que una garza a mí
con viles celos me ha muerto.

REY

No os entiendo.

INFANTA

¡Ay, gran señor!
Pues bien podéis entenderlo,
1485 que no es la enigma[101] difícil
ni es el engaño encubierto.
Doña Inés ahora acaba
de decirme que don Pedro,
el príncipe, es ya su esposo;
1490 y aunque él lo dijo primero,
no lo creí, por pensar
que pudiera ser incierto;
mas después que doña Inés,
sin decoro y sin respeto,
1495 se atrevió a decirlo a mí,
ha sido fuerza el creerlo.

REY

¿Que la modestia de Inés,
virtud y recogimiento,
pudo atreverse a perder
1500 la veneración que os tengo?
¡Vive Dios!, Alvar González,
que el príncipe, loco y ciego,
ha de ocasionarme a dar
con su muerte un escarmiento
1505 tan grande, que a Portugal
sirva de futuro ejemplo.
Yo remediaré esta injuria.

INFANTA

Señor, el mejor remedio
es no buscarle, que yo
1510 desde este instante os prometo
olvidar; que sólo olvido
puede ser, si bien lo advierto,
medio para que se acabe
mi enojo, señor, y el vuestro.

REY

1515 ¿Qué os parece, Alvar González?

ALVAR

Señor, si ya todo el reino
espera con alegría

este feliz casamiento,
será grande inconveniente
1520 (así, gran señor, lo entiendo)
que no llegue a ejecutarse;
y así, fuera buen acuerdo
apartar a doña Inés
de Portugal.
REY
                ¿Cómo puedo,
1525 si está casada?
ALVAR
              Señor,
cuando[102] aqueste impedimento,
que es el mayor, no se pueda
remediar . . .
REY
            Dadme consejo.
ALVAR
Me parece que la vida
1530 de Inés . . .
REY
          ¿Qué decís?
ALVAR
                    Entiendo . . .
REY
Declaraos; ¿por qué teméis?
Acabad.
ALVAR
          Tengo por cierto
que peligrará.[103]
REY
              ¿Por qué?
ALVAR
Señor, porque en sólo eso
1535 consistía el que pudiese
gozar la infanta a don Pedro.
INFANTA
Eso no, que mis agravios,
aunque ofendida los siento,
no han de pasar a poder
1540 conmigo más que yo puedo.
Viva mil siglos Inés;
que si hoy por ella padezco,
no es culpada en mis desdichas,
yo sí, pues yo las merezco.
REY
1545 Vamos a mirar mejor
lo que se ha de hacer en esto.

ALVAR
¿A la ciudad?
REY
        No, que estoy
cansado y algo indispuesto.
Vamos a la casería,
1550 Alvar González, de Coello.
INFANTA
¿Está cerca?
ALVAR
        Sí, señora.
REY
Disponed, piadoso cielo,
modo para consolarme;
que si aquesto dura, temo
1555 que me han de acabar la vida,
pesares y sentimientos.
INFANTA
Vamos, señor.
REY
          Vamos, hija.
INFANTA
¡Qué valor!
REY
        ¡Qué entendimiento!
INFANTA
¡Qué prudencia!
REY
            ¡Qué cordura!
1560 Dadme la mano; que quiero
ser vuestro escudero yo.
INFANTA
Tanto favor agradezco.
REY
¡Quién viera de aquesta suerte,
Blanca hermosa, a vos y a Pedro!
(*Vanse y salen* DOÑA INÉS *y el*
PRÍNCIPE DON PEDRO.)
DOÑA INÉS
1565 Digo que no me aseguro.
PRÍNCIPE
¿Posible es que no conoces[104]
que es imposible engañar,
Inés, tus hermosos soles?
Cese el disgusto, mi bien,
1570 y acábense los rigores;
no me mates con desaires,
basta matarme de amores.

---

102 *cuando*: *aunque.*
103 The subject of *peligrará* is *vida* in v. 1529.
104 ¿ *Posible . . . conoces.* See n. 62.

¿Tú enojada? ¿Tú tan triste?
¿Cómo puede ser que borren
1575 nublados de tu [disgusto] 105
tus hermosos esplendores?
Habla, Inés, dime tu pena.
¿Por qué, mi bien, no respondes?
Más vale, si he de morir,
1580 que me refieran tus voces
la causa por qué me matas;
no es bien que, sintiendo el golpe,
cuando no ignoro el morir,
el porqué, mi bien, ignore.

        DOÑA INÉS
1585 Señor, esposo, mi vida,
dueño mío, Pedro . . .

        PRÍNCIPE
              Ahorre
tu lengua, Inés, epítetos,
y dime ya quién te pone
a ti con tal desconsuelo
1590 y a mí en tantas confusiones.

        DOÑA INÉS
Tu padre . . .

        PRÍNCIPE
        Habla.

        DOÑA INÉS
             Pretende . . .

        PRÍNCIPE
Acaba, amores.

        DOÑA INÉS
           Dispone . . .

        PRÍNCIPE
¿Qué te turbas?

        DOÑA INÉS
           Que te cases.

        PRÍNCIPE
Si aquesos son tus temores,
1595 inadvertida has andado,
pues sabes que en todo el orbe
no he de tener otro dueño.

        DOÑA INÉS
Aunque miro tus acciones,
esposo y señor, dispuestas
1600 a hacerme tantos favores,
es bien que adviertas que ya
la fortuna cruel dispone
que te pierda, dueño mío,
y que de tus brazos goce

1605 la infanta que te previene
tu padre para consorte.
Y puesto que no es posible
que seas mío ni que logre
más finezas en tus brazos,
1610 será fuerza que me otorgues,
Pedro, dueño de mi alma,
piadosas intercesiones
para que el rey, de mi vida
la vital hebra no corte.
1615 Con tus hijos viviré
en lo áspero de los montes,
compañera de las fieras;
y con gemidos feroces
pediré justicia al cielo,
1620 pues que no la hallé en los hombres,
de quien de tan dulce lazo
aparta dos corazones.
Mis hijos y yo, señor,
con tiernas exclamaciones,
1625 huérfanos y sin abrigo,
daremos ejemplo al orbe
de los peligros que pasa
y a cuántas penas se expone
quien, sin ver inconvenientes,
1630 se casa loca de amores.
Por lo que un tiempo me quiso,
señor, es bien que me otorgue
esta merced; no padezca
quien fue vuestra los rigores
1635 de una injusticia, mi bien;
que mármoles hay y bronces
que harán vuestra fama eterna.
Ahora es tiempo de que note
la mayor firmeza en vos;
1640 mostrad, mostrad los blasones
de vuestra heroica piedad,
para que conozca el orbe
que si matarme el rey ha pretendido,
me habéis, heroico dueño, defendido
1645 con valiente osadía y fe constante,
por mujer, por esposa y por amante.

        PRÍNCIPE
No creyera,106 bella Inés,
que jamás desconfiaras
de la fe con que te adoro.
1650 Alza del suelo, levanta,
enjuga los bellos ojos;

---

105 The 1652 edition reads *discursos* which is emended to *disgusto* in other editions.

106 *No creyera*: *No creería*.

que las perlas que derramas
parecen mal en la tierra;
en tus nácares[107] las guarda,
1655 que no hay en el mundo quien
se atreva, esposa, a comprarlas.
Si mi padre la cerviz
me derribara a sus plantas,
si la infanta, que aborrezco,
1660 la vida, Inés, me quitara
porque mi padre contento
quedase y ella vengada,
no sólo fuera su esposo,
pero yo de mi garganta
1665 derribara la cabeza
primero que me obligara
a decir sí; que te adoro
de tal suerte, prenda amada,
que sin ti no quiero vida.

DOÑA INÉS
1670 ¿Cumplirásme esa palabra?

PRÍNCIPE
Digo mil veces que sí.

DOÑA INÉS
Pues ya mi temor se acaba.
Dime ¿cómo has quebrantado
la prisión?

PRÍNCIPE
Esta mañana
1675 a Egas Coello le pedí
me dejase que llegara
a verte, y aunque es traidor,
temiendo que me enojara,
no me impidió.

DOÑA INÉS
Pues, señor,
1680 volved antes que las guardas
os echen menos,[108] que es tarde,
y volved a verme mañana.

PRÍNCIPE
Adiós, Inés.

DOÑA INÉS
Adiós, Pedro,
no me olvides.

PRÍNCIPE
Excusada
1685 está, esposa, esa advertencia.

DOÑA INÉS
¿Si vuestro padre os lo manda?

PRÍNCIPE
No puede tener mi padre
jurisdicción en mi alma.

DOÑA INÉS
¿Y si la infanta porfía?

PRÍNCIPE
1690 Aunque porfíe la infanta.

DOÑA INÉS
¿Y si el reino se conjura?

PRÍNCIPE
Aunque se perdiera España.[109]

DOÑA INÉS
¿Tanta firmeza?

PRÍNCIPE
Soy monte.

DOÑA INÉS
¿Tanto amor?

PRÍNCIPE
Sólo le iguala
1695 el tuyo.

DOÑA INÉS
¿Tanto valor?

PRÍNCIPE
Nadie en el valor me iguala.

DOÑA INÉS
¿Tan grande fe?

PRÍNCIPE
Sí, que ciego
a tus luces soberanas,
no es menester que te vea
1700 para que te adore.

DOÑA INÉS
Basta;
adiós, mi bien.

PRÍNCIPE
Adiós, dueño.
¡Quién contigo se quedara!

DOÑA INÉS
¡Quién se partiera contigo!
Muerta quedo.

PRÍNCIPE
¡Voy sin alma!

DOÑA INÉS
1705 Adiós, adorado esposo.

PRÍNCIPE
Adiós, esposa adorada.

___

[107] *nácar*: mother-of-pearl (used here meaning "eyes").

[108] *echar menos*: echar de menos.

[109] *España*. Several editions emend *España* to *Portugal*, but the assonance requires the former.

Jornada tercera

(*Dicen dentro, como de caza.*)

UNO

¡To,[110] to, por acá; acudid,
aprisa el sabueso, aprisa!

OTRO

¡Al valle, al valle, a la fuente;
1710 no se escape; arriba, arriba;
no se nos vaya!

BRITO

  (Éstos son (*Dentro.*)
cazadores de Coímbra.)

CAZADOR

¡Subid al monte, subid!
¡Huyendo va la corcilla
1715 hacia la fuente; acudid!

(*Salen el* PRÍNCIPE *y* BRITO.)

PRÍNCIPE

¡Ay, doña Inés de mi vida!
Parecióme que acosada,
mal hallada y perseguida,
hacia la fuente llegaba.

BRITO

1720 ¿Quién, señor?

PRÍNCIPE

   Mi Inés divina.

BRITO

¿Otro agüerito tenemos?

PRÍNCIPE

Sin duda fue fantasía,
porque a ser verdad, es cierto
que mi esposa no se iría,
1725 Brito, a arrojar a la fuente,

sino a las lágrimas mías.

BRITO

De Santarem has venido,
y estamos ya de la quinta
una legua poco más;
1730 pronto la verás muy fina
entre tus brazos.

PRÍNCIPE

   ¡Ay cielos!

BRITO

Y ahora ¿por qué suspiras?

PRÍNCIPE

Porque no llego a sus brazos.

BRITO

Todo esto es hazañería.[111]

PRÍNCIPE

1735 Di, Brito, que éste es deseo
de gozar la peregrina
deidad de Inés, que es tan grande
que sólo pudo a ella misma
igualarse.[112]

BRITO

  Así es verdad.

PRÍNCIPE

1740 Todas las flores de envidia
suelen quedar . . .

BRITO

   ¿De qué suerte?

PRÍNCIPE

O agostadas o marchitas.
La rosa, reina de todas,
mirando a mi Inés divina,

---

[110] *¡To!*: interjection used to call dogs.
[111] *hazañería*: unwarranted concern.
[112] *que es . . . igualarse.* The idea that a beautiful

woman has no equal or competitor but herself is a common baroque conceit. Also common is the following idea that flowers suffer in comparison with her.

1745 quedó corrida de verla,
pálida y envejecida;[113]
el clavel, Brito, agostado,
cuando miró en sus mejillas
más viva púrpura envuelta
1750 en sangre de Venus fina.
Díjome un bello jazmín:
"Jamás, príncipe, permitas
que tu Inés vea las flores,
porque en viéndolas, corridas,
1755 no se atreven a crecer;
y tras sí mismas perdidas,
siendo maravillas todas,
dejan de ser maravillas."

BRITO

¿Cuándo te ha hablado el jazmín
1760 que te ha dicho estas mentiras?
Ten seso y vamos al caso.

PRÍNCIPE

Advierte, pues yo quería,
porque ninguno me viese,
no llegar hasta la quinta.
1765 Y para esto esta carta
de Santarem traigo escrita,
porque desde aquí la lleves;
y otra también prevenida
traigo para el condestable;
1770 llévalas pues.

BRITO

¿Y me envías
con estas cartas a mí?

PRÍNCIPE

Pues ¿a quién jamás se fía
mi pecho, si no es a ti?
Parte, acaba.

BRITO

Y si por dicha
1775 me encontrase Alvar González
y Egas Coello, que privan
con el rey tu padre agora,
y hecha general visita[114]
de todas las faltriqueras
1780 viesen las cartas y, vistas,
me mandasen ahorcar,
pregunto, señor, ¿sería
buen viaje el que hubiera hecho?

PRÍNCIPE

No temas, pues que te anima
1785 mi valor.

BRITO

¡Qué linda flema![115]
Si estoy ahorcado por dicha
una vez, ¿de qué provecho
lo que me ofreces sería?
¿Para mí podría valerme
1790 tu valor en la otra vida?

PRÍNCIPE

Brito, llevarlas es fuerza.

BRITO

Pues ¿por qué causa a la vista
de la quinta te detienes?

PRÍNCIPE

Porque mi padre en la quinta
1795 me dicen que está de Coello,
que a cazar vino estos días,
y no quiero que me vea.

BRITO

Y si prosiguen la enigma[116]
de la garza esos dos sacres[117]
1800 que la prisión[118] solicitan
de Inés, pregunto, señor,
¿qué hará el príncipe?

PRÍNCIPE

¿Por dicha,
aquestos sacres villanos
se atreverán a mi dicha?
1805 Porque guardada mi garza
y alentada de sí misma,
aunque con tornos la cerquen,[119]
aunque airados la persigan,
remontará tanto el vuelo
1810 que la perderán de vista.
Y los sacres altaneros,
cuando vean que examina
por las campañas del aire
toda la región vacía,
1815 cansados de remontarse
en mirándola vecina
del cielo, que es centro suyo,
y en él a Inés esculpida,
si la buscan garza errante,
1820 la hallarán estrella fija.

---

[113] *pálida y envejecida* modify *rosa.*
[114] *general visita*: judicial inspection.
[115] *¡Qué . . . flema!*: What fine calmness!
[116] *enigma.* See n. 101.

[117] *sacre* means both "falcon" and "thief."
[118] *prisión*: imprisonment.
[119] *aunque . . . cerquen*: although they surround her on all sides.

BRITO

Lindamente la has volado;
di ya lo que determinas.

PRÍNCIPE

Que partas, Brito, al Mondego;
que yo te espero en la quinta
1825 que está de allá media legua,
y una legua de Coímbra.

BRITO

Allí estarás escondido
mientras yo aviso a la ninfa
más hermosa de la tierra.

PRÍNCIPE

1830 Sí, Brito; allí determina
mi amor[120] quedarte esperando;
allí la esperanza mía,
hasta que te vuelva a ver,
de un cabello estará asida;
1835 allí mi amor mal hallado,
aguardará a que le digas
si puede llegar a ver
el objeto que le anima.
Allí, Brito, viviré,
1840 si es que puede ser que viva
quien tiene, como yo tengo,
en otra parte la vida.

BRITO

Allí puedes esperar
a que luego allí te diga
1845 lo que allí ha pasado, allí;
que has dicho una retahíla
de allíes para cansar
con allíes una tía.
¡Cuerpo de Dios con tu allí!

PRÍNCIPE

1850 Dila muchas cosas; dila
que las niñas de mis ojos,
en su memoria perdidas,
si bien como niñas lloran,
sienten también como niñas . . .

BRITO

1855 ¡Viva el príncipe don Pedro!

PRÍNCIPE

Di que Inés, mi dueño, viva.

BRITO

¡Qué amor tan de Portugal!

PRÍNCIPE

¡Qué verdad tan de Castilla!
            (*Vanse, y salen a un balcón* DOÑA
            INÉS *y* VIOLANTE *con almohadillas.*)

DOÑA INÉS

¿Qué hora es?

VIOLANTE

            Las tres han dado.

DOÑA INÉS

1860 Trae, Violante, el almohadilla.

VIOLANTE

Aquí está ya.

DOÑA INÉS

            Pues sentadas,
esto que falta del día
estemos en el balcón.
¡Ay de mí!

VIOLANTE

            ¿Por qué suspiras?

DOÑA INÉS

1865 Porque desde ayer estoy
sin el alma que me anima.

VIOLANTE

¿Cantaré?

DOÑA INÉS

            Canta, Violante;
divierte las penas mías.

VIOLANTE

Es verdad que yo la vi[121] (*Canta.*)
1870 *en el campo entre las flores,*
cuando Celia dijo así:
"¡Ay, que me muero de amores,
tengan lástima de mí!"

DOÑA INÉS

Aguarda, espera, Violante,
1875 deja ahora de cantar;
que temo alguna desdicha
que no podré remediar.

VIOLANTE

¿Qué tienes, señora mía?
¿Hay algún nuevo pesar?

DOÑA INÉS

1880 Por los campos de Mondego[122]

---

[120] *mi amor* is a periphrasis for *yo.*
[121] As noted by Valbuena Prat, this song also occurs in Act II of Calderón's *La fiera, el rayo y la piedra.*
[122] This ballad, with variants, also appears in

Mejía de la Cerda's *Tragedia famosa de doña Inés de Castro, reina de Portugal.* It is similar to the ballads on Doña Isabel de Liar, published in the sixteenth century, which contain the lines, "Por los campos de Monvela/caballeros vi asomar."

caballeros vi asomar,
y según he reparado,
se van acercando acá.
Armada gente les sigue;
1885 ¡válgame Dios!, ¿qué será?
¿A quién irán a prender?
Que aunque puedo imaginar
que el rigor es contra mí,
me hace llegarlo a dudar
1890 que son para una mujer
muchas armas las que traen.

VIOLANTE

Jesús, señora, ¿eso dices?

DOÑA INÉS

Violante, no puede más
mi temor; pero volvamos
1895 a la labor, que será
inadvertida prudencia
pronosticarme yo el mal.

(*Salen el* REY, ALVAR GONZÁLEZ,
EGAS COELLO *y gente*.)

REY

Mucho lo he sentido, Coello.

ALVAR

Señor, vuestra majestad,
1900 por sosegar todo el reino,
no lo ha podido excusar.

EGAS

Señor, aunque del rigor
que queréis ejecutar
parezca que en nuestro afecto
1905 haya alguna voluntad,[123]
sabe Dios que con el alma
la quisiéramos librar;
pero todo el reino pide
su vida, y es fuerza dar,
1910 por quitar inconvenientes,
a doña Inés . . .

REY

Ea, callad.
¡Válgame Dios trino y uno![124]
¡Que así se ha de sosegar
el reino! A fe de quien soy,
1915 que quisiera más dejar
la dilatada corona
que tengo de Portugal,

que no[125] ejecutar severo
en Inés tan gran crueldad.
1920 Llamad, pues, a doña Inés.

EGAS

Puesta en el balcón está,
haciendo labor.

REY

Coello,
¿visteis tan gran beldad?
¡Que ha de tratar con rigor
1925 a quien toda la piedad
quisiera mostrar!

ALVAR

Señor,
si severo no os mostráis,
peligra vuestra corona.

REY

Alvar González, callad;
1930 dejadme que me enternezca,
si luego me he de mostrar
riguroso y justiciero
con su inocente deidad.
¡Ay, Inés, cómo, ignorante
1935 desta batalla campal,
es poco acero la aguja
para defenderte ya!
Llamadla, pues.

ALVAR

Doña Inés,
mirad que su majestad
1940 manda que al punto bajéis.

REY

¿Hay más extraña maldad?

DOÑA INÉS

Ponerme a los pies del rey
será subir, no bajar. (*Vanse del balcón*.)

ALVAR

Ya viene.

REY

No sé por dónde
1945 la pudiera, ¡ay Dios!, librar
deste rigor, desta pena;
mas, por Dios, que he de intentar
todos los medios posibles.
Egas Coello, mirad
1950 que yo no soy parte en esto,

---

[123] *aunque . . . voluntad*: although it may appear that there is some willfulness in our desire for the harsh act that you are about to execute. Note that *querer* is used in the sense "to be about to."

[124] *trino y uno*: three-in-one (referring to the Holy Trinity).

[125] Pleonastic *no* is especially common in comparisons.

y si es que se puede hallar
modo para que no muera,
se busque.
EGAS
Llego a ignorar
el modo.
ALVAR
Yo no le hallo.
REY
1955 Pues si no le halláis, callad,
y a nada me repliquéis.
(*Salen* DOÑA INÉS *y los* NIÑOS *y*
VIOLANTE.)
DOÑA INÉS
Vuestra majestad real
me dé sus plantas, señor.
Dionís y Alonso, llegad;
1960 besadle la mano al rey.
REY
(¡Qué peregrina beldad! (*Aparte.*)
¡Válgate Dios por mujer!
¿Quién te trajo a Portugal?)
DOÑA INÉS
¿No me respondéis, señor?
REY
1965 Doña Inés, no es tiempo ya
sino de mostrarme airado,
porque vos la causa dais
para alborotarme el reino,
con intentaros casar
1970 con el príncipe; mas esto
es fácil de remediar,
con probar que el matrimonio
no se puede hacer.
DOÑA INÉS
Mirad . . .
REY
Inés, no os turbéis, que es cierto;
1975 vos no os pudisteis casar
siendo mi deuda, con Pedro
sin dispensación.[126]
DOÑA INÉS
Verdad
es, señor, lo que decís;
mas antes de efectuar

1980 el matrimonio, se trajo
la dispensación.[127]
REY
Callad,
noramala para vos,
doña Inés, que os despeñáis;[128]
pues si es como vos decís,
1985 será fuerza que muráis.
DOÑA INÉS
De manera, gran señor,
que cuando vos confesáis
que soy deuda vuestra, y yo,
atenta a mi calidad,
1990 ostentando pundonores,[129]
negada a la liviandad,
para casar con don Pedro,
dispensas hice sacar,
¿mandáis que muera, ¡ay de mí!,
1995 a manos desta crueldad?
¿Luego el haber sido buena
queréis, señor, castigar?
REY
También el hombre en naciendo
parece, si le miráis,
2000 de pies y manos atado,
reo de desdichas ya,
y no cometió más culpa
que nacer para llorar.[130]
Vos nacisteis muy hermosa,
2005 esa culpa tenéis, mas . . .
(No sé, vive Dios, qué hacerme.) (*Aparte.*)
EGAS
Señor, vuestra majestad
no se enternezca.
ALVAR
Señor,
no mostréis ahora piedad;
2010 mirad que aventuráis mucho.
REY
Callad, amigos, callad;
pues no puedo remediarla,
dejádmela consolar.
¡Doña Inés, hija, Inés mía!
DOÑA INÉS
2015 ¿Estoy perdonada ya?

[126] Don Pedro and Doña Inés were distant cousins, both being descended from Sancho IV of Castile.
[127] There is no proof that Pedro and Inés were ever married or that a dispensation for their marriage was requested.
[128] *despeñarse*: to bring ruin on oneself.

[129] *pundonores*: obligations of honor.
[130] The idea expressed in vv. 1998–2003, perhaps of Senecan origin (see the *Consolation to Polybius*, especially chapter 30), is a commonplace in Spanish baroque literature.

REY

No, sino que quiero yo
que sintamos este mal
ambos a dos,[131] pues no puedo
librarte.

DOÑA INÉS

¿Hay desdicha igual?
2020 ¿Por qué, señor, tal rigor?

REY

Porque todo el reino está
conjurado contra vos.

DOÑA INÉS

Dionís, Alonso, llegad;
suplicad a vuestro abuelo
2025 que me quiera perdonar.

REY

No hay remedio.

ALONSO

¡Abuelo mío!

DIONÍS

¿No ve a mi madre llorar?
Pues ¿por qué no la perdona?

REY

(Apenas puedo ya hablar.) (*Aparte.*)
2030 Inés, que muráis es fuerza;
y aunque la muerte sintáis,
sabe Dios, aunque yo viva,
quién ha de sentirla más.

DOÑA INÉS

No siento, señor, no siento
2035 esta desdicha presente,
sino porque Pedro, ausente,
tendrá mayor sentimiento;
antes viene a ser contento
en mí esta muerte homicida;
2040 que perder por él la vida
no ha sido nada, señor,
porque ha mucho que mi amor
se la tenía ofrecida.
Y cuando tu majestad
2045 quiera quitarme la vida,
la daré por bien perdida;
que en mí viene a ser piedad
lo que parece crueldad,
si bien en viendo mi muerte

2050 y mi desdichada suerte,
morirá también mi esposo,
pues este rigor forzoso
no será en él menos furete.
De parte os ponéis, señor,
2055 del mal, porque al bien excede,[132]
y ayudar a quien más puede
es flaqueza, no es valor.
Si el cielo dio a Pedro amor,
y a mí, porque más dichosa
2060 mereciese ser su esposa,
belleza de él tan amada,
no me hagáis vos desdichada
porque me hizo Dios hermosa.
Sed piadoso, sed humano.
2065 ¿Cuál hombre,[133] por lo cortés,
vio una mujer a sus pies,
que no le diese una mano?
Atributo es soberano
de los reyes la clemencia;
2070 tenga, pues, en mi sentencia
piedad vuestra majestad,
mirando mi poca edad
y mirando mi inocencia.
No os digo tales afectos,
2075 aunque [es mi dolor tan fijo],[134]
por mujer[135] de vuestro hijo,
por madre de vuestros nietos,
sino porque hay dos sujetos,
que, muerto uno, ambos mueren;
2080 que si dos liras pusieren[136]
sin disonancia ninguna,
herida sólo la una,
suena esotra que no hieren.
¿Nunca, di, llegaste a ver
2085 una nube que hasta el cielo
sube amenazando el suelo,
y entre el dudar y el temer,
irse a otra parte a verter,
cesando la confusión,
2090 y no en su misma región?
Pues en Pedro esto ha de ser;
siendo nubes en su ser,
son llanto en mi corazón.
¿No oíste de un delincuente,

---

[131] *ambos a dos*: both together.
[132] *porque . . . excede*: because it (*mal*) is stronger than good.
[133] *¿Cuál hombre?*: *¿Qué hombre?* The theoretical distinction between *qué* and *cuál* as interrogative adjectives is still not always strictly observed.

[134] *aunque . . . fijo.* The 1652 edition reads *aunque el sentimiento elijo* which is emended in later editoins.
[135] *por mujer*: *por ser mujer.*
[136] *si . . . pusieren*: if they (*dos sujetos*) attune two lyres.

2095 que, por temor del castigo,
llevando a un niño consigo,
subió a una torre eminente,
y que por el inocente
daba sustento forzoso
2100 a entrambos el juez piadoso?
Pues yo a mi Pedro me así;
dadme vos la vida a mí,
porque no muera mi esposo.

REY

Doña Inés, ya no hay remedio;
2105 fuerza ha de ser que muráis;
dadme mis nietos, y adiós.

DOÑA INÉS

¿A mis hijos me quitáis?
Rey don Alonso, señor,
¿por qué me queréis quitar
2110 la vida de tantas veces?
Advertid, señor, mirad
que el corazón a pedazos
dividido me arrancáis.

REY

Llevadlos, Alvar González.

DOÑA INÉS

2115 Hijos míos, ¿dónde vais?
¿Dónde vais sin vuestra madre?
¿Falta en los hombres piedad?
¿Adónde vais, luces mías?
¿Cómo que así me dejáis
2120 en el mayor desconsuelo
en manos de la crueldad?

ALONSO

Consuélate, madre mía,
y a Diós te puedes quedar;
que vamos con nuestro abuelo,
2125 y no querrá hacernos mal.

DOÑA INÉS

¿Posible es, señor, rey mío,
padre, que así me cerráis
la puerta para el perdón?
¿Que no lleguéis a mirar
2130 que soy vuestra humilde esclava?
¿La vida queréis quitar
a quien rendida tenéis?
Mirad, Alonso, mirad
que, aunque vos llevéis mis hijos,
2135 y aunque abuelo seáis,
sin el amor de la madre

no se han de poder criar.
Ahora, señor, ahora,
ahora es tiempo de mostrar
2140 el mucho poder que tiene
vuestra real majestad.
¿Qué me respondéis, rey mío?

REY

Doña Inés, no puedo hallar
modo para remediaros,
2145 y es mi desventura tal
que tengo ahora, aunque rey,
limitada potestad.
Alvar González, Coello,
con doña Inés os quedad;
2150 que no quiero ver su muerte.

DOÑA INÉS

¿Cómo, señor? ¿Vos os vais,
y a Alvar González y a Coello
inhumano me entregáis?
Hijos, hijos de mi vida;
2155 dejádmelos abrazar.
Alonso, mi vida, hijo
Dionís, amores, tornad,
tornad a ver vuestra madre.
Pedro mío, ¿dónde estás
2160 que así te olvidas de mí?
¿Posible es que en tanto mal
me falte tu vista, esposo?
¡Quién te pudiera avisar
del peligro en que afligida
2165 doña Inés, tu esposa, está!

REY

Venid conmigo, infelices
infantes de Portugal.
¡Oh nunca, cielos, llegara[137]
la sentencia a pronunciar,
2170 pues si Inés pierde la vida,
yo también me voy mortal!

(*Vase el* REY *con los* NIÑOS.)

DOÑA INÉS

¿Que al fin no tengo remedio?
Pues, rey Alonso, escuchad:
apelo aquí al supremo
2175 y divino tribunal,
adonde de tu injusticia
la causa se ha de juzgar.

(*Sale el* PRÍNCIPE *con una caña en la mano.*)

---

137 *llegara: hubiera llegado.*

Cansado de esperar en esta quinta,
donde Amaltea[138] sus abriles pinta
2180 con diversos colores
cuadros de murtas, arrayán y flores,
sin temer el empeño,[139]
me he acercado por ver mi hermoso dueño,
a esta caña[140] arrimado,
2185 que por lo humilde sólo la he estimado,
pues al verla me ofrece[141]
que en lo humilde a mi esposa se parece.
Entré por el jardín sin que me viera
el jardinero, pasé la escalera,
2190 y sin que nadie en casa haya encontrado,
he llegado a la sala del estrado.[142]
¡Hola, Violante, Inés, Brito, criados!
¿Nadie responde? Pero ¿qué enlutados
a la vista se ofrecen?
2195 El condestable y Nuño me parecen.

(*Salen el* CONDESTABLE *y* NUÑO *con
lutos.*)

CONDESTABLE
¡Válgame Dios!

NUÑO
El príncipe es sin duda.

CONDESTABLE
Yerta tengo la voz, la lengua muda.

PRÍNCIPE
Condestable, ¿qué es esto? ¿Qué hay de
[nuevo?

CONDESTABLE
Decidle, Nuño, vos.

NUÑO
Yo no me atrevo.

PRÍNCIPE
2200 ¿Qué tenéis? Respondedme en dudas
[tantas.

CONDESTABLE
Dénos tu majestad sus reales plantas.

PRÍNCIPE
¿Mi padre es muerto ya?

CONDESTABLE
Señor, la parca
cortó la vida al ínclito monarca.

PRÍNCIPE
Pues ¿adónde murió?

CONDESTABLE
En la quinta ha sido
2205 de Egas Coello, porque había venido
su majestad a caza, y de repente
le sobrevino el último accidente[143]
de su vida, y de suerte nos quedamos,
que, con haberlo visto, lo dudamos.

PRÍNCIPE
2210 Aunque con justo llanto
deba sentir haber perdido tanto,
mi mayor sentimiento
—la lengua se desmaya y el aliento—
es no haberme llamado
2215 para verle morir; mas, pues el hado
dispuso, ¡adversa suerte!,
que no llegase al tiempo de su muerte,
en sus honras verán hoy mis vasallos
en cuanto al dolor llego a imitallos,
2220 excediendo a la pena desta nueva
todo el dolor y pena que yo deba.
Y pues mi Inés divina es tan hermosa,
mi muy amada esposa,
ya que alegre y contenta
2225 hoy su grandeza en Portugal ostenta,
todo en aqueste día,
si hasta aquí fue pesar, será alegría.
Llamad a mi Inés bella.

CONDESTABLE
(¡Qué desdicha!)
(*Aparte.*)

PRÍNCIPE
No se dilate, Nuño, aquesta dicha;
2230 al punto llamad a mi ángel bello.

CONDESTABLE
Sepa tu majestad que Egas Coello
y Alvar González a Castilla han ido.

PRÍNCIPE
Sin duda mis enojos han temido;
alcanzadlos, que quiero
2235 ser piadoso, no airado y justiciero,
y a los pies de mi Inés luego postrados,
de mí y la reina quedarán honrados.

---

[138] *Amaltea.* See *El condenado por desconfiado*, n. 215.
[139] *empeño*: undertaking.
[140] Covarrubias notes in his *Tesoro de la lengua
castellana* that *caña* "Es . . . símbolo de la fragilidad
humana; de la qual Dios por esta causa se compadece
della."

[141] *me ofrece*: it occurs to me.
[142] *sala del estrado.* The estrado could be either the
richly furnished room in which the mistress of the
house received her guests, or, more often, the platform
on which the ladies sat on cushions.
[143] *accidente*: attack.

NUÑO

(¡Oh, desdichada suerte!) (*Aparte.*)

CONDESTABLE

(Hoy recelo del príncipe la muerte.)

(*Aparte.*)

(*Vanse* NUÑO *y el* CONDESTABLE.)

PRÍNCIPE

2240 ¡Que ha llegado ya el día
en que pueda decir que Inés es mía!
¡Qué alegre y qué gustosa
reinará ya conmigo Inés hermosa!
Y Portugal será en mi casamiento
2245 todo fiestas, saraos y contento.
En público saldré con ella al lado:
un vestido bordado
de estrellas la he de hacer, siendo adivina,[144]
porque conozcan, siendo Inés divina,
2250 que cuando la prefiero,
si ellas estrellas son, ella es lucero.
¡Oh, cómo ya se tarda!
¡Qué pensión[145] tiene quien amante
[aguarda!
¿Cómo a hablarme no viene?
2255 Mayores sentimientos me previene.[146]
A buscarla entraré, que tengo celos[147]
de que a verme no salgan sus dos cielos.

(*Canta una voz.*)

¿Dónde vas, el caballero,[148]
dónde vas, triste de ti?
2260 *Que la tu querida esposa*
muerte está, que yo la vi.
Las señas que ella tenía
bien te las sabré decir:
su garganta es de alabastro
2265 *y sus manos de marfil.*

PRÍNCIPE

Aguarda, voz funesta,
da a mis recelos y temor respuesta;
aguarda, espera, tente.

(*Sale la* INFANTA *de luto, y le detiene.*)

INFANTA

Espera tú, señor, que brevemente
2270 a tu real majestad decirle quiero
lo que cantó llorando el jardinero.

Con el rey, mi señor que muerto yace,
por cuya muerte todo el reino hace
tan justo sentimiento,
2275 a divertir un rato el pensamiento,
salí a caza una tarde,
haciendo a mi valor vistoso alarde.
Llegué a esa quinta donde yace muerto:
este dolor advierto,
2280 ¡oh cielos, oh pena airada!
Hallé una flor hermosa, pero ajada,
quitando, ¡oh dura pena!,
la fragancia a una cándida azucena,
dejando el golpe airado
2285 un hermoso clavel desfigurado,
trocando con airado desconsuelo
una nube de fuego en duro hielo;
y en fin — muestre valor ya tu grandeza —
a quitar hoy al mundo la belleza,
2290 provocándole a ello
Alvar González y el traidor Coello.
Con dos golpes airados,
arroyos de coral vi desatados
de una garganta tan hermosa y bella
2295 que aun mi lengua no puede encarecella,
pues su tersa blancura
cabal dechado fue de su hermosura.
Parece que no entiendes
por las señas quién es, o que pretendes
2300 quedar, del sentimiento,
por basa de su infausto monumento;
mas, para que no ignores
quién padeció estos bárbaros rigores,
ya te diré quién es, estáme atento;
2305 que, su sangre sembrada por el suelo,
murió tu bella Inés.

PRÍNCIPE

¡Válgame el cielo!

(*Desmáyase.*)

INFANTA

Del pesar que ha tomado
el nuevo rey, ¡ay Dios!, se ha desmayado.
¡Caballeros, fidalgos, hola gente!

CONDESTABLE

2310 ¿Qué manda vuestra alteza?

---

[144] *adivina*: soothsayer. Apparently Inés' dress, associated with the stars, suggested astrology and, by extension, *adivina*.

[145] *pensión*: suffering.

[146] It (i.e., her not coming) is the subject of *previene*.

[147] *tener celos*: to be concerned.

[148] Variants of this ballad, known both as *La aparición de la enamorada* and the *Romance del palmero* (a pilgrim to the Holy Land), are found in Mejía de la Cerda's tragedy and in Guillén de Castro's *La tragedia por los celos*, whose plot is similar to the story of Inés de Castro. For a study of the history of the ballad, see S. G. Morley, "El romance del 'Palmero,'" *Revista de Filología Española* 9 (1922), 298-310.

INFANTA

                    Un accidente
al rey le ha dado; remediadle al punto,
pues temo es[149] ya difunto;
que yo, compadecida
de que la hermosa Inés perdió la vida
2315 y de aqueste espectáculo sangriento,
en las alas del viento,
lastimada y amante,
a Navarra me parto en este instante.

                    (*Vase la* INFANTA.)

CONDESTABLE

El rey está desmayado.
2320 Rey de Portugal, señor,
cese, cese ya el dolor
que el sentido os ha quitado.
Si vuestra esposa ha faltado,
no faltéis vos; id severo,
2325 riguroso, airado y fiero
contra quien os ofendió;
quien amante os advirtió,
os admire justiciero.

                    (*Vuelve en sí el* PRÍNCIPE.)

PRÍNCIPE

Si Inés hermosa murió,
2330 ¿no fue por quererme? Sí.
¿Muriera mi Inés aquí
si no me quisiera?[150] No.
Luego la causa soy yo
de la pena que le han dado.
2335 ¿Cómo, Pedro desdichado,
si Inés murió, vivo quedas?
¿Cómo es posible que puedas
no morir de tu cuidado?
En fin, Inés, por mí ha sido,
2340 por mí que ciego te adoro.
De cólera y pena lloro
la muerte que has padecido
sin haberla merecido.
¿Cuál fue la mano crüel
2345 que de mi inocente Abel
(a pesar de mi sosiego),
bárbaro, atrevido y ciego

cortó el hermoso clavel?
¿Qué[151] me detengo? Ya voy,
2350 voy a ver mi muerto bien.
¿Quién, cielos divinos, quién
me ha olvidado[152] de quién soy?
¿Cómo reportado estoy?
Aguarda, Inés celestial;
2355 que también estoy mortal.
No te partas sin tu esposo;
que me dejarás quejoso
si no partimos el mal.

CONDESTABLE

¿Dónde vas, señor?

PRÍNCIPE

                    A ver
2360 mi doña Inés hermosa,
a ver mi difunta esposa,
a la que reina ha de ser.

CONDESTABLE

Mirad que podéis perder
la vida, señor.

PRÍNCIPE

                    Callad;
2365 dejad que la vea, dejad
que en sus brazos llegue a verme;
que no hago nada en perderme,
perdida ya su deidad.

                    (*Sale* NUÑO.)

NUÑO

Ya a Alvar González y a Coello
2370 presos trajeron, señor.

PRÍNCIPE

Mostrar quiero mi rigor
en los dos. ¡Ay, ángel bello!
Quisiera poder hacello[153]
en estos dos inhumanos,
2375 matándolos con mis manos;
sin que mi piedad inciten,
por las espaldas les quiten
los corazones villanos;
y para mayor tormento,
2380 procuren, si puede ser,
que los dos los[154] puedan ver
antes que les falte aliento;

---

[149] *temo es. Temer* is sometimes followed by the indicative, and *que* may be omitted in the dependent clause.
[150] *¿Muriera . . . quisiera?*: *¿Habría muerto . . . si no me hubiera querido?*

[151] *¿Qué?*: *¿Por qué?*
[152] *olvidar: hacer olvidar.*
[153] *hacello.* The antecedent of *lo* is *rigor.*
[154] The antecedent of *los* is *corazones.*

y luego, para escarmiento,
con dos crueles arpones,
2385 entre horror y confusiones,
queden mil pedazos hechos.
¡Oh, si pudiera en dos pechos
caber muchos corazones!
Veamos ahora a Inés.

CONDESTABLE

2390 Gran señor, no la veáis;
mirad que así aventuráis
la vida; vedla después.

PRÍNCIPE

¿Por qué lástima tenéis
de mi vida si estoy muerto?
2395 Verla quiero, pues advierto
que no puede ser mayor
mi tormento y mi dolor.

CONDESTABLE

Ya, gran señor, está abierto.
    (*Descubren a* DOÑA INÉS *muerta,*
    sobre unas almohadas.)

PRÍNCIPE

¿Posible es que hubo[155] homicida
2400 fiero, crüel y tirano,
que con sacrílega mano
osó quitarte la vida?
    ¿Cómo es posible, ¡ay de mí!,
cómo, cómo puede ser
2405 que quien a mí me dio el ser,
te diese la muerte a ti?
    Por su cuello, ¡pena fiera!,
corre la púrpura helada
en claveles desatada.
2410 ¡Ay, doña Inés, quién pudiera
    detener ese raudal,
dar vida a ese hermoso sol,
dar aliento a ese arrebol,
y soldar ese cristal!
2415   ¡Ay mano, ya sin recelo
ser alabastro pudieras,
que hasta ahora no lo eras,
porque te faltaba el hielo!
    Ya faltó tu hermoso abril,
2420 si bien piensa mi cuidado,
Inés, que te has transformado
en estatua de marfil.

Si la vida te faltó,
tampoco, Inés, tengo vida,
2425 pues mi hermosa luz perdida,
no estoy menos muerto yo.
    Nuño de Almeida, a Violante
de mi parte la decid[156]
que os entregue una corona
2430 que yo a mi esposa le di
cuando me casé, en señal
de que reinaría feliz
si viviera.

NUÑO

    Voy por ella. (*Vase.*)

PRÍNCIPE

Vos, condestable, advertid
2435 que os encarguéis del entierro,
llevándola desde aquí
a Alcobaza[157] con gran pompa,
honrándome en ella a mí;
y porque yo gusto de ello,
2440 el camino haréis cubrir
de antorchas blancas que envidie
el estrellado zafir
todas diez y siete leguas;
que también lo hiciera así
2445 si, como son diez y siete,
fueran diez y siete mil.
    (*Vase el* CONDESTABLE, *trae* NUÑO *la*
    corona, y besa la mano a DOÑA INÉS.)

NUÑO

Ésta es la corona de oro.

PRÍNCIPE

De otra manera entendí
que fuera Inés coronada,
2450 mas, pues no lo conseguí,
en la muerte se corone.
Todos los que estáis aquí
besad la difunta mano
de mi muerto serafín;
2455 yo mismo seré rey de armas.[158]
Silencio, silencio, oíd:
ésta es la Inés laureada,
ésta es la reina infeliz
que mereció en Portugal
2460 reinar después de morir.
    (*Sale el* CONDESTABLE.)

---

[155] *¿Posible es que hubo.* See n. 62.
[156] *la decid*: *decidle.*
[157] The tombs of Don Pedro and Doña Inés are located in the famous twelfth-century monastery in Alcobaça.
[158] *rey de armas*: king-of-arms (chief heraldic officer in official ceremonies).

CONDESTABLE

Murieron los dos, a quien[159]
espalda y pecho hice abrir.

PRÍNCIPE

Cubrid el hermoso cuerpo
mientras que voy a sentir
2465 mi desdicha. ¡Ay, bella Inés!,
ya no hay gusto para mí;
que, faltándome tu sol,

¿cómo es posible vivir?
Vamos a morir, sentidos;
2470 amor, vamos a sentir.
(*Vase el* PRÍNCIPE.)

CONDESTABLE

Ésta es la Inés laureada,
con que el poeta da fin
a su tragedia, en que pudo
reinar después de morir.

[159] *quien: quienes.*

STUDY QUESTIONS AND TOPICS

1. The historical and legendary background of the play.
2. How would you define the principal conflict of the play?
3. The dramatic value of the confrontation of the Infanta and Doña Inés in Act II.
4. The scene of the king's meeting with Doña Inés in Act III should be one of the most moving in the play. How well does the dramatist handle it?
5. Compare King Alonso with Juan II in *La adversa fortuna de don Álvaro de Luna.*

6. The function of songs in the play, especially *Saüdade minha* in Act I and the *Romance del Palermo* in Act III.
7. The omens, symbolism, and presentiments used to insinuate the tragic outcome.
8. The poetry of the play.
9. The play as a tragedy. Compare it with *El caballero de Olmedo* and *La adversa fortuna de don Álvaro de Luna.*
10. A comparison of Vélez' play with another on the same subject.

Pedro Calderón de la Barca
(1600–1681)

～～～ CHRONOLOGY

1600 Pedro Calderón de la Barca is born in Madrid, son of Don Diego Calderón de la Barca, secretary of the Consejo de Hacienda, and of Doña María Henao y Riaño.
1608–14 Studies at the Colegio Imperial, a Jesuit school in Madrid.
1614 Attends the University of Alcalá.
1615–20 Continues his studies at the University of Salamanca.
1620 Competes in the poetic contest held in celebration of the beatification of St. Isidore, patron of Madrid.
1623 Performance of Calderón's first play, *Amor, honor y poder.*
1623–1625 Possible participation in the Spanish military campaign in Flanders, dramatized in *El sitio de Bredá* (1625).
1635 Performance of *El médico de su honra.*
1636 Publication of the *Parte primera* of Calderón's plays.
1637 Publication of the *Segunda parte* of his plays. Membership in the Order of Santiago.
1640–42 Participation in the campaign to suppress the revolt of Catalonia.
1651 Calderón is ordained a priest.
1663 Appointed honorary chaplain to the king.
1664 Publication of the *Tercera parte* of his plays.
1665 Death of Philip IV and succession of Charles II.
1672 Publication of the *Cuarta parte* of his plays.
1677 Publication of the *Quinta parte*, which Calderón disavowed. Publication of a volume of twelve *Autos sacramentales, alegóricos y historiales.*
1681 Dies in Madrid.

ᏩᏬᏩ Calderón and His Plays

Born in Madrid in 1600, Calderón represents chronologically and artistically the culmination of the Golden Age theater. He began his career in the 1620s when Lope de Vega and his contemporaries had already written most of their major works, and his long life enabled him to prolong the vitality of Spanish drama until late in the century. His death in 1681 is said to mark the end of the Golden Age of Spanish literature. No major seventeenth-century Spanish writer survived him.

The third of the seven children of Don Diego Calderón de la Barca, an official of the Consejo de Hacienda, and of Doña María Henao y Riaño, Calderón attended the Colegio Imperial, a Jesuit school in Madrid, from 1608 until 1614. Left motherless at ten, Calderón had a troubled childhood. Don Diego Calderón, who died in 1615, was a harsh father who not only tyrannized his family during his lifetime but also sought to control their lives after his death by the terms of his will. Pedro escaped the severe restrictions imposed on other members of his family, but he received the following admonition: "A Pedro le mando y ruego que por ningún caso deje sus estudios, sino que los prosiga y acabe, y sea muy buen capellán . . ." Less than three weeks after his father's death Calderón transferred from the University of Alcalá to Salamanca, remaining there until he received the degree of Bachelor of Canon Law in 1619. Many years later Calderón did become a priest, but as A. A. Parker has pointed out, his resentment of the parental coercion exerted on him and his brothers found expression in the father—son conflicts dramatized in some of his plays, including *La vida es sueño*.

Calderón made his first public appearance as a poet in 1620 when he participated in the poetry contests held as part of the festivities to celebrate the beatification of St. Isidore, patron of Madrid. Two years later he also contributed poems in honor of the canonization of the saint. His contributions apparently won nothing but vague words of praise from Lope de Vega, director of the two contests. Also in 1622 Calderón ran afoul of the law when he and his older brother, Diego, were convicted and sentenced to pay a large fine because of their involvement in the death of one Nicolás de Velasco. In order to pay the fine, they were forced to sell their rights to their father's office in the Consejo de Hacienda.

Calderón's first play, *Amor, honor y poder*, was performed in Madrid in June of 1623. Although no documentary proof has been discovered to support the supposition, it is believed that the young dramatist served in the Spanish army in Flanders from 1623 to 1625, because the geographical exactitude and the realistic details contained in his play, *El sitio de Bredá*, bespeak first-hand acquaintance with the scene of that campaign. In 1629 Calderón was involved in another scrape with the civil authorities in Madrid. When the actor Pedro de Villegas wounded one of his brothers, Calderón and others pursued him into a convent in which he took refuge. Among those who protested the disrespect to which the nuns were subjected was Lope de Vega, whose daughter Marcela was cloistered there. Fray Hortensio Paravicino, the king's chaplain, rebuked Calderón in a sermon, to which the dramatist replied by satirizing the priest in a passage in *El príncipe constante*. Thereupon, the king himself ordered an investigation which led to an official reprimand of Calderón's conduct.

By 1632 Calderón had already established himself as one of the country's leading playwrights. In that year Juan Pérez de Montalván wrote of him in *Para todos*: "Don Pedro Calderón, florido, galante, heroico, lírico, cómico y bizarro poeta, ha escrito muchas comedias, autos y obras sueltas, con aceptación de los doctos. En las academias ha tenido el lugar primero; en los certámenes ha ganado los mejores premios, y en los teatros la opinión más segura . . ." During the next few years Calderón scored one triumph after another. *La vida es sueño*, combining a brilliant style with an arresting philosophical theme, was written in 1634 or 35. *El médico de su honra*, probably the most famous of all Spanish honor dramas, was performed at the Royal Palace on August 26, 1635. In 1636 Don José Calderón published the *Parte primera* of his brother's plays, followed in 1637 by the *Segunda parte*. In the same year Calderón was rewarded for his services as a court dramatist by being knighted in the Order of Santiago. Shortly after his discharge in 1642 from military service in the campaign against the rebellion in Catalonia, Calderón composed another of his masterpieces, *El alcalde de Zalamea*. Then, during the next few years, he wrote very little since the Spanish theaters were often closed because of deaths in the royal family.

In 1651 the unmarried Calderón (who had an illegitimate child whose mother has never been identified) became a priest. Partly because of his clerical duties, partly because the Spanish theaters never fully recovered from their closure in the forties, Calderón wrote only a few *comedias* for the public during the rest of his life. He continued,

however, to write mythological plays and *zarzuelas* for court festivals, and, above all, he wrote *autos sacramentales* for the Corpus Christi celebrations. In 1653 Calderón was made a chaplain in the Cathedral of Toledo; ten years later he was appointed honorary chaplain to the king. His father would have been pleased.

The *Tercera parte* of Calderón's plays was published in 1664, the *Cuarta parte* in 1672. When an unauthorized *Quinta parte* appeared in the bookstores in 1677, Calderón was so incensed at the attempt to capitalize on his reputation that he not only disavowed the spurious volume but he also decided to collect and publish his own *autos sacramentales*. Accordingly, he supervised the publication of a volume of twelve *Autos sacramentales, alegóricos y historiales*, issued in 1677. Calderón's last play, *Hado y divisa de Leonido y Marfisa*, was first performed at a festival in the Buen Retiro on March 3, 1680. He continued to write *autos sacramentales* until his death on May 25, 1681.

Although the members of Calderón's generation were generally less prolific than those of Lope de Vega's, Calderón himself was a productive writer. In 1680, at the request of the Duke of Veragua, Calderón compiled a list of his authentic *comedias*: the list includes 111 titles. A separate list of *autos sacramentales* includes seventy titles. Some of the plays have now been lost; others Calderón forgot to mention. Literary historians now credit him with about 120 *comedias*, seventy-nine *autos sacramentales*, and twenty shorter pieces (*entremeses, zarzuelas*, etc.). Fortunately for Spanish letters, Calderón's admirer and friend, Juan de Vera Tassis, edited his *comedias* in nine volumes between 1682 and 1691. Because of the list of his plays compiled by Calderón himself and because of the publication of the majority of his works immediately after his death, more is known about his authentic production than is the case with most Spanish dramatists.

The similarities and differences between the dramaturgy of Lope de Vega's and Calderón's generations are mentioned in the general introduction. It should be reiterated, however, that the types of plays cultivated by the younger dramatists do not differ basically from those popularized by their elders. It is in their methods where they differ significantly. Calderón's plays, whether *comedias de capa y espada* like *Casa con dos puertas mala es de guardar* or philosophical dramas like *La vida es sueño*, are characterized by greater unity and polish. In terms of plot, Calderón reduced the number of extraneous episodes and subplots in order to give greater coherence to the central action. He eliminated superfluous characters, strengthened the roles of secondary ones, and gave much greater prominence to the protagonist. He exploited the new poetic devices and language of Gongorism for the purpose of creating striking, significant imagery consonant with the dramatic action and with his thought. With regard to theme, he sought to provide his plays with a single unifying idea, an idea which in most of his serious plays stresses the moral responsibility of man. In keeping with his world view, Calderón expressed a plea, always implicit if not explicit, for justice and order, so that man, under God, could live in harmony with nature, with his fellows, and with himself. Frustration and unhappiness follow inevitably when man persists in error or fails to dominate his passions.

Calderón's masterpiece, *La vida es sueño*, not only reveals the most recurrent traits of his dramaturgy—the structural unity, the concentration on the role of the protagonist, the elevated tone and style—but it also underscores his abiding preoccupation with the theme of moral responsibility. Segismundo, heir to the throne of Poland, is confined at birth in a tower because his well-meaning father, a man of "science," interprets his horoscope to mean that he will be a tyrant if allowed to become king. Years later, when King Basilio decides to give his son an opportunity to prove himself, Segismundo is drugged and brought to the palace. On awakening and learning his true identity, Segismundo conducts himself as foully as his father feared. Then, drugged again and returned to the tower, Segismundo is left to ponder the question: What is reality and what is illusion? Is his life in the tower real and his experience in the palace only a dream? Or is the reverse true? When he is freed and placed in command of a successful revolt against his father, Segismundo concludes:

> mas, sea verdad o sueño,
> obrar bien es lo que importa;
> si fuere verdad, por serlo;
> si no, por ganar amigos
> para cuando despertemos.

Using his reason and free will to overcome the "fate" to which he was seemingly predestined (not by God but by his father's moral and intellectual error), Segismundo deems himself and, at the same time, restores order to the kingdom.

Calderón's virtuosity is nowhere better seen than in *El alcalde de Zalamea*, in which he abandons his aristocratic tendencies in order to praise the integrity of the Spanish peasant. Based on an earlier play of the same title (attributed, probably erroneously, to Lope de Vega), *El alcalde de Zalamea* dramatizes the conflict between Pedro Crespo, the peasant-mayor of Zalamea, and Don Lope de Figueroa, an army general whose troops are billeted in the village. Both men are representative of their social class; both are headstrong, stubborn individuals; both have a keen sense of justice and propriety. Reminded of his inferior status when he threatens to kill anyone who attempts to dishonor him, Pedro Crespo replies:

> Al rey la hacienda y la vida
> se ha de dar; pero el honor
> es patrimonio del alma,
> y el alma sólo es de Dios.

At the end of the play Pedro Crespo orders the execution of an army captain who violated his daughter, then refused to marry her. Outraged, Don Lope wants to punish him for exceeding the authority of his office, but Crespo is vindicated when the king intercedes in his behalf, supporting his claim that he had the moral, if not the legal, right to execute the offender. Although Calderón does not equal Lope de Vega in poetizing the joys and beauty of country life, *El alcalde de Zalamea* is unsurpassed in its dramatic statement of the Spanish peasant's sense of dignity, justice, and personal honor.

Although Lope de Vega advocated the honor theme in *El arte nuevo de hacer comedias* and popularized its use by writing several honor dramas, it is Calderón whose name is most intimately associated with the genre. Three of Calderón's plays, *El médico de su honra*, *El pintor de su deshonra*, and *A secreto agravio, secreta venganza*, are based on the Spanish code of honor which provided, as a matter of law, that a husband had the right to kill an adulterous wife and her lover. In the theater, as a matter of dramatic convention, the provisions of the code were carried farther: a husband was expected to spill the blood of his wife who, whether or no by willful wrongdoing on her part, was responsible for compromising her honor.

Seventeenth-century sources record several instances of bloody wife-killings, but debate continues among literary historians as to whether honor plays became popular simply because they dramatized such sensational events, or whether, in fact, they gave dramatic expression to a cherished national ideal. Arnold Reichenberger holds that the honor play became a sort of national ritual in which the dishonored husband was obliged to make atonement to society, which was offended by any subversion of conjugal honor, by sacrificing the wife as an expiatory victim. Earlier critics were fond of likening the honor code to fate in Greek tragedy because the protagonist, often through no fault of his own, is hounded by adverse circumstances that he cannot escape or avoid, and he is often compelled to pursue a course of action not of his own choosing.

Several sources have been suggested for *El médico de su honra*, but its primary source is a play by the same title attributed to Lope de Vega (again, probably erroneously), pub-

lished in 1633. Calderón retained the basic plot and most of the episodes of the source-play, and he kept most of the characters, although he changed their names. Calderón's drama is, however, greatly superior to the original in structure, characterization, imagery, and dramatic impact. To *El médico de su honra*, more than any other play, Calderón owes his reputation as Spain's foremost honor dramatist, and to it he also owes the longstanding opinion that he was a staunch defender of the honor code. How else can one explain the fact that Calderón not only permits Don Gutierre to slay his innocent wife on the mere suspicion of her guilt but also has the king give tacit approval to the murder? In recent years some Calderonian scholars, especially British ones, have adopted the view that far from being an apology for the honor code, the play contains, by virtue of its outrageous excesses and immorality, an implicit condemnation of the whole bloody business. Be that as it may, when reading an honor play, one would do well to accept the honor code as a dramatic convention and, consequently, to judge the play on its merits within the context of that convention. Calderón's drama has often been compared —usually unfavorably—with Shakespeare's *Othello*, but while such a comparison is instructive, it should be remembered that the Spanish dramatist was writing a tragedy of honor, not a tragedy of jealousy. Calderón's drama is a masterpiece of its kind.

The editor of the present edition is especially indebted to C. A. Jones' edition of *El médico du su honra* (Oxford, 1961), which is based primarily on the text contained in the first edition of Calderón's *Segunda parte* (Madrid, 1637). The text has also been collated with the edition of Luis Astrana Marín, contained in Calderón's *Obras completas*, vol. I (*Dramas*) (Madrid, 1941), and with the edition of A. Valbuena Briones, in vol. 142 of *Clásicos Castellanos* (Madrid, 1956).

Selected Bibliography

I. Collections of Calderón's Plays

Las comedias de D. Pedro Calderón de la Barca, ed. J. J. Keil. 4 vols. Leipzig, 1827–30.

Obras de don Pedro Calderón de la Barca, ed. J. E. Hartzenbusch, in *Biblioteca de Autores Españoles*, vols. 7, 9, 12, 14. Madrid, 1848.

Teatro selecto de Calderón de la Barca, ed. M. Menéndez Pelayo, in *Biblioteca Clásica*. 4 vols. Madrid, 1881.

Obras completas de Calderón. I. (*Dramas*), ed. Luis Astrana Marín. II. (*Comedias*), ed. A. Valbuena Briones. Madrid, 1941, 1956.

Dramas de honor. I. *A secreto agravio, secreta venganza*. II. *El médico de su honra y El pintor de su deshonra*, ed. A. Valbuena Briones, in *Clásicos Castellanos*, vols. 141, 142. Madrid, 1956. Vol. I contains an extensive introduction on the honor theme.

II. General Studies of Calderón

Constandse, A.L. *Le Baroque espagnol et Calderón de la Barca*. Amsterdam, 1951.

Cotarelo y Mori, Emilio. *Ensayo sobre la vida y obras de don Pedro Calderón de la Barca*. Madrid, 1924.

Frutos Cortés, E. *Calderón de la Barca*. Barcelona, 1949.

Hesse, Everett W. *Calderón de la Barca*. New York, 1967.

Hilborn, H.W. *A Chronology of the Plays of D. Pedro Calderón de la Barca*. Toronto, 1938.

Menéndez Pelayo, M. *Calderón y su teatro*. Nueva edición. Buenos Aires, 1946.

Rubió y Lluch, A. *El sentimiento del honor en el teatro de Calderón*. Barcelona, 1882.

Sloman, A. E. *The Dramatic Craftsmanship of Calderón. His Use of Earlier Plays*. Oxford, 1958.

Valbuena Briones, A. *Ensayo sobre la obra de Calderón*. Madrid, 1958.

———. *Perspectiva crítica de los dramas de Calderón*. Madrid, 1965.

Valbuena Prat. A. *Calderón. Su personalidad, su arte dramático, su estilo y sus obras*. Barcelona, 1941.

Wardropper, B.W. (ed.). *Critical Essays on the Theatre of Calderón*. New York, 1965.

III. Studies of El médico de su honra

Kossoff, A.D. "*El médico de su honra* and *La amiga de Bernal Francés*," *Hispanic Review* 24 (1956), 66–70.

Soons, Alan. "The Convergence of Doctrine and Symbol in *El médico de su honra*," *Romanische Forschungen* 72 (1960), 370–80.

Wardropper, B.W. "Poetry and Drama in Calderón's *El médico de su honra*," *Romanic Review* 49 (1958), 3–11.

∽∽∽ Jornada primera

Verses

1–76	Redondillas		575–608	Silvas
77–314	Romance (e-o)		609–672	Octavas reales
315–574	Décimas		673–1020	Romance (-é)

∽∽∽ Jornada segunda

1021–1142	Romance (u-e)		1485–1524	Romance (a-e)
1143–1170	Redondillas		1525–1584	Décimas
1171–1402	Décimas		1585–1712	Romance (e-a)
1403–1474	Romance (a-e)		1713–1860	Redondillas
1475–1484	Décima		1861–2048	Silvas

∽∽∽ Jornada tercera

2049–2108	Décimas		2496–2507	Silvas
2109–2328	Romance (i-e)		2508–2725	Romance (a-e)
2329–2495	Silvas		2726–2813	Redondillas
Prose passage			2814–2953	Romance (a-a)

〜〜〜 COMEDIA FAMOSA

〜〜〜 *El médico de su honra*

De don Pedro Calderón de la Barca

PERSONAS QUE HABLAN EN ELLA:

EL REY DON PEDRO	JACINTA, *esclava*
EL INFANTE DON ENRIQUE	LUDOVICO, *sangrador*
DON GUTIERRE ALFONSO	UN SOLDADO
DON ARIAS	UN VIEJO
DON DIEGO	PRETENDIENTES
COQUÍN, *lacayo*	ACOMPAÑAMIENTO
DOÑA MENCÍA DE ACUÑA	MÚSICA
DOÑA LEONOR	CRIADOS
INÉS, *criada*	CRIADAS
TEODORA, *criada*	

〜〜〜 Jornada primera

(*Suena ruido de caja, y sale cayendo el* INFANTE DON ENRIQUE, *y algo después salen* DON ARIAS *y* DON DIEGO, *y algo detrás el* REY DON PEDRO, *todos de camino.*) [1]

DON ENRIQUE
¡Jesús mil veces!

DON ARIAS
                    ¡El cielo
te valga!

REY
          ¿Qué fue?

DON ARIAS
                    Cayó
el caballo, y arrojó
desde él al infante al suelo.

REY
5   Si las torres de Sevilla
saluda de esa manera,
¡nunca a Sevilla viniera,
nunca dejara a Castilla!
¡Enrique, hermano!

DON DIEGO
                    ¡Señor!

---

[1] Stage direction. The setting is in the vicinity of Don Gutierre's country house in the environs of Seville. King Pedro, known both as *el Cruel* and *el Justiciero*, reigned in Castile from 1350 until 1369, when he was murdered by his brother Enrique de Trastamara, the Infante in the play.

REY

10 ¿No vuelve?[2]

DON ARIAS

A un tiempo ha perdido
pulso, color y sentido.
¡Qué desdicha!

DON DIEGO

¡Qué dolor!

REY

Llegad a esa quinta bella,
que está del camino al paso,[3]
15 don Arias, a ver si acaso,
recogido un poco en ella,
cobra salud el infante.
Todos os quedad[4] aquí,
y dadme un caballo a mí,
20 que he de pasar adelante;
que aunque este horror y mancilla
mi rémora pudo ser,[5]
no me quiero detener
hasta llegar a Sevilla.
25 Allá llegará la nueva
del suceso. (*Vase.*)

DON ARIAS

Esta ocasión
de su fiera condición[6]
ha sido bastante prueba.
¿Quién a un hermano dejara,
30 tropezando desta suerte
en los brazos de la muerte?
¡Vive Dios!

DON DIEGO

Calla, y repara
en que, si oyen las paredes,
los troncos, don Arias, ven,
35 y nada nos está bien.

DON ARIAS

Tú, don Diego, llegar puedes
a esa quinta, y di que aquí
el infante mi señor
cayó. Pero no; mejor
40 será que los dos así
le llevemos donde pueda
descansar.

DON DIEGO

Has dicho bien.

DON ARIAS

Viva Enrique, y otro bien
la suerte no me conceda.

(*Llevan al* INFANTE.)

(*Salen* DOÑA MENCÍA *y* JACINTA,
esclava herrada.[7])

DOÑA MENCÍA

45 Desde la torre los vi,
y aunque quién[8] son no podré
distinguir, Jacinta, sé
que una gran desdicha allí
ha sucedido. Venía
50 un bizarro caballero
en un bruto tan ligero,
que en el viento parecía
un pájaro que volaba;
y es razón que lo presumas,
55 porque un penacho de plumas
matices al aire daba.
El campo y el sol en ellas
compitieron resplandores;
que el campo le dio sus flores,
60 y el sol le dio sus estrellas;
porque cambiaban de modo,
y de modo relucían,
que en todo al sol parecían,
y a la primavera en todo.
65 Corrió, pues, y tropezó
el caballo, de manera
que lo que ave entonces era,
cuando en la tierra cayó
fue rosa; y así en rigor
70 imitó su lucimiento
en sol, cielo, tierra y viento,
ave, bruto, estrella y flor.

JACINTA

¡Ay, señora! En casa ha entrado . . .

DOÑA MENCÍA

¿Quién?

JACINTA

. . . un confuso tropel
75 de gente.

---

[2] *¿No vuelve?*: ¿No vuelve en sí?
[3] *del . . . paso*: beside the road.
[4] *os quedad*: quedaos.
[5] *aunque . . . ser*: although this horror and misfortune could cause my delay.

[6] *condición*: character.
[7] *esclava herrada*: branded slave. See *La adversa fortuna de don Álvaro de Luna*, n 69.
[8] *quién*: quiénes.

DOÑA MENCÍA

¿Mas que[9] con él
a nuestra quinta han llegado?

(*Salen* DON ARIAS *y* DON DIEGO, *y
sacan al* INFANTE, *y siéntanle en una
silla.*)

DON DIEGO

En las casas de los nobles
tiene tan divino imperio
la sangre del rey, que ha dado
80 en la vuestra atrevimiento
para entrar desta manera.

DOÑA MENCÍA

(¿Qué es esto que miro? ¡Ay cielos!)
(*Aparte.*)

DON DIEGO

El infante don Enrique,
hermano del rey don Pedro,
85 a vuestra puertas cayó,
y llega aquí medio muerto.

DOÑA MENCÍA

¡Válgame Dios, qué desdicha!

DON ARIAS

Decidnos a qué aposento
podrá retirarse, en tanto
90 que vuelva al primero aliento
su vida. ¿Pero qué miro?
¡Señora!

DOÑA MENCÍA

¡Don Arias!

DON ARIAS

Creo
que es sueño fingido cuanto
estoy escuchando y viendo.
95 ¿Que el infante don Enrique,
más amante que primero,
vuelva a Sevilla, y te halle
con tan infeliz encuentro,
puede ser verdad?

DOÑA MENCÍA

Sí es;
100 ¡y ojalá que fuera sueño!

DON ARIAS

¿Pues qué haces aquí?

DOÑA MENCÍA

Despacio
lo sabrás; que ahora no es tiempo

sino sólo de acudir
a la vida de tu dueño.

DON ARIAS

105 ¿Quién le dijera que así
llegara a verte?

DOÑA MENCÍA

Silencio,
que importa mucho, don Arias.

DON ARIAS

¿Por qué?

DOÑA MENCÍA

Va mi honor en ello.
Entrad en ese retiro,
110 donde está un catre cubierto
de un cuero turco y de flores;
y en él, aunque humilde lecho,
podrá descansar. Jacinta,
saca tú ropa al momento,
115 aguas y olores que sean
dignos de tan alto empleo.

(*Vase* JACINTA.)

DON ARIAS

Los dos,[10] mientras se adereza,
aquí al infante dejemos,
y a su remedio acudamos,
120 si hay en desdichas remedio.

(*Vanse los dos.*)

DOÑA MENCÍA

Ya se fueron; ya he quedado
sola. ¡Oh quién pudiera, ah cielos,
con licencia de su honor
hacer aquí sentimientos![11]
125 ¡Oh quién pudiera dar voces,
y romper con el silencio
cárceles de nieve, donde
está aprisionado el fuego,
que ya, resuelto en cenizas,
130 es ruina que está diciendo:
"Aquí fue amor"! Mas ¿qué digo?
¿Qué es esto, cielos, qué es esto?
<u>Yo soy quien soy.</u>[12] Vuelva el aire
<u>los repetidos acentos</u>
135 que llevó, porque aun perdidos,
no es bien que publiquen ellos
lo que yo debo callar;
porque ya, con más acuerdo,[13]

---

[9] ¿*Mas que . . .?*: Do you suppose that . . .?
[10] *Los dos*: i.e., Don Arias and Don Diego.
[11] *hacer . . . sentimientos*: to express one's feelings.

[12] *Yo soy quien soy*: I am a person of honor.
[13] *acuerdo*: reflection.

ni para sentir soy mía;[14]
140 y solamente me huelgo
de tener hoy que sentir,
por tener en mis deseos
que vencer; pues no hay virtud
sin experiencia.[15] Perfeto
145 está el oro en el crisol,
el imán[16] en el acero,
el diamante en el diamante,
los metales en el fuego;
y así mi honor en sí mismo
150 se acrisola, cuando llego
a vencerme, pues no fuera
sin experiencias perfeto.
¡Piedad, divinos cielos!
¡Viva callando, pues callando muero!
¡Enrique! ¡Señor!

DON ENRIQUE

155 (*Volviendo en sí.*) ¿Quién llama?

DOÑA MENCÍA

¡Albricias[17] . . .

DON ENRIQUE

¡Válgame el cielo!

DOÑA MENCÍA

. . . que vive tu alteza!

DON ENRIQUE

¿Dónde
estoy?

DOÑA MENCÍA

En parte, a lo menos,
donde de vuestra salud
hay quien se huelgue.

DON ENRIQUE

160 Lo creo,
si esta dicha, por ser mía,
no se deshace en el viento,
pues consultando conmigo
estoy, si despierto sueño,
165 o si dormido discurro,
pues a un tiempo duermo y velo.
¿Pero para qué averiguo,
poniendo a mayores riesgos

la verdad? Nunca despierte,
170 si es verdad que agora duermo;
y nunca duerma en mi vida,
si es verdad que estoy despierto.[18]

DOÑA MENCÍA

Vuestra alteza, gran señor,
trate, prevenido y cuerdo,
175 de su salud, cuya vida
dilate siglos eternos,[19]
fénix[20] de su misma fama,
imitando al que en el fuego
ave, llama, ascua y gusano,
180 urna, pira, voz y incendio,
nace, vive, dura y muere,
hijo y padre de sí mesmo;
que después sabrá de mí
dónde está.

DON ENRIQUE

No lo deseo;
185 que si estoy vivo y te miro,
ya mayor dicha no espero;
ni mayor dicha tampoco,
si te miro estando muerto;
pues es fuerza que sea gloria[21]
190 donde vive ángel tan bello.
Y así no quiero saber
qué acasos ni qué sucesos
aquí mi vida guiaron,
ni aquí la tuya trujeron;[22]
195 pues con saber que estoy donde
estás tú, vivo contento;
y así, ni tú que decirme,
ni yo que escucharte tengo.

DOÑA MENCÍA

(Presto de tantos favores (*Aparte.*)
200 será desengaño el tiempo.)
Dígame ahora, ¿cómo está
vuestra alteza?

DON ENRIQUE

Estoy tan bueno,
que nunca estuve mejor;
sólo en esta pierna siento
205 un dolor.

---

[14] *ni . . . soy mía.* Mencía means that she cannot give full rein to her feelings because she is married.

[15] *experiencia:* trial.

[16] *imán:* magnetism.

[17] *¡Albricias!* As an expression of joy or relief, *albricias* is frequently equivalent to "Thank God!"

[18] *Nunca . . . despierto.* The idea expressed here was a common one in the writings of Calderón and other Golden Age authors, who were preoccupied with the theme of dreams. Cf. Francisco de Quevedo's *Soneto a Floralba:* "Y dije, 'Quiera Amor, quiera mi suerte,/ que nunca duerma yo si estoy despierto,/ y que si duermo, que jamás despierte.'"

[19] *cuya . . . eternos:* whose life it (your health) may prolong eternal centuries.

[20] *fénix:* phoenix. See *El caballero de Olmedo,* n. 46.

[21] *gloria:* heaven.

[22] *trujeron: trajeron.*

DON MENCÍA

Fue gran caída;
pero en descansando, pienso
que cobraréis la salud;
y ya os están previniendo
cama donde descanséis.
210 Que me perdonéis, os ruego,
la humildad de la posada;
aunque disculpada quedo . . .

DON ENRIQUE

Muy como señora habláis,
Mencía. ¿Sois vos el dueño
215 desta casa?

DOÑA MENCÍA

No, señor;
pero de quien lo es, sospecho
que lo soy.

DON ENRIQUE

¿Y quién lo es?

DOÑA MENCÍA

Un ilustre caballero,
Gutierre Alfonso Solís,
220 mi esposo y esclavo vuestro.

DON ENRIQUE

¿Vuestro esposo? (*Levántase.*)

DOÑA MENCÍA

Sí, señor.
No os levantéis, deteneos;
ved que no podéis estar
en pie.

DON ENRIQUE

Sí puedo, sí puedo.
(*Sale* DON ARIAS.)

DON ARIAS

225 Dame, gran señor, las plantas,
que mil veces toco y beso,
agradecido a la dicha
que en tu salud nos ha vuelto
la vida a todos.
(*Sale* DON DIEGO.)

DON DIEGO

Ya puede
230 vuestra alteza a ese aposento
retirarse, donde está
prevenido todo aquello
que pudo en la fantasía

bosquear el pensamiento.

DON ENRIQUE

235 Don Arias, dame un caballo;
dame un caballo, don Diego.
Salgamos presto de aquí.

DON ARIAS

¿Qué decís?

DON ENRIQUE

Que me deis presto
un caballo.

DON DIEGO

Pues, señor . . .

DON ARIAS

240 Mira . . .

DON ENRIQUE

Estáse Troya ardiendo,
y Eneas de mis sentidos,
he de librarlos del fuego.[23]
(*Vase* DON DIEGO.)
¡Ay, don Arias, la caída
no fue acaso, sino agüero
245 de mi muerte! Y con razón,
pues fue divino decreto
que viniese a morir yo
con tan justo sentimiento,
donde tú estabas casada,
250 porque nos diesen a un tiempo
pésames y parabienes
de tu boda y de mi entierro.
De verse el bruto a tu sombra,
pensé que altivo y soberbio
255 engendró con osadía
bizarros atrevimientos,
cuando presumiendo de ave,
con relinchos cuerpo a cuerpo
desafiaba los rayos,
260 después que venció los vientos;
y no fue sino que al ver
tu casa, montes de celos[24]
se le pusieron delante,
porque tropezase en ellos;
265 que aun un bruto se desboca
con celos; y no hay tan diestro
jinete, que allí no pierda
los estribos al correrlos.
Milagro de tu hermosura

---

[23] *Estáse . . . fuego*: i.e., just as Aeneas saved his father Anchises from the burning of Troy, so Don Enrique will save his senses from the fire of despair. See *El burlador de Sevilla*, n. 67.

[24] *montes de celos*. The use of concrete terms to measure abstract or affective qualities is characteristic of baroque poetry.

270 presumí el feliz suceso
de mi vida, pero ya,
más desengañado, pienso
que no fue sino venganza
de mi muerte, pues es cierto
275 que muero, y que no hay milagros
que se examinen muriendo.

DOÑA MENCÍA

Quien oyere a vuestra alteza
quejas, agravios, desprecios,
podrá formar de mi honor
280 presunciones y concetos
indignos dél; y yo agora,
por si acaso llevó el viento
cabal alguna razón,[25]
sin que en partidos acentos
285 la troncase, responder
a tantos agravios quiero,
porque donde fueron quejas,
vayan con el mismo aliento
desengaños. Vuestra alteza,
290 liberal de sus deseos,
generoso de sus gustos,
pródigo de sus afectos,
puso los ojos en mí:
es verdad, yo lo confieso.
295 Bien sabe, de tantos años
de experiencias, el respeto
con que constante mi honor
fue una montaña de hielo,
conquistada de las flores,
300 escuadrones que arma el tiempo.[26]
Si me casé, ¿de qué engaño
se queja, siendo sujeto
imposible a sus pasiones,
reservado a sus intentos,
305 pues soy para dama más,
lo que para esposa menos?[27]
Y así, en esta parte ya
disculpada, en la que tengo
de mujer, a vuestros pies
310 humilde, señor, os ruego
no os ausentéis desta casa,

poniendo a tan claros riesgos
la salud.

DON ENRIQUE

¡Cuánto mayor
en esta casa le[28] tengo!
(*Salen* DON GUTIERRE ALFONSO *y*
COQUÍN.)

DON GUTIERRE

315   Déme los pies vuestra alteza,
si puedo de tanto sol
tocar, ¡oh rayo español!,
la majestad y grandeza.
Con alegría y tristeza
320 hoy a vuestras plantas llego,
y mi aliento, lince y ciego,[29]
entre asombros y desmayos,
es águila a tantos rayos,
mariposa a tanto fuego.
325   Tristeza de la caída
que puso con triste efeto
a Castilla en tanto aprieto,
y alegría de la vida
que vuelve restituída
330 a su pompa, a su belleza,
cuando en gusto vuestra alteza
trueca ya la pena mía:
¿quién vio triste la alegría?,
¿quién vio alegre la tristeza?
335   Y honrad por tan breve espacio
esta esfera, aunque pequeña;
porque el sol no se desdeña,
después que ilustró un palacio,
de iluminar el topacio
340 de algún pajizo arrebol.[30]
Y pues sois rayo español,
descansad aquí; que es ley
hacer el palacio el rey
también, si hace esfera el sol.

DON ENRIQUE

345   El gusto y pesar estimo
del modo que le[31] sentís,
Gutierre Alfonso Solís;
y así en el alma le imprimo,

---

[25] *cabal . . . razón*: any complete statement.

[26] *Bien sabe . . . tiempo*. The passage appears to be contradictory, but presumably Mencía's honor was overcome by Don Enrique's persistence.

[27] *pues . . . menos*. Mencía means that if she was not good enough because of social inequality to be Enrique's wife, she has too much self-respect to be his paramour (*dama*).

[28] The antecedent of *le* is *riesgo* (*riesgos*).

[29] *mi aliento . . . ciego*: my spirit, sharp-sighted and blind (a typical baroque paradox).

[30] *porque . . . arrebol*: because the sun, after it has lighted up a palace, does not disdain to illuminate the topaz with golden hue.

[31] Note that the antecedent of *le* is both *gusto* and *pesar*, which are considered as a unit.

donde a tenerle me animo
350 guardado.

DON GUTIERRE

Sabe tu alteza
honrar.

DON ENRIQUE

Y aunque la grandeza
desta casa fuera aquí
grande esfera para mí,
pues lo fue de otra belleza,
355 no me puedo detener;
que pienso que esta caída
ha de costarme la vida;
y no sólo por caer,
sino también por hacer
360 que no pasase adelante
mi intento; y es importante
irme, que hasta un desengaño
cada minuto es un año,
es un siglo cada instante.

DON GUTIERRE

365 Señor, ¿vuestra alteza tiene
causa tal, que[32] su inquietud
aventure la salud
de una vida que previene
tantos aplausos?

DON ENRIQUE

Conviene
370 llegar a Sevilla hoy.

DON GUTIERRE

Necio en apurar estoy
vuestro intento; pero creo
que mi lealtad y deseo . . .

DON ENRIQUE

Y si yo la causa os doy,
375 ¿qué diréis?

DON GUTIERRE

Yo no os la pido;
que a vos, señor, no es bien hecho
examinaros el pecho.

DON ENRIQUE

Pues esuchad: yo he tenido
un amigo tal, que ha sido
380 otro yo.

DON GUTIERRE

Dichoso fue.

DON ENRIQUE

A éste en mi ausencia fié

el alma, la vida, el gusto
en una mujer. ¿Fue justo
que, atropellando la fe
385 que debió al respeto mío,
faltase en ausencia?

DON GUTIERRE

No.

DON ENRIQUE

Pues a otro dueño le dio
llaves de aquel albedrío;
al pecho que yo le fío,
390 introdujo otro señor;
otro goza su favor.
¿Podrá un hombre enamorado
sosegar con tal cuidado,
descansar con tal dolor?

DON GUTIERRE

395 No, señor.

DON ENRIQUE

Cuando los cielos
tanto me fatigan hoy,
que en cualquier parte que estoy,
estoy mirando mis celos,
tan presentes mis desvelos
400 están delante de mí,
que aquí los miro; y así
de aquí ausentarme deseo,
que aunque van conmigo, creo
que se han de quedar aquí.

DOÑA MENCÍA

405 Dicen que el primer consejo
ha de ser de la mujer;[33]
y así, señor, quiero ser
— perdonad si os aconsejo —
quien os dé consuelo. Dejo
410 aparte celos, y digo
que aguardéis a vuestro amigo,
hasta ver si se disculpa;
que hay calidades de culpa
que no merecen castigo.
415 No os despeñe vuestro brío;
mirad, aunque estéis celoso,
que ninguno es poderoso
en el ajeno albedrío.
Cuanto al amigo, confío
420 que os he respondido ya;
cuanto a la dama, quizá
fuerza, y no mudanza fue.

---

[32] *que: para que.*

[33] *Dicen . . . mujer.* Cf. the proverb, *De la mujer el primer consejo; el segundo no le quiero.*

Oídla vos, que yo sé
que ella se disculpará.

DON ENRIQUE

425   No es posible.

(*Sale* DON DIEGO.)

DON DIEGO

Ya está allí
el caballo apercibido.

DON GUTIERRE

Si es del que hoy habéis caído,
no subáis en él, y aquí
recibid, señor, de mí,
430 una pía[34] hermosa y bella,
a quien una palma sella,
signo que vuestra la hace;[35]
que también un bruto nace
con mala o con buena estrella.[36]
435   Es este prodigio, pues,
proporcionado y bien hecho,
dilatado de anca y pecho;
de cabeza y cuello es
corto, de brazos y pies
440 fuerte, a uno y otro elemento[37]
les da en sí lugar y asiento,
siendo el bruto de la palma
tierra el cuerpo, fuego el alma,
mar la espuma, y todo viento.

DON ENRIQUE

445   El alma aquí no podría
distinguir lo que procura,
la pía de la pintura,[38]
o por mejor bizarría,
la pintura de la pía.

COQUÍN

450 Aquí entro yo. A mí me dé
vuestra alteza mano o pie,
lo que está — que esto es más llano —,
o más a pie, o más a mano.[39]

DON GUTIERRE

Aparta, necio.

DON ENRIQUE

¿Por qué?

455   Dejadle; su humor le abona.

COQUÍN

En hablando de la pía,
entra la persona mía,
que es su segunda persona.

DON ENRIQUE

Pues ¿quién sois?

COQUÍN

¿No lo pregona
460 mi estilo? Yo soy, en fin,
Coquín, hijo de Coquín,
de aquesta casa escudero,
de la pía despensero,[40]
pues le siso al celemín[41]
465   la mitad de la comida;
y en efeto, señor, hoy,
por ser vuestro día, os doy
norabuena muy cumplida.

DON ENRIQUE

¿Mi día?

COQUÍN

Es cosa sabida.

DON ENRIQUE

470 Su día llama uno aquel
que es a sus gustos fiel,
y lo fue a la pena mía:
¿cómo pudo ser mi día?

COQUÍN

Cayendo, señor, en él;
475   y para que se publique
en cuantos lunarios[42] hay,
desde hoy diré: "A tantos cay
San Infante don Enrique."[43]

DON GUTIERRE

Tu alteza, señor, aplique
480 la espuela al ijar; que el día
ya en la tumba helada y fría,
huésped del undoso dios,[44]
hace noche.

DON ENRIQUE

Guárdeos Dios,
hermosísima Mencía;

---

[34] *pía:* piebald horse.
[35] *a quien . . . hace.* The meaning is that the horse is marked by a palm-shaped splotch, thus making it appropriate for Don Enrique since the palm is a symbol of triumph.
[36] *estrella:* fate, destiny.
[37] *uno y otro elemento.* Calderón, probably more than any other Golden Age dramatist, is fond of basing poetic imagery on the four elements.
[38] *pintura:* description.

[39] *a mí . . . mano.* In asking for Don Enrique's hand or foot to kiss, Coquín is playing on the expression (*estar*) *a la mano,* "to be available or at hand."
[40] *despensero:* steward.
[41] *le siso al celemín:* I filch from every peck (of grain).
[42] *lunario:* calendar.
[43] *"A tantos . . . Enrique":* St. Enrique's feast falls on such and such a day.
[44] *undoso dios:* i.e., Neptune.

485 y porque veáis que estimo
el consejo, buscaré
a esta dama, y della oiré
la disculpa. (Mal reprimo (*Aparte.*)
el dolor, cuando me animo
490 a no decir lo que callo.
Lo que en este lance hallo,
ganar y perder se llama;
pues él me ganó la dama,
y yo le gané el caballo.)
　　(*Vanse el* INFANTE, DON ARIAS, DON
　　DIEGO *y* COQUÍN.)
　　　　DON GUTIERRE
495 Bellísimo dueño mío,
ya que vive tan unida
a dos almas una vida,
dos vidas a un albedrío,
de tu amor y ingenio fío
500 hoy, que licencia me des
para ir a besar los pies
al rey mi señor, que viene
de Castilla; y le conviene
a quien caballero es,
505 irle a dar la bienvenida.
Y fuera desto, ir sirviendo
al infante Enrique, entiendo
que es acción justa y debida,
ya que debí a su caída
510 el honor que hoy ha ganado
nuestra casa.
　　　　DOÑA MENCÍA
　　　　　　¿Qué cuidado
más te lleva a darme enojos?
　　　　DON GUTIERRE
No otra cosa, ¡por tus ojos!
　　　　DOÑA MENCÍA
¿Quién duda que haya causado
515 algún deseo Leonor?
　　　　DON GUTIERRE
¿Eso dice? No la nombres.
　　　　DOÑA MENCÍA
¡Oh qué tales sois los hombres!
Hoy olvido, ayer amor;
ayer gusto, y hoy rigor.
　　　　DON GUTIERRE
520 Ayer, como al sol no vía,[45]

hermosa me parecía
la luna; mas hoy, que adoro
al sol, ni dudo ni ignoro
lo que hay de la noche al día.
525 Y escúchame un argumento:
una llama en noche obscura
arde hermosa, luce pura,
cuyos rayos, cuyo aliento
dulce ilumina del viento
530 la esfera; sale el farol
del cielo, y a su arrebol
toda la sombra se reduce;
ni arde, ni alumbra, ni luce;
que es mar de rayos el sol.
535 Aplico agora:[46] yo amaba
una luz, cuyo esplendor
vivió planeta mayor,[47]
que sus rayos sepultaba:
una llama me alumbraba,
540 pero era una llama aquélla,
que eclipsas divina y bella,
siendo de luces crisol;
porque hasta que sale el sol,
parece hermosa una estrella.
　　　　DOÑA MENCÍA
545 ¡Qué lisonjero os escucho!
Muy metafísico[48] estáis.
　　　　DON GUTIERRE
En fin, ¿licencia me dais?
　　　　DOÑA MENCÍA
Pienso que la deseáis mucho;
por eso cobarde lucho
550 conmigo.
　　　　DON GUTIERRE
　　　　　　¿Puede en los dos
haber engaño, si en vos
quedo yo, y vos vais en mí?
　　　　DOÑA MENCÍA
Pues, como os quedáis aquí,
adiós, don Gutierre.
　　　　DON GUTIERRE
　　　　　　　　Adiós.
　　(*Vase* DON GUTIERRE.)
　　(*Sale* JACINTA.)
　　　　JACINTA
555 Triste, señora, has quedado.

---

45 *vía: veía.*
46 *Aplico agora:* I now apply (the argument).
47 *vivió . . . mayor.* The clause is obscure because of
the doubtful meaning of *vivió.* Jones suggests *bebió*

for *vivió,* but *venció* seems more likely in view of the
following clause.
48 *metafísico.* The first edition has *paralífico;* Vera
Tassis emended to *metafísico.*

446 Pedro Calderón de la Barca

DOÑA MENCÍA
Sí, Jacinta, y con razón.

JACINTA
No sé qué nueva ocasión
te ha suspendido y turbado;
que una inquietud, un cuidado
560 te ha divertido.[49]

DOÑA MENCÍA
Es así.

JACINTA
Bien puedes fiar de mí.

DOÑA MENCÍA
¿Quieres ver si de ti fío
mi vida y el honor mío?
Pues escucha atenta.

JACINTA
Di.

DOÑA MENCÍA
565 Nací en Sevilla, y en ella
me vio Enrique, festejó
mis desdenes, celebró
mi nombre . . . ¡feliz estrella!
Fuése, y mi padre atropella
570 la libertad que hubo en mí.
La mano a Gutierre di,
volvió Enrique, y en rigor,
tuve amor, y tengo honor.
Esto es cuanto sé de mí. (Vanse.)

(Salen DOÑA LEONOR e INÉS con
mantos.)[50]

INÉS
575 Ya sale para entrar en la capilla;
aquí le espera, y a sus pies te humilla.

DOÑA LEONOR
Lograré mi esperanza,
si repite[51] a mi agravio la venganza.

(Salen el REY, CRIADOS, un SOLDADO,
un VIEJO y PRENTENDIENTES.)[52]

VOCES (Dentro.)
¡Plaza!

PRETENDIENTE 1º
Tu majestad aquéste lea.

REY
580 Yo le haré ver.

PRETENDIENTE 2º
Tu alteza, señor, vea
éste.

REY
Está bien.

PRETENDIENTE 2º
(Pocas palabras gasta.)
(Aparte.)

PRETENDIENTE 3º
Yo soy . . .

REY
El memorial aqueste basta.

SOLDADO
(Turbado estoy; mal el temor resisto.)
(Aparte.)

REY
¿De qué os turbáis?

SOLDADO
¿No basta haberos visto?[53]

REY
585 Sí basta. ¿Qué pedís?

SOLDADO
Yo soy soldado:
una ventaja.[54]

REY
Poco habéis pedido
para haberos turbado.
Una jineta[55] os doy.

SOLDADO
Felice he sido.

VIEJO
Un pobre viejo soy; limosna os pido.

REY
590 Tomad este diamante.

VIEJO
¿Para mí os le quitáis?

REY
Y no os espante;
que, para darle de una vez, quisiera
sólo un diamante todo el mundo fuera.

DOÑA LEONOR
Señor, a vuestras plantas
595 mis pies turbados llegan.
De parte de mi honor vengo a pediros
con voces que se anegan en suspiros,

---

[49] divertir: to distract, upset.
[50] Stage direction. The scene shifts to the royal palace in Seville.
[51] repetir: to correspond.
[52] pretendiente: petitioner, office-seeker.
[53] According to tradition, King Pedro's severe countenance was in keeping with his epithet, el Cruel.
[54] ventaja: extra remuneration.
[55] jineta: short lance carried by infantry captains as insignia of rank.

con suspiros que en lágrimas se anegan,
justicia: para vos y Dios apelo.

REY

600 Sosegaos, señora; alzad del suelo.

DOÑA LEONOR

Yo soy . . .

REY

No prosigáis de esa manera.
Salíos todos afuera.

(*Vanse todos menos la dama.*)

Hablad agora, porque si venisteis
de parte del honor, como dijisteis,
605 indigna cosa fuera
que en público el honor sus quejas diera,
y que a tan bella cara
vergüenza la justicia le costara.

DOÑA LEONOR

Pedro, a quien llama el mundo Justiciero,
610 planeta soberano de Castilla,
a cuya luz se alumbra este hemisfero; [56]
Júpiter español, cuya cuchilla
rayos esgrime de templado acero,
cuando blandida al aire alumbra y brilla:
615 sangriento giro, que entre nubes de oro,
corta los cuellos de uno y otro moro:
yo soy Leonor, a quien Andalucía
llama — lisonja fue — Leonor la bella;
no porque fuese la hermosura mía
620 quien el nombre adquirió, sino la estrella;
que quien decía bella, ya decía
infelice; que el nombre incluye y sella,
a la sombra no más de la hermosura,
poca dicha, señor, poca ventura.
625 Puso los ojos, para darme enojos,
un caballero en mí, que ¡ojalá fueia
basilisco [57] de amor a mis despojos, [58]
áspid de celos a mi primavera! [59]
Luego el deseo sucedió a los ojos,

630 el amor al deseo, y de manera
mi calle festejó, que en ella vía
morir la noche y expirar el día.
¿Con qué razones, gran señor, herida
la voz, diré que a tanto amor postrada,
635 aunque el desdén me publicó ofendida,
la voluntad me confesó obligada? [60]
De obligada pasé a agradecida,
luego de agradecida a apasionada;
que en la universidad de enamorados,
640 dignidades de amor se dan por grados.
Poca centella incita mucho fuego,
poco viento movió mucha tormenta,
poca nube al principio arroja luego
mucho diluvio, poca luz alienta
645 mucho rayo después, poco amor ciego
descubre mucho engaño; y así intenta,
siendo centella, viento, nube, ensayo,
ser tormenta, diluvio, incendio y rayo. [61]
Dióme palabra que sería mi esposo;
650 que éste de las mujeres es el cebo
con que engaña el honor el cauteloso [62]
pescador, cuya pasta es el Erebo [63]
que aduerme los sentidos temoroso.
El labio aquí fallece, y no me atrevo
655 a decir que mintió. No es maravilla.
¿Qué palabra se dio para cumplilla?
Con esta libertad entró en mi casa,
si bien siempre el honor fue reservado;
porque yo, liberal de amor y escasa
660 de honor, [64] me atuve siempre a este sagrado.
Mas la publicidad a tanto pasa,
y tanto esta opinión [65] se ha dilatado,
que en secreto quisiera más perdella,
que con público escándalo tenella. [66]
665 Pedí justicia, pero soy muy pobre;
quejéme dél, pero es muy poderoso;
y ya que es imposible que yo cobre,
pues se casó, mi honor, Pedro famoso,

---

[56] *hemisfero:* hemisferio.

[57] *basilisco:* basilisk. See *El caballero de Olmedo*, n. 27.

[58] *despojos:* charms.

[59] *primavera:* youth (*fig.*). Leonor's exclamation means that she wishes that he, like a basilisk or asp, had killed her.

[60] *aunque . . . obligada?*: freely, "although my disdain of him in public showed me to be offended, my affection made me confess that he had won my favor?

[61] *ensayo . . . rayo.* Because of the relationships established earlier in the sentence, *ensayo* corresponds to *poca luz;* hence, *ensayo* represents the preparation by which *poca luz* seeks to become a *rayo.*

[62] *cauteloso:* cunning.

[63] *cuya . . . Erebo:* the substance of whose bait is the Erebus River (i.e., forgetfulness). Calderón uses the Erebus, one of the rivers of hell, as a symbol of forgetfulness, but unlike the Styx and Lethe, it generally symbolizes darkness.

[64] *escasa de honor:* parsimonious in giving up my honor.

[65] *opinión:* gossip.

[66] *perdella . . . tenella.* The antecedent of *la* is *opinión* but with its meaning of honor or reputation. Leonor's statement recalls the words of Leocardia's father in Cervantes' *La fuerza de la sangre:* ". . . advierte, hija, que más lastima una onza de deshonra pública que una arroba de infamia secreta."

si sobre [67] tu piedad divina, sobre
670 tu justicia, me admites generoso,
que me sustente en un convento pido.
Gutierre Alfonso de Solís ha sido.

REY

Señora, vuestros enojos
siento con razón, por ser
675 un Atlante [68] en quien descansa
todo el peso de la ley.
Si Gutierre está casado,
no podrá satisfacer,
como decís, por entero
680 vuestro honor; pero yo haré
justicia como convenga
en esta parte, si bien
no os debe restituir
honor que vos tenéis.
685 Oigamos a la otra parte [69]
disculpas suyas; que es bien
guardar el segundo oído
para quien llega después;
y fiad, Leonor de mí,
690 que vuestra causa veré,
de suerte que no os obligue
a que digáis otra vez
que sois pobre, él poderoso,
siendo yo en Castilla rey.
695 Mas Gutierre viene allí;
podrá, si conmigo os ve,
conocer que me informateis
primero. Aquese cancel [70]
os encubra; aquí aguardad,
700 hasta que salgáis después.

DOÑA LEONOR

En todo he de obedeceros. (*Escóndese.*)

(*Sale* COQUÍN.)

COQUÍN

De sala en sala, pardiez,
a la sombra de mi amo,
que allí se quedó, llegué
705 hasta aquí, ¡Valgame Alá!
¡Vive Dios, que está aquí el rey!
Él me ha visto, y se mesura.
¡Plegue al cielo que no esté

muy alto aqueste balcón,
710 por si me arroja por él!

REY

¿Quién sois?

COQUÍN

¿Yo, señor?

REY

Vos.

COQUÍN

Yo,
¡válgame el cielo!, soy quien
vuestra majestad quisiere,
sin quitar y sin poner,
715 porque un hombre muy discreto
me dio por consejo ayer,
no fuese quien en vida
vos no quisieseis; y fue
de manera la lición, [71]
720 que antes, agora y después,
quien vos quisiéredes sólo
fui, quien gustareis seré,
quien os place soy; y en esto,
mirad con quien y sin quien . . . [72]
725 y así, con vuestra licencia,
por donde vine me iré
hoy, con mis pies de compás,
si no con compás de pies. [73]

REY

Aunque me habéis respondido
730 cuanto pudiera saber,
quién sois os he preguntado.

COQUÍN

Y yo os hubiera también
al tenor de la pregunta
respondido, a no temer
735 que en diciéndoos quien soy, luego
por un balcón me arrojéis,
por haberme entrado aquí
tan sin qué ni para qué,
teniendo un oficio yo
740 que vos no habéis menester.

REY

¿Qué oficio tenéis?

COQUÍN

Yo soy

---

[67] *sobre*: in addition to.
[68] *Atlante*: Atlas.
[69] *parte*: party (in a legal sense).
[70] *cancel*: screen.
[71] *lición*: lección.
[72] *mirad . . . quien*: freely, "Observe to whom you
have been talking and without whom you will soon
be left (since I am leaving)."
[73] *con mis . . . pies*. Jones suggests the following
meaning for this passage: "with long strides, like
extended compasses, if not very correctly."

cierto correo[74] de a pie,
portador de todas nuevas,
hurón[75] de todo interés,
745 sin que se me haya escapdo
señor profeso o novel;
y del que me ha dado más,
digo mal, mas digo bien.
Todas las casas son mías;
750 y aunque lo son, esta vez
la de don Gutierre Alfonso
es mi accesoria, en quien fue
mi pasto meridiano,
un andaluz cordobés.[76]
755 Soy cofrade del contento;
el pesar no sé quién es,
ni aun para servirle. En fin,
soy, aquí donde me veis,
mayordomo de la risa,
760 gentilhombre del placer,
y camarero del gusto,
pues que me visto con él.
Y por ser esto, he temido
el darme aquí a conocer;
765 porque un rey que no se ríe,
temo que me libre cien
esportillas batanadas,
con pespuntes al envés,
por vagamundo.[77]

REY
            En fin, ¿sois
770 hombre que a cargo tenéis
la risa?

COQUÍN
Sí, mi señor;
y porque lo echéis de ver,
esto es jugar de gracioso
en palacio. (*Cúbrese.*[78])

REY
Está muy bien;

775 y pues sé quién sois, hagamos
los dos un concierto.

COQUÍN
            ¿Y es?

REY
¿Hacer reír profesáis?

COQUÍN
Es verdad.

REY
            Pues cada vez
que me hiciéredes reír,
780 cien escudos[79] os daré;
y si no me hubiéreis hecho
reír en término de un mes,
os han de sacar los dientes.

COQUÍN
Testigo falso me hacéis,
785 y es ilícito contrato
de inorme[80] lesión.

REY
            ¿Por qué?

COQUÍN
Porque quedaré lisiado
si le aceto, ¿no se ve?
Dicen, cuando uno se ríe,
790 que enseña los dientes; pues
enseñarlos yo llorando,
será reírme al revés.
Dicen que sois tan severo
que a todos dientes hacéis;[81]
795 ¿qué os hice yo, que a mí solo
deshacérmelos queréis?
Pero vengo en el partido;[82]
que porque ahora me dejéis
ir libre, no le rehuso,
800 pues por lo menos un mes
me hallo aquí, como en la calle,
de vida;[83] y al cabo dél,
no es mucho que tome postas

(handwritten note in right margin:) crueldad gratuita.

---

[74] *correo*: messenger.
[75] *hurón*: gossipy busybody.
[76] *un andaluz cordobés* is in apposition to Don Gutierre.
[77] *temo . . . envés*: freely, "I fear that he will unload on my buttocks a hundred blows and kicks for being a vagabond." Literally, *esportillas batanadas* are "beaten baskets." *Pespuntes*, "backstitches," may involve a pun on *puntapiés*. *Vagamundo* is a colloquial form of *vagabundo*.
[78] Coquín's putting on his hat in the presence of the king, a privilege enjoyed only by grandees, is meant

to satirize the liberties which buffoons were permitted to take at court.
[79] *escudo*: crown (coin worth about $1.50 in the seventeenth century).
[80] *inorme*: enorme.
[81] *hacer dientes*: *mostrar dientes*, to bare one's teeth threateningly.
[82] *vengo . . . partido*: I agree to the contract.
[83] *pues . . . vida*. Construe, "pues por lo menos me hallo un mes de vida aquí, como en la calle." Cf. *Hallar una cosa como en la calle*: to find something unexpectedly (Jones' note).

en mi boca la vejez;[84]
805 y así voy a examinarme
de cosquilla.[85] ¡Voto a diez,[86]
que os habéis de reír! Adiós,
y veámonos después. (*Vase.*)
(*Salen* DON ENRIQUE, DON GUTIERRE,
DON DIEGO, DON ARIAS *y toda la
compañía.*)

DON ENRIQUE

Déme vuestra majestad
810 la mano.

REY

Vengáis con bien,
Enrique; ¿cómo os sentís?

DON ENRIQUE

Más, señor, el susto fue
que el golpe. Estoy bueno.

DON GUTIERRE

A mí
vuestra majestad me dé
815 la mano, si mi humildad
merece tan alto bien;
porque el suelo que pisáis
es soberano dosel,
que ilumina de los vientos
820 uno y otro rosicler;[87]
y vengáis con la salud
que este reino ha menester,
para que os adore España,
coronado de laurel.

REY

825 De vos, don Gutierre Alfonso . . .

DON GUTIERRE

¿Las espaldas me volvéis?

REY

. . . grandes querellas me dan.

DON GUTIERRE

Injustas deben de ser.

REY

¿Quién es, decidme, Leonor,
830 una principal mujer
de Sevilla?

DON GUTIERRE

Una señora

bella, ilustre y noble es,
de lo mejor desta tierra.

REY

¿Qué obligación la tenéis,
835 a que habéis correspondido
necio, ingrato y descortés?

DON GUTIERRE

No os he de mentir en nada;
que el hombre, señor, de bien,
no sabe mentir jamás,
840 y más delante del rey.
Servíla, y mi intento entonces
casarme con ella fue,
si no mudara las cosas
de los tiempos el vaivén.
845 Visitéla, entré en su casa
públicamente; si bien
no le debo a su opinión
de una mano el interés.[88]
Viéndome desobligado,
850 pude mudarme después;
y así, libre deste amor,
en Sevilla me casé
con doña Mencía de Acuña,
dama principal, con quien
855 vivo[89] fuera de Sevilla,
una casa de placer.[90]
Leonor, mal aconsejada
— que no le aconseja bien
quien destruye su opinión —,
860 pleitos intentó poner
a mi desposorio, donde[91]
el más riguroso juez
no halló causa contra mí,
aunque ella dice que fue
865 diligencia del favor.
¡Mirad vos a qué mujer
hermosa favor faltara,
si le hubiera menester!
Con este engaño pretende,
870 puesto que vos lo sabéis,
valerse de vos; y así,
yo me pongo a vuestros pies,
donde a la justicia vuestra

---

[84] *al cabo . . . vejez:* freely, "at the end of the month, it will be no wonder if old age takes over in my mouth" (i.e., because of the loss of my teeth). Formerly, *posta* meant "sentry post."

[85] *voy . . . cosquilla:* I am going to test my ability as a tickler.

[86] *¡Voto a diez!:* a euphemism for *¡Voto a Dios!*

[87] *rosicler:* rosy glow (probably referring here to the sunrise and sunset, hence east and west).

[88] *si bien . . . interés:* although I do not owe to her reputation the payment of my hand (in marriage).

[89] The transitive use of *vivir* is rare.

[90] *casa de placer:* country house.

[91] *donde:* in which.

dará la espada mi fe,
875 y mi lealtad la cabeza.⁹²

REY

¿Qué causa tuvistesis, pues,
para tan grande mudanza?

DON GUTIERRE

¿Novedad tan grande es
mudarse un hombre? ¿No es cosa
880 que cada día se ve?

REY

Sí, pero de extremo a extremo
pasar el que quiso bien,
no fue sin grande ocasión.

DON GUTIERRE

Suplícoos no me apretéis;
885 que soy hombre que, en ausencia
de las mujeres, daré
la vida por no decir
cosa indigna de su ser.

REY

¿Luego vos causa tuvisteis?

DON GUTIERRE

890 Sí, señor; pero crëed
que si para mi descargo
hoy hubiera menester
decirlo, cuando importara
vida y alma,⁹³ amante fiel
895 de su honor, no lo dijera.

REY

Pues yo lo quiero saber.

DON GUTIERRE

Señor . . .

REY

Es curiosidad.

DON GUTIERRE

Mirad . . .

REY

No me repliquéis;
que me enojaré, por vida . . .

DON GUTIERRE

900 Señor, señor, no juréis;
que menos importa mucho
que yo deje aquí de ser
quien soy, que veros airado.

REY

(Que dijese le apuré (*Aparte.*)
905 el suceso en alta voz,

porque pueda responder
Leonor, si aquéste me engaña;
y si habla verdad, porque,
convencida con su culpa,
910 sepa Leonor que lo sé.)
Decid, pues.

DON GUTIERRE

A mi pesar
lo digo. Una noche entré
en su casa, sentí ruido
en una cuadra, llegué,
915 y al mismo tiempo que ya
fui a entrar, pude el bulto ver
de un hombre, que se arrojó
del balcón; bajé tras él,
y sin conocerle, al fin
920 pudo escaparse por pies.

DON ARIAS

(¡Válgame el cielo! ¿Qué es esto (*Aparte.*)
que miro?)

DON GUTIERRE

Y aunque escuché
satisfacciones,⁹⁴ y nunca
di a mi agravio entera fe,
925 fue bastante esta aprehensión
a no casarme; porque
si amor y honor son pasiones
del ánimo, a mi entender,
quien hizo al amor ofensa,
930 se le hace al honor en él;
porque el agravio del gusto
al alma toca también.

(*Sale* DOÑA LEONOR.)

DOÑA LEONOR

Vuestra majestad perdone;
que no puedo detener
935 el golpe a tantas desdichas
que han llegado de tropel.

REY

(¡Vive Dios, que me engañaba! (*Aparte.*)
La prueba sucedió bien.)

DOÑA LEONOR

Y oyendo contra mi honor
940 presunciones, fuera ley
injusta que yo, cobarde,
dejara de responder;

---

⁹² *donde . . . cabeza*: where my fidelity will offer up
my sword, and my loyalty my head, to your justice.

⁹³ *cuando . . . alma*: even if my life and soul were at
stake.
⁹⁴ *satisfacciones*: excuses.

que menos perder importa
la vida, cuando me dé
945 este atrevimiento muerte,
que vida y honor perder.
Don Arias entró en mi casa . . .

DON ARIAS

Señora, espera, detén
la voz. Vuestra majestad
950 licencia, señor, me dé,
porque el honor desta dama
me toca a mí defender.
Esta noche estaba en casa
de Leonor una mujer,
955 con quien me hubiera casado,
si de la parca el crüel
golpe no cortara fiera
su vida. Yo, amante fiel
de su hermosura, seguí
960 sus pasos, y en casa entré
de Leonor — atrevimiento
de enamorado — sin ser
parte a estorbarlo Leonor.
Llegó don Gutierre, pues;
965 temerosa, Leonor dijo
que me retirase a aquel
aposento; yo lo hice.
¡Mil veces mal haya, amén,
quien de una mujer se rinde
970 a admitir el parecer!
Sintióme, entró, y a la voz
de marido[95] me arrojé
por el balcón; y si entonces
volví el rostro a su poder
975 porque era marido, hoy
que dice que no lo es,
vuelvo a ponerme delante.
Vuestra majestad me dé
campo[96] en que defienda altivo
980 que no he faltado a quien es
Leonor, pues a un caballero
se le concede la ley.[97]

DON GUTIERRE

Yo saldré donde . . . (*Empuñan.*)

---

95 *marido*: fiancé.
96 *campo*: dueling ground.

REY

¿Qué es esto?
¿Cómo las manos tenéis
985 en las espadas delante
de mí? ¿No tembláis de ver
mi semblante? Donde estoy,
¿hay soberbia ni[98] altivez?
Presos los llevad al punto;
990 en dos torres los tened;
y agradeced que no os pongo
las cabezas a los pies. (*Vase.*)

DON ARIAS

Si perdió Leonor por mí
su opinión, por mí también
995 la tendrá; que esto se debe
al honor de una mujer. (*Vase.*)

DON GUTIERRE

(No siento en desdicha tal (*Aparte.*)
ver riguroso y crüel
al rey; sólo siento que hoy,
1000 Mencía, no te he de ver.) (*Vase.*)

DON ENRIQUE

(Con ocasión de la caza, (*Aparte.*)
preso Gutierre, podré
ver esta tarde a Mencía.)
Don Diego, conmigo ven;
1005 que tengo de porfiar
hasta morir, o vencer. (*Vanse.*)

DOÑA LEONOR

¡Muerta quedo! ¡Plegue a Dios,
ingrato, aleve y crüel,
falso, engañador, fingido,
1010 sin fe, sin Dios y sin ley,
que como inocente pierdo
mi honor, venganza me dé
el cielo! ¡El mismo dolor
sientas que siento, y a ver
1015 llegue, bañado en tu sangre,
deshonras tuyas, porque
mueras con las mismas armas
que matas, amén, amén!
¡Ay de mí!, honor perdí.
1020 ¡Ay de mí!, mi muerte halle.(*Vase.*)

---

97 *se le concede la ley*: i.e., the laws of dueling grant
him the right to it (*campo*).
98 *ni*: *y*.

(*Salen* JACINTA *y* DON ENRIQUE *como a oscuras.*) [99]

JACINTA

Llega con silencio.

DON ENRIQUE

Apenas
los pies en la tierra puse.

JACINTA

Éste es el jardín, y aquí,
pues de la noche te encubre
1025 el manto, y pues don Gutierre
está preso, no hay que dudes
sino que conseguirás
victorias de amor tan dulces.

DON ENRIQUE

Si la libertad, Jacinta,
1030 que te prometí, presumes
poco premio a bien tan grande,
pide más, y no te excuses
por cortedad: [100] vida y alma
es bien que por tuyas juzgues.

JACINTA

1035 Aquí mi señora siempre
viene, y tiene por costumbre
pasar un poco la noche.

DON ENRIQUE

Calla, calla, no pronuncies
otro razón, porque temo
1040 que los vientos nos eschuchen.

JACINTA

Ya, pues, porque tanta ausencia
no me indicie, o no me culpe
deste delito, no quiero
faltar de allí. (*Vase.*)

DON ENRIQUE

Amor ayude
1045 mi intento. Estas verdes hojas
me escondan y disimulen;
que no seré yo el primero
que a vuestras espaldas hurte
rayos al sol: Acteón
1050 con Diana [101] me disculpe. (*Escóndese.*)
(*Salen* DOÑA MENCÍA *y* CRIADAS.)

DOÑA MENCÍA

¡Silvia, Jacinta, Teodora!

JACINTA

¿Qué mandas?

DOÑA MENCÍA

Que traigas luces;
y venid todas conmigo
a divertir pesadumbres
1055 de la ausencia de Gutierre,
donde el natural presume
vencer hermosos países
que el arte dibuja y pule. [102]
¡Teodora!

TEODORA

Señora mía.

---

[99] Stage direction. The setting is the home of Don Gutierre.

[100] *cortedad*: timidity.

[101] *Acteón . . . Diana.* While hunting, Acteon came upon Diana bathing with her nymphs. The goddess transformed him into a stag that was devoured by Acteon's own dogs.

[102] *donde . . . pule*: where nature presumes to surpass the beautiful landscapes which art designs and embellishes. In the baroque quarrel as to whether nature or art was superior, gardens, as examples of nature perfected by art, were often held up as proof that nature excels art alone.

453

DOÑA MENCÍA

1060 Divierte con voces dulces
esta tristeza.

TEODORA

Holgaréme
que de letra y tono gustes.

(*Canta* TEODORA, *y durérmese* DOÑA
MENCÍA.)

JACINTA

No cantes más; que parece
que ya el sueño al alma infunde
1065 sosiego y descanso; y pues
hallaron sus inquietudes
en él sagrado, nosotras
no la despertemos.

TEODORA

Huye
con silencio la ocasión.

JACINTA

1070 (Yo lo haré, porque la busque (*Aparte.*)
quien la deseó. ¡Oh criadas,
y cuántas honras ilustres
se han perdido por vosotras!)

(*Vanse las* CRIADAS.)

(*Sale* DON ENRIQUE.)

DON ENRIQUE

Sola se quedó. No duden
1075 mis sentidos tanta dicha,
y ya que a esto me dispuse,
pues la ventura me falta,
tiempo y lugar me aseguren.
¡Hermosísima Mencía!

DOÑA MENCÍA

1080 ¡Válgame Dios! (*Despierta.*)

DON ENRIQUE

No te asustes.

DOÑA MENCÍA

¿Qué es esto?

DON ENRIQUE

Un atrevimiento,
a quien es bien que disculpen
tantos años de esperanza.

DOÑA MENCÍA

¿Pues, señor, vos . . .

DON ENRIQUE

No te turbes.

DOÑA MENCÍA

1085 . . . desta suerte . . .

DON ENRIQUE

No te alteres.

DOÑA MENCÍA

. . . entrasteis . . .

DON ENRIQUE

No te disgustes.

DOÑA MENCÍA

. . . en mi casa, sin temer
que así a una mujer destruye,
y que así ofende un vasallo
1090 tan generoso y ilustre?

DON ENRIQUE

Esto es tomar tu consejo.
Tú me aconsejas que escuche
disculpas de aquella dama,
y vengo a que te disculpes
1095 conmigo de mis agravios.

DOÑA MENCÍA

Es verdad, la culpa tuve;
pero si he de disculparme,
tu alteza, señor, no dude
que es en orden a[103] mi honor.

DON ENRIQUE

1100 ¿Que ignoro, acaso presumes,
el respeto que les debo
a tu sangre y tus costumbres?
El achaque[104] de la caza,
que en estos campos dispuse,
1105 no fue fatigar la caza,[105]
estorbando que saluden
a la venida del día,
sino a ti, garza, que subes
tan remontada, que tocas
1110 por las campañas azules
de los palacios del sol
los dorados balaustres.

DOÑA MENCÍA

Muy bien, señor, vuestra alteza
a las garzas atribuye
1115 esta lucha; pues la garza
de tal instinto presume,
que volando hasta los cielos,
rayo de pluma sin lumbre,
ave de fuego con alma,
1120 con instinto alada nube,
parda cometa sin fuego,
quiere que su intento burlen
azores reales; y aun dicen

---

[103] *en orden a*: with regard to.
[104] *achaque*: pretext.

[105] *no fue . . . caza*: was not to harass the animals.

que cuando de todos huye,
1125 conoce el que ha de matarla;
y así, antes que con él luche,
el temor hace que tiemble,
se estremezca y se espeluce.
　Así yo, viendo a tu alteza;
1130 quedé muda, absorta estuve,
conocí el riesgo, y temblé,
tuve miedo y horror tuve;
porque mi temor no ignore,[106]
porque mi espanto no dude
1135 que es quien me ha de dar la muerte.

DON ENRIQUE

Ya llegué a hablarte, ya tuve
ocasión; no he de perdella.

DOÑA MENCÍA

¿Cómo esto los cielos sufren?
Daré voces.

DON ENRIQUE

　　A ti mesma
1140 te infamas.

DOÑA MENCÍA

　　　¿Cómo no acuden
a darme favor las fieras?

DON ENRIQUE

Porque de enojarme huyen.

DON GUTIERRE (*Dentro.*)

Ten ese estribo, Coquín,
y llama a esa puerta.

DOÑA MENCÍA

　　　¡Cielos!
1145 No mintieron mis recelos;
llegó de mi vida el fin.
　Don Gutierre es éste, ¡ay Dios!

DON ENRIQUE

¡Oh qué infelice nací!

DOÑA MENCÍA

¿Qué ha de ser, señor, de mí,
1150 si os halla conmigo a vos?

DON ENRIQUE

¿Pues qué he de hacer?

DOÑA MENCÍA

　　　Retiraros.

DON ENRIQUE

¿Yo me tengo de esconder?

DOÑA MENCÍA

El honor de una mujer
a más que esto ha de obligaros.
1155 No podéis salir (¡soy muerta!);
que como allá no sabían
mis criadas lo que hacían,
abrieron luego la puerta.
　Aun salir no podéis ya.

DON ENRIQUE

1160 ¿Qué haré en tanta confusión?

DOÑA MENCÍA

Detrás de ese pabellón,[107]
que en mis misma cuadra está,
os esconded.

DON ENRIQUE

　　　No he sabido,
hasta la ocasión presente,
1165 qué es temor. ¡Oh qué valiente
debe de ser un marido! (*Escóndese.*)

DOÑA MENCÍA

Si inocente la mujer,
no hay desdicha que no aguarde,
¡válgame Dios, qué cobarde
1170 culpada debe de ser!

(*Salen* DON GUTIERRE *y* COQUÍN.)

DON GUTIERRE

Mi bien, señora, los brazos
darme una y mil veces puedes.

DOÑA MENCÍA

Con envidia destas redes,[108]
que en tan amorosos lazos
1175 están inventando abrazos.

DON GUTIERRE

No dirás que no he venido
a verte.

DOÑA MENCÍA

　　　Fineza ha sido
de amante firme y constante.

DON GUTIERRE

No dejo de ser amante
1180 yo, mi bien, por ser marido;
　que por propia[109] la hermosura
no desmerece jamás
las finezas; antes, más
las alienta y asegura,
1185 y así a su riesgo procura

---

[106] *porque . . . ignore.* The use of the subjunctive in purpose clauses after *porque* (with the approximate meaning of *para que*) is common in Golden Age literature, but its use after *porque* meaning "because" is less frequent.
[107] *pabellón:* bed canopy.
[108] *redes:* i.e., the vines and foliage.
[109] *por propia: por ser propia.*

los medios, las ocasiones.[110]
DOÑA MENCÍA
En obligación me pones.
DON GUTIERRE
El alcaide que conmigo
está, es mi deudo y amigo,
1190 y quitándome prisiones
al cuerpo, más las echó
al alma,[111] porque me ha dado
ocasión de haber llegado
a tan grande dicha yo,
1195 como es a verte.
DOÑA MENCÍA
¿Quién vio
mayor gloria . . .
DON GUTIERRE
. . . que la mía?
Aunque, si bien advertía,
hizo muy poco por mí
en dejarme que hasta aquí
1200 viniese; pues si vivía
yo sin alma en la prisión,
por estar en ti, mi bien,
darme libertad fue bien,
para que en esta ocasión
1205 alma y vida con razón
otra vez se viese unida;[112]
porque estaba dividida,
teniendo en prolija calma,[113]
en una prisión el alma,
1210 y en otra prisión la vida.
DOÑA MENCÍA
Dicen que dos instrumentos
conformemente templados,
por los ecos dilatados
comunican los acentos:
1215 tocan el uno, y los vientos
hiere el otro, sin que allí
nadie le toque; y en mí
esta experiencia se viera;[114]
pues si el golpe allá te hiriera,
1220 muriera yo desde aquí.
COQUÍN
¿Y no le darás, señora,

tu mano por un momento
a un preso, de cumplimiento;[115]
pues llora, siente y ignora
1225 por qué siente y por qué llora,
y está su muerte esperando
sin saber por qué ni cuándo?
Pero . . .
DOÑA MENCÍA
Coquín, ¿qué hay en fin?
COQUÍN
Fin al principio en Coquín
1230 hay. ¿Qué es esto que estoy contando?
Mucho el rey me quiere; pero
si el rigor pasa delante,
mi amo será muerto andante,
pues irá con escudero.
DOÑA MENCÍA
1235 Poco regalarte espero,
(*A* DON GUTIERRE.)
porque como no aguardaba
huésped, descuidada estaba.
Cena os quiero apercibir.
DON GUTIERRE
Una esclava puede ir.
DOÑA MENCÍA
1240 ¿Ya, señor, no va una esclava?
Yo lo soy, y lo he de ser.
Jacinta, venme a ayudar.
(En salud me he de curar: (*Aparte.*)
ved, honor, cómo ha de ser,
1245 porque me he de resolver
a una temeraria acción.) (*Vanse las dos.*)
DON GUTIERRE
Tú, Coquín, a esta ocasión
aquí te queda, y extremos
olvida, y mira que habemos
1250 de volver a la prisión
antes del día; ya falta
poco: aquí puedes quedarte.
COQUÍN
Yo quisiera aconsejarte
una industria,[116] la más alta
1255 que el ingenio humano esmalta:[117]

---

[110] *así . . . ocasiones*: thus, at its own peril, it (beauty) seeks to obtain the means and opportunities (for encouraging amorous attentions).

[111] *echar prisiones al alma*: to place under obligation.

[112] *alma y vida . . . unida*. This clause provides a good example of two subjects governing a singular verb because the subjects are regarded as a single unit.

[113] *calma*: anxiety.

[114] *en mí . . . se viera*: i.e., if this should occur to us, this experience would be seen in me.

[115] *momento . . . de cumplimiento*: moment of ceremony (i.e., to greet you formally).

[116] *industria*: scheme.

[117] *esmaltar*: to embellish.

en ella tu vida está.
¡Oh qué industria . . .

DON GUTIERRE

Dila ya.

COQUÍN

. . . para salir sin lisión,[118]
sano y bueno de prisión!

DON GUTIERRE

1260 ¿Cuál es?

COQUÍN

No volver allá.
¿No estás bueno? ¿No estás sano?
Con no volver, claro ha sido
que sano y bueno has salido.

DON GUTIERRE

¡Vive Dios, necio, villano,
1265 que te mate por mi mano!
¿Pues tú me has de aconsejar
tan vil acción, sin mirar
la confïanza que aquí
hizo el alcaide de mí?

COQUÍN

1270 Señor, yo llego a dudar
(que soy más desconfïado)
de la condición del rey;
y así el honor de esa ley
no se entiende en[119] el criado;
1275 y hoy estoy determinado
a dejarte y no volver.

DON GUTIERRE

¿Dejarme tú?

COQUÍN

¿Qué he de hacer?

DON GUTIERRE

Y de ti, ¿qué han de decir?

COQUÍN

¿Y heme de dejar morir
1280 por sólo bien parecer?
Si el morir, señor, tuviera
descarte[120] o enmienda alguna,
cosa que de dos la una
un hombre hacerla pudiera,
1285 yo probara la primera
por servirte; mas ¿no ves
que rifa la vida es?
Entro en ella, vengo y tomo

cartas, y piérdola: ¿cómo
1290 me desquitaré[121] después?
Perdida se quedará,
si la pierdo por tu engaño,
hasta, hasta ciento y un año.[122]

(*Sale* DOÑA MENCÍA *sola, muy alborotada.*)

DOÑA MENCÍA

Señor, tu favor me da.

DON GUTIERRE

1295 ¡Válgame Dios! ¿Qué será?
¿Qué puede haber sucedido?

DOÑA MENCÍA

Un hombre . . .

DON GUTIERRE

¡Presto!

DOÑA MENCÍA

. . . escondidio
en mi aposento he topado,
encubierto y rebozado.
1300 Favor, Gutierre, te pido.

DON GUTIERRE

¿Qué dices? ¡Válgame el cielo!
Ya es forzoso que me asombre.
¿Embozado en casa un hombre?

DOÑA MENCÍA

Yo le vi.

DON GUTIERRE

Todo soy hielo.
1305 Toma esa luz.

COQUÍN

¿Yo?

DON GUTIERRE

El recelo
pierde, pues conmigo vas.

DOÑA MENCÍA

Villano, ¿cobarde estás?
Saca tú la espada; yo
iré. La luz se cayó.

(*Al tomar la luz, la mata disimulada-
mente.*)

(*Salen* JACINTA *y* DON ENRIQUE
siguiéndola.)

DON GUTIERRE

1310 Esto me faltaba más,[123]
pero a oscuras entraré.

---

[118] *lisión*: lesión,
[119] *entenderse en*: entenderse con, to apply to.
[120] *descarte*: act of discarding (and by extension, "remedy").

[121] *desquitarse*: to get even.
[122] *hasta . . . año*. Some early editions read, "desde aquí a ciento y un año."
[123] *Esto me faltaba más*: *No faltaba más.*

JACINTA

(Síguete, señor, por mí; (*A* DON ENRIQUE.)
seguro vas por aquí,
que toda la casa sé.)

COQUÍN

1315 ¿Dónde iré yo?

DON GUTIERRE

                    Ya topé (*Coge a* COQUÍN.)
el hombre.

COQUÍN

            Señor, advierte . . .

DON GUTIERRE

¡Vive Dios, que desta suerte,
hasta que sepa quién es,
le he de tener! Que después
1320 le darán mis manos muerte.

COQUÍN

        Mira que yo . . .

DOÑA MENCÍA

                (¡Qué rigor! (*Aparte.*)
Si es que con él ha topado,
¡ay de mí!) (*Sale* JACINTA *con luz.*)

DON GUTIERRE

            Luz han sacado.
¿Quién eres, hombre?

COQUÍN

                    Señor,
1325 yo soy.

DON GUTIERRE

        ¡Qué engano! ¡Qué error!

COQUÍN

Pues yo ¿no te lo decía?

DON GUTIERRE

Que me hablabas presumía,
pero no que eras el mismo
que tenía. ¡Oh ciego abismo
1330 del alma y paciencia mía!

DOÑA MENCÍA

(¿Salió ya, Jacinta?) (*Aparte a ella.*)

JACINTA

                (Sí.)

DOÑA MENCÍA

Como esto en tu ausencia pasa,
mira bien toda la casa;
que como saben que aquí
1335 no estás, se atreven ansí
ladrones.

DON GUTIERRE

A verla voy.
Suspiros al cielo doy
que [124] mis sentimientos lleven,
si es que a mi casa se atreven,
1340 por ver que en ella no estoy.

(*Vanse él y* COQUÍN.)

JACINTA

Grande atrevimiento fue
determinarte, señora,
a tan grande acción agora.

DOÑA MENCÍA

En ella mi vida hallé.

JACINTA

1345 ¿Por qué lo hiciste?

DOÑA MENCÍA

                    Porque
si yo no se lo dijera,
y Gutierre lo sintiera,
la presunción era clara,
pues no se desengañara
1350 de que yo cómplice era;
y no fue dificultad
en ocasión tan cruel,
haciendo del ladrón fiel,
engañar con la verdad. [125]

(*Sale* DON GUTIERRE, *y debajo de la
capa hay una daga.*)

DON GUTIERRE

1355 ¿Qué ilusión, qué vanidad
desta suerte te burló?
Toda la casa vi yo,
pero en ella no topé
sombra de que verdad fue
1360 lo que a ti te pareció.
(Mas es engaño, ¡ay de mí!; (*Aparte.*)
que esta daga que hallé, ¡cielos!,
con sospechas y recelos
previene mi muerte en sí;
1365 mas no es esto para aquí.)
Mi bien, mi esposa Mencía,
ya la noche en sombra fría
su manto va recogiendo,
y cobardemente huyendo
1370 de la hermosa luz del día.
Mucho siento, claro está,

---

[124] *que:* para que.
[125] *engañar con la verdad.* One of the dramatic devices recommended by Lope de Vega in *El arte nuevo de hacer comedias* was to deceive with the truth.

el dejarte en esta parte,
por dejarte, y por dejarte
con este temor; mas ya
1375 es hora.

DOÑA MENCÍA
Los brazos da
a quien te adora.

DON GUTIERRE
El favor
estimo.

(*Al abrazarle* DOÑA MENCÍA, *ve la daga.*)

DOÑA MENCÍA
¡Tente, señor!
¿Tú la daga para mí?
En mi vida te ofendí.
1380 Detén la mano al rigor,
detén . . .

DON GUTIERRE
¿De qué estás turbada,
mi bien, mi esposa Mencía?

DOÑA MENCÍA
Al verte ansí, presumía
que ya en mi sangre bañada,
1385 hoy moría desangrada.

DON GUTIERRE
Como a ver la casa entré,
así esta daga saqué.

DOÑA MENCÍA
Toda soy una ilusión.

DON GUTIERRE
¡Jesús, qué imaginación![126]

DOÑA MENCÍA
1390 En mi vida te he ofendido.[127]

DON GUTIERRE
¡Qué necia disculpa ha sido!
Pero suele una aprehensión
tales miedos prevenir.

DOÑA MENCÍA
Mis tristezas, mis enojos,
1395 en tu ausencia estos antojos
suelen, mi dueño, fingir.

DON GUTIERRE
Si yo pudiere venir,
vendré a la noche, y adiós.

DOÑA MENCÍA
Él vaya, mi bien, con vos.
1400 (¡Oh qué asombros! ¡Oh qué extremos!)
(*Aparte.*)

DON GUTIERRE
(¡Ay, honor, mucho tenemos (*Aparte.*)
que hablar a solas los dos!)

(*Vanse cada uno por su puerta.*)

(*Salen el* REY *y* DON DIEGO *con rodelas y capa de color; y como representa, se muda en traje de negro.*)[128]

REY
Ten, don Diego, esa rodela.

DON DIEGO
Tarde vienes a acostarte.

REY
1405 Toda la noche rondé
de aquesta ciudad las calles;[129]
que quiero saber ansí
sucesos y novedades
de Sevilla, que es lugar
1410 donde cada noche salen
cuentos nuevos; y deseo
desta manera informarme
de todo, para saber
lo que convenga.

DON DIEGO
Bien haces,
1415 que el rey debe ser un Argos[130]
en su reino, vigilante:
el emblema de aquel cetro
con dos ojos[131] lo declare.
Mas ¿qué vio tu majestad?

REY
1420 Vi recatados galanes,
damas desveladas vi,
músicas, fiestas y bailes,
muchos garitos, de quien[132]
eran siempre voces grandes

---

[126] After this verse, a verse ending in -*é* is missing to complete the *décima*.

[127] Seven verses are missing from this *décima*.

[128] Stage direction. The scene shifts again to the royal palace.

[129] The nocturnal rounds of King Pedro, who went incognito and often alone for the purpose of observing for himself what was going on in his kingdom, were already legendary in Calderón's time.

[130] *Argos*: Argus, a son of Jupiter, had a hundred eyes, all of which were never asleep at the same time. He symbolizes vigilance.

[131] *emblema . . . ojos*. A scepter containing an emblem with two eyes has not been identified.

[132] *de quien*: *de los que*.

1425 la tablilla,[133] que decía:
"Aquí hay juego, caminante."
Vi valientes infinitos;
y no hay cosa que me canse
tanto como ver valientes,
1430 y que por oficio pase
ser uno valiente aquí.
Mas porque no se me alaben
que no doy examen yo
a oficio tan importante,
1435 a una tropa de valientes
probé solo en una calle.

DON DIEGO

Mal hizo tu majestad.

REY

Antes bien, pues con su sangre
llevaron iluminada . . .

DON DIEGO

1440 ¿Qué?

REY

. . . la carta del examen.[134]

(*Sale* COQUÍN.)

COQUÍN

(No quise entrar en la torre (*Aparte.*)
con mi amo, por quedarme
a saber lo que se dice
de su prisión. Pero, ¡tate![135]
1445 — que es un pero muy honrado
del celebrado linaje
de los tates de Castilla —[136]
porque el rey está delante.)

REY

Coquín.

COQUÍN

Señor.

REY

¿Cómo va?

COQUÍN

1450 Responderé a lo estudiante.

REY

¿Cómo?

COQUÍN

De corpore bene,
pero *de pecunis male.*[137]

REY

Decid algo, pues sabéis,
Coquín, que como me agrade,[138]
1455 tenéis aquí cien escudos.

COQUÍN

Fuera hacer tú aquesta tarde
el papel[139] de una comedia
que se llamaba *El rey Ángel.*[140]
Pero con todo eso traigo
1460 hoy un cuento que contarte,
que remata en epigrama.

REY

Si es vuestro, será elegante.
Vaya el cuento.

COQUÍN

Yo vi ayer
de la cama levantarse
1465 un capón[141] con bigotera.[142]
¿No te ríes de pensarle
curándose sobresano[143]
con tan vagamundo parche?[144]
A esto un epigrama hice:
1470 (No te pido, Pedro el Grande,
casas ni viñas; que sólo
risa pido en este guante;[145]
dad vuestra bendita risa
a un gracioso vergonzante.)
1475 "Floro, casa muy desierta
la tuya debe de ser,
porque eso nos da a entender
la cédula[146] de la puerta:
Donde no hay carta, ¿hay cubierta?
1480 ¿Cáscara sin fruta? No,
no pierdas tiempo; que yo,
esperando los provechos,

[133] *tablilla*: sign.
[134] *carta del examen*: certificate authorizing the holder to practice a certain trade or profession.
[135] *¡tate!*: Careful!; Hold on!
[136] *que es . . . de Castilla*: which is a very honorable but of the famous but family of Castile. *Tate* is used in the sense of "but" when an idea suddenly occurs to one.
[137] *De corpore . . . male*: Sound of body but badly off financially.
[138] *como me agrade*: if it pleases me.
[139] *Fuera . . . papel*: freely, "(if I said some thing), it

would be that I wish that you had played the role."
[140] Perhaps the *comedia* in question is Antonio de Moxica's two-part play, *El rey Ángel de Sicilia, Príncipe demonio y Diablo de Palermo.*
[141] *capón*: eunuch, beardless man.
[142] *bigotera*: leather case for mustaches.
[143] *sobresano*: with superficial treatment.
[144] *vagamundo parche*: vagabond plaster (referring to the *bigotera*).
[145] *guante*: collection for the poor.
[146] *cédula*: written notice.

he visto labrar barbechos,
mas barbideshechos no."[147]

REY

1485 ¡Qué frialdad!

COQUÍN

Pues adiós, dientes.

(*Sale el* INFANTE DON ENRIQUE.)

DON ENRIQUE

Dadme vuestra mano.

REY

Infante,
¿cómo estáis?

DON ENRIQUE

Tengo salud,
contento de que se halle
vuestra majestad con ella;
1490 y esto, señor, a una parte:
don Arias . . .

REY

Don Arias es
vuestra privanza:[148] sacalde
de la prisión, y haced vos,
Enrique, estas amistades,[149]
1495 y agradézcanos la vida.

DON ENRIQUE

La tuya los cielos guarden,
y heredero de ti mismo,
apuestes eternidades
con el tiempo. (*Vase el* REY.)
Iréis, don Diego,
1500 a la torre, y al alcaide
le diréis que traiga aquí
los dos presos. (*Vase* DON DIEGO.)
(Cielos, dadme (*Aparte.*)
paciencia en tales desdichas,
y prudencia en tales males.)
1505 Coquín, ¿tú estabas aquí?

COQUÍN

Y más me valiera en Flandes.

DON ENRIQUE

¿Cómo?

COQUÍN

El rey es un prodigio
de todos los animales.

DON ENRIQUE

¿Por qué?

COQUÍN

La naturaleza
1510 permite que el toro brame,
ruja el león, muja el buey,
el asno rebuzne, el ave
cante, el caballo relinche,
ladre el perro, el gato maye,
1515 aulle el lobo, el lechón gruña,
y sólo permitió dalle
risa al hombre, y Aristóteles
risible animal le hace,
por definición perfeta;
1520 y el rey, contra el orden y arte,
no quiere reírse. Déme
el cielo, para sacarle
risa, todas las tenazas
del buen gusto y del donaire. (*Vase.*)

(*Salen* DON GUTIERRE, DON ARIAS *y*
DON DIEGO.)

DON DIEGO

1525 Ya, señor, están aquí
los presos.

DON GUTIERRE

Danos tus plantas.

DON ARIAS

Hoy al cielo nos levantas.

DON ENRIQUE

El rey mi señor de mí,
porque humilde le pedí
1530 vuestras vidas este día,
estas amistades fía.

DON GUTIERRE

El honrar es dado a vos.

(*Coteja la daga que se halló con la
espada del* INFANTE.)

(¿Qué es esto que miro? ¡Ay Dios!) (*Aparte.*)

DON ENRIQUE

Las manos os dad.

DON ARIAS

La mía
1535 es ésta.

---

[147] *he visto . . . barbideshechos no.* Coquín's epigram includes an elaborate pun based on the eunuch's inability to grow a beard and involving the following words and meanings: *barbecho*, "fallow ground" and "bearded man" (not a legitimate meaning); *barbihecho*, "freshly shaved"; and *barbideshecho* (a coined word), "wasted fallow land" and "beardless man" (i.e., one whose beard has been destroyed).

[148] *privanza*: favorite.

[149] *haced . . . amistades*: bring about a reconciliation (between Don Arias and Don Gutierre).

DON GUTIERRE

Y éstos mis brazos,
cuyo nudo y lazo fuerte
no desatará la muerte,
sin que los haga pedazos.

DON ARIAS

Confirmen estos abrazos
1540 firme amistad desde aquí.

DON ENRIQUE

Esto queda bien así.
Entrambos sois caballeros
en acudir los primeros
a su obligación; y así
1545   está bien el ser amigo
uno y otro; y quien pensare
que no queda bien, repare
en que ha de reñir conmigo.

DON GUTIERRE

A cumplir, señor, me obligo
1550 las amistades que juro.
Obedeceros procuro,
y pienso que me honraréis
tanto, que de mí creeréis
lo que de mí estáis seguro.
1555   Sois fuerte enemigo vos,
y cuando lealtad no fuera,
por temor no me atreviera
a romperlas, ¡vive Dios!
Vos y yo para otros dos
1560 me estuviera a mí muy bien;
mostrara entonces también
que sé cumplir lo que digo;
mas con vos por enemigo,
¿quién ha de atreverse? ¿Quién?
1565   Tanto enojaros temiera
el alma cuerda y prudente,
que a miraros solamente
tal vez aun no me atreviera;
y si en ocasión me viera
1570 de probar vuestros aceros,
cuando yo sin conoceros
a tal extremo llegara,
que se muriera estimara
la luz del sol por no veros.

DON ENRIQUE

1575   (De sus quejas y suspiros *(Aparte.)*
grandes sospechas prevengo.)
Venid conmigo, que tengo
muchas cosas que deciros,
don Arias.

DON ARIAS

Iré a serviros.
(*Vanse* DON ENRIQUE, DON DIEGO *y*
DON ARIAS.)

DON GUTIERRE

1580 Nada Enrique respondió;
sin duda se convenció
de mi razón. ¡Ay de mí!
¿Podré ya quejarme? Sí;
pero consolarme, no.
1585   Ya estoy solo, ya bien puedo
hablar. ¡Ay Dios! ¡Quién supiera
reducir sólo a un discurso,
medir con sola una idea
tantos géneros de agravios,
1590 tantos linajes de penas
como cobardes me asaltan,
como atrevidos me cercan!
¡Agora, agora, valor,
salga repetido en quejas,
1595 salga en lágrimas envuelto
el corazón a las puertas
del alma, que son los ojos!
Y en ocasión como ésta,
bien podéis, ojos, llorar;
1600 no lo dejéis de vergüenza.
¡Agora, valor, agora
es tiempo de que se vea
que sabéis medir iguales
el valor y la paciencia!
1605 Pero cese el sentimiento,
y a fuerza de honor, y a fuerza
de valor, aun no me dé
para quejarme licencia;
porque adula sus penas
1610 el que pide a la voz justicia dellas.
Pero vengamos al caso;
quizá hallaremos respuesta.
¡Oh, ruego a Dios que la haya!
¡Oh, plegue a Dios que la tenga!
1615 Anoche llegué a mi casa,
es verdad; pero las puertas
me abrieron luego, y mi esposa
estaba segura y quieta.
En cuanto a que me avisaron
1620 de que estaba un hombre en ella,
tengo disculpa en que fue
la que me avisó ella mesma;
en cuanto a que se mató
la luz, ¿qué testigo prueba

1625 aquí que no pudo ser
un caso de contingencia?
En cuanto a que hallé esta daga,
hay criados de quien pueda
ser. En cuanto, ¡ay dolor mío!,
1630 que con la espada convenga
del infante, puede ser
otra espada como ella;
que no es labor tan extraña
que no hay mil que la parezcan.
1635 Y apurando más el caso,
confieso, ¡ay de mí!, que sea
del infante, y más confieso
que estaba allí, aunque no fuera
posible dejar de verle;
1640 mas siéndolo, ¿no pudiera
no estar culpada Mencía?
Que el oro es llave maestra
que las guardas de criadas
por instantes nos falsea.[150]
1645 ¡Oh, cuánto me estimo haber
hallado esta sutileza!
Y así acortemos discursos,
pues todos juntos se cierran
en que Mencía es quien es,
1650 y soy quien soy. No hay quien pueda
borrar de tanto esplendor
la hermosura y la pureza.
Pero sí puede, mal digo;
que al sol una nube negra,
1655 si no le mancha, le turba,
si no le eclipsa, le hiela.
¿Qué injusta ley condena
que muera el inocente, que padezca?
A peligro estáis, honor,
1660 no hay hora en vos que no sea
crítica; en vuestro sepulcro
vivís; puesto que os alienta
la mujer, en ella estáis
pisando siempre la güesa.[151]
1665 Y os he de curar, honor,
y pues al principio muestra
este primero accidente[152]
tan grave peligro, sea
la primera medicina
1670 cerrar al daño las puertas,

atajar al mal los pasos.
Y así os receta y ordena
el médico de su honra
primeramente la dieta
1675 del silencio, que es guardar
la boca, tener paciencia;
luego dice que apliquéis
a vuestra mujer finezas,
agrados, gustos, amores,
1680 lisonjas, que son las fuerzas
defensibles,[153] porque el mal
con el despego no crezca;
que sentimientos,[154] disgustos,
celos, agravios, sospechas
1685 con lu mujer, y más propia,[155]
aun más que sanan enferman.
Esta noche iré a mi casa
de secreto, entraré en ella,
por ver qué malicia tiene
1690 el mal; y hasta apurar ésta,
disimularé, si puedo,
esta desdicha, esta pena,
este rigor, este agravio,
este dolor, esta ofensa,
1695 este asombro, este delirio,
este cuidado, esta afrenta,
estos celos ... ¿Celos dije?
¡Qué mal hice! Vuelva, vuelva
al pecho la voz; mas no,
1700 que si es ponzoña que engendra
mi pecho, si no me dio
la muerte, ¡ay de mí!, al verterla,
al volverla a mí podrá;
que de la víbora cuentan
1705 que la mata su ponzoña
si fuera de sí la encuentra.
¿Celos dije? Celos dije.
Pues basta; que cuando llega
un marido a saber que hay
1710 celos, faltará la ciencia;
y es la cura postrera
que el médico de honor hacer intenta.

(*Vase.*)

(*Salen* DON ARIAS *y* DOÑA LEONOR.)

DON ARIAS

No penséis, bella Leonor,

---

[150] *Que . . . falsea*: Gold is a master key which continually makes servants' locks insecure.
[151] *güesa*: *huesa*, grave.
[152] *accidente*: sickness.

[153] *defensible*: defendible.
[154] *sentimiento*: resentment.
[155] *y más propia*: and especially with one's own (wife).

que el no haberos visto fue
1715 porque negar intenté
las deudas que a vuestro honor
tengo; y acreedor a quien
tanta deuda se previene,
el deudor buscando viene,
1720 no a pagar; porque no es bien
que necio y loco presuma
que pueda jamás llegar
a satisfacer y dar
cantidad que fue tan suma;
1725   pero en fin, ya que no pago,
que soy el deudor confieso;
no os vuelvo el rostro, y con eso
la obligación satisfago.

DOÑA LEONOR
Señor don Arias, yo he sido
1730 la que obligada de vos,
en las cuentas de los dos,
más interés ha tenido.
Confieso que me quitasteis
un esposo a quien quería;
1735 mas quizá la suerte mía
por ventura mejorasteis;
pues es mejor que sin vida,
sin opinión, sin honor
viva, que no sin amor,
1740 de un marido aborrecida.
Yo tuve la culpa, yo
la pena siento; y así
sólo me quejo de mí
y de mi estrella.

DON ARIAS
Eso no;
1745   quitarme, Leonor hermosa,
la culpa, es querer negar
a mis deseos lugar;
pues si mi pena amorosa
os significo, ella diga
1750 en cifra sucinta y breve
que es vuestro amor quien me mueve,
mi deseo quien me obliga
a deciros que pues fui
causa de penas tan tristes,
1755 si esposo por mí perdistes,[156]
tengáis esposo por mí.

DOÑA LEONOR
Señor don Arias, estimo,
como es razón, la elección;
y aunque con tanta razón
1760 dentro del alma la imprimo,
licencia me habéis de dar
de responderos también
que no puede estarme bien,
no, señor, porque a ganar
1765   no llegaba yo infinito;[157]
sino porque si vos fuisteis
quien a Gutierre le disteis
de un mal formado delito
la ocasión, y agora viera
1770 que me casaba con vos,
fácilmente entre los dos
de aquella sospecha hiciera
evidencia; y disculpado,
con demostración tan clara,
1775 con todo el mundo quedara
de haberme a mí despreciado.
Y yo estimo de manera
el quejarme con razón,
que no he de darle ocasión
1780 a la disculpa primera;
porque si en un lance tal
le culpan cuantos le ven,
no han de pensar que hizo bien
quien yo pienso que hizo mal.

DON ARIAS
1785   Frívola respuesta ha sido
la vuestra, bella Leonor;
pues cuando de antiguo amor
os hubiera convencido
la experiencia,[158] ella también
1790 disculpa en la enmienda os da.
¿Cuánto peor os estará
que tenga por cierto quien
imaginó vuestro agravio,
y no le constó después
1795 la satisfacción?

DOÑA LEONOR
No es
amante prudente y sabio,
don Arias, quien aconseja
lo que en mi daño se ve;
pues si agravio entonces fue,

---

[156] *perdistes: perdisteis.*
[157] *no, señor . . . infinito:* not, sir, because I would not gain infinitely more (by marrying you).
[158] *cuando . . . experiencia:* although the evidence had convicted you of having a former lover.

1800 no por eso ahora deja
de ser agravio también,
y peor, cuanto haber sido
de imaginado a creído:
y a vos no os estará bien
1805 tampoco.
    DON ARIAS
      Como yo sé
la inocencia de ese pecho
en la ocasión, satisfecho
siempre de vos estaré.
    En mi vida he conocido
1810 galán necio, escrupuloso,
y con extremo celoso,
que en llegando a ser marido
no le castiguen los cielos.
Gutierre pudiera bien
1815 decirlo, Leonor; pues quien
levantó tantos desvelos
de un hombre en la ajena casa,
extremos pudiera hacer
mayores, pues llega a ver
1820 lo que en la propia le pasa.
    DOÑA LEONOR
    Señor don Arias, no quiero
escuchar lo que decís;
que os engañáis, o mentís.
Don Gutierre es caballero
1825 que en todas las ocasiones,
con obrar y con decir,
sabrá, vive Dios, cumplir
muy bien sus obligaciones;
y es hombre cuya cuchilla,
1830 o cuyo consejo sabio,
sabrá no sufrir su agravio
ni a un infante de Castilla.
    Si pensáis vos que con esto
mis enojos aduláis,
1835 muy mal, don Arias, pensáis;
y si la verdad confieso,
    mucho perdisteis conmigo,
pues si fuerais noble vos,
no hablárades, vive Dios,
1840 así de vuestro enemigo.
    Y yo, aunque ofendida estoy,
y aunque la muerte le diera
con mis manos si pudiera,

no le murmurara hoy
1845 en el honor; y leal,
sabed, don Arias, que quien
una vez le quiso bien,[159]
no se vengará en su mal. (*Vase.*)
    DON ARIAS
    No supe qué responder.
1850 Muy grande ha sido mi error,
pues en escuelas de honor,
arguyendo una mujer,
    me convence. Iré al infante,
y humilde le rogaré
1855 que destos cuidados dé
parte[160] ya de aquí adelante
    a otro; y porque no lo yerre,[161]
ya que el día va a morir,
me ha de matar, o no he de ir
1860 en casa de don Gutierre. (*Vase.*)

(*Sale* DON GUTIERRE, *como que asalta unas tapias.*)

    DON GUTIERRE
    En el mudo silencio
de la noche, que adoro y reverencio,
por sombra aborrecida,
como sepulcro de la humana vida,
1865 de secreto he venido
hasta mi casa, sin haber querido
avisar a Mencía
de que ya libertad del rey tenía,
para que descuidada
1870 estuviese, ¡ay de mí!, desta jornada.
Médico de mi honra
me llamo, pues procuro mis deshonra
curar; y así he venido
a visitar mi enfermo a hora que ha sido
1875 de ayer la misma, ¡cielos!,
a ver si el accidente de mis celos
a su tiempo repite:
el dolor mis intentos facilite.
Las tapias de la huerta
1880 salté, porque no quise por la puerta
entrar. ¡Ay Dios, qué introducido engaño
es en el mundo no querer su daño
examinar un hombre,
sin que el recelo ni el temor le asombre!
1885 Dice mal quien lo dice;

[159] *y leal . . . bien.* Construe, "y sabed, don Arias, que quien, leal, una vez le quiso bien."
[160] *dar parte:* to entrust.
[161] *y . . . yerre.* Jones suggests the meaning to be, "y para que no deje de hacerlo."

que no es posible, no, que un infelice
no llore sus desvelos.
Mintió quien dijo que calló con celos,
o confiéseme aquí que no los siente.
1890 Mas ¡sentir y callar!: otra vez miente.
Éste es el sitio donde
suele de noche estar; aun no responde
el eco entre estos ramos.
Vamos pasito, honor, que ya llegamos;
1895 que en estas ocasiones
tienen los celos pasos de ladrones.
     (*Descubre una cortina donde está
     durmiendo* DOÑA MENCÍA.)
¡Ay, hermosa Mencía,
qué mal tratas mi amor y la fe mía!
Volverme otra vez quiero.
1900 Bueno he hallado mi honor; hacer no quiero
por agora otra cura,
pues la salud en él está segura.
Pero ¿ni una criada
la acompaña? ¿Si acaso retirada
1905 aguarda . . .? ¡Oh pensamiento
injusto! ¡Oh vil temor! ¡Oh infame aliento!
Ya con esta sospecha
no he de volverme; y pues que no aprovecha
tan grave desengaño,
1910 apuremos de todo en todo el daño.
Mato la luz, y llego
sin luz y sin razón, dos veces ciego;
pues bien encubrir puedo
el metal de la voz, hablando quedo.
¡Mencía! (*Despiértala.*)

DOÑA MENCÍA
1915   ¡Ay Dios! ¿Qué es esto?

DON GUTIERRE
          No des voces.

DOÑA MENCÍA
¿Quién es?

DON GUTIERRE
          Yo soy, mi bien. ¿No me conoces?

DOÑA MENCÍA
Sí, señor; que no fuera
otro tan atrevido . . .

DON GUTIERRE
(Ella me ha conocido.) (*Aparte.*)

DOÑA MENCÍA
1920 . . . que así hasta aquí viniera.
¿Quién hasta aquí llegara
que no fuérades vos, que no dejara
en mis manos la vida,

con valor y con honra defendida?

DON GUTIERRE
1925 (¡Qué dulce desengaño! (*Aparte.*)
¡Bien haya, amor, el que apuró su daño!)
Mencía, no te espantes de haber visto
tal extremo.

DOÑA MENCÍA
          ¡Qué mal, temor, resisto
el sentimiento!

DON GUTIERRE
          Mucha razón tiene
1930 tu valor.

DOÑA MENCÍA
          ¿Qué disculpa me previene . . .

DON GUTIERRE
Ninguna.

DOÑA MENCÍA
          . . . de venir así tu alteza?

DON GUTIERRE
(¡Tu alteza! No es conmigo. ¡Ay Dios!,
          (*Aparte.*)
          ¿qué escucho?
Con nuevas dudas lucho.
¡Qué pesar! ¡Qué desdicha! ¡Qué tristeza!)

DOÑA MENCÍA
1935 ¿Segunda vez pretende ver mi muerte?
¿Piensa que cada día . . .

DON GUTIERRE
          (¡Oh trance fuerte!) (*Aparte.*)

DOÑA MENCÍA
. . . puede esconderse . . .

DON GUTIERRE
          (¡Cielos!) (*Aparte.*)

DOÑA MENCÍA
. . . y matando la luz . . .

DON GUTIERRE
          (¡Matadme, cielos!) (*Aparte.*)

DOÑA MENCÍA
. . . salir a riesgo mío
1940 delante de Gutierre?

DON GUTIERRE
          (Desconfío (*Aparte*)
de mí, pues que dilato
morir, y con mi aliento no la mato.
El venir no ha extrañado
del infante, ni dél se ha recatado,
1945 sino sólo ha sentido
que en ocasión se ponga, ¡estoy perdido!,
de que otra vez se esconda.
¡Mi venganza a mi agravio corresponda!)

DOÑA MENCÍA
Señor, vuélvase luego.

DON GUTIERRE
1950 (¡Ay Dios! Todo soy rabia y todo fuego.)
(*Aparte.*)

DOÑA MENCÍA
Tu alteza así otra vez no llegue a verse.

DON GUTIERRE
(¿Que por eso no más ha de volverse?)
(*Aparte.*)

DOÑA MENCÍA
Mirad que es hora que Gutierre venga.

DON GUTIERRE
(¿Habrá en el mundo quien paciencia tenga?
(*Aparte.*)
1955 Sí, si prudente alcanza
oportuna ocasión a su venganza.)
No vendrá; yo le dejo
entretenido; y guárdame un amigo
las espaldas el tiempo que conmigo
1960 estáis: él no vendrá, yo estoy seguro.

(*Sale* JACINTA.)

JACINTA
(Temerosa procuro (*Aparte.*)
ver quién hablaba aquí.)

DOÑA MENCÍA
Gente he sentido.

DON GUTIERRE
¿Qué haré?

DOÑA MENCÍA
¿Qué? Retirarte,
no a mi aposento, sino a otra parte.

(*Vase* DON GUTIERRE *detrás del paño.*)

1965 ¡Hola!

JACINTA
¿Señora?

DOÑA MENCÍA
El aire que corría
entre estos ramos mientras yo dormía,
la luz ha muerto; luego
traed luces. (*Vase* JACINTA.)

DON GUTIERRE
(Encendidas en mi fuego. (*Aparte.*)
Si aquí estoy escondido,
1970 han de verme, y de todas conocido,
podrá saber Mencía
que he llegado a entender la pena mía;
y porque no lo entienda,

y dos veces me ofenda,
1975 una con tal intento,
y otra pensando que lo sé y consiento,
dilatando su muerte,
he de hacer la deshecha[162] desta suerte.)
(*Dice dentro.*)
¡Hola! ¿Cómo está aquí desta manera?

DOÑA MENCÍA
1980 Éste es Gutierre; otra desdicha espera
mi espíritu cobarde.

DON GUTIERRE
¿No han encendido luces, y es tan tarde?

(*Sale* JACINTA *con luz, y* DON
GUTIERRE *por otra puerta donde se
escondió.*)

JACINTA
Ya la luz está aquí.

DON GUTIERRE
¡Bella Mencía!

DOÑA MENCÍA
¡Oh mi esposo! ¡Oh mi bien!
¡Oh gloria mía!

DON GUTIERRE
1985 (¡Qué fingidos extremos! (*Aparte.*)
Mas, alma y corazón, disimulemos.)

DOÑA MENCÍA
Señor, ¿por dónde entrasteis?

DON GUTIERRE
Desa huerta,
con la llave que tengo, abrí la puerta.
Mi esposa, mi señora,
1990 ¿en qué te entretenías?

DOÑA MENCÍA
Vine agora
a este jardín, y entre estas fuentes puras,
dejóme el aire a oscuras.

DON GUTIERRE
No me espanto, bien mío;
que el aire que mató la luz, tan frío
1995 corre, que es un aliento
respirado del céfiro violento,
y que no sólo advierte
muerte a las luces, a las vidas muerte,
y pudieras dormida
2000 a sus soplos también perder la vida.

DOÑA MENCÍA
Entenderte pretendo,
y aunque más lo procuro, no te entiendo.

---

[162] *hacer la deshecha*: to dissemble.

DON GUTIERRE

¿No has visto ardiente llama
perder la luz al aire que la hiere,
2005 y que a este tiempo de otra luz inflama
la pavesa? Una vive y otra muere
a sólo un soplo. Así desta manera,
la lengua de los vientos lisonjera
matarte la luz pudo,
2010 y darme luz a mí.

DOÑA MENCÍA

(El sentido dudo.) (*Aparte.*)
Parece que celoso
hablas en dos sentidos.

DON GUTIERRE

(Riguroso (*Aparte.*)
es el dolor de agravios;
mas con celos ningunos fueron sabios.)
2015 ¿Celoso? ¿Sabes tú lo que son celos?
Que yo no sé qué son, ¡viven los cielos!;
porque si lo supiera,
y celos . . .

DOÑA MENCÍA

(¡Ay de mí!) (*Aparte.*)

DON GUTIERRE

. . . llegar pudiera
a tener . . . ¿qué son celos?
2020 Átomos, ilusiones y desvelos . . .
no más que de una esclava, una criada,
por sombra imaginada,[163]
con hechos inhumanos
a pedazos sacara con mis manos

---

[163] *porque si lo supiera, y celos . . . llegar pudiera a
tener . . . no más de una esclava, una criada, por sombra
fingida*: because if I knew and came to be jealous

2025 el corazón, y luego,
envuelto en sangre, desatado en fuego,
el corazón comiera
a bocados, la sangre me bebiera,
el alma le sacara,
2030 y el alma, ¡vive Dios!, despedazara,
si capaz de dolor el alma fuera.
Pero ¿cómo hablo yo desta manera?

DOÑA MENCÍA

Temor al alma ofreces.

DON GUTIERRE

¡Jesús, Jesús mil veces!
2035 ¡Mi bien, mi esposa, cielo, gloria mía!
¡Ah mi dueño! ¡Ah Mencía!
Perdona, por tus ojos,
esta descompostura, estos enojos;
que tanto un fingimiento
2040 fuera de mí llevó mi pensamiento;
y vete por tu vida; que prometo
que te miro con miedo y con respeto,
corrido deste exceso.
¡Jesús! No estuve en mí, no tuve seso.

DOÑA MENCÍA

2045 (Miedo, espanto, temor y horror tan fuerte,
(*Aparte.*)
parasismos han sido de mi muerte.)

DON GUTIERRE

(Pues médico me llamo de mi honra,
(*Aparte.*)
yo cubriré con tierra mi deshonra.)

only of a slave or servant, as if she were an imaginary
shadow.

Jornada tercera

(Sale todo el ACOMPAÑAMIENTO, *y*
DON GUTIERRE *y el* REY.)

DON GUTIERRE

Pedro, a quien el indio polo
2050 coronar de luz espera,
hablarte a solas quisiera.

REY

Idos todos. (*Vase el* ACOMPAÑAMIENTO.)
Ya estoy solo.

DON GUTIERRE

Pues a ti, español Apolo,
a ti, castellano Atlante,
2055 en cuyos hombros constante
se ve durar y vivir
todo un orbe de zafir,
todo un globo de diamante,
a ti, pues, rindo en despojos
2060 la vida mal defendida
de tantas penas, si es vida
vida con tantos enojos.
No te espantes que los ojos
también se quejen, señor;
2065 que dicen que amor y honor
pueden, sin que a nadie asombre,
permitir que llore un hombre;
y yo tengo honor y amor:
honor, que siempre he guardado
2070 como noble y bien nacido,
y amor, que siempre he tenido
como esposo enamorado;
adquirido y heredado
uno y otro en mí se ve,
2075 hasta que tirana fue
la nube, que turbar osa

¹⁶⁴ *su fe*: my faith in her.

tanto esplendor en mi esposa,
y tanto lustre en su fe.¹⁶⁴
No sé cómo signifique
2080 mi pena; turbado estoy,
y más cuando a decir voy
que fue vuestro hermano Enrique
contra quien pido se aplique
desa justicia el rigor;
2085 no porque sepa, señor,
que el poder mi honor contrasta;
pero imaginarlo basta
quien sabe que tiene honor.
La vida de vos espero
2090 de mi honra; así la curo
con prevención, y procuro
que ésta la sane primero;
porque si en rigor tan fiero
malicia en el mal hubiera,
2095 junta de agravios hiciera,
a mi honor desahuciara,
con la sangre le lavara,
con la tierra le cubriera.
No os turbéis: con sangre digo
2100 solamente de mi pecho.
Enrique, estad satisfecho
que está seguro conmigo;
y para esto hable un testigo:
esta daga, esta brillante
2105 lengua de acero elegante,
suya fue; ved este día
si está seguro, pues fía
de mí su daga el infante.

REY

Don Gutierre, bien está;

469

2110 y quien de tan invencible
honor corona las sienes,
que con los rayos compiten
del sol, satisfecho viva
de que su honor . . .

DON GUTIERRE
No me obligue
2115 vuestra majestad, señor,
a que piense, que imagine
que yo he menester consuelos
que mi opinión acrediten.
¡Vive Dios!, que tengo esposa
2120 tan honesta, casta y firme,
que deja atrás las romanas
Lucrecia, Porcia y Tomiris.[165]
Ésta ha sido prevención
solamente.

REY
Pues decidme:
2125 para tantas prevenciones,
Gutierre, ¿qué es lo visteis?

DON GUTIERRE
Nada; que hombres como yo
no ven; basta que imaginen,
que sospechen, que prevengan,
2130 que recelen, que adivinen,
que . . . no sé cómo lo diga;
que no hay voz que signifique
una cosa, que no sea
un átomo indivisible.[166]
2135 Sólo a vuestra majestad
di parte,[167] para que evite
el daño que no hay; porque
si le hubiera, de mí fíe
que yo le diera el remedio
2140 en vez, señor, de pedirle.

REY
Pues ya que de vuestro honor
médico os llamáis, decidme,
don Gutierre, ¿qué remedios
antes del último hicisteis?

DON GUTIERRE
2145 No pedí a mi mujer celos,[168]
y desde entonces la quise
más: vivía en una quinta
deleitosa y apacible;
y para que no estuviera
2150 en las soledades triste,
truje[169] a Sevilla mi casa,
y a vivir en ella vine,
adonde todo lo goza,
sin que nada a nadie envidie;
2155 porque malos tratamientos
son para maridos viles
que pierden a sus agravios
el miedo, cuando los dicen.

REY
El infante viene allí,
2160 y si aquí os ve, no es posible
que deje de conocer
las quejas que dél me disteis.
Mas acuérdome que un día
me dieron con voces tristes
2165 quejas de vos, y yo entonces
detrás de aquellos tapices
escondí a quien se quejaba;
y en el mismo caso pide
el daño el propio remedio,
2170 pues al revés lo repite.
Y así quiero hacer con vos
lo mismo que entonces hice;
pero con un orden más,
y es que nadie os obligue
2175 a descubriros. Callad
a cuanto viéredes.

DON GUTIERRE
Humilde
estoy, señor, a tus pies.
Seré el pájaro que fingen
con una piedra en la boca.[170] (*Escóndese.*)
(*Sale el* INFANTE.)

REY
2180 Vengáis norabuena, Enrique,

---

[165] *Lucrecia, Porcia y Tomiris.* Lucretia, violated by Sextus Tarquin, committed suicide because of the dishonor inflicted upon her. Portia, wife of Brutus who headed the conspiracy that resulted in the assassination of Julius Caesar, killed herself on learning of her husband's death. Tomyris, queen of the Massagetae, avenged her son's death by decapitating King Cyrus of Persia and throwing his head into a wineskin filled with human blood. Although Tomyris represents feminine resoluteness, she is out of place in the company of Lucretia and Portia, who have become symbols of chastity and conjugal fidelity.

[166] *que no . . . indivisible*: i.e. things are so complex that no single word is adequate to signify any one of them, except the indivisible atom.

[167] *dar parte*: to inform.

[168] *pedir celos*: to make jealous complaint.

[169] *truje: traje.*

[170] *pájaro . . . boca.* Allusion to the crane, symbol of silent vigilance.

aunque mala habrá de ser,
pues me halláis . . .

DON ENRIQUE

    ¡Ay de mí, triste!

REY

. . . enojado.

DON ENRIQUE

    Pues, señor,
¿con quién lo estáis, que os obligue?[171]

REY

2185 Con vos, infante, con vos.

DON ENRIQUE

Será mi vida infelice:
si enojado tengo al sol,
veré mi mortal eclipse.

REY

¿Vos, Enrique, no sabéis
2190 que más de un acero tiñe
el agravio en sangre real?[172]

DON ENRIQUE

¿Pues por quién, señor, lo dice
vuestra majestad?

REY

    Por vos
lo digo, por vos, Enrique.
2195 El honor es reservado
lugar, donde el alma asiste.
Yo no soy rey de las almas:
harto en esto sólo os dije.

DON ENRIQUE

No os entiendo.

REY

    Si a la enmienda
2200 vuestro amor no se apercibe,
dejando vanos intentos
de bellezas imposibles,
donde el alma de un vasallo
con ley soberana vive,
2205 podrá ser de mi justicia
aun mi sangre no se libre.

DON ENRIQUE

Señor, aunque tu preceto
es ley que tu lengua imprime
en mi corazón, y en él
2210 como en el bronce se escribe,
escucha disculpas mías;
que no será bien que olvides

que con iguales orejas
ambas partes han de oírse.
2215 Yo, señor, quise a una dama;
que ya sé por quien lo dices,
si bien con poca ocasión;
en efeto, yo la quise
tanto . . .

REY

    ¿Qué importa, si ella
2220 es beldad tan imposible?

DON ENRIQUE

Es verdad, pero . . .

REY

    Callad.

DON ENRIQUE

Pues, señor, ¿no me permites
disculparme?

REY

    No hay disculpa;
que es belleza que no admite
2225 objeción.

DON ENRIQUE

    Es cierto, pero
el tiempo todo lo rinde,
el amor todo lo puede.

REY

(¡Válgame Dios, qué mal hice (*Aparte.*)
en esconder a Gutierre!)
2230 Callad, callad.

DON ENRIQUE

    No te incites
tanto contra mí, ignorando
la causa que a esto me obligue.

REY

Yo lo sé todo muy bien.
(¡Oh qué lance tan terrible!) (*Aparte.*)

DON ENRIQUE

2235 Pues yo, señor, he de hablar:
en fin, doncella la quise.
¿Quién, decid, agravió a quién?
¿Yo a un vasallo . . .

REY

    (¡Ay infelice!) (*Aparte.*)

DON ENRIQUE

. . . que antes que fuese su esposa
2240 fue . . . ?

---

[171] *que os obligue*: so that I may oblige you (by punishing him).

[172] *¿Vos . . . real?*: freely, "Don't you know that an offence perpetrated against one of royal blood will lead to the staining of more than one sword?"

REY

No tenéis qué decirme.
Callad, callad, que ya sé
que por disculpa fingisteis
tal quimera. Infante, infante,
vamos mediando los fines:[173]
2245 ¿conocéis aquesta daga?

DON ENRIQUE

Sin ella a palacio vine
una noche.

REY

    ¿Y no sabéis
dónde la daga perdisteis?

DON ENRIQUE

No, señor.

REY

    Yo sí, pues fue
2250 adonde fuera posible
mancharse con sangre vuestra,
a no ser el que la rige
tan noble y leal vasallo.
¿No veis que venganza pide
2255 el hombre, que, aun ofendido,
el pecho y las armas rinde?
¿Veis este puñal dorado?
Jeroglífico es que dice
vuestro delito; a quejarse
2260 viene de vos; yo he de oírle.
Tomad su acero, y en él
os mirad: veréis, Enrique,
vuestros defetos.

DON ENRIQUE

    Señor,
considera que me riñes
2265 tan severo, que turbado . . .

REY

Tomad la daga . . .

*(Dale la daga, y al tomarla, turbado,
el* INFANTE *corta al* REY *la mano.)*

    ¿Qué hiciste,
traidor?

DON ENRIQUE

¿Yo?

REY

    ¿Desta manera
tu acero en mi sangre tiñes?

¿Tú la daga que te di
2270 hoy contra mi pecho esgrimes?
¿Tú me quieres dar la muerte?

DON ENRIQUE

Mira, señor lo que dices;
que yo turbado . . .

REY

    ¿Tú a mí
te atreves? ¡Enrique, Enrique!
2275 Detén el puñal, ya muero.

DON ENRIQUE

¡Hay confusiones más tristes!

(Cáesele la daga al INFANTE.)

Mejor es volver la espalda,
y aun ausentarme y partirme
donde en mi vida te vea,
2280 porque de mí no imagines
que puedo verter tu sangre
yo, mil veces infelice. (*Vase.*)

REY

¡Válgame el cielo! ¿Qué es esto?
¡Oh qué aprehensión insufrible![174]
2285 Bañado me vi en mi sangre;
muerto estuve. ¿Qué infelice
imaginación me cerca,
que con espantos horribles
y con helados temores
2290 el pecho y el alma oprime?
Ruego a Dios que estos principios
no lleguen a tales fines,
que con diluvios de sangre
el mundo se escandalice.

(Vase por otra puerta.)

(Sale DON GUTIERRE.*)*

DON GUTIERRE

2295 Todo es prodigios el día.
Con asombros tan terribles,
de que yo estaba escondido
no es mucho que el rey se olvide.
¡Válgame Dios! ¿Qué escuché?
2300 Mas ¿para qué lo repite
la lengua, cuando mi agravio
con mi desdicha se mide?
Arranquemos de una vez
de tanto mal las raíces.
2305 Muera Mencía; su sangre

---

[173] *vamos . . . fines.* Jones suggests, "let's come to the point."

[174] The king looks upon his accidental wounding by his brother as an omen of his death. Enrique later killed King Pedro at Montiel in 1369.

bañe el lecho donde asiste;
y pues aqueste puñal (*Levántale.*)
hoy segunda vez me rinde
el infante, con él muera.
310 Mas no es bien que lo publique;
porque si sé que el secreto
altas victorias consigue,
y que agravio que es oculto
oculta venganza pide,
315 muera Mencía de suerte
que ninguno lo imagine.
Pero antes que llegue a esto,
la vida el cielo me quite,
porque no vea tragedias
320 de un amor tan infelice.
¿Para cuándo, para cuándo
esos azules viriles[175]
guardan un rayo? ¿No es tiempo
de que sus puntas se vibren,
325 preciando de tan piadosos?
¿No hay, claros cielos, decidme,
para un desdichado muerte?
¿No hay un rayo para un triste? (*Vase.*)
(*Salen* DOÑA MENCÍA *y* JACINTA.)[176]

JACINTA

Señora, ¿qué tristeza
330 turba la admiración a tu belleza,[177]
que la noche y el día
no haces sino llorar?

DOÑA MENCÍA

La pena mía
no se rinde a razones.
En una confusión de confusiones,
335 ni medidas ni cuerdas,
desde la noche triste, si te acuerdas,
que viviendo en la quinta,
te dije que conmigo había, Jacinta,
hablado don Enrique,
340 — no sé cómo mi mal te signifique —
y tú después dijiste que no era
posible, porque afuera,
a aquella misma hora que yo digo,
el infante también habló contigo,
345 estoy triste y dudosa,
confusa, divertida y temerosa,
pensando que no[178] fuese
Gutierre quien conmigo habló.

JACIENTA

¿Pues ése
es engaño que pudo
2350 suceder?

DOÑA MENCÍA

Sí, Jacinta, que no dudo
que de noche, y hablando
quedo, y yo tan turbada, imaginando
en[179] él mismo, venía,
bien tal engaño suceder podía.
2355 Con esto el verle agora
conmigo alegre, y que consigo llora
— porque al fin los enojos,
que son grandes amigos de los ojos,
no les encubren nada —
2360 me tiene en tantas penas anegada.
(*Sale* COQUÍN.)

COQUÍN

Señora.

DOÑA MENCÍA

¿Qué hay de nuevo?

COQUÍN

Apenas a contártelo me atrevo:
don Enrique el infante . . .

DOÑA MENCÍA

Tente, Coquín, no pases adelante·
2365 que su nombre no más me causa espanto,
tanto le temo, o le aborrezco tanto.

COQUÍN

No es de amor el suceso,
y por eso lo digo.

DOÑA MENCÍA

Y yo por eso
lo escucharé.

COQUÍN

El infante,
2370 que fue, señora, tu imposible amante,
con don Pedro su hermano
hoy un lance ha tenido. Pero en vano
contártele pretendo,
por no saberle bien, o porque entiendo
2375 que no son justas leyes
que hombres de burlas hablen de los reyes.
Esto aparte, en efeto,
Enrique me llamó, y con gran secreto
dijo: "A doña Mencía
2380 este recado da de parte mía;

---

[175] *viril*: transparent glass (here, "skies").
[176] Stage direction. The scene shifts to Don Gutierre's new home in Seville.
[177] *la admiración a*: our admiration of.
[178] *no* is redundant.
[179] *imaginando en*: *pensando en*.

que su desdén tirano
me ha quitado la gracia de mi hermano,
y huyendo desta tierra,
hoy a la ajena patria me destierra,
2385 donde vivir no espero,
pues de Mencía aborrecido muero."

DOÑA MENCÍA
¿Por mí el infante ausente,
sin la gracia del rey? ¡Cosa que intente[180]
con novedad tan grande,
2390 que mi opinión en voz del vulgo ande!
¿Qué haré, cielos?

JACINTA
Agora
el remedio mejor será, señora,
prevenir este daño.

COQUÍN
¿Cómo puede?

JACINTA
Rogándole al infante que se quede;
2395 pues si una vez se ausenta,
como dicen, por ti, será tu afrenta
pública; que no es cosa
la ausencia de un infante tan dudosa
que no se diga luego
2400 cómo y por qué.

COQUÍN
¿Pues cuándo oirá ese ruego,
si, calzada la espuela,
ya en su imaginación Enrique vuela?

JACINTA
Escribiéndole agora
un papel en que diga mi señora
2405 que a su opinión conviene
que no se ausente; pues para eso tiene
lugar, si tú le llevas.

DOÑA MENCÍA
Pruebas de honor son peligrosas pruebas;
pero con todo quiero
2410 escribir el papel, pues considero,
y no con necio engaño,
que es de dos daños éste el menor daño,
si hay menor en los daños que recibo.
Quedaos aquí los dos mientras yo escribo.

(*Vase.*)

JACINTA
2415 ¿Qué tienes estos días,
Coquín, que andas tan triste? ¿No solías
ser alegre? ¿Qué efeto
te tiene así?

COQUÍN
Metíme a ser discreto
por mi mal, y hame dado
2420 tan grande hipocondría en este lado
que me muero.

JACINTA
¿Y qué es hipocondría?

COQUÍN
Es una enfermedad que no la había
habrá dos años, ni en el mundo era.
Usóse poco ha,[181] y de manera
2425 lo que se usa, amiga, no se excusa,[182]
que una dama, sabiendo que se usa,
le dijo a su galán muy triste un día:
"Tráigame un poco uced de hipocondría."
Mas señor entra agora.

JACINTA
2430 ¡Ay Dios! Voy a avisar a mi señora.

(*Sale* DON GUTIERRE.)

DON GUTIERRE
Tente, Jacinta, espera.
¿Dónde corriendo vas desa manera?

JACINTA
Avisar pretendía
a mi señora de que ya venía
2435 tu persona.

DON GUTIERRE
(¡Oh criados, (*Aparte.*)
en efecto, enemigos no excusados;[183]
turbados de temor los dos se han puesto.)
Ven acá, dime tú lo que hay en esto;
dime por qué corrías.

JACINTA
2440 Sólo por avisar de que venías,
señor, a mi señora.

DON GUTIERRE
(Los labios sella. (*Aparte.*)
Mas déste lo sabré mejor que della.)
Coquín, tú me has servido

---

180 *¡Cosa que intente . . . !*: To think that he would
seek . . . !
181 *Usóse poco ha*: It became fashionable not long
ago. In effect, hypochondria became a vogue among

the fashionminded set in the seventeenth century.
182 *Lo que se usa no se excusa* is a proverb meaning
that one should conform to prevailing customs.
183 *no excusados*: unavoidable.

noble siempre; en mi casa te has criado.
2445 A ti vuelvo rendido:
dime, dime por Dios lo que ha pasado.

COQUÍN

Señor, si algo supiera,
de lástima no más te lo dijera.
¡Plegue a Dios, mi señor . . .!

DON GUTIERRE

¡No, no des voces!
2450 Di, ¿a qué aquí te turbaste?

COQUÍN

Somos de buen turbar;[184] mas esto baste.

DON GUTIERRE

(Señas los dos se han hecho. (*Aparte.*)
Ya no son cobardías de provecho.)
Idos de aquí los dos. — Solos estamos,
(*Vanse.*)
2455 honor, lleguemos ya; desdicha, vamos.
¿Quién vio en tantos enojos
matar las manos y llorar los ojos?

(*Descubre a* DOÑA MENCÍA *escribiendo.*)

Escribiendo Mencía
está; ya es fuerza ver lo que escribía.

(*Quítale el papel.*)

DOÑA MENCÍA

2460 ¡Ay Dios! ¡Válgame el cielo!

(*Ella se desmaya.*)

DON GUTIERRE

Estatua viva se quedó de hielo.

(*Lee.*)

"Vuestra alteza, señor . . ." (¡Que por alteza
vino mi honor a dar a tal bajeza!)
". . . no se ausente . . ." Detente,
2465 voz; pues le ruega aquí que no se ausente,
a tanto mal me ofrezco,
que casi las desdichas me agradezco.
¿Si aquí le doy la muerte?
Mas esto ha de pensarse de otra suerte.
2470 Despediré criadas y criados;
solos han de quedarse mis cuidados
conmigo; y ya que ha sido
Mencía la mujer que yo he querido
más en mi vida, quiero
2475 que en el último vale, en el postrero
parasismo, me deba
la más nueva piedad, la acción más nueva.
Ya que la cura he de aplicar postrera,

no muera el alma, aunque la vida muera.

(*Escribe y vase.*)

(*Va volviendo en sí* DOÑA MENCÍA.)

DOÑA MENCÍA

2480 Señor, detén la espada,
no me juzgues culpada:
el cielo sabe que inocente muero.
¿Qué fiera mano, qué sangriento acero
en mi pecho ejecutas? ¡Tente, tente!
2485 ¡Una mujer no mates inocente!
Mas ¿qué es esto? ¡Ay de mí! ¿No
[estaba agora
Gutierre aquí? ¿No vía (¿quién lo ignora?)
que en mi sangre bañada,
moría en rubias[185] ondas anegada?
2490 ¡Ay Dios, este desmayo
fue de mi vida aquí mortal ensayo!
¡Qué ilusión! Por verdad lo dudo y creo.
El papel romperé . . . Pero ¿qué veo?
De mi esposo es la letra, y desta suerte
2495 la sentencia me intima de mi muerte.

(*Lee.*) "El amor te adora, el honor te aborrece; y así el uno te mata, y el otro te
avisa: dos horas tienes de vida; cristiana
eres, salva el alma, que la vida es imposible."

¡Válgame Dios! ¡Jacinta, hola! ¿Qué es esto?
¿Nadie responde? ¡Otro temor funesto!
¿No hay ninguna criada?
Mas, ¡ay de mí!, la puerta está cerrada;
2500 nadie en casa me escucha.
Mucha es mi turbación, mi pena es mucha.
Destas ventanas son los hierros rejas,
y en vano a nadie le diré mis quejas,
que caen a unos jardines, donde apenas
2505 habrá quien oiga repetidas penas.
¿Dónde iré desta suerte,
tropezando en la sombra de mi muerte?

(*Vase.*)

(*Salen el* REY *y* DON DIEGO.)

REY

En fin, ¿Enrique se fue?

DON DIEGO

Sí, señor; aquesta tarde
2510 salió de Sevilla.

REY

Creo
que ha presumido arrogante
que él solamente de mí

---

[184] *Somos de buen turbar*: We're easily upset.

[185] *rubio*: red.

podrá en el mundo librarse.
¿Y dónde va?

DON DIEGO

Yo presumo
2515 que a Consuegra.[186]

REY

Está el Infante
Maestre[187] allí, y querrán los dos
a mis espaldas vengarse
de mí.

DON DIEGO

Tus hermanos son,
y es forzoso que te amen
2520 como a hermano, y como a rey
te adoren: dos naturales
obediencias son.

REY

Y Enrique,
¿quién lleva que le acompañe?

DON DIEGO

Don Arias.

REY

Es su privanza.

DON DIEGO

2525 Música hay en esta calle.

REY

Vámonos llegando a ellos.
Quizá con lo que cantaren
me divertiré.

DON DIEGO

La música
es antídoto a los males.
(Cantan dentro.)
2530 *El infante don Enrique*
hoy se despidió del rey;
su pesadumbre y su ausencia
quiera Dios que pare en bien.

REY

¡Qué triste voz! Vos, don Diego,
2535 echad por aquesa calle;
no se nos escape quien
canta desatinos tales.
(Vase cada uno por su puerta.)

(Salen DON GUTIERRE *y*
LUDOVICO, *cubierto el rostro.)*

DON GUTIERRE

Entra, no tengas temor;
que ya es tiempo que destape
2540 tu rostro y encubra el mío.

LUDOVICO

¡Válgame Dios!

DON GUTIERRE

No te espante
nada que vieres.

LUDOVICO

Señor,
de mi casa me sacasteis
esta noche; pero apenas
2545 me tuvisteis en la calle,
cuando un puñal me pusisteis
al pecho, sin que cobarde
vuestro intento resistiese,
que fue cubrirme y taparme
2550 el rostro, y darme mil vueltas
luego a mis propios umbrales.
Dijisteis más: que mi vida
estaba en no destaparme;
un hora he andado con vos,
2555 sin saber por dónde ande.
Y con ser la admiración[188]
de aqueste caso tan grave,
más me turba y me suspende
impensadamente hallarme
2560 en una casa tan rica,
sin ver que la habite nadie
sino vos, habiéndoos visto
siempre ese embozo delante.
¿Qué me queréis?

DON GUTIERRE

Que te esperes
2565 aquí sólo un breve instante. *(Vase.)*

LUDOVICO

¿Qué confusiones son éstas,
que a tal extremo me traen?
¡Válgame Dios!
(Vuelve DON GUTIERRE.*)*

DON GUTIERRE

Tiempo es ya
de que entres aquí; mas antes
2570 escúchame: aqueste acero
será de tu pecho esmalte,[189]

---

[186] *Consuegra*: town in the province of Toledo.
[187] *el Infante Maestre*. Don Fadrique, twin brother of Don Enrique de Trastamara, was Grand Master of the Order of Santiago, He was killed on the orders of King Pedro in Seville in 1358.
[188] *admiración*: astonishment.
[189] *esmalte*: adornment.

si resistes lo que yo
tengo agora de mandarte.
Asómate a ese aposento.
2575 ¿Qué ves en él?

LUDOVICO

Una imagen
de la muerte, un bulto veo,
que sobre una cama yace;
dos velas tiene a los lados,
y un crucifijo delante.
2580 Quién es no puedo decir;
que con unos tafetanes
el rostro tiene cubierto.

DON GUTIERRE

Pues a ese vivo cadáver
que ves, has de dar la muerte.

LUDOVICO

2585 Pues ¿qué quieres?

DON GUTIERRE

Que la sangres,
y la dejes que rendida
a su violencia, desmaye
la fnerza,[190] y que en tanto horror
tú atrevido la acompañes,
2590 hasta que por breve herida
ella expire y se desangre.
No tienes a qué apelar,
si buscas en mí piedades,
sino obedecer, si quieres
2595 vivir.

LUDOVICO

Señor, tan cobarde
te escucho, que no podré
obedecerte.

DON GUTIERRE

Quien hace
por consejos rigurosos[191]
mayores temeridades,
2600 darte la muerte sabrá.

LUDOVICO

Fuerza es que mi vida guarde.

DON GUTIERRE

Y haces bien, porque en el mundo
ya hay quien viva porque mate.
Desde aquí te estoy mirando,
2605 Ludovico: entra delante.

(*Vase* LUDOVICO.)

Éste fue el más fuerte medio
para que mi afrenta acabe
disimulada, supuesto
que el veneno fuera fácil
2610 de averiguar, las heridas
imposibles de ocultarse.
Y así, constando la muerte,
y diciendo que fue lance
forzoso hacer la sangría,
2615 ninguno podrá probarme
lo contrario, si es posible
que una venda se desate.
Haber traído a este hombre
con recato semejante,
2620 fue bien; pues si descubierto[192]
viniera, y viera sangrarse
una mujer, y por fuerza,
fuera presunción notable.
Éste no podrá decir,
2625 cuando cuente aqueste trance,
quién fue la mujer; demás
que, cuando de aquí le saque,
muy lejos ya de mi casa,
estoy dispuesto a matarle.
2630 Médico soy de mi honor;
la vida pretendo darle
con una sangría; que todos
curan a costa de sangre. (*Vase.*)

(*Vuelven el* REY *y* DON DIEGO, *cada
uno por su puerta*; *y cantan dentro.*)

(*Música.*)
Para Consuegra camina,
2635 *donde piensa que han der ser
teatros de mil tragedias
las montañas de Montiel.*[193]

REY

Don Diego.

DON DIEGO

Señor.

REY

Supuesto
que cantan en esta calle,
2640 ¿no hemos de saber quién es?
¿Habla por ventura el aire?

---

190 *y la dejes . . . fuerza*: and leave her so that,
yielding to the violence (of the blood-letting), her
strength will weaken.
191 *consejos rigurosos*: i.e., the counsels of honor.

192 *descubierto*: i.e., without being blindfolded.
193 *Montiel*: town in the province of Ciudad Real
where Don Enrique later killed the king.

DON DIEGO

No te desvele, señor,
oír estas necedades,
porque a vuestro enojo ya
2645 versos en Sevilla se hacen.

REY

Dos hombres vienen aquí.

DON DIEGO

Es verdad: no hay que esperarles
respuesta. Hoy·el conocerles
me importa.

(*Saca* DON GUTIERRE *a* LUDOVICO,
tapado el rostro.)

DON GUTIERRE

(¡Que así me ataje (*Aparte.*)
2650 el cielo, que[194] con la muerte
deste hombre eche otra llave
al secreto! Ya me es fuerza
de aquestos dos retirarme;
y nada me está peor
2655 que conocerme[195] en tal parte.
Dejaréle en este puesto.) (*Vase.*)

DON DIEGO

De los dos, señor, que antes
venían, se volvió el uno,
y el otro se quedó.

REY

A darme
2660 confusión; que si le veo
a la poca luz que esparce
la luna, no tiene forma
su rostro: confusa imagen
el bulto mal acabado
2665 parece de un blanco jaspe.

DON DIEGO

Téngase su majestad,
que yo llegaré.

REY

Dejadme,
don Diego. ¿Quién eres, hombre?

LUDOVICO

Dos confusiones son parte,
2670 señor, a[196] no responderos:
la una la humildad que trae
consigo un pobre oficial,[197] (*Descúbrese.*)

para que con reyes hable
(que ya os conocí en la voz,
2675 luz que tan notorio os hace),
la otra, la novedad
del suceso más notable
que el vulgo, archivo confuso,
califica en sus anales.

REY

2680 ¿Qué os ha sucedido?

LUDOVICO

A vos
lo diré; escuchadme aparte.

REY

Retiraos allí, don Diego.

DON DIEGO

(Sucesos son admirables (*Aparte.*)
cuantos esta noche veo:
2685 Dios con bien della me saque.)

LUDOVICO

No la vi el rostro, mas sólo
entre repetidos ayes
escuché: "Inocente muero;
el cielo no te demande[198]
2690 mi muerte." Esto dijo, y luego
expiró; y en este instante
el hombre mató la luz,
y por los pasos que antes
entré, salí. Sintió ruido
2695 al llegar a aquesta calle,
y dejóme en ella solo.
Fáltame ahora de avisarte,
señor, que saqué bañadas
las manos en roja sangre,
2700 y que fui por las paredes
como que quise arrimarme,
manchando todas las puertas,
por si pueden las señales
descubrir la casa.

REY

Bien
2705 hicisteis; venid a hablarme
con lo que hubiereis sabido,
y tomad este diamante,
y decid que por las señas
dél[199] os permitan hablarme
2710 a cualquier hora que vais.[200]

---

[194] *que: a que.*
[195] *que conocerme*: than my being recognized.
[196] *ser parte a*: to account for.
[197] *oficial*: workman.

[198] *demandar*: to cite (for).
[199] *por . . . dél*: i.e., because it identifies you.
[200] *vais: vayáis.*

LUDOVICO
El cielo, señor, os guarde. (*Vase.*)
REY
Vamos, don Diego.
DON DIEGO
                ¿Qué es eso?
REY
El suceso más notable
del mundo.
DON DIEGO
            Triste has quedado.
REY
2715 Forzoso ha sido asombrarme.
DON DIEGO
Vente a acostar, que ya el día
entre dorados celajes
asoma.
REY
        No he de poder
sosegar, hasta que halle
2720 una casa que deseo.
DON DIEGO
¿No miras que ya el sol sale,
y que podrán conocerte
desta suerte?
        (*Sale* COQUÍN.)
COQUÍN
                Aunque me mates,
habiéndote conocido,
2725 oh señor, tengo de hablarte:
escúchame.
REY
            Pues, Coquín,
¿de qué los extremos son?
COQUÍN
Ésta es una honrada acción,
de hombre bien nacido en fin;
2730 que aunque hombre me consideras
de burlas, con loco humor,
llegando a veras, señor,
soy hombre de muchas veras.
Oye lo que he de decir,
2735 pues de veras vengo a hablar;
que quiero hacerte llorar,
ya que no puedo reír.
Gutierre, mal informado
por aparentes recelos,
2740 llegó a tener viles celos

201 *Con darme libre*: By freeing me.
202 *acción*: case.

de su honor; y hoy, obligado
a tal sospecha, que halló
escribiendo — ¡error cruel! —
para el infante un papel
2745 a su esposa, que intentó
con él que no se ausentase,
porque ella causa no fuese
de que en Sevilla se viese
la novedad que causase
2750 pensar que ella le ausentaba . . .
Con esta inocencia, pues
(que a mí me consta), con pies
cobardes, adonde estaba
llegó, y el papel tomó,
2755 y, sus celos declarados,
despidiendo a los criados,
todas las puertas cerró,
solo se quedó con ella.
Yo, enternecido de ver
2760 una infelice mujer,
perseguida de su estrella,
vengo, señor, a avisarte
que tu brazo altivo y fuerte
hoy la libre de la muerte.
REY
2765 ¿Con qué he de poder pagarte
tal piedad?
COQUÍN
            Con darme aprisa
libre,201 sin más accidentes,
de la acción 202 contra mis dientes.
REY
No es ahora tiempo de risa.
COQUÍN
2770 ¿Cuándo lo fue?
REY
                Y pues el día
aun no se muestra, lleguemos,
don Diego. Así, pues, daremos
color 203 a una industria mía,
de entrar en casa mejor,
2775 diciendo que me ha cogido
el día cerca, y he querido
disimular el color
del vestido; y una vez
allá, el estado veremos
2780 del suceso; y así haremos
como rey, supremo juez.

203 *color*: pretext.

DON DIEGO
No hubiera industria mejor.

COQUÍN
De su casa lo has tratado
tan cerca, que ya has llegado;
2785 que ésta es su casa, señor.

REY
Don Diego, espera.

DON DIEGO
                    ¿Qué ves?

REY
¿No ves sangrienta una mano
impresa en la puerta?

DON DIEGO
                    Es llano.

REY
(Gutierre sin duda es (*Aparte.*)
2790   el crüel que anoche hizo
una acción tan inclemente.
No sé qué hacer; cuerdamente
sus agravios satisfizo.)

(*Salen* DOÑA LEONOR *y* INÉS, *criada.*)

DOÑA LEONOR
Salgo a misa antes del día,
2795 porque ninguno me vea
en Sevilla, donde crea
que olvido la pena mía.
Mas gente hay aquí. ¡Ay, Inés!
¿El rey qué hará en esta casa?

INÉS
2800 Tápate en tanto que pasa.

REY
Acción excusada[204] es,
   porque ya estáis conocida.

DOÑA LEONOR
No fue encubrirme, señor,
por excusar el honor
2805 de dar a tus pies la vida.

REY
Esta acción es para mí,
de recatarme de vos,
pues sois acreedor, por Dios,
de mis honras; que yo os di
2810   palabra, y con gran razón,
de que he de satisfacer
vuestro honor; y lo he de hacer
en la primera ocasión.

DON GUTIERRE (*Dentro.*)
Hoy me he de desesperar,
2815 cielo crüel, si no baja
un rayo de esas esferas,
y en cenizas me desata.

REY
¿Qué es esto?

DON DIEGO
                    Loco furioso
don Gutierre de su casa
2820 sale.

REY
      ¿Dónde vais, Gutierre?

DON GUTIERRE
A besar, señor, tus plantas;
y de la mayor desdicha,
de la tragedia más rara,
escucha la admiración
2825 que eleva, admira y espanta.
Mencía, mi amada esposa,
tan hermosa como casta,
virtuosa como bella
(dígalo a voces la fama):
2830 Mencía, a quien adoré
con la vida y con el alma,
anoche a un grave accidente
vio su perfección postrada,
por desmentirla divina
2835 este accidente de humana.
Un médico, que lo es
el de mayor nombre y fama,
y el que en el mundo merece
inmortales alabanzas,
2840 la recetó una sangría,
porque con ella esperaba
restituir la salud
a un mal de tanta importancia.
Sangróse en fin; que yo mismo,
2845 por estar sola la casa,
llamé el barbero, no habiendo
ni criados ni criadas.
A verla en su cuarto, pues,
quise entrar esta mañana
2850 — aquí la lengua enmudece,
aquí el aliento me falta —;
veo de funesta sangre
teñida toda la cama,
toda la ropa cubierta,

---

[204] *excusada*: useless.

2855 y que en ella, ¡ay Dios!, estaba
Mencía, que se había muerto
esta noche desangrada.
Ya se ve cuán fácilmente
una venda se desata.
2860 Pero ¿para qué presumo
reducir hoy a palabras
tan lastimosas desdichas?
Vuelve a esta parte la cara,
y verás sangriento el sol,
2865 verás la luna eclipsada,
deslucidas las estrellas,
y las esferas borradas;
y verás a la hermosura
más triste y más desdichada,
2870 que por darme mayor muerte,
no me ha dejado sin alma.

(*Descúbrese a* DOÑA MENCÍA *en una
cama, desangrada.*)

REY

¡Notable suceso! (Aquí (*Aparte.*)
la prudencia es de importancia:
mucho en reportarme haré.
2875 <u>Tomó notable venganza.</u>)
Cubrid ese horror que asombra,
ese prodigio que espanta,
espectáculo que admira,
símbolo de la desgracia.
2880 <u>Gutierre, menester es</u>
<u>consuelo; y porque le haya</u>
<u>en pérdida que es tan grande,</u>
<u>con otra tanta ganancia,</u>
<u>dadle la mano a Leonor;</u>
2885 que es tiempo que satisfaga
vuestro valor lo que debe,
y yo cumpla la palabra
de volver en la ocasión
por [205] su valor y su fama.

DON GUTIERRE

2890 Señor, si de tanto fuego
aun las cenizas se hallan
calientes, dadme lugar
para que llore mis ansias.
¿No queréis que escarmentado
2895 quede?

REY

Esto ha de ser, y basta.

[205] *volver por*: to defend.

DON GUTIERRE

Señor, ¿queréis que otra vez,
no libre de la borrasca,
vuelva al mar? ¿Con qué disculpa?

REY

Con que vuestro rey lo manda.

DON GUTIERRE

2900 Señor, escuchad aparte
disculpas.

REY

Son excusadas.
¿Cuáles son?

DON GUTIERRE

¿Si vuelvo a verme
en desdichas tan extrañas,
que de noche halle embozado
2905 a vuestro hermano en mi casa . . . ?

REY

No dar crédito a sospechas.

DON ENRIQUE

¿Y si detrás de mi cama
hallase tal vez, señor,
de don Enrique la daga?

REY

2910 Presumir que hay en el mundo
mil sobornadas criadas,
y apelar a la cordura.

DON GUTIERRE

A veces, señor, no basta.
¿Si veo rondar después
2915 de noche y de día mi casa?

REY

Quejárseme a mí.

DON GUTIERRE

¿Y si cuando
llego a quejarme, me aguarda
mayor desdicha escuchando?

REY

¿Qué importa, si él [206] desengaña?
2920 Que fue siempre su hermosura
una constante muralla
de los vientos defendida.

DON GUTIERRE

¿Y si volviendo a mi casa
hallo algún papel que pide
2925 que el infante no se vaya?

REY

Para todo habrá remedio.

[206] The antecedent of *él* is Don Enrique.

DON GUTIERRE

¿Posible es que a esto le haya?

REY

Sí, Gutierre.

DON GUTIERRE

¿Cuál, señor?

REY

Uno vuestro.

DON GUTIERRE

¿Qué es?

REY

Sangralla.

DON GUTIERRE

¿Qué decís?

REY

2930   Que hagáis borrar
las puertas de vuestra casa;
que hay mano sangrienta en ella.

DON GUTIERRE

Los que de un oficio trata,
ponen, señor, a las puertas
2935 un escudo de sus armas:
trato en honor, y así pongo
mi mano en sangre bañada

207 *alabanza*: excelencia.

a la puerta; que el honor
con sangre, señor, se lava.

REY

2940 Dádsela, pues a Leonor;
que yo sé que su alabanza[207]
la merece.

DON GUTIERRE

Sí la doy.
Mas mira que va bañada
en sangre, Leonor.

DOÑA LEONOR

No importa;
2945 que no me admira ni espanta.

DON GUTIERRE

Mira que médico he sido
de mi honra: no está olvidada
la ciencia.

DOÑA LEONOR

Cura con ella
mi vida, en estando mala.

DON GUTIERRE

2950 Pues con esa condición
te la doy. Con esto acaba
el Médico de su honra.
Perdonad sus muchas faltas.

puede cometer el mismo crimen

STUDY QUESTIONS AND TOPICS

1. The principles of the honor code as revealed in the play.
2. How does the honor drama differ from the *comedia de capa y espada* in its use of the honor code?
3. How is the metaphor expressed by the title developed in the play?
4. Why is Leonor's role important in contributing to an understanding of Don Gutierre's character?
5. The devices employed by Calderón to increase tension and foreshadow impending tragedy.
6. Similarities and differences between Calderón's play and Shakespeare's *Othello.* Compare Don Gutierre and Othello; Doña Mencía and Desdemona.
7. The character of King Pedro.
8. Do you interpret the play as a defense of, or an attack on, the honor code?
9. Do the esthetic qualities of the play compensate for its repugnant subject matter?
10. The play as a tragedy.

Calderón's *Autos sacramentales* and *El gran teatro del mundo*

An art form peculiar to Spain, the *auto sacramental* has been defined as a dramatic composition in one act, generally allegorical in character, and related directly or indirectly to the sacrament of Communion. In Calderón's time the *autos* were performed on Corpus Christi Day in the main square of Madrid and other cities in order to celebrate the sacrament of the Holy Eucharist. Since the *autos* were performed under the sponsorship of municipal governments, the dramatists who were commissioned to write them were paid rather handsomely, usually more than they received for writing a *comedia*.

Several major Spanish dramatists, including Lope de Vega, Tirso de Molina, and Mira de Amescua, tried their hands at writing *autos*, but for the most part they were unsuccessful because they did not have a clear idea of how to adapt the techniques of the *comedia* to the sacramental subject-matter of the *autos*. Calderón, who combined skillful dramatic craftsmanship with a knowledge of sacramental theology, a feeling for liturgy, a sense of allegory and symbolism, became the acknowledged master of the genre. Not only did Calderón dedicate the last three decades of his life largely to the writing of *autos sacramentales*, but his *autos* continued to be performed for the Corpus Christi festivals after his death in 1681 until the genre was banned in 1765.

Angel Valbuena Prat, one of the most eminent students of Calderón's *autos sacramentales*, classifies them into the following major categories: (1) philosophical and theological *autos*, (2) mythological *autos*, (3) *autos* based on themes of the Old Testament, (4) *autos* inspired by New Testament parables and stories, and (5) historical and legendary *autos*. A.A. Parker, another eminent Calderonian scholar, is careful to distinguish between the *asunto* of the *autos* (their subject-matter in a general sense) and their *argumentos* (their respective themes and plots): "The *asunto* of every auto . . . is the Eucharist, but the *argumento* can vary from one to another: it can be any 'historia divina'—historical, legendary, or fictitious—provided that it throws some light on some aspect of the *asunto*."

One of the most appealing of Calderón's *autos*, *El gran teatro del mundo* was one of four *autos viejos* performed in Madrid in 1649. Valbuena Prat believes that it was composed much earlier, perhaps as early as 1635 or before. It was first printed in Madrid in 1655 in a volume entitled *Autos sacramentales, con cuatro comedias, y sus loas y entremeses: Primera parte*. The comparison of the world to a stage and of human life to a play was common in the writings of Stoic philosophers whose works were widely read by educated Spaniards of the seventeenth century. Calderón's immediate source for *El gran teatro del mundo* may have been a passage in Francisco de

Quevedo's *Epicteto y Focílides en español con consonantes* (Madrid, 1635), which contains a verse translation of portions of the so-called *Manual* of Epictetus. Part of the passage in question follows:

No olvides que es comedia nuestra vida
y teatro de farsa el mundo todo
que muda el aparato por instantes,
y que todos en él somos farsantes;
acuérdate, que Dios, de esta comedia
de argumento tan grande y tan difuso,
es autor que la hizo y la compuso.
Al que dio papel breve,
sólo le tocó hacerle como debe;
y al que se le dio largo,
sólo el hacerle bien dejó a su cargo.
Si te mandó que hicieses
la persona de un pobre o un esclavo,
de un rey o de un tullido,
haz el papel que Dios te ha repartido;
pues sólo está a tu cuenta
hacer con perfección el personaje,
en obras, en acciones, en lenguaje . . .

With regard to the theme of the *auto*, Valbuena Prat states: "*El gran teatro del mundo* ofrece, como asunto, el tema de la vida humana como una comedia, de la que sólo quedan las buenas obras, y que al terminar es sustituída por la verdadera existencia de la eternidad. Puede observarse la notable semejanza con la comedia *La vida es sueño*. La vida es un sueño, en el que sólo permanece el obrar bien y cuyo despertar es la muerte, por la cual se 'acude a lo eterno.' " Parker, on the other hand, sees the comparison of life to a play not as the theme of the *auto* but as the allegory: ". . . the theme of *El gran teatro del mundo* is not to demonstrate that the world is a stage, but to demonstrate that since the world *is* a stage, certain important conclusions follow—not that 'lo que importa es ser buenos', for one knew that already without the need of any allegory; but that goodness consists in a certain attitude to life and a certain type of conduct which are not self-evident, and which the allegory makes it easier to explain."

Because of the simplicity of its structure, the relative clarity and the beauty of its verse, and the general appeal of its message (which, Parker suggests, is more sociological than philosophical or theological), *El gran teatro del mundo* has long been one of Calderón's most popular *autos*.

The text of the present edition is based primarily on Valbuena Prat's edition, vol. 69 of *Clásicos Castellanos* (Madrid, 1926), which is based in turn on Pedro Pando y Mier's edition (Madrid, 1717). The text has also been collated with the edition of Eduardo González Pedroso, vol. 58 of the *Biblioteca de Autores Españoles* (Madrid, 1865), and with that of E. Fruto Cortés, no. 5 of the *Biblioteca Anaya* (Salamanca, 1958).

I. Collections of Calderón's
autos sacramentales

Autos sacramentales, alegóricos e historiales del insigne poeta español Don Pedro Calderón de la Barca, ed. Pedro Pando y Mier. 6 vols. Madrid, 1717.

Autos sacramentales, alegóricos e historiales del Phénix de los poetas, el español Don Pedro Calderón de la Barca, ed. J. Fernández y Apontes. 6 vols. Madrid, 1756–59.

Autos sacramentales, desde su origen hasta fines del siglo XVII, ed. Eduardo González Pedroso, in *Biblioteca de Autores Españoles,* vol. 58. Madrid, 1865. Contains 14 *autos* by Calderón.

Autos sacramentales, ed. A. Valbuena Prat, in *Clásicos Castellanos,* vols. 69 and 74. Madrid, 1926–27. Both volumes contain important Introductions.

Obras completas de Calderón. III (Autos sacramentales), ed. A. Valbuena Prat. Madrid, 1952.

II. Studies of Calderón's
autos sacramentales

FRUTOS CORTÉS, E. *La filosofía de Calderón en sus autos sacramentales.* Zaragoza, 1952.

JACQUOT, JEAN. "Le théâtre du monde, de Shakespeare à Calderón," *Revue de Littérature Comparée* 21 (1957), 341–72.

PARKER, A.A. *The Allegorical Drama of Calderón: An Introduction to the "autos sacramentales."* Oxford–London, 1943.

VALBUENA PRAT, A. "Los *autos sacramentales* de Calderón: clasificación y análisis," *Revue Hispanique* 61 (1924), 1–302.

———. "El gran teatro del mundo," in *Historia del teatro español,* pp. 365–89. Barcelona, 1956.

WARDROPPER, B.W. *Introducción al teatro religioso del Siglo de Oro (La evolución del auto sacramental: 1500–1648).* Madrid, 1953.

❧❧❧ VERSIFICATION OF *EL GRAN TEATRO DEL MUNDO*

Verses

1–66	Silvas		1093–1102	Décima
67–278	Romance (u-o)		1103–1160	Romance (-ó)
279–637	Décimas		1161–1170	Décima
638–647	Silvas		1171–1174	Romance (-ó)
648–667	Décimas		1175–1189	Quintillas
668–960	Romance (-ó)		1190–1193	Redondilla
961–974	Soneto		1194–1198	Quintilla
975–1024	Romance (-ó)		1199–1254	Romance (-ó)
1025–1038	Soneto		1255–1398	Octabas reales
1039–1092	Romance (-ó)		1399–1572	Romance (o-a)

ᔐᔐᔐ Auto sacramental

ALEGÓRICO

EL GRAN TEATRO DEL MUNDO
De don Pedro Calderón de la Barca

PERSONAS

EL AUTOR	EL RICO
EL MUNDO	EL LABRADOR
EL REY	EL POBRE
LA DISCRECIÓN	UN NIÑO
LA LEY DE GRACIA	UNA VOZ
LA HERMOSURA	ACOMPAÑAMIENTO

(*Sale el* AUTOR[1] *con manto de estrellas
y potencias*[2] *en el sombrero.*)

AUTOR

Hermosa compostura
de esa varia inferior arquitectura,[3]
que entre sombras y lejos[4]
a esta celeste usurpas los reflejos,
5 cuando con flores bellas
el número compite a sus estrellas,
siendo con resplandores
humano cielo de caducas flores.
Campaña de elementos,
10 con montes, rayos, piélagos[5] y vientos:
con vientos, donde graves
te surcan los bajeles de las aves;
con piélgaos y mares donde a veces
te vuelan las escuadras de los peces;
15 con rayos donde ciego
te ilumina la cólera del fuego;
con montes donde dueños absolutos
te pasean los hombres y los brutos,
siendo en continua guerra,
20 monstruo de fuego y aire, de agua y tierra.
Tú, que siempre diverso,
la fábrica feliz del universo
eres, primer prodigio sin segundo,
y por llamarte de una vez, tú el Mundo,
25 que naces como el fénix[6] y en su fama
de tus mismas cenizas.

(*Sale el* MUNDO *por diversa puerta.*)

---

[1] *Autor*: manager of a theatrical company, here representing God.

[2] *potencias*: rays of light in the form of a crown which adorn the head of God in sacred art.

[3] *esa . . . arquitectura*: i.e., the world, whose architecture is inferior to heaven's.

[4] *lejos*: perspective in painting.

[5] *piélago*: ocean.

[6] *fénix*. See *El caballero de Olmedo*, n. 46.

MUNDO

¿Quién me llama,
que, desde el duro centro
de aqueste globo que me esconde dentro,
alas visto veloces?[7]
30 ¿Quién me saca de mí, quién me da voces?

AUTOR

Es tu Autor Soberano.
De mi voz un suspiro, de mi mano
un rasgo es quien[8] te informa
y a tu oscura materia le da forma.

MUNDO

35 Pues ¿qué es lo que me mandas? ¿Qué me
[quieres?

AUTOR

Pues soy tu Autor, y tú mi hechura[9] eres,
hoy, de un concepto mío
la ejecución a tus aplausos fío.[10]
Una fiesta hacer quiero
40 a mi mismo poder, si considero
que sólo a ostentación de mi grandeza
fiestas hará la gran naturaleza;
y como siempre ha sido
lo que más ha alegrado y divertido
45 la representación bien aplaudida,
y es representación la humana vida,
una comedia sea
la que hoy el cielo en tu teatro vea.
Si soy Autor y si la fiesta es mía,
50 por fuerza la ha de hacer mi compañía.
Y pues que yo escogí de los primeros
los hombres, y ellos son mis compañeros,
ellos, en el teatro
del mundo, que contiene partes cuatro,[11]
55 con estilo oportuno
han de representar. Yo a cada uno
el papel le daré que le convenga,
y porque en fiesta igual su parte tenga
el hermoso aparato
60 de apariencias,[12] de trajes el ornato,[13]
hoy prevenido quiero

que, alegre, liberal y lisonjero,
fabriques apariencias
que de dudas se pasen a evidencias.[14]
65 Seremos, yo el Autor, en un instante,
tú el teatro, y el hombre el recitante.

MUNDO

Autor generoso mío,
a cuyo poder, a cuyo
acento obedece todo,
70 yo *el gran teatro del mundo*,
para que en mí representen
los hombres, y cada uno
halle en mí la prevención
que le impone el papel suyo,
75 como parte obedencial,[15]
que solamente ejecuto
lo que ordenas, que aunque es mía
la obra, el milagro es tuyo,
primeramente porque es
80 de más contento y más gusto
no ver el tablado antes
que esté el personaje a punto,
lo tendré de un negro velo
todo cubierto y oculto,
85 que sea un caos donde estén
los materiales confusos.[16]
Correráse aquella niebla
y, huyendo el vapor oscuro,
para alumbrar el teatro
90 — porque adonde luz no hubo,
no hubo fiesta —, alumbrarán
dos luminares, el uno
divino farol del día,
y de la noche nocturno
95 farol el otro, a quien ardan
mil luminosos carbunclos
que en la frente de la noche
den vividores influjos.
En la primera jornada,
100 sencillo y cándido nudo
de la gran ley natural,[17]

[7] *que . . . alas visto veloces*: so that . . . I put on swift wings (to come).
[8] *quien*: what.
[9] *hechura*: creation, creature.
[10] *de . . . aplausos fío*: I entrust to your good work (worthy of applause) the execution of an idea of mine.
[11] *partes cuatro*: i.e., Europe, Asia, Africa, and America.
[12] *apariencias*: stage decorations.
[13] *de trajes el ornato*: the adornment of costumes.

[14] *que . . . evidencias*: which, out of formless uncertainties (of chaos), come to be realities.
[15] *como parte obedencial*: as one who executes orders without questioning their purpose.
[16] Note that before the actual performance begins, chaos is to give way to the Creation.
[17] *En . . . ley natural*: i.e. the first act will consist of those simple elements of plot (*nudo*) that occurred when man lived under natural law (before Moses received the Written Law from God).

allá en los primeros lustros
aparecerá un jardín[18]
con bellísimos dibujos,
105 ingeniosas perspectivas,
que se dude cómo supo
la naturaleza hacer
tan gran lienzo sin estudio.
Las flores mal despuntadas[19]
110 de sus rosados capullos
saldrán la primera vez
a ver el alba en confuso.
Los árboles estarán
llenos de sabrosos frutos,
115 si ya el áspid de la envidia
no da veneno en alguno.
Quebraránse mil cristales
en guijas, dando su curso
para que el alba los llore
120 mil aljófares menudos.[20]
Y para que más campee[21]
este humano cielo, juzgo
que estará bien engastado
de varios campos incultos.
125 Donde fueron menester
montes y valles profundos,
habrá valles, habrá montes;
y ríos, sagaz y astuto,
haciendo zanjas la tierra,
130 llevaré por sus condutos,[22]
brazos de mar desatados
que corran por varios rumbos.
Vista la primera escena
sin edificio ninguno,
135 en un instante verás
cómo repúblicas fundo,
cómo ciudades fabrico,
cómo alcázares descubro;
y cuando, solicitados
140 montes,[23] fatiguen algunos

a la tierra con el peso
y a los aires con el bulto,
mudaré todo el teatro,
porque todo, mal seguro,
145 se verá cubierto de agua
a la saña de un diluvio.
En medio de tanto golfo,
a los flujos y reflujos
de ondas y nubes, vendrá
150 haciendo ignorados surcos
por las aguas un bajel[24]
que fluctuando seguro
traerá su vientre preñado
de hombres, de aves y de brutos.
155 A la seña que, en el cielo,
de paz hará un arco rubio
de tres colores, pajizo,[25]
tornasolado[26] y purpúreo,
todo el gremio de las ondas
160 obediente a su estatuto[27]
hará lugar, observando
leyes que primero tuvo,
a la cerviz de la tierra
que, sacudiéndose el yugo,
165 descollará su semblante,
bien que macilento y mustio.
Acabado el primer acto,
luego empezará el segundo,
ley escrita[28] en que poner
170 más apariencias procuro,
pues para pasar a ella
pasarán con pies enjutos
los hebreos desde Egipto
los cristales del mar rubio;[29]
175 amontonadas las aguas,
verá el sol que le descubro
los más ignorados senos[30]
que ha mirado en tantos lustros.
Con dos columnas de fuego[31]

[18] *jardín*: i.e., the Garden of Eden.
[19] *mal despuntadas*: scarcely having blossomed.
[20] *Quebraránse . . . menudos*: freely, "The water of the streams will break into a thousand crystal beads, giving up their current so that the dawn may weep a thousand small pearls."
[21] *campear*: to excel.
[22] *condutos*: conductos.
[23] *solicitados montes* refer to *alcázares*, etc.
[24] *bajel*: i.e., Noah's ark.
[25] *pajizo*: pale yellow.
[26] *tornasolado*: violet.
[27] *estatuto*: decree (referring to the covenant, symbolized by the rainbow, that God made with

Noah that He would never again destroy man by a flood).
[28] *ley escrita*: precepts given by God to Moses on Mount Sinai; also known as the law of the Old Testament. See Exodus xx-xxxi.
[29] *mar rubio*: Red Sea.
[30] *seno*: space between waves, here referring to dry ground.
[31] *dos columnas de fuego*: Cf. Exodus xiii. 21: "And the Lord went before them to show the way by day in a pillar of a cloud, and by night in a pillar of fire: that he might be the guide of their journey at both times."

180 ya me parece que alumbro
el desierto antes de entrar
en el prometido fruto.[32]
Para salir con la ley,
Moisés a un monte robusto
185 le arrebatará una nube
en el rapto vuelo suyo.[33]
Y esta segunda jornada
fin tendrá en un furibundo
eclipse en que todo el sol
190 se ha ver casi difunto.[34]
Al último parasismo
se verá el orbe cerúleo[35]
titubear, borrando tantos
paralelos y coluros.[36]
195 Sacudiránse los montes
y delirarán los muros,
dejando en pálidas ruinas
tanto escándalo caduco.[37]
Y empezará la tercera
200 jornada, donde hay anuncios
que habrá mayores portentos
por ser los milagros muchos
de *la ley de gracia*,[38] en que
ociosamente discurro.[39]
205 Con lo cual en tres jornadas
tres leyes y un estatuto
los hombres dividirán
las tres edades del mundo;
hasta que al último paso
210 todo el tablado, que tuvo
tan grande aparato en sí,
una llama, un rayo puro
cubrirá porque no falte
fuego en la fiesta[40] . . . ¿Qué mucho
215 que aquí, balbuciendo el labio,
quede absorto, quede mudo?

De pensarlo, me estremezco;
de imaginarlo, me turbo;
de repetirlo, me asombro;
220 de acordarlo, me consumo.
Mas, ¡dilátese esta escena,
este paso[41] horrible y duro,
tanto, que[42] nunca le vean
todos los siglos futuros!
225 Prodigios verán los hombres
en tres actos, y ninguno
a su representación
faltará por mí en el uso.[43]
Y pues que ya he prevenido
230 cuanto[44] al teatro, presumo
que está todo ahora; cuanto
al vestuario,[45] no dudo
que allí en tu mente le tienes,
pues allá en tu mente juntos,
235 antes de nacer, los hombres
tienen los aplausos suyos.[46]
Y para que desde ti
a representar al mundo
salgan y vuelvan a entrarse,
240 ya previno mi discurso[47]
dos puertas: *la una es la cuna*
y la otra es el sepulcro.
Y para que no les falten
las galas y adornos juntos,
245 para vestir los papeles
tendré prevenido a punto
al que hubiere de hacer rey,
púrpura[48] y laurel[49] augusto;
al valiente capitán,
250 armas, valores y triunfos;
al que ha de hacer el ministro,
libros, escuelas y estudios.
Al religioso, obediencias;

---

[32] *prometido fruto*: i.e., the Promised Land.

[33] *Moisés . . . vuelo suyo.* The meaning is that Moses will seize the law from a cloud in rapid flight over Mount Sinai. Cf. Exodus xix: 9 ff.

[34] *eclipse . . . difunto.* Valbuena Prat notes that these and the following verses refer to the eclipse of the sun and the earthquake that attended the death of Christ (although the coming of Christ has not yet occurred in the *auto*.)

[35] *cerúleo*: azure.

[36] *coluro*: colure (circle of the celestial sphere).

[37] *escándalo caduco*: decrepit wonder.

[38] *ley de gracia*: the law given by Christ in the Gospels.

[39] *en que . . . discurro*: about which I am talking idly (because the teachings of Christ are so well known).

[40] *hasta que . . . fiesta*: allusion to the end of the world.

[41] *dilátese . . . este paso*: may . . . this event be delayed.

[42] *que: para que.*

[43] *ninguno . . . uso*: no one will fail on my account in exercising his role in the performance (i.e., *Mundo* will furnish each player all the physical properties he needs to perform his role).

[44] *cuanto: en cuanto* (also in v. 231).

[45] *vestuario*: wardrobe.

[46] *no dudo . . . suyos*: freely, "I don't doubt that you already have in mind the costume (hence, the role) that each person is to have, since before men are born you know who will receive applause because of his good performance."

[47] *discurso*: thought.

[48] *púrpura*: purple robe emblematic of rank.

[49] *laurel*: crown.

al facineroso, insultos;
255 al noble le daré honras,
y libertades al vulgo.
Al labrador, que a la tierra
ha de hacer fértil a puro
afán, por culpa de un necio,[50]
260 le daré instrumentos rudos.
A la que hubiere de hacer
la dama, le daré sumo
adorno en las perfecciones,
dulce veneno de muchos.
265 Sólo no vestiré al pobre,
porque es papel de desnudo,
porque ninguno después
se queje de que no tuvo
para hacer bien su papel
270 todo el adorno que pudo,
pues el que bien no lo hiciere
será por defecto suyo,
no mío. Y pues que ya tengo
todo el aparato junto,
275 ¡venid, mortales, venid
a adornaros cada uno
para que representéis
en *el teatro del mundo*! (*Vase.*)

AUTOR
Mortales que aún no vivís
280 y ya os llamo yo mortales,
pues en mi presencia iguales
antes de ser asistís;[51]
aunque mis voces no oís,
venid a aquestos vergeles;
285 que ceñido de laureles,
cedros y palma os espero,
porque aquí entre todos quiero
repartir estos papeles.

(*Salen el* RICO, *el* REY, *el* LABRADOR,
el POBRE *y la* HERMOSURA, *la*
DISCRECIÓN *y un* NIÑO.)

REY
Ya estamos a tu obediencia,
290 Autor nuestro, que no ha sido
necesario haber nacido
para estar en tu presencia.

Alma, sentido, potencia,
vida, ni razón tenemos;
295 todos informes[52] nos vemos;
polvo somos de tus pies.
Sopla aqueste polvo, pues,
para que representemos.

HERMOSURA
Sólo en tu concepto estamos,
300 ni animamos[53] ni vivimos,
ni tocamos ni sentimos
ni del bien ni el mal gozamos;
pero, si hacia el mundo vamos
todos a representar,
305 los papeles puedes dar,
pues en aquesta ocasión
no tenemos elección
para haberlos de tomar.[54]

LABRADOR
Autor mío soberano
310 a quien conozco desde hoy,
a tu mandamiento estoy
como hechura de tu mano,
y pues tú sabes, y es llano
porque en Dios no hay ignorar,
315 qué papel me puedes dar,
si yo errare este papel,
no me podré quejar de él,
de mí me podré quejar.

AUTOR
Ya sé que si para ser
320 el hombre elección tuviera,
ninguno el papel quisiera
del sentir y padecer;
todos quisieran hacer
el de mandar y regir,
325 sin mirar, sin advertir,
que en acto tan singular
aquello es representar,
aunque piense que es vivir.
Pero yo, Autor soberano,
330 sé bien qué papel hará
mejor cada uno; así va
repartiéndolos mi mano.
Haz tú el Rey.
(*Da su papel a cada uno.*)

---

[50] *un necio*: allusion to Adam, condemned to till the earth because of his disobedience.
[51] *pues . . . asistís*: i.e., men are as present in God's mind before they are born as they are when they have temporal existence. Cf. vv. 290–92.

[52] *informe*: unformed.
[53] *ni animamos*: we don't (yet) have a soul.
[54] *para . . . tomar*: i.e., we are not yet endowed with the faculty of will in order to make a choice.

REY

Honores gano.

AUTOR

La dama, que es la hermosura
335 humana, tú.

HERMOSURA

¡Qué ventura!

AUTOR

Haz tú al rico, al poderoso.

RICO

En fin, nazco venturoso
a ver del sol la luz pura.

AUTOR

Tú has de hacer al labrador.

LABRADOR

340 ¿Es oficio o beneficio?

AUTOR

Es un trabajoso oficio.

LABRADOR

Seré mal trabajador.
Por vuestra vida, Señor,
que aunque soy hijo de Adán,
345 que no me deis este afán,
aunque me deis posesiones,
porque tengo presunciones
que he de ser grande holgazán.[55]
De mi natural infiero,
350 con ser tan nuevo, Señor,
que seré mal cavador
y seré peor quintero;[56]
si aquí valiera un "no quiero",
dijérale; mas delante
355 de un autor tan elegante,
nada un "no quiero" remedia.
y así seré en la comedia
el peor representante.
Como sois cuerdo, me dais
360 como el talento el oficio,[57]
y así mi poco jüicio
sufrís y disimuláis;
nieve como lana dais:[58]
justo sois, no hay que quejarme;
365 y pues que ya perdonarme
vuestro amor me muestra en él,[59]

yo haré, Señor, mi papel
despacio por no cansarme.

AUTOR

Tú, la discreción harás.

DISCRECIÓN

370 Venturoso estado sigo.

AUTOR

Haz tú al mísero, al mendigo.

POBRE

¿Aqueste papel me das?

AUTOR

Tú, sin nacer morirás.

NIÑO

Poco estudio el papel tiene.

AUTOR

375 Así mi ciencia previene
que represente el que viva.
Justicia distributiva[60]
soy, y sé lo que os conviene.

POBRE

Si yo pudiera excusarme
380 deste papel, me excusara,
cuando mi vida repara
en el que has querido darme;
y ya que no declararme
puedo, aunque atrevido quiera,
385 le tomo; mas considera,
ya que he de hacer el mendigo,
no, Señor, lo que te digo,
lo que decirte quisiera.
¿Por qué tengo de hacer yo
390 el pobre en esta comedia?
¿Para mí ha de ser tragedia,
y para los otros no?
¿Cuando este papel me dio
tu mano, no me dio en él
395 igual alma a la de aquel
que hace al rey? ¿Igual sentido?
¿Igual ser? Pues ¿por qué ha sido
tan desigual[61] mi papel?
Si de otro barro me hicieras,
400 si de otra alma me adornaras,
menos vida me fiaras,

---

[55] Note that the *Labrador* has some of the personal characteristics usually associated with the *gracioso* in the *comedia*.
[56] *quintero*: farmer.
[57] *me dais . . . oficio*: you give me a trade in keeping with my talent.
[58] *nieve . . . dais*: i.e., You send us cold but you give us wool to warm ourselves.
[59] *pues que . . . él*: since your pardoning me shows me your love for me in my role (*en él*).
[60] *Justicia distributiva*: justice dispensed according to the merits of individuals.
[61] *desigual*: inferior.

menos sentidos me dieras;
ya parece que tuvieras
otro motivo, Señor;
405 pero parece rigor,
— perdona decir *cruel* —
el ser mejor su papel
no siendo su ser mejor.

AUTOR

En la representación
410 igualmente satisface
el que bien al pobre hace
con afecto, alma y acción,
como el que hace al rey, y son
iguales éste y aquél
415 en acabando el papel.
Haz tú bien el tuyo, y piensa
que para la recompensa
yo te igualaré con él.
No porque pena te sobre,
420 siendo pobre, es en mi ley [62]
mejor papel el del rey
si hace bien el suyo el pobre;
uno y otro de mí cobre
todo el salario después
425 que haya merecido, pues
en cualquier papel se gana,
que toda la vida humana
representaciones es.
Y la comedia acabada,
430 ha de cenar a mi lado
el que haya representado,
sin haber errado en nada,
su parte más acertada;
allí, igualaré a los dos.

HERMOSURA

435 Pues, decidnos, Señor, Vos,
¿cómo en lengua de la fama
esta comedia se llama?

AUTOR

Obrar bien, que Dios es Dios.

REY

Mucho importa que no erremos
440 comedia tan misteriosa.

RICO

Para eso es acción forzosa
que primero la ensayemos.

DISCRECIÓN

¿Cómo ensayarla podremos
si nos llegamos a ver
445 sin luz, sin alma y sin ser
antes de representar?

POBRE

Pues ¿cómo sin ensayar
la comedia se ha de hacer?

LABRADOR

Del pobre apruebo la queja,
450 que lo siento así, Señor,
(que son pobre y labrador
para par a la pareja). [63]
Aun una comedia vieja,
harta de representar,
455 si no se vuelve a ensayar
se yerra cuando se prueba;
si no se ensaya esta nueva,
¿cómo se podrá acertar?

AUTOR

Llegando ahora a advertir
460 que, siendo el cielo jüez,
se ha de acertar de una vez
cuanto es nacer y morir.

HERMOSURA

Pues ¿el entrar y salir
cómo lo hemos de saber
465 ni a qué tiempo haya de ser?

AUTOR

Aun eso se ha de ignorar,
y de una vez acertar
cuanto es morir y nacer.
Estad siempre prevenidos
470 para acabar el papel;
que yo os llamaré al fin de él.

POBRE

¿Y si acaso los sentidos
tal vez se miran perdidos?

AUTOR

Para eso, común grey,
475 tendré, desde el pobre al rey,
para enmendar al que errare
y enseñar al que ignorare,
con el apunto, a mi Ley; [64]
ella a todos os dirá
480 lo que habéis de hacer, y así

---

[62] *No . . . ley.* Construe, *Porque pena no te sobre, siendo pobre, no es en mi ley . . .*

[63] *para . . . pareja*: i.e., they have so much in common that they form a pair.

[64] *tendré . . . mi Ley*: I shall have . . . my Law with a prompt-book (i.e., God's Law will serve as the prompter for the play).

nunca os quejaréis de mí.
Albedrío tenéis ya,
y pues prevenido está
el teatro, vos y vos
485 medid las distancias dos
de la vida.

DISCRECIÓN
¿Qué esperamos?
¡Vamos al teatro!

TODOS
¡Vamos
a *obrar bien, que Dios es Dios!*

(*Al irse a entrar, sale el* MUNDO *y
detiénelos.*)

MUNDO
Ya está todo prevenido
490 para que se represente
esta comedia aparente
que hace el humano sentido.

REY
Púrpura y laurel te pido.

MUNDO
¿Por qué púrpura y laurel?

REY
495 Porque hago este papel.

(*Enséñale el papel, y toma la púrpura y corona, y
vase.*)

MUNDO
Ya aquí prevenido está.

HERMOSURA
A mí, matices me da
de jazmín, rosa y clavel.
Hoja a hoja y rayo a rayo
500 se desaten a porfía
todas las luces del día,
todas las flores del mayo;
padezca mortal desmayo
de envidia al mirarme el sol,
505 y como a tanto arrebol
el girasol ver desea,
la flor de mis luces sea
siendo el sol mi girasol.

MUNDO
Pues ¿cómo vienes tan vana
510 a representar al mundo?

HERMOSURA
En este papel me fundo.[65]

MUNDO
¿Quién es?

HERMOSURA
La hermosura humana.

MUNDO
Cristal, carmín, nieve y grana
pulan sombras y bosquejos
515 que te afeiten de reflejos.[66]

(*Dale un ramillete.*)

HERMOSURA
Pródiga[67] estoy de colores.
Servidme de alfombra, flores;
sed, cristales, mis espejos. (*Vase.*)

RICO
Dadme riquezas a mí,
520 dichas y felicidades,
pues para prosperidades
hoy vengo a vivir aquí.

MUNDO
Mis entrañas para ti
a pedazos romperé;
525 de mis senos sacaré
toda la plata y el oro,
que en avariento tesoro
tanto encerrado oculté.

(*Dale joyas.*)

RICO
Soberbio y desvanecido
530 con tantas riquezas voy.

DISCRECIÓN
Yo, para mi papel, hoy,
tierra en que vivir te pido.

MUNDO
¿Qué papel el tuyo ha sido?

DISCRECIÓN
La discreción estudiosa.

MUNDO
535 Discreción tan religiosa
tome ayuno y oración.

(*Dale cilicio y disciplina.*[68])

DISCRECIÓN
No fuera yo discreción
tomando de ti otra cosa. (*Vase.*)

[65] *En . . . me fundo*: I base my behavior on my role.
[66] *Cristal . . . reflejos*: May crystal, carmine, snow, and crimson red brighten shadows and outlines so that you will be adorned with showers of light.

[67] *pródiga*: lavish.
[68] *cilicio y disciplina*: hair shirt and scourge. Note that *Discreción* represents the religious life, and probably is dressed as a nun.

MUNDO

¿Cómo tú entras sin pedir
540 para el papel que has de hacer?

NIÑO

Como no te he menester
para lo que he de vivir.
Sin nacer he de morir,
en ti no tengo de estar
545 más tiempo que el de pasar
de una cárcel a otra oscura,
y para una sepultura
por fuerza me la has de dar.

MUNDO

¿Qué pides tú, di, grosero?

LABRADOR

550 Lo que le diera yo a él.[69]

MUNDO

Ea, muestra tu papel.

LABRADOR

Ea, digo que no quiero.

MUNDO

De tu proceder infiero
que como bruto gañán
555 habrás de ganar tu pan.

LABRADOR

Ésas mis desdichas son.

MUNDO

Pues, toma aqueste azadón.
(*Dale un azadón.*)

LABRADOR

Ésta es la herencia de Adán.
Señor Adán, bien pudiera,
560 pues tanto llegó a saber,
conocer que su mujer
pecaba de bachillera;[70]
dejárala que comiera
y no la ayudara él;[71]
565 mas como amante crüel
dirá que se lo rogó,
y así tan mal como yo
representó su papel. (*Vase.*)

POBRE

Ya que a todos darles dichas,
570 gustos y contentos vi,
dame pesares a mí,
dame penas y desdichas;

no de las venturas dichas
quiero púrpura y laurel;
575 déste, colores, de aquél
plata ni oro no he querido.
Sólo remiendos te pido.

MUNDO

¿Qué papel es tu papel?

POBRE

Es mi papel la aflicción,
580 es la angustia, es la miseria,
. . . .[72]
la desdicha, la pasión,
el dolor, la compasión,
el suspirar, el gemir,
el padecer, el sentir,
585 importunar y rogar,
el nunca tener que dar,
el siempre haber de pedir.
El desprecio, la esquivez,
el baldón, el sentimiento,
590 la vergüenza, el sufrimiento,
la hambre, la desnudez,
el llanto, la mendiguez,
la inmundicia, la bajeza,
el desconsuelo y pobreza,
595 la sed, la penalidad,
y es la vil necesidad,
que todo esto es la pobreza.

MUNDO

A ti nada te he de dar,
que el que haciendo al pobre vive
600 nada del mundo recibe;
antes te pienso quitar
estas ropas, que has de andar
desnudo, para que acuda (*Desnúdale.*)
yo a mi cargo, no se duda.

POBRE

605 En fin, este mundo triste
al que está vestido viste
y al desnudo le desnuda.

MUNDO

Ya que de varios estados[73]
está el teatro cubierto,
610 pues un rey en él advierto
con imperios dilatados;
beldad a cuyos cuidados

---

[69] *Lo que . . . él*: i.e., *Labrador* would like to give to *Niño* the agricultural implements which he uses in his work.

[70] *bachillera*: overly curious woman.

[71] *dejárala . . . él*: he should have let her eat (the apple) and not have helped her.

[72] A verse of the *décima* is missing.

[73] *estados*: social classes.

se adormecen los sentidos,
poderosos aplaudidos,
615 mendigos menesterosos,
labradores, religiosos,
que son los introducidos
para hacer los personajes
de la comedia de hoy
620 a quien[74] yo el teatro doy,
las vestiduras y trajes
de limosnas y de ultrajes,[75]
¡sal, divino Autor, a ver
las fiestas que te han de hacer
625 los hombres! ¡Ábrase el centro
de la tierra, pues que dentro
della la escena ha de ser!

(*Con música se abren a un tiempo dos
globos: en el uno estará un trono de
gloria, y en él* AUTOR *sentado; en el
otro ha de haber representación con dos
puertas: en la una pintada una cuna y en
la otra un ataúd.*)

AUTOR
Pues para grandeza mía
aquesta fiesta he trazado,
630 en este trono sentado,
donde es eterno mi día,
he de ver mi compañía.
Hombres que salís al suelo
por una cuna de yelo[76]
635 y por un sepulcro entráis,
ved cómo representáis,
que os ve el Autor desde el cielo.

(*Sale la* DISCRECIÓN *con un instrumento, y canta.*)

DISCRECIÓN
Alaben al Señor de tierra y cielo,[77]
el sol, luna y estrellas;
640 alábenle las bellas

flores que son carácteres[78] del suelo;
alábele la luz, el fuego, el yelo,
la escarcha y el rocío,
el invierno y estío,
645 y cuanto esté debajo de ese velo
que en visos[79] celestiales,
árbitro es de los bienes y los males. (*Vase.*)

AUTOR
Nada me suena mejor
que en voz del hombre este fiel
650 himno que cantó Daniel
para templar el furor
de Nabucodonosor.

MUNDO
¿Quién hoy la *loa*[80] echará?
Pero en la apariencia ya
655 la Ley convida a su voz
que, como corre veloz,
en elevación está
sobre la haz de la tierra.

(*Aparece la* LEY DE GRACIA *en una
elevación, que estará sobre donde estuviere el* MUNDO, *con un papel en la
mano.*)

LEY
Yo, que Ley de Gracia soy,
660 la fiesta introduzgo[81] hoy;
para enmendar al que yerra,
en este papel se encierra
la gran comedia, que Vos
compusisteis sólo en dos
665 versos que dicen así:
Ama al otro como a ti, (*Canta.*)
y obra bien, que Dios es Dios.

MUNDO
La Ley, después de la loa,
con el apunto quedó.
670 Victoriar[82] quisiera aquí
pues me representa a mí.[83]

---

[74] *quien: quienes.*

[75] *las vestiduras . . . de ultrajes.* A.A. Parker notes in *The Allegorical Drama of Calderón*, p. 127: "This means, primarily, that the economic position it (the World) gives are alms to some and insults to others. But it is possible to read a second meaning into it: that, namely, what the World gives each man can become alms or insults to his fellows, that it can be put to a charitable or a selfish use."

[76] *yelo: hielo.*

[77] The speech which begins here is a paraphrase of part of the hymn sung by Azarias and his two com-

panions who were thrown into the furnace on the orders of Nabuchodonosor (Daniel iii: 62–64 and 66–72).

[78] *carácteres.* The rhythm of the verse calls for the stress on the second syllable.

[79] *visos:* heights.

[80] *loa:* prologue of a play.

[81] *introduzgo: introduzco.*

[82] *Victoriar: vitorear,* to applaud.

[83] This verse does not adhere to the *romance* meter beginning with v. 668.

Vulgo desta fiesta soy,
mas callaré porque empieza
ya la representación.

(*Salen la* HERMOSURA *y la* DISCRECIÓN
por la puerta de la cuna.)

HERMOSURA

675 Vente conmigo a espaciar
por estos campos que son
felice [84] patria del mayo,
dulce lisonja del sol;
pues sólo a los dos conocen, [85]
680 dando solos a los dos,
resplandores, rayo a rayo,
y matices, flor a flor.

DISCRECIÓN

Ya sabes que nunca gusto
de salir de casa, yo,
685 quebrantando la clausura
de mi apacible prisión.

HERMOSURA

¿Todo ha de ser para ti
austeridad y rigor?
¿No ha de haber placer un día?
690 Dios, di, ¿para qué crió
flores, si no ha de gozar
el olfato el blando olor
de sus fragantes aromas?
¿Para qué aves engendró,
695 que, en cláusulas lisonjeras,
cítaras de pluma son, [86]
si el oído no ha de oírlas?
¿Para qué galas, si no
las ha de romper el tacto
700 con generosa ambición?
¿Para qué las dulces frutas,
si no sirve su sazón
de dar al gusto manjares
de un sabor y otro sabor?
705 ¿Para qué hizo Dios, en fin,
montes, valles, cielo, sol,
si no han de verlo los ojos?
Ya parece, y con razón,
ingratitud no gozar
710 las maravillas de Dios.

DISCRECIÓN

Gozarlas para admirarlas
es justa y lícita acción
y darle gracias por ellas;
gozar las bellezas, no
715 para usar dellas tan mal
que te persuadas que son
para verlas las criaturas,
sin memoria del Criador.
Yo no he de salir de casa;
720 ya escogí esta religión
para sepultar mi vida;
por eso soy Discreción. (*Apártanse.*)

HERMOSURA

Yo, para esto, Hermosura:
a ver y ser vista voy.

MUNDO

725 Poco tiempo se avinieron
Hermosura y Discreción.

HERMOSURA

Ponga redes [mi] cabello, [87]
y ponga lazos mi amor
al más tibio afecto, al más
730 retirado corazón.

MUNDO

Una acierta, y otra yerra
su papel, de aquestas dos.

DISCRECIÓN

¿Qué haré yo para emplear
bien mi ingenio?

HERMOSURA

                 ¿Qué haré yo
735 para lograr mi hermosura?

LEY

Obrar bien, que Dios es Dios. (*Canta.*)

MUNDO

Con [88] oírse aquí el apunto
la Hermosura no le oyó.

(*Sale el* RICO.)

RICO

Pues pródigamente el cielo
740 hacienda y poder me dio,
pródigamente se gaste
en lo que delicias son.
Nada me parezca bien

---

[84] *felice: feliz.*
[85] The antecedents of *los dos* are *mayo* and *sol*; the subject of *conocen* is *campos.*
[86] *que . . . plumas son:* which, with their pleasant cadences, are feathered zithers.

[87] *Ponga . . . [mi] cabello.* Cf. *poner (tender) las redes: disponer los medios para obtener una cosa.* Most editions have *su cabello*, which would seem to be an error.
[88] *Con:* in spite of.

que no lo apetezca yo;
745 registre [89] mi mesa cuanto
o corre o vuela veloz.
Sea mi lecho la esfera
de Venus, y en conclusión
la pereza y las delicias,
750 gula, envidia y ambición
hoy mis sentidos posean.

(*Sale el* LABRADOR.)

LABRADOR

¿Quién vio trabajo mayor
que el mío? Yo rompo el pecho
a quien [90] el suyo me dio
755 porque el alimento mío
en esto se me libró. [91]
Del arado que la cruza
la cara, ministro soy,
pagándola [92] el beneficio
760 en aquestos que la [93] doy.
Hoz y azada son mis armas;
con ellas riñendo estoy:
con las cepas, con la azada;
con las mieses, con la hoz.
765 En el mes de abril y mayo
tengo hidrópica pasión, [94]
y si me quitan el agua
entonces estoy peor.
En cargando algún tributo,
770 de aqueste siglo pensión,
encara la puntería
contra el triste labrador. [95]
Mas, pues trabajo y lo sudo,
los frutos de mi labor
775 me ha de pagar quien los compre
al precio que quiera yo.
No quiero guardar la tasa [96]
ni seguir más la opinión
de quien, porque ha de comprar,
780 culpa a quien no la guardó.
Y yo sé que si no llueve
este abril, que ruego a Dios
que no llueva, ha de valer

muchos ducados mi troj. [97]
785 Con esto un Nabal-Carmelo [98]
seré de aquesta región,
y me habrán menester todos;
pero muy hinchado yo,
entonces, ¿qué podré hacer?

LEY

790 *Obrar bien, que Dios es Dios.* (*Canta.*)

DISCRECIÓN

¿Cómo el apunto no oíste?

LABRADOR

Como sordo a tiempo soy.

MUNDO

Él, al fin, se está en sus treces. [99]

LABRADOR

Y aun en mis catorce estoy.

(*Sale el* POBRE.)

POBRE

795 De cuantos el mundo viven,
¿quién mayor miseria vio
que la mía? Aqueste suelo
es el más dulce y mejor,
lecho mío, que, aunque es
800 todo el cielo pabellón
suyo, descubierto está
a la escarcha y al calor.
La hambre y la sed me afligen.
¡Dadme paciencia, mi Dios!

RICO

805 ¿Qué haré yo para ostentar
mi riqueza?

POBRE

¿Qué haré yo
para sufrir mis desdichas?

LEY

Obrar bien, que Dios es Dios. (*Canta.*)

POBRE

¡Oh, cómo esta voz consuela!

RICO

810 ¡Oh, cómo cansa esta voz!

DISCRECIÓN

El Rey sale a estos jardines.

---

[89] *registrar*: to display.
[90] *quien* refers to *tierra* which is understood.
[91] *porque . . . libró*: because my food was made to depend on this (i.e., tilling the soil).
[92] *pagándola*: *pagándole*.
[93] *la*: *le*.
[94] *tengo . . . pasión*: i.e., I have a morbid fear of water.
[95] *En . . . labrador*: freely, "When a tax, the burden

of this life, is levied, it is always aimed at the peasant."
[96] *tasa*: ceiling price.
[97] *troj*: *troje*, granary.
[98] The story of the avaricious Nabal, whose rich farm was located at Mount Carmel, is related in I Kings xxv.
[99] *estarse en sus trece(s)*: to be obstinate. *Catorce* in the following verse is used for humorous effect.

RICO

¡Cuánto siente esta ambición
postrarse a nadie!

HERMOSURA

Delante
de él he de ponerme yo
815 para ver si mi hermosura
pudo rendirlo a mi amor.

LABRADOR

Yo detrás; no se le antoje,
viendo que soy labrador,
darme con un nuevo arbitrio,[100]
820 pues no espero otro favor.

(*Sale el* REY.)

REY

A mi dilatado imperio
estrechos límites son
cuantas contiene provincias
esta máquina inferior.
825 De cuanto circunda el mar
y de cuanto alumbra el sol
soy el absoluto dueño,
soy el supremo señor.
Los vasallos de mi imperio
830 se postran por donde voy.
¿Qué he menester yo en el mundo?

LEY

Obrar bien, que Dios es Dios. (*Canta.*)

MUNDO

A cada uno va diciendo
el apunto lo mejor.

POBRE

835 Desde la miseria mía
mirando infeliz estoy
ajenas felicidades.
El Rey, supremo señor,
goza de la majestad
840 sin acordarse que yo
necesito de él; la dama,
atenta a su presunción,
no sabe si hay en el mundo
necesidad y dolor;
845 la religiosa, que siempre
se ha ocupado en oración,
si bien a Dios sirve, sirve
con comodidad a Dios.
El labrador, si cansado
850 viene del campo, ya halló

honesta mesa su hambre,
si opulenta mesa no;
al rico le sobra todo;
y sólo, en el mundo, yo
855 hoy de todos necesito,
y así llego a todos hoy,
porque ellos viven sin mí
pero yo sin ellos no.
A la Hermosura me atrevo
860 a pedir. — Dadme, por Dios,
limosna.

HERMOSURA

Decidme, fuentes,
pues que mis espejos sois,
¿qué galas me están más bien?
¿Qué rizos me están mejor?

POBRE

865 ¿No me veis?

MUNDO

Necio, ¿no miras
que es vana tu pretensión?
¿Por qué ha de cuidar de ti
quien de sí se descuidó?

POBRE

Pues que tanta hacienda os sobra,
870 dadme una limosna vos.

RICO

¿No hay puertas donde llamar?
¿Así os entráis donde estoy?
En el umbral del zaguán
pudierais llamar, y no
875 haber llegado hasta aquí.

POBRE

No me tratéis con rigor.

RICO

Pobre importuno, idos luego.

POBRE

Quien tanto desperdició
por su gusto, ¿no dará
880 alguna limosna?

RICO

No.

MUNDO

El avariento y el pobre
de la parábola son.[101]

POBRE

Pues a mi necesidad
le falta ley y razón,

---

[100] *arbitrio*: tax.

[101] Cf. Luke xvi: 19 ff.

885 atreveréme al rey mismo. —
Dadme limosna, señor.
REY
Para eso tengo ya
mi limosnero mayor.
MUNDO
Con sus ministros el Rey
890 su conciencia aseguró.
POBRE
Labrador, pues recibís
de la bendición de Dios
por un grano que sembráis
tanta multiplicación,
895 mi necesidad os pide
limosna.
LABRADOR
Si me la dio
Dios, buen arar y sembrar
y buen sudor me costó.
Decid: ¿No tenéis vergüenza
900 que un hombrazo como vos
pida? ¡Servid, noramala!
No os andéis hecho un bribón.
Y si os falta que comer,
tomad aqueste azadón
905 con que lo podéis ganar.
POBRE
En la comedia de hoy
yo el papel de pobre hago;
no hago el de labrador.
LABRADOR
Pues, amigo, en su papel
910 no le ha mandado el Autor
pedir no más y holgar siempre,
que el trabajo y el sudor
es proprio papel del pobre.
POBRE
Sea por amor de Dios.
915 Riguroso, hermano, estáis.
LABRADOR
Y muy pedigüeño vos.
POBRE
Dadme vos algún consuelo.
DISCRECIÓN
Tomad, y dadme perdón. (*Dale un pan.*)
POBRE
Limosna de pan, señora,

920 era fuerza hallarla en vos,
porque el pan[102] que nos sustenta
ha de dar la Religión.
DISCRECIÓN
¡Ay de mí!
REY
¿Qué es esto?
POBRE
Es
alguna tribulación
925 que la Religión padece.
(*Va a caer la* RELIGIÓN,[103] *y la da el*
REY *la mano.*)
REY
Llegaré a tenerla yo.
DISCRECIÓN
Es fuerza; que nadie puede
sostenerla como vos.
AUTOR
Yo bien pudiera enmendar
930 los yerros que viendo estoy;
pero por eso les di
albedrío superior
a las pasiones humanas,
por no quitarles la acción
935 de merecer con sus obras;
y así dejo a todos hoy
hacer libres sus papeles,
y en aquella confusión
donde obran todos juntos
940 miro en cada uno yo,
diciéndoles por mi ley:
LEY
Obrar bien, que Dios es Dios. (*Canta.*)
A cada uno por sí (*Recita.*)
y a todos juntos, mi voz
945 ha advertido; ya con esto
su culpa será su error.
Ama al otro como a ti (*Canta.*)
y obrar bien, que Dios es Dios.
REY
Supuesto que es esta vida
950 una representación,
y que vamos un camino
todos juntos, haga hoy
del camino la llaneza,
común la conversación.[104]

---

[102] *pan*: i.e., Eucharistic Bread.
[103] Here, as elsewhere, *Religión* and *Discreción* are one and the same.

[104] *haga . . . conversación*: freely, "today let the familiarity caused by our common journey make us join in general conversation."

HERMOSURA

955 No hubiera mundo a no haber
esa comunicación.

RICO

Diga un cuento cada uno.

DISCRECIÓN

Será prolijo; mejor
será que cada uno diga
960 qué está en su imaginación.

REY

Viendo estoy mis imperios dilatados,
mi majestad, mi gloria, mi grandeza,
en cuya variedad naturaleza
perficionó de espacio[105] mis cuidados.
965 Alcázares poseo levantados,
mi vasalla ha nacido la belleza.
La humildad de unos, de otros la riqueza,
triunfo son al arbitrio de los hados.
Para regir tan desigual, tan fuerte
970 monstruo de muchos cuellos, me concedan
los cielos atenciones más felices.
Ciencia me den con que a regir acierte,
que es imposible que domarse puedan
con un yugo no más tantas cervices.

MUNDO

975 Ciencia para gobernar
pide, como Salomón.[106]

*(Canta una voz triste, dentro, a la
parte que está la puerta del ataúd.)*

VOZ

Rey de este caduco imperio,
cese, cese tu ambición,
que en el teatro del mundo
980 ya tu papel se acabó.

REY

Que ya acabó mi papel
me dice una triste voz,
que me ha dejado al oírla
sin discurso ni razón.
985 Pues se acabó el papel, quiero
entrarme, mas ¿dónde voy?
Porque a la primera puerta,
donde mi cuna se vio,
no puedo, ¡ay de mí!, no puedo
990 retroceder. ¡Qué rigor!
¡No poder hacia la cuna
dar un paso . . .! ¡Todos son
hacia el sepulcro . . .! ¡Que el río

que, brazo de mar, huyó,
995 vuelva a ser mar; que la fuente
que salió del río (¡qué horror!)
vuelva a ser río; el arroyo
que de la fuente corrió
vuelva a ser fuente; y el hombre,
1000 que de su centro[107] salió,
vuelva a su centro, a no ser
lo que fue . . .! ¡Qué confusión!
Si ya acabó mi papel,
supremo y divino Autor,
1005 dad a mis yerros disculpa,
pues arrepentido estoy.

*(Vase por la puerta del ataúd, y todos
se han de ir por ella.)*

MUNDO

Pidiendo perdón el Rey,
bien su papel acabó.

HEMOSURA

De en medio de sus vasallos,
1010 de su pompa y de su honor,
faltó el Rey.

LABRADOR

No falte en mayo
el agua al campo en sazón,
que con buen año y sin Rey
lo pasaremos mejor.

DISCRECIÓN

1015 Con todo, es gran sentimiento.

HERMOSURA

Y notable confusión.
¿Qué haremos sin él?

RICO

Volver
a nuestra conversación.
Dinos, tú, lo que imaginas.

HERMOSURA

1020 Aquesto imagino yo.

MUNDO

¡Qué presto se consolaron
los vivos de quien murió!

LABRADOR

Y más cuando el tal difunto
mucha hacienda les dejó.

HERMOSURA

1025 Viendo estoy mi beldad hermosa y pura;
ni al Rey envidio, ni sus triunfos quiero,

[105] *perficionó de espacio*: perfeccionó despacio.
[106] Cf. III Kings iii: 5–10.
[107] *centro*: center of the earth.

pues más ilustre imperio considero
que es el que mi belleza me asegura.
   Porque si el Rey avasallar procura
1030 las vidas, yo, las almas; luego infiero
con causa que mi imperio es el primero,
pues que reina en las almas la hermosura.
   "Pequeño mundo"[108] la filosofía
llamó al hombre; si en él mi imperio fundo,
1035 como el cielo lo tiene, como el suelo,
   bien puede presumir la deidad mía
que el que al hombre llamó "pequeño
                     [mundo",
llamara a la mujer "pequeño cielo".

MUNDO

No se acuerda de Ezequiel[109]
1040 cuando dijo que trocó
la soberbia a la hermosura,
en fealdad la perfección.

VOZ

Toda la hermosura humana *(Canta)*.
es una pequeña flor.
1045 Marchítese, pues la noche
ya de su aurora llegó.

HERMOSURA

Que fallezca la hermosura
dice una triste canción.
No fallezca, no fallezca.
1050 Vuelva a su primer albor.
Mas, ¡ay de mí!, que no hay rosa
de blanco a rojo color,
que a las lisonjas del día,
que a los halagos del sol,
1055 saque a deshojar sus hojas,
que no caduque; pues no
vuelve ninguna a cubrirse
dentro del verde botón.
Mas, ¿qué importa que las flores,
1060 del alba breve candor,
marchiten del sol dorado
halagos de su arrebol?
¿Acaso tiene conmigo
alguna comparación
1065 flor en que ser y no ser
términos continuos son?
No, que yo soy flor hermosa
de tan grande duración,

que si vio el sol mi principio
1070 no verá mi fin el sol.
Si eterna soy, ¿cómo puedo
fallecer? ¿Qué dices, voz?

VOZ

Que en el alma eres eterna, *(Canta.)*
y en el cuerpo mortal flor.

HERMOSURA

1075 Ya no hay réplica que hacer
contra aquesta distinción.
De aquella cuna salí,
y hacia este sepulcro voy.
Mucho me pesa no haber
1080 hecho mi papel mejor. *(Vase.)*

MUNDO

Bien acabó el papel, pues
arrepentida acabó.

RICO

De entre las galas y adornos
y lozanías faltó
1085 la Hermosura.

LABRADOR

       No nos falte
pan, vino, carne y lechón
por Pascua, que[110] a la Hermosura
no la echaré menos[111] yo.

DISCRECIÓN

Con todo, es grande tristeza.

POBRE

1090 Y aun notable compasión.
¿Qué habemos de hacer?

RICO

             Volver
a nuestra conversación.

LABRADOR

Cuando el ansioso cuidado
con que acudo a mi labor
1095 miro sin miedo al calor
y al frío desazonado,
y advierto lo descuidado
del alma, tan tibia ya,
la culpo, pues dando está
1100 gracias de cosecha nueva
al campo porque la lleva
y no a Dios que se la da.

---

[108] Calderón was fond of the Greek idea that man is a microcosm. In *La vida es sueño* and other plays he refers to man as a *breve mundo* and to woman as a *breve cielo*.

[109] The passage to which Calderón refers is not certain. Cf. Ezekiel xvi: 14 ff.
[110] *que: y.*
[111] *echaré menos: echaré de menos.*

MUNDO
Cerca está de agradecido
quien se conoce deudor.
POBRE
1105 A este labrador me inclino
aunque antes me reprehendió.
VOZ
Labrador, a tu trabajo (*Canta.*)
término fatal llegó;
ya lo serás de otra tierra;
1110 dónde será, ¡sabe Dios . . .!
LABRADOR
Voz, si de la tal sentencia
admites apelación,
admíteme, que yo apelo
a tribunal superior.
1115 No muera yo en este tiempo;
aguarda sazón mejor,
siquiera porque mi hacienda
la deje puesta en sazón;
y porque, como ya dije,
1120 soy maldito labrador,
como lo dicen mis viñas
cardo a cardo y flor a flor,
pues tan alta está la yerba
que duda el que la miró
1125 un poco apartado dellas
si mieses o viñas son.
Cuando panes del lindero[112]
son gigante admiración,
casi enanos son los míos,
1130 pues no salen del terrón.
Dirá quien aquesto oyere
que antes es buena ocasión
estando el campo sin fruto
morirme, y respondo yo:
1135 — Si dejando muchos frutos
al que hereda, no cumplió
testamento de sus padres,
¿qué hará sin frutos, Señor? —
Mas, pues no es tiempo de gracias,
1140 pues allí dijo una voz
que me muero, y el sepulcro
la boca, a tragarme, abrió,
si mi papel no he cumplido
conforme a mi obligación,
1145 pésame que no me pese
de no tener gran dolor. (*Vase.*)

MUNDO
Al principio le juzgué
grosero, y él me advirtió
con su fin de mi ignorancia.
1150 ¡Bien acabó el Labrador!
RICO
De azadones y de arados,
polvo, cansancio y sudor
ya el Labrador ha faltado.
POBRE
Y afligidos nos dejó.
DISCRECIÓN
1155 ¡Qué pena!
POBRE
¡Qué desconsuelo!
DISCRECIÓN
¡Qué llanto!
POBRE
¡Qué confusión!
DISCRECIÓN
¿Qué habemos de hacer?
RICO
Volver
a nuestra conversación;
y, por hacer lo que todos,
1160 digo lo que siento yo.
¿A quién mirar no le asombra
ser esta vida una flor
que nazca con el albor
y fallezca con la sombra?
1165 Pues si tan breve se nombra,
de nuestra vida gocemos
el rato que la tenemos;
dios a nuestro vientre hagamos.
¡Comamos hoy, y bebamos,
1170 que mañana moriremos![113]
MUNDO
De la Gentilidad es
aquella proposición,
así lo dijo Isaías.
DISCRECIÓN
¿Quién se sigue ahora?
POBRE
Yo.
1175 Perezca, Señor, el día
en que a este mundo nací.[114]
Perezca la noche fría
en que concebido fui

---

[112] *panes del lindero*: wheat of the adjoining property.
[113] *¡Comamos . . . moriremos!* Cf. Isaiah xxii: 13.
[114] Verses 1174-93 are a paraphrase of Job's lament, Job iii: 3-9.

para tanta pena mía.
1180   No la alumbre la luz pura
del sol entre oscuras nieblas;
todo sea sombra oscura,
nunca venciendo la dura
opresión de las tinieblas.
1185   Eterna la noche sea
ocupando pavorosa
su estancia, y porque no vea
el Cielo, caligninosa
oscuridad la posea.
1190   De tantas vivas centellas
luces sea su arrebol,
día sin aurora y sol,
noche sin luna y estrellas.
       No porque así me he quejado
1195 es, Señor, que desespero
por mirarme en tal estado,
sino porque considero
que fui nacido en pecado.

MUNDO

Bien ha engañado las señas
1200 de la desesperación;
que así, maldiciendo el día,
maldijo el pecado Job.

VOZ

Número tiene la dicha, (*Canta.*)
número tiene el dolor;
1205 de ese dolor y esa dicha,
venid a cuentas los dos.

RICO

¡Ay de mí!

POBRE

       ¡Qué alegre nueva!

RICO

¿Desta voz que nos llamó
tú no te estremeces?

POBRE

                    Sí.

RICO

1210 ¿No procuras huir?

POBRE

                   No;
que el estremecerse es
una natural pasión
del ánimo a quien como hombre
temiera Dios, con ser Dios.[115]

1215 Mas si el huir será en vano,
porque si della[116] no huyó
a su sagrado el poder,[117]
la hermosura a su blasón,[118]
¿dónde podrá la pobreza?
1220 Antes mil gracias le doy,
pies con esto acabará
con mi vida mi dolor.

RICO

¿Cómo no sientes dejar
el teatro?

POBRE

          Como no
1225 dejo en él ninguna dicha,
voluntariamente voy.

RICO

Yo ahorcado, porque dejo
en la hacienda el corazón.

POBRE

¡Qué alegría!

RICO

             ¡Qué tristeza!

POBRE

1230 ¡Qué consuelo!

RICO

               ¡Qué aflicción!

POBRE

¡Qué dicha!

RICO

            ¡Qué sentimiento!

POBRE

¡Qué ventura!

RICO

             ¡Qué rigor! (*Vanse los dos.*)

MUNDO

¡Qué encontrados[119] al morir
el rico y el pobre son!

DISCRECIÓN

1235 En efecto, en el teatro
sola me he quedado yo.

MUNDO

Siempre lo que permanece
más en mí es la religión.

DISCRECIÓN

Aunque ella acabar no puede,
1240 yo sí, porque yo no soy
la Religión, sino un miembro

---

[115] *a quien . . . Dios*: which God, made man (in the person of Christ) would fear, although He is God.
[116] The antecedent of *della* is *voz*.

[117] *poder* refers to the king.
[118] *blasón*: glory.
[119] *encontrados*: different.

que aqueste estado eligió.
Y antes que la voz me llame
yo me anticipo a la voz
1245 del sepulcro, pues ya en vida
me sepulté, con que doy,
por hoy, fin a la comedia
que mañana hará el Autor.
Enmendaos para mañana
1250 los que veis los yerros de hoy.
    (*Ciérrase el globo de la tierra.*)

AUTOR

Castigo y premio ofrecí
a quien mejor o peor
representase, y verán
qué castigo y premio doy.
    (*Ciérrase el globo celeste, y en él el*
AUTOR.)

MUNDO

1255   ¡Corta fue la comedia! Pero ¿cuándo
no lo fue la comedia desta vida,
y más para el que está considerando
que toda es una entrada, una salida?
Ya todos el teatro van dejando,
1260 a su primer materia reducida
la forma que tuvieron y gozaron.
Polvo salgan de mí, pues polvo entraron.
  Cobrar quiero de todos, con cuidado,
las joyas que les di con que adornasen
1265 la presentación en el tablado,
pues sólo fue mientras representasen.
Pondréme en esta puerta, y, avisado,
haré que mis umbrales no traspasen
sin que dejen las galas que tomaron.
1270 Polvo salgan de mí, pues polvo entraron.
    (*Sale el* REY.)
  Di, ¿qué papel hiciste, tú, que ahora
el primero a mis manos has venido?

REY

Pues, ¿el Mundo que fui[120] tan presto
                      [ignora?

MUNDO

El Mundo lo que fue pone en olvido.

REY

1275 Aquél fui que mandaba cuanto dora
el sol, de luz y resplandor vestido,
desde que en brazos de la aurora nace,
hasta que en brazos de la sombra yace.
  Mandé, juzgué, regí muchos estados;

120 *que fui*: that I existed.

1280 hallé, heredé, adquirí grandes memorias;
vi, tuve, concebí cuerdos cuidados;
poseí, gocé, alcancé varias victorias.
Formé, aumenté, valí varios privados;
hice, escribí, dejé varias historias;
1285 vestí, imprimí, ceñí, en ricos doseles,
las púrpuras, los cetros y laureles.

MUNDO

  Pues deja, suelta, quita la corona;
la majestad, desnuda, pierde, olvida;
                 (*Quítasela.*)
vuélvase, torne, salga tu persona
1290 desnuda de la farsa de la vida.
  La púrpura, de quien tu voz blasona,
presto de otro se verá vestida,
porque no has de sacar de mis crueles
manos, púrpuras, cetros, ni laureles.

REY

1295   ¿Tú, no me diste adornos tan amados?
¿Cómo me quitas lo que ya me diste?

MUNDO

Porque dados no fueron, no, prestados
sí, para el tiempo que el papel hiciste.
Déjame para otro los estados,
1300 la majestad y pompa que tuviste.

REY

¿Cómo de rico fama solicitas
si no tienes qué dar si no lo quitas?
  ¿Qué tengo de sacar en mi provecho
de haber, al mundo, al rey representado?

MUNDO

1305 Esto, el Autor, si bien o mal lo has hecho,
premio o castigo te tendrá guardado;
no, no me toca a mí, según sospecho,
conocer tu descuido o tu cuidado:
cobrar me toca el traje que sacaste,
1310 porque me has de dejar como me hallaste.
    (*Sale la* HERMOSURA.)

MUNDO

¿Qué[121] has hecho, tú?

HERMOSURA

             La gala y la hermosura.

MUNDO

¿Qué te entregué?

HERMOSURA

            Perfecta una belleza.

MUNDO

Pues, ¿dónde está?

121 Understand *papel* after *¿Qué*.

HERMOSURA

Quedó en la sepultura.

MUNDO

Pasmóse, aquí, la gran naturaleza
1315 viendo cuán poco la hermosura dura,
que aun no viene a parar adonde empieza,
pues al querer cobrarla yo, no puedo;
ni la llevas, ni yo con ella quedo.
El Rey, la majestad en mí ha dejado;
1320 en mí ha dejado el lustre, la grandeza.
La belleza no puedo haber cobrado,
que espira con el dueño la belleza.
Mírate a ese cristal.[122]

HERMOSURA

Yo me he mirado.

MUNDO

¿Dónde está la beldad, la gentileza
1325 que te presté? Volvérmela procura.

HERMOSURA

Toda la consumió la supultura.
Allí dejé matices y colores;
allí perdí jazmines y corales;
allí desvanecí rosas y flores;
1330 allí quebré marfiles y cristales.
Allí turbé afecciones y primores;
allí borré designios y señales;
allí eclipsé esplendores y reflejos;
allí aun no toparás sombras y lejos.

(*Sale el* LABRADOR.)

MUNDO

1335   Tú, villano, ¿qué hiciste?

LABRADOR

Si villano,
era fuerza que hiciese, no te asombre,
un labrador; que ya tu estilo vano
a quien labra la tierra da ese nombre.
Soy a quien trata siempre el cortesano
1340 con vil desprecio y bárbaro renombre;
y soy, aunque de serlo más me aflijo,
por quien el *él*, el *vos* y el *tú* se dijo.[123]

MUNDO

Deja lo que te di.

LABRADOR

Tú, ¿qué me has dado?

MUNDO

Un azadón te di.

LABRADOR

¡Qué linda alhaja!

MUNDO

1345 Buena o mala con ella habrás pagado.

LABRADOR

¿A quién el corazón no se le raja
viendo que deste mundo desdichado
de cuanto la codicia vil trabaja
un azadón, de la salud castigo,
1350 aun no le han de dejar llevar consigo?[124]

(*Salen el* RICO *y el* POBRE.)

MUNDO

¿Quién va allá?

RICO

Quien de ti nunca quisiera
salir.

POBRE

Y quien de ti siempre ha deseado
salir.

MUNDO

¿Cómo los dos de esa manera
dejarme y no dejarme habéis llorado?

RICO

1355 Porque yo rico y poderoso era.

POBRE

Y yo porque era pobre y desdichado.

MUNDO

Suelta estas joyas. (*Quítaselas.*)

POBRE

Mira qué bien fundo[125]
no tener que sentir dejar el mundo.

(*Sale el* NIÑO.)

MUNDO

Tú que al teatro a recitar entraste,
1360 ¿cómo, di, en la comedia no saliste?

NIÑO

La vida en un sepulcro me quitaste.
Allí te dejo lo que tú me diste.

(*Sale la* DISCRECIÓN.)

MUNDO

Cuando a las puertas del vivir llamaste
tú, para adorno tuyo, ¿qué pediste?

---

[122] *cristal*: mirror.
[123] In the seventeenth century *él* (as a pronoun of address meaning "you") was used scornfully; *vos* and *tú* were used in both disrespectful and intimate address.

[124] *¿A quién . . . consigo?*: Whose heart wouldn't break when he sees that a hoe, so harmful to a man's health, produces such greed in this miserable world that they won't even let him take it with him?
[125] *qué bien fundo*: how right I am.

DISCRECIÓN

1365 Pedí una religión y una obediencia,
cilicios, disciplinas y abstinencia.

MUNDO

Pues, déjalo en mis manos; no me puedan
decir que nadie saca sus blasones.

DISCRECIÓN

No quiero; que en el mundo no se quedan
1370 sacrificios, afectos y oraciones;
conmigo he de llevarlos, porque excedan
a tus mismas pasiones tus pasiones;[126]
o llega a ver si ya de mí las[127] cobras.

MUNDO

No te puedo quitar las buenas obras.
1375 Estas solas del mundo se han sacado.

REY

¡Quién más reinos no hubiera poseído!

HERMOSURA

¡Quién más beldad no hubiera deseado!

RICO

¡Quién más riquezas nunca hubiera habido!

LABRADOR

¡Quién más, ay Dios, hubiera trabajado!

POBRE

1380 ¡Quién más ansias hubiera padecido!

MUNDO

Ya es tarde; que en muriendo, no os
                              [asombre,
no puede ganar méritos el hombre.
Ya que he cobrado augustas majestades,
ya que he borrado hermosas perfecciones,
1385 ya que he frustrado altivas vanidades,
ya que he igualado cetros y azadones,
al teatro pasad de las verdades;
que éste el teatro es de las ficciones.

REY

¿Cómo nos recibiste de otra suerte
1390 que nos despides?

MUNDO

                    La razón advierte.
Cuando algún hombre hay algo que
                              [reciba,
las manos pone, atento a su fortuna,
en esta forma;[128] cuando con esquiva
acción lo arroja, así las vuelve; de una
1395 suerte, puesta la cuna boca arriba

recibe al hombre, y esta misma cuna,
vuelta al revés, la tumba suya ha sido.
Si cuna os recibí, tumba os despido.

POBRE

Pues que tan tirano el mundo
1400 de su centro nos arroja,
vamos a aquella gran cena
que en premio de nuestras obras
nos ha ofrecido el Autor.

REY

¿Tú, también, tanto baldonas
1405 mi poder, que vas delante?
¿Tan presto de la memoria
que fuiste vasallo mío,
mísero mendigo, borras?

POBRE

Ya acabado tu papel,
1410 en el vestuario ahora
del sepulcro iguales somos.
Lo que fuiste poco importa.

RICO

¿Cómo te olvidas que a mí
ayer pediste limosna?

POBRE

1415 ¿Cómo te olvidas que tú
no me la diste?

HERMOSURA

              ¿Ya ignoras
la estimación que me debes
por más rica y más hermosa?

DISCRECIÓN

En el vestuario ya
1420 somos parecidas todas,
que en una pobre mortaja
no hay distinción de personas.

RICO

¿Tú vas delante de mí,
villano?

LABRADOR

        Deja las locas
1425 ambiciones; que, ya muerto,
del sol que fuiste eres sombra.

RICO

No sé lo que me acobarda
el ver al Autor ahora.

---

[126] *porque . . . pasiones:* freely, "so that your anguish will be extreme."
[127] *las* refers to the *buenas obras* (*sacrificios*, etc.) mentioned in v. 1374.

[128] *Mundo's* speech is accompanied by gestures. He first cups his hands in the form of a cradle, then turns them over in the form of a raised tomb.

POBRE

Autor del cielo y la tierra,
1430 ya tu compañía toda
que hizo de la vida humana
aquella comedia corta,
a la gran cena, que tú
ofreciste, llega; corran
1435 las cortinas de tu solio
aquellas cándidas hojas.

(*Con música se descubre otra vez el
globo celeste, y en él una mesa con
cáliz y hostia, y el* AUTOR *sentado a
ella; y sale el* MUNDO.)

AUTOR

Esta mesa, donde tengo
pan que los cielos adoran
y los infiernos veneran,
1440 os espera; mas importa
saber los que han de llegar
a cenar conmigo ahora,
porque de mi compañía
se han de ir los que no logran
1445 sus papeles por [faltarles] [129]
entendimiento y memoria
del bien que siempre les hice
con tantas misericordias.
Suban a cenar conmigo
1450 el pobre y la religiosa
que, aunque por haber salido
del mundo este pan no coman,
sustento será adorarle
por ser objeto de gloria.

(*Suben los dos.*)

POBRE

1455 ¡Dichoso yo! ¡Oh, quién pasara
más penas y más congojas,
pues penas por Dios pasadas
cuando son penas son glorias!

DISCRECIÓN

Yo, que tantas penitencias
1460 hice, mil veces dichosa,
pues tan bien las he logrado.

Aquí, dichoso es quien llora
confesando haber errado.

REY

Yo, Señor, ¿entre mis pompas
1465 ya no te pedí perdón?
Pues ¿por qué no me perdonas?

AUTOR

La hermosura y el poder,
por aquella vanagloria
que tuvieron, pues lloraron,
1470 subirán, [130] pero no ahora,
con el labrador también,
que aunque no te dio limosna, [131]
no fue por no querer darla,
que su intención fue piadosa,
1475 y aquella reprehensión
fue en su modo misteriosa
para que tú te ayudases.

LABRADOR

Ésa fue mi intención sola,
que quise mal vagabundos.

AUTOR

1480 Por eso os lo premio ahora,
y porque llorando culpas
pedisteis misericorida,
los tres en el Purgatorio
en su dilación penosa
1485 estaréis.

DISCRECIÓN

Autor divino,
en medio de mis congojas
el Rey me ofreció su mano
y yo he de dársela ahora. [132]

(*Da la mano al* REY, *y suben.*)

AUTOR

Yo le remito la pena
1490 pues la religión le abona;
pues vivió con esperanzas,
vuele el siglo, el tiempo corra. [133]

LABRADOR

Bulas de difuntos [134] lluevan
sobre mis penas ahora,

---

[129] The earliest editions have *salvarles*, which was emended to *faltarles* by Valbuena Prat.
[130] *La hermosura . . . subirán.* Construe, "La hermosura y el poder subirán, pues lloraron por aquella vanagloria que tuvieron."
[131] *no te dio limosna.* Autor is here addressing *Pobre*; the understood subject of *dio* is el *labrador*.
[132] Note that the king, as a Catholic monarch and defender of the faith, is aided by the intercession of

Discreción representing religion.
[133] *pues vivió . . . corra.* The meaning is that since the king had hope (the theological virtue whose principal object is the salvation of the soul), *Autor* decrees that time pass quickly so that the king's stay in purgatory will be mitigated.
[134] *bula de difuntos*: papal bull specifying indulgences to be granted in behalf of a deceased person.

1495 tantas que por llegar antes
se encuentren unas a otras;
pues son estas letras santas
del Pontífice de Roma
mandamientos de soltura
1500 de esta cárcel tenebrosa.

NIÑO

Si yo no erré mi papel,
¿por qué no me galardonas,
gran Señor?

AUTOR

Porque muy poco
le acertaste; y así, ahora,
1505 ni te premio ni castigo.
Ciego, ni uno ni otro goza,
que en fin naces del pecado.

NIÑO

Ahora, noche medrosa
como en un sueño me tiene
1510 ciego, sin pena ni gloria.[135]

RICO

Si el poder y la hermosura
por aquella vanagloria
que tuvieron, con haber
llorado, tanto se asombran,
1515 y el labrador que a gemidos
enterneciera una roca
está temblando de ver
la presencia poderosa
de la vista del Autor,
1520 ¿cómo oso mirarla ahora?
Mas es preciso llegar,
pues no hay adonde me esconda
de su riguroso juicio.
¡Autor!

AUTOR

¿Cómo así me nombras?
1525 Que aunque soy tu Autor, es bien
que de decirlo te corras,[136]
pues que ya en mi compañía
no has de estar. De ella te arroja
mi poder. Desciende adonde
1530 te atormente tu ambiciosa
condición eternamente
entre penas y congojas.

RICO

¡Ay de mí! Que envuelto en fuego
caigo arrastrando mi sombra
1535 donde ya que no me vea
yo a mí mismo, duras rocas
sepultarán mis entrañas
en tenebrosas alcobas.

DISCRECIÓN

Infinita gloria tengo.

HERMOSURA

1540 Tenerla espero dichosa.

LABRADOR

Hermosura, por deseos
no me llevarás la joya.[137]

RICO

No la espero eternamente.

NIÑO

No tengo, para mí, gloria.

AUTOR

1545 Las cuatro postrimerías[138]
son las que presentes notan
vuestros ojos, y porque
destas cuatro se conozca
que se ha de acabar la una,[139]
1550 suba la Hermosura ahora
con el Labrador, alegres,
a esta mesa misteriosa,
pues que ya por sus fatigas
merecen grados de gloria.

(*Suben los dos.*)

HERMOSURA

1555 ¡Qué ventura!

LABRADOR

¡Qué consuelo!

RICO

¡Qué desdicha!

REY

¡Qué victoria!

RICO

¡Qué sentimiento!

DISCRECIÓN

¡Qué alivio!

POBRE

¡Qué dulzura!

---

[135] Since he has not been baptized, *Niño* goes to limbo.

[136] *correrse*: to be ashamed.

[137] *llevarse la joya*: *llevarse la palma*, to excel in competition with others.

[138] *postrimerías*. The four *postrimerías* (final stages of man) are variously given as death, judgment, heaven, and hell, or purgatory, heaven, hell, and limbo.

[139] The only stage which ends is purgatory, the other three being eternal.

RICO

¡Qué ponzoña!

NIÑO

Gloria y pena hay, pero yo
1560 no tengo pena ni gloria.

AUTOR

Pues el ángel en el cielo,
en el mundo las personas
y en el infierno el demonio
todos a este Pan se postran;
1565 en el infierno, en el cielo

y mundo a un tiempo se oigan
dulces voces que le alaben
acordadas y sonoras.

(*Tocan chirimías, cantando el
"Tantum ergo"*[140] *muchas veces.*)

MUNDO

Y pues representaciones
1570 es aquesta vida toda,
merezca alcanzar perdón
de las unas y las otras.

[140] *Tantum ergo*: hymn composed by St. Thomas Aquinas to be sung at the feast of Corpus Christi and for the adoration of the Eucharist.

STUDY QUESTIONS AND TOPICS

1. How do you account for the popularity, in both pre-Christian and Christian times, of the comparison of human life to a play?
2. Why and how is the "play" in *El gran teatro del mundo* to be divided into three acts?
3. The treatment of time in the *auto*.
4. Why can it be said that the *Labrador* is the best developed character in the *auto*?
5. Contrasts of character in the *auto*.
6. What significant moral problems and judgments are presented in the *auto*?
7. The function of allegory in the *auto*.
8. Calderón's work as a play-within-a play.
9. The peculiar problems confronted by the dramatist in writing *autos sacramentales*.
10. Parker says that Calderón's *auto* is essentially sociological, Valbuena Prat that it is philosophical and moral. Discuss.

~~~ Francisco de Rojas Zorrilla
(1607–1648)

ᑐᑐᑐ CHRONOLOGY

1607   October 4: Rojas is born in Toledo.

1610   Rojas' family moves to Madrid.

1625   (?) Probably studies at the University of Salamanca, but the dates are uncertain.

1630   Becomes active in literary circles in Madrid, and begins writing plays in collaboration with some leading dramatists.

1632   Praised by Montalván in *Para todos* for "the ingenious plays he has written," but the titles of such plays are not known.

1633   Performance before the king and queen of *Persiles y Segismunda*, his first definitely dated play.

1637–38   Acts as *fiscal* ("prosecutor") in the *Academias burlescas* held at the court.

1638   Rojas is reported killed in a duel but he recovers. Probably composes *Entre bobos anda el juego.*

1640   Publication of the *Primera parte* of Rojas' plays. Marries Doña Catalina Yáñez Trillo de Mendoza.

1643   Nominated for membership in the Order of Santiago but is accused of having Moorish and Jewish blood.

1644   Theaters are closed in mourning for the queen's death.

1645   Publication of the *Segunda parte* of Rojas' plays. Finally granted membership in the Order of Santiago.

1647   Performance of the *auto sacramental* entitled *El gran patio de palacio*, probably Rojas' last work.

1648   January 23: Rojas dies suddenly in Madrid.

⌘⌘⌘ Rojas Zorrilla and His Plays

Born in Toledo in 1607, Rojas was the eldest of the six children of Ensign Francisco Pérez de Rojas and Doña Mariana de Vesga y Zorrilla. When he was three, Rojas' family moved to Madrid where he received his early education. It is likely that he later attended the University of Salamanca whose boisterous student life is dramatized in scenes of two of his plays, *Obligados y ofendidos y gorrón de Salamanca* and *Lo que quería ver el Marqués de Villena*. However, his name (always susceptible to confusion because he assumed the second surname of each parent) does not figure in the rolls of either Salamanca or the University of Alcalá.

In the early 1630's when he first became active in literary circles in Madrid, Rojas was still wearing student attire. He soon began collaborating with some of the most distinguished dramatists of the Spanish court. With Luis Vélez de Guevara and Antonio Coello he wrote *La Baltasara* (c. 1630), and with Calderón and Juan Pérez de Montalván he composed *El monstruo de la fortuna* (c. 1632). It is not known which plays Rojas had written by himself by 1632, but in that year Montalván said of him in his *Para todos*: "Don Francisco de Roxas, poeta florido, acertado y galante, como lo dicen los aplausos de las ingeniosas comedias que tiene escritas."

The first definitely dated play of Rojas' individual authorship is *Persiles y Segismunda*, a dramatization of Cervantes' Byzantine novel performed before the king and queen on February 23, 1633. From that time on,

Rojas became increasingly identified with the literary life of the court. In 1635 seven of his plays, including two written in collaboration, were performed in the royal theaters. In 1637 and again in 1638 he had an important role in the burlesque literary academies held as part of the festivities to celebrate the visit of foreign royalty. As *fiscal* ("prosecutor") his job was to write the *vejamen* lampooning other writers and court hangers-on. In 1638 it was rumored that Rojas was killed by an unidentified assailant who was said to be disgruntled over Rojas' satire of him in the academy. The rumor of his death proved to be false, but presumably he was severely wounded.

In 1640 Rojas was commissioned to write a play to inaugurate the new coliseum in the park of Buen Retiro. The play he composed for the occasion was *Los bandos de Verona*, which treats the story of Romeo and Juliet. In the same year the *Primera parte* of his plays was published; and in November he married Doña Catalina Yáñez Trillo de Mendoza, daughter of a distinguished family from Guadalajara. In 1643 Rojas was nominated for membership in the military Order of Santiago, but much to his discomfort, hostile witnesses testified that some of his ancestors had been executed on orders of the Inquisition for being heretical Jews and Moors. Rojas had powerful friends at court, however, and in 1645 he was finally granted the habit of Santiago. In the same year he published the *Segunda parte* of his plays at his own expense. Rojas' last work was probably *El gran patio de palacio*, an *auto sacramental* performed in Madrid on Corpus Christi Day of 1647. He died on January 23, 1648, too suddenly to make a will.

Primarily a court dramatist, Rojas was not as prolific as several Spanish playwrights who wrote primarily for the public theaters. Traditionally some seventy or eighty plays are attributed to him but only thirty-five extant plays now appear to be authentic. He also wrote fifteen *comedias* in collaboration, nine *autos sacramentales*, and one or two *entremeses*.

Several literary historians have insisted that Rojas had a special bent for tragedy; others have maintained that his originality lay in the field of comedy. The German critic Ludwig Pfandl went so far as to allege that Rojas is the only Golden Age dramatist in whose production the tragedies can be distinguished from the comedies. Such an allegation should not be interpreted to mean that Rojas broke with the norms established for the *comedia* by Lope de Vega. In his plays there is the same disregard for the classical unities, and tragic and comic elements are freely mixed. What is distinctive about Rojas is that, contrary to the prevailing practice, seldom does he contrive a happy ending when treating material that is essentially tragic. His Romeo and Juliet play does end happily, however.

Four of Rojas' plays are based on tragic plots of classical vintage: *Los encantos de Medea*, *Progne y Filomena*, *Los áspides de Cleopatra*, and *Lucrecia y Tarquino*, all of which are dominated by bold women protagonists. Another play, *Morir pensando matar*, is a tragedy of revenge which deals with the bloody vengeance taken by Rosimunda on King Alboino, her father's slayer whom she was forced to marry. Rojas also wrote a two-part tragedy, *Numancia cercada* and *Numancia destruida*, which, like Cervantes' *La Numancia* on which it is partly based, deals with the Roman siege of that Iberian city and the collective suicide of the gallant defenders. But the three tragedies to which Rojas chiefly owes his reputation for violence and

sensationalism are *No hay ser padre siendo rey*, *El Caín de Cataluña*, and *El más impropio verdugo por la más justa venganza*, in which family squabbles lead to fratricides, filicides, and public executions.

Rojas' tragedies are notable for their pronounced Senecan stamp. All, in varying degree, employ the theme of revenge (not the revenge of the Spanish honor play but revenge in kind, that is, "an eye for an eye"); most involve the theme of the inconstancy of fortune; some are laden with moralizing and sententiousness; several cultivate horror for horror's sake. Whatever the merits or shortcomings of Rojas' tragedies, they mark him as the most vigorous Spanish tragedian of his age.

On the other hand, Rojas wrote only two conventional honor dramas, *Casarse por vengarse* and *Del rey abajo, ninguno*. The latter (whose authorship is open to doubt) has long been regarded as one of the masterpieces of Golden Age drama. In few Spanish plays is the conflict between the protagonist's devotion to his wife and his obligations to the inexorable code dramatized so effectively. In spite of the excellence of *Del rey abajo, ninguno*, however, Rojas is especially noted for his unconventional, if not wholly revolutionary, concept of honor—a concept which has been attributed to his feminist views. When they are wronged, his women characters are incited to action to redress the offense, not to right things in a man's world but in their own. In *Cada cual lo que le toca* a husband discovers that his wife was seduced prior to their marriage by a man who reappears to claim her favors. When the husband vacillates, she takes matters into her own hands, killing her former lover and silencing her husband's recriminations. In *Progne y Filomena* the two sisters join hands in killing King Tereo, Filomena because he raped her, Progne because she asserts that she has the right to punish her adulterous husband. Rojas' women are bold enough to think that the honor code implies a single standard.

Rojas' chief contributions to Spanish comedy lie in two different areas. On one hand, without changing or adding substantially to the characteristics of the *gracioso* (as those characteristics had been established by Lope de Vega and his contemporaries), he gave the *gracioso* a more prominent role by fabricating elaborate comic subplots in which that stock character necessarily became the leading character, or by making him a central character (not a supporting one) in the main intrigue of the plot. On the other hand, Rojas wrote a series of comedies of manners and customs in which the humor does not depend on the *gracioso* (indeed, some of them do not have a *gracioso* at all) but on a variety of characters whose foibles and eccentricities lead to comical situations and incongruities of great diversity.

An example of the first tendency is *Donde hay agravios no hay celos*, in which Don Juan de Alvarado, believing that his honor has been jeopardized, forces his servant Sancho to exchange roles with him so that he may spy on his fiancée, Inés, who has never seen him. Sancho's behaviour soon disgusts Inés, who, in spite of herself, falls in love with the pretended valet, Don Juan. Sancho is challenged to a duel by one of Inés' former suitors, but at the last moment, as the poor servant trembles in fright and denounces the absurdity of the honor code, Don Juan comes to his rescue and reveals his identity. The humor of the play results from Sancho's boorish conduct as he goes about outraging polite society, since his speech, manners, love-making, and attitude toward honor are everything that a gentleman's should not be. Molière, the master of French comedy, employed the device of having master and servant exchange roles in one of his earliest masterpieces, *Les précieuses ridicules* (1659).

Nowhere is Rojas' fondness for odd characters and burlesque more evident than in *Entre bobos anda el juego* (c. 1638), often called the first full-fledged *comedia de figurón* although it was preceded by Guillén de Castro's *El Narciso en su opinión* and Alonso de Castillo Solórzano's *El Marqués de Cigarral*. The *comedia de figurón* is usually defined as a comedy in which the principal character is a supreme eccentric: he is vain, arrogant, presumptuous, crass, and often freakish in appearance. He is, in brief, the very opposite of the handsome, romantic, gallant heroes who abound in the *comedias de capa y espada*. Interestingly, however, the *comedia de figurón* has been singled out as an effective vehicle for social criticism, since its burlesque tone affords the dramatist the utmost freedom to satirize Spanish customs and institutions.

Entre bobos anda el juego shows to good advantage the persistent traits of Rojas' great comic talent: a keen sense of the ludicrous, a gift for caricature, and resourcefulness in manipulating language for humorous effect. Rojas' comedy may also be looked upon as a rejoinder to the conventional happy endings of most romantic comedies which forget to tell us if full hearts can survive empty stomachs.

The text of the present edition of *Entre bobos anda el juego* is based directly on the first edition printed in the *Segunda parte* of Rojas' plays (Madrid, 1645). Other editions consulted include those of F. Ruiz Morcuende, in *Clásicos Castellanos*, vol. 35 (Madrid, 1917); Eduardo Juliá, in *Biblioteca Clásica Ebro*, vol. 63 (Zaragoza, 1946); and Ramón de Mesonero Romanos, in *Biblioteca de Autores Españoles*, vol. 54 (Madrid, 1861).

SELECTED BIBLIOGRAPHY

I. Collections of Rojas Zorrilla's Plays

Comedias escogidas de don Francisco de Rojas Zorrilla, ed. Ramón de Mesonero Romanos, in *Biblioteca de Autores Españoles*, vol. 54. Madrid, 1861.

Cada cual lo que le toca y La viña de Nabot, ed. Américo Castro, in *Teatro Antiguo Español*, vol. 2. Madrid, 1917.

Teatro. I. *Del rey abajo, ninguno y Entre bobos anda el juego*, ed. F. Ruiz Morcuende. II. *Morir pensando matar y La vida en el ataúd*, ed. Raymond R. MacCurdy. In *Clásicos Castellanos*, vols. 35, 153. Madrid, 1917–61.

Lucrecia y Tarquino, ed. Raymond R. MacCurdy. Albuquerque, N.M., 1963.

II. General Studies of Rojas Zorrilla

COTARELO Y MORI, EMILIO. *Don Francisco de Rojas Zorrilla, noticias biográficas y bibliográficas*. Madrid, 1911.

GOULDSON, KATHLEEN. "Religion and Superstition in the Plays of Rojas Zorrilla" and "Rojas Zorrilla and Seventeenth-Century Spain," in *Three Studies in Golden Age Drama*. Liverpool, 1946.

MacCURDY, RAYMOND R. *Francisco de Rojas Zorrilla and the Tragedy*. Albuquerque, N.M., 1958.

———. *Francisco de Rojas Zorrilla: bibliografía crítica*. Madrid, 1965.

———. *Francisco de Rojas Zorrilla*. New York, 1968.

III. Study of Entre bobos anda el juego

PLACE, EDWIN B. "Notes on the Grotesque: the *comedia de figurón* at Home and Abroad," *PMLA* 54 (1939), 412–21.

〰〰 Jornada primera

Verses		Prose letter	
1–204	Redondillas	515–540	Romance (e-o)
205–380	Romance (e-o)	541–686	Silvas
Prose letter		687–726	Redondillas
381–514	Romance (e-o)	727–942	Romance (e-a)

〰〰 Jornada segunda

943–1110	Silvas	1339–1562	Redondillas
1111–1338	Romance (i-o)	1563–1754	Romance (e-o)

〰〰 Jornada tercera

1755–1774	Redondillas	2209–2280	Romance (a-a)
1775–2000	Romance (a-o)	2281–2436	Redondillas
2001–2038	Silvas	2437–2772	Romance (-á)
2039–2208	Décimas		

LA GRAN COMEDIA DE

Entre bobos anda el juego[1]

De Don Francisco de Rojas

PERSONAJES QUE HABLAN EN ELLA

DON PEDRO
CABELLERA, *gracioso*
DON ANTONIO, *viejo*
DON LUIS
CARRANZA, *criado*

DON LUCAS
DOÑA ISABEL DE PERALTA
ANDREA, *criada*
DOÑA ALFONSA

Jornada primera

(*Salen* DOÑA ISABEL, *con bohemio*,[2]
y ANDREA, *criada*.)[3]

ISABEL

Llegó el coche, es evidente.

ANDREA

Y la litera[4] también.

ISABEL

¡Qué perezoso es el bien,
y el mal, oh, qué diligente!
5 ¡Que mi padre, inadvertido,
darme tal marido intente!

ANDREA

Marido tan de repente
no puede ser buen marido.
Jueves tu padre escribió
10 a Toledo, ¿no es así?
Pues viernes dijo que sí,
y el domingo por ti envió.

Cierta esta boda será,
según anda el novio listo;
15 que parece que te ha visto
en la priesa que se da.

ISABEL

A obedecer me condeno
a mi padre, amiga Andrea.

ANDREA

Puede ser que éste lo sea,
20 pero no hay marido bueno.
Ver cómo se hacen temer
a los enojos menores,
y aquel hacerse señores
de su perpetua mujer;
25 aquella templanza rara
y aquella vida tan fría,
donde no hay un "¡alma mía!"
por un ojo de la cara;[5]

---

[1] Title. The expression *Entre bobos anda el juego* (to which is sometimes added, *y eran todos fulleros*) is defined by the Academy Dictionary as a "frase irónica de que se usa cuando los que tratan alguna cosa son igualmente diestros y astutos." The title has been translated both as *Merry Sport with Fools* and *Folly Reigns Here*.

[2] *bohemio*: cape.
[3] Stage direction. The play opens in the home of Don Antonio de Peralta and Doña Isabel in Madrid.
[4] *litera*: curtained litter.
[5] *donde . . . cara*: in which "sweetheart" is never uttered at any cost.

aquella vida también
30 sin cuidados ni desvelos,
aquel amor tan sin celos,
los celos tan sin desdén,
la seguridad prolija
y las tibiezas tan grandes,
35 que pone un requiebro en Flandes
quien llama a su mujer "hija".[6]
¡Ah! Bien haya un amador
destos que se usan agora,
que está diciendo que adora
40 aunque nunca tenga amor.
Bien haya un galán, en fin,
que culto a todo vocablo,[7]
aunque una mujer sea diablo,
dice que es un serafín.
45   Luego que es mejor se infiera,
haya embuste o ademán,
aunque más finja un galán
que un marido, aunque más quiera.[8]

ISABEL

Lo contrario he de creer
50 de lo que arguyendo estás,
y de mi atención[9] verás
que el marido y la mujer,
que se han de tener, no ignoro,
en tálamo repetido,[10]
55 respeto ella a su marido
y él a su mujer decoro;
y este callado querer
mayor voluntad[11] se nombre;
que no ha de tratar un hombre
60 como a dama[12] su mujer.
Y ansí mi opinión verás
de mi argumento evidente:
menos habla quien más siente,
más quiere quien calla más.
65   No esa llama solicito,
todo lenguas al arder,

porque un amor bachiller[13]
tiene indicios de apetito;[14]
y ansí, tu opinión sentencio
70 a mi enojo o mi rigor;
que antes es seña de amor
la cautela del silencio.
Dígalo el discurso sabio
si más tu opinión me apura;[15]
75 que no es grande calentura
la que se permite el labio;
la oculta es la que es mayor;
su dolor, el más molesto,
y aquel amor que es honesto
80 es el que es perfeto amor;
no aquel amor siempre ingrato,
todo sombra, todo antojos;
que éste nació de los ojos,
y aquél se engendra del trato;[16]
85 luego más se ha de estimar,
porque mi fe se asegure,
amor que es fuerza que dure
que amor que se ha de acabar.

ANDREA

Y di, ¿un marido es mejor
90 que en casa la vida pasa?

ISABEL

Pues ¿qué importa que esté en casa,
como[17] yo le tenga amor?

ANDREA

Y que es por fuerza, ¿no es fiera
pensión?[18]

ISABEL

Tampoco me enfada.

ANDREA

95 Naciste para casada,
como yo para soltera.

ISABEL

Pues déjame.

---

[6] *que . . . "hija"*: because only rarely does one call his wife by an endearing name. Cf. the expression *poner una pica en Flandes*, "frase con que se pondera la dificultad de una acción."

[7] *que . . . vocablo*: who, affected in every word.

[8] *Luego que . . . quiera*: Then it may be inferred that a lover, who may pretend more, whether by deceitful word or gesture, is better than a husband, although the latter may love more.

[9] *de mi atención*: by paying attention to me.

[10] *en tálamo repetido*: in the repeated intimacies of the marriage bed.

[11] *voluntad*: affection.

[12] *dama*: mistress.

[13] *amor bachiller*: love that is all words.

[14] *apetito*: lust.

[15] *Dígalo . . . apura*: Let wise reason say whether your opinion annoys me greatly.

[16] *aquél . . . trato*. The idea that continuous association causes love is proverbial and probably of Platonic origin. Several of Isabel's ideas on love derive from neo-Platonic theory, an important source of which was León Hebreo's *Diálogos de amor* (translated into Spanish by Garcilaso de la Vega el Inca, Madrid, 1590).

[17] *como* meaning "if" is regularly followed by the subjunctive.

[18] *pensión*: burden.

ANDREA

Ya te dejo;
pero este chisgarabís,[19]
este tu fino don Luis,
100 galán de tapa de espejo,[20]
ése que habla a borbotones
de su prosa satisfecho,
que en una horma le han hecho
vocablos, talle y acciones,
105 ¿qué es lo que de ti ha intentado?

ISABEL

Ese hombre me ha de matar:
ha dado en no me dejar
en casa, calle ni Prado.[21]
Con una asistencia rara
110 si a la iglesia voy, allí
oye misa junto a mí;
si para el coche, él se para;
si voy a andar, yo no sé
cómo allí se me aparece;
115 si voy en silla, parece
mi gentil hombre de a pie;[22]
y en efeto, el tal señor,
que mi libertad apura,
visto es muy mala figura,
120 pero escuchado es peor.

ANDREA

¿Habla culto?

ISABEL

Nunca entabla
lenguaje disparatado;
antes, por hablar cortado,
corta todo lo que habla;
125 vocablos de estrado[23] son
con los que a obligarme empieza:
dice "crédito", "fineza",
"recato", "halago", "atención";[24]
y desto hace mezcla tal,
130 que aun con amor no pudiera
digerirlo, aunque tuviera
mejor calor natural.[25]

ANDREA

¡Ay, señora mía, malo!
No le vuelvas a escuchar,
135 que este hombre te ha de matar

con los requiebros de palo.[26]

ISABEL

Yo admitiré tu consejo,
Andrea, de aquí adelante.

ANDREA

Señora, el que es fino amante
140 habla castellano viejo;
el atento y el pulido
que[27] éste, pretende, creerás,
ser escuchado no más,
mas no quiere ser querido.

ISABEL

145 Andrea amiga, sabrás
que tengo amor, ¡ay de mí!,
a un hombre que una vez vi.

ANDREA

Dime, ¿y no le has visto más?

ISABEL

No, y a llorar me provoco
150 de un dolor enternecida.

ANDREA

¿Y qué le debes?

ISABEL

La vida.

ANDREA

¿No sabes quién es?

ISABEL

Tampoco.

ANDREA

Para que esa enigma crea,
¿cómo, te pregunto yo,
155 de la muerte te libró?

ISABEL

Oye y lo sabrás, Andrea.

ANDREA

Para remediarlo, falta
saber tu mal.

ISABEL

Oye.

ANDREA

Di.

CABELLERA (*Dentro.*)

¡Ah de casa![28] ¿Posa aquí
160 doña Isabel de Peralta?

---

[19] *chisgarabís*: meddler.
[20] *galán . . . espejo*: a reference to the stylized figures often carved in wooden mirror covers.
[21] *Prado*: promenade in Madrid.
[22] *gentil hombre de a pie*: attendant.
[23] *estrado*: parlor.
[24] *"crédito . . . atención"*: words favored by cultist swains in their gallantries addressed to women.
[25] *mejor calor natural*: stronger constitution.
[26] *requiebros de palo*: wooden compliments.
[27] *que: como.*
[28] *¡Ah de casa!*: Hello in there!

ANDREA

Por ti preguntan; ¿quién es?

ISABEL

¿Si vienen por mí?

ANDREA

Eso infiero.

¿Quién es?

(*Sale* CABELLERA.)

CABELLERA

Éntrome primero,
que yo lo diré después.

ISABEL

165 ¿Qué queréis?

CABELLERA

Si hablaros puedo,
si no os habéis indignado,
¿podré daros un recado
de don Pedro de Toledo?

ISABEL

Hablad, no estéis temeroso.

CABELLERA

170 (¡Buen talle!) (*Aparte.*)

ISABEL

Hablad.

CABELLERA

(Yo me animo.)
(*Aparte.*)

ISABEL

¿Quién es don Pedro?

CABELLERA

Es un primo
del que ha de ser vuestro esposo,
que viene por vos.

ISABEL

Sepamos
qué es lo que envía a decir.

(*Dale una carta.*)

CABELLERA

175 Que es hora ya de partir
si estáis prevenida.

ISABEL

¡Vamos!
(Si esto que miro no es sueño, (*Aparte.*)

no sé lo que puede ser.)
¿Cómo no me viene a ver
180 ese primo de mi dueño?

ANDREA

¡Oh, marido apretador!

ISABEL

¿Yo he de irme con tanta priesa?

CABELLERA

Señora, es orden expresa
de don Lucas, mi señor,
185 y para él delito fuera
no llegarle a obedecer;
manda que aun no os venga a ver[29]
cuando entréis en la litera.

ISABEL

¿Quién ese don Lucas es?

CABELLERA

190 Quien ser tu esposo previene.

ISABEL

Excelente nombre tiene
para galán de entremés.[30]
¿Vos le servís?

CABELLERA

No quisiera,
mas sírvole.

ANDREA

¡Buen humor!

CABELLERA

195 Nunca le tengo pëor.

ISABEL

¿Cómo os llamáis?

CABELLERA

Cabellera.[31]

ISABEL

¡Qué mal nombre!

CABELLERA

Pues yo sé
que a todo calvo aficiona.

ISABEL

¿No me diréis qué persona
200 es don Lucas?

CABELLERA

Sí diré.

ISABEL

¿Hay mucho que decir?

---

[29] *no os . . . ver.* The subject is *él* referring to *primo.*
[30] Don Lucas was in fact a common name for characters in *entremeses.*
[31] *Cabellera*: Wig. The names of Rojas' *graciosos,* like those of many other Spanish dramatists, are usually common nouns, and they are often used for puns and word play.

CABELLERA

Mucho,

y más espacio quisiera.

ANDREA

Tiempo hay harto, Cabellera.

CABELLERA

Pues atended.

ISABEL

Ya os escucho.

CABELLERA

205   Don Lucas del Cigarral,
cuyo apellido moderno
no es por su casa, que es
por un cigarral[32] que ha hecho,
es un caballero flaco,
210 desvaído, macilento,
muy cortísimo de talle,
y larguísimo de cuerpo;
las manos, de hombre ordinario;
los pies, un poquillo luengos,
215 muy bajos de empeine y anchos,
con sus Juanes y sus Pedros;[33]
zambo un poco, calvo un poco,
dos pocos verdimoreno,
tres pocos desaliñado
220 y cuarenta muchos puerco;
si canta por la mañana,
como dice aquel proverbio,
no sólo espanta sus males,
pero espanta los ajenos;[34]
225 si acaso duerme la siesta,
da un ronquido tan horrendo,
que duerme en su cigarral
y le escuchan en Toledo;
come como un estudiante
230 y bebe como un tudesco,[35]
pregunta como un señor
y habla como un heredero;
a cada palabra que habla
aplica dos o tres cuentos,
235 verdad es que son muy largos,
mas para eso no son buenos;
no hay lugar donde no diga

que ha estado, ninguno ha hecho
cosa que le cuente a él
240 que él no la hiciese primero;
si uno va corriendo postas
a Sevilla, dice luego:
"Yo las corrí hasta el Pirú,[36]
con estar el mar en medio";
245 si hablan de espadas, él solo
es quien más entiende de esto,
y a toda espada sin marca
la aplica luego el maestro;[37]
tiene escritas cien comedias,
250 y cerradas con su sello,
para, si tuviere hija,
dárselas en dote luego;
pero ya que[38] no es galán,
mal poeta, peor ingenio,
255 mal músico, mentiroso,
preguntador sobre necio,
tiene una gracia, no más,
que con ésta le podremos
perdonar esotras faltas:
260 que es tan mísero y estrecho,
que no dará lo que ya
me entenderán los atentos,
que come tan poco el tal
don Lucas, que yo sospecho
265 que ni aun esto podrá dar,
porque no tiene excrementos.
Éstas, dama, son sus partes,[39]
contadas de *verbo ad verbum*;[40]
ésta es la carta que os traigo
270 y éste el informe que he hecho;
quererle es tan cargo de alma[41]
como lo será de cuerpo;
partiros, no haréis muy bien;
casaros, no os lo aconsejo;
275 meteros monja es cordura;
apartaros dél, acierto;
hermosa sois, ya lo admiro;
discreta sois, no lo niego,
y así, estimaos como hermosa,
280 y pues sois discreta, os ruego

[32] *cigarral*: villa or country estate near Toledo. Tirso de Molina wrote a work of miscellaneous content entitled *Los cigarrales de Toledo*.

[33] *Juanes . . . Pedros*. Rojas is playing with words: *juanete* means "bunion"; *Pedro* has no meaning other than as the name of a person.

[34] *si canta . . . ajenos*. The proverb is, *Quien canta, sus males espanta*.

[35] *tudesco*: German.

[36] *Pirú*: Perú.

[37] *la aplica . . . maestro*: i.e., he immediately identifies its maker.

[38] *ya que*: although.

[39] *partes*: qualities.

[40] *verbo ad verbum*: word for word.

[41] *cargo de alma*: remorse. Note the play on words and idea in the following verse.

que antes que os vais[42] a casar
miréis lo que hacéis primero.[43]

ISABEL

¡Buen informe!

ANDREA

Razonable.

ISABEL

Pero dime: ¿cómo siendo
285 su criado hablas tan mal
de las partes de tu dueño?

ANDREA

¡Como quien come su pan!

CABELLERA

¿Yo le[44] como? Ni aun le almuerzo;
sirvo por mi devoción;
290 que hice un voto muy estrecho
de servir a un miserable,
y estoile[45] agora cumpliendo.

ISABEL

Pues, ¿os pasáis sin comer?

CABELLERA

Si no fuera por don Pedro,
295 su primo, fuera criado
de vigilia.

ISABEL

Y dinos esto:
don Pedro, ¿quién es?

CABELLERA

¿Quién es?
Es el mejor caballero,
más bizarro y más galán
300 que alabar puede el exceso;
y a no ser pobre, pudiera
competir con los primeros;
juega la espada y la daga
poco menos que el Pacheco
305 Narváez, que tiene ajustada
la punta con el objeto;[46]
si torea, es Cantillana;[47]
es un Lope[48] si hace versos;
es agradable, cortés,
310 es entendido, es atento,

es galán sin presunción,
valiente sin querer serlo,
queriendo serlo bienquisto,
liberal tan sin estruendo
315 que da y no dice que ha dado,
que hay muy pocos que hagan esto.

ANDREA

¿Es posible que tu padre
eligiese aquel sujeto
pudiéndote dar estotro?

CABELLERA

320 No me espanto, que en efeto,
éste no tiene un ochavo[49]
y esotro tiene dinero.

ANDREA

Pues ¿qué importa que lo tenga
si lo guarda?

ISABEL

Yo no quiero
325 sin el gusto la riqueza.
Decidme, y ese don Pedro,
¿tiene amor?

CABELLERA

Yo no lo sé,
mas trátanle casamiento
con la hermana de don Lucas,
330 doña Alfonsa de Toledo,
que puede ser melindrosa
entre monjas, y os prometo
que se espanta de un araña
aunque esté cerca del techo.
335 Vio un ratón el otro día
entrarse en un agujero,
y la dio de corazón
un mal, con tan grave aprieto,
que entre siete no podimos
340 abrirla siquiera un dedo;[50]
pero son ellos[51] fingidos
como yo criado vuestro.
Él viene ya a recebiros.

ISABEL

No vendrá, que ¡vive el cielo!,

---

42 *vais: vayáis.*
43 *antes . . . primero.* Cf. the proverb, *Antes que te cases, mira lo que haces.*
44 *le: lo.*
45 *estoile: lo estoy.*
46 *Pacheco Narváez . . . objeto.* The famous fencing master Luis Pacheco de Narváez was often satirized by his contemporaries for his efforts to make fencing a mathematical science.
47 *Cantillana.* The Count of Cantillana was the

most famous bullfighter of his day.
48 *Lope:* Lope de Vega.
49 *ochavo:* copper coin worth slightly less than one cent.
50 *de corazón . . . dedo.* Doña Alfonsa suffers from epilepsy, a popular term for which was *mal de corazón.* A common folk remedy for an epileptic fit was to open the clenched fist by squeezing or straightening out the middle finger (*dedo del corazón*).
51 The antecedent of ellos is *mal* (*males*).

345 que hoy ha de saber mi padre . . .

(*Sale* DON ANTONIO, *viejo.*)

ANTONIO
Doña Isabel, ¿qué es aquesto?

ISABEL
Es que yo no he de casarme,
mándenlo o no tus preceptos,
con don Lucas.

ANTONIO
¿Por qué, hija?

ISABEL
350 Porque es miserable.

ANTONIO
Eso
no te puede a ti estar mal
siendo su mujer, supuesto
que vendrás a ser más rica
cuando él fuere más atento.

ISABEL
355 Es porfiado.

ANTONIO
No porfiar
con él, y te importa menos.

ISABEL
Es necio.

ANTONIO
Él te querrá bien,
y el amor hace discretos.

ISABEL
Es feo.

ANTONIO
Isabel, los hombres
360 no importa que sean muy feos.

ANDREA
Señor, es puerco.

ANTONIO
Limpiarle.
Sea lo que fuere, en efecto,
yo os he de casar con él.
¿Será mejor un mozuelo
365 que gaste el dote en tres días
y que os dé a comer requiebros?
¡Noramala para vos!
Cásoos con un caballero
que tiene seis mil ducados
370 de renta ¿y hacéis pucheros?
¿Qué carta es ésa?

ISABEL
Una carta
de mi esposo.

ANTONIO
¿Y yo no tengo
carta alguna?

CABELLERA
No, señor.
Voy a llamar a don Pedro,
375 porque, hasta daros las cartas,
no tuve orden para hacerlo.
Guárdeos el cielo.

(*Vase.*)

ANTONIO
Él os guarde.

ISABEL
(¡Quitadme la vida, cielos!) (*Aparte.*)

ANTONIO
Veamos qué dice la carta.

ISABEL
380 Dice así.

ANTONIO
Ya estoy atento.

ISABEL
(*Lee.*) "Hermana: Yo tengo seis mil cuarenta y dos ducados de renta de mayorazgo,
y me hereda mi primo si no tengo hijos;
hanme dicho que vos y yo podremos tener
los que quisiéremos; veníos esta noche a
tratar del uno, que tiempo nos queda para
los otros. Mi primo va por vos; poneos una
mascarilla para que no os vea, y no le
habléis, que mientras yo viviere no habéis
de ser vista ni oída. En las ventas de
Torrejoncillo [52] os espero; veníos luego,
que no están los tiempos para esperar en
ventas. Dios os guarde y os dé más hijos
que a mí."

ANDREA
¡Hay tal bestia!

ISABEL
Dime agora
bien de aqueste majadero.

ANTONIO
Sí haré, que no es disparate
el que viene dicho a tiempo.
385 Don Lucas es hoy marido,
y para empezar a serlo,

---

52 *ventas de Torrejoncillo.* Torrejoncillo de los Higos
was a stopping place on the road between Madrid
and Toledo. The plural *ventas* was formerly a common
alternative for *venta*.

ha dicho su necedad
como tal, porque, en efecto,
no es marido quien no dice
390 un disparate primero.
    (*Dale una mascarilla.*)
La mascarilla está aquí.

ANDREA

Y está en el zaguán don Pedro.

ANTONIO

Pues póntela antes que suba.

ISABEL

Si esto ha de ser, obedezco.

    (*Pónese la mascarilla.*)

ANDREA

395 Llamaron.

ISABEL

    (¡Llegó mi muerte!) (*Aparte.*)

ANTONIO

Abre la puerta.

ANDREA

    (Esto es hecho.) (*Aparte.*)

    (*Salen* DON PEDRO *y* CABELLERA.)

Sea usted muy bien venido.

ANTONIO

Don Pedro, guárdeos el cielo.

PEDRO

Seáis, señor don Antonio,
400 bien hallado.

ANTONIO

    ¿Venís bueno?

PEDRO

Salud traigo. ¿Y vos?

ANTONIO

    Sentaos.

PEDRO

Perdonadme, que no puedo;
que me ha ordenado don Lucas
que llegue y no tome asiento,
405 que os pida su esposa a vos
y que se la lleve luego.

ISABEL

(¡Cielos! ¿Qué es esto que miro? (*Aparte.*)
¿Éste no es el caballero
a quien le debí la vida?)
410 ¡Andrea!

ANDREA

    ¿Qué hay? ¿Qué tenemos?

ISABEL

Éste es el que te contaba
que tengo amor.

ANDREA

    No te entiendo.
¿Éste es quien te dio la vida,
como me dijiste?

ISABEL

    El mesmo.

ANDREA

415 ¿Y éste a quien quieres?

ISABEL

    También.

ANDREA

Si éste es primo de tu dueño,
¿qué has de hacer?

ISABEL

    Morir, Andrea.

PEDRO

Aunque no merezca veros,
si las conjeturas ven,
420 divina Isabel, ya os veo;
más sois vos que vuestra fama;
mal haya el que lisonjero,
yendo a pintaros perfecta,
aún no os retrató en bosquejo.
425 Hermosa enigma de nieve,
que el rostro habéis encubierto
para que no os adivinen
ni los ojos ni el ingenio;
jeroglífico difícil,
430 pues cuando voy a entenderos,
cuanto solicito en voces,
tanto acobardo en silencios;
permitid vuestra hermosura ...
mas no hagas tal, que más quiero
435 ver esa pintura en sombras
que haber de envidiarla en lejos;[53]
claro cielo, sol y rayo
que está esa nube tejiendo,
venid a Toledo a ser
440 el más adorado objeto
que supo lograr Cupido
en los brazos de Himeneo;[54]
la voz de don Lucas habla
en mi voz; yo soy quien, ciego,
445 a ser intérprete vine
de aquel amor extranjero;

---

[53] *que . . . lejos:* than to have to desire it from afar.　　[54] *Himeneo:* Hymen, god of marriage.

y pues sois rayo, alumbrad
entre sombras y reflejos;
pues sois cielo y sol, usad
450 de vuestros claros efectos;
jeroglífico, explicaos;
enigma, dad a entenderos,
pues descubriéndoos seréis
con una causa, y a un tiempo,
455 el jeroglífico, el rayo,
el sol, la enigma y el cielo.

ANDREA

Discreto parece el primo.

ISABEL

Advertid, señor don Pedro,
que se ha ido vuestra voz
460 hacia vuestro sentimiento;
doña Isabel es mi nombre,
no doña Alfonsa, y no quiero
que allá le representéis
y ensayéis en mí el requiebro, 55
465 y aunque el favor me digáis
por el que ha de ser mi dueño,
no os estimo la alabanza
que me hacéis; vedme primero
y creeré vuestras lisonjas
470 creyendo que las merezco;
pero sin verme, alabarme,
es darme a entender con eso,
o que yo soy presumida,
tanto, que pueda creerlo,
475 o que don Lucas y vos
tenéis un entendimiento.

PEDRO

Pues el sol, aunque se encubra
entre nubes, no por eso
deja de mostrar sus rayos
480 tan claros, si no serenos;
el iris, ceja del sol,
más hermoso está y más bello
cuando entre negros celajes
es círculo de los cielos;
485 más sobresale una estrella
con la sombra; los luceros,
porque esté obscura la nube,
no por eso alumbran menos;
perfume el clavel del prado,

490 en verde cárcel cubierto,
por las quiebras del capillo
da a leer sus hojas luego. 56
Pues ¿qué importa que esa nube
agora no deje veros,
495 si habéis de ser como el iris,
clavel, estrella y lucero?

ANTONIO

Doña Isabel, ¿qué esperamos?
A la litera.

PEDRO

Teneos,
que vos no habéis de salir
500 de Madrid.

ANTONIO

¿Por qué, don Pedro?

PEDRO

Porque no quiere mi primo.

ANTONIO

Pues decidme: ¿Cómo puedo
dejar de ir a acompañar
a mi hija? Demás deso,
505 que si yo no se la doy,
y lo que ordena obedezco,
¿cómo me podrá dar cuenta
de lo que yo no le entrego?

PEDRO

Todo eso está prevenido;
510 ved ese papel que os dejo,
con que no necesitáis
de partiros.

ANTONIO

Ya le leo.
¿Qué es esto? ¿Papel sellado?
(*Abre un pliego de papel sellado.*)

ANDREA

(¿Qué será?) (*Aparte.*)

CABELLERA

(Yo no lo entiendo.) (*Aparte.*)
(*Lee* DON ANTONIO.)

ANTONIO

"Recebí de don Antonio de Salazar una
mujer, para que lo sea mía, con sus tachas
buenas o malas, alta de cuerpo, pelimorena
y doncella de facciones, y la entregaré tal
y tan entera, siempere que me fuere pedida

---

55 *no quiero . . . requiebro*: I don't want you to try out
your flattery on me and present it there (i.e., in the
presence of Doña Alfonsa).

56 *perfume . . . luego*: Enclosed in its green prison,

the carnation, perfume of the meadow, soon permits
its petals to be seen through the fissures of its bud
(*capillo: capullo*). The word play on *leer sus hojas*
("petals" and "leaves") is difficult to translate.

por nulidad[57] o divorcio. En Toledo, a 4
de setiembre de 638[58] años. — *Don Lucas
del Cigarral.* Toledo."

ISABEL

515 ¿Para mí carta de pago?[59]

ANTONIO

Don Pedro, este caballero,
¿piensa que le doy mujer
o piensa que se la vendo?

CABELLERA

(Pues yo sé que va vendida   (*Aparte.*)
520 doña Isabel.)

ANDREA

(Yo lo creo.) (*Aparte.*)

ANTONIO

Yo quiero ver a don Lucas
en las ventas; vamos luego.
Ven, Isabel.

ISABEL

(¡A morir! (*Aparte.*)
¡Valedme, piadosos cielos!)

PEDRO

525 Aunque esté vuestra pintura
en borrón,[60] tiene unos lejos[61]
dentro, que el alma retrata,
que casi son unos mesmos.[62]

ISABEL

(¡Quién pudiera descubrirse!) (*Aparte.*)

PEDRO

530 (¡Quién viera su rostro!) (*Aparte.*)

ISABEL

(¡Cielos, (*Aparte.*)
que nave halló la tormenta
en las bonanzas del puerto!)

ANTONIO

Ea, Isabel, a la litera.

ANDREA

(Ve delante.)   (*Aparte.*)

CABELLERA

(Allá te espero.)   (*Aparte.*)

ANTONIO

535 Yo lo erré; vamos.

---

[57] *nulidad*: annulment.
[58] 638: 1638. The thousand's digit was frequently
omitted in stating the year. The date given here may
indicate that Rojas was writing the play at that time.
[59] *carta de pago*: receipt.
[60] *borrón*: rough sketch.
[61] *lejos*: perspective (in painting).
[62] *Aunque . . . mesmos.* i.e., Isabel's soul (or personality) reflects her hidden appearance so faithfully that

ISABEL

Ya voy.

ANTONIO

¿Qué esperáis?

PEDRO

Ya os obedezco.

ISABEL

(¡Si fuese yo la que quiere!)   (*Aparte.*)

PEDRO

(¡Si éste es mi perdido dueño!)   (*Aparte.*)

ANTONIO

Mas si don Lucas es rico,
540 ¿qué importa que sea necio?

(*Vanse. Salen* DON LUIS *y* CARRANZA,
criado.)

CARRANZA

¿No me dirás, don Luis, adónde vamos?
Ya en las ventas estamos
del muy noble señor Torrejoncillo,
u[63] del otro segundo, Peralvillo,[64]
545 pues aquí la hermandad mesonitante[65]
asaetea a todo caminante.
Don Luis, habla, conmigo te aconseja.
¿No me dirás qué tienes?

LUIS

Una queja.
(*Paséase.*)

CARRANZA

¿A qué efecto has salido de la corte?
550 En estas ventas, di, ¿qué habrá que importe
para tu sentimiento?
Di, ¿qué tienes, señor?

LUIS

Desvalimiento.[66]

CARRANZA

Deja hablar afeitado,[67]
y dime: ¿a qué propósito has llegado
555 a estas ventas? Refiéreme, en efecto:
¿qué vienes a buscar?

LUIS

Busco mi objeto.

Pedro can conceive a mental picture of her beauty.
[63] *u*: o.
[64] *Peralvillo*: village on the road between Ciudad
Real and Toledo where the rural police (*Santa Hermandad*) executed criminals.
[65] *hermandad mesonitante*: brotherhood of innkeepers.
The adjective *mesonitante* is a word coined on *mesón.*
[66] *desvalimiento*: abandonment.
[67] *hablar afeitado*: hablar culto.

CARRANZA

¿Qué objeto? Habladme claro, señor mío.

LUIS

Solicito mi llama a mi albedrío.

CARRANZA

¿No acabaremos y dirás qué tienes?

LUIS

560 ¿Quieres que te procure⁶⁸ mis desdenes?

· CARRANZA

A oírlos en tu prosa me sentencio.

LUIS

Y en fin, ¿han de salir de mi silencio?

CARRANZA

Dilos, señor.

LUIS

Pues a mi voz te pido
que hagas un agasajo con tu oído:
565 Carranza amigo, yo me hallé inclinado,
costóme una deidad casi un cuidado;
mentalmente la dije mi deseo;
aspiraba a los lazos de Himeneo,
y ella, viendo mi amor enternecido,
570 se dejó tratar mal del dios Cupido.
Su padre, que colige mi deseo,
en Toledo la llama a nuevo empleo,⁶⁹
y hoy sale de la corte
para lograr, indigno, otro consorte;
575 por aquí ha de venir, y aquí la espero;
convalecer a mi esperanza quiero,
dando al labio mis ímpetus veloces,
a ver qué hacen sus ojos con mis voces.
Isabel es el dueño,
580 verdad del alma y alma de este empeño,
la que con tanto olvido
a un amante ferió⁷⁰ por un marido.
Suspiraré, Carranza, ¡vive el cielo!,
aunque me cueste todo un desconsuelo;
585 intimaréla todo mi cuidado,
aunque muera de haberle declarado;
culparé aquel desdén que el pecho indicia,
aunque destemple airada la caricia;⁷¹
mas si los brazos del consorte enlaza,

590 indignaréme con el amenaza;⁷²
mis ansias, irritado, airado y fiero,
trasladaré a las iras del acero,
que es descrédito hallarme yo corrido,
quedándose mi amor tan desvalido.
595 Ésta es la causa porque desta suerte
yo mismo vengo a agasajar mi muerte;
de suerte que, corrido, amante y necio,
vengo a entrar por las puertas del desprecio;
con vuelo que la luz penetrar osa,
600 galanteo mi muerte, mariposa;⁷³
porque en este desdén, que amante extraño,
me suelte mi albedrío el desengaño,⁷⁴
y en este sentimiento,
mi elección deje libre mi tormento,
605 y para que Isabel, desconocida,⁷⁵
logre mi muerte, pues logró su vida.

CARRANZA

Oí tu relación, y maravilla
que con cuatro vocablos de cartilla,⁷⁶
todos impertinentes,
610 me digas tantas cosas diferentes.

LUIS

Gente cursa⁷⁷ el camino. ¿Si ha llegado?

CARRANZA

¿Qué es cursa? ¿Este camino está purgado?

1º (*Dentro.*)

¡Ah de la venta!

TODOS (*Dentro.*)

¡Ala!⁷⁸

1º (*Dentro.*)

¡Ah, seor ventero!

¿Hay qué comer?

2º (*Dentro.*)

No faltará carnero.

1º (*Dentro.*)

615 ¿Es casado usted?

2º (*Dentro.*)

Más ha de treinta.⁷⁹

1º (*Dentro.*)

Según eso, ¿carnero⁸⁰ hay en la venta?

⁶⁸ *procurar*: to exhibit.
⁶⁹ *empleo*: betrothal.
⁷⁰ *feriar*: to trade.
⁷¹ *aunque . . . caricia*: although it may distemper my affections.
⁷² *el amenaza*. The article *el* was often used before feminine words beginning with unstressed *a*.
⁷³ *galanteo . . . mariposa*: I, like a butterfly, court my death.
⁷⁴ *porque . . . desengaño*: so that in this disdain, which

as a lover I find strange, disillusionment will release my free will.
⁷⁵ *desconocida*: ungrateful.
⁷⁶ *maravilla . . . cartilla*: it is a wonder that with a few common words.
⁷⁷ *cursar*: to course through.
⁷⁸ *¡Ala!*: *¡Hala!*, Come here!
⁷⁹ *Más ha de treinta*: Hace más de treinta (*años*).
⁸⁰ *carnero*: mutton; also used as a synonym for *cornudo*, "cuckold."

3° (*Dentro.*)
Huésped, así su nombre se celebre,
véndame un gato que parezca liebre. [81]

TODOS (*Dentro.*)
¡Ala!

1° (*Dentro.*)
¿Qué hay?

2° (*Dentro.*)
Mentecato,
620 compra al huésped, que es liebre y tira a
[gato. [82]

CARRANZA
Una dama y un hombre miro.

LUIS
Quedo,
espérate, que vienen de Toledo.

CARRANZA
Nada, pues, te alborote.

1° (*Dentro.*)
¿Dónde van Dulcinea y don Quijote? [83]

2° (*Dentro.*)
625 ¿Dónde han de ir? Al Toboso, por la cuenta.

LUCAS (*Dentro.*)
¡Voy al infierno!

1° (*Dentro.*)
Eso es a la venta.

LUIS
¡Raro sujeto es éste que ha llegado!

CARRANZA
Aquéste es un don Lucas, un menguado
de Toledo.

1° (*Dentro.*)
¡Ah, seor huésped! Si le agrada,
630 écheme ese fiambre en ensalada.

2° (*Dentro.*)
Si va a Madrid la ninfa a estar de asiento, [84]
en la calle del Lobo [85] hay aposento.

3° (*Dentro.*)
Pues a fe que es mujer de gran trabajo.

LUCAS (*Dentro.*)
¡Pues voto a Jesucristo, si me bajo,
635 que han de entrar en la venta por la posta! [86]

TODOS (*Dentro.*)
¡Gua, gua! [87]

1° (*Dentro.*)
¡Que la ha tenido don Langosta! [88]

LUCAS (*Dentro.*)
¡Mentís, canalla!

CARRANZA
Agora ha echado el resto. [89]

LUCAS (*Dentro.*)
Apeaos, doña Alfonsa; acabad presto,
porque quiero reñir.

ALFONSA (*Dentro.*)
Detente, espera;
640 que me dará un desmayo que me muera.

1° (*Dentro.*)
Doña Melindre, déjele.

LUCAS (*Dentro.*)
¿Qué espero?
Matarélos, a fe de caballero.

ALFONSA (*Dentro.*)
Detente, hermano.

LUCAS (*Dentro.*)
Vínome la gana.

(*Salen* DON LUCAS *y* DOÑA ALFONSA.)

Téngame cuenta usted con [90] esta hermana.

LUIS
645 ¿No ve usted que es vaya? [91]

CARRANZA
Uced se tenga.

LUCAS
¡Conmigo no ha de haber vaya ni venga!
¡Gentecilla!

TODOS (*Dentro.*)
¡Gua, gua!

LUIS
Tened templanza.

---

[81] *véndame . . . liebre.* Innkeepers were often satirized for passing off cat meat as rabbit. Cf. *vender gato por liebre,* "Engañar en la calidad de una cosa por medio de otra inferior que se le asemeja."

[82] *compra . . . gato:* buy the innkeeper (for dinner), because he is a rabbit and tends toward being a cat. In addition to their primary meanings, *liebre* means "coward" and *gato* means "clever thief."

[83] The reference is to the grotesque Don Lucas and his sister Doña Alfonsa, who have not yet arrived onstage. The complete name that Don Quijote bestowed on his ideal lady was Dulcinea del Toboso,

since she was a native of Toboso in La Mancha.

[84] *estar de asiento:* to reside.

[85] *calle del Lobo:* a street now called Echegaray.

[86] *por la posta:* quickly.

[87] *¡Gua!:* interjection used to express a taunt.

[88] *¡Que . . . Langosta!:* To think that Don Lobster has got her!

[89] *echar el resto:* to put all of one's chips on the table; i.e., to risk all.

[90] *tener cuenta con:* to take care of.

[91] *vaya:* joke.

1º (*Dentro.*)
¡Envaine vuesarced, señor Carranza!⁹²

LUCAS
¿A mí Carranza, villanchón malvado?

CARRANZA
650 Yo soy Carranza, y soy muy hombre
[honrado;
(*Empuña la espada* CARRANZA.)
que yo también me atufo y me abochorno.

LUCAS
¡Mientes tú y cinco leguas en contorno!

CARRANZA
¡Sáquela!

LUIS
Téngase, que ya me enfada.

LUCAS
Déjeme darle sólo esta estocada.

LUIS
655 Tened.

LUCAS
Yo he de tirarle este altibajo.⁹³

LUIS
No me desperdiciéis este agasajo.

LUCAS
No os entiendo.

ALFONSA
¡Señor, mira . . .!

LUIS
Repara
que es mi sirviente.

LUCAS
¡Fuera!

PEDRO (*Dentro.*)
¡Para!

TODOS (*Dentro.*)
¡Para!

LUIS
Una litera entró y podéis templaros.

LUCAS
660 Aunque entre un coche, tengo de mataros.

(*Salen* DON PEDRO, DON ANTONIO,
CABELLERA, ANDREA *y* DOÑA ISABEL,
con mascarilla.)

PEDRO (*Dentro.*)
¿Qué es esto?

ALFONSA
Tente, hermano;
detente.

LUCAS
No me vayan a la mano.⁹⁴

ANTONIO
¿Con quién riñe?

LUIS
Con este mi crïado.

ANTONIO
¡Con un pobre criado así indignado!
665 Don Lucas, débaos yo aquesta templanza.⁹⁵

LUCAS
Yo pensé que reñía con Carranza.

LUIS
Envainad, pues os logro tan templado.

LUCAS
Primero ha de envainar vuestro criado.

CARRANZA
La espada desempuño (*Envainen.*)
670 y obedezco.

LUCAS
Envaino la de Ortuño.⁹⁶

ISABEL
(Andrea, ¡qué mal hombre!)   (*Aparte.*)

ANDREA
(¡Qué hosco y
[negro!) (*Aparte.*)

LUCAS
Por mi cuenta, señor, vos sois mi suegro.

ANTONIO
Vuestro padre seré.

PEDRO
(Muero abrasado.)
(*Aparte.*)

ALFONSA
(Don Pedro, ¿qué será que no me ha
[hablado? (*Aparte.*)
675 Mas también puede ser que no me vea.)

ISABEL
(Doña Alfonsa es aquélla, amiga Andrea.)
(*A ella.*)

LUIS
(Ésta es doña Isabel.) (*A* CARRANZA.)

⁹² *Carranza.* Rojas is playing with the name of the servant, Carranza, and the sixteenth-century fencing master Jerónimo de Carranza, whose skill gave rise to the expression, *Envaine vuesasted, seor Carranza.*
⁹³ *altibajo:* downward thrust.
⁹⁴ *ir a la mano:* to restrain.
⁹⁵ *débaos . . . templanza:* freely, "oblige me by calming down."
⁹⁶ *Ortuño:* Toledan swordmakers whose family name was Hortuño de Aguirre.

CARRANZA

(Callar intenta.)

(*Aparte.*)

ANDREA

(Don Luisillo también está en la venta.)

(*Aparte.*)

LUIS

(No puedo resistirme.)   (*Aparte.*)

ISABEL

680 (¡Que hasta aquí haya venido a

[perseguirme!)   (*Aparte.*)

LUCAS

¿Y hala visto [97] mi primo? [98]

ANTONIO

Ni la ha hablado.

LUCAS

¿Vino siempre cubierta?

ANTONIO

Así ha llegado.

LUCAS

Y en fin, ¿me quiere bien?

ANTONIO

Por vos se muere.

LUCAS

¿Y la puedo decir lo que quisiere?

ANTONIO

685 Sí podéis.

LUCAS

¿Puedo?

PEDRO

Sí; obligarla intenta.

LUCAS

Pues, así os guarde Dios, que tengáis cuenta. [99]

Un amor que apenas osa

a hablaros, dice fiel,

que, una de dos, Isabel:

690 o sois fea o sois hermosa.

Si sois hermosa, se acierta

en cubrir cara tan rara,

que no ha de andar vuestra cara

con la cara descubierta. [100]

695 Si fea, el taparos sea

diligencia bien lograda,

puesto que, estando tapada,

nadie sabrá si sois fea.

Que todos se han de holgar, digo,

700 con vos si hoy hermosa os ven;

mas si os ven fea, también

todos se holgarán conmigo.

Pues estaos así, por Dios,

aunque os parezca importuno;

705 que no se ha de holgar ninguno

ni conmigo ni con vos.

ISABEL

(¿Qué hombre es éste, Andrea?) (*Aparte.*)

ANDREA

(El peor (*Aparte.*)

que he visto, señora mía.)

ANTONIO

(¡Qué necedad!)   (*Aparte.*)

LUIS

(Grosería.)   (*Aparte.*)

LUCAS

710 ¿No me habláis?

ISABEL

Digo, señor,

que debo agradecimiento

a ansias y pasiones tales

pues en vos admiro iguales

el talle y entendimiento.

715 La fama que vos tenéis,

por ser quien sois, os aclama;

pero no dijo la fama

tanto como merecéis.

Y así, la muerte resisto

720 tarde, pues quiero decir

que, en viéndoos, pensé morir,

y ya muero habiéndoos visto.

LUCAS

¡Lindo ingenio!

ANTONIO

Así lo crea

vuestra pasión prevenida.

LUCAS

725 (¿Qué decís?)   (*Aparte.*)

PEDRO

(Que es entendida,   (*Aparte.*)

y debe de ser muy fea.)

ALFONSA

(Haz que el rostro se descubra,   (*Aparte.*)

hermano, si verla intentas.)

LUCAS

(Dejádmela brujulear,   (*Aparte.*)

730 que pinta bien.) [101]

---

[97] *hala visto:* la ha visto.

[98] *primo.* The first edition has *hermeno.*

[99] *que tengáis cuenta:* so that it will profit you.

[100] *andar a cara descubierta:* to act openly.

[101] *Dejádmela . . . bien:* Let me examine her gradually, because she shows signs of being goodlooking.

ALFONSA
(¿A qué esperas?)
(*Aparte.*)

LUCAS
Isabel, hacedme gusto
de descubriros, y sea
la máscara el primer velo
que cortáis a la modestia;
735 que están aquí debatiendo
si sois fea o no sois fea,
y si acaso sois hermosa,
no es justicia que yo tenga
mancilla en el corazón,
740 porque no tengáis vergüenza.

ISABEL
Lo que son en vos preceptos,
han de ser en mí obediencia.
Yo me descubro.

(*Quítase la mascarilla* ISABEL.)

LUCAS
(Llenóme.)[102]   (*Aparte.*)
Don Antonio, a fe, de veras
745 que hacéis excelentes caras.

ANTONIO
Era su madre muy bella.

PEDRO
(¡Vive Dios!, que es Isabel, (*Aparte.*)
a quien en la rubia arena
de Manzanares[103] un día
750 libré de la muerte fiera.)

LUCAS
¿Qué os parece la fachada,
primo mío? Hablad.

PEDRO
Que es buena.

ISABEL
(Ya me conoció don Pedro, (*Aparte.*)
porque son los ojos lenguas.)

PEDRO
755 (Y a ti, ¿qué te ha parecido,   (*Aparte.*)
doña Alfonsa?)

ALFONSA
(Que es muy fea.) (*Aparte.*)

PEDRO
(Eres mujer, y no quieres (*Aparte.*)
que alaben otra belleza.)

LUCAS
Pensando estoy qué deciros
760 después que os vi descubierta,
que no sé lo que me diga.
(Pedro.) (*Aparte.*)

PEDRO
(Señor.)

LUCAS
(Oyes, llega   (*Aparte.*)
y di por la boca verbos,
o lo que a ti te parezca;
765 háblala[104] del mismo modo
como si yo mismo fuera;
dila aquello que tú sabes
de luceros y de estrellas,
tierno como el mismo yo,
770 hasta dejarla muy tierna,
que, cubierto, yo me atrevo
a hablar como una manteca,[105]
pero en mi vida he sabido
hablar tierno a descubiertas.

PEDRO
775 (¿Yo he de llegar?)   (*Aparte.*)

LUCAS
(Sí, primillo, (*Aparte.*)
con mi propio poder llegas.)

PEDRO
(¿Con qué alma la he de decir   (*Aparte.*)
los requiebros y ternezas,
si es fuerza que haya de hablar
780 con la tuya?)

LUCAS
(Con la vuestra.) (*Aparte.*)
Señora, allá va un Perico:[106]
no hay sino teneos en buenas,[107]
y advertid que los requiebros
que os dijere, los requiebra
785 con mi poder; respondelde
como si a mí propio fuera.
Empezad.

PEDRO
Ya te obedezco.

---

[102] *llenar*: to satisfy, to convince.
[103] *Manzanares*: a river which passes through Madrid.
[104] *Háblala*: *háblale*. Another example of feminine dative *la* used throughout the play.
[105] *como una manteca*: smoothly.

[106] *Perico* has several meanings, all involved here: Pete (diminutive of Pedro), lady's man, and the queen of clubs (a wild card in some Spanish card games).
[107] *tener en buenas*: to hold back one's good cards to win a hand.

ISABEL

(¡Deme mi dolor paciencia!)   (*Aparte.*)

ANDREA

(¡Lindo empleo[108] hizo Isabel!)   (*Aparte.*)

PEDRO

790 Amor alas tiene, vuela,
surgió la nave en el puerto,
halló el piloto la estrella,
dio el arroyo con la rosa,
salió el arco[109] en la tormenta,
795 gozó el arado la lluvia,
hallaron al sol las nieblas,
rompió el capillo la flor,
encontró el olmo la yedra,
tórtola halló su consorte,
800 el nido el ave ligera,
que esto y haberos hallado,
todo es una cosa mesma.
Bien haya ese velo o nube,
que piadosamente densa,
805 porque no ofendiese al sol,
detuvo a la luz perpleja.
Yo he visto nacer el día
con clara luz y serena
para castigar el prado,
810 o ya en sombras o ya en nieblas;
yo he visto influir al sol
serenidades diversas
para engañar al mar cano
con una y otra tormenta;
815 pero engañarme con sombras
y herir con luz, es destreza
que ha inventado la hermosura
que es de las almas maestra;
vos sois más que aquello, más
820 que cupo en toda mi idea,
y aún más que aquello que miro,
si hay más en vos que más sea;
que tan iguales se añudan[110]
en vos ingenio y belleza,
825 vuestro donaire tan uno
se ha unido con la modestia,
que si rendirme no más
que a la hermosura quisiera,
el ingenio me ha de hacer
830 que del ingenio me venza;

si del donaire el recato
es quien igual me sujeta,
porque, como estas virtudes
están unidas, es fuerza
835 que o no os quiera por ninguna,
o que por todas os quiera.

LUCAS

(Aprieta la mano,[111] Pedro, (*Aparte.*)
que eso es poco.)

PEDRO

Hermosa hiena,[112]
que halagaste con voz blanda
840 para herir con muerte fiera.
¿Cómo, decidme, de ingrata,
soberbiamente se precia,
quien me ha pagado una vida,
con una muerte sangrienta?
845 Desde el instante que os vi
se rindieron mis potencias
de suerte . . .

ISABEL

Mirad, señor,
que es grosería muy necia
que me vendáis un desprecio
850 a la luz de[113] una fineza.
No entra amor tan de repente
por la vista; amor se engendra
del trato, y no he de creer
que amor que entra con violencia
855 deje de ser como el rayo:
luz luego, y después, pavesa.

PEDRO

No engendra el amor el trato,
Isabel, que si eso fuera,
fuera querida también,
860 siendo discreta, una fea.

ISABEL

El trato engendra el amor,
y para que la experiencia
lo enseñe, si no hay agrado,
es cierto que no hay belleza;
865 el agrado es hermosura;
para el agrado es de esencia
que haya trato, luego el trato
es el que el amor engendra.

[108] *empleo*: match.
[109] *arco*: *arco iris.*
[110] *añudarse*: *anudarse,* to be joined.
[111] *apretar la mano*: to increase one's efforts.
[112] *hiena*: hyena was a common term addressed to women in love poetry.
[113] *a la luz de*: under the appearance of.

PEDRO

Con trato, amor, yo confieso
870 que es perfecto; mas se entienda
que amor puede haber sin trato.

ISABEL

Pero, en fin, amor se acendra[114]
en el trato.

PEDRO

Decís bien.

ISABEL

Pues si es ansí, luego es fuerza
875 que os quede más que quererme,
si más que tratarme os queda.[115]

LUCAS

(No me agradan estos tratos.) (*Aparte.*)

PEDRO

Concedo esa consecuencia,
mas ya os trata amor, si os oye,
880 ya os quiere amor.[116]

LUCAS

(Mucho aprieta.) (*Aparte.*)

ISABEL

¿Y me queréis?

PEDRO

Os adoro;
sólo falta que yo vea
vuestra amor.

ISABEL

Dirále el tiempo.

PEDRO

No le deis al tiempo treguas,[117]
885 teniendo vos vuestro amor.

ISABEL

Pues como a mi esposo es fuerza
quereros.

PEDRO

Seré dichoso.

ISABEL

Esta mano, que lo[118] es vuestra,
lo dirá.

LUCAS

No es sino mía,
(*Tómala la mano* DON LUCAS.)

890 y es muy grande desvergüenza
que os toméis la mano vos
sin dármela a mí la Iglesia;
primillo, fondo en[119] cuñado,
idos un poco a la lengua.[120]

PEDRO

895 ¡Si yo hablaba aquí por vos!

LUCAS

Sois un hablador, y ella
es también otra habladora.

ISABEL

¡Si vos me disteis licencia!

LUCAS

Sí, pero sois licenciosa.

PEDRO

900 Como tú dijiste que era
poco lo que la decía . . .

LUCAS

Poco era, ¿quién lo niega?
Mas ni tanto ni tan poco.

ALFONSA

(¡Que ella le hablase tan tierna (*Aparte.*)
905 y que él la adore tan fino!)

LUCAS

Doña Alfonsa.

ALFONSA

¿Qué me ordenas?

LUCAS

Llevaos con vos esta mano.

(*Dale la mano de* DOÑA ISABEL.)

ALFONSA

Sí haré, y pido que me tengas
por tu amiga y servidora.
910 (Y tu enemiga.)   (*Aparte.*)

LUCAS

En Illescas[121]
me he de casar esta noche.

ALFONSA

Hasta ir a Toledo espera,
para que don Pedro y yo
nos casemos, y allí sean
915 tu boda y la mía juntas.

---

[114] *acendrarse*: to become purified.

[115] *luego . . . queda*: freely, "then it necessarily follows that if you still have to associate with me more (for love to become purified), you still have more to do than love me."

[116] *mas . . . amor*. Construe, "si os oye amor, ya os trata (y) ya os quiere."

[117] *dar treguas al tiempo*: to delay, to suspend action.

[118] Neuter *lo* is often used in the predicate although its antecedent is feminine.

[119] *fondo en*: freely, "with the character of." Rojas often uses this expression taken from the manufacture of cloth.

[120] *idos . . . a la lengua*: hold your tongue.

[121] *Illescas*: a town midway between Madrid and Toledo.

ISABEL

(Antes quiera amor que muera.) (*Aparte.*)

LUCAS

Señora mía, no estoy
para esperaros seis leguas.

LUIS

(*Aparte.*) (Muerto estoy.) A acompañaros
920 iré, con vuestra licencia,   [(*Alto.*)
y celebrar vuestra boda.
Yo soy don Luis de Contreras,
vuestro servidor antiguo.

LUCAS

No os conozco en mi conciencia.

LUIS

925 Y amigo de vuestro padre.

LUCAS

Sed su amigo norabuena,
pero no habéis de ir conmigo.

CABELLERA

Llega el coche.

ANDREA

              La litera.

LUIS

Yo he de ir con vos.

LUCAS

              ¡Voto a Dios
930 que me quede en esta venta!

LUIS

Ya me quedo.

LUCAS

¡Gran favor!

ISABEL

(Muerta voy.) (*Aparte.*)

CABELLERA

              (¡Hermosa bestia!) (*Aparte.*)

ALFONSA

(Muriendo de celos parto.) (*Aparte.*)

PEDRO

(¡Que esto mi dolor consienta!) (*Aparte.*)

ANTONIO

935 (¡Que esto mi prudencia sufra!) (*Aparte.*)

ISABEL

(¡Que esto influyese mi estrella!) [122]

(*Aparte.*)

LUCAS

Alfonsa, ¿guardas las manos?

ALFONSA

Sí, señor.

LUCAS

              Pues tened cuenta:
¡Entre bobos anda el juego!
940 Pedro, entrad.

PEDRO

              (¡Cielos, paciencia!) (*Aparte.*)

LUCAS

Guárdeos Dios, señor don Luis.

LUIS

(Allá he de ir aunque no quiera.) (*Aparte.*)

---

[122] *¡Que . . . estrella!*: To think that my fate would cause this!

~~~ Jornada segunda

(Salen DON PEDRO *en jubón con sombrero, capa y espada, y* CABELLERA, *medio desnudo, por el patio del mesón.)*[123]

CABELLERA

¿Adónde vas, señor, desta manera,
medio desnudo?

PEDRO

         Calla, Cabellera.

CABELLERA

945 A las dos de la noche, que ya han dado,
de mi media con limpio[124] me has sacado,
y discurrir[125] no puedo
dónde agora me llevas.

PEDRO

         Habla quedo.

CABELLERA

Si hemos de ir fuera, aquí miro cerrada
950 la puerta principal de la posada.

PEDRO

No ha sido ése mi intento.

CABELLERA

Pues ¿adónde hemos de ir?

PEDRO

         A este aposento.

CABELLERA

Don Lucas aquí duerme recogido,
que se oye en todo Illescas el ronquido;
955 doña Alfonsa, su hermana,
duerme en otra alcobilla a él cercana.

PEDRO

¿Y el padre de Isabel?

CABELLERA

         Duerme a aquel lado,
en aquel aposento.

PEDRO

         ¿Está cerrado?

CABELLERA

Cerrado está; di lo que quieras, ea.

PEDRO

960 ¿Y dónde está doña Isabel? ¿Y Andrea?

CABELLERA

En esta sala están.

PEDRO

         Ven poco a poco,
ｃue la tengo de hablar.

CABELLERA

         Si no estás loco,
que has de perder el seso he imaginado.
¿Qué es esto? ¿Tú, señor, enamorado
965 de una mujer que serlo presto espera
de don Lucas?

PEDRO

         Sí, amigo Cabellera.

CABELLERA

Ten, señor, más templanza.
¿Tú faltar de tu primo a la confianza?
¿Cómo, tú enamorado de repente?

PEDRO

970 Más anciano es el mal de mi accidente;[126]
siglos ha que padezco un mal eterno.

CABELLERA

Yo tuve tu accidente por moderno;

---

[123] Act II opens at an inn in Illescas.
[124] *media con limpio*: bed. Spanish innkeepers rented half of a bed (*media*) to guests to whom they guaranteed that the person renting the other half would be clean (*limpio*) and free from infectious diseases.
[125] *discurrir*: to think.
[126] *accidente*: passion.

pero, si tiene tanta edad, más sabio;
quiero saber tu pena de tu labio;
975 dime tu amor, que ya quiero escucharle.

PEDRO

¿Qué intentes con oírle?

CABELLERA

Disculparle.

PEDRO

¿Me ayudarás después?

CABELLERA

Soy tu criado.

PEDRO

¿Óyenos alguien?

CABELLERA

Todo está cerrado.

PEDRO

¿Tendrás secreto?

CABELLERA

Ser leal intento.

PEDRO

980 Pues escucha mi amor.

CABELLERA

Ya estoy atento.

PEDRO

Era del claro julio ardiente día,[127]
Manzanares al soto presidía,
y en clase que la arena ha fabricado,
lecciones de cristal dictaba al prado,[128]
985 cuando, al morir la luz del sol ardiente,
solicito bañarme en su corriente;
en un caballo sendas examino,
y a la Casa del Campo[129] me destino.
Llego a su verde falda,
990 elijo fértil sitio de esmeralda,
del caballo me apeo,
creo la amenidad, el cristal creo,
y apenas con pereza diligente
la templanza averiguo a la corriente,
995 cuando, alegres también como veloces,
a un lado escucho femeniles voces.
Guío a la voz los ojos, prevenido,
y sólo la logré con el oído;
piso por las orillas, y tan quedo,
1000 que pensé que pisaba con el miedo,

mas la voz me encamina y más me llama;
voy apartando la una y otra rama,
y en el tibio cristal de la ribera,
a una deidad hallé de esta manera:
1005 todo el cuerpo en el agua, hermoso y bello,
fuera el rostro, y en roscas el cabello;
deshonesto el cristal que la gozaba,
de vanidad al soto la enseñaba;
mas si de amante el soto la quería,
1010 por gozársela él todo, la cubría;
quisieron mis deseos diligentes
verla por los cristales transparentes,
y al dedicar mis ojos a mi pena,
estaba, al movimiento de la arena,
1015 ciego o turbio el cristal, y dije luego:
"¡Quién con esta deidad ha de estar
Turbio el cristal estaba,   [ciego!"
y cuanto más la arena le enturbiaba,
1020 mejor la vi; que al no ver la corriente,
sola era su deidad lo transparente,
no el río, que al gozar tanta hermosura,
él es quien se bañaba en su blancura.
Cubría, para ser segundo velo,
túnica de cambray todo su cielo,[130]
1025 y sólo un pie movía el cristal blando;
sin duda imaginó que iba pisando;
pero cuando, sin verse, se mostraba,
un plumaje del agua levantaba
del curso proprio con que se movía:
1030 víale entre el cristal y no le vía,
que distinguir no supo mi albedrío
ni cuándo era su pie ni cuándo el río.
Procuraban, ladrones, mis enojos[131]
robar sus perfecciones con los ojos
1035 cuando en pie se levanta; todo yelo[132]
cubre el cristal lo que descubre el velo;
recátome en las ramas dilatadas;
prevenidas la esperan sus criadas,
dícenla todas que a la orilla pase,
1040 y nada se dejó que yo robase,
y en fin, al recogerla,
tiritando salió perla por perla,
y yo dije abrasado:
"¡Oh, qué bien me parece el fuego helado!"

---

[127] Don Pedro's speech, in which he describes how he first saw Isabel when she was bathing in the Manzanares River, is typical of Rojas' bathing nude "scenes" which are found in six of his extant plays. It also provides a good example of his cultist poetry.

[128] *lecciones . . . prado*: i.e., the Manzanares River,

with the sound of the current, taught lessons of water to the meadow.

[129] *Casa del Campo*: formerly a royal garden and now a public park in Madrid.

[130] *cielo*: glorious beauty.

[131] *enojos*: pangs of love.

[132] *yelo*: hielo.

1045 Sale a la orilla, donde verla creo;
pónenseme delante, y no la veo;
enjúgala el halago prevenido
la nieve que ella había derretido,
cuando un toro, con ira y osadía,
1050 que era día de fiestas este día,
desciende de Madrid al río, y luego,
más irritado, sí, que no más ciego,
quiere crüel, impío,
de coraje beberse todo el río;
1055 bebe la blanca nieve,
bebe más, y su misma sangre bebe.
El pecho, pues, herido, el cuello roto,
parte a vengar su injuria por el soto,
las cortinas de ramas desabrocha,
1060 sacude con la coz a la garrocha,[133]
y a mi hermosa deidad vencer procura;
que se quiso estrenar con la hermosura.
Huyen, pues, sus criadas con recelo,
y ella se honesta[134] con segundo velo;
1065 que, aunque el temor la halló desprevenida,
quiso más el recato que la vida.
Yo, que miro irritarse al toro airado,
de amor y de piedad a un tiempo armado,
indigno la pasión, librarla espero,
1070 y dándole advertencias al acero,
osadía y pasión a un tiempo junta;
el corazón le paso con la punta,
que ni un bramido le costó la muerte.
Conoce que a mi amor debe la vida,
1075 honestamente la hallo agradecida;
entra dentro del coche y yo la sigo;
cierra luego la noche,
entre otros,[135] con lo oscuro, pierdo el coche,
búscala y no la encuentra mi cuidado;
1080 voime a Toledo, donde, enamorado,
le dije mis finezas con enojos
a aquel retrato que copié en los ojos.
Quéjome sólo al viento;
procúrame mi primo un casamiento,
1085 la ejecución de sus preceptos huyo;
voy a Madrid a efetuar el suyo,
vuelvo con Isabel, ¡nunca volviera!,[136]
cubre el rostro Isabel, ¡nunca le viera!,
pues dice mi esperanza, hoy más perdida,

1090 que es Isabel a la que di la vida,
por valor o por suerte,
que es Isabel la que me da la muerte;
y en fin, amante sí, y no satisfecho,
de la sombra esta noche me aprovecho,
1095 a vengar con mis voces este agravio;
salga esta calentura por el labio,
sepa Isabel de mí mi cruel tormento,
asusten mis suspiros todo el viento,
sean agora, que Isabel me deja,
1100 intérpretes mis voces de mi queja;
suceda todo un mal a todo un daño,
válgame un riesgo todo un desengaño;
agora la he de hablar, verla porfío;
déjame que use bien de mi albedrío,
1105 deja que a hablarla llegue,
para que esta tormenta se sosiegue;
déjame que la obligue,
para que este cuidado se mitigue,
y porque, al referir pena tan fiera,
1110 mi gloria dure y mi tormento muera.

CABELLERA

Tu relación he escuchado,
y, por Dios que me lastimo
que se enamore quien tiene
tan lindos cinco sentidos.
1115 ¿Tú, señor, enamorado?

PEDRO

Es el sujeto divino.

CABELLERA

Y tú, muy lindo sujeto;
pero puesto que has venido
a hablar con doña Isabel,
1120 llega falso y habla fino,
pero no andarás muy falso
con don Lucas, que es tu primo,
pues tú la amabas primero,
y él hasta ayer no la ha visto,
1125 y en llegando a enamorarse
un hombre a todo albedrío,
no hay hermano para hermano,
ni hay amigo para amigo.[137]
Pues si un hermano no vale,
1130 ¿cómo ha de valer un primo,
que es parentesco de negros?[138]

---

[133] *garrocha*: goad.
[134] *honestarse*: to make oneself modest.
[135] *otros*. Understand *otros coches*.
[136] *¡nunca volviera!*: would that I had not returned!
[137] *No hay hermano para hermano* and *No hay amigo*

para amigo are proverbs meaning that every one looks out for his own interests. The second proverb is the title of one of Rojas' plays.
[138] *¿cómo . . . negros?* Rojas is playing on the word *primo*, which means both cousin and Negro.

Todos están recogidos
los huéspedes del mesón.
¿Llamaré?

PEDRO

Llama quedito.

CABELLERA

1135 No sea que el huésped nos sienta,
que es el huésped más cocido[139]
que hay en Illescas, y siente
dentro en su casa un mosquito.

PEDRO

Oyes, ¿viste anoche entrar
1140 a un don Luis, que se hizo amigo
de don Lucas?

CABELLERA

Embozado
tras la litera se vino,
y anoche tomó posada
en el mesón.

PEDRO

¿Y has sabido
1145 a qué viene?

CABELLERA

Galantea
a Isabel; que así lo dijo
su criado a otro criado,
y aqueste criado mismo
a otro criado después,
1150 como criado fidedigno,
se lo contó, y él a mí;
yo agora a ti te lo aviso,
que no sirve quien no cuenta
lo que ha visto y que no ha visto.

PEDRO

1155 Pues, con amor y con celos,
a un tiempo me determino
a hablar a Isabel.

CABELLERA

Pues manos
al amor,[140] amo y amigo.
Llego.

PEDRO

No llegues, espera;
1160 que están abriendo el postigo[141]
por de dentro.

CABELLERA

Dices bien.

PEDRO

¿Qué será?

CABELLERA

No lo he entendido.
(*Salen* DOÑA ISABEL, *medio desnuda,*[142]
y ANDREA, *por otro aposento.*)

ISABEL

No me detengas, Andrea.

ANDREA

¿Dónde vas?

ISABEL

A dar suspiros
1165 a los cielos de mis quejas.

ANDREA

Témplate.

ISABEL

No espero alivio.

ANDREA

¿Qué intentas?

ISABEL

Buscar mi padre.[143]

ANDREA

Está agora recogido.

ISABEL

Ven a despertarle, Andrea;
1170 que no ha de ser dueño mío
don Lucas.

ANDREA

Resuelta estás.

PEDRO

(Arrímate.)   (*Aparte.*)

CABELLERA

(Ya me arrimo.)   (*Aparte.*)

ANDREA

¿Y si no quiere tu padre?

ISABEL

No es dueño de mi albedrío.

ANDREA

1175 Pues ¿quién ha de ser tu esposo?

ISABEL

Don Pedro ha de serlo mío,
o ninguno lo ha de ser;
si no es que, desconocido,[144]
a Alfonsa quiere.

---

139 *cocido*: experienced.
140 *manos al amor.* Cf. *manos a la obra*, "let's get to work."
141 *postigo*: back door.
142 Stage direction. Rojas is noted for his many

scenes in which a woman appears *medio desnuda*. Later in the act Doña Alfonsa appears half-dressed.
143 *Buscar mi padre* provides another example of the omission of *a* before a personal direct object.
144 *desconocido*: i.e., ungrateful to me.

PEDRO

(¡Pedidme   (*Aparte.*)
1180 albricias,[145] alma y sentidos!)

ANDREA

Vuélvete a dormir.

ISABEL

No puedo.

CABELLERA

(Cenó poco, no me admiro.)   (*Aparte.*)

ISABEL

¿En qué aposento hallaré
a mi padre?

ANDREA

No le he visto
1185 recoger; yo no lo sé;
en habiendo amanecido
podrás hablarle.

ISABEL

No alargues
plazos a un dolor prolijo;
don Pedro ha de ser . . .

(*Tópela cara a cara.*)

PEDRO

Don Pedro,
infelice dueño mío,
1190 ha de ser quien os adore
tan amante y tan rendido,
que han de ser alma y potencias
lo menos que un serafín . . .

ISABEL

¿Quién es?

PEDRO

1195 Quien no os ha ganado
cuando ya os hubo perdido;
el que os ha granjeado a penas,
el que os mereció a suspiros,
el que os solicita a riesgos,
1200 el que os procura a cariños . . .

ISABEL

Hablad quedo y ved que estamos . . .

PEDRO

Templar la voz no resisto,
que ésta es la voz de mi amor,
y está mi amor encendido.

ISABEL

1205 Señor don Pedro, si oísteis
la verdad del dolor mío,
si aun no os ha costado un ruego
la compasión de un cariño,
no os llaméis tan infeliz
1210 como decís, pues yo he dicho
acaso que tengo amor,
y ya vos lo habéis sabido.
Dejad para el desdeñado
la queja; llámese el digno
1215 feliz, y infeliz se llame
el que nunca ha merecido.
Yo sí que soy desdichada,
pues os quiero y lo repito,
y estando vivo el amor,
1220 tengo a los celos más vivos.[146]
Ya habréis templado, con verme,
el mal de no haberme visto;
éste sí es mal, pues que tiene,
viéndoos más, menos alivio.
1225 Doña Alfonsa ha de ser vuestra;
con que viene a ser preciso
que no lo pueda yo ser,
ni pueda llamaros mío.
Ella es quien dice que os quiere;
1230 con que yo naturalizo[147]
a mis bastardos temores,
que son de mis celos hijos.
Mirad, pues, cuál de los dos
el más infeliz ha sido,
1235 pues vos lográis un amor
y yo unos celos concibo.

PEDRO

¿Yo, Isabel, no tengo celos?
¿Yo, decís vos, que me libro
de una verdad que la cubro
1240 con la sombra de un indicio?[148]
¿No es la flor Clicie[149] don Luis
que, constante a los peligros,
está acechando los rayos
de vuestro oriente[150] vecino?
1245 ¿No viene a amaros, señora?
¿No viene tras vos? ¿No he visto
que os quiere?

---

[145] *albricias*: reward.

[146] *tengo a . . . celos . . . vivos.* Another example of the use of *a* before a personified direct object.

[147] *naturalizar*: to legitimize.

[148] *¿Yo . . . indicio?*: freely, "You say that I avoid the truth by obscuring it with circumstantial evidence?"

[149] *Clicie*: mythological character transformed into a sunflower by Apollo who disdained her love.

[150] *oriente*: radiant beauty. The first edition has *orizonte*.

ISABEL

¿Y quién es el sol?
No con falsos silogismos
me arguyáis, cuando estáis vos
1250 respondiéndoos a vos mismo.
Si es la Clicie flor don Luis,
¿cuándo el sol la Clicie quiso?
¿Cuándo, para desdeñarla,
no es cada rayo un aviso?
1255 Si soy, sol, como decís,
¿cuándo mis rayos no han sido
para desdeñarle ardientes
y para abrasarle tibios?
¿Qué os daña a vos que él me quiera,
1260 pues veis que yo no le estimo?
Mucho más florece el premio
de la competencia al viso.[151]
Al clavel quiere la rosa,
y él está desvanecido
1265 de ver que le hayan premiado
con competencias de lirio;
olmo que abrazó la yedra
está más agradecido
de ver que, siendo él distante,
1270 se olvidase del vecino.
Ansí, ¿qué importa que amante,
constante, atento y activo,
me quiera don Luis a mí,
si con ver un amor mismo
1275 en los dos, con ser a un tiempo
tan constantes como finos,
sois el preferido vos
y es él el aborrecido?

PEDRO

Luego, aunque me quiera a mí
1280 doña Alfonsa, no hay indicio
para celos.

ISABEL

Sí le[152] hay,
porque vos no me habéis dicho
que no la queréis, y yo
que aborrezco a don Luis digo.

PEDRO

1285 Pues yo sólo quiero a vos.

ISABEL

Que no me alarguéis,[153] os pido,
con el amor, si después
me matáis con el olvido;
que mucho peor será,
1290 si no le tenéis, fingirlo,
que si le tenéis, callarle;
pues por más decente elijo
que me ocultéis vuestra llama
y os halle después más fino,
1295 que no[154] hallarme aborrecida,
pensando que me han querido.

PEDRO

Pulid el bruto diamante
de mi amor, en cuyos visos
haréis claras experiencias[155]
1300 del fondo del dolor mío.

ISABEL

Pues elíjase un remedio
para evitar los designios
de mi padre.

ANDREA

¡Ce, señores!

PEDRO

¿Qué es lo que dices?

ANDREA

Que miro
1305 abrir aquel aposento.

PEDRO

¿Cúyo es?[156]

ANDREA

El de don Luisillo.

PEDRO

¿Dónde irá?

ANDREA

Habrá madrugado
[para tomar el camino][157]
antes que amanezca.

CABELLERA

Es cierto.

ISABEL

1310 Pues, señor, yo me retiro;
no me vea.

PEDRO

Bien eliges,

---

[151] *Mucho . . . al viso*: freely, "The prize for the competition appears much more splendid when there is outside rivalry."
[152] *le: lo.*
[153] *no me alarguéis*: don't lead me on.
[154] *no* is redundant.

[155] *experiencia*: proof.
[156] *¿ Cúyo es ?: ¿ De quién es ?*
[157] *[para tomar el camino]*: a verse added by Mesonero Romanos and accepted by most modern editors to complete the assonance of the ballad meter.

ISABEL

Quédate adiós, dueño mío.

PEDRO

En fin, ¿me querrás?

ISABEL

Soy tuya.

PEDRO

¿Y don Luis?

ISABEL

Es mi enemigo.

1315 ¿Y Alfonsa?

PEDRO

Mátela amor.

CABELLERA

Acabad, ¡cuerpo de Cristo!,
que está don Luis en el patio.

ISABEL

Pues yo me voy, ven conmigo.

CABELLERA

Señor, entra tú también,
1320 porque don Luis ha salido,
y puede verte al pasar
a tu aposento, y colijo
que no puede juzgar bien
de verte a esta hora vestido.

ISABEL

1325 Mirad, don Pedro . . .

PEDRO

¿Qué importa
que esté un instante contigo
en tanto que este don Luis
sale fuera?

ANDREA

Bien ha dicho.
Luz tienes y eres honrada;
1330 que él te quiere bien he oído,
y los que son más amantes
son los menos atrevidos.

ISABEL

Pues cierra.

ANDREA

La puerta cierro.

PEDRO

Tú quédate aquí escondido,
1335 pues no importa que te vea.

CABELLERA

Obedecerte es preciso.

ANDREA

(Lo dicho, dicho, lacayo.) (*Aparte.*)

CABELLERA

(Fregona, lo dicho, dicho.) (*Aparte.*)

(*Éntranse en el aposento de* DOÑA
ISABEL *los tres, queda* CABELLERA
fuera, y salen DON LUIS *y* CARRANZA.)

CARRANZA

A media noche, señor,
1340 ¿dónde vas?

LUIS

Nada te espante.
Voy a intimar a mi amante
la justicia de mi amor.

CARRANZA

No alcanzo tu pensamiento.

LUIS

Huella quedo.

CARRANZA

¿No dirás
1345 dónde a estas horas vas?

LUIS

Solicito su aposento.

CARRANZA

Ten cordura, ten templanza.
¡Que esto un hombre cuerdo intente!
¿Y si don Lucas te siente?

LUIS

1350 No me aconsejes, Carranza.

CARRANZA

Durmiendo todos agora,
con un mismo sueño igualo;[158]
no seas Arias Gonzalo[159]
si está hecho el mesón Zamora.
1355 De verla no es ocasión,
y ésta en que la vas a hablar
sólo es hora de buscar
a la moza del mesón.

LUIS

A dedicar almas mil
1360 vengo, a la luz por quien veo,
porque nunca yo flaqueo
de ese accidente civil.[160]

CARRANZA

Si ello ha de ser, vamos, pues,
mitiga tu sentimiento.

---

[158] *Durmiendo . . . igualo.* Carranza means that he is as sleepy as all the others who are sleeping.
[159] *Arias Gonzalo*: defender of Zamora in the siege headed by Sancho II, who was assassinated there in 1072.
[160] *accidente civil*: social illness, i.e., love.

LUIS
1365 ¿Sabes cuál es su aposento,
Caranza amigo?

CARRANZA
Éste es.
Anoche se recogió
en este aposento.

LUIS
Y di,
¿estás cierto en esto?

CARRANZA
Sí.

LUIS
1370 Pues llama.

(*Llame* CARRANZA *a otro aposento que
esté enfrente del de* ISABEL.)
¿Responde?

CARRANZA
No.

LUIS
Otra vez puedes volver
a llamar, por si despierta.

CARRANZA
Llamo.

ALFONSA
¿Quién anda en la puerta?
(*Dentro.*)

LUIS
¿Ésta no es voz de mujer?
1375 ¿Quién será?

CARRANZA
Isabel sería.

LUIS
¿Si es Andrea?

CARRANZA
No, señor,
que yo conozco mejor
su voz que la propia mía.

LUIS
Dudoso en la voz estoy.

CARRANZA
1380 No es Andrea, señor.

LUIS
Pues
si no es Andrea, ella es.

(*Sale* DOÑA ALFONSA *medio desnuda.*)

ALFONSA
¿Quién llamaba aquí?

161 *ciego dios*: Cupid.

LUIS
Yo soy.

ALFONSA
¿Quién sois?

CABELLERA
(Abrieron la puerta.) (*Aparte.*)

LUIS
Dueño hermoso de mi vida,
1385 quien os procuró dormida
y os ha logrado despierta.
Soy quien con fuego veloz . . .

ALFONSA
(Que es don Pedro he imaginado; (*Aparte.*)
como habla disimulado,
1390 no le conozco en la voz.)

LUIS
. . . trocar procura en caricias
halagos de un ciego dios;161
soy el que viene tras vos . . .

ALFONSA
(Don Pedro es; ¡amor, albricias!) (*Aparte.*)

LUIS
1395 Soy quien os quiere tan fiel . . .

ALFONSA
¿Pues cómo si eso es así,
no me hablasteis cuando os vi?

LUIS
(Tiene razón Isabel.) (*Aparte.*)
No hagáis, desatenta, enojos
1400 las que obré finezas sabio,
pues lo que dictaba el labio
representaban los ojos.

ALFONSA
Perdonad, que recelé,
que es desconfiada quien ama,
1405 que mirabais a otra dama.

LUIS
Es verdad que la miré;
pero puesto su arrebol
de esa luz en la presencia,
conocí la diferencia
1410 que hay de la tiniebla al sol.

ALFONSA
Por lisonja tan dichosa
premios mi verdad ofrezca;
mas como yo os lo parezca,
no quiero ser más hermosa.

LUIS
1415 Creer quiero lo que decís
y valerme del consuelo.

CABELLERA
(Doña Alfonsa, ¡vive el cielo!, (*Aparte.*)
es la que habla con don Luis.
Buena es la conversación;
1420 que es éste don Luis ignora.
¡Cosa que[162] le diese agora
algún mal de corazón!)

LUIS
Sola una ocasión deseo
en que yo pueda mostrar . . .

ALFONSA
1425 Don Lucas ha de estorbar
nuestro amor.

LUIS
Así lo creo;
pero podéis estar cierta
que no ha de lograr su intento,
pues cuando este casamiento . . .

LUCAS (*Dentro.*)
1430 ¡Hola! ¿Quién anda en la puerta?

LUIS
¿Quién es?

ALFONSA
¡Don Lucas! ¿Qué haré?

CABELLERA
(¡Sentido los ha, por Dios!) (*Aparte.*)

LUIS
¿Don Lucas está con vos?

ALFONSA
¿Pues dónde queréis que esté?

LUIS
1435 ¡Daré quejas a los cielos!
¿Así premiasteis mi amor?
¿Cómo . . .?

ALFONSA
¿Qué es esto, señor?
¿De don Lucas tenéis celos?

LUIS
Yo he de ver . . .

ALFONSA
Tened templanza.

CARRANZA
1440 No es tiempo de hacer extremos.
Vente.

ALFONSA
Adiós, luego hablaremos. (*Vase.*)

---

162 *¡Cosa que . . .:* It is likely that . . .
163 *dar en la ceniza con una cosa: dar en tierra con una cosa,* to lose hope of realizing something.

LUIS
¿Qué es esto, amigo Carranza?

CARRANZA
En la ceniza hemos dado
con el amor.[163]

LUIS
Ven tras mí.

CARRANZA
1445 ¿Sale ya don Lucas?

LUIS
Sí.

CARRANZA
¡Por Dios, que se ha levantado!

LUIS
Perdí famosa ocasión.
(*Vanse los dos.*)

CABELLERA
Pulgas lleva[164] el don Luisillo;
pero no me maravillo,
1450 que hay muchas en el mesón.
A dormir de buena gana
me fuera. — Señor, no hay gente;
(*Llama a la puerta por donde entró*
DON PEDRO.)
sal presto; pero, detente . . .

(*Sale* DON LUCAS, *medio vestido,*
ridículamente, con espada y una luz, por
el aposento de ALFONSA.)

LUCAS
¡El diablo está en Cantillana![165]
1455 ¿Quién está aquí?
(*Ve a* CABELLERA *y él vuelve la cara.*)

CABELLERA
(Ya me vio; (*Aparte.*)
a mi fortuna maldigo.)

LUCAS
¡Hombre ordinario! ¿Qué digo?
¿Quién sois, hombrecillo?

CABELLERA
Yo.
(*Vuelve la cara* CABELLERA *y quiere*
irse.)

LUCAS
¿Qué es yo? Con eso no salva
1460 una cuchillada. ¡Fuera!
¡Diga quién es!

---

164 *llevar pulgas:* to be upset.
165 *¡El diablo está en Cantillana!:* a proverbial saying
meaning that confusion is rampant.

CABELLERA

Cabellera,
al servicio de tu calva.[166]

LUCAS

¿Qué haces aquí?

CABELLERA

(¿Qué diré?) (*Aparte.*)
Digo . . ., estaba . . ., porque yo . . .

LUCAS

1465 ¿Llamaste a mi puerta?

CABELLERA

No.

LUCAS

Pues, ¿quién llamó?

CABELLERA

No lo sé.

LUCAS

¿Viste abrir la puerta?

CABELLERA

Sí.

LUCAS

¿Y quién era conociste?

CABELLERA

No, señor.

LUCAS

¿Y a qué saliste?

CABELLERA

1470 Señor, a tu voz salí.

LUCAS

¿Era hombre el que llamaba?

CABELLERA

Sí, señor.

LUCAS

¿Vístele?

CABELLERA

No.

LUCAS

¿Adónde entró?

CABELLERA

¿Qué sé yo?

LUCAS

¡Esto está peor que estaba!
1475 Discurro: ¿no puede ser
que quien fue, con mal intento,
por llamar a mi aposento,
llamase al de mi mujer?

¿Y que el que a llamar se atreve,
1480 luego que abriesen la puerta,
dijese, en viéndola abierta:
"Acójome acá, que llueve"?
Pues si puede ser, yo intento,
con gallardas osadías,
1485 entrar a hacer de las mías
y visitar su aposento,
y darle presumo un ¡zas![167]
de buen modo, si le encuentro.

(*Va a la puerta* DON LUCAS, *por donde
entró* DON PEDRO.)

CABELLERA

(¡Por Cristo, que va allá adentro!) (*Aparte.*)
1490 ¡Ah, señor! ¿Adónde vas?

LUCAS

A visitar mi mujer.

CABELLERA

(¿Cómo lo podré impedir?) (*Aparte.*)
Mira que nos hemos de ir
y que quiere amanecer.

LUCAS

1495 ¿Qué importa eso?
(*Va a la puerta.*)

CABELLERA

(Allá se arroja;
así le he de divertir.)
Señor, ¿quiéresme decir
de qué maestro es mi hoja?
Que no hay desde aquí a Sevilla
1500 quien la sepa conocer.
(*Saca la espada.*)

LUCAS

¿Ahora?

CABELLERA

Ahora la has de ver.

LUCAS

De Francisco Ruiz Patilla.[168]

CABELLERA

(¡Que ahora no salga el asnazo (*Aparte.*)
de don Pedro!) Es un espejo
1505 la espada; diz[169] que es del viejo.

LUCAS

Del mozo es este recazo.
Quédate aquí
(*Dale la espalda y va a la puerta.*)

---

[166] *Cabellera . . . calva.* More word play on the *gracioso's* name.
[167] *¡zas!*: sound of a blow.
[168] *Francisco Ruiz Patilla* (*el viejo*): Toledan sword-smith whose son, known as *el joven* or *el mozo*, carried on his father's trade.
[169] *diz: dicen.*

CABELLERA

        (No remedia *(Aparte.)*

nada, y su intento no evito.)

Ansí, de las que has escrito,

1510 ¿quieres leerme una comedia?

LUCAS

¿A media noche?

CABELLERA

        Es verano.

LUCAS

Pues, ¿adónde la oirás?

CABELLERA

En aquel pozo, y serás

poeta samaritano.[170]

1515 La que se ha de hacer cien días,[171]

según dices.

LUCAS

        Hela aquí.

    (Saque una comedia.)

Oye un paso que escribí

entre Herodes y Herodías.[172]

CABELLERA

Será famoso.

LUCAS

        Sí, a fe.

1520 Pero ver primero intento

quién llamaba a mi aposento.

    (Hace que se va al aposento.)

CABELLERA

Señor, yo fui el que llamé.

LUCAS

Si eras tú, yo me concluyo.

¿Y a qué llamaste, si eras?

CABELLERA

1525 Llamaba a que me leyeras

algún trabajillo tuyo,

si no dormías acaso.

(Don Pedro, así, me ha de oír.) *(Aparte.)*

¡Ahora es tiempo de salir!

    (Dice recio este verso.)

LUCAS

1530 ¿Quién ha de salir?

CABELLERA

        El paso.

Di los versos.

LUCAS

        Son valientes;[173]

Lope es conmigo novel.

Sale Herodes, y con él,

cuatrocientos inocentes.

    (Asómanse ANDREA *y* DON PEDRO *a la puerta.)*

PEDRO

1535 (Agora a salir me obligo, *(Aparte.)*

aunque allí está.)

ANDREA

        (¿Sales?)

PEDRO

          (Sí.)

CABELLERA

Vaya, señor.

LUCAS

        Dice ansí . . .

¿Quién anda en aquel postigo?

    (Velos DON LUCAS *y cierran la puerta.)*

PEDRO

(El me vio; ¡cierra la puerta! *(Aparte.)*

1540 ¡Cierra!)

    (Cierran y tórnanse a entrar.)

ANDREA

        (¡Nací desdichada!) *(Aparte.)*

LUCAS

¿Conmigo la hacen cerrada?

¡Pues yo la he de hacer abierta!

CABELLERA

(¡Vive Dios!, que no salió.) *(Aparte.)*

LUCAS

¡Cabellera!

CABELLERA

        (Él ha de hallarle.)   *(Aparte.)*

1545 ¿Quieres entrar a matarle?

Responde.

LUCAS

        No, sino no.[174]

Llama a la puerta.

    (Llama CABELLERA.)

ANDREA

        ¿Quién llama?

LUCAS

¿Ésta es la criada?

---

[170] *poeta samaritano*: an allusion to the biblical episode of the Samaritan woman whom Christ met at the well and asked for a drink of water (John iv).

[171] *La que . . . cien días*: The one that will be performed a hundred days. Golden Age plays usually had a very short run, often consisting of only one or two performances.

[172] *Herodes y Herodías*: the biblical Herod and Herodias (see John xiv and Luke vi).

[173] *valiente*: excellent.

[174] *no, sino no*: no, que no, certainly not.

CABELLERA

Sí.

LUCAS

¡Hola, criada! Abre aquí
1550 al marido de tu ama.

ANDREA

Entrad.   (*Abre.*)

LUCAS

Entra tú primero;
morirá, a fe de cristiano.

CABELLERA

Pon la daga en la otra mano
y dame ese candelero;
1555 que yo he de morir contigo.

(*Dale* DON LUCAS *la luz a* CABELLERA.)

LUCAS

Esa luz puedes llevar.

CABELLERA

(Ansí lo he de remediar.)   (*Aparte.*)
¿No me sigues?

LUCAS

Ya te sigo.

CABELLERA

Voy enojado.

LUCAS

Voy ciego.

CABELLERA

1560 (Adelante, industria[175] mía.)

LUCAS

¿Adulterio el primer día?
¡Entre bobos anda el juego!

(*Entranse. Salen* DON PEDRO *y* DOÑA
ISABEL *turbados.*)

ISABEL

¿Entró don Lucas?

PEDRO

Entró,
desnudo el airado acero.

ISABEL

1565 Detrás de aquella cortina
te esconde.

PEDRO

No me resuelvo.
Diré que tu esposo soy.

ISABEL

Échasme a perder con eso;
escóndete, dueño mío.

PEDRO

1570 Advierte . . .

ISABEL

Escóndete presto,
que llegan.

PEDRO

No me porfíes.

ISABEL

Mira, señor . . .

PEDRO

Estoy ciego.

ISABEL

Haz esto por mí, [señor].[176]

PEDRO

Isabel, ya te obedezco.

(*Escóndese detrás de una cortina. Salen*
DON LUCAS *y* CABELLERA *con el
candelero.*)

LUCAS

1575 Alumbra, mozo.

CABELLERA

Ya alumbro.

LUCAS

¿Quién está en este aposento?

ISABEL

¿Qué es esto, señor don Lucas?
¿Cómo vos, tan descompuesto,
alteráis de mi quietud
1580 el recatado silencio?

LUCAS

¿Qué hacéis, Isabel, vestida,
a estas horas?

ISABEL

En el lecho
desvelada, y no desnuda,
estaba esperando el tiempo
1585 de partir; y vos, airado
y ciego, ¿cómo resuelto
os entráis desta manera?

LUCAS

¿Y qué hombre estaba aquí dentro?

ISABEL

¿Estáis en vos?

LUCAS

Sí, señora,
1590 y estoy en vuestro aposento,
y le he de ver de pe a pa.[177]

---

[175] *industria*: scheme.

[176] *señor*: omitted in the first edition but needed to

complete the verse length.

[177] *de pe a pa*: from one end to the other.

Alumbra, hermano; miremos
detrás de aquesta cortina.

CABELLERA

Has dicho muy bien, yo llego.

(*Cae en el suelo* CABELLERA, *fingiendo*
que tropezó, y mata la luz.)

1595 ¡Jesús!

LUCAS

¿Qué ha sido?

CABELLERA

Caer

y matar la luz a un tiempo.

LUCAS

Trae otra.

CABELLERA

Tengo quebrado
un pie. (Sal, señor.)

(*Aparte a* DON PEDRO.)

(*Sale* DON PEDRO *detrás de la cortina,*
con la mano delante.)

PEDRO

(Yo pruebo (*Aparte.*)
a salir, puesto que agora
1600 no hay luces.)

LUCAS

¡Ah, señor Nieto![178]
Pues es huésped, traiga luces.
Ponerme a la puerta quiero;
no sea que estando a escuras,
se salga el que está acá dentro.

(*Vase a la puerta y pónese en ella, y al*
salir DON PEDRO *tope con él, y ásele*
DON LUCAS.)

ISABEL

1605 (¡Válgame Dios! ¿Qué he de hacer?)

(*Aparte.*)

LUCAS

¿Quién anda aquí?

PEDRO

(¡Vive el cielo,

(*Aparte.*)
que he topado con don Lucas!)

LUCAS

Topé un hombre.

CABELLERA

(Peor es esto, (*Aparte.*)
porque, al salir, es sin duda
1610 que ha topado con don Pedro;
quiero decir que soy yo
y llegarme.)

(*Llégase cara con cara con su amo.*)

LUCAS

Diga luego
quién es.

CABELLERA

Yo, que voy por luces.

LUCAS

Mentís, que es de mejor pelo[179]
1615 a quien yo tengo.

CABELLERA

Señor,
yo soy.

LUCAS

Ahora lo veremos.
¡Luces!

MESONERO (*Dentro.*)

¿Andan los demonios
en el mesón?

(*Hace fuerza* DON PEDRO *para soltarse.*)

LUCAS

¡Estaos quedo!

(*Salen* DON LUIS *y* DOÑA ALFONSA
con luces.)

ALFONSA

Luz hay aquí.

LUIS

Y aquí hay luz.

ISABEL

1620 (¿Qué miro? ¡Válgame el cielo!) (*Aparte.*)

LUCAS

Verbum caro factum est.[180]
Pues, ¿qué hacéis aquí, don Pedro?

PEDRO

Señor, mirar por tu honor,
y mirar por lo que debo
1625 mirar, que tú eres mi sangre.

LUCAS

Dejad esos miramientos
y decid qué hacéis aquí.

---

[178] *Nieto*: surname of the innkeeper.
[179] *es de mejor pelo*: play on Cabellera's name and the expression *ser de buen pelo*, to have a bad disposition.
[180] *Verbum . . . est*: "And the word was made

flesh" (John i: 14). Rojas, who was fond of having his comic characters spout Latin, uses this quotation in several other plays.

LUIS

¡Ea, responded, don Pedro!

LUCAS

¿Quién os mete en eso a vos?

1630 ¿Sois mi sombra, caballero?

LUIS

Soy vuestra luz, pues la traigo.

LUCAS

Pues llevaos la luz, os ruego,
que yo no la he menester.
¿Adónde vais?

LUIS

A Toledo.

LUCAS

1635 Pues yo me vuelvo a Madrid,
solamente por no veros.

LUIS

Sois ingrato, ¡vive Dios!
Yo me voy. (*Vase.*)

LUCAS

No soy más desto.
¡Válgate el diablo el don Luis!

ALFONSA

1640 Don Lucas, decid: ¿qué es esto?

LUCAS

Don Pedro está aquí encerrado.

ALFONSA

¿Vos lo encontrasteis?

LUCAS

Yo mesmo.

ALFONSA

Pues, ¿a qué entró?

LUCAS

¿Qué sé yo?

ALFONSA

¿Quiere a Isabel?

LUCAS

Lo sospecho,
1645 pues yo le he hallado escondido
agora.

ALFONSA

¡Válgame el cielo!
(*Finge que la da el mal de corazón y cae
sobre un taburete.*)

CABELLERA

Dióle el mal.

LUCAS

Tenla esa mano

y tírale bien del dedo
del corazón.[181] ¿No hay quién traiga
1650 manteca?

ISABEL

Sí, yo la tengo.

LUCAS

Pues id por ella.

ISABEL

Yo voy.
(Llamaré de allí a don Pedro.) (*Vase.*)

CABELLERA

¡Qué gran mal! ¡Pobre señora!

LUCAS

¿Veis, primo, lo que habéis hecho?
1655 Tenedla esta mano vos,
porque voy a mi aposento
por la uña de la gran bestia.[182]
(*Vase y* DON PEDRO *tómala la mano.*)

CABELLERA

Ponga su uña, que es lo mesmo.

PEDRO

¿Fuése?

CABELLERA

Sí.

PEDRO

¿Qué hemos de hacer?

CABELLERA

1660 Luego trataremos de eso;
requiebra a la desmayada,
si entra don Lucas, más tierno,
porque crea que la quieres,
que esto importa.

PEDRO

Y eso intento.

CABELLERA

Él viene ya.

PEDRO

1665 Doña Alfonsa,
mi luz, mi divino cielo,
no le disfracéis turbado
si he de gozarle sereno.
A vos os quiero, señora.
(*Sale* DOÑA ISABEL.)

ISABEL

1670 (¿Qué es lo que escucho?) (*Aparte.*)

PEDRO

Creed esto,
que sólo a vuestra hermosura

---

[181] *tírale . . . corazón*: see n. 50.
[182] *gran bestia*: tapir. The hoofs of tapirs were
believed to possess medicinal qualities and were used
to treat epileptic fits.

se consagran mis deseos;
el alma sois por quien vivo,
vos sois la luz por quien veo.

ISABEL

1675 Pues, traidor, falso, atrevido,
¡viven mis ardientes celos!,
dioses que hoy, en mi coraje,
tienen la corona y cetro,
que he de pagarte en venganzas
1680 cuanto cobro en escarmientos.
Don Luis ha de ser mi esposo,
porque, aunque yo le aborrezco,
por vengarme de ti sólo,
vengarme en mí misma apruebo.
1685 ¡Quédate!

PEDRO

    Espera, señora,
(Deja a la desmayada.)
y advierte que estos requiebros
los pronuncio con el labio
y los finjo con el pecho.
Díjelos porque don Lucas
1690 entendiese que la quiero,
no porque a ti no te adore.
¡Escúchame!

ISABEL

    No te creo,
que, no estando aquí, no vienen
esas disculpas a tiempo.

CABELLERA

1695 (¡Si aqueste desmayo fuera *(Aparte.)*
fingido, estábamos buenos!)

PEDRO

Señora, sólo eres tú
el alma por quien aliento,
la muerte por quien yo vivo
1700 y la vida por quien muero.
¡Escucha!

ISABEL

    No tengo oídos.

PEDRO

Repara bien . . .

ISABEL

    Ya te dejo.

PEDRO

Que sólo te quiero a ti,
que a doña Alfonsa aborrezco,
(Levántese DOÑA ALFONSA *del desmayo*
fingido.)

[183] *¿ Qué te elevas ?*: Why are you getting so excited?

ALFONSA

1705 Pues ¡vive el cielo!, cruel,
falso, ingrato, lisonjero,
que has de decir, de las dos,
a cuál adoras, supuesto
que a ella le mientes finezas
1710 y a mí me finges requiebros.

CABELLERA

(El desmayo era fingido. *(Aparte.)*
¡Todo el infierno anda suelto!)

ALFONSA

¡Di a quién quieres!

ISABEL

        ¡Eso aguardo!

PEDRO

Mirad . . .

ALFONSA

    ¿En qué estás suspenso?

ISABEL

1715 ¿Me quieres?

PEDRO

    (¿Qué la diré?) *(Aparte.)*

ALFONSA

¿Me aborreces?

PEDRO

    (¿Qué haré, cielos?) *(Aparte.)*

ISABEL

¿Qué te elevas?[183]

ALFONSA

    ¿Qué te turbas?

ISABEL

¿Quién merece tu desprecio?

ALFONSA

¿Quién es dueño de tu amor?

PEDRO

1720 Yo digo . . .

CABELLERA

    (¡Buena la ha hecho!) *(Aparte.)*

PEDRO

Que quiero . . . (A la una agravio *(Aparte.)*
si a la otra favorezco.)

ALFONSA

¿Éstas eran las finezas
con que anoche en mi aposento
1725 dijiste que me adorabas?

PEDRO

¿Yo en tu aposento? ¿Qué es esto?

ISABEL

¡A Alfonsa quieres, traidor!

ALFONSA

¡Doña Isabel es tu dueño!

ISABEL

¡Hoy has de probar mis iras!

ALFONSA

1730 ¡Hoy has de ver mi escarmiento!

PEDRO

Doña Alfonsa . . .

ALFONSA

No te escucho.

PEDRO

Doña Isabel . . .

ISABEL

Soy de fuego.

PEDRO

Mirad . . .

(*Sale* DON LUCAS.)

LUCAS

Ya está aquí la uña.

CABELLERA

(La bestia ha llegado a tiempo.) (*Aparte.*)

LUCAS

1735 ¿Estás sosegada?

ALFONSA

No.

LUCAS

Pues, ¿qué sientes?

ALFONSA

Un desprecio.

LUCAS

¿Qué es esto, Isabel?

ISABEL

No sé.

LUCAS

Tú, di tu mal.

ALFONSA

Soy de hielo.

LUCAS

Tú, dime tu pena.

ISABEL

Es grande.

LUCAS

1740 ¿No hay remedio?

ISABEL

Es sin remedio.

LUCAS

Don Pedro, dime: ¿qué sientes?

PEDRO

No tiene voz mi tormento.

LUCAS

¿No lo he de saber?

ALFONSA

Sabrásle.

LUCAS

¿No me le dirás?

ISABEL

No puedo.

LUCAS

1745 Isabel, a la litera;

Alfonsa, el coche está puesto;

Pedro, el rucio está ensillado:

en Cabañas[184] nos veremos.

ALFONSA

(¡Quejas, que muero de amor!) (*Aparte.*)

ISABEL

1750 (¡Iras, que rabio de celos!) (*Aparte.*)

LUCAS

(¡Honra, ¿qué andáis titubeando?)

(*Aparte.*)

PEDRO

(Dudas, ¿qué andáis discurriendo?)

(*Aparte.*)

LUCAS

(¡Pero yo lo sabré todo, (*Aparte.*)

que entre bobos anda el juego!)

[184] *Cabañas* (*de la Sagra*): town and coach stop between Madrid and Toledo.

Jornada tercera

(*Salen* DON ANTONIO *y* DON LUCAS.)
LUCAS (*Dentro.*)

1755   Ten ese macho, mulero,
que es un poquillo mohino.[185]

(*Salen los dos.*)

ANTONIO
¿Dónde fuera del camino
me sacáis?

LUCAS
          Hablaros quiero.

ANTONIO
  Pues, ¿a qué nos apartamos
1760 del camino? ¿Qué queréis?

LUCAS
Suegro, agora lo veréis.

ANTONIO
Ya estamos solos.

LUCAS
          Sí estamos.
¿Viene el coche?

ANTONIO
         Se quedó
más de una legua de aquí.

LUCAS
1765 ¿Queréis escucharme?

ANTONIO
            Sí.

LUCAS
¿Habéis de enojaros?)

ANTONIO
          No.
¿Oís bien?

ANTONIO
         ¿No lo sabéis?

LUCAS
Quiero hablar quedo.

ANTONIO
          Hablad quedo.

LUCAS
Ultimadamente,[186] ¿puedo
1770 hablar a bulto?[187]

ANTONIO
         Podéis.
¿Tenéis que hablar mucho?

LUCAS
          Mucho.
¿Replicaréis cuando yo
estuviere hablando?

ANTONIO
        No.

LUCAS
Pues escuchad.

ANTONIO
        Ya os escucho.

LUCAS
1775   Yo soy, señor don Antonio
de Contreras, un hidalgo
bien entendido, así, así,
y bienquisto, tanto cuanto;
soy ligero luchador,
1780 tiro una barra de a cuarto,[188]

---

[185] *mohino*: vicious.
[186] *Ultimidamente*: *últimamente*.
[187] *a bulto*: freely.

[188] *barra de a cuarto*: a bar weighing a quarter of an *arroba*, which weighs about twenty-five pounds.

y aunque pese cuarto y libra,
a más de cuarenta pasos;
soy diestro como el más diestro,
espléndidamente largo,[189]
1785 por el principio atrevido
y valiente por el cabo;
de la escopeta en las suertes[190]
salen mis tiros en blanco,
y puedo tirar con todos
1790 cuantos hay, del rey abajo;[191]
canto, bailo y represento,
y si me pongo a caballo,
caigo bien sobre la silla,
y della mejor si caigo;
1795 si en Zocodover[192] toreo,
me llaman el secretario
de los toros, porque apenas
llegan, cuando los despacho.[193]
Conozco bien de pinturas,
1800 hago comedias a pasto,[194]
y como todos, también
llamo a los versos trabajos.
No soy nada caballero
de ciudad,[195] soy cortesano,
1805 y nací bien entendido,
aunque nací mayorazgo.[196]
Pues mi talle no es muy lerdo,
soy delgado sin ser flaco,
soy muy ancho de cintura
1810 y de hombros también soy ancho.
Los pies, ansí me los quiero;
piernas, ansí me las traigo,
con su punta de lo airoso
y su encaje de estevado.[197]
1815 Yo me alabo, perdonad,
que esto importa para el caso,
y no he de hallar quien me alabe
en un campo despoblado.
En fin, discreto, valiente,
1820 galán, airoso, bizarro,

diestro músico, poeta,
jinete, toreador, franco,
y sobretodo teniendo
de renta seis mil ducados,
1825 que no es muy mala pimienta
para estos veinte guisados,[198]
salgo a que Isabel merezca
estas gracias en sus brazos;
que nunca pensé, por Dios,
1830 venderme yo tan barato,
y hallo que con vuestra hija
me disteis por liebre gato.

ANTONIO

¡Advertid que sois un necio!

LUCAS

¿No me oiréis?

ANTONIO

No he de escucharos;
1835 mataros era[199] más justo.

LUCAS

Señor mío, no lo hagamos
pendencia; escuchad agora,
y vamos al cuento.[200]

ANTONIO

Vamos.

LUCAS

Lo primero: envié a decir
1840 que saliese con cuidado
de Madrid y se pusiese
una máscara al recato,
y ella se puso por una
media mascarilla, tanto,
1845 que se le vio media cara,
desde la nariz abajo;
lo segundo: os supliqué
que no vinierais, enviando,
de que a Isabel admitía,
1850 un recibo ante escribano,[201]
y os venist[e]is, no sabiendo
que yo he de vestirme llano,

[189] *largo*: generous.
[190] *suertes*: feats.
[191] *del rey abajo*: beneath the king. The most famous play attributed to Rojas is entitled *Del rey abajo, ninguno*.
[192] *Zocodover*: the main square in Toledo where bullfights were formerly held.
[193] *secretario (de) despacho*: title formerly given to ministers of the crown. Note that *despachar* means both to dispatch and to kill.
[194] *a pasto*: in great quantity.
[195] *caballero de ciudad*: provincial gentleman.

[196] *mayorazgo*: first-born son (satirized frequently for stupidity).
[197] *con su punta . . . estevado*: with their graceful, bowlegged lace. Don Lucas is referring to his stockings, which are bowlegged because they are form-fitting.
[198] *guisados*: stews, also "qualities" (referring to the flattering things that Don Lucas has just said about himself).
[199] *era: sería*.
[200] *ir al cuento*: to get to the point.
[201] *enviando . . . escribano*: sending a notarized receipt to the effect that I accepted Isabel.

pues la tela de mujer
no ha menester suegro al canto;[202]
1855 lo tercero: luego al punto
que[203] me vio, se fue de labios[204]
y me dijo mil requiebros
por mil rodeos extraños,
y una mujer, cuando es propia,
1860 ha de andar camino llano;[205]
que no ha de ser hablador
el amor que ha de ser casto;
más: arguyó con mi primo,
daca el trato toma el trato,[206]
1865 con que se le echa de ver
que es tratante a treinta pasos;
luego le dijo y le daba,
sin haberla nunca hablado,
los requiebros en mi nombre
1870 y en causa propria la mano;
más: un don Luis se ha venido,
amante zorrero,[207] al lado
por vuestra señora hija,
muy modesto, aunque muy falso;
1875 y en Illescas, esta noche,
hallé a mi primo encerrado
en la sala de Isabel,
y hoy, que a examinarle aguardo,
pregunto qué fue la causa
1880 de haber anoche violado
el que ella llamaba templo
y vos nombraréis sagrado,[208]
y díjome que allí oculto
estuvo, por ver si acaso
1885 don Luis hablarla intentara,
para que su acero airado
feriara a venganzas nobles
aquellos celos villanos.

ANTONIO

¿Y habló con don Luis?

LUCAS

No habló;

1890 pero es caso temerario
que haya de andar un marido

si la ha hablado o no la ha hablado.
¿Por una mujer y propria,
he de andar yo vacilando,
1895 pudiendo por mi persona
tener mujeres a paso?[209]
Ella, en fin, no es para mí:
mujer que se haya criado
en Toledo es lo que quiero,
1900 y aun que naciese en mi barrio;
mujer criada en Madrid,
para mi propria descarto,
que son de revés las unas
y las otras son de Tajo;[210]
1905 y, en efecto, don Antonio,
sólo vengo a suplicaros
que os volváis a vuestra hija
a vuestra calle de Francos.[211]
No he de casarme con ella
1910 aunque me hicieran pedazos;
solos estamos los dos,
nadie nos oye en el campo:
volveos a mi sa[212] Isabel
a Madrid, sin enojaros,
1915 que esto es entre padres y[213] hijos,
que es algo más que entre hermanos;
y en llegando las sospechas
a andar tan cerca del casco,[214]
en siendo los suegros turbios,
1920 han de ser los yernos claros.

ANTONIO

Por cierto, señor don Lucas,
que un poco antes de escucharos
os tuve por majadero,
pero no os tuve por tanto.
1925 ¿Sabéis con quién habláis?

LUCAS

Sí;

dadme mi carta de pago
y llevaos a vuestra hija.

ANTONIO

Con ella habéis de casaros
u os tengo de dar la muerte.

---

[202] *pues . . . al canto:* i.e., since the one who takes a wife does not need a father-in-law in addition.
[203] *al punto que:* as soon as.
[204] *irse de labios: irse de boca,* to run off at the mouth.
[205] *andar camino llano:* to act with moderation.
[206] *daca . . . trato:* exchanging *tratos.*
[207] *zorrero:* trailing (like a dog).
[208] *templo . . . sagrado.* Both words were commonly used as metaphors for women's honor.
[209] *a paso:* in abundance.

[210] *de revés . . . Tajo.* A play on words involving the primary meanings of *de revés,* "wrongside out," and *de Tajo,* "from the Tagus River" (which flows through Toledo), and their meanings as fencing terms, "backhand stroke" and "slash."
[211] *calle de Francos:* street in Madrid now called Cervantes.
[212] *sa: señora.*
[213] *y: e.*
[214] *casco: cabeza.*

1930 ¿Qué dirán de mi honra cuantos
digan que a casarse vino?

LUCAS

¿Y qué dirán los criados,
que han sabido que don Luis
la anda siguiendo los pasos?

ANTONIO

1935 Don Luis camina a Toledo.

LUCAS

Pues, ¿cómo va tan de espacio,[215]
yendo Isabel en litera
y él en mula?

ANTONIO

¿No está claro
que es por llevar compañía,
1940 y no ir solo?

LUCAS

Ése es el caso,
que por no ir solo a Toledo,
quiere ir acompañado.

ANTONIO

¿No decís que vuestro primo
se encerró anoche en el cuarto
1945 de mi hija?

LUCAS

Ansí lo digo,
y él ansí me lo ha contado,
para ver mejor si hablaba
con él.

ANTONIO

Pues desengañaos,
y logre esa diligencia
1950 quietudes a vuestro engaño.
Si no es cómplice en su amor,
¿por qué queréis, indignado,
pagarla en viles castigos
cuanto debéis en halagos?
1955 Don Luis está ya en Toledo,
porque ya se ha adelantado,
y yo quedo con la queja
y vos con el desengaño;
templaos, don Lucas, prudente,
1960 que, ¡vive Dios!, que me espanto
que no tengáis entre esotras
la falta de ser confiado.

LUCAS

¿Cómo no? Sí tengo tal,
que no soy tan mentecato
1965 que no sepa que merezco
más que él, esto y otro tanto;
pero díceme mi primo,
que es un poco más cursado,
que las mujeres escogen
1970 lo peor.

ANTONIO

Pues consolaos,
que no tenéis mal partido
si es verdadero el adagio.[216]

LUCAS

Ahora, señor don Antonio,
vuelvo a decir que estoy llano[217]
1975 a casar con vuestra hija,
ya yo estoy desengañado;
pero si acaso don Luis,
amante dos veces zaino,[218]
vuelve a hacerse encontradizo[219]
1980 con nosotros, no me caso.

ANTONIO

Pues yo admito ese partido.

LUCAS

Yo vuestro precepto abrazo.

ANTONIO

Pues esperemos el coche
en ese camino.

LUCAS

Vamos;
1985 así, don Antonio, aviso
que si hubiere algún engaño
en el amor de don Luis,
que si él entra por un lado
a medias, como sucede
1990 con otros más estirados,[220]
me habéis de volver al punto
cuanto yo hubiere gastado
en mulas, coche, litera,
gastos de camino y carros;
1995 que no es justicia ni es bien,
cuando yo me quedo en blanco,[221]
que seamos él y yo,
él del gusto y yo del gasto.

---

[215] *de espacio*: *despacio*.
[216] It is not known which proverb is referred to.
[217] *estar llano*: to be willing.
[218] *zaino*: untrustworthy.

[219] *hacerse (el) encontradizo*: to arrange to be met as by chance.
[220] *estirado*: presumptuous.
[221] *cuando . . . blanco*: if I am left holding the bag.

ANTONIO
Dios os haga más discreto.

LUCAS
2000 No haga más, que ya ha hecho harto.

(*Vanse. Dentro ruido de cascabeles y
campanillas y representan todo lo que se
sigue dentro.*)

1° (*Dentro.*)
¡Arre, rucia de un puto;²²² arre, beata!

2°
¡Dale, dale, Perico, a la reata!²²³

1°
¡Oiga la parda cómo se atropella!

2°
¡Arre, mula de aquel hijo de aquélla!²²⁴

CABELLERA (*Dentro.*)
2005 ¡Va una carrera,²²⁵ cocherillo ingrato!

1°
¿Qué hace que no se apea y corre un rato?

CABELLERA
¿Adónde va el patán²²⁶ en el matado?²²⁷

CAMINANTE (*Dentro.*)
A buscar voy a tu mujer, menguado.

CABELLERA
Dígame, si va a vella,
2010 ¿cómo va tan espacio?²²⁸

CAMINANTE
                    Tal es ella.

ANTONIO
Y él, ¿no deja a sus hijos con el cura?

OTRO CAMINANTE
¿Para qué? Aquí hay montón.

CABELLERA
                    Pues, ¿qué hay?

TODOS
                    Basura.

MÚSICOS (*Dentro.*)
*Mozuelas de la corte, todo es caminar,
unas van a Güete y otras a Alcalá.*²²⁹

CABELLERA
2015 ¡Para, cochero; el coche se ha volcado!

1°
El cibicón²³⁰ del coche se ha quebrado.

2°
Pues, ¿qué importa?

ANDREA
                    ¡Qué lindo desahogo!

ALFONSA
Sáquenme a mí primero, que me ahogo.

CABELLERA
Paren esa litera.

COCHERO
                    ¡Para, para!

ANDREA
2020 ¡Quebróse la redoma de la cara!²³¹

(*Salen* DOÑA ISABEL *y* ANDREA.)

ISABEL
¡Volvióse el coche!

ANDREA
                    ¡En hora mala sea!

ISABEL
Don Pedro saca a doña Alfonsa, Andrea.
¿Qué espero? Ya su amor se ha declarado.

ANDREA
¿Si le dará otro mal como el pasado?

ISABEL
2025 ¿Cómo mis iras se hallan más templadas?

ANDREA
Previniéndola están dos almohadas
en tanto que aderezan una rueda.

ISABEL
¿Queda más que saber?

ANDREA
                    Aún más te queda.

ISABEL
Ya doña Alfonsa en ellas se ha sentado.

ANDREA
2030 Don Pedro en la litera te ha buscado,
y como no te halla, yo recelo
que te viene a buscar.

ISABEL
                    Pues, ¡vive el cielo!
que yo no le he de hablar.

(*Vase. Salen* DON PEDRO *y*
CABELLERA.)

---

²²² *puto:* sodomite.
²²³ *reata:* front mule.
²²⁴ *hijo de aquélla: hijo de puta.*
²²⁵ *¡Va una carrera!:* Hurry up!
²²⁶ *patán:* lout.
²²⁷ *matado:* horse with saddle or harness sores.
²²⁸ *espacio: despacio.*
²²⁹ *Güete . . . Alcalá.* Women's correctional institu-

tions were located in Huete (Güete), a town in the
province of Cuenca, and in Alcalá de Henares.
²³⁰ *cibicón:* hurter (iron bar to reinforce an axle).
²³¹ *¡Quebróse . . . cara!* The meaning is not wholly
clear but it is probably something like, "The dainty
flask of her face (Alfonsa's) has gone to pot." Cf. the
Academy Dictionary definition of *quebrar:* "Ajar,
afear, deslustrar la tez o color natural del rostro."

PEDRO

        Oye, detente;
no quieras . . .

ISABEL

    Déjame.

PEDRO

        . . . tan impaciente
2035 malograr mi verdad.

ISABEL

      No hay quien la crea.

PEDRO

Ruégala que me escuche, amiga Andrea;
abona tú mi fe.

ISABEL

     Nada te abona.

CABELLERA

Enternécete, dura faraona.[232]

PEDRO

Iras y pasos detén.

ISABEL

2040 Cruel, diestro, engañador,
que amagas con el amor
para herir con el desdén,
¿quién es tan ingrato, quién?
¿Quién fue tan desconocido
2045 que para haber conseguido
una tan fácil vitoria
resucite una memoria
con la muerte de un olvido?
    Y pues tus engaños veo,
2050 delincuente el más atroz,
¿para qué hiciste tu voz
cómplice de tu deseo?
Si sabes que no te creo,
si conoces mi razón,
2055 ¿por qué quiso tu pasión,
viendo que es mayor agravio,
hacer delincuente al labio
de lo que erró el corazón?
    Y ya que tan falso eras,
2060 y ya que no me querías,
di, ¿para qué me fingías?
¿Pídote yo que me quieras?
Tu amor hicieras, y fueras
poco fino, sólo un daño
2065 sintiera:[233] mi desengaño;
mas tal mis ansias se ven,

que, mucho más que el desdén,
vengo a sentir el engaño.
    No me hables, y mis enojos
2070 menos airados verás;
que se irritan mucho más
mis oídos que mis ojos;
quiero vencer los despojos
de mi amor, si te oigo a veces,
2075 y tanto al verte mereces
que, aunque has fingido primero,
sólo miro que te quiero
y no oigo que me aborreces.
    Mas vete, que he de argüir,
2080 cuando me quiera templar,
que a mí no me puede amar
quien a otra sabe fingir.
Ya yo te he llegado a oír
que a tu prima has de querer,
2085 y aquel que llegare a ser
en mi amor el preferido,
aun no ha de decir fingido
que procura otra mujer.
    A Alfonsa dices que quieres,
2090 a mí dices que me adoras;
por una, fingiendo, lloras,
y por otra, amando, mueres.
Pues ¿cómo, si no prefieres
tu voluntad declarada,
2095 creerá mi pasión errada
cuando es la tuya fingida,
que soy yo la preferida
y es Alfonsa la olvidada?
    Pues témplese este accidente;
2100 que no es justicia que acuda
a una tan difícil duda
un amor tan evidente;
porque es más fácil que intente,
menos airado y más sabio,
2105 siendo tan grande el agravio
a vista de mis enojos,
dar lágrimas a los ojos,
que evidencias a tu labio.
    Quiere, adora a Alfonsa bella,
2110 y sea yo la olvidada,
porque ya estoy bien hallada
con tu olvido y con mi estrella;
yo soy la infelice, y ella

---

[232] *faraona*: Pharaoh's wife. *Faraón* is often used meaning "cruel tyrant."

[233] *Tu amor . . . sintiera.* Understand as a sentence involving two conditional sentences of implied negation: "(Si) tu amor hicieras, y (si) fueras poco fino, sólo un daño sintiera . . ."

quien te merece mejor;
2115 y pues tuve yo el error
de haberte querido, es bien
que pague con el desdén
lo que erré con el amor.

   Y vete agora de aquí,
2120 porque no es justicia, no,
que tenga la culpa yo
y te dé la queja a ti.

PEDRO

Hermosa luz, por quien vi,
alma por quien animé,
2125 deidad a quien adoré,
no hagas con ciega venganza
que pague tu desconfianza
lo que no ha errado mi fe.

   Deja esa pasión, que dura
2130 en tus sentidos inquieta,
y no seas tan discreta
que no creas tu hermosura.
Tú misma a ti te asegura;
imagínate deidad,
2135 y creerás mi verdad;
usa bien de tus recelos
y cría para estos celos,
por hijo, a la vanidad.

   A doña Alfonsa prefieres,[234]
2140 bien como el lirio a la rosa;
mas, ¿qué importa ser hermosa,
si no presumes lo que eres?
Sé como esotras mujeres;
ten conmigo más pasión;
2145 haz de ti satisfacción;
sé, divina, más humana;
que a ti, para ser más vana,
te sobra más perfección.

ISABEL

   Esa prudente advertencia
2150 con que tu pasión me ayuda
es buena para la duda,
mas no para la evidencia.
Ella dijo en mi presencia
que tú en su cuarto has estado
2155 anoche, que la has hablado;
pues ¿cómo, si esto es verdad,
con toda mi vanidad
sosegaré a mi cuidado?

   Y cuando eso fuera, di,
2160 di, cuando con ella estabas,

[234] *prefieres*: you are preferable to.

¿no te oí decir que amabas
a doña Alfonsa?

PEDRO

       Es ansí.

ISABEL

¿Tú no lo confiesas?

PEDRO

         Sí,
mas fingido mi amor fue.

ISABEL

2165 Y cuando te pregunté
a cuál de las dos querías,
¿por qué no me respondías?

PEDRO

Oye por qué.

ISABEL

      Di por qué.

PEDRO

   Porque es grosería errada,
2170 nunca al labio permitida,
despreciar la aborrecida
en presencia de la amada;
bástela verse olvidada
sin que oyese aquel desdén;
2175 bástela quererte bien,
sin que al ver desprecio tal,
la venga a pagar tan mal
porque me quiso tan bien.

ISABEL

   Pues galán no quiero agora,
2180 que, por no dejar corrida
a aquélla de quien se olvida,
no hace un gusto a la que adora.
Vete.

PEDRO

   Escúchame, señora;
que agradezca no te espante
2185 ver que me ame tan constante,
pero a ti te he preferido.

ISABEL

Pues si estás agradecido,
cerca estás de ser amante.

PEDRO

Oye, señora, y verás . . .

ISABEL

2190 No he de oírte.

PEDRO

     Aguarda, espera.

CABELLERA
Don Luis abrió la litera,
y mira si en ella estás.
PEDRO
¿Y agora también dirás
que no te tiene afición?
ISABEL
2195 Daré la satisfacción.
PEDRO
Tampoco te he de creer.
ISABEL
¿Quieres echarme a perder
con los celos mi razón?
Pues no ha de valerte, no;
2200 despreciarle pienso aquí.
PEDRO
¿Yo he de escucharle?
ISABEL
Sí.
¡Don Luis!
DON LUIS (*Dentro*.)
¿Quién me llama?
ISABEL
Yo.
ANDREA
Él viene acá, ya te oyó.
ISABEL
Escóndete entre esos ramos.
CABELLERA
2205 La satisfacción oigamos.
ISABEL
Yo he de quedar con recelos,
y tú has de quedar sin celos.
CABELLERA
Ven, señor, que llega.
PEDRO
Vamos.

(*Escóndense y sale* DON LUIS.)

LUIS
Al cariño de tu voz
2210 no vengo, divina ingrata,
como otras veces solía,
a consagrar vida y alma;
a ser escarmiento vengo
de mi amor, a ser venganza
2215 de tu desdén, a ser duda
de mis propias esperanzas;

235 *al paso que*: as well as.

fiera al paso que 235 divina,
crüel al paso que blanda,
que me matas con los celos
2220 y con el desdén me halagas;
yo soy el que mereció
sacrificarse a tus llamas,
si no ciega mariposa,
atrevida salamandra;
2225 yo soy aquel que te quiso
y aquel soy a quien agravias,
el que, como el girasol,
aspiró tus luces tardas;
el que anoche en tu aposento
2230 logró, ¡nunca los lograra!,236
de tus labios más favores
que tú quejas de mis ansias;
y cuando a tan fino amor,
a tan fingidas palabras,
2235 encubridora la noche
secretamente mediaba,
cuando un "sí" llegó a mi oído,
llegó un premio a mi esperanza.
Recójome a mi aposento,
2240 y cuando pensé que estaba
don Lucas dentro del suyo,
que a veces la voz engaña,
oigo en otro cuarto voces,
tomo luz, busco la causa,
2245 y hallo, ¡ay, Dios!, que con don Pedro
tu fe y mi lealtad agravias.
¿Para esto me diste un "sí"?
¿Para esto, dime, premiabas
un amor que le he sufrido
2250 al riesgo de una esperanza?
No quiero ya tus favores;
logre don Pedro en tus aras
las ofrendas por deseos
que amante y fino consagra;
2255 bastan tres años de enigmas,
tres años de dudas bastan;
desengáñenme los ojos
con ser ellos quien me engañan;
ya el "sí" que me diste anoche
2260 no lo estimaré.
ISABEL
Repara
que yo no te he hablado anoche.
¿Dónde o cómo?

236 *¡nunca los lograra!*: would that he (i.e., I) had
never obtained them!

LUIS

Ya no falta
sino que también me niegues
que me diste la palabra
2265 de ser mi esposa; si piensas
que la he de admitir, te engañas.

ISABEL

¿Yo te hablé anoche?

LUIS

¿Esto niegas?

ISABEL

Mira . . .

LUIS

Mis celos, ¿qué aguardan?
Sólo vengo a despedirme
2270 de mi amor; quédate, falsa;
tus voces ya no las creo,
tu amor ya me desengaña.
A Madrid vuelvo corrido,
vuélvase el alma a la patria;
2275 del desengaño halle el puerto
quien navegó en la borrasca.
Razón tengo, ya lo sabes;
celos tengo, tú los causas,
y si dudosos obligan,
2280 averiguados, agravian.

ISABEL

Espera . . .

LUIS

Voime.

PEDRO

¡Ah, cruel!

ISABEL

Mira . . .

LUIS

Déjame, traidora.

(*Vase. Salen* DON PEDRO *y*
CABELLERA.)

PEDRO

Pídeme celos agora
de doña Alfonsa, Isabel.
2285 Habla. ¿Qué te ha suspendido?
No finjas leves enojos;
di que no han visto mis ojos,
di que está incapaz mi oído.
Resuelto a escucharte estoy.
2290 ¿Qué puedes ya responder?

237 *bronce:* bronze statue.

¿Con qué has de satisfacer
mis celos?

ISABEL

Con ser quien soy.

PEDRO

Pues ¿cómo puedes negar
que estuviste, ¡gran tormento!,
2295 con don Luis en tu aposento?
Respóndeme.

ISABEL

Con callar.

PEDRO

Isabel ingrata, di,
(¡fuego en todas las mujeres!),
¿cómo niegas que le quieres?

ISABEL

2300 Con decir que te amo a ti.

PEDRO

¿No entró?

ISABEL

A callar me sentencio;
un bronce 237 obstinado labras.

PEDRO

¿No crees tú en mis palabras,
y he de creer tu silencio?
2305 Fiera homicida del alma,
matar con la voz intenta
mar que embozó la tormenta
con la quietud de la calma. 238
Ingrata la más divina,
2310 divina más rigurosa,
purpúrea, a la vista, rosa,
y al tacto crüel espina,
ya no podrá tu rigor
peregrinar esta senda;
2315 ya me he quitado la venda,
y con vista no hay amor.
A dejarte me sentencia
una verdad tan desnuda,
que al caminar por la duda,
2320 encontró con la evidencia.
Ya no he ser el que soy;
ya no quiere, arrepentido,
sufrir a tu voz mi oído:
ya te dejo, ya me voy.

ISABEL

2325 Pues falso, alevoso, infiel,
ingrato como enemigo,

238 *matar . . . calma:* the sea which muffles a storm
with the quiet of its calm seeks to kill with its voice.

si estuve anoche contigo,
¿cómo pude estar con él?
¿Cuándo había de hablar, espero
2330 saber, cuando [239] yo quisiera?
Respóndeme.

PEDRO

      ¿No pudiera
haberte hablado primero?

ISABEL

No pudiera, y ése es
el indicio más improprio.
2335 ¿No sabes tú que tú proprio
le viste salir después
de su aposento?

PEDRO

      Es ansí.

ISABEL

Luego el castigo mereces.

PEDRO

¿No pudo salir dos veces?

ISABEL

2340 Sí pudo salir; mas di:
¿cuando estabas escondido,
que yo te amaba no oíste?

PEDRO

Sí, pero también pudiste
haberme ya conocido.

ISABEL

2345 Ya que en esos celos das,
dime, don Pedro, por Dios:
¿puedo yo querer a dos?

PEDRO

A don Luis quieres no más.

ISABEL

Y si eso pudiera ser,
2350 que no lo he de consentir,
¿por qué había de fingir
contigo?

PEDRO

      Por ser mujer.

ISABEL

Tú eres la luz de mi vida;
sólo a ti te adoro yo.

PEDRO

2355 No lo haces de amante.

ISABEL

        ¿No?
Pues, ¿de qué?

PEDRO

De agradecida.

ISABEL

Deja esa duda, señor;
no te cueste un sentimiento; [240]
que no hay agradecimiento
2360 adonde no hay sino amor.

PEDRO

Las finezas son agravios.

ISABEL

Mi bien, templa esos enojos,
y satisfagan mis ojos
lo que no aciertan mis labios.

PEDRO

2365 ¡No he de creerte, crüel!

ISABEL

Advierte . . .

PEDRO

      No estoy en mí.

(*Salen* DON LUCAS *y* DOÑA ALFONSA,
cada uno por su puerta.)

ALFONSA

Don Pedro, ¿qué hacéis aquí?

LUCAS

¿Qué es eso, doña Isabel?

CABELLERA

(Cayeron en ratonera.) (*Aparte.*)

LUCAS

2370 ¿Qué era el caso?

ISABEL

      Señor, fue . . .

PEDRO

Fue, señor . . . (¿Qué le diré?) (*Aparte.*)

ISABEL

Era estar quejosa.

PEDRO

      Era
reñirme agora también
porque entré con el intento
2375 que te dije en su aposento
esta noche.

LUCAS

      Hizo muy bien.

ISABEL

(Esforcemos la salida.) (*Aparte.*)
¿Y a vuestro amor corresponde
que entre otro que vos adonde
2380 yo estuviere recogida?

---

[239] *cuando*: even if.

[240] *sentimiento*: sorrow.

CABELLERA
(Ya deste rayo escapamos.) (*Aparte.*)

ISABEL
¿Vos dudáis siendo quien soy?
Nadie entra adonde yo estoy.

LUCAS
Porque no entre nadie andamos.

ALFONSA
2385 (¡Que así este engaño creyó!) (*Aparte.*)
Don Lucas, advierte agora
que no entró . . .

LUCAS
Callad, señora:
yo sé si entró o si no entró.

ALFONSA
Que creáis me maravillo
2390 este enojo que fingió:
él la quiere . . .

LUCAS
Ya sé yo
que la quiere don Luisillo,
mas yo lo sabré atajar.

ALFONSA
No es sino . . .

LUCAS
Callad, señora,
2395 que os habéis hecho habladora.

ALFONSA
Mirad . . .

LUCAS
No quiero mirar.

ALFONSA
Advierte, señor, que es él.

LUCAS
Calla, hermana, no me enfades;
háganse estas amistades;
2400 dadle un abrazo, Isabel.

ISABEL
No me lo habéis de mandar,
que ha dudado en mi opinión.[241]

LUCAS
Digo que tenéis razón,
pero le habéis de abrazar.

ISABEL
2405 Por vos hago este reparo.

LUCAS
Sois muy honesta, Isabel.

[241] *opinión*: honor.

ISABEL
¿Querrá él?

LUCAS
Sí querrá él.
¿No está claro?

PEDRO
No está claro . . .

LUCAS
¿Cómo no? ¡Viven los cielos!

PEDRO
2410 Si aún no tengo satisfecha
una evidente sospecha.

LUCAS
¿Qué sospecha?

PEDRO
De unos celos.

ALFONSA
¿No lo has entendido?

LUCAS
No.
Pues, ¿hay otra causa?

ISABEL
Sí,
2415 que está doña Alfonsa aquí.

LUCAS
¿Y estoy en las Indias yo?
Habéis de darla un abrazo
por mí; acabemos, por Dios.

ISABEL
Voy a dárselo por vos.

CABELLERA
2420 (¡Que te clavas,[242] bestionazo!) (*Aparte.*)

ALFONSA
(Siendo ciertos mis recelos, (*Aparte.*)
¿cómo mis iras reprimo?)

PEDRO
Agradeceldo a mi primo.
(*Abrázanse.*)

ISABEL
Agradécelo a mis celos.

LUCAS
2425 Eso me parece bien.

ALFONSA
Mira, hermano . . .

LUCAS
Ya es enfado.
¿Está el coche aderezado?

[242] *¡Que te clavas . . .!*: How you are deceiving
yourself!

ANDREA
Sí, señor.
LUCAS
Isabel, ven.
ALFONSA
Diréle que me engañó
2430 luego que salga de aquí.
LUCAS
¿Eres su amiga?
ISABEL
Yo, sí.
LUCAS
Y tú, ¿eres su amigo?
PEDRO
Aún no.
ANDREA
Hazlos amigos; ¿qué esperas?
LUCAS
Vuelvan acá: ¿dónde van?
CABELLERA
2435 Déjalos, que ellos se harán
más amigos que tú quieras.
(*Salen* DON LUIS *y* CARRANZA.)
CARRANZA
Éste es Cabañas, señor.
LUIS
¡Desaliñado lugar!
CARRANZA
La primer pulga se dice
2440 que fue de aquí natural.
Aquí han de parar el coche
y la litera.
LUIS
Es verdad,
y aquí he de hablar a don Lucas.
CARRANZA
Yo pienso que llegan ya.
2445 Pero, ¿qué intentas decirle
si le hablas?
LUIS
Tú lo sabrás.
CARRANZA
¿Tienes celos de Isabel?
LUIS
He llegado a imaginar
que si anoche, como viste,
2450 habló conmigo, será
poner manchas en el sol,
buscarla²⁴³ en su honestidad;

²⁴³ *buscarla.* The antecedent of *la* is *mancha.*

demás que aquel aposento
en que la hallamos está
2455 poco distante del otro,
y se pudo acaso entrar
en él oyendo la voz
de don Lucas.
CARRANZA
Es verdad,
que él la sintió cuando tú
2460 la hablabas.
LUIS
Tente, que ya
llegan todos a la puente.
CARRANZA
¿Qué intentas?
LUIS
Tú has de llamar
a don Lucas y decirle
que un caballero que está
2465 por huésped de este aposento,
dice que le quiere hablar.
CARRANZA
Voy a hacer lo que me ordenas.
LUIS
Con silencio.
CARRANZA
Así será. (*Vase.*)
LUIS
Sepa don Lucas de mí
2470 mi amor, sepa la verdad
de mi dolor; que no es bien,
donde tantas dudas hay,
ocultar el accidente
pudiendo sanar el mal.
(*Sale* DON LUCAS.)
LUCAS
2475 ¿Está un caballero aquí
que me quiere hablar?
LUIS
Sí está.
LUCAS
¿Vos sois?
LUIS
Sí, señor don Lucas.
LUCAS
¿Todavía camináis?
¿Vais en mula o en camello?
2480 Porque, desde ayer a acá,
cuando os presumo delante,

os vengo a encontrar atrás.
¿Qué me queréis, caballero,
que un punto no me dejáis?

LUIS

2485 Quiero hablaros.

LUCAS

Yo no quiero
que me habléis.

LUIS

Esperad,
que os importa a vos.

LUCAS

¿A mí
me importa? Pues perdonad,
que con [244] importarme a mí
2490 tanto, no os quiero escuchar.

LUIS

¿Y si toca a vuestro honor?

LUCAS

A mi honor no toca tal,
que yo sé más de mi honra
que vos ni que cuantos hay.

LUIS

2495 ¿Dos palabras no me oiréis?

LUCAS

¿Dos palabras?

LUIS

Dos no más

LUCAS

Como no me digáis tres,
lo admito.

LUIS

Pues dos serán.

LUCAS

Decidlas.

LUIS

Doña Isabel
2500 me quiere a mí solo.

LUCAS

¡Zas!
Más habéis dicho de mil
en dos palabras no más;
pero ya que se ha soltado
tan grande punto al hablar,
2505 deshaced toda la media, [245]
y hablad más. Pero, ¿qué más?

LUIS

Señor, yo miré a Isabel . . .

LUCAS

Bien pudierais excusar
haberla mirado.

LUIS

El sol,
2510 cuando con luz celestial
sale al oriente divino,
dorando la tierra y mar,
alumbra la más distante
flor, que en capillo sagaz,
2515 de la violencia del cierzo
guarda las hojas de azahar.

LUCAS

No os andéis conmigo en flores,
señor don Luis; acabad.

LUIS

Digo que adoré sus rayos
2520 con amor tan pertinaz . . .

LUCAS

¿Pertinaz? Don Luis, ¿queréis
que me vaya agora a echar
en el pozo de Cabañas,
que en esa plazuela está?

LUIS

2525 Quísome Isabel; que yo
lo conocí en un mirar
tan al descuido, que era
cuidado de mi verdad,
que quien los ojos no entiende . . .

LUCAS

2530 ¡Oculista o Barrabás!,
que de Isabel en los ojos
hallasteis la enfermedad,
decidme cómo os premió,
que aquesto es lo principal,
2535 y no me habléis tan pulido.

LUIS

Premióme con no me hablar;
pero en Illescas, anoche,
con ardiente actividad
la solicité en su lecho;
2540 salió a hablarme hasta el zaguán,
y en él me explicó la enigma
de toda su voluntad. [246]
Dice que ha de ser mi esposa,

[244] *con*: although.
[245] *ya que . . . media*: since you started such a big
run with your talking, go ahead and ruin the whole
stocking.
[246] *voluntad*: love.

y que violentada va
2545 a daros la mano a vos;
pues si esto fuese verdad,
¿por qué dos almas queréis
de un mismo cuerpo apartar?[247]
Yo os tengo por entendido
2550 y os quiero pedir . . .

LUCAS

                    ¡Callad,
que para esta y para estotra
que me la habéis de pagar!

ALFONSA (*Dentro*)

¿Está mi hermano aquí dentro?

LUCAS

A esta alcoba os retirad;
2555 que quiero hablar a mi hermana.

LUIS

Decidme: ¿en qué estado está
mi libertad y mi vida?

LUCAS

Idos, que harto tiempo hay
para hablar de vuestra vida
2560 y de vuestra libertad.

         (*Sale* DOÑA ALFONSA.)

ALFONSA

Hermano . . .

LUCAS

            ¿Qué hay, doña Alfonsa?

ALFONSA

Yo vengo a hablaros.

LUCAS

            ¿Hay tal?
¡Qué dellos[248] quieren hablarme!
Mas si yo no dejo hablar,
2565 hacen muy bien en hablarme
y hago en oírlos muy mal.

ALFONSA

¿Estamos solos?

LUCAS

            Sí, hermana.

ALFONSA

Dí, señor: ¿te enojarás
de mis voces?

LUCAS

         ¿Qué sé yo?

ALFONSA

2570 Sabes, señor . . .

LUCAS

            No sé tal.

ALFONSA

. . . que soy mujer.

LUCAS

                  No lo sé.

ALFONSA

Yo, señor . . .

LUCAS

            ¡Acaba ya!
Este don Luis y esta hermana
pienso que me han de acabar.

ALFONSA

2575 Tengo amor . . .

LUCAS

                  ¡Ten norabuena!

ALFONSA

. . . a don Pedro . . .

LUCAS

                  Bien está.

ALFONSA

Pero él no me quiere a mí,
porque amante desleal,
a doña Isabel procura,
2580 contra mi fe y tu amistad.

LUCAS

Digo que he de creerlo.

ALFONSA

Ya sabes que me da un mal
de corazón.

LUCAS

            Sí, señora.

ALFONSA

Y también te acordarás
2585 que en Illescas me dio anoche
un mal destos.

LUCAS

                  Pues, ¿qué hay?

ALFONSA

Sabrás que el mal fue fingido.

LUCAS

Y agora, ¿quién te creerá
si te da el mal verdadero?

ALFONSA

2590 Importó disimular,
porque don Pedro, traidor,
juzgando que era verdad,
dijo a Isabel mil ternezas;

---

[247] *¿por qué . . . apartar?*: Humorously, Don Luis confuses the Platonic concept of two bodies that have but a single soul.

[248] *¡Qué dellos . . .!*: How many of them . . .!

yo entonces quise estorbar
2595 su amor con mi indignación,
y tan adelante está
su amor, que aun en tu presencia
la requebró.

LUCAS

¡Bueno está!

ALFONSA

Anoche estuvo con ella
2600 en su aposento, y pues ya
llegan mis celos a ser
declarados, tú podrás
tomar venganza en los dos;
solicita, pues, vengar
2605 esta traición que te ha hecho
contra la fidelidad
don Pedro.

LUCAS

¡Buena la hice!²⁴⁹
Mas, ¿quién puede examinar
si quiere a don Luis o a Pedro?
2610 Pero a entrambos los querrá,
porque la tal Isabel
tiene gran facilidad.
Mas de lo que estoy corrido,
más que de todo mi mal,
2615 es que, riñendo por celos,
los hiciese yo abrazar.
Pero, ¿a cuál de los dos quiere?
Agora he de averiguar,
y si es don Pedro su amante . . .,
2620 ¡por vida de ésta y no más!,
que he de tomar tal venganza,
que he de hacer castigo tal,
que dure toda la vida,
aunque vivan más que Adán;
2625 que darles muerte a los dos
es venganza venïal.

ALFONSA

Pues, ¿qué intentas?

LUCAS

¿Don Antonio?

ALFONSA

Sentado está en el zaguán.

LUCAS

¿Don Pedro?

ALFONSA

Ya entra don Pedro.

²⁴⁹ *¡Buena la hice!* I pulled a fine one!

LUCAS

2630 ¿Doña Isabel?

ALFONSA

Allí está.

(*Salen* DON ANTONIO, DOÑA ISABEL,
DON PEDRO, ANDREA *y* CABELLERA.)

ANTONIO

¿Qué me mandas?

ISABEL

¿Qué me quieres?

PEDRO

¿Qué me ordenas?

LUCAS

Esperad.
Cabellera, entra acá dentro.

CABELLERA

Como ordenas, entro ya.

LUCAS

2635 Cerrad la puerta.

CABELLERA

Ya cierro.

LUCAS

Dadme la llave.

CABELLERA

Tomad.

LUCAS

Don Luis, salid.

LUIS

Ya yo salgo.

ISABEL

Di, ¿qué intentas?

ANTONIO

¿Qué será?

PEDRO

¿A qué me llamas?

LUIS

¿Qué es esto?

ALFONSA

2640 ¿Qué pretendes?

LUCAS

Escuchad:
el señor don Luis, que veis,
me ha contado que es galán
de doña Isabel, y dice
que con ella ha de casar,
2645 porque ella le dio palabra
en Illescas, y . . .

CABELLERA
        No hay tal,
que yo en Illescas, anoche,
le vi a una puerta llamar,
y con doña Alfonsa habló
2650 por Isabel. ¿No es verdad
que tú la sentiste anoche?
¿Tú no saliste a buscar
un hombre, con luz y espada?
Pues él fue.

LUIS
        ¿Quién negará
2655 que tú saliste y que yo
me escondí? Pero juzgad
que yo hablé con Isabel,
no con Alfonsa.

ALFONSA
        Aguardad:
yo fui la que allí os hablé,
2660 pero yo os llegaba a hablar
pensando que era don Pedro.

PEDRO
(¡Amor, albricias me dad!) *(Aparte.)*

ISABEL
(¿Lo entendiste?) *(A* DON PEDRO.)

PEDRO
        (Sí, Isabel.) *(A ella.)*

LUCAS
Esto está como ha de estar;
2665 ya está este galán a un lado,
con esto me dejará.
Pues vamos al caso agora,
porque hay más que averiguar.
Doña Alfonsa me ha contado
2670 que, traidor y desleal,
queréis a Isabel . . .

PEDRO
        Señor . . .

LUCAS
Decidme en esto lo que hay;
vos me dijisteis anoche
que entrasteis sólo a cuidar
2675 por mi honor en su aposento,

con que colegido está
que de la parte de afuera
le[250] pudiérades mirar;
más: os ha escuchado Alfonsa
2680 ternísimo requebrar
y satisfacerla amante.

ANTONIO
Don Lucas, no lo creáis.

LUCAS
Yo creeré lo que quisiere;
dejadme agora y callad.
2685 Más: os hablasteis muy tiernos
en Torrejoncillo; más:
cuando el coche se quebró,
esto no podéis negar,
tuvisteis un quebradero
2690 de cabeza[251] . . .

CABELLERA
        (¡Hay tal pesar!) *(Aparte.)*

LUCAS
Más: al llegar a Cabañas,
esto fue sin más ni más,[252]
le[253] sacasteis en los brazos
de la litera al zaguán;
2695 más: desde ayer a estas horas
se miran de a par a par,[254]
cantando en coro los dos,
el tono del ay, ay, ay;[255]
más: aquí os hicisteis señas;
2700 más: no lo pueden negar;
pues muchos "máses" son éstos,
digan luego el otro "mas".[256]

ISABEL
Padre y señor . . .

ANTONIO
        ¿Qué respondes?

ISABEL
Don Pedro . . .

ANTONIO
        Remisa estás.

ISABEL
2705 . . . es el que me dio la vida
en el río.

---

[250] The antecedent of *le* is *honor*.
[251] *quebradero de cabeza*: anxiety (i.e., for Isabel's safety).
[252] *sin más ni más*: without more ado.
[253] The antecedent of *le* is *quebradero de cabeza* referring to Isabel, Don Pedro's one anxiety or concern.
[254] *de a par a par*: openly.

[255] *el tono del ay, ay, ay*: a popular dance accompanied by music and song with the refrain *¡ay, ay, ay!*
[256] *muchos "máses"* . . . *otro "mas"*. Other editions read, *muchos mases* . . . *otro "más,"* but although the play on words cannot be retained in translation, the meaning seems to be, "these are a lot of 'moreovers,' now let them say their 'but'" (i.e., denial).

PEDRO

Y el que ya
no puede ahora negarte
una antigua voluntad. —
Antes que tú la quisieras,
2710 la adoré; no es desleal
quien no puede reprimir
un amor tan eficaz.

LUCAS

Calla, primillo, que ¡vive . . .!;
pero no quiero jurar;
2715 que he de vengarme de ti.

PEDRO

Estrene el cuchillo ya
en mi garganta.

LUCAS

Eso no;
yo no os tengo de matar;
eso es lo que vos queréis.

PEDRO

2720 Pues, ¿qué intentas?

ANDREA

¿Qué querrá?
¡Entre bobos anda el juego!

ANTONIO

¿Qué haces?

LUCAS

Ahora lo verás.
Vos sois, don Pedro, muy pobre,
y a no ser porque en mí halláis
2725 el arrimo de pariente,
perecierais.

PEDRO

Es verdad.

LUCAS

Doña Isabel es muy pobre:
por ser hermosa no más
yo me casaba con ella;
2730 pero no tiene un real
de dote.

ANTONIO

Por eso es
virtuosa y principal.

LUCAS

Pues dadla la mano al punto,

que en esto me he de vengar:
2735 ella pobre, vos muy pobre,
no tenéis[257] hora de paz;
el amar se acaba luego,
nunca la necesidad;
hoy con el pan de la boda,
2740 no buscaréis otro pan;
de mí os vengáis esta noche,
y mañana, a más tardar,
cuando almuercen un requiebro,[258]
y en la mesa, en vez de pan,
2745 pongan una "fe" al comer
y una "constancia" al cenar,
y, en vez de galas, se ponga
un buen amor de Milán,[259]
una tela de "mi vida",
2750 aforrada en "¿me querrás?",
echarán de ver los dos
cuál se ha vengado de cuál.

PEDRO

Señor . . .

LUCAS

Ello[260] has de casarte.

CABELLERA

¡Cruel castigo les das!

LUCAS

2755 ¡Entre bobos anda el juego!
Presto me lo pagarán
y sabrán pronto lo que es
sin olla una voluntad.[261]

PEDRO

(Hacerme de rogar quiero.) (*Aparte.*)
2760 Señor . . .

CABELLERA

(La mano la da; (*Aparte.*)
no se arrepienta.)

PEDRO

Ésta es
mi mano.
(*Danse las manos.*)

ISABEL

El alma será
quien sólo ajuste este lazo.

LUCAS

Don Luis: si os queréis casar,

---

257 *tenéis: tendréis.*

258 *cuando . . . requiebro*: whenever you eat an
endearment for breakfast. In the following verses, *fe*,
constancia, etc., are common terms in lovers' talk, but
they will provide the only sustenance for the newly-
weds.

259 *Milan* was noted for its fine linen, but instead of
wearing clothes made of it, the lovers will have to
"wear" their love.

260 *Ello*: The fact is.

261 *sin olla una voluntad*: love without stew.

2765 mi hermana está aquí de nones,[262]
y haréis los dos lindo par.

LUIS

En Toledo nos veremos.

LUCAS

Iréme dél si allá vais.

CABELLERA

Y don Francisco de Rojas,
2770 a tan gran comunidad,
pide el perdón con que siempre
le favorecéis y honráis.

[262] *estar de nones*: to be unmatched.

~~~ STUDY QUESTIONS AND TOPICS

1. The general characteristics of the *comedia de figurón*.
2. The various methods employed to portray Don Lucas as a *figurón*.
3. Why is the *figurón* so often described as anti-*galán*?
4. The methods used to differentiate Isabel's three suitors.
5. The function of the prose letters in the play.
6. The use of repetition for comic effect.
7. Social satire in the play.
8. Does the play have a serious message?
9. Potential dangers of the *comedia de figurón* as a genre.

Agustín Moreto y Cabaña
(1618–1669)

CHRONOLOGY

1618 April 9: Moreto is born in Madrid of Italian parents.
1634 Enters the University of Alcalá de Henares where he studies philosophy.
1639 Receives the degree of licentiate from Alcalá. Contributes a sonnet, his first printed work, to a memorial volume published on the occasion of the death of Juan Pérez de Montalván.
1642 A cleric of minor orders, Moreto receives a benefice in the diocese of Toledo.
1649 Member of the Academia Castellana, a literary society in Madrid. Resides in the capital for several years.
1654 Publication of the *Primera parte* of Moreto's plays, the only *parte* published during his lifetime.
1656 Writes the *loas* and *entremeses* for the feast of Corpus Christi in Seville.
1657 Appointed by Don Baltasar de Moscoso y Sandoval, Cardinal-Archbishop of Toledo, to head the Hermandad del Refugio, a charitable organization to assist the needy. Spends the rest of his life in this work but continues to write a few plays.
1669 October 28: Dies in Toledo.

☙☙☙ Moreto and His Plays

Few facts are known about the life of Moreto, the youngest of the major Spanish dramatists of the seventeenth century. He was born in Madrid on April 9, 1618, one of the eight children of Italian immigrants. His father prospered in the Spanish capital, becoming a well-to-do businessman dealing in furniture, tapestries, and real estate. When Moreto was sixteen he entered the University of Alcalá de Henares, where he studied arts and philosophy. He received the degree of licentiate in 1639.

In the same year Moreto contributed a sonnet, his first printed work, to the memorial volume published on the occasion of the death of Juan Pérez de Montalván, Lope de Vega's disciple and biographer. Apparently Moreto was accepted into the literary circles of the court at an early age. In 1640 he took part in a comic skit performed before Philip IV at the royal palace, a skit entitled *La creación del mundo*. Luis Vélez de Guevara played the role of the Eternal Father, Calderón was cast as Adam, and Moreto played Abel. It is not known who acted as Eve, but when Adam and she are engaged in a tender love scene, Abel, who has not yet appeared in the play, remarks off-stage: "Estos me quieren hacer."

Moreto had taken minor clerical orders by 1642, in which year he received a benefice in the diocese of Toledo. His ecclesiastical duties were not arduous, for during the next decade he wrote a considerable number of plays (the titles and chronology of which are largely obscure); and he managed to spend long periods of time in Madrid. In 1649 at a meeting of the Academia Castellana a fellow member wrote a *vejamen* poking fun at him for ransacking old *comedias* for plots and scenes which he could borrow for his own plays. This anecdote gave rise to the later critical commonplace tht Moreto lacked inventiveness and often resorted to plagiarism, a notion which will be examined later.

In 1654 the *Primera parte* of Moreto's *comedias* was published in Madrid, the only volume of his plays that was printed during his lifetime and the only one in which all the plays appear to be authentic. Other volumes published after his death, including the *Segunda parte* (1676), the so-called *Verdadera tercera parte* (1676), and another *Tercera parte* (1681), include several plays considered to be apocryphal or not his individual work.

In 1657 Don Baltasar de Moscoso y Sandoval, Cardinal-Archbishop of Toledo, appointed Moreto to head the Hermandad del Refugio, an organization charged with helping the poor. He seems to have performed his charitable work with energy and zeal, although he did not entirely cease writing for the stage. He lived in the hospital directed by the Hermandad until his death on October 28, 1669. In his will he ordered that, after his debts had been paid, the remainder of his estate should be distributed among the poor to whom he devoted the last years of his life.

As in the case of most major Spanish dramatists, the problem of the authenticity of the plays ascribed to Moreto is a troublesome one. Almost one hundred plays, including those written in collaboration, have been attributed to him, but Ruth Lee Kennedy, his most reliable bibliographer, concludes that only thirty-two of his individual authorship and sixteen written in collaboration are unquestionably authentic. She considers twelve as possibly his and nine as definitely apocryphal. Of the thirty-two plays which Moreto wrote by himself, fifteen are known to be based on earlier plays, and of the sixteen written in collaboration, eight have been traced to source-plays. These figures would seem to bear out those literary historians who have censured Moreto for his lack of inventiveness, but even Moreto's severest critics have acknowledged that in the great majority of cases he improved notably on his models. A recent critic, Frank P. Casa, also makes the point that imitation was regarded as a laudable esthetic principle in Moreto's day, and, therefore, his plays should be judged according to their artistic merit, not according to the originality of their subject matter.

Moreto's theater is usually divided into the following classes: religious plays, historical plays, comedies of intrigue, comedies of character, and shorter pieces including *loas*, *bailes*, and *entremeses*. Most highly regarded of Moreto's religious plays is *San Franco de Sena*, which contains reminiscences of *El condenado por desconfiado*, especially in the devotion of the wanton son to his helpless father, but in no sense is Moreto's play an imitation of Tirso de Molina's theological drama. The charge of plagiarism so often levelled at Moreto is due in part to his historical play, *El valiente justiciero*, which has been called everything from a "slavish imitation" to an "admirable adaptation" of *El rey don Pedro en Madrid*, usually attributed to Lope de Vega. Both plays deal with the conflict of that turbulent king, Peter the Cruel, with a defiant vassal, but Moreto's play is more concerned with reestablishing the authority of the king as a political figure than with his triumph as an individual involved in a personal feud.

As Frank Casa indicates, Moreto made significant changes in the theme, characterization, and conflict.

It is in his comedies of character where Moreto's talents show to best advantage, for they provide ample scope for his urbanity, wit, and comic verve. One of his most delightful plays is *El lindo don Diego*, based on Guillén de Castro's *El Narciso en su opinión* (1625). In Moreto's comedy, Inés, the daughter of Don Tello, is in love with Don Juan, but her father promises her hand to Don Diego, who fancies that he possesses the ultimate in masculine charm. Mosquito, Don Juan's servant, comes to the lovers' rescue by suggesting that the maid Beatriz pose as a countess who pretends to fall in love with Don Diego. A victim of his own vanity and greed, Don Diego soon renounces Inés in favor of Beatriz. He is left holding the bag when Inés is matched with Don Juan and Beatriz is paired off with Mosquito. Moreto's play, which is superior to its source on almost every count, is a model of comic incident, witty dialogue, and skillful characterization. Because of the protagonist's colossal conceit and ridiculous pretentiousness, *El lindo don Diego* is often classified as a *comedia de figurón*.

Published in the *Primera parte* of Moreto's *comedias* (1654), *El desdén con el desdén* has intrigued source-seekers more than any other of his plays. No fewer than twenty-one plays, including two by Moreto himself, have been suggested as possible sources. But the important thing is that Moreto's masterpiece is, in several respects, an extraordinary play in the Golden Age theater. Although the setting is the palace of the Count of Barcelona, it differs from the usual *comedia palaciega* in that there is little physical action, almost no intrigue (in the ordinary sense), and no concern with honor. The conflict is a psychological one, and it is sustained, with remarkable finesse, throughout the play. Some critics have called it a *comedia de salón* because in atmosphere and mood it anticipates the highly stylized drawing-room comedy of the eighteenth century.

El desdén con el desdén reveals most of the traits characteristic of Moreto's theater:

orderly structure, a compact plot, careful attention to the psychological delineation of characters, the prominence of the role of the *gracioso*, greater interest in social and ethical themes than in philosophical or theological ones, little concern with the honor theme, clever dialogue, a fondness for puns and anecdotes, an absence of lyricism, the use of music and songs to heighten scenic effects, and an air of the ballet or operetta. Moreto has been likened to Alarcón because they possess many of the same qualities, especially the classical qualities of orderliness, clarity, and restraint. Both dramatists are regarded as the leading exponents of *buen gusto* in their respective generations.

Moreto's masterpiece served as the model for Molière's *La Princesse d'Élide* (1664), not an especially notable distinction in view of the fact that this *comédie-ballet* was one of the French dramatist's most conspicuous failures.

The following text is based on the edition of Narciso Alonso Cortés, vol. 32 of *Clásicos Castellanos* (Madrid, 1919), which is based in turn on the second edition of the *Primera parte* of Moreto's plays (Madrid, 1677). Willis Knapp Jones' edition of *El desdén con el desdén* (New York, 1935) has also been very helpful. Other editions consulted include that of Luis Fernández-Guerra y Orbe, in *Biblioteca de Autores Españoles*, vol. 39 (Madrid, 1856), and that of José María Vigueira, in *Biblioteca Clásica Ebro*, vol. 58, 3d. ed. (Zaragoza, 1957).

꒰꒱꒰꒱ SELECTED BIBLIOGRAPHY

I. Collections of Moreto's Plays

Comedias escogidas de D.Agustín Moreto y Cabaña, ed. Luis Fernández-Guerra y Orbe, in *Biblioteca de Autores Españoles*, vol. 39. Madrid, 1856.

Teatro, ed. Narciso Alonso Cortés, in *Clásicos Castellanos*, vol. 32. Madrid, 1919.

II. General Studies of Moreto

CALDERA, ERMANNO. *Il teatro di Moreto*. Pisa, 1960.

CASA, FRANK P. *The Dramatic Craftsmanship of Moreto*. Cambridge, Mass., 1965.

COTARELO y MORI, EMILIO. "La bibliografía de Moreto," *Boletín de la Real Academic Española* 14 (1927), 449–94.

KENNEDY, RUTH LEE. *The Dramatic Art of Moreto*, Smith College Studies in Modern Languages 13, nos. 1–4. Northampton, Mass., 1931–32.

MORLEY, S. GRISWOLD, *Studies in Spanish Dramatic Versification of the "Siglo de Oro": Alarcón and Moreto*, University of California Publications in Modern Philology 7, no. 3, pp. 131–73. Berkeley, 1918.

III. Studies of El desdén con el desdén

HARLAN, M. M. *The Relation of Moreto's "El desdén con el desdén" to Suggested Sources*, Indiana Universtity Studies 11, no. 62. Bloomington, 1924.

WARDROPPER, BRUCE W. "Moreto's *El desdén con el desdén*: The *Comedia* Secularized," *Bulletin of Hispanic Studies* 34 (1957), 1–9.

ぬぬぬ Jornada primera

Verses			
1–64	Redondillas	551–562	Redondillas
65–438	Romance (i-a)	563–566	Romance (-é) (song)
439–546	Liras (3 types, ABABCC most common)	567–642	Redondillas
		643–646	Romance (-é) (song)
547–550	Romance (-é) (song)	647–738	Redondillas
		739–1056	Romance (e-o)

ぬぬぬ Jornada segunda

1057–1304	Redondillas	1824–1827	Romance (-é) (song)
1305–1384	Quintillas	1828–1877	Romance (i-o)
1385–1782	Romance (e-a) (Interspersed with songs in form of *coplas*)	1878–1881	Romance (-é) (song)
		1882–1891	Romance (i-o)
1783–1797	Silvas	1892–1895	Romance (-é) (song)
1798–1801	Romance (-é) (song)	1896–1985	Romance (i-o)
1802–1823	Silvas		

ぬぬぬ Jornada tercera

1986–2067	Tercetos	2171–2198	Redondillas (includes 4 lines of song)
2068–2111	Redondillas		
2112–2116	Copla	2199–2552	Romance (e-o) (includes 6 lines of song)
2117–2124	Redondillas		
2125–2128	Romance (i-a) (song)	2553–2566	Soneto
2129–2152	Redondillas	2567–2626	Décimas
2153–2162	Décima	2627–2840	Romance (a-o)
2163–2166	Redondilla	2841–2877	Silvas
2167–2170	Romance (i-a) (song)	2878–2929	Romance (-é)

∽∽∽ *El desdén con el desdén*

PERSONAS

CARLOS, *conde de Urgel*
POLILLA, *gracioso*
EL CONDE DE BARCELONA
EL PRÍNCIPE DE BEARNE
DON GASTÓN, *conde de Fox*

DIANA
CINTIA
LAURA
MÚSICOS

∽∽∽ Jornada primera

(*Salen* CARLOS *y* POLILLA.)[1]

CARLOS
Yo he de perder el sentido
con tan extraña mujer.

POLILLA
Dame tu pena a entender,
señor, por recién venido.[2]
5 Cuando te hallo en Barcelona
lleno de aplauso y honor,
donde tu heroico valor
todo su pueblo pregona;
cuando sobra a tus vitorias
10 ser Carlos,[3] conde de Urgel,[4]
y en el mundo no hay papel
donde se escriban[5] tus glorias,
¿qué causa ha podido haber
de que estés tan mal guisado,[6]
15 que por más que la he pensado
no la puedo comprehender?[7]

CARLOS
Polilla, mi desazón
tiene más naturaleza.[8]
Este pesar no es tristeza,
20 sino desesperación.

POLILLA
¿Desesperación? Señor,
que te enfrenes te aconsejo,
que tiras algo a bermejo.[9]

CARLOS
No burles de mi dolor.

POLILLA
25 ¿Yo burlar? Esto es templarte;
mas tu desesperación,
¿qué tanta es a esta sazón?

CARLOS
La mayor.

POLILLA
        ¿Cosa de ahorcarte?[10]
Que si no, poco te ahoga.

---

[1] Stage direction. The scene takes place in the palace of the Count of Barcelona.
[2] *por recién venido*: because I have just arrived.
[3] *cuando . . . Carlos*: when, over and above your victories, you are Carlos.
[4] *Urgel*: *Seo de Urgel*, a town in the province of Lérida, Catalonia.
[5] Understand *no* before *se escriban*.
[6] *mal guisado*: out of sorts.
[7] *comprehender*: comprender.
[8] *mi . . . naturaleza*: my trouble has a deeper cause.
[9] *que . . . bermejo*: because you are inclined to be rather impetuous.
[10] ¿*Cosa de ahorcarte?*: Important enough to hang yourself for?

CARLOS

30 No te burles, que me enfado.

POLILLA

Pues si estás desesperado,
¿hago mal en darte soga?[11]

CARLOS

Si dejaras tu locura,
mi mal te comunicara,
35 porque la agudeza rara
de tu ingenio me asegura
que algún medio discurriera,[12]
como otras veces me has dado,
con que alivie mi cuidado.

POLILLA

40 Pues, señor, polilla fuera.[13]
Desembucha tu pasión
y no tenga tu cuidado,
teniéndola en el criado,
polilla en el corazón.[14]

CARLOS

45 Ya sabes que a Barcelona,
del ocio de mis estados,
me trajeron los cuidados
de la fama que pregona
de Diana la hermosura,
50 desta corona heredera,
en quien la dicha que espera
tanto príncipe procura,[15]
compitiendo en su deseo
gala, brío y discreción.

POLILLA

55 Ya sé que sin pretensión
veniste[16] a este galanteo
por lucir la bizarría
de tus heroicos blasones,
y que en todas las acciones
60 siempre te has llevado el día.[17]

CARLOS

Pues oye mi sentimiento.

POLILLA

Ello[18] ¿estás enamorado?

CARLOS

Sí estoy.

POLILLA

Gran susto me has dado.

CARLOS

Pues escucha.

POLILLA

Va de cuento.[19]

CARLOS

65 Ya sabes cómo en Urgel
tuve, antes de mi partida,
del amor del de Bearne[20]
y el de Fox[21] larga noticia.
De Diana pretendientes,[22]
70 dieron con sus bizarrías
voz a la fama[23] y asombro
a todas estas provincias.
El ver de amor tan rendidos,
como la fama publica,
75 dos príncipes tan bizarros
que aun los alaba la envidia,[24]
me llevó a ver si esto en ellos
era por galantería,
gusto, opinión o violencia[25]
80 de su hermosura divina.
Entré, pues, en Barcelona;
vila en su palacio un día
sin susto del corazón
ni admiración de la vista.
85 Una hermosura modesta,
con muchas señas de tibia,[26]
mas sin defecto común
ni perfección peregrina,
de aquéllas en quien el juicio,

[11] *dar soga*: a pun, "to give one rope" and "to make fun of."

[12] *algún . . . discurriera*: it would think of some solution.

[13] *polilla fuera*. As so often happens in the *comedia*, the *gracioso* is punning on his name, which means both "moth" and "anxiety."

[14] *Desembuche . . . corazón*. The sense is, "Tell me of your suffering, and don't let your concern cause any anxiety in you heart since you have as your servant a moth (who will gnaw it away)."

[15] *en . . . procura*: in which so many princes are seeking the good fortune that they hope for.

[16] *veniste: viniste.*

[17] *te . . . día*: you have come out victorious.

[18] *Ello*: so (often omitted in translation).

[19] *Va de cuento*: On with the story.

[20] *del de Bearne*: of the Prince of Bearne (the province of Béarn in the French Pyrenees).

[21] *el de Fox*: the Count of Fox (a distinguished Catalonian family).

[22] *pretendientes*: suitors.

[23] *dieron . . . fama*: with their gallant deeds they spread their fame.

[24] *aun . . . envidia*: they are praised even by those who envy them.

[25] *opinión o violencia*: reputation or force.

[26] *tibia*: cold, unattractive. See also vv. 258, 278, 298.

90 cuando las vemos queridas,
por la admiración apela
al no sé qué de la dicha.[27]
La ocasión de verme entre ellos
cuando al valor desafían
95 en públicas competencias,
con que el favor solicitan,
ya que no pudo a mi amor,
empeñó mi bizarría,[28]
ya en fiestas y ya en torneos
100 y otras empresas debidas
al culto de una deidad
a cuya soberanía,
sin el empeño[29] de amor,
la obligación sacrifica.
105 Tuve en todas tal fortuna
que, dejando deslucidas
sus acciones, salí siempre
coronado con las mías,
y el vulgo, con el suceso,
110 la corona merecida
con la suerte dio a mi frente
por mérito, siendo dicha;[30]
que cualquiera de los dos
que en ella me competía[31]
115 la mereció más que yo.
Pero para conseguirla
tuve yo el faltar mi amor
y no tener la codicia[32]
con que ellos la deseaban,
120 y así por fuerza fue mía;
que en los casos de la suerte,
por tema de su malicia,[33]
se van siempre las venturas
a quien no las solicita.
125 Siendo, pues, mis alabanzas

de todos tan repetidas,
sólo en Diana hallé siempre
una entereza tan hija
de su esquiva condición[34]
130 que, siendo mi bizarrías
dedicadas a su aplauso,
nunca me dejó noticia,
ya que no de favorable,
siquiera de agradecida.[35]
135 Y esto con tanta esquivez[36]
que en todos dejó la misma
admiración[37] que en mis ojos,
pues la extraña demasía
de su entereza pasaba
140 del decoro la medida
y, excediendo de recato,
tocaba ya en grosería;
que a las damas de tal nombre[38]
puso el respeto dos líneas:
145 una es la desatención,[39]
y otra el favor; mas la avisa
que ponga entre ellas la planta
tan ajustada y medida,[40]
que en una ni en otra toque,
150 porque si de agradecida
adelanta mucho el pie,
la raya del favor pisa,
y es ligereza,[41] y si entera[42]
mucho la planta retira
155 por no tocar el favor
pisa en la descortesía.
Este error hallé en Diana,
que empeñó mi bizarría
a moverla por lo menos
160 a atención, si no a caricia;[43]
y este deseo en las fiestas

---

[27] *de aquéllas . . . dicha*: one of those about whom, when we see that they are loved, our judgment, because of our surprise, has recourse to that business about good looks. Cf. the proverb, *La ventura de las feas, la dicha*, meaning that ugly women are lucky in matters of love.

[28] *La ocasión . . . bizarría*: The fact that I was among them . . . aroused my gallantry, although it failed to arouse my love.

[29] *empeño*: commitment.

[30] *el vulgo . . . dicha*: the public, because of the outcome, gave me the crown because they thought that I deserved it, when it was only a matter of luck.

[31] *que . . . competía*: who competed with me for it (crown).

[32] *tuve . . . codicia*: i.e., I had neither love nor greed to hamper me.

[33] *por . . . malicia*: because of her (fortune's) stubborn

perversity.

[34] *entereza . . . condición*: inflexibility so in keeping with her disdainful character.

[35] *nunca . . . agradecida*: she never took notice of me, neither indicating that she felt favorably inclined toward me nor even that she was grateful.

[36] *esquivez*: indifference.

[37] *admiración*: astonishment.

[38] *damas . . . nombre*: i.e., women who are named after the goddess Diana, protectress of women and chastity.

[39] *desatención*: inattentiveness.

[40] *mas . . . medida*: but it (respect) advises her to set foot so exactly and carefully between them (the two lines).

[41] *ligereza*: fickleness.

[42] *entera*: unyielding.

[43] *caricia*: affection.

me obligaba a repetirlas,[44]
a buscar nuevos empeños[45]
al valor y a la osadía;
165 mas nunca pude sacar
de su condición esquiva
más que más causa a la queja
y más culpa a la malicia.
De esto nació el inquirir
170 si ella conmigo tenía
alguna aversión o queja,
mal fundada o presumida,
y averigüé que Diana,
del discurso las primicias,
175 con las luces de su ingenio
las dio a la filosofía.[46]
De este estudio y la lición[47]
de las fábulas antiguas,
resultó un común desprecio
180 de los hombres, unas iras
contra el orden natural
del amor con quien[48] fabrica
el mundo a su duración[49]
alcázares en que viva;
185 tan estable en su opinión,
que da con sentencia fija
el querer bien por pasión
de las mujeres indigna;[50]
tanto, que siendo heredera
190 de esta corona, y precisa
la obligación de casarse,
la renuncia y desestima
por no ver que haya quien triunfe
de su condición altiva.
195 A su cuarto hace la selva
de Diana,[51] y son las ninfas
sus damas, y en este estudio
las emplea todo el día.
Sólo adornan sus paredes

200 de las ninfas fugitivas
pinturas que persuaden
al desdén. Allí se mira
a Dafne huyendo de Apolo,[52]
Anaxarte[53] convertida
205 en piedra por no querer,
Aretusa en fuentecilla,
que el tierno llanto de Alfeo[54]
paga en lágrimas esquivas.
Y viendo el conde, su padre,
210 que en este error se confirma
cada día con más fuerza,
que la razón no la obliga,
que sus ruegos no la ablandan,
y con tal furia se irrita
215 en hablándola de amor,
que teme que la encamina
a un furor desesperado,
que el medio más blando elija
le aconseja su prudencia,[55]
220 y a los príncipes convida
para que, haciendo por ella
fiestas y galanterías,
sin la persuasión ni el ruego,
la naturaleza misma
225 sea quien lidie con ella,
por si,[56] teniendo a la vista
aplausos y rendimientos,
ansias, lisonjas, caricias,
su propio interés la vence
230 o la obligación la inclina;
que en quien la razón no labra,
endurece la porfía
del persuadir, y no hay cosa
como dejar a quien lidia
235 con su misma sinrazón;
pues si ella[57] misma le[58] guía
al error, en dando en él,

---

[44] *repetirlas.* The antecedent of *las* is *bizarrías.*
[45] *empeños:* undertakings.
[46] *averigüé . . . filosofía:* I found out that Diana devoted the initial efforts of her reasoning, with the enlightenment of her mind, to philosophy.
[47] *lición (lección):* lectura.
[48] *quien:* que.
[49] *a su duración:* for its continuation.
[50] *que . . . indigna:* she considers, with firm judgment, that to love deeply is a passion unworthy of women.
[51] *Diana:* goddess of the hunt and the woods. See n. 38.
[52] *Dafne . . . Apolo.* Pursued by Apollo, the nymph

Daphne escaped the god's lust by being transformed into a laurel tree.
[53] *Anaxarte:* Anaxarete, a Greek princess who was turned into stone by the gods because she felt no compassion for Iphis, who hanged himself because she spurned his love.
[54] *Aretusa . . . Alfeo.* The nymph Arethusa was transformed into a fountain by Diana so that she could escape from Alpheus, the amorous river-god in whose waters she bathed.
[55] *que . . . prudencia.* Construe, *que su prudencia (del padre) le aconseja que elija el medio más blando.*
[56] *por si:* to see if.
[57] *ella* refers to *sinrazón.*
[58] The antecedent of *le* is *quien.*

es fuerza quedar vencida,
porque no hay [59] con el que a escuras
240 por un mal paso camina,
para que vea su engaño,
mejor luz que la caída.
Habiendo ya averiguado
que esto en su opinión esquiva
245 era desprecio común
y no repugnancia mía, [60]
claro está que yo debiera
sosegarme en mi porfía;
y considerando bien
250 opinión tan exquisita,
primero que a sentimiento [61]
pudiera moverme a risa.
Pues para que se conozca
la vileza más indigna
255 de nuestra naturaleza,
aquella hermosura misma
que yo antes libre miraba
con tantas partes de tibia,
cuando la vi desdeñosa,
260 por lo imposible a la vista, [62]
la que miraba común,
me pareció peregrina.
¡Oh, bajeza del deseo!
Que aunque sea [a] la codicia
265 de más precio lo que alcanza
que lo que se retira,
sólo por la privación
de más valor lo imagina,
y da el precio a lo difícil,
270 que su mismo ser le quita. [63]
Cada vez que la miraba,
más bella me parecía,
y iba creciendo en mi pecho
este fuego tan aprisa,
275 que absorto de ver la llama,
a ver la causa volvía,
y hallaba que aquella nieve
de su desdén, muda y tibia,
producía en mí este incendio.

280 ¡Qué ejemplo para el que olvida!
Seguro piensa que está
el que en la ceniza fría
tiene ya su amor difunto:
¡qué engañado lo imagina!
285 Si amor se enciende de nieve,
¿quién se fía en la ceniza?
Corrido [64] yo de mis ansias,
preguntaba a mis fatigas:
¡Traidor corazón!, ¿qué es esto?
290 ¿Qué es esto, aleves caricias?
La que neutral no os agrada,
¿os parece bien esquiva?
La que vista no os suspende,
¿cuando es ingrata os admira?
295 ¿Qué le añade a la hermosura
el rigor que la ilumina?
¿Con el desdén es hermosa
la que sin desdén fue tibia?
El desprecio, ¿no es injuria?
300 La que desprecia, ¿no irrita?
Pues la que no pudo afable,
¿por qué os arrastra enemiga? [65]
La crueldad a la hermosura,
¿el ser de deidad la quita?
305 Pues qué, ¿para mí la ensalza
lo que para sí la humilla? [66]
Lo tirano, ¿se aborrece?
Pues a mí, ¿cómo me obliga?
¿Qué es esto, amor? ¿Es acaso
310 hermosa la tiranía?
No es posible, no; esto es falso;
no es esto amor ni hay quien diga
que arrastrar pudo inhumana
la que no movió divina.
315 Pues ¿qué es esto? Esto ¿no es fuego?
Sí, que mi ardor lo acredita;
no, que el hielo no lo causa;
sí, que el pecho lo publica.
No puede ser, no es posible,
320 no, que a la razón implica. [67]
Pues ¿qué será? Esto es deseo.

[59] The subject of *hay* is *luz* (v. 242).
[60] *no repugnancia mía*: not aversion toward me.
[61] *sentimiento*: resentment.
[62] *por . . . vista*: because of the apparent impossibility (of winning her).
[63] *Que aunque . . . quita*: freely, "Because even though we may desire what we can obtain more than what is withheld from us, only because we are deprived of the latter, we imagine it to be of greater value, and we prize the unattainable which by its very nature is of no value to us."
[64] *Corrido*: Ashamed.
[65] *Pues . . . enemiga?*: Then why does she who could not attract you when she was gracious do so when she is hostile?
[66] *La crueldad . . . humilla?*: Doesn't cruelty take away from beauty its divine quality? Then why does the same thing that demeans her character (*para sí*) dignify her in my view?
[67] *implicar*: to contradict.

¿De qué? De mi muerte misma.
Yo mi mal querer no puedo;
pues ¿qué sera? ¿Una codicia
325 de aquello que se me aparta?
No, porque no lo querría
el corazón. ¿Esto es tema?[68]
No; pues, alma, ¿qué imaginas?
Bajeza es del pensamiento;
330 no es sino soberanía[69]
de nuestra naturaleza,
cuya condición altiva
todo lo quiere rendir,
como superior se mira.
335 Y habiendo visto que hay pecho
que a su halago no se rinda,
el dolor de este desdén
le abrasa y le martiriza,
y produce un sentimiento
340 con que a desear le obliga
vencer aquel imposible.
Y ardiendo en esta fatiga,[70]
como hay parte de deseo,
y este deseo lastima,
345 parece efecto de amor,
porque apetece y aspira,
y no es sino sentimiento
equivocado en caricia.[71]
Esto la razón discurre;
350 mas la voluntad, indigna,
toda la razón me arrastra
y todo el valor me quita.
Sea amor o sentimiento,
nieve, ardor, llama o ceniza,
355 yo me abraso, yo me rindo
a esta furia vengativa
de amor, contra la quietud
de mi libertad tranquila;
y sin esperanza alguna
360 de sosiego en mis fatigas,
yo padezco en mi silencio,
yo mismo soy de las iras
de mi dolor alimento;
mi pena se hace a sí misma,
365 porque, más que mi deseo,
es rayo que me fulmina,

aunque es tan digna la causa,
el ser la razón indigna;[72]
pues mi ciega voluntad
370 se lleva y se precipita
del rigor, de la crueldad,
del desdén, la tiranía,
y muero, más que de amor,
de ver que a tanta desdicha,
375 quien no pudo como hermosa,
me arrastrase como esquiva.

POLILLA

Atento, señor, he estado,
y el suceso no me admira,
porque esto, señor, es cosa
380 que sucede cada día.
Mira: siendo yo muchacho,
había en mi casa vendimia,
y por el suelo las uvas
nunca me daban codicia.
385 Pasó este tiempo, y después
colgaron en la cocina
las uvas para el invierno;
y yo, viéndolas arriba,
rabiaba por comer de ellas,
390 tanto que, trepando un día
por alcanzarlas, caí
y me quebré las costillas.
Éste es el caso, él por él.[73]

CARLOS

No el ser natural me alivia,[74]
395 si es injusto el natural.

POLILLA

Dime, señor, ¿ella mira
con más cariño a otro?

CARLOS

No.

POLILLA

Y ellos, ¿no la solicitan?

CARLOS

Todos vencerla pretenden.

POLILLA

400 Pues que cae más aprisa
apostaré.

CARLOS

¿Por qué causa?

---

[68] *tema*: obsession.
[69] *soberanía*: pride.
[70] *fatiga*: anxiety.
[71] *y . . . caricia*: and it is only resentment mistaken for affection.
[72] *es rayo . . . indigna*: it (my sorrow) is a thunderbolt that destroys me, although its cause (i.e., Diana herself) is so worthy and the reason for it (Diana's disdain) is so unworthy.
[73] *él por él*: exactly.
[74] *No . . . alivia*: The fact that it is natural does not comfort me.

POLILLA
Sólo porque es tan esquiva.

CARLOS
¿Cómo ha de ser?

POLILLA
Verbigracia:
¿viste una breva[75] en la cima
405 de una higuera, y los muchachos
que en alcanzarla porfían,
piedras la tiran a pares,[76]
y aunque a algunas se resista,
al cabo, de aporreada
410 con las piedras que la tiran,
viene a caer más madura?
Pues lo mismo aquí imagina.
Ella está tiesa y muy alta;
tú tus pedradas la tiras;
415 los otros tiran las suyas;
luego, por más que resista,
ha de venir a caer,
de una y otra[77] a la porfía,
más madura que una breva.
420 Mas, cuidado a la caída,
que el cogerla es lo que importa;
que ella cairá,[78] como hay viñas.[79]

CARLOS
El conde, su padre, viene.

POLILLA
Acompañado se mira
425 del de Fox y el de Bearne.

CARLOS
Ninguno tiene noticia
del incendio de mi pecho,
porque mi silencio abriga
el áspid de mi dolor.

POLILLA
430 Ésa es mayor valentía:
callar tu pasión mucho es,
¡vive Dios! ¿Por qué imaginas
que llaman ciego a quien ama?

CARLOS
Porque sus yerros no mira.

POLILLA
435 No tal.

CARLOS
Pues ¿por qué está ciego?

POLILLA
Porque el que ama al ciego imita.

CARLOS
¿En qué?

POLILLA
En cantar la pasión[80]
por calles y por esquinas.

(*Salen el* CONDE DE BARCELONA, *el*
PRÍNCIPE DE BEARNE *y* DON GASTÓN,
conde de Fox.)

CONDE
Príncipe, vuestro justo sentimiento,
440 mirado bien, no es vuestro, sino mío.
Ningún remedio intento
que no le venza el ciego desvarío
de Diana, quien hallo
cada vez menos medios de enmendallo.[81]
445 Ni del poder de padre a usar me atrevo,
ni del de la razón, porque se irrita
tanto cuando de amor a hablarla pruebo,
que a más daño el furor la precipita.
Ella, en fin, por no amar ni sujetarse,
450 quiere morir primero que casarse.

DON GASTÓN
Ésa, señor, es opinión aguda
de su discurso, a los estudios dado,
que el tiempo sólo o la razón la muda,
y sin razón estás desesperado.

CONDE
455 Conde de Fox, aunque verdad es ésa,
no me atrevo a empeñaros en la empresa
de que asistáis en vano a su hermosura,
faltando en vuestro estado a su asistencia.[82]

PRÍNCIPE
Señor, con tu licencia,
460 el que es capricho injusto nunca dura;
y aunque el vencerle es dificultoso,
yo estoy perdiendo tiempo más airoso,
ya que a este intento de Bearne vine,

[75] *breva*: early fig.
[76] *a pares*: jointly.
[77] Understand *pedrada* after *una y otra.*
[78] *cairá*: caerá.
[79] *como hay viñas*: an expression equivalent to the English, "as sure as my name is so-and-so."
[80] *pasión* refers to both the passion of lovers and the

Passion of Christ, sung by blind street-singers.
[81] *enmendallo*: enmendarlo. The assimilation of the *r* of the infinitive to the following *l* of a conjunctive object is especially frequent in this play. Cf. *querella*: quererla (v. 506), *mudalla*: mudarla (v. 509), etc.
[82] *faltando . . . asistencia*: while your presence is missed in your state.

que dejando la empresa mi constancia;[83]
465 porque es mayor desaire que imagine
nadie que la dejé por inconstancia,
ni eso crédito es de su hermosura:
ni del honesto amor que la procura.[84]

CARLOS

El príncipe, señor, ha respondido
470 como galán, bizarro y caballero;
que aun en mí, que he venido
sin ese empeño, sólo aventurero,
a festejar no haciendo competencia,
dejar de proseguir fuera indecencia.

CONDE

475 Príncipes, lo que siento es empeñaros
en porfiar, cuando halla la porfía
de mayor resistencia indicios claros;
si la gala, el valor, la bizarría
no la mueve ni inclina, ¿con qué intento
480 vencer imagináis su entendimiento?

POLILLA

Señor, un necio a veces halla un medio
que aprueba la razón. Si dais licencia,
yo me atreveré a daros un remedio
con que, aunque ella aborrezca su presencia,
485 se le vayan los ojos, hechos fuentes,
tras cualquiera galán de los presentes.

CONDE

Pues ¿qué medio imaginas?

POLILLA

Como mío.[85]

Hacer justas, torneos, a una ingrata,
es poner ollas a quien tiene hastío.
490 El medio es, que rendirla no dilata,
poner en una torre a la princesa,
sin comer cuatro días ni ver mesa;
y luego han de pasar estos galanes
delante della y convidando a escote,[86]
495 el uno con seis pollas y dos panes,
el otro con un plato de jigote;
y a mí me lleve el diablo, si los viere,
si tras ellos corriendo no saliere.

CARLOS

¡Calla, loco, bufón!

POLILLA

¿Esto es locura?
500 Ejecútese el medio, y a la prueba:[87]
sitien luego por hambre su hermosura,
y verán si los ojos no la lleva
quien sacare un vestido de camino
guarnecido de lonjas de tocino.[88]

PRÍNCIPE

505 Señor, sola una cosa por mí pido,
que don Gastón también ha de querella:
nunca hablar a Diana hemos podido;
danos licencia tú de hablar con ella,
que el trato y la razón puede mudalla.

CONDE

510 Aunque la ha de negar, he de intentalla.
Pensad vosotros medios y ocasiones
de mover su entereza;[89] que a escucharos
yo la sabré obligar con mis razones,
que es cuanto puedo hacer para ayudaros
515 a la empresa tan justa y deseada
de ver mi sucesión asegurada. (*Vase.*)

PRÍNCIPE

Condes, crédito es de la nobleza
de nuestra heroica sangre la porfía
de rendir el desdén de su belleza;
520 juntos la hemos de hablar.

CARLOS

Yo compañía
al empeño os haré, mas no al deseo;[90]
porque yo sin amor sigo este empleo.[91]

DON GASTÓN

Pues ya que vos no estáis enamorado,
¿qué medios seguiremos de obligalla?
525 Que esto lo ve mejor el descuidado.

CARLOS

Yo un medio sé que mi silencio[92] calla,
porque otro empeño[93] es, que, al proponelle,
cualquiera de los dos ha de querelle.

PRÍNCIPE

Decís bien.

DON GASTÓN

Pues, Bearne, vamos luego
530 a imaginar festejos y finezas.

---

[83] *yo . . . constancia*: I am losing time more gallantly (in trying to win her) . . . than if my constancy abandoned the undertaking.
[84] *procurar*: to woo.
[85] *Como mío*: One of my own.
[86] *convidando a escote*: each one contributing a share (i.e., a Dutch treat).
[87] *a la prueba*: let's try it out.

[88] *quien . . . tocino*: the one who wears traveling clothes adorned with strips of bacon.
[89] *entereza*: firmness.
[90] *Yo . . . deseo*: I'll accompany you in your undertaking, but I won't share your desire.
[91] *empleo*: courtship.
[92] *mi silencio* is a pronominal periphrasis for *yo*.
[93] *empeño*: approach.

PRÍNCIPE

A introducir en su desdén el fuego.

DON GASTÓN

Ríndanse a nuestro incendio sus tibiezas.

CARLOS

Yo a eso asistiré.

PRÍNCIPE

Pues a esta gloria.

(*Vanse el* PRÍNCIPE *y* DON GASTÓN.)

CARLOS

Y del más feliz sea la vitoria.

POLILLA

535 Pues ¿qué es esto, señor? ¿Por qué has
tu amor?   [negado

CARLOS

He de seguir otro camino
de vencer un desdén tan desusado.
Ven, y yo te diré lo que imagino;
que tú me has de ayudar.

POLILLA

Eso no hay duda.

CARLOS

540 Allá has de entrar.

POLILLA

Seré Simón y ayuda.[94]

CARLOS

¿Sabráste introducir?

POLILLA

Y hacer pesquisas.
¿Yo Polilla no soy?[95] ¿Eso previenes?
Me sabré introducir en sus camisas.

CARLOS

Pues ya a mi amor le doy los parabienes.

POLILLA

545 Vamos, que si eso importa a las marañas,
yo sabré apolillarle las entrañas. (*Vanse.*)

(*Salen* MÚSICOS, DIANA, CINTIA *y*
LAURA *y* DAMAS.)[96]

MÚSICOS

Huyendo la hermosa Dafne,[97]
burla de Apolo la fe;

sin duda le sigue un rayo,
550 *pues la defiende un laurel.*[98]

DIANA

¡Qué bien que suena en mi oído
aquel honesto desdén!
¡Que[99] hay mujer que quiera bien!
¡Que haya pecho agradecido!

CINTIA

555 (¡Que por error su agudeza (*Aparte.*)
quiera el amor condenar;
y si lo[100] es, quiera enmendar
lo que erró naturaleza!)

DIANA

Ese romance cantad;
560 proseguid, que el que lo hizo
bien conoció el falso hechizo
de esa tirana deidad.

MÚSICOS

Poca o ninguna distancia
hay de amar a agradecer;
565 *no agradezca la que quiere*
la vitoria del desdén.

DIANA

¡Qué bien dice! Amor es niño,[101]
y no hay agradecimiento
que al primer paso, aunque lento,
570 no tropiece en su cariño.
Agradecer es pagar
con un decente favor;
luego quien paga el amor
ya estima el verse adorar.
575 Pues si estima, agradecida,
ser amada una mujer,
¿qué falta para querer
a quien quiere ser querida?

CINTIA

El agradecer, Diana,
580 es deuda noble y cortés;
la que agradecida es
no se infiere que es liviana.
Que agradece la razón
siempre en nosotras se infiere;[102]
585 la voluntad es quien quiere;

---

[94] *Seré . . . ayuda*: I'll be your Simon (the Cyrenian who helped carry Christ's cross) and your helper.

[95] Polilla is again punning on the meaning of his name, "moth."

[96] Stage direction. The scene shifts to Diana's parlor.

[97] *Dafne*. See n. 52.

[98] *rayo . . . laurel*. A popular superstition was that lightning never struck a laurel tree.

[99] *¡Que . . .!*: To think that . . .!

[100] The antecedent of *lo* is *error*.

[101] *niño*. Love is often called *niño* or *el dios niño*, representing Cupid.

[102] *Que . . . infiere*: It is to be inferred that it is always our reason that makes us grateful.

distintas las causas son;
      luego si hay diversidad
en la causa y el intento,
bien puede el entendimiento
590 obrar sin la voluntad.

DIANA

Que haber puede estimación
sin amor es la verdad,
porque amar es voluntad
y agradecer es razón.
595   No digo que ha de querer
por fuerza la que agradece;
pero, Cintia, me parece
que está cerca de caer;
y quien desto se asegura,
600 no teme o no ve el engaño,
porque no recela el daño
quien al riesgo se aventura.

CINTIA

El ser desagradecida
es delito descortés.

DIANA

605 Pero el agradecer es
peligro de la caída.

CINTIA

Yo el delito no permito.

DIANA

Ni yo un riesgo tan extraño.[103]

CINTIA

Pues, por excusar un daño,
610 ¿es bien hacer un delito?

DIANA

Sí, siendo tan contingente
el riesgo.

CINTIA

      Pues ¿no es menor,
si es contingente, este error
que ese delito presente?

DIANA

615   No, que es más culpa el amar
que falta[104] el no agradecer.

CINTIA

¿No es mejor, si puede ser,
el no querer y estimar?

DIANA

No, porque a querer se ha de ir.

CINTIA

620 Pues ¿no puede allí parar?

DIANA

Quien no resiste a empezar,
no resiste a proseguir.

CINTIA

Pues el ser agradecida
¿no es mejor, si esto es ganancia,
625 y gastar esa constancia
en resistir la caída?

DIANA

No, que eso es introducirle
al amor, y al desecharle
no basta para arrojarle
630 lo que puede resistirle.

CINTIA

Pues cuando eso haya de ser,
más que a la atención faltar,
me quiero yo aventurar
al peligro de querer.

DIANA

635   ¿Qué es querer? Tú hablas así,
o atrevida o sin cuidado;
sin duda te has olvidado
que estás delante de mí.
      ¡Querer! ¿Se ha de imaginar
640 en mi presencia querer?
Mas esto no puede ser.
Laura, volved a cantar.

MÚSICOS

No se fíe en las caricias
de amor quien niño le ve;
645 *que, con presencia de niño,*
tiene decretos de rey.

      (*Sale* POLILLA *de médico.*)[105]

POLILLA

(Plegue al cielo que dé fuego[106]   (*Aparte.*)
mi entrada.)

DIANA

      ¿Quién entra aquí?

POLILLA

Ego.

DIANA

¿Quién?

POLILLA

      Mihi, vel mi;

---

[103] *extraño*: extreme.
[104] *falta*: fault.
[105] *de médico.* Seventeenth-century doctors are described as wearing a large emerald ring on the thumb, long gloves, a long robe, and in the summer a large hat of taffeta.
[106] *dar fuego*: to cause excitement.

650 *scholasticum sum ego,*
    pauper et enamoratus.[107]

DIANA

¿Vos enamorado estáis?
Pues ¿cómo aquí entrar osáis?

POLILLA

No, señora; *escarmentatus.*[108]

DIANA

655 ¿Qué os escarmentó?

POLILLA

               Amor ruin;
y escarmentado en su error,
me he hecho médico de amor,
por ir de ruin a rocín.[109]

DIANA

¿De dónde sois?

POLILLA

          De un lugar.

DIANA

660 Fuerza es.

POLILLA

        No he dicho poco;
que en latín lugar es *loco.*

DIANA

Ya os entiendo.

POLILLA

         Pues andar.[110]

DIANA

¿Y a qué entráis?

POLILLA

         La fama oí
de vos, con admiración
665 de tan rara condición.

DIANA

¿Dónde supisteis de mí?

POLILLA

En Acapulco.

DIANA

       ¿Dónde es?

POLILLA

Media legua de Tortosa;[111]
y mi codicia, ambiciosa
670 de saber curar después

del mal de amor, sarna insana,
me trajo a veros, por Dios,
por sólo aprender de vos.
Partíme luego a la Habana
675 por venir a Barcelona,
y tomé postas[112] allí.

DIANA

¿Postas en la Habana?

POLILLA

              Sí.
Y me apeé en Tarragona,[113]
   de donde vengo hasta aquí,
680 como hace fuerte el verano,
a pie a pediros la mano.[114]

DIANA

Y ¿qué os parece de mí?

POLILLA

Eso es fuerza que me aturda;
no tiene amor mejor flecha
685 que vuestra mano derecha,
si no es que sacáis la zurda.

DIANA

¡Buen humor tenéis!

POLILLA

            Ansí
¿gusta mi conversación?

DIANA

Sí.

POLILLA

Pues con una ración
690 os podéis hartar de mí.

DIANA

Yo os la doy.

POLILLA

            Beso . . .[115] (¡qué error!)
¿Beso dije? Ya no beso.

DIANA

Pues ¿por qué?

POLILLA

         El beso es el queso
de los ratones de amor.

DIANA

695 Yo os admito.

---

[107] *Ego . . . enamoratus.* The literal translation of Polilla's Latin, which is not of the best, is: "I . . . to me, or me, am a scholar, poor and in love."

[108] *escarmentatus*: taught by experience.

[109] *ir . . . rocín*: to go from bad to worse. *Rocín* also refers to the poor nags or mules on which doctors customarily rode.

[110] *andar*: go on.

[111] *Acapulco . . . Tortosa.* Of course Acapulco in

Mexico is far from Tortosa, a city near the Mediterranean coast of Spain.

[112] *posta*: post horse.

[113] *Tarragona*: a city on the Mediterranean coast, some fifty miles southwest of Barcelona.

[114] *pediros la mano*: to pay my respects.

[115] *Beso . . .* Polilla was about to say *Beso la mano* or a similar phrase expressing gratitude.

POLILLA
      Dios delante;[116]
mas sea con plaza de honor.

DIANA
¿No sois médico?

POLILLA
      Hablador,
y ansí seré platicante.[117]

DIANA
Y del mal de amor, que mata,
700 ¿cómo curáis?

POLILLA
      Al que es franco[118]
curo con ungüento blanco.[119]

DIANA
¿Y sana?

POLILLA
      Sí, porque es plata.

DIANA
¿Estáis mal con él?[120]

POLILLA
      Su nombre
me mata. Llamó al amor
705 Averroes[121] hernia, un humor
que hila las tripas a un hombre.[122]
   Amor, señora, es congoja,
traición, tiranía villana,
y sólo el tiempo le sana,
710 suplicaciones[123] y aloja.[124]
   Amor es quita-razón,
quita-sueño, quita-bien,
quita-pelillos también,
que hará calvo a un motilón.[125]
715 Y las que él obliga a amar
todas se acaban en *quita*:
Francisquita, Mariquita,
por ser todas al quitar.[126]

DIANA
Lo que yo había menester
720 para mi divertimiento
tengo en vos.

POLILLA
      Con ese intento
vine yo desde Añover.[127]

DIANA
¿Añover?

POLILLA
      Él me crió;
que en este lugar extraño
725 se ven melones cada año,
y ansí Año-ver se llamó.

DIANA
¿Cómo os llamáis?

POLILLA
      Caniquí.[128]

DIANA
Caniquí, a vuestra venida
estoy muy agradecida.

POLILLA
730 Para las dueñas nací.
   (Ya yo tengo introducción; (*Aparte.*)
así en el mundo sucede:
lo que un príncipe no puede,
yo he logrado por bufón.[129]
735 Si ahora no llega a rendilla
Carlos, sin maña se viene,
pues ya introducida tiene
en su pecho la polilla.)

LAURA
Con los príncipes tu padre
740 viene, señora, acá dentro.

DIANA
¿Con los príncipes? ¿Qué dices?
¿Qué intenta mi padre? ¡Cielos!
Si es repetir la porfía
de que me case, primero
745 rendiré el cuello a un cuchillo.

CINTIA
(¿Hay tal aborrecimiento (*Aparte a* LAURA.)
de los hombres? ¿Es posible,
Laura, que el brío, el aliento
del de Urgel no la arrebate?)

---

116 *Dios delante*: as God wishes.
117 *platicante*: talker (but also involved is a pun on *practicante*, "medical practicioner").
118 *franco*: generous.
119 *ungüento blanco*: a pun, "white ointment" and "money." Polilla means that he can cure the free-spender of love sickness by buying love.
120 *¿Estáis . . . él?*: Are you against it?
121 *Averroes*: famous Arabic physician and philosopher born in Córdoba in the twelfth century.
122 *que . . . hombre*: which binds a man's bowels.
123 *suplicación*: *barquillo*, thin rolled pastry.
124 *aloja*: (drink made of honey, water, and spices).
125 *motilón*: bald or almost hairless person.
126 *al quitar*: temporary.
127 *Añover*: town near Toledo, famous for its melons.
128 *Caniquí*: muslin (used to make women's hoods, handkerchiefs, etc.).
129 *por bufón*: por ser bufón.

LAURA
750 (Que es hermafrodita pienso.)

CINTIA
(A mí me lleva los ojos.)

LAURA
(Y a mí el Caniquí, en secreto,
me ha llevado las narices;
que me agrada para lienzo.) [130]

(*Sale el* CONDE *con los tres* PRÍNCIPES.)

CONDE
755 Príncipes, entrad conmigo.

CARLOS
(Sin alma a sus ojos vengo; (*Aparte.*)
no sé si tendré valor
para fingir lo que intento.
Siempre la hallo más hermosa.)

DIANA
760 (¡Cielos! ¿Qué puede ser esto?) (*Aparte.*)

CONDE
¿Hija? ¿Diana?

DIANA
¿Señor?

CONDE
Yo, que a tu decoro atiendo
y a la deuda en que me ponen
los condes con sus festejos,
765 habiendo dellos sabido
que del retiro que has hecho
de su vista, están quejosos . . .

DIANA
Señor, que me des, te ruego,
licencia, antes que prosigas,
770 ni tu palabra haga empeño
de cosa que te esté mal, [131]
de prevenirte mi intento.
Lo primero es que contigo
ni voluntad tener puedo,
775 ni la tengo, porque sólo
mi albedrío es tu precepto. [132]
Lo segundo es que el casarme,
señor, ha de ser lo mesmo
que dar la garganta a un lazo
780 y el corazón a un veneno.
Casarme y morir es uno;
mas tu obediencia es primero

que mi vida. [133] Esto asentado,
venga ahora tu decreto.

CONDE
785 Hija, mal has presumido,
que yo casarte no intento,
sino dar satisfación
a los príncipes, que han hecho
tantos festejos por ti,
790 y el mayor de todos ellos
es pedirte por esposa,
siendo tan digno su aliento,
ya que no de tus favores,
795 de mis agradecimientos.
Y, no habiendo de otorgallo,
debe atender mi respeto [134]
a que ninguno se vaya
sospechando que es desprecio,
sino aversión que tu gusto
800 tiene con el casamiento.
Y también que esto no es
resistencia a mi precepto,
cuando yo no te lo mando,
porque el amor que te tengo
805 me obliga a seguir tu gusto;
y pues tú en seguir tu intento
ni a mí me desobedeces
ni los desprecias a ellos,
dales la razón que tiene
810 para esta opinión tu pecho;
que esto importa a tu decoro
y acredita mi respeto. (*Vase.*)

DIANA
Si eso pretendéis no más,
oíd, que dárosla quiero.

DON GASTÓN
815 Sólo a ese intento venimos.

PRÍNCIPE
Y no extrañéis el deseo;
que más extraña es en vos
la aversión al casamiento.

CARLOS
Yo, aunque a saberlo he venido,
820 sólo ha sido con pretexto,
sin extrañar la opinión, [135]
de saber el fundamento.

[130] *lienzo*: handkerchief.
[131] *que . . . mal*: which may turn out badly for you.
[132] *mi . . . precepto*: i.e., your command is my desire.
[133] *mas . . . vida*: but my obedience to you comes before my life.

[134] *no . . . respeto*: since I cannot grant them (what they want), my self-respect should see to it.
[135] *sin . . . opinión*: i.e., not because I find your opinion strange.

DIANA

Pues oíd, que ya le[136] digo.

POLILLA

(¡Vive Dios, que es raro empeño! (*Aparte.*)
825 ¿Si hallará razón bastante?
Porque será bravo cuento
dar razón para ser loca.)

DIANA

Desde que el albor primero
con que amaneció al discurso
830 la luz de mi entendimiento
y el día de la razón,
fue de mi vida el empleo
el estudio y la lición
de la historia, en quien[137] da el tiempo
835 escarmiento a los futuros
con los pasados ejemplos.
Cuantas ruinas y destrozos,
tragedias y desconciertos
han sucedido en el mundo
840 entre ilustres y plebeyos,
todas nacieron de amor.
Cuanto los sabios supieron,
cuanto a la filosofía
moral liquidó el ingenio,[138]
845 gastaron en prevenir
a los siglos venideros
el ciego error, la violencia,
el loco, el tirano imperio
de esa mentida deidad[139]
850 que se introduce en los pechos
con dulce voz de cariño,
siendo un volcán allá dentro.
¿Qué amante jamás al mundo
dio a entender de sus efectos
855 sino lástimas, desdichas,
lágrimas, ansias, lamentos,
suspiros, quejas, sollozos,
sonando con triste estruendo
para lastimar, las quejas,
860 para escarmentar, los ecos?[140]
Si alguno correspondido
se vio, paró en un despeño;[141]
que al que no su tiranía,

se opuso el poder del cielo.[142]
865 Pues si quien se casa va
a amar por deuda y empeño,
¿cómo se puede casar
quien sabe de amor el riesgo?
Pues casarse sin amor
870 es dar causa sin efecto,
¿cómo puede ser esclavo
quien no se ha rendido al dueño?
¿Puede hallar un corazón
más indigno cautiverio
875 que rendirle su albedrío
quien no manda su deseo?
El obedecerle es deuda;
pues ¿cómo vivirá un pecho
con una obediencia afuera
880 y una resistencia adentro?
Con amor y sin amor,
yo, en fin, casarme no puedo:
con amor, porque es peligro;
sin amor, porque no quiero.

PRÍNCIPE

885 Dándome los dos licencia,
responderé a lo propuesto.

DON GASTÓN

Por mi parte, yo os la doy.

CARLOS

Yo que responder no tengo,
pues la opinión que yo sigo
890 favorece aquel intento.[143]

PRÍNCIPE

La mayor guerra, señora,
que hace el engaño al ingenio,
es estar siempre vestido
de aparentes argumentos.
895 Dejando las consecuencias
que tiene amor contra ellos,
que en un discurso engañado
suelen ser de menosprecio,
la experiencia es la razón
900 mayor que hay para venceros,
porque ella sola concluye
con la prueba del efecto.
Si vos os negáis al trato,

---

136 *le: lo.*
137 *quien: que.*
138 *cuanto . . . ingenio:* all that the human mind has
contributed to moral philosophy.
139 *mentida deidad:* false deity (i.e., love).
140 *sonando . . . quejas . . . ecos?:* uttering . . . com-
plaints to arouse pity and echoes to warn others?

An allusion to Echo, who, because of her unrequited
love for Narcissus, wasted away until nothing was left
of her but her voice.
141 *en . . . despeño:* in ruin.
142 *que . . . cielo:* because heaven's power opposed
him whom love's tyranny did not oppose.
143 *aquel intento:* i.e., her purpose.

siempre estaréis en el yerro,
905 porque no cabe experiencia
donde se excusa el empeño.
Vos vais contra la razón
natural, y el propio fuero
de nuestra naturaleza
910 pervertís con el ingenio.
No neguéis vos el oído
a las verdades del ruego,
porque si es razón no amar,
contra la razón no hay riesgo;
915 y si no es razón, es fuerza
que os ha de vencer el tiempo,
y entonces será vitoria
publicar el vencimiento.
Vos defendéis el desdén;
920 todos vencerle queremos;
vos decís que esto es razón;
permitíos al festejo;[144]
haced escuela al desdén,[145]
donde, en nuestro galanteo,
925 los intentos de obligaros
han de ser los argumentos.
Veamos quién tiene razón,
porque ha de ser nuestro empeño
inclinaros al cariño,
930 o quedar vencidos ellos.[146]

DIANA

Pues para que conozcáis
que la opinión que yo llevo
es hija del desengaño
y del error vuestro intento,[147]
935 festejad, imaginad
cuantos caminos y medios
de obligar una hermosura
tiene amor, halla el ingenio;
que desde aquí me permito
940 a lisonjas y festejos
con el oído y los ojos,
sólo para convenceros
de que no puedo querer,
y que el desdén que yo tengo,
945 sin fomentarle el discurso,
es natural en mi pecho.

DON GASTÓN

Pues si argumento ha de ser
desde hoy nuestro galanteo,

todos vamos a argüir
950 contra el desdén y despego.
Príncipes, de la razón
y de amor es ya el empeño;
cada uno un medio elija
de seguir este argumento.
955 Veamos, para concluir,
quién elige mejor medio. (*Vase.*)

PRÍNCIPE

Yo voy a escoger el mío,
y de vos, señora, espero
que habéis de ser contra vos
960 el más agudo argumento. (*Vase.*)

CARLOS

Pues yo, señora, también,
por deuda de caballero,
proseguiré en festejaros,
mas será sin ese intento.

DIANA

965 Pues ¿por qué?

CARLOS

            Porque yo sigo
la opinión de vuestro ingenio;
mas aunque es vuestra opinión,
la mía es con más extremo.

DIANA

¿De qué suerte?

CARLOS

            Yo, señora,
970 no sólo querer no quiero,
mas ni quiero ser querido.

DIANA

Pues ¿en ser querido hay riesgo?

CARLOS

No hay riesgo, pero hay delito.
No hay riesgo, porque mi pecho
975 tiene tan establecido
el no amar en ningún tiempo,
que si el cielo compusiera
una hermosura de extremos
y ésta me amara, no hallara
980 correspondencia en mi afecto.
Hay delito, porque cuando
sé yo que querer no puedo,
amarme y no amar sería
faltar mi agradecimiento.
985 Y ansí yo, ni ser querido

---

[144] *permitíos . . . festejo*: let yourself be courted.
[145] *haced . . . desdén*: put your disdain on trial.
[146] The antecedent of *ellos* is *argumentos*.

[147] *y . . . intento*: and your intent is the result of error.

ni querer, señora, quiero,
porque temo ser ingrato
cuando sé yo que he de serlo.
DIANA
Luego ¿vos me festejáis
990 sin amarme?
CARLOS
Eso es muy cierto.
DIANA
Pues ¿para qué?
CARLOS
Por pagaros
la veneración que os debo.
DIANA
¿Y eso no es amor?
CARLOS
¿Amor?
No, señora, esto es respeto.
POLILLA
995 (¡Cuerpo de Christo! ¡Qué lindo!
(*Aparte a* CARLOS.)
¡Qué bravo botón de fuego![148]
Échala dese vinagre
y verás, para su tiempo,[149]
qué bravo escabeche sale.)
DIANA
1000 (Cintia, ¿has oído a este necio?
(*Aparte a* CINTIA.)
¿No es graciosa su locura?)
CINTIA
(Soberbia es.)
DIANA
(¿No será bueno
enamorar a este loco?)
CINTIA
(Sí, mas hay peligro en eso.)
DIANA
1005 (¿De qué?)
CINTIA
(Que tú te enamores
si no logras el empeño.)
DIANA
(Ahora eres tú más necia;
pues ¿cómo puede ser eso?
No me mueven los rendidos,
1010 y ¿ha de arrastrarme el soberbio?)
CINTIA
Eso, señora, es aviso.)

DIANA
(Por eso he de hacer empeño
de rendir su vanidad.)
CINTIA
(Yo me holgaré mucho dello.)
DIANA
1015 Proseguid la bizarría, (*A* CARLOS.)
que yo ahora os la agradezco
con mayor estimación,
pues sin amor os la debo.
CARLOS
¿Vos agradecéis, señora?
DIANA
1020 Es porque con vos no hay riesgo.
CARLOS
Pues yo iré a empeñaros más.
DIANA
Y yo voy a agradecerlo.
CARLOS
Pues mirad que no queráis,
porque cesaré en mi intento.
DIANA
1025 No me costará cuidado.
CARLOS
Pues siendo así, yo lo aceto.
DIANA
Andad. — Venid, Caniquí.
CARLOS
¿Qué decís?
POLILLA
Soy yo ese lienzo.
DIANA
(Cintia, rendido has de verle.)
(*Aparte a* CINTIA.)
CINTIA
1030 (Sí será; pero yo temo (*A* DIANA.)
que se te trueque la suerte.)
(Y eso es lo que yo deseo.) (*Aparte.*)
DIANA
Mas ¿oís? (*A* CARLOS.)
CARLOS
¿Qué me queréis?
DIANA
Que si acaso os muda el tiempo . . .
CARLOS
1035 ¿A qué, señora?
DIANA
A querer.

---

[148] *¡Qué . . . fuego!*: freely, "That's the way to burn her up!" Cf. *dar botón de fuego*: to cauterize.

[149] *para su tiempo*: in due time.

CARLOS
¿Qué he de hacer?

DIANA
          Sufrir desprecios.

CARLOS
¿Y si en vos hubiese amor?

DIANA
Yo no querré.

CARLOS
          Ansí lo creo.

DIANA
Pues ¿qué pedís?

CARLOS
                    Por si acaso . . .

DIANA
1040 Ese acaso está muy lejos.

CARLOS
¿Y si llega?

DIANA
          No es posible.

CARLOS
Supongo.

DIANA
          Yo lo prometo.

CARLOS
Eso pido.

150 *buena . . . danza*: all is going well.
151 *fingimiento* is the subject of *ha habido*.

DIANA
          Bien está.
Quede ansí.

CARLOS
          Guárdeos el cielo.

DIANA
1045 (Aunque me cueste un cuidado,   (*Aparte.*)
he de rendir este necio.)
                    (*Vase con las* DAMAS.)

POLILLA
Señor, buena va la danza.150

CARLOS
Polilla, yo estoy muriendo;
todo mi valor ha habido
1050 menester mi fingimiento.151

POLILLA
Señor, llévalo adelante,
y verás si no da fuego.

CARLOS
Eso importa.

POLILLA
          Ven, señor,
que ya yo estoy acá dentro.

CARLOS
1055 ¿Cómo?

POLILLA
          Con lo Caniquí
me he hecho lienzo casero.152

152 *Con . . . casero*: By playing the role of Caniquí
(Muslin), I've become part of the household linen.

Jornada segunda

(*Salen* CARLOS *y* POLILLA.)[153]

CARLOS
Polilla amigo, el pesar
me quitas. Dale a mi amor
alivio.

POLILLA
Aspacio,[154] señor,
1060 que hay mucho que confesar.

CARLOS
Dímelo todo, que lucha
con mi cuidado mi amor.

POLILLA
¿Quieres besarme, señor?[155]
Apártate allá y escucha.
1065 Lo primero, esos bobazos
de estos príncipes, ya sabes
que en fiestas y asuntos graves
se están haciendo pedazos.
Fiesta tras fiesta no tarda,
1070 y con su desdén tirano
hacer fiestas es en vano,
porque ella no se las guarda.[156]
Ellos gastan su dinero
sin que con ello la obliguen,
1075 y de enamorarla siguen
el camino carretero,[157]

y ellos mismos son testigos
que van mal; que esta mujer
el alcanzarla ha de ser
1080 echando por esos trigos.[158]
Y es tan cierta esta opinión,
que, con tu desdén fingido,
de tal suerte la has herido
que ha pedido confesión,
1085 y con mi bellaquería
su pecho ha comunicado,
como ella me ha imaginado
doctor de esta teología.
Para rendirte, un intento
1090 siempre a preguntar me sale.[159]
Mira tú de quien se vale
para que se yerre el cuento.[160]
Yo dije con gran mesura:
"Si eso en cuidado te tray,[161]
1095 para obligarle no hay
medio como tu hermosura.
Hazle un favor, golpe en bola,[162]
de cuando en cuando al cuitado,
y, en viéndole enamorado,
1100 vuélvete y dile mamola."[163]
Ella de mi parecer
se ha agradado de tal arte[164]
que ya está en[165] galantearte.

---

[153] Stage direction. The act begins in the main hall of the palace of the Count of Barcelona.

[154] *aspacio: a espacio, despacio.*

[155] *¿Quieres . . . señor?* Apparently Carlos has been hovering over Polilla.

[156] *ella . . . guarda*: she pays no attention to them.

[157] *camino carretero*: highway.

[158] *echando . . . trigos*: going cross-country (i.e., seeking a new way).

[159] *Para . . . sale*: She is always asking me about a plan to subdue you.

[160] *para . . . cuento*: so that her plan is bound to fail.

[161] *tray: trae.*

[162] *golpe en bola*: a clean hit in the game of *argolla* (when one ball strikes another without first touching the ground). As used here, it suggests "by surprise."

[163] *dile mamola*: tell him "I fooled you." *Mamola*: chuck under the chin. Cf. *hacer la mamola: engañar con caricias fingidas.*

[164] *de tal arte: de tal manera.*

[165] *estar en*: to be bent on.

Mas ahora es menester
1105 que con ceño impenetrable,
aunque parezcas grosero,
siempre tú estás[166] más entero
que bolsa de miserable.[167]
No te piques con la salsa,[168]
1110 no piense tu bobería[169]
que está la casa vacía
por ver la cédula[170] falsa,
porque ella la trae pegada,
y si tú vas a leella,
1115 has de hallar que dice en ella:
"Aquí no se alquila nada."

CARLOS
Y de eso ¿qué ha de sacarse?

POLILLA
Que se pique esta mujer.

CARLOS
Pues ¿cómo puedes saber
1120 que ha de venir a picarse?

POLILLA
¿Cómo picarse? ¡Eso es bueno!
Si ella lo finge diez días
y tú della te desvías,
te ha de querer al onceno,
1125 a los doce ha de rabiar,
y a los trece me parece
que, aunque ella se esté en sus trece,[171]
te ha de venir a rogar.

CARLOS
Yo pienso que dices bien;
1130 mas yo temo de mi amor
que si ella me hace un favor
no sepa hacerla un desdén.

POLILLA
¡Qué más dijera una niña!

CARLOS
Pues ¿qué haré?

POLILLA
Mostrarte helado.

CARLOS
1135 ¿Cómo, si estoy abrasado?

POLILLA
Beber mucha garapiña.[172]

CARLOS
Yo he de esforzar mi cuidado.

POLILLA
¡Ah sí, pesia[173] a mi memoria!,
que lo mejor de la historia
1140 es lo que se me ha olvidado.
Ya sabes que ahora son
Carnestolendas.[174]

CARLOS
Y ¿pues?

POLILLA
Que en Barcelona uso es
de esta gallarda nación,
1145 que con fiestas se divierte,
llevar, sin nota en su fama,[175]
cada galán a su dama.
Esto en palacio es por suerte;[176]
ellas eligen colores,
1150 pide uno el galán que viene,
y la dama que le tiene
va con él, y a hacer favores
al galán el día la empeña;[177]
él se obliga a ser su imán,
1155 y es gusto porque hay galán
que suele ir con una dueña.[178]
Esto supuesto, Diana
contigo el ir ha dispuesto,
y no sé, por lograr esto,
1160 cómo han puesto la pavana.[179]
Ello está trazado ya;
mas ella sale. Hacia allí
te esconde; no te halle aquí,
porque lo sospechará.

CARLOS
1165 Persuade tú a su desvío[180]
que me enamore.

---

[166] *estás*. Some editions read *estés*, which would be expected after *es menester*.
[167] *más entero . . . miserable*: more unyielding than a miser's purse.
[168] *No . . . salsa*: Don't get excited over the sauce.
[169] *no . . . bobería*: i.e., don't be stupid enough to think.
[170] *cédula*: sign.
[171] *estarse en sus trece*: to persist in one's opinion.
[172] *garapiña*: iced drink.
[173] *pesia*: confound.
[174] *Carnestolendas*: carnival days before Lent.
[175] *sin . . . fama*: with no discredit to her reputation.
[176] *por suerte*: by drawing lots.
[177] *el día la empeña*: i.e., the special occasion obliges her.
[178] *dueña*: chaperone (often satirized as being ugly, old busybodies).
[179] *pavana*: slow, stately dance.
[180] *Persuade . . . desvío*: Persuade her in her indifference.

POLILLA

Es forzoso.

Tú eres enfermo dichoso,
pues te cura el beber frío.

(*Salen* DIANA, CINTIA *y* LAURA.)

DIANA

Cintia, este medio he pensado
1170 para rendirle a mi amor;
yo he de hacerle más favor.
Todas, como os he mandado,
como yo, habéis de traer
cintas de todas colores,[181]
1175 con que al pedir los favores
podréis cualquiera escoger
el[182] galán que os pareciere,
pues cualquier color que pida
ya la tenéis prevenida,
1180 y la que el de Urgel pidiere
dejádmela para mí.

CINTIA

Gran vitoria has de alcanzar
si le sabes obligar
a quererte.

DIANA

¿Caniquí?

POLILLA

1185   ¡Oh, luz deste firmamento!

DIANA

¿Qué hay de nuevo?

POLILLA

Me he hecho amigo
de Carlos.

DIANA

Mucho me obligo
de tu cuidado.

POLILLA

(Ansí intento (*Aparte.*)
ser espía y del consejo.[183]
1190 No es mi prevención muy vana,
que esto es echar la botana
por si se sale el pellejo.)[184]

DIANA

Y ¿no has descubierto nada

de lo que yo de él procuro?

POLILLA

1195 ¡Ay, señora, está más duro
que huevo para ensalada!
Pero yo sé tretas bravas
con que has de hacerle bramar.

DIANA

Pues tú lo has de gobernar.

POLILLA

1200 (¡Ay, pobreta, que te clavas!) (*Aparte.*)

DIANA

Mil escudos[185] te apercibo
si tú su desdén allanas.

POLILLA

Sí haré. (El emplasto de ranas (*Aparte.*)
pone por madurativo.)[186]
1205   Y si le vieses querer,
¿qué harás después de tentalle?

DIANA

¿Qué? Ofendelle, desprecialle,
ajalle[187] y dalle a entender
que ha de rendir sus sosiegos
1210 a mis ojos por despojos.

CARLOS

(¡Fuego de amor en tus ojos!) (*Al paño.*)

POLILLA

(¡Qué gran gusto es ver dos juegos!)[188]
Digo, ¿y no sería mejor,   [(*Aparte.*)
después de haberle rendido,
1215 tener piedad del caído?

DIANA

¿Qué llamas piedad?

POLILLA

De amor.

DIANA

¿Qué es amor?

POLILLA

Digo, querer,
ansí al modo de empezar;
que aquesto de pellizcar[189]
1220 no es lo mismo que comer.

DIANA

¿Qué es lo que dices? ¿Querer?

---

[181] *todas colores. Color* formerly could be masculine or feminine.

[182] *el: al.*

[183] *del consejo*: (a member) of her advisory council (i.e., in her confidence).

[184] *echar . . . pellejo*: to put on a patch in case the wineskin leaks.

[185] *escudo*: gold coin worth about six dollars.

[186] *El . . . madurativo*: a pun based on the double

meanings of *emplasto de ranas*, "plaster of frogs" and "bribe money," and of *madurativo*, "maturant" and "inducement." Hence, "She is applying the poultice to bring the matter to a head"; and also, "She is applying the bribe money as an inducement."

[187] *ajalle: ajarle*, crush him.

[188] *juegos*: hands (of cards).

[189] *pellizcar*: to nibble.

¿Yo me había de rendir?
Aunque le viera morir
no me pudiera vencer.

CARLOS

1225 (¿Hay mujer más singular? (*Al paño.*)
¡Oh, cruel!)

POLILLA

(Déjame hacer; (*Aparte a* CARLOS.)
que no sólo ha de querer,
¡vive Dios!, sino envidar.)[190]

CARLOS

(Yo salgo. ¡El alma se abrasa!)

POLILLA

1230 Carlos viene.

DIANA

Disimula.

POLILLA

(¡Lástima es que tome bula![191] (*Aparte.*)
¡Si supiera lo que pasa!)

DIANA

Cintia, avisa cuando es hora
de ir al sarao.

CINTIA

Ya he mandado
1235 que estén con ese cuidado.

(*Sale* CARLOS.)

CARLOS

Y yo el primero, señora,
vengo, pues es deuda igual,
a cumplir mi obligación.

DIANA

Pues ¿cómo, sin afición,
1240 sois vos el más puntual?

CARLOS

Como tengo el corazón
sin los cuidados de amar,
tiene el alma más lugar
de cumplir su obligación.

POLILLA

1245 (Hazle un favorcillo al vuelo[192]
por si más grato le ves.)   [(*Aparte a* DIANA.)

DIANA

(Eso procuro.)

POLILLA

(Esto es   (*Aparte.*)
hacerla escupir al cielo.)[193]

DIANA

Mucho, no teniendo amor,
1250 vuestra asistencia me obliga.

CARLOS

Si es mandarme que prosiga,
sin hacerme ese favor,
lo haré yo, porque obligada
a eso mi atención está

DIANA

1255 Poca lumbre el favor da.

POLILLA

Está la yesca mojada.

DIANA

Luego, ¿al favor que os hago
no le dais estimación?

CARLOS

Eso con veneración,
1260 mas no con amor, le pago.

POLILLA

(¡Necio!, ni aun ansí le pagues.)
(*Aparte a* CARLOS.)

CARLOS

(¿Qué quieres? Templa mi ardor,
aunque es fingido, el favor.)

POLILLA

(Pues enjuágate y no tragues.)[194]

DIANA

1265 ¿Qué le has dicho?

POLILLA

Que, al oíllos,
agradezca tus favores.

DIANA

Bien haces.

POLILLA

(Esto es, señores,[195] (*Aparte.*)
engañar a dos carrillos.)[196]

DIANA

Si yo a querer algún día
1270 me inclinase, fuera a vos.

---

[190] *querer . . . envidar*: card terms meaning "to call a bet" and "to open the betting." Also a pun on *querer*, "to love."

[191] *tome bula*: he is taking the liberty (of interfering now).

[192] *al vuelo*: right away.

[193] *escupir al cielo*: to act to one's own detriment. Cf. the proverb, *El que escupe al cielo, a la cara se le vuelve.*

[194] *enjuágate y no tragues*: gargle and don't swallow (i.e., dissemble and don't be taken in).

[195] *señores*. Note that Polilla addresses the audience directly, a common practice of the *gracioso* which occurs again later in the play.

[196] *engañar . . . carrillos*: to carry out a double deception.

CARLOS

¿Por qué?

DIANA

Porque entre los dos
hay oculta simpatía:
el llevar vos mi opinión,
el ser vos del genio mío;
1275 y, a sufrirlo mi albedrío,[197]
fuera vos mi inclinación.

CARLOS

Pues hicierais mal.

DIANA

No hiciera,
que sois galán.

CARLOS

No es por eso.

DIANA

¿Por qué?

CARLOS

Porque os confieso
1280 que yo no os correspondiera.

DIANA

Pues si os viérades amar
de una mujer como yo,
¿no me quisiérades?[198]

CARLOS

No.

DIANA

Claro sois.

CARLOS

No sé engañar.

POLILLA

1285 (¡Oh pecho heroico y valiente! (*Aparte.*)
Dale por esos ijares;
si tu no se la pegares,
me la peguen en la frente.)[199]

DIANA

(Mucho al enojo me acerco. (*Aparte a*
1290 ¡Tal desahogo[200] no he visto!)   [POLILLA.)

POLILLA

(Desvergüenza es, ¡vive Cristo!)

DIANA

(¿Has visto tal?)

POLILLA

(¡Es un puerco!)

DIANA

(¿Qué haré?)

POLILLA

(Meterle en la danza
de amor, y a puro desdén
1295 quemarle.)

DIANA

(Tú dices bien;
que esa es la mayor venganza.)
Yo os tuve por más discreto. (*A* CARLOS.)

CARLOS

Pues ¿qué he hecho contra razón?

DIANA

Eso es ya desatención.[201]

CARLOS

1300 No ha sido sino respeto.
Y porque veáis que es error
que haya en el mundo quien crea
que el que quiere lisonjea,
oíd de mí lo que es amor.
1305 Amar, señora, es tener
inflamado el corazón
con un deseo de ver
a quien causa esta ocasión,[202]
que es la gloria del querer.
1310 Los ojos, que se agradaron
de algún sujeto que vieron,
al corazón trasladaron
las especies[203] que cogieron,
y esta inflamación causaron.
1315 Su hidrópico[204] ardor procura
apagar de sus antojos
la sed, viendo la hermosura;
más crece la calentura
mientras más beben los ojos.
1320 Siendo esta fiebre mortal,
quien corresponde al amor
bien se ve que es desleal,
pues le remedia el dolor,
dando más fuerzas al mal.
1325 Luego el que amado se viere,
no obliga en corresponder,

---

[197] *a . . . albedrío:* if my will would permit it.
[198] *viérades . . . quisiérades:* archaic forms of *vierais* and *quisierais.*
[199] *Dale . . . frente:* freely, "Keep spurring her on, and if you don't fool her, I'll miss my guess." *Pegársela a uno:* to deceive; *pegársela* (or *clavársela*) *en la frente:* to refuse to believe in the possibility of something.

[200] *desahogo:* impudence.
[201] *desatención:* discourtesy.
[202] *ocasión,* the reading in the first edition, is emended to *pasión* in some later editions.
[203] *especies:* image.
[204] *hidrópico:* dropsical, quenchless.

si daña, como se infiere.
Pues oíd cómo en querer
tampoco obliga el que quiere.
1330 Quien ama con fe más pura
pretende de su pasión
aliviar la pena dura,
mirando aquella hermosura
que adora su corazón.
1335 El contento de miralla
le obliga al ansia de vella:
esto, en rigor, es amalla;
luego aquel gusto que halla
le obliga sólo a querella.
1340 Y esto mejor se percibe
del que aborrecido está,
pues aquél amando vive,
no por el gusto que da,
sino por el que recibe.
1345 Los que aborrecidos son
de la dama que apetecen,
no sienten la desazón
porque cansa su pasión,
sino porque ellos padecen.
1350 Luego si por su tormento
el desdén siente quien ama,
el que quiere más atento
no quiere el bien de su dama,
sino su propio contento.
1355 A su propia conveniencia
dirige amor su fatiga;
luego es clara consecuencia
que ni con amor se obliga,
ni con su correspondencia.

DIANA

1360 El amor es una unión
de dos almas que su ser
truecan por transformación,
donde es fuerza que ha de haber
gusto, agrado y elección.
1365 Luego si el gusto es después
del agrado y la elección,
y ésta voluntaria es,
ya le debo obligación,
si no amante, de cortés.

CARLOS

1370 Si vuestra razón infiere
que el que ama hace obligación,
¿por qué os ofende el que quiere?

DIANA

Porque yo tendré razón

para lo que yo quisiere.

CARLOS

1375 Y ¿qué razón puede ser?

DIANA

Yo otra razón no prevengo
más que quererla tener.

CARLOS

Pues ésa es la que yo tengo
para no corresponder.

DIANA

1380 ¿Y si acaso el tiempo os muestra
que vence vuestra porfía?

CARLOS

Siendo una la razón nuestra,
si se venciera la mía
no es muy segura la vuestra.

(*Suenan instrumentos.*)

LAURA

1385 Señora, los instrumentos
ya de ser hora dan señas
de comenzar el sarao
para las Carnestolendas.

POLILLA

Y ya los príncipes vienen.

DIANA

1390 Tened todas advertencia
de prevenir los colores.

POLILLA

(¡Ah, señor, estar alerta!)
            (*Aparte a* CARLOS.)

CARLOS

(¡Ay, Polilla, lo que finjo
toda una vida me cuesta!)

POLILLA

1395 (Calla, que de enamoralla
te hartarás al ir con ella,
por la obligación del día.)

CARLOS

(Disimula, que ya llegan.)

(*Salen los* PRÍNCIPES *y los* MÚSICOS
cantando.)

MÚSICOS

1400 *Venid los galanes
a elegir las damas;
que en Carnestolendas
amor se disfraza.
Falarala, larala,* etc.

PRÍNCIPE

Dudoso vengo, señora,

1405 pues teniendo corta estrella,[205]
vengo fiado en la suerte.

DON GASTÓN

Aunque mi duda es la mesma,
el elegir la color
me toca a mí; que el ser buena,[206]
1410 pues le toca a mi fortuna,
ella debe cuidar della.

DIANA

Pues sentaos, y cada uno
elija color, y sea,
como es uso, previniendo
1415 la razón para escogella;
y la dama que le tiene
salga con él, siendo deuda
el enamorarla en él
y el favorecerle en ella.

MÚSICOS

1420 *Venid los galanes*
a elegir las damas, etc.

PRÍNCIPE

Ésta es acción de fortuna,
y ella, por ser loca y ciega,
siempre le da lo mejor
1425 a quien menos partes[207] tenga.
Por ser yo el de menos partes
es forzoso que aquí sea
quien tiene más esperanza,
y ansí el escoger es fuerza
1430 el color verde.[208]

CINTIA

(Si yo   (*Aparte.*)
escojo de lo que queda,
después de Carlos, yo elijo
al de Bearne.) Yo soy vuestra,
que tengo el verde. Tomad.

(*Dale una cinta verde.*)

PRÍNCIPE

1435 Corona, señora, sea
de mi suerte el favor vuestro,
que, a no serlo, elección fuera.[209]

(*Danzan una mudanza[210] y pónense*
mascarillas, y retíranse a un lado,
quedando en pie.)

MÚSICOS

Vivan los galanes
con sus esperanzas,
1440 *que para ser dichas*
el tenerlas basta.
Falarala, larala, etc.

DON GASTÓN

Yo nunca tuve esperanza,
sino envidia, pues cualquiera
1445 debe más favor que yo
a las luces de su estrella;
y, pues siempre estoy celoso,
azul[211] quiero.

FENISA

Yo soy vuestra,
que tengo el azul. Tomad.

(*Dale una azul.*)

DON GASTÓN

1450 Mudar de color pudiera;
pues ya, señora, mi envidia
con tan buena suerte cesa.

(*Danzan y retíranse.*)

MÚSICOS

No cesan los celos
por lograr la dicha,
1455 *pues los hay entonces*
de los que la envidian.
Falarala, larala, etc.

POLILLA

Y yo ¿he de elegir color?

DIANA

Claro está.

POLILLA

Pues vaya fuera,
1460 que ya salirme quería
a la cara la vergüenza.

DIANA

¿Qué color pides?

POLILLA

Yo tengo
hecho el buche[212] a damas feas;
de suerte que habrá de ser
1465 muy mala la que me quepa.
De las damas que aquí miro
no hay ninguna que no sea

---

[205] *corta estrella*: little luck.

[206] *que . . . buena*: i.e., for it to be a lucky color.

[207] *partes*: talents, attractive qualities.

[208] *color verde.* Green is the color of hope in Spanish color symbolism.

[209] *que . . . fuera*: i.e., if I had not drawn you by lot,

it would have been by my choice (that you are my partner).

[210] *mudanza*: figure in a dance.

[211] *azul.* Blue symbolizes jealousy.

[212] *tengo . . . buche*: I have mocked.

como una rosa, y pues yo
la he de hacer mala por fuerza,
1470 por si ella es como una rosa,
yo la quiero rosa seca.[213]
Rosa seca, sal acá.
¿Quién la tiene?

LAURA

      Yo soy vuestra,
que tengo el color. Tomad.
                    (*Dale una cinta.*)

POLILLA

1475 ¿Yo aquí he de favorecerla
y ella a mí ha de enamorarme?

LAURA

No, sino al revés.

POLILLA

        Pues vuelta.
              (*Vuélvese de espaldas.*)
Enamórame al revés.

LAURA

Que no ha der ser eso, bestia,
1480 sino enamorarme tú.

POLILLA

¿Yo? Pues toda la manteca,
hecha pringue en la sartén,
a tu blancura no llega,
ni con tu pelo se iguala
1485 la frisa de la bayeta,[214]
ni dos ojos de jabón[215]
más que los tuyos blanquean,
ni siete bocas hermosas,
las unas tras otras puestas,
1490 son tanto como la tuya;
y no hablo de pies y piernas,
porque no hilo tan delgado,[216]
que aunque yo con tu belleza
he caído,[217] no he caído,
1495 pues no cae el que no peca.
            (*Danzan y retiranse.*)

MÚSICOS

Quien a rosas secas
su elección inclina,
tiene amor de rosas
y temor de espinas.
1500 *Falarala, larala*, etc.

CARLOS

Yo a elegir quedo el postrero,
y ha sido por la violencia
que me hace la obligación
de haber de fingir finezas,
1505 y pues ir contra el dictamen
del pecho es enojo y pena,
para que lo signifique
de los colores que quedan
pido el color nacarado.[218]
1510 ¿Quién le[219] tiene?

DIANA

        Yo soy vuestra,
que tengo el nácar. Tomad.
        (*Dale una cinta de nácar.*)

CARLOS

Si yo, señora, supiera
el acierto de mi suerte,
no tuviera por violencia
1515 fingir amor, pues ahora
le debo tener de veras.
            (*Danzan y retiranse.*)

MÚSICOS

Iras significa
el color de nácar;
el desdén no es ira:
1520 *quien tiene iras ama.*
Falarala, larala, etc.

POLILLA

(Ahora te puedes dar (*Aparte a* CARLOS.)
un hartazgo[220] de finezas
como para quince días,
1525 mas no te ahites[221] con ellas.)

DIANA

Guíe la música, pues,
a la plaza de las fiestas,
y ya galanes y damas
vayan cumpliendo la deuda.

MÚSICOS

1530 *Vayan los galanes*
todos con sus damas;
que en Carnestolendas
amor se disfraza.
Falarala, larala, etc.

---

[213] *rosa seca*: light pink.
[214] *frisa . . . bayeta*: ravelling of flannel.
[215] *ojos de jabón*: soap scrubbings.
[216] *no . . . delgado*: I don't express myself subtly enough.
[217] *con . . . he caído*: I have fallen for your beauty.

[218] *nacarado*: pearl (*adj.*). Pearl symbolizes sadness and anger.
[219] *le*: *lo*.
[220] *darse un hartazgo*: to have one's fill.
[221] *ahitarse*: to get indigestion.

*(Vanse todos de dos en dos, y al entrar
se detienen* DIANA *y* CARLOS.)

DIANA

1535 (Yo he de rendir a este hombre, *(Aparte.)*
o he de condenarme a necia.)
¡Qué tibio galán hacéis!
Bien se ve en vuestra tibieza
que es violencia enamorar,
1540 y siendo el fingirlo fuerza,
no saberlo hacer no es falta
de amor, sino de agudeza.

CARLOS

Si yo hubiera de fingirlo,
no tan remiso estuviera,
1545 que donde no hay sentimiento
está más pronta²²² la lengua.

DIANA

Luego ¿estáis enamorado
de mí?

CARLOS

Si no lo estuviera,
no me atara este temor.

DIANA

1550 ¿Qué decís? ¿Habláis de veras?

CARLOS

Pues si el alma lo publica,
¿puede fingirlo la lengua?

DIANA

Pues ¿no dijistes²²³ que vos
no podéis querer?

CARLOS

Eso era
1555 porque no me había tocado
el veneno desta flecha.

DIANA

¿Qué flecha?

CARLOS

La desta mano
que el corazón me atraviesa
y, como el pez²²⁴ que introduce
1560 su venenosa violencia
por el hilo y por la caña
y al pescador pasma y hiela
el brazo con que la tiene,
a mí el alma me penetra
1565 el dulce, ardiente veneno

que de vuestra mano bella
se introduce por la mía,
y hasta el corazón me llega.

DIANA

(Albricias, ingenio mío, *(Aparte.)*
1570 que ya rendí su soberbia.
Ahora probará el castigo
del desdén de mi belleza.)
Que, en fin, ¿vos no imaginabais
querer, y queréis de veras?

CARLOS

1575 Toda el alma se me abrasa,
todo mi pecho es centellas.
Temple en mí vuestra piedad
este ardor que me atormenta.

DIANA

Soltad. ¿Qué decís? Soltad.
(Quítase la mascarilla DIANA *y suéltale la mano.)*
1580 ¿Yo favor? La pasión ciega
para el castigo os disculpa,
mas no para la advertencia.
¿A mí me pides favor
diciendo que amáis de veras?

CARLOS

1585 (¡Cielos, yo me despeñé! *(Aparte.)*
Pero válgame la enmienda.)

DIANA

¿No os acordáis de que os dije
que en queriéndome era fuerza
que sufrieseis mis desprecios
1590 sin que os valiese la queja?

CARLOS

Luego ¿de veras habláis?

DIANA

Pues ¿vos no queréis de veras?

CARLOS

¿Yo, señora? Pues ¿se pudo
trocar mi naturaleza?
1595 ¿Yo querer de veras? ¿Yo?
¡Jesús, qué error! ¿Eso piensa
vuestra hermosura? ¿Yo amor?
Pues cuando²²⁵ yo le tuviera,
1600 de vergüenza le callara.
Esto es cumplir con la deuda
de la obligación del día.

DIANA

¿Qué decís? (¡Yo estoy muerta!) *(Aparte.)*

---

²²² *prompta: pronta.*
²²³ *dijistes: dijisteis.*
²²⁴ *pez.* An allusion to the torpedo fish, said by

Pliny to benumb the arm of the person who held any
object that touched the fish.
²²⁵ *cuando:* even if.

¿Que no es de veras? (¿Qué escucho?)
                            (*Aparte.*)
Pues ¿cómo aquí . . . (Hablar no acierta
1605 mi vanidad, de corrida.) [226]

CARLOS
Pues vos, siendo tan discreta,
¿no conocéis que es fingido?

DIANA
Pues ¿aquello de la flecha,
del pez, el hilo y la caña,
1610 y el decir que el desdén era
porque no os había tocado
del veneno la violencia?

CARLOS
Pues eso es fingirlo bien.
¿Tan necio queréis que sea
1615 que cuando a fingir me ponga,
lo finja sin apariencias?

DIANA
(¿Qué es esto que me sucede? (*Aparte.*)
¿Yo he podido ser tan necia
que me haya hecho este desaire?
1620 Del incendio desta afrenta
el alma tenga abrasada.
Mucho temo que lo entienda.
Yo he de enamorar a este hombre,
si toda el alma me cuesta.)

CARLOS
1625 Mirad que esperan, señora.

DIANA
(¡Que a mí este error me suceda!) (*Aparte.*)
Pues ¿cómo vos . . .?

CARLOS
                    ¿Qué decís?

DIANA
(¿Qué iba yo a hacer? Ya estoy (*Aparte.*)
ciega.) Poneos la máscara y vamos.

CARLOS
1630 (No ha sido mala la enmienda. (*Aparte.*)
¿Así trata el rendimiento?
¡Ah, cruel! ¡Ah, ingrata! ¡Ah, fiera!
Yo echaré sobre mi fuego
toda la nieve del Etna.) [227]

DIANA
1635 Cierto que sois muy discreto,
y lo fingís de manera
que lo tuve por verdad.

CARLOS
Cortesanía fue vuestra
el fingiros engañada
1640 por favorecer con ella;
que con eso habéis cumplido
con vuestra naturaleza
y la obligación del día,
pues fingiendo la cautela
1645 de engañaros, porque a mí
me dais crédito con ella,
favorecéis el ingenio
y despreciáis la fineza. [228]

DIANA
(Bien agudo ha sido el modo (*Aparte.*)
1650 de motejarme de necia;
mas ansí le he de engañar.)
Venid, pues, y aunque yo sepa
que es fingido, proseguid;
que eso a estimaros me empeña
1655 con más veras.

CARLOS
            ¿De qué suerte?

DIANA
Hace a mi desdén más fuerza
la discreción que el amor,
y me obligáis más con ella.

CARLOS
(¡Quién no entendiese su intento! (*Aparte.*)
1660 Yo le volveré la flecha.)

DIANA
¿No proseguís?

CARLOS
            No, señora.

DIANA
¿Por qué?

CARLOS
        Me ha dado tal pena
el decirme que os obligo,
que me ha hecho perder la senda
1665 del fingirme enamorado.

DIANA
Pues vos ¿qué perder pudierais
en tenerme a mí obligada
con vuestra atención discreta?

CARLOS
Arriesgarme a ser querido.

[226] *Hablar . . . corrida*: i.e., I cannot speak because my vanity has been embarrassed.
[227] *Etna*: Mount Etna in Sicily.
[228] *pues . . . fineza*: by feigning the ruse that I deceived you, since you credit me with (having invented) it, you flatter my wit and scorn my gallantry.

DIANA

1670 Pues ¿tan mal os estuviera?

CARLOS

Señora, no está en mi mano;
y si yo en eso me viera,
fuera cosa de morirme.

DIANA

(¿Que esto escuche mi belleza?) (*Aparte.*)
1675 Pues ¿vos presumís que yo
puedo quereros?

CARLOS

Vos mesma
decís que la que agradece
está de querer muy cerca;
pues quien confiesa que estima,
1680 ¿qué falta para que quiera?

DIANA

Menos falta para injuria
a vuestra loca soberbia;
y eso poco que le falta,
pasando ya de grosera,
1685 quiero excusar con dejaros.
Idos.

CARLOS

Pues ¿cómo a la fiesta
queréis faltar? ¿Puede ser
sin dar causa a otra sospecha?

DIANA

Ese riesgo a mí me toca.
1690 Decid que estoy indispuesta,
que me ha dado un accidente.[229]

CARLOS

Luego con eso licencia
me dais para no asistir.

DIANA

Si os mando que os vais,[230] ¿no es fuerza?

CARLOS

1695 Me habéis hecho un gran favor.
Guarde Dios a vuestra alteza. (*Vase.*)

DIANA

¿Qué es lo que pasa por mí?
¡Tan corrida estoy, tan ciega,
que si supiera algún medio

1700 de triunfar de su soberbia,
aunque arriesgara el respeto,
por rendirle a mi belleza,
a costa de mi decoro
comprara la diligencia![231]

(*Sale* POLILLA.)

POLILLA

1705 ¿Qué es esto, señora mía?
¿Cómo se ha aguado[232] la fiesta?

DIANA

Hame dado un accidente.

POLILLA

Si es cosa de la cabeza,
dos parches de tacamaca,[233]
1710 y que te traigan[234] las piernas.

DIANA

No tienen piernas las damas.[235]

POLILLA

Pues por esa razón mesma
digo yo que te las traigan.[236]
Mas ¿qué ha sido tu dolencia?

DIANA

1715 Aprieto del corazón.

POLILLA

¡Jesús! Pues si no es más désa,
sangrarte y purgarte luego,
y echarte unas sanguijuelas,
dos docenas de ventosas,[237]
1720 y al instante estarás buena.

DIANA

Caniquí, yo estoy corrida
de no vencer la tibieza
de Carlos.

POLILLA

Pues ¿eso dudas?
¿Quieres que por ti se pierda?

DIANA

1725 Pues ¿cómo se ha de perder?

POLILLA

Hazle que tome una renta.[238]
Pero, de veras hablando,
tú, señora, ¿no deseas
que se enamore de ti?

---

[229] *accidente*: sudden illness.
[230] *vais*: *vayáis*.
[231] *comprara la diligencia*: I would acquire the means.
[232] *aguar*: to spoil.
[233] *tacamaca*: tacamahac (resin from the balsam poplar used in ointments).
[234] *traer*: to rub.

[235] Diana probably means that women's legs, concealed by long skirts, were not a proper subject for discussion between the sexes.
[236] Note the pun on *traigan.*
[237] *sanguijuelas . . . ventosas*: leeches . . . suckers.
[238] *renta*: pension. Jones notes that pensioners were often unpaid and faced economic ruin.

DIANA

1730 Toda mi corona diera
por verle morir de amor.

POLILLA

Y ¿es eso cariño o tema?[239]
La verdad, ¿te entra el Carlillos?[240]

DIANA

¿Qué es cariño?[241] Yo soy peña.
1735 Para abrasarle a desprecios,
a desaires y a violencias,
lo deseo sólo.

POLILLA

(¡Zape![242] (*Aparte.*)
Aun está verde la breva;
mas ella madurará,
1740 como hay muchachos y piedras.)[243]

DIANA

Yo sé que él gusta de oír
cantar.

POLILLA

Mucho, como sea
la Pasión,[244] o algún buen salmo
cantado con castañetas.

DIANA

1745 ¿Salmo? ¿Qué dices?

POLILLA

Es cosa,[245]
señora, que esto le lleva.
Lo que es música de salmos
pierde su juicio por ella.

DIANA

Tú has de hacer por mí una cosa.

POLILLA

1750 ¿Qué?

POLILLA

Abierta hallarás la puerta
del jardín; yo con mis damas
estaré allí, y sin que él sepa
que es cuidado,[246] cantaremos;
tú has de decir que le llevas
1755 porque nos oiga cantar,
diciendo que, aunque le vean,

a ti te echarán la culpa.

POLILLA

Tú has pensado buena treta,
porque en viéndote cantar
1760 se ha de hacer una jalea.

DIANA

Pues ve a buscarle al momento.

POLILLA

Llevaréle con cadena.
A oír cantar irá el otro[247]
tras de un entierro; mas sea
1765 buen tono.

DIANA

¿Qué te parece?

POLILLA

Alguna cosa burlesca
que tenga mucha alegría.

DIANA

¿Como qué?

POLILLA

Un *requiem aeternam*.[248]

DIANA

Mira que voy al jardín.

POLILLA

1770 Pues ponte como una Eva,
para que caiga este Adán.

DIANA

Allá espero.   (*Vase.*)

POLILLA

¡Norabuena,
que tú has de ser la manzana,
y has de llevar la culebra![249]
1775 Señores, ¡que estas locuras
ande haciendo una princesa!
Mas, quien tiene la mayor,[250]
¿qué mucho que estotras tenga?
Porque las locuras son
1780 como un plato de cerezas,
que en tirando de la una,
las otras se van tras ella.

(*Sale* CARLOS.)

CARLOS

¿Polilla amigo?

---

[239] *tema*: obstinancy.
[240] *¿ te . . . Carlillos?*: are you beginning to like Carlos?
[241] *¿Qué es cariño?*: What do you mean affection?
[242] *¡Zape!*: Scat!
[243] *Aun . . . piedras.* See vv. 404–19.
[244] *Pasión*: Passion of Christ.
[245] *Es cosa*: It is a fact.

[246] *es cuidado*: i.e., it is prearranged.
[247] *el otro* refers to Carlos.
[248] *requiem aeternam*: funeral dirge.
[249] *has . . . culebra!*: The joke is going to be on you! *Culebra* refers to the serpent in the temptation of Eve and also means a "cruel joke."
[250] Understand *locura* after *mayor*.

POLILLA

Carlos, ¡bravo cuento!

CARLOS

Pues ¿qué ha habido de nuevo?

POLILLA

Vencimiento.

CARLOS

1785 Pues tú ¿qué has entendido?

POLILLA

Que para enamorarte, me ha pedido
que te lleve al jardín, donde has de vella,
más hermosa y brillante que una estrella,
cantando con sus damas;
1790 que como te imagina duro tanto,
ablandarte pretende con el canto.251

CARLOS

¿Eso hay? Mucho lo extraño.

POLILLA

Mira si es liviandad de buen tamaño,
y si está ya harto ciega,
1795 pues esto hace y de mí a fiarlo llega.

(*Tañen dentro.*)

CARLOS

Ya escucho el instrumento.

POLILLA

Ésta ya es tuya.

CARLOS

Calla, que cantan ya.

POLILLA

Pues ¡aleluya!

(*Cantan dentro.*)

Olas eran de zafir
las del mar sola esta vez,
1800 *con el que siempre le aclaman*
los mares segundo rey.

POLILLA

Vamos, señor.

CARLOS

¿Qué dices? Que yo muero.

POLILLA

Deja eso a los pastores del Arcadia 252
y vámonos allá, que esto es primero.

CARLOS

1805 Y ¿qué he de hacer?

POLILLA

Entrar y no miralla,
y divertirte con la copia 253 bella
de flores, y aunque ella
se haga rajas cantando,254 no escuchalla
porque se abrase.

CARLOS

No podré emprendello.

POLILLA

1810 ¿Cómo no? ¡Vive Cristo!, que has de [hacello,
o te tengo de dar con esta daga
que traigo para eso; que esta llaga
se ha de curar con escozor.255

CARLOS

No intentes
eso; que no es posible que lo allanes.

POLILLA

1815 Señor, tú has de sufrir polvos de Juanes;256
que toda el alma tienes ya podrida.

(*Cantan dentro.*)

CARLOS

Otra vez cantan; oye, por tu vida.

POLILLA

¡Pesia a mi alma! Vamos,
no en eso tiempo pierdas.

CARLOS

Atendamos;
1820 que luego entrar podemos.

POLILLA

Allá, desde más cerca, escucharemos.
¡Anda con Barrabás! 257

CARLOS

Oye primero.

POLILLA

Has de entrar, ¡vive Dios!

CARLOS

Oye.

POLILLA

No quiero.

(*Métele a empujones.*)

---

251 *canto*: a pun, "song" and "rock."
252 *Deja . . . Arcadia.* A reference to the pastoral literature on Arcadia whose sentimental shepherds often complain that they are dying of love.
253 *copia*: abundance.
254 *se . . . cantando*: sings herself to a frazzle.
255 *con escozor*: painfully

256 *polvos de Juanes*: mercuric oxide powder (named for Dr. Juan de Vigo, physician of Pope Julius II) used as a remedy for various kinds of infection.
257 *¡Anda con Barrabás!*: Get a move on, damn it! Barabbas was the thief released by Pontius Pilate instead of Christ.

(*Salen* DIANA *y todas las* DAMAS *en guardapieses y justillos,*[258] *cantando.*)

DAMAS

Olas eran de zafir (*Cantan.*)
1825 *las del mar sola esta vez,*
con el que siempre le aclaman
los mares segundo rey.

DIANA

¿No habéis visto entrar a Carlos?

CINTIA

No sólo no le hemos visto,
1830 mas ni aun de que venir pueda
en el jardín hay indicio.

DIANA

Laura, ten cuenta si viene.

LAURA

Ya yo, señora, lo miro.

DIANA

Aunque arriesgue mi decoro,
1835 he de vencer sus desvíos.

LAURA

Cierto que estás tan hermosa
que ha de faltarle el sentido
si te ve y no se enamora.
Mas, señora, ya le he visto;
1840 ya está en el jardín.

DIANA

¿Qué dices?

LAURA

Que con Caniquí ha venido.

DIANA

Pues volvamos a cantar,
y sentaos todas conmigo.

(*Siéntanse todas y salen* POLILLA *y* CARLOS.)

POLILLA

No te derritas,[259] señor.

CARLOS

1845 Polilla, ¿no es un prodigio
su belleza? En aquel traje
doméstico es un hechizo.

POLILLA

¡Qué bravas están las damas

en guardapiés y justillo!

CARLOS

1850 ¿Para qué son los adornos
donde hay sin ellos tal brío?

POLILLA

Mira: éstas son como el cardo,[260]
que el hortelano advertido
le deja las pencas[261] malas,
1855 que, aunque no son de servicio,
abultan para venderle;
pero después de vendido,
sólo se come el cogollo;[262]
pues las damas son lo mismo:
1860 lo que se come es aquesto;
que el moño[263] y el artificio
de las faldas son las pencas,
que se echan a los borricos.
Pero vuelve allá la cara;
1865 no mires, que vas perdido.

CARLOS

Polilla, no he de poder.

POLILLA

¿Qué llamas no?[264] ¡Vive Cristo,
que has de meterte la daga
si vuelves! (*Pónele la daga en la cara.*)

CARLOS

Ya no la miro.

POLILLA

1870 Pues la estás oyendo, engaña
los ojos con los oídos.

CARLOS

Pues vámonos alargando,
porque si canta, el no oírlo
no parezca que es cuidado,[265]
1875 sino divertirme el sitio.

CINTIA

Ya te escucha; cantar puedes.

DIANA

Ansí vencerle imagino.
El que sólo de su abril (*Canta.*)
escogió mayo cortés,[266]
1880 *por gala de su esperanza,*

---

[258] *guardapieses y justillos:* long underskirts and waists. The scene takes place in the palace garden.
[259] *derretirse:* to weaken.
[260] *cardo:* artichoke.
[261] *pencas:* outer leaves.
[262] *cogollo:* heart (of certain vegetables).
[263] *moño:* topknot.
[264] *¿Qué . . . no?:* What do you mean you can't?

[265] *es cuidado:* it is intentional.
[266] *El . . . cortés:* He who in his youth (*abril*) chose May for his courting. *Mayo* is the name of the traditional festival held on May Day eve when young men presented flowers to girls who kept them if they welcomed their attentions but returned yellow ones if they wished to discourage them.

las flores de su desdén . . .
¿No ha vuelto a oír?

LAURA

No, señora.

DIANA

¿Cómo no? Pues ¿no me ha oído?

CINTIA

Puede ser, porque está lejos.

CARLOS

1885 En toda mi vida he visto
más bien compuesto jardín.

POLILLA

Vaya deso,[267] que eso es lindo.

DIANA

El jardín está mirando:
¿este hombre está sin sentido?
1890 ¿Qué es esto? Cantemos todas
para ver si vuelve a oírnos.

(*Cantan todas.*)

A tan dichoso favor
sirva tan florido mes,
por gloria de sus trofeos
1895 *rendido le bese el pie.*

CINTIA

¡Qué bien hecho está aquel cuadro
de sus armas![268] ¡Qué pulido!

POLILLA

Harto más pulido es eso.

DIANA

¡Que esto escucho! ¡Que esto miro!
1900 ¿Los cuadros está alabando
cuando yo canto?

CARLOS

No he visto
hiedra más bien enlazada.
¡Qué hermoso verde!

POLILLA

Eso pido:
date en lo verde, que engordas.[269]

DIANA

1905 No me ha visto o no me ha oído.
Laura, al descuido[270] le advierte
que estoy yo aquí. (*Levántase* LAURA.)

CINTIA

(Este capricho (*Aparte.*)
la ha de despeñar a amar.)

LAURA

Carlos, estad advertido
1910 que está aquí dentro Diana.

CARLOS

Tiene aquí un famoso sitio:
los laureles están buenos,
pero entre aquellos jacintos
aquel pie de guindo[271] afea.

POLILLA

1915 ¡Oh qué lindo pie de guindo!

DIANA

¿No se lo advertiste, Laura?

LAURA

Ya, señora, se lo he dicho.

DIANA

Ya no yerra de ignorancia;
pues ¿cómo está divertido?
(*Pasa* CARLOS *por delante della,*
llevándole POLILLA *la daga junto*
a la cara, porque no vuelva.)

POLILLA

1920 Señor, por aquesta calle
pasa sin mirar.

CARLOS

Rendido
estoy a mi resistencia;
volver temo.

POLILLA

¡Ten, por Cristo,
que te herirás con la daga!

CARLOS

1925 Ya no puedo más, amigo.

POLILLA

Hombre, mira que te clavas.

CARLOS

¿Qué quieres? Ya me he vencido.

POLILLA

Vuelve por esotro lado.

CARLOS

¿Por acá?

POLILLA

Por allá digo.

DIANA

1930 ¿No ha vuelto?

LAURA

Ni lo imagina.

---

[267] *Vaya deso*: Keep on with that line.
[268] *sus armas*: her coat of arms (probably designed by the flowers).
[269] *date . . . engordas*: keep talking about the green,

for you are getting along well.
[270] *al descuido*: accidentally on purpose (Jones' translation).
[271] *pie de guindo*: cherry tree.

DIANA

Yo no creo lo que miro;
ve tú al descuido, Fenisa,
y vuelve a darle el aviso.
(*Levántase* FENISA.)

POLILLA

Otro correo[272] dispara;
1935 mas no dan lumbre los tiros.

FENISA

¿Carlos?

CARLOS

¿Quién llama?

POLILLA

¿Quién es?

FENISA

Ved que Diana os ha visto.

CARLOS

Admirado desta fuente,
en verla me he divertido,
1940 y no había visto a su alteza;
decid, que ya me retiro.

DIANA

(¡Cielos! Sin duda se va.) (*Aparte.*)
¡Oíd, escuchad! A vos digo.
(*Levántase.*)

CARLOS

¿A mí, señora?

DIANA

Sí, a vos.

CARLOS

1945 ¿Qué mandáis?

DIANA

¿Cómo, atrevido,
habéis entrado aquí dentro,
sabiendo que en mi retiro
estaba yo con mis damas?

CARLOS

Señora, no os había visto;
1950 la hermosura del jardín
me llevó, y perdón os pido.

DIANA

(Esto es peor; que aun no dice (*Aparte.*)
que para escucharme vino.)
Pues ¿no me oístes?[273]

CARLOS

No, señora.

DIANA

1955 No es posible.

---

correo: messenger.
oístes: oísteis.

CARLOS

Un yerro ha sido,
que sólo enmendarse puede
con no hacer más el delito. (*Vase.*)

CINTIA

Señora, este hombre es un tronco.[274]

DIANA

Dejadme, que sus desvíos
1960 el sentido han de quitarme.

CINTIA

(Laura, esto va ya perdido.)
(*Aparte a* LAURA.)

LAURA

(Si ella no está enamorada
de Carlos, ya va camino.)[275]
(*Vanse las dos.*)

DIANA

¡Cielos! ¿Qué es esto que veo?
1965 Un Etna es cuanto respiro.
¡Yo despreciada!

POLILLA

(Eso sí, (*Aparte.*)
¡pesia a su alma!, dé brincos.)

DIANA

¿Caniquí?

POLILLA

¿Señora mía?

DIANA

¿Qué es esto? ¿Este hombre no vino
1970 a escucharme?

POLILLA

Sí, señora.

DIANA

Pues ¿cómo no ha vuelto a oíllo?

POLILLA

Señora, es loco de atar.

DIANA

Pues ¿qué respondió o qué dijo?

POLILLA

Es vergüenza.

DIANA

Dilo, pues.

POLILLA

1975 Que cantabais como niños
de escuela, y que no quería
escucharos.

DIANA

¿Eso ha dicho?

---

tronco: unfeeling person.
ya va camino: she is well on the way.

POLILLA

Sí, señora.

DIANA

¡Hay tal desprecio!

POLILLA

Es un bobo.

DIANA

¡Estoy sin juicio!

POLILLA

1980 No hagas caso.

DIANA

¡Estoy mortal![276]

POLILLA

Que es un bárbaro.

DIANA

Eso mismo
me ha de obligar a rendirle
si muero[277] por conseguirlo. (*Vase.*)

POLILLA

¡Buena va la danza, alcalde,[278]
1985 y da en la albarda el granizo![279]

Maripérez, con cascabeles.

[276] *mortal*: deathly ill.

[277] *si muero*: aunque muera.

[278] *¡Buena . . . alcalde!*: Things are going fine. A more common variant is *Buena va la danza, señora*

[279] *da . . . granizo!*: she is all shook up. The usual form is *Saltar como granizo en albarda*.

〰〰〰 Jornada tercera

(*Salen* CARLOS, POLILLA, DON GAS-
TÓN *y el* PRÍNCIPE DE BEARNE.) [280]

DON GASTÓN
Carlos, nuestra amistad nos da licencia
de valernos de vos para este intento.

CARLOS
Ya sabéis que es segura mi obediencia.

PRÍNCIPE
En fe de eso os consulto el pensamiento.

POLILLA
1990 Va de consulta, [281] y salga la propuesta,
que todo lo demás es molimiento. [282]

PRÍNCIPE
Ya vos sabéis que no ha quedado fiesta,
fineza, ostentación, galantería,
que no haya sido de los tres compuesta
1995 para vencer la injusta antipatía
que nos tiene Diana, sin debella [283]
ni aun lo que debe dar la cortesía;
pues habiendo salido vos con ella,
la obligación y el uso de la suerte,
2000 por no favoreceros, atropella, [284]
y la alegría del festín convierte
en queja de sus damas y en desprecio
de nosotros, si el término [285] se advierte;
y de nuestro decoro haciendo aprecio
2005 más que de nuestro amor, nos ha obligado
solamente a vencer su desdén necio,

y el gusto quedará desempeñado
de los tres, si la viésemos vencida
de cualquiera de todos al cuidado. [286]
2010 Para esto, pues, traemos prevenida
yo y don Gastón [287] la industria [288] que os
[diremos;
que si a esta flecha no quedare herida,
no queda ya camino que intentemos.

CARLOS
¿Qué es la industria?

DON GASTÓN
Que pues para estos días
2015 todos por suerte ya damas tenemos,
prosigamos en las galanterías
todos sin hacer caso de Diana,
pues ella se excusó con sus porfías;
que si a ver llega su altivez tirana,
2020 por su desdén, su adoración perdida,
si no de amante, se ha de herir de vana; [289]
y en conociendo indicios de la herida,
nuestras finezas han de ser mayores,
hasta tenerla en su rigor vencida.

POLILLA
2025 No es ése mal remedio; mas, señores,
eso es lo mismo que a cualquier doliente
el quitarle la cena los doctores.

PRÍNCIPE
Pero si no es remedio suficiente,
cuando [290] no alivie o temple la dolencia,

---

[280] Stage direction. The setting is the palace of the
Count of Barcelona.
[281] *Va de consulta*: Go ahead with the consultation.
[282] *es molimiento*: is a bother.
[283] *sin debella*: without our having secured from her.
[284] *atropella*: she violates.
[285] *el término*: her conduct.
[286] *si . . . cuidado*: if we should see her won over to the
love of any one of us.

[287] *yo y don Gastón*. Seventeenth-century usage
permitted the speaker to cite himself first.
[288] *industria*: scheme.
[289] *que . . . vana*: freely, "because if she, in her cruel
haughtiness, comes to see that our adoration of her
was lost because of her disdain, she will be hurt out of
vanity if not because of love."
[290] *cuando*: even though. Also in v. 2046.

2030 sirve de que no crezca el accidente.
Si a Diana la ofende la decencia
con que la festejamos, porfialla
sólo será crecer su resistencia.

Ya no queda más medio que dejalla,
2035 pues si la ley que dio naturaleza
no falta en ella, ansí hemos de obligalla,
porque en viendo perdida la fineza[291]
la dama, aun de aquel mismo que aborrece,
sentirlo es natural en la belleza;
2040 que la veneración de que carece,
aunque el gusto cansado la desprecia,
la vanidad del alma la apetece,
y si le falta lo que el alma aprecia,
aunque lo calle allá su sentimiento,
2045 la estará a solas condenando a necia.

Y cuando no se logre el pensamiento
de obligarla a querer, en que lo sienta
queda vengado bien nuestro tormento.

CARLOS

Lo que, ofendido, vuestro amor intenta,
2050 por dos causas de mí queda acetado:
una, el ser fuerza que ella lo consienta,
porque eso su desdén nos ha mandado;
y otra, que, sin amor, ese desvío
no me puede costar ningún cuidado.

PRÍNCIPE

2055 Pues la palabra os tomo.

CARLOS

Yo la fío.[292]

PRÍNCIPE

Y aun de Diana el nombre a nuestro labio
desde aquí lo prohiba el albedrío.

DON GASTÓN

Ése contra el desdén es medio sabio.

CARLOS

Digo que de mi parte lo prometo.

PRÍNCIPE

2060 Pues vos veréis vengado vuestro agravio.

DON GASTÓN

Vamos, y aunque se ofenda su respeto,
en festejar las damas prosigamos
con más finezas.

CARLOS

Yo el desvío aceto.

PRÍNCIPE

Pues si a un tiempo todos la dejamos,
2065 cierto será el vencerla.

CARLOS

Ansí lo creo.

PRÍNCIPE

Vamos pues, don Gastón.

DON GASTÓN

Bearne, vamos.

PRÍNCIPE

Logrado habéis de ver nuestro deseo.

(*Vanse el* PRÍNCIPE *y* DON GASTÓN.)

POLILLA

Señor, ésta es brava traza,
y medida a tu deseo;
2070 que esto es echarte el ojeo,[293]
porque tú mates la caza.

CARLOS

Polilla, ¡mujer terrible!
¡Que aun no quiera tan picada![294]

POLILLA

Señor, ella está abrasada,
2075 mas rendirse no es posible.

Ella te quiere, señor,
y dice que te aborrece,
mas lo que ira le parece
es quinta esencia de amor;
2080 porque cuando una mujer
de los desdenes se agravia,
bien puede llamarlo rabia,
mas es rabiar por querer.

Día y noche está trazando
2085 cómo vengar su congoja;
mas no temas que te coja,
que ella te dará bien blando.[295]

CARLOS

¿Qué dice de mi?

POLILLA

Te acusa.

Dice que eres un grosero,
2090 desatento, majadero.

Y yo, que entiendo la musa,[296]
digo: "Señora, es un loco,
un sucio"; y ella después
vuelve por[297] ti, y dice: "No es;

---

291 *fineza*: attentiveness (paid to her).
292 *Yo la fío*: I guarantee it.
293 *echarte el ojeo*: to beat the game for you.
294 *¡Que . . . picada!*: To think that she is still not

in love when she is so miffed!
295 *que . . . blando*: because she will hit you gently.
296 *musa*: muse (i.e., the cause of her speech).
297 *volver por*: to defend.

2095 que ni tanto ni tan poco."
En fin, porque sus desvelos
no se logren, yo imagino
que ahora toma otro camino,
y quiere picarte a celos.
2100 Conoce tú la varilla,
y si acaso te la echa,
disimula, y di a la flecha,
riendo: "Hágote cosquilla";²⁹⁸
que ella te se vendrá al ruego.

CARLOS

2105 ¿Por qué?

POLILLA

Porque, aunque se enoje,
quien cuando siembra no coge,
va a pedir limosna luego;
esto es, señor, evidencia.
Lope, el fénix español,²⁹⁹
2110 de los ingenios el sol,
lo dijo en esta sentencia:
"Quien tiene celos y ofende,
¿qué pretende?
La venganza de un desdén;
2115 y si no le sale bien,
vuelve a comprar lo que vende."³⁰⁰
Mas ya los príncipes van
sus músicas previniendo.

CARLOS

Irme con ellos pretendo.

POLILLA

2120 Con eso, juego te dan.³⁰¹

CARLOS

Diana viene.

POLILLA

Pues cuidado,
y escápate.

CARLOS

Me voy luego.

POLILLA

Vete, que si nos ve el juego,
perderemos lo envidado.³⁰²

(*Vase* CARLOS.)

(*Cantan dentro, y va saliendo* DIANA.)

MÚSICOS

2125 *Pastores, Cintia me mata;*
Cintia es mi muerte y mi vida;
yo de ver a Cintia vivo,
y muero por ver a Cintia.

DIANA

¡Tanta Cintia!

POLILLA

Es el reclamo³⁰³
2130 del bearnés.

DIANA

¡Finezas necias!

POLILLA

(Todo esto es echar especias³⁰⁴ (*Aparte.*)
al guisado de mi amo.)

DIANA

Por no ver estas contiendas
que a sus damas alaben,
2135 deseo ya que se acaben
aquestas Carnestolendas.

POLILLA

Eso ya es rigor tirano.
Deja, señora, querer,
si no quieres; que eso es ser
2140 el perro del hortelano.³⁰⁵

DIANA

Pues ¿no es cosa muy cansada
oír músicas precisas
de³⁰⁶ Cintias, Lauras, Fenisas
cada instante?

POLILLA

Si te enfada
2145 ver tu nombre en verso escrito,
¿qué han de hacer sino *cintiar*,³⁰⁷
laurear y fenisar?
Que *dianar* es delito.
Y el bearnés tan fino está
2150 con Cintia, que está en su pecho,
que una gran décima ha hecho.

DIANA

Y ¿cómo dice?

---

²⁹⁸ *Hágote cosquilla*: I'll get you.
²⁹⁹ Lope de Vega was called the *Fénix* by his contemporaries because of his creativity.
³⁰⁰ The source of these verses has not been identified.
³⁰¹ *juego te dan*: they are playing into your hands.
³⁰² *lo envidado*: what we have staked.

³⁰³ *reclamo*: lure, (here) serenade.
³⁰⁴ *echar especias*: to season.
³⁰⁵ *el perro del hortelano*: i.e., like the dog in the manger. Cf. the proverb, *El perro del hortelano, que ni come las berzas ni las deja comer.*
³⁰⁶ *precisas de*: especially for.
³⁰⁷ *cintiar*, etc.: to praise Cintia, etc.

POLILLA

Allá va.

"Cintia el mandamiento quinto[308]
quebró en mí, como saeta;
2155 Cintia es la que a mí me aprieta,
y yo soy de Cintia el cinto.
Cintia y cinta no es distinto;
y pues Cintia es semejante
a cinta, soy fino amante,
2160 pues traigo cinta en la liga,
y esta décima la diga
Cintor[309] el representante."

DIANA

Bien por cierto; mas ya suena
otra música.

POLILLA

Y galante.

DIANA

2165 Ésta será de otro amante.

POLILLA

(Reventando está de pena.)   (*Aparte.*)

MÚSICOS

No iguala a Fenisa el fénix,
que si él muere y resucita,
Fenisa da vida y mata;
2170 *más que el fénix es Fenisa.*

DIANA

¡Qué finos están!

POLILLA

¡Jesús!
Mucha cosa, y aun mi pecho . . .[310]
oye lo que a Laura he hecho.

DIANA

¿También das músicas?

POLILLA

Pus.[311]

2175 *Laura, en rigor, es laurel;*
y pues Laura a mí me plugo,
yo tengo que ser besugo,[312]
por escabecharme en él.

DIANA

Y Carlos ¿no me pudiera
2180 dar música a mí también?

POLILLA

Si él llegara a querer bien,
sin duda se te atreviera;
    mas él no ama, y tú el concierto
de que te dejase hiciste,
2185 con que al punto que dijiste:
"Id con Dios", vio el cielo abierto.[313]

DIANA

Que lo dije ansí confieso,
mas él porfiar debía;
que aquí es cortés la porfía.

POLILLA

2190 Pues ¿cómo puede ser eso,
    si a las fiestas han de ir,
    y es desprecio de su fama
    no ir un galán su dama,
    y tú no quieres salir?

DIANA

2195   ¿Que pudiera ser, no infieres,
    que saliese yo con él?

POLILLA

Sí, señora, pero él
sabe poco de poderes.[314]
    Mas ya galanes y damas
2200 a las fiestas van saliendo;
    cierto que es un mayo[315] ver
    las plumas de los sombreros.

DIANA

Todos vienen con sus damas,
y Carlos viene con ellos.

POLILLA

2205 (Señores, si esta mujer, (*Aparte.*)
    viendo ahora este desprecio,
    no se rinde a querer bien,
    ha de ahorcarse como hay credo.)[316]

(*Salen todos los galanes con sus damas,*
y ellos y ellas con sombreros y plumas.)

MÚSICOS

A festejar sale Amor
2210 *sus dichosos prisioneros,*
dando plumas sus penachos
a sus arpones soberbios.[317]

---

[308] *mandamiento quinto*: i.e., "Thou shalt not kill."
[309] *Cintor*: Gabriel Cintor, seventeenth-century actor.
[310] *aun mi pecho . . .*: even my heart (wants to sing).
[311] *Pus*: *Pues* (?), certainly.
[312] *besugo*: sea bream. Fish were pickled in a brine seasoned with laurel leaves.

[313] *ver . . . abierto*: to see a way out.
[314] *poderes*: "mights," referring to *pudiera* in v. 2195.
[315] *mayo*. See n. 266.
[316] *como hay credo*: as sure as the Apostles' Creed.
[317] *dando . . . soberbios*: his plumes furnishing feathers for his cruel shafts.

PRÍNCIPE

Príncipes, para picarla
es éste el mejor remedio.

DON GASTÓN

2215 Mostrarnos finos importa.

CARLOS

Mi fineza es el despego.

PRÍNCIPE

Cada instante, Cintia hermosa,
me olvido de que soy vuestro,
porque no creo a mi suerte
2220 la dicha que la merezco.

CINTIA

Más dudo yo, pues presumo
que el ser tan fino es empeño
del día y no del amor.

PRÍNCIPE

Salir del día deseo[318]
2225 por venceros esa duda.

DON GASTÓN

Y vos, si dudáis lo mesmo, (*A* FENISA.)
veréis pasar mi fineza
a los mayores extremos,
cuando sólo deuda sea
2230 de la fe con que os venero.

DIANA

Nadie se acuerda de mí.

POLILLA

Yo por ninguno lo siento,
sino por aquel menguado
de Carlos, que es un soberbio.
2235 ¿Tiene él algo más que ser
muy galán y muy discreto,
muy liberal y valiente,
y hacer muy famosos versos,
y ser un príncipe grande?
2240 Pues ¿qué tenemos con esto?

PRÍNCIPE

Conde de Fox, no perdamos
tiempo para los festejos
que tenemos prevenidos.

DON GASTÓN

Tan feliz día logremos.

DIANA

2245 ¡Qué tiernos van!

POLILLA

Son menguados.

DIANA

Pues ¿es malo el estar tiernos?

POLILLA

Sí, que es cosa de capones.[319]

PRÍNCIPE

Proseguid el dulce acento
que nuestra dicha celebra.

CARLOS

2250 Yo seré imán[320] de sus ecos.

(*Vanse pasando por delante de* DIANA,
sin reparar en ella.)

MÚSICOS

*A festejar sale Amor
sus dichosos prisioneros*, etc.

DIANA

¡Qué finos y qué graves!

POLILLA

¿Sabes qué parecen éstos?

DIANA

2255 ¿Qué?

POLILLA

Priores y abadesas.

DIANA

Y Carlos se va con ellos;
sólo dél siento el desdén;
pero de abrasarle a celos
es ésta buena ocasión.
2260 Llámale tú.

POLILLA

¡Ah, caballero!

CARLOS

¿Quién llama?

POLILLA

*Appropinquatio
ad parlandum.*[321]

CARLOS

¿Con quién?

POLILLA

Mecum.[322]

CARLOS

Pues ¿para eso me llamas,
cuando ves que voy siguiendo
2265 este acento enamorado?

DIANA

¿Vos enamorado? Bueno;
y ¿de quién lo estáis?

---

[318] *Salir . . . deseo*: I want to leave this day behind.
[319] *capones*: a pun, "capons" and "eunuchs."
[320] *seré imán*: I'll be a magnet (i.e., I'll follow).

[321] Macaronic Latin meaning "Approach to talk."
[322] *Mecum*: With me.

CARLOS

          Señora,
también yo aquí dama llevo.

DIANA

¿Qué dama?

CARLOS

         Mi libertad,
2270 que es a quien yo galanteo.

DIANA

(Cierto que me había dado   (*Aparte*.)
gran susto.)

POLILLA

         (Bueno va esto; (*Aparte*.)
ya está allá de Illescas
para llegar a Toledo.) [323]

DIANA

2275 ¿La libertad es la dama?
Buen gusto tenéis, por cierto.

CARLOS

En siendo gusto, señora,
no importa que no sea bueno;
que la voluntad no tiene
2280 razón para su deseo.

DIANA

Pero ahí no hay voluntad.

CARLOS

Sí hay tal.

DIANA

       O yo no lo entiendo,
o no la hay; que no se puede
dar voluntad sin sujeto. [324]

CARLOS

2285 El sujeto es el no amar,
y voluntad hay en esto;
pues si quiero no querer,
ya quiero lo que no quiero.

DIANA

La negación no da ser;
2290 que sólo el entendimiento
le da al ente de razón
un ser fingido y supuesto,
y así es esa voluntad, [325]
pues sin causa no hay efecto.

CARLOS

2295 Vos, señora, no sabéis

lo que es querer, y así en esto
será lisonja deciros
que ignoráis el argumento.

DIANA

No ignoro tal, que el discurso
2300 no ha menester los efectos
para conocer las causas,
pues sin la experiencia dellos
las ve la filosofía;
pero yo ahora lo entiendo
2305 con experiencia también.

CARLOS

Pues ¿vos queréis?

DIANA

         Lo deseo.

POLILLA

(¡Cuidado, que va apuntando (*Aparte a*
la varita de los celos!   [CARLOS.)
Úntate muy bien las manos
2310 con aceite de desprecios;
no se te pegue la liga.) [326]

DIANA

(Si éste tiene entendimeinto, (*Aparte a*
se ha de abrasar, o no es hombre.) [POLILLA.)

POLILLA

(Eso fuera a no estar hecho (*Aparte*.)
2315 él defensivo, y pegado.) [327]

CARLOS

De oíros estoy suspenso.

DIANA

Carlos, yo he reconocido
que la opinión que yo llevo
es ir contra la razón,
2320 contra el útil [328] de mi reino,
la quietud de mis vasallos,
la duración de mi imperio.
Viendo estos inconvenientes,
he puesto a mi pensamiento
2325 tan forzosos silogismos,
que le he vencido con ellos.
Determinada a casarme,
apenas cedió el ingenio
al poder de la verdad
2330 su sofístico argumento,
cuando vi, al abrir los ojos,

---

[323] *ya . . . Toledo.* Illescas is about midway between Madrid and Toledo, hence Carlos' campaign against Diana is more than half won.

[324] *sujeto*: object.

[325] *esa voluntad*: that will of yours.

[326] *liga*: birdlime. Used to trap birds, birdlime sticks to anything that is not greased.

[327] *a . . . pegado*: if he were not forewarned and persistent.

[328] *útil*: welfare.

que la nube de aquel yerro
le había quitado al alma
la luz del conocimiento.
2335 El príncipe de Bearne,
mirado sin pasión . . .

POLILLA

(¡Helos, *(Aparte a* CARLOS.)
al aceite, que traen liga!)³²⁹

DIANA

. . . es tan galán caballero,
que merece la atención
2340 mía, que harto lo encarezco.³³⁰
Por su sangre no hay ninguno
de mayor merecimiento;
por sus partes, no le iguala
el más galán, más discreto.
2345 Lo afable en los agasajos,
lo humilde en los rendimientos,
lo primoroso en finezas,
lo generoso en festejos,
nadie lo tiene como él.
2350 Corrida estoy de que un yerro
me haya tenido tan ciega
que no viese lo que veo.

CARLOS

(Polilla, aunque sea fingido, *(Aparte a*
¡vive Dios!, que estoy muriendo.) [POLILLA.)

POLILLA

2355 (Aceite, ¡pesia mi alma!, *(Aparte a* CARLOS.)
aunque te manches con ello.)

DIANA

Y ansí, Carlos, determino
casarme; mas antes quiero,
por ser tan discreto vos,
2360 consultaros este intento.
¿No os parece que el de Bearne
que³³¹ será el más digno dueño
que dar puedo a mi corona?
Que yo por el más perfeto
2365 le tengo de todos cuantos
me asisten. ¿Qué sentís dello?
Parece que os demudáis.
¿Extrañáis mi pensamiento?
(Bien he logrado la herida; *(Aparte.)*
2370 que del semblante lo infiero.

---

³²⁹ *¡ Helos . . . liga!*: Watch out for jealousy (*los*: *los celos*); get the grease, for they are bringing out the birdlime!

³³⁰ *que . . . encarezco*: i.e., which, by my saying so, is praise enough.

Todo el color ha perdido:
eso es lo que yo pretendo.)

POLILLA

(¡Ah, señor!)   *(Aparte a* CARLOS.)

CARLOS

(Estoy sin alma.)

POLILLA

(Sacúdete, majadero;
2375 que se te pega la liga.)

DIANA

¿No me respondéis? ¿Qué es eso?
Pues ¿de qué os habéis turbado?

CARLOS

Me he admirado,³³² por lo menos.

DIANA

¿De qué?

CARLOS

De que yo pensaba
2380 que no pudo hacer el cielo
dos sujetos tan iguales,
que estén a medida y peso
de una mismas cualidades
sin diferencia compuestos,
2385 y lo estoy viendo en los dos,
pues pienso que estamos hechos
tan debajo de una causa,³³³
que yo soy retrato vuestro.
¿Cuánto ha, señora, que vos
2390 tenéis ese pensamiento?

DIANA

Días ha que está trabada
esta batalla en mi pecho,
y desde ayer me he vencido.

CARLOS

Pues aquese mismo tiempo
2395 ha que estoy determinado
a querer: ello por ello.³³⁴
Y también mi ceguedad
me quitó el conocimiento
de la hermosura que adoro;
2400 digo, que adorar deseo;
que cierto que lo merece.

DIANA

(Sin duda logré mi intento.) *(Aparte.)*
Pues bien podéis declararos;
que yo nada os he encubierto.

---

³³¹ *que* is redundant.

³³² *Me he admirado*: I was surprised.

³³³ *estamos . . . causa*: i.e., we were born under the same star.

³³⁴ *ello por ello*: exactly the same.

CARLOS

2405 Sí, señora, y aun hacer
vanidad por el acierto.[335]
Cintia es la dama.

DIANA

¿Quién? ¿Cintia?

POLILLA

(¡Ah, buen hijo! Como diestro *(Aparte.)*
herir por los mismos filos;[336]
2410 que ésa es doctrina del negro.)[337]

CARLOS

¿No os parece que he tenido
buena elección en mi empleo?[338]
Porque ni más hermosura
ni mejor entendimiento
2415 jamás en mujer he visto.
Aquel garbo, aquel sosiego,
su agrado, ¿no hace dichosa
mi pasión? ¿Qué sentís dello?
Parece que os he enojado.

DIANA

2420 (Toda me ha cubierto un hielo.) *(Aparte.)*

CARLOS

¿No respondéis?

DIANA

Me ha dejado
suspensa el veros tan ciego,
porque yo en Cintia no he hallado
ninguno desos extremos:
2425 ni es agradable, ni hermosa,
ni discreta, y ése es yerro
de la pasión.

CARLOS

¿Hay tal cosa?
Hasta ahí nos parecemos.

DIANA

¿Por qué?

CARLOS

Porque a vos de Cintia
2430 se os encubre el rostro bello,
y del de Bearne a mí
lo galán se me ha encubierto;
con que somos tan iguales,
que decimos mal a un tiempo,

2435 yo, de lo que vos queréis,
y vos, de lo que yo quiero.

DIANA

Pues si es gusto, cada uno
siga el suyo.

CARLOS

(Mal es esto.) *(Aparte a* POLILLA.)

POLILLA

(Encima viene la tuya;[339] *(Aparte.)*
2440 no se te dé nada de eso.)

CARLOS

Pues ya, con vuestra licencia,
iré, señora, siguiendo
aquel eco enamorado;
que el disfrazaros mi intento
2445 fue temor, que ya he perdido,
sabiendo que mi deseo,
en la ocasión y el motivo,
es tan parecido al vuestro.

DIANA

¿Vais a verla?

CARLOS

Sí, señora.

DIANA

2450 (¡Sin mí estoy! ¿Qué es esto, cielos?) *(Aparte.)*

POLILLA

(Para largo, que la pierde.)[340]
(Aparte a CARLOS.)

CARLOS

Adiós, señora.

DIANA

¡Teneos,
aguardad! ¿Por qué ha de ser
tan ciego un hombre discreto,
2455 que ha de oponer un sentido
a todo un entendimiento?
¿Qué tiene Cintia de hermosa?
¿Qué discurso, qué conceptos
os la han fingido discreta?
2460 ¿Qué garbo tiene? ¿Qué aseo?

POLILLA

(Cinco, seis y encaje,[341] cuenta, *(Aparte a*
señor, que la va perdiendo   [CARLOS.)
hasta el codo.)[342]

---

[335] *aun . . . acierto*: I can even boast of my good judgment.

[336] *Como . . . filos*: freely, "It takes a skillful fencer to make use of the enemy's sword to wound him."

[337] *ésa . . . negro*: that's good fencing doctrine. A pun may be involved since *espada negra* means "fencing sword" and *negro* means "crafty."

[338] *empleo*: courtship.

[339] *Encima . . . tuya*: Your card will turn up on top (referring to the game of *pintas*.)

[340] *Para . . . pierde*: Bet heavily because she will lose (*la: la partida*).

[341] *encaje*: winning point (in *pintas*).

[342] *hasta el codo*: completely.

CARLOS

¿Qué dices?

DIANA

Que ha sido mal gusto el vuestro.

CARLOS

2465 ¿Malo, señora? Allí va
Cintia; miradla aun de lejos,
y veréis cuántas razones
da su hermosura a mi acierto.
Mirad en lazos prendido
2470 aquel hermoso cabello,
y si es justo que en él sea
yo el rendido y él[343] el preso.
Mirad en su frente hermosa
cómo junta el rostro bello,
2475 bebiendo luz a[344] sus ojos
sol, luna, estrellas y cielo.
Y en sus dos ojos mirad
si es digno y dichoso el hierro[345]
que hace esclavos a los míos,
2480 aunque ellos sean los negros.[346]
Mirad el sangriento labio,
que, fino coral vertiendo,
parece que se ha teñido
en la herida que me ha hecho.
2485 Aquel cuello de cristal,
que por ser de garza el cuello,
al cielo de su hermosura
osa llegar con el vuelo;
aquel talle tan delgado,
2490 que yo pintarle no puedo,
porque es él más delicado
que todos mis pensamientos.
Yo he estado ciego, señora,
pues sólo ahora la veo,
2495 y del pesar de mi engaño
me paso a loco de ciego,
pues no he reparado aquí
en tan grande desacierto
como alabar su hermosura
2500 delante de vos; mas de esto
perdón os pido, y licencia
de ir a pedírsela luego
por esposa a vuestro padre,

ganando también a un tiempo
2505 del príncipe de Bearne
las albricias de ser vuestro. (*Vase.*)

DIANA

¿Qué es esto, dureza mía?
Un volcán tengo en mi pecho.
¿Qué llama es ésta, que el alma
2510 me abrasa? Yo estoy ardiendo.

POLILLA

(Alto; ya cayó la breva, (*Aparte.*)
y dio en la boca por yerro.)

DIANA

¿Caniquí?

POLILLA

Señora mía,
¡hay tan grande atrevimiento!
2515 ¿Por qué con él no embestiste,
y le arrancaste a este necio
todas las barbas a araños?[347]

DIANA

Yo pierdo el entendimiento.

POLILLA

Pues pierde también las uñas.

DIANA

2520 Caniquí, éste es un incendio.

POLILLA

Eso no es sino bramante.[348]

DIANA

¿Yo arrastrada de un soberbio?
¿Yo rendida de un desvío?
¿Yo sin mí?

POLILLA

Señora, quedo;
2525 que eso parece querer.

DIANA

¿Qué es querer?

POLILLA

Serán torreznos.[349]

DIANA

¿Qué dices?

POLILLA

Digo de amor.[350]

DIANA

¿Cómo amor?

---

[343] *él . . . él.* Both refer to *cabello*; i.e., Carlos has been subdued by Cintia's hair which in turn is held prisoner by ribbons.

[344] *a*: from.

[345] *hierro*: branding iron.

[346] *aunque . . . negros*: i.e., although Cintia's eyes are black, hence slaves themselves.

[347] *araños*: arañazos.

[348] *bramante*: Brabant linen. Polilla pretends to misunderstand Diana's statement, "Caniquí (Muslin), this is a fire."

[349] *torreznos*: a pun, "rashers of bacon" and "voluminous books." Diana understands the former.

[350] *Digo de amor*: I mean books of love.

POLILLA
No, sino huevos.[351]

DIANA
¡Yo amor!

POLILLA
Pues ¿qué sientes tú?

DIANA
2530 Una rabia y un tormento.
No sé qué mal es aquéste.

POLILLA
Venga el pulso, y lo veremos.

DIANA
Déjame, no me enfurezcas;
que es tanto el furor que siento,
2535 que aun a mí no me perdono.

POLILLA
¡Ay, señora!, vive el cielo,
que se te ponen azules
las venas, y es mal agüero.

DIANA
Pues de aqueso, ¿qué se infiere?

POLILLA
2540 Que es pujamiento[352] de celos.

DIANA
¿Qué decís, loco, villano,
atrevido, sin respeto?
¿Celos yo? ¿Qué es lo que dices?
¡Vete de aquí ¡Vete luego!

POLILLA
2545 Señora . . .

DIANA
¡Vete, atrevido,
o haré que te arrojen luego
de una ventana!

POLILLA
(Agua va.)[353]   (*Aparte.*)
Voime, señora, al momento,
que no soy para vaciado.[354]
2550 (Madre de Dios, ¡cuál la dejo! (*Aparte.*)
Voime, que adonde hay pañal[355]
el Caniquí tiene riesgo.) (*Vase.*)

DIANA
¿Fuego en mi corazón? No, no lo creo;
siendo de mármol, ¿en mi pecho helado
2555 pudo encenderse? No, miente el cuidado;

pero ¿cómo lo dudo, si lo veo?
Yo deseé vencer, por mi trofeo,
un desdén; pues si es quien[356] me ha
[abrasado
fuego de amor, ¿qué mucho que haya
[entrado
2560 donde abrieron las puertas al deseo?
De este peligro no advertí el indicio,
pues para echar el fuego en otra casa
yo le encendí, y en la mía hizo su oficio.
No admire, pues, mi pecho lo que pasa;
2565 que quien quiere encender un edificio
suele ser el primero que se abrasa.

(*Sale el* PRÍNCIPE DE BEARNE.)

PRÍNCIPE
Gran vitoria he conseguido,
si mi dicha es cierta ya;
mas aquí Diana está. —
2570 A vuestras plantas rendido,
señora, perdón os pido
de venir tan arrojado
con la nueva que me han dado;
que yo pienso que aun es poco,
2575 siendo vuestro, el venir loco
de un favor imaginado.

DIANA
No os entiendo; ¿habláis conmigo?
¿Qué favor decís?

PRÍNCIPE
Señora,
el de Urgel me ha dicho ahora
2580 que dél ha sido testigo,
y que yo el laurel consigo
de ser vuestro.

DIANA
Necio fue
si os dijo lo que no sé,
y si vos lo habéis creído.

PRÍNCIPE
2585 Ya lo dudó mi sentido,
mas quien lo creyó es mi fe;
que como milagro fuera
de vos el tener piedad,
os negara el ser deidad,
2590 si mi amor no lo creyera.

---

[351] *No, sino huevos*: a common retort to a question whose answer is obvious. Polilla pretends to misinterpret Diana's question to mean, "Do I eat love?"
[352] *pujamiento*: attack.
[353] *Agua va*: Look out below! (warning cry given when chamber pots were emptied from upper windows into the streets).
[354] *para vaciado*: to be poured out.
[355] *pañal*: diaper.
[356] *quien*: lo que.

En el pecho que os venera
haber más fe es más trofeo;
y pues fe ha sido el deseo
de imaginaros deidad,
2595 perdonad mi necedad
por la fe con que lo creo.

DIANA

Pues ¿no es más atrevimiento
creeros digno de mi amor?

PRÍNCIPE

No, que vos con el favor
2600 podéis dar merecimiento;
y en esto mi pensamiento,
antes que en mí el merecer,
creyó de vos el poder.

DIANA

Y ¿él os ha dicho ese error?

PRÍNCIPE

2605 Sí, señora.

DIANA

(Esto es peor (*Aparte.*)
que lo que acaba de hacer;
porque supone estar yo
despreciada, y él amante,
pues al príncipe al instante
2610 el aviso le llevó;
que él nunca lo hicira, no,
si a mí me quisiera bien.
Amor, la furia detén,
pues ya mi pecho has postrado;
2615 que en él este hombre ha labrado
el desdén con el desdén.)

PRÍNCIPE

Señora, yo el modo erré
de acetar vuestro favor,
y lo que fuera mejor,
2620 enmendando el yerro, iré
a vuestro padre, y diré
la gracia que os he debido,
y rogaré agradecido
que interceda en mi pasión
2625 por mi dicha, y el perdón
de haber andado atrevido. (*Vase.*)

DIANA

¿Qué es esto que me sucede?
Yo me quemo, yo me abraso;

mas si es venganza de amor,
2630 ¿por qué su rigor extraño?
Esto es amor, porque el alma
me lleva el desdén de Carlos.
Aquel hielo me ha encendido;
que amor, su deidad mostrando,
2635 por castigar mi dureza
ha vuelto la nieve en rayos.
Pues ¿qué he de hacer, ¡ay de mí!,
para enmendar este daño,
que en vano el pecho resiste?
2640 El remedio es confesarlo.
¿Qué digo? ¿Yo publicar
mi delito con mi labio?
¿Yo decir que quiero bien?
Mas Cintia viene; el recato
2645 de mi decoro me valga;[357]
que tanto tormento paso
en el ardor que padezco
como en haber de callarlo.

(*Salen* CINTIA *y* LAURA.)

CINTIA

Laura, no creo mi dicha.

LAURA

2650 Pues la tienes en la mano,
lógrala, aunque no la creas.

CINTIA

Diana, el justo agasajo[358]
que, por ser tu sangre yo,
te he debido, ahora aguardo
2655 que sea con tu favor
el que requiere mi estado.[359]
Carlos, señora, me pide
por esposa, y en él gano
un logro para el deseo,
2660 para mi nobleza un lauro.[360]
Enamorado de mí,
pide, señora, mi mano;
sólo tu favor me falta
para la dicha que aguardo.

DIANA

2665 (Esto es justicia de amor. (*Aparte.*)
¡Uno tras otro el agravio!
¿Ya no me doy por vencida?
¿Qué más quieres, dios tirano?)

---

[357] *el . . . valga:* may the prudence owed to my dignity aid me.
[358] *agasajo:* consideration, kindness.
[359] *ahora . . . estado:* I now expect, with your kind consent, the consideration which my position (i.e., as Carlos' wife) requires.
[360] *lauro:* honor.

CINTIA

¿No me respondes, señora?

DIANA

2670 Estaba, Cintia, mirando
de qué modo es la fortuna
en sus inciertos acasos.
Anhela un pecho infeliz,
con dudas y sobresaltos,
2675 diligencias y deseos,
por un bien imaginado;
sólo porque lo desea
huye dél, y es tan ingrato,
que de otro que no le busca
2680 se va a poner en la mano.
Yo, de su desdén herida,
procuré rendir a Carlos,
obliguéle con favores,
hice finezas en vano;
2685 siempre en él hallé un desvío;
y sin buscarle tu halago,[361]
lo que huyó de mi deseo
se va a rendir a tus brazos.
Yo estoy ciega de ofendida,
2690 y el favor que me has rogado
que te dé, te pido yo
para vengar este agravio.
Llore Carlos tu desprecio,
sienta su pecho tirano
2695 la llama de tu desvío,
pues yo en la suya me abraso.
Véngame de su soberbia,
hállete su amor de mármol;
pene, suspire y padezca
2700 en tu desdén, y llorando
sufra . . .

CINTIA

                 Señora, ¿qué dices?
Si él conmigo no es ingrato,
¿por qué he de dar yo un castigo
a quien me hace un agasajo?
2705 ¿Por qué me ha de persuadir
lo que tú estás condenando?
Si en él su desdén no es bueno,
también en mí será malo.
Yo le quiero si él me quiere.

DIANA

2710 ¿Qué es quererle? ¿Tú de Carlos
amada, yo despreciada?

¿Tú con él casarte, cuando
del pecho se está saliendo
el corazón a pedazos?
2715 ¿Tú logrando sus cariños,
cuando su desdén helado,
trocando efecto la causa,[362]
abrasa mi pecho a rayos?
Primero, ¡viven los cielos,
2720 fueran las vidas de entrambos
asumpto[363] de mi venganza,
aunque con mis propias manos
sacara a Carlos del pecho
donde, a mi pesar, ha entrado,
2725 y para morir con él
matara en mí su retrato.
¿Carlos casarse contigo,
cuando yo por él me abraso,
cuando adoro su desvío
2730 y su desdén idolatro?
(Pero ¿qué digo? ¡Ay de mí! (*Aparte.*)
¿Yo así mi decoro ultrajo?)
Miente mi labio atrevido,
miente; mas él no es culpado;
2735 que si está loco mi pecho,
¿cómo ha de estar cuerdo el labio?
Mas yo me rindo al dolor,
para hacer de uno dos daños.
Muera el corazón y el pecho,
2740 y viva de mi recato
la entereza, Cintia amiga:
si a ti te pretende Carlos,
si da amor a tu descuido
lo que niega a mi cuidado,
2745 cásate con él, y logra
casto amor en dulces lazos.
Yo sólo quise vencerle,
y éste fue un empeño vano
de mi altivez; que ya veo
2750 que fue locura intentarlo,
siendo acción de la fortuna;
pues, como se ve en sus casos,
siempre consigue el dichoso
lo que intenta el desdichado.
2755 El ser querida una dama
de quien desea, no es lauro,
sino dicha de su estrella;
y cuando yo no la alcanzo,
no se infiere que no tengo

---

[361] *sin . . . halago:* without your seeking to attract
him with attentiveness.

[362] *trocando . . . causa:* reversing cause and effect.
[363] *asumpto: asunto.*

2760 en mi hermosura y mi aplauso
partes para merecello,
sino suerte para hallarlo.
Y pues yo no la he tenido
para lo que he deseado,
2765 lógrala tú, que la tienes;
dale de esposa la mano,
y triunfe tu corazón
de sus rendidos halagos.
Enlace . . . (Pero ¿qué digo? (*Aparte.*)
2770 Que me estoy atravesando
el corazón; no es posible
resistir a lo que paso;
toda el alma se me abrasa.
¿Para qué, cielos, lo callo,
2775 si por los ojos se asoma
el incendio que disfrazo?
Yo no puedo resistirlo;
pues, cuando lo mienta el labio,[364]
¿cómo ha de encubrir el fuego
2780 que el humo está publicando?)
Cintia, yo muero; el delirio
de mi desdén me ha llevado
a este mortal precipicio
por la senda de mi engaño.
2785 El amor, como deidad,
mi altivez ha castigado:
que es niño para las burlas
y dios para los agravios.
Yo quiero, en fin, ya lo dije,
2790 y a ti te lo he confesado,
a pesar de mi decoro,
porque tienes en tu mano
el triunfo que yo deseo.
Mira si, habiendo pasado
2795 por la afrenta del decirlo,
te estará bien el dejarlo. (*Vase.*)

LAURA
¡Jesús! El cuento del loco.[365]
Él por él[366] está pasando.

CINTIA
¿Qué dices, Laura, qué dices?

LAURA
2800 Viendo prohibido el plato,
Diana se ahitó de amor,
y del desdén ha sanado.

CINTIA
¡Ay, Laura! Pues ¿qué he de hacer?

LAURA
¿Qué, señora? Asegurarlo,
2805 y al de Bearne, que es fijo,
no soltarle de la mano
hasta ver en lo que para.

CINTIA
Calla, que aquí viene Carlos.
(*Salen* POLILLA *y* CARLOS.)

POLILLA
Las unciones del desprecio,
2810 señor, la vida le han dado.
¡Gran cura hemos hecho en ella!

CARLOS
Si es cierto, gran triunfo alcanzo.

POLILLA
Haz cuenta que ya está sana,
porque queda babeando.[367]

CARLOS
2815 Y ¿has conocido que quiere?

POLILLA
¿Cómo querer? Por San Pablo,
que me vine huyendo della;
porque la vi querer tanto,
que temí que echase el resto[368]
2820 y que me destruyese.

CINTIA
            ¿Carlos?

CARLOS
¿Cintia hermosa?

CINTIA
            Vuestra dicha
logra ya triunfo más alto
que el que en mi mano pretende.
Vuestro descuido ha triunfado
2825 del desdén que no ha vencido
en Diana el agasajo
de los príncipes amantes.
Ella os quiere; yo me aparto
de mi esperanza por ella
2830 y por vos, si es vuestro el lauro.

CARLOS
¿Qué es lo que decís, señora?

CINTIA
Que ella me lo ha confesado.

---

[364] *cuando . . . labio*: even though my lips may lie
about it.
[365] The story in question has not been identified.
[366] *Él por él*: Exactly the same thing.

[367] *babear*: to be excessively attracted to persons of
the opposite sex.
[368] *echar el resto*: to shoot the works.

POLILLA

Toma si purga,[369] señor;
no hay en la botica emplasto
2835 para las mujeres locas
como un parche de mal trato.
Mas aquí su padre viene
y los príncipes: al caso,
señor, y aunque esté rendida,
2840 declárate con resguardo.[370]

(*Salen el* CONDE DE BARCELONA *y
los* PRÍNCIPES.)

CONDE

Príncipe, vos me dais tan buena nueva,
que es justo que os la acete, y aunque os deba
lo que a vuestra persona,[371]
pago en daros mi hija y mi corona.

DON GASTÓN

2845 Pues aunque yo, señor, no haya tenido
la dicha que Bearne ha conseguido,
siempre estaré contento
de que él haya logrado el vencimiento
que tanto he deseado,
2850 por la parte que debe a mi cuidado,
y el parabién le doy deste trofeo.

CARLOS

Y también le admitid[372] de mi deseo.

PRÍNCIPE

Carlos, yo le recibo,
y el mío os apercibo,
2855 pues en Cintia lográis tan digno dueño
que envidiara el empeño,
a no lograr el mío.[373]

(*Sale* DIANA *al paño.*)

DIANA

(¿Dónde me lleva el loco desvarío
de mi pasión? Yo estoy muriendo, cielos,
2860 de envidias y de celos;
mas los príncipes todos se han juntado,
y mi padre con ellos;
sin alma llego a vellos,
pues si su fin se alcanza,
2865 yo tengo de morir con mi esperanza.)

CONDE

Carlos, pues vos pedís a mi sobrina,

yo, pagando el deseo que os inclina,
os ofrezco su mano;
y pues tanto sosiego en esto gano,
2870 háganse juntas todas
las bodas de Diana y vuestras bodas.

DIANA

(¡Cielos, yo estoy mi muerte imaginando!)

POLILLA

(Señor, Diana allí te está escuchando,
(*Aparte a* CARLOS.)
y has menester un modo muy discreto
2875 de declararte, porque tenga efeto;
que va con condiciones el partido,
y si yerras el cabe,[374] vas perdido.)

CARLOS

Yo, señor, a Barcelona
vine, más que a pretender,
2880 a festejar de Diana
la hermosura y el desdén;
y aunque es verdad que de Cintia
el hermoso rosicler
amaneció en mí deseo
2885 y la luz del querer bien,[375]
la entereza de Diana,
que tan de mi genio fue,
ha ganado en mi albedrío
tanto imperio, que no haré
2890 cosa que no sea su gusto;
porque la hermosa altivez
de su desdén me ha obligado
a que yo viva por él;
y puesto que[376] haya pedido
2895 mi amor a Cintia, ha de ser
siendo ansí su voluntad,
pues la mía suya es.

CONDE

Pues ¿quién duda que Diana
de eso muy contenta esté?

POLILLA

2900 Eso lo dirá su alteza
por hacerme a mí merced.

DIANA (*Sale.*)

Sí diré; pero, señor,
¿vos contento no estaréis,

---

[369] *Toma si purga*: she won't let up.
[370] *con resguardo*: cautiously.
[371] *aunque ... persona*: although I may owe you what I do (just because of your rank).
[372] *le admitid*: accept it (*parabién*).
[373] *envidiara ... mío*: I would envy your engagement if I had not realized mine.

[374] *cabe*: final stroke in *argollas* (Spanish croquet).
[375] *aunque ... bien*: although it is true that Cintia's rosypink complexion brought on the dawn of my longing and the light of my loving deeply. Later editions read *mi deseo a la luz*; all editions read *mi*, not *mí*.
[376] *puesto que: aunque*.

si yo me caso, que sea
2905 con cualquiera de los tres?

CONDE

Sí; que todos son iguales.

DIANA

Y vosotros ¿quedaréis
de mi elección ofendidos?

PRÍNCIPE

Tu gusto, señora, es ley.

DON GASTÓN

2910 Y todos la obedecemos.

DIANA

Pues el príncipe ha de ser
quien dé a mi prima la mano,
y quien a mí me la dé
el que vencer ha sabido
2915 *el desdén con el desdén.*

CARLOS

Y ¿quién es ése?

DIANA

Tú solo.

CARLOS

Dame ya los brazos, pues.

POLILLA

Y mi bendición os caiga
por siempre jamás, amén.

PRÍNCIPE

2920 Pues ésta, Cintia, es mi mano.

CINTIA

Contenta quedo también.

LAURA

Pues tú, Caniquí, eres mío.

POLILLA

Sacúdanse[377] todos bien,
que no soy sino Polilla;
2925 mamola[378] vuesa merced.
Y con esto, y con un vítor,[379]
que pide, humilde y cortés,
el ingenio,[380] aquí se acaba
El desdén con el desdén.

---

[377] *Sacúdanse*: a pun, "Shake yourselves off" and "Get rid of the idea."

[378] *mamola vuesa merced*: I fooled you (apparently addressed to Laura). See n. 163.

[379] *vítor*: bravo.

[380] *ingenio*: author.

∽∽∽ STUDY QUESTIONS AND TOPICS

1. Moreto has been criticized for his long, static expositions. Is that criticism applicable to *El desdén con el desdén*?

2. The function of the mythological allusions in Carlos' long speech (vv. 65 ff.).

3. Polilla describes love in terms of hunger, sickness, and gambling. Analyze the imagery and anecdotes used to elaborate these things.

4. Why must the *gracioso* necessarily have a prominent role in the play?

5. Puns in the play.

6. Scenography and costuming in the play.

7. The function of music in the play.

8. The principal and secondary themes of the play.

9. Is the play essentially Spanish?

10. The similarities between Moreto and Alarcón as dramatists.

∽∽∽ Glossary of Archaisms and
Theatrical Terms

〜〜〜 Glossary of Archaisms and Theatrical Terms

Some of the words listed below are not, strictly speaking, either archaisms or theatrical terms. A few represent orthographic variants (for example, *yelo* for *hielo*); others may be found in standard dictionaries but are listed here because they occur so frequently in the *comedias* with a meaning different from their primary meaning in modern Spanish (for example, *acero:* sword). Only the special meanings are given here.

abismo: hell; abundance
accidente: sudden illness, attack; passion
acero: sword
admirar: to amaze, cause wonder; *admirarse*: to be astonished
afeto: *afecto*
agora: *ahora*
albricias: reward for good news; (*interj.*) congratulations!
alto: raised gallery in back of stage, used to represent a wall, tower, balcony, etc. Used with *lo*; i.e., *en lo alto*
ansí: *así*
apariencia: stage machinery
aparato: scenery
aparte: aside
apuntador: prompter
apunto: *apunte*, prompter, prompt-book
aquese: *ese*
aqueso: *aquello*, *eso*
aqueste: *este*
auto sacramental: one-act religious drama generally allegorical, performed on Corpus Christi Day in celebration of the Holy Eucharist

autor (*de comedias*): director of a theatrical company
baile: one-act play featuring music and dancing
barba (*el*): old man (usually depicted as wearing a gray beard)
besar la mano (or *los pies*, or *las plantas*): to thank, pay respects, swear homage
bobo: fool (stock comic character in sixteenth-century drama)
centro: element, abode, home; center of the earth; hell
coloquio: dramatic skit, usually comical in nature, involving two or more characters
comedia: play of any kind, but usually in three acts and in verse
comedia de capa y espada: play based on events and intrigue in contemporary life of the middle-class or nobility who wear the ordinary dress of the day (i.e., a cape and sword)
comedia de figurón: play in which the principal character is a caricaturized eccentric
comedia de salón: drawing-room comedy
comedia de teatro (or *de ruido*, or *de cuerpo*): play involving kings, princes, or saints, and requiring elaborate scenery, costuming, and machinery
comedia nueva: the Spanish *comedia* as popularized by Lope de Vega; three acts in verse and often mixing the tragic and the comic
comedia palaciega: play of intrigue whose setting is the palace of a nobleman

condición: character, temperament

corral: theater (so-called because plays were originally performed outdoors in the yards of houses)

corrido: angry; ashamed, embarrassed

culebra: cruel joke

dama: heroine, female lead

decoro: honor, respect; dignity

defeto: *defecto*

dél: *de él*

della: *de ella*

dentro: off-stage, in the wings

desenlace: dénouement

deste, déste: *de este, de éste*

destotro, -a: *de estotro, -a*

dino, -a: *digno, -a*

discurso: reason, reasoning power, judgment

donde: *adonde, en donde*

dotor: *doctor*

dueño: sweetheart, lover, mistress

echar menos: *echar de menos*

efeto: *efecto*

empeño: engagement, enterprise, undertaking; commitment, obligation; determination

empleo: love affair, courtship; match, marriage, choice in marriage

entrar: to leave the stage, exit (but occasionally to come on stage)

entremés: interlude, one-act farce formerly performed between acts of a play

escena: scene; stage

espacio: time, leisure; *a espacio*: slowly, deliberately; *de espacio*: slowly, leisurely

espantar: to amaze, astonish; *espantarse*: to be astonished, surprised

esposo, -a: fiancé, fiancée

estotro, -a: this other, this

fama: reputation; rumor

fatiga: torment, anguish

felice: *feliz*

fuerza: obligation, necessity; *ser fuerza*: to be necessary

galán: hero, male lead, suitor

gongorismo: a mannered, highly metaphorical poetic style

gracioso: comic servant

güeso: *hueso*

industria: skill, cunning; plan, scheme

infelice: *infeliz*

invención: scheme, trick; falsehood

irse: to go off stage, exit

jornada: act of a play

lacayo: lackey (often used as a synonym for *gracioso*)

ley: usage, custom; religion

lición: *lección* (also *lectura*)

loa: curtain raiser, prologue to a play (often a comic skit presenting a brief outline of the play to follow)

mas que: I'll bet, I suppose. *¿Mas que . . .?*: What will you bet that . . .?

mesmo, -a: *mismo, -a*

meter mano (a la espada): to draw one's sword

mortal: dying, deathly ill

mosquetero: groundling, a spectator who stood in the pit (*patio*) of a theater

paño: stage hangings used to conceal actors; *al paño*: off-stage

parte: volume of plays (usually twelve); *partes*: qualities, attributes of a person

paso: one-act comic farce; incident, happening

priesa: *prisa*

procurar: to seek, solicit; court

proprio, -a: *propio, -a*

puesto que: *aunque*

que: *porque, para que*

razón: speech, statement

recebir: *recibir*

salir: to come on stage, enter

satisfación: *satisfacción*, redress, revenge

senado: audience

suelta: *impresión suelta*, a printed edition of a single play

tablado: stage

tal vez: *a veces*

tener de+inf.: *tener que+inf.*; *haber de+inf.*

tragedia al estilo español: honor drama in which it is incumbent on a husband to take revenge, usually in the form of death, on an unfaithful wife and her lover

tramoya(s): stage machinery for producing supernatural effects

vítor: *víctor*, bravo

volver por: to defend

voluntad: fondness, affection, love

vulgo: crowd, populace

yelo: *hielo*

zarzuela: musical drama